国家社会科学基金重大项目（18ZDA056，19ZDA078）
国家社会科学基金重点项目（21AJL003）
国家自然科学基金重点项目（71332007）
国家社会科学基金年度项目（21BJY262，18BJL040）
资助

新发展理念下
创新驱动中小企业高质量发展的若干问题研究

程宣梅 等 著

RESEARCH ON SEVERAL ISSUES OF
INNOVATION DRIVING HIGH-QUALITY DEVELOPMENT OF
SMALL AND MEDIUM ENTERPRISES
BASED ON NEW DEVELOPMENT CONCEPT

中国财经出版传媒集团
经济科学出版社
Economic Science Press

图书在版编目（CIP）数据

新发展理念下创新驱动中小企业高质量发展的若干问题研究／程宣梅等著 . -- 北京：经济科学出版社，2022. 11

ISBN 978 - 7 - 5218 - 4212 - 8

Ⅰ. ①新… Ⅱ. ①程… Ⅲ. ①中小企业 - 企业创新 - 研究 - 中国 Ⅳ. ①F279. 243

中国版本图书馆 CIP 数据核字（2022）第 209654 号

责任编辑：张　燕
责任校对：徐　昕
责任印制：邱　天

新发展理念下创新驱动中小企业高质量发展的若干问题研究
程宣梅 等 著
经济科学出版社出版、发行　新华书店经销
社址：北京市海淀区阜成路甲 28 号　邮编：100142
总编部电话：010 - 88191217　发行部电话：010 - 88191522
网址：www. esp. com. cn
电子邮箱：esp@ esp. com. cn
天猫网店：经济科学出版社旗舰店
网址：http://jjkxcbs. tmall. com
固安华明印业有限公司印装
710 × 1000　16 开　35 印张　600000 字
2022 年 12 月第 1 版　2022 年 12 月第 1 次印刷
ISBN 978 - 7 - 5218 - 4212 - 8　定价：159. 00 元
（图书出现印装问题，本社负责调换。电话：010 - 88191545）
（版权所有　侵权必究　打击盗版　举报热线：010 - 88191661
QQ：2242791300　营销中心电话：010 - 88191537
电子邮箱：dbts@ esp. com. cn）

前　言

　　党的二十大报告提出，在新发展理念下，高质量发展是全面建设社会主义现代化国家的首要任务。在新发展阶段，可持续、高质量发展的韧性力量来自上亿个市场主体。中小企业是我国实体经济的生力军，是推动创新、促进就业、改善民生的重要力量。截至 2021 年底，我国中小微企业数量已超过 4800 多万家，是我国实体经济的重要基础，也是促进经济发展、推动科技创新、缓解就业压力、优化经济结构、实现共同富裕的重要支撑。中小企业创造的核心产品和价值，已占到国内生产总值的 60%，完成了 70% 的发明专利，提供了 80% 以上的城镇就业岗位。[①]

　　当前，中国经济面临百年未有之大变局，易变性、不确定性、复杂性、模糊性高度凸显，中小企业面临国际竞争加剧、资源环境约束加大、低端产能过剩的挑战，又存在创新能力亟待增强、新的发展动能亟待培育、供给侧结构性矛盾亟待解决的突出难题。提升中小企业的创新能力，已经成为贯彻新发展理念，构建新发展格局，推进高质量发展，实施供给侧结构性改革的重要抓手。创新是实现经济高速增长和催生发展新动能的必然选择，是解决人民日益增长的美好生活需要和不平衡不充分发展之间社会主要矛盾的重要突破口。笔者所著的《新发展理念下创新驱动中小企业高质量发展的若干问题研究》正是基于上述重大背景，主动对接国家重大战略需求，对新发展理念下中小企业以创新驱动高质量发展的内在机理、发展模式及对策建议开展了全方位研究，针对"数字创新驱动中小企业高质量发展""制度创新驱动中小企业高质量发展""绿色创新驱动中小企业高质量发展""人力资源创新驱动中小企业高质量发展"等新发展理念下中小企业创新所呈现的数字化、绿色化、开放性、协同共生性及自组织演进性，

---

　　① 资料来源：工信部。

进行了理论发展、范式演化和政策创新，发展了中小企业创新领域的前沿理论。

新发展理念对中小企业高质量发展提出了新的要求，也对中小企业创新理论提出新的课题。本书通过深入研究新的时代背景下创新驱动中小企业高质量发展的内在机制和有效的公共政策供给，探索广大中小企业数字创新、绿色创新、制度创新等战略的内在机制和发展路径，构建全方位加强中小企业创新生态系统，推动中小企业向更具活力、更有韧性和竞争力的创新主体和高质量发展主体转型，对我国新时代新发展理念下的中小企业创新具有深刻的理论发展和实践指导价值。

一方面，本书的学术价值主要体现在，提出了中小企业以实施创新战略的整体理论和研究框架，从数字创新赋能、制度创新支撑、绿色创新引领、人力资源创新激活中小企业高质量发展等理论视角剖析新发展理念下中小企业创新和高质量发展的理论逻辑基础，并进行了理论发展、范式演化。本书的主要创新性观点，以近20篇论文形式发表于 *Journal of Management Studies*、*Journal of Business Ethics*、*International Journal of Hospitality Management*、*International Journal of Contemporary Hospitality Management*、*International Journal of Production Economics*、*Internet Research* 以及《管理世界》《管理科学学报》《南开管理评论》等高水平学术期刊，该成果支撑了新发展理念下中小企业创新理论前沿研究。

另一方面，本书的实践价值主要体现在应用价值和社会效益方面。本成果通过深入对中小企业高质量发展和创新实践开展大量求真务实的调查研究，聚焦和服务于中小企业数字创新、绿色创新等对策研究方面的重大社会需求，完成了一批具有前瞻性、针对性与可操作性的研究报告。其中，《浙江省外贸企业参加线下展会的问题、困难及建议》《浙江制造"品字标"竞争力提升的问题与建议》《浙江"专精特新"企业竞争力分析与建议》《浙江与粤苏科技创新能力的比较及建议》《中小企业数字化转型驱动制造业高质量发展的对策建议》《关于设立"绿色低碳发展基金"助力"碳达峰、碳中和"的政策建议》《浙江省制造业企业数字化转型面临的困难问题及有关建议》《浙江省高质量发展数据要素市场的若干问题与建议》等20余篇调研报告获得时任国务院领导，现任国务院总理、时任浙江省省长李强，时任浙江省委书记车俊，时任浙江省委书记袁家军，时任浙江省省长郑栅洁等国家和省部级领导批示，并被相关政府部门采纳，有力地发挥了智库作用和社会效益，体现了较强的实践指导意义与应用价值。

本书得到国家社会科学基金重大项目（18ZDA056，19ZDA078）、国家社会科学基金重点项目（21AJL003）、国家自然科学基金重点项目（71332007）、国家社会科学基金一般项目（21BJY262，18BJL040）等基金资助。本书研究撰写过程中得到了全国社科工作办、国家自然基金委、教育部社科司、浙江省委办公厅、浙江省政府办公厅、浙江省经信委、浙江省科技厅、浙江省社科联、浙江省大数据局等政府部门及机构的大力支持，给予实地调研、资料搜集、政策应用等方面的支持，在此一并表示诚挚的谢意。

参加本书创作的主要团队成员有程宣梅、林汉川、池仁勇、吴隆增、谢洪明、萧文龙、陈侃翔、刘淑春、关浩光、叶一娇、吕逸婧、黄磊、何晓柯、王菁、刘欣宇、刘畅、葛芳婷、朱述全、杨洋、张润、祝云飞、苏宇鑫、叶凯特、颜诚诺等，感谢陈侃翔、叶凯特、颜诚诺等对初稿进行的编撰和校对工作，程宣梅负责对全书进行统稿。经济科学出版社张燕编辑及其专业团队为本书的出版付出了诸多心血，他们严谨的态度和专业的工作保证了本书的顺利出版。

最后，尽管本书是笔者和研究团队十多年来聚焦中小企业创新领域的研究成果，尤其是新发展理念下中小企业数字创新、绿色创新等前沿领域的拓展，但由于数字创新等前沿领域研究目前尚处于理论探索和发展期，并未形成完整的研究体系，加上笔者的能力有限，很多理论和实践问题还有待深入研究探索，笔者抛砖引玉，期待能和理论学术界、实务界专家有更多的交流学习。本书如有不足或不妥之处，敬请广大读者朋友批评指正。

程宣梅

2022 年 12 月

研究框架和内容安排

　　提升中小企业的创新能力，已经成为贯彻新发展理念，构建新发展格局，推进高质量发展，实施供给侧结构性改革的重要抓手。本书从新发展理念下创新驱动中小企业高质量发展的理论基础、战略路径、政策建议等部分展开了系统研究。本书从数字创新赋能、制度创新支撑、绿色创新引领、人力资源创新激活中小企业高质量发展等四个方面深入剖析新发展理念下中小企业创新和高质量发展的理论逻辑和对策研究。

一、数字创新驱动中小企业高质量发展

　　本书第一篇构建了数字创新驱动中小企业高质量发展的理论和实践研究，笔者总结梳理了互联网、大数据、人工智能等数字技术助推中小企业创新发展的理论基础，以及数字经济助推中小企业创新发展的内在机制等，深入分析了数字创新驱动中小企业高质量发展的内在理论逻辑。该篇通过战略柔性视角的共享平台市场进入的内在机制，数字化推动的商业模式创新绩效，创新视角的用户线下使用刷脸支付意愿的前因研究，动态能力、数字分析支持与价值捕获创新的内在机理等方面开展深入的理论研究，深入分析数字技术驱动的中小企业创新发展的内在机制和路径，并且，本书还从对策研究角度，深入调查并前瞻性地开展了中小企业数字化转型的困难及挑战、中小企业数字化转型驱动高质量发展的对策建议、基于数字技术的智能制造生态系统构建的对策研究，深入分析了新发展理念下促进数字经济与中小企业深入融合，以数字技术驱动中小企业创新发展的政策启示及建议。

二、制度创新驱动中小企业高质量发展

　　本书第二篇构建了制度创新驱动中小企业高质量发展的理论和实践研

究，深入剖析了应对高复杂性情境下，以制度创新加速新兴业态中小企业高质量发展的理论机制。笔者总结梳理了制度逻辑及其演化发展、组织场域等制度前沿研究的理论基础及未来展望、集体行动及其行动模式的理论脉络，从理论上剖析了组织场域结构触发集体行动，并进而推动制度逻辑演化及中小企业创新发展的内在机制等方面并开展研究，深入分析了制度创新驱动中小企业高质量发展的内在理论逻辑。该篇通过新兴业态发展过程中，多主体的不同类型的集体行动模式推动组织场域差异化的制度逻辑演化过程的全面剖析，解释了不同阶段制度逻辑演化、组织场域与集体行动的内在影响机制，基于新兴业态共享专车的案例分析，深入分析了机会涌现、协调性集体行动模式与制度逻辑分离的演化逻辑，机会模糊、非协调性集体行动模式与制度逻辑冲突的演化逻辑，以及机会沉没、再协调性集体行动模式与制度逻辑共存的演化逻辑，揭示了集体行动是促成制度逻辑演化的重要驱动因素，剖析了集体行动推动制度逻辑演化的内在机制，启发了复杂制度环境下新兴业态及传统业态协同治理，以制度创新助推中小企业高质量发展的理论逻辑。

三、绿色创新驱动中小企业高质量发展

本书第三篇全方位架构了绿色创新驱动中小企业高质量发展的理论和实践研究框架。该篇深刻揭示了中小企业绿色创新与技术知识耦合的学习机制破解技术创新驱动力的学习障碍机制，深入探讨了数据要素市场深化中小企业创新发展的融合创新机制，探索提出了"区域核心链"式的创业创新生态系统。研究深入调查了高质量发展数据要素市场的主要问题，比较研究了浙粤苏鲁等发达地区科技创新能力的差异，深入探索了"专精特新"中小企业竞争力差异的深层次原因，聚焦分析了中小企业市场竞争力的困境及外部影响因素，率先提出中小企业创新转向绿色创新、以生态化扶持增强中小企业生存发展竞争力、以绿色低碳发展基金助力中小企业高质量发展；在大数据背景下率先提出高质量发展数据要素市场、以数据要素市场深化数字经济发展助推中小企业创新发展；增强"专精特新"企业竞争力，提升中小企业制造"品字标"竞争力，增强中小企业市场竞争力等系列对策建议。

四、人力资源创新驱动中小企业高质量发展

本书第四篇系统构建了人力资源创新驱动中小企业高质量发展的理论

和实践研究。该篇深刻剖析了新业态企业中客户授权行为对员工主动服务创新的影响机制，研究了新创中小企业高层梯队与企业社会责任作用机制，分析了中小企业主管和员工的政治技能对企业创新的作用机制，深入研究了服务型中小企业员工基于竞争目标和合作目标的不同互动模式对企业创新的影响，剖析了基于资源保存视角的组织剥削对中小企业角色外行为的作用机制研究，并提出构建中小企业创新的人才政策扶持体系，加强人才支撑推动中小企业创新发展的对策建议。

综上所述，本书的理论逻辑和章节内容安排如下图所示。

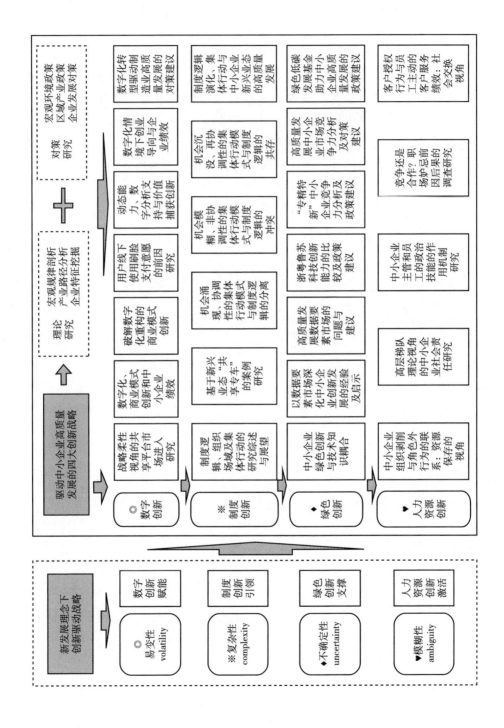

目　　录

第一篇　数字创新驱动中小企业高质量发展

第二篇　制度创新驱动中小企业高质量发展

第四篇　人力资源创新驱动中小企业高质量发展

第一篇

数字创新驱动中小企业
高质量发展

第一章 战略柔性视角的共享平台市场进入研究：一项组态分析

近年来，随着互联网技术的推广和社交网络生态的日益成熟，共享经济作为全新的经济形态，在移动网络、大数据等新技术的发展与推动下异军突起，基于社交网络的商品共享和服务交易等新型商业模式层出不穷，共享经济在交通运输行业快速发展的同时，正不断向住宿、食品、时尚、消费电子产品以及更加广泛的服务业扩展，共享经济已成为我国经济发展的重要支柱。然而，在发展过程中，共享经济面临着从追求规模和速度的粗放模式向注重质量和效率的集约模式转型的挑战，众多共享经济平台在发展过程中也面临着如何从市场盲目扩张向市场理性进入转变的挑战。与传统产业相比，共享经济行业面对的是更为动荡的市场环境，众多共享经济平台究竟应该如何做出市场进入的理性选择？

市场进入是管理者为了改善或维持企业的业绩而采取的主要战略行动之一，市场进入模式是战略管理研究领域中的核心主题（Werner et al.，2002），许多学者对不同行业或不同商业模式的市场进入都进行过研究（Meyer et al.，2009；Wang et al.，2017；Moeen et al.，2017）。王 等（Wang et al.，2017）通过分析中国大规模高速轨道扩建项目发现，在人口密集和发达的城市走廊地区，高速轨道的扩张很可能会让低成本航空公司几乎没有生存空间，然而在中国中西部，低成本航运公司更容易进入。莫恩等（Moeen et al.，2017）探讨了企业进入新兴产业的能力前提，他认为，在进入市场时，核心技术能力和互补资产影响进入的可能性。在一个新兴产业中，新产品商业化通常不仅需要获得重点产业的核心技术，还需要支持商业化资产。克劳森等（Claussen et al.，2018）研究企业利用战略柔性进入需求可变的市场。在民航行业，他们的假设得到了广泛的支持。他们发现，企业战略柔性越高，市场进入的可能性就越大；柔性越高的公司在面对需求不断变化的动态环境时，其进入市场的可能性更大。

伴随着共享经济的蓬勃发展，共享经济的研究已成为热点。程（Cheng，

2016）对共享经济的概念和内涵进行研究，他认为，在共享经济新模式下，人们既是生产者也是消费者，人们更注重产品的使用价值而非私有价值、共享性而非独占性。里特和尚茨（Ritter and Schanz，2019）从价值主张、价值创造和传递、价值获取三个方面提出共享经济的商业模式框架。目前关于共享经济企业的市场进入问题的研究较少，其中较多研究聚焦于共享经济对企业市场渠道、外部竞争、市场平台的定价策略等方面的后果研究，对共享经济的市场进入影响的前因分析较少。派克等（Paik et al.，2019）对公共部门如何助力共享经济创造价值进行研究，发现政治竞争会对优步（Uber）在美国不同城市间的进入产生影响。共享经济与传统市场进入存在较大差异。与传统行业相比，共享经济强调产品的使用价值，将个体拥有的、作为一种沉没成本的闲置资源进行社会化利用，最终实现社会资源的有效配置与高效利用（汤天波等，2015）；与传统产业相比，共享经济行业面对的是剧烈的需求和供给变化，利基市场的竞争异常激烈、供给渠道也发生重大变化。这使得共享经济的市场进入与传统产业的市场进入的影响因素及进入模式都存在很大差异，传统的市场进入研究无法完全解释共享经济市场进入模式和内在机制。

共享出行是使用广泛和规模巨大的典型的共享经济（Paik et al.，2019），也是共享经济的先驱领域（杨学成等，2017）。传统行业市场进入的影响因素主要涉及企业自身的能力（核心技术能力、基础资源等）和外部环境（制度环境、监管环境等），而共享出行行业基于网络信息技术实现了行业服务模式的巨大变革，完全是开放平台，其核心资源（汽车、司机）均需要整合整个社会的相关资源，共享出行平台市场进入的影响因素、进入模式与传统行业有着本质的差异。

为了研究共享经济视角下的市场进入，本章整合了共享经济背景下企业市场进入的内外部双重视角，借鉴克劳森等（2018）传统出行领域的市场进入的基本理论分析框架，并整合共享经济市场进入研究中的供给需求变化影响的相关成果，进一步研究了共享出行平台利用战略柔性进入需求和供给均发生巨大变化的市场过程中的进入模式和内在机制。本章摒弃传统的回归技术只关注单个要素或两个要素影响企业市场进入的视角，从系统和全面视角探究需求变化、供给变化、战略柔性共同影响共享出行平台的市场进入机制。考虑到这个过程中涉及多个要素之间的多方交互，并且可能存在多个共享出行平台市场进入的等效路径，本章采用清晰集的定性比较分析方法（csQCA）处理多因素构成的构型（Fiss，2007），即分析需求变化、供给变化、战略柔性如何通过差异化的组态来影响组织结果。本章与克劳森等（2018）基于民航产业的传统企业的市场进入研究开展了对话，对市场进入的研究做了重要的理论拓展，将定性比较研究方法应用于市场进入领域，进而为使用定性比较分析多重前因构型组合的市场进入研究拓展了新的思路。

第一节　文献综述与分析框架

市场进入是管理者为了改善或维持企业的业绩而采取的主要战略行动之一，许多学者对不同行业或不同商业模式的市场进入都进行过深入研究。其中，经营成本、需求变化、核心技术能力和互补资产等多种因素均会影响企业市场进入（Meye et al.，2009；Wang et al.，2017；Moen et al.，2017；Claussen et al.，2018）。克劳森等（2018）以企业外部环境的需求变化和企业内部的战略柔性作为理论视角，研究企业是否可以利用战略柔性进入需求可变的市场。在民航行业，他们的假设得到了验证。他们发现，单一的需求变化会降低民航企业市场进入的可能性，而在那些市场的可预测性较低的情况下，需求变化与战略柔性之间的相互作用会积极影响民航企业的市场进入。克劳森等（2018）填补了在动态环境中，需求变化和战略柔性在市场进入决策中的研究空白，拓展了企业内部市场进入的影响因素。企业的运营效率和资源基础对进入稳定的市场尤其有用，而拥有战略柔性而非运营效率的企业更有可能进入动荡的市场。

共享经济是目前的热门研究领域，共享经济是通过互联网平台将商品、服务、数据或技能等在不同主体间进行共享的经济模式（Cheng，2016），其核心内涵是以信息技术为基础和纽带，实现产品的所有权与使用权的分离，在资源拥有者和资源需求者之间实现使用权共享交易。目前关于共享经济企业的市场进入问题的研究较少，其中较多研究聚焦于共享经济对市场渠道、外部竞争、市场平台的定价策略等方面的后果研究，对共享经济的市场进入影响的前因分析较少。现有的少数研究中，学者主要从社会视角和企业视角研究共享经济的市场进入的相关影响。社会视角的研究认为，政府、法规、文化价值体系，社会和政治安排，可能具有生态或社会取向，塑造着共享经济的竞争规则，对新进入者和现有者产生重大影响（Markman et al.，2019），例如，派克等（Paik et al.，2019）研究发现，政治竞争会对 Uber 在美国不同城市间的进入产生影响，社会层面因素对于国际市场进入尤为重要。企业视角的研究提出，在复杂的互联网环境中，影响企业市场进入的市场因素主要有企业内部的战略、资源、能力的变化（Markman et al.，2019），企业外部环境的需求、供给的变化（Li et al.，2019）。在动态的市场行业环境中，资源与能力的不断调整可以帮助企业迅速识别和把握环境所带来的机会，从而及时做出市场进入决策，肯尼等（Kenney et al.，2019）提出，能够不断整合大量资本的新进入者能够在足够长的时间内经受住损失，试图战胜其他获得融资的初创平台，或取代现有的平台企业，从而主导市场。李等（Li et al.，2019）认为，业务需求的变化平台为企业创造新的市场服务提供了机会，而供给条件，即渠道共享、直接销售等的改变，为双边平台市场的进入创造了条件。总体来说，目前共享经济市场进入的相关研究从社会和企业运营两大视角关注了共享经济对市场进入的影响和企业的市场进入策略调整（余航等，2018），为传统的市场进入研究补充了新的研究视角，但研究不够系统深入，尚未能将企业内部和外部等不同视角的战略、资源、能力、供给需求变化等整合起来分析共享经济的市场进入影响机制，基于共享经济的市场进入理论体系和分析框架仍有待完善。

共享出行行业是共享经济新业态的先驱行业和典型代表，也是目前研究关注最多的对象。共享出行是指用户无须拥有车辆所有权，通过共享出行平台预约车辆，以共享和合乘方式与车辆拥有者共享车辆并支付相应的使用费用。与传统行业市场的进入相比，共享出行行业的市场进入既有传统的交通出行行业的共性特征，也有其独有的特征：（1）其共性特征表现在，在外部环境视角下，互联网背景下市场、客户、前景更全面丰富而且变化更快；在企业内部能力视角下，新的市场服务需要企业快速地创造新的资源与能力，利用战略柔性面对需求变化动荡的动态环境；（2）其独有的特征表现在，传统出行行业供给更多依赖企业内部的资源和能力，而共享出行行业的供给（无论是汽车还是司机）均需要整合整个社会的相关资源。因此，本章拟以共享出行行业为研究对象，分析共享经济视角下企业市场进入的影响机制。

基于传统的市场进入研究和共享经济市场进入的相关研究的理论成果，本章拟整合共享经济背景下企业市场进入的内外部双重视角，借鉴克劳森等（2018）传统出行领域的市场进入的基本理论分析框架，并整合共享经济市场进入研究中的供给需求变化影响的相关成果，形成更为完整的分析框架：（1）我们拟借鉴克劳森等的理论框架，用于分析共享出行企业是否需要利用战略柔性进入需求可变的市场，理由如下：共享出行平台与民航业都是交通出行行业，面对外部环境的各种需求变化，民航企业利用战略柔性增加经营一条额外的城市线路或者采取其他市场应对措施（Claussen et al.，2018），共享出行企业面对动荡的互联网环境以及即时碎片化的消费营销搜索行为（朱良杰等，2018），也需要整合平台 App 等资源能力拓展新的服务市场进入新的市场。（2）新分析框架中我们进一步补充共享经济视角下供给变化的重要情境条件，同时细化分析不同类型的战略柔性的差异化作用机制。一方面，与传统行业相比，互联网环境中平台资源的供给发生了重大变化，共享经济行业面对供给不足或供给失灵、供给结构老化等问题时，其技术变革和新商业模式为引入社会资源、创新供给渠道创造了条件（余航等，2018），与传统出行行业供给渠道主要依赖企业内部不同，共享出行行业的供给渠道均整合整个社会的资源，共享经济企业面对的不仅是急剧变化的需求，还包括急剧变化的供给；另一方面，与民航业等传统出行行业的需求不可预测性相比，共享出行行业基于互联网和大数据分析技术，其需求的不可预测性已大幅度降低，克劳森理论框架中"需求的不可预测性"的调节作用在共享出行行业中没有进一步分析的必要，但与传统市场进入相比，共享经济对企业快速创造并迭代新的资源与能力提出了新的要求，共享平台企业更需要不同类型的战略柔性的差异化机制去整合差异化的供给和需求变化。

因此，我们在克劳森构建的理论框架基础上进行拓展，并整合共享经济的相关研究成果，进一步研究企业利用战略柔性进入需求和供给均发生急剧变化的市场过程中的影响因素和进入模式，从需求变化、供给变化、战略柔性的整合视角研究共享经济平台的市场进入。

一、需求变化

不断变化的需求对企业来说是一项关键的战略挑战，因为伴随着需求变化企业必须及时调整，要么向下调整以保持高水平的资源利用，要么向上调整以避免由于能力限制而错过创造价值的机会（Claussen et al.，2018）。需求变化与组织变革（Swaminathan，1991）、企业生存和新市场进入相关（Dowell et al.，2009），引起需求变化的原因有很多，包括消费者异质性、技术不确定性、消费者结构、市场竞争、制度环境以及监管环境等（Pacheco-De-Almeida et al.，2008；Vanacker et al.，2017）。需求变化给企业市场进入带来巨大挑战（Dixit et al.，1989），可能导致过度进入或不可持续市场（Bala et al.，1994）。因此，企业只有在确信自己能够应对市场需求变化的情况下，才应该进入新的市场。

人口变化。与传统企业和组织不同，杨学成和涂科（2017）通过对优步的案例研究发现，共享出行领域的价值创造模式是司机端用户与乘客端用户的C2C模式，价值创造的方式应该是用户间的价值共创。面对城市市场，格莱塞等（Glaeser et al.，2001）将城市定义为消费需求的集合体，人口增长会带来消费需求集合体的扩大。李兵等（2019）研究城市市辖区的人口增长对促进服务业创新服务品类和业务的影响，提出人口数量增长更多体现的是"人口结构的变化"，"人口结构的变化"必然带来"需求品类"的变化。索洛增长模型认为，消费者的增长会带来总产出和总需求的持续增长（胡鞍钢等，2012）。博茨曼等（Botsman et al.，2010）研究了共享经济的驱动因素，提出人口的快速增长和城市化为共享经济的服务创造了需求和相应的软硬件条件。

竞争环境。平台企业的竞争环境指平台在目标市场中将面临的实际和潜在竞争程度（Cennamo et al.，2013）。多边平台市场的竞争环境是激烈的，提供类似服务的平台争夺相同的资源和用户，这最终会导致市场的拥挤，从而加剧竞争，降低平台绩效。因此，互联网平台更趋向于选择合适的时机和细分市场进入。一方面，早期进入的平台可以瞄准利基市场，迅速扩大平台用户网络，以期占领市场；另一方面，为了避免与竞争对手进行正面竞争，后期进入的平台趋向于进入那些虽然面向少数消费者，但竞争不那么激烈的细分市场（Cennamo et al.，2013）。

二、供给变化

供给变化与市场进入关系主要研究供给不确定性（Das et al.，2007；Negahbane et al.，2016）、供给条件变化（Gui et al.，2018）、数量变化对企业或产品市场进入的影响（Golecha et al.，2016）。达斯等（Das et al.，2007）认为，产品是否出口到外国市场，要考虑生产成本变化、生产商异质性、出口补贴类型以及沉没成本等供给不确定因素。此外，企业运输条件、分销渠道、产品差异化、技术创新等供给条件的变化，提高了供给效率，影响企业、零售商市场进入决策（Gui et al.，2018）。供给量变化也会与市场结构相互作用（黄浩等，2019）。供给不足会促使其他或潜在竞争者提供替代性产品或服务（黄浩等，2019）；供给侧溢出，企业会降低初始市场进入成本以提高市场总进入率（Tan，2019）。在共享出行领域，供给数量变化和供给条件变化为网约车企业的市场进入创造了条件，资源的共享替代补充了部分传统市场的供给，产生了供给替代效应或供给补充效应（Tan，2019）。

（1）供给数量变化。共享经济条件下的供给主要有"供给侵蚀"和"供给增长"两方面变化。一方面，在经济新常态下，传统供给呈现"供给数量变化不足""供给失灵"的典型特征（余航等，2018）。供给数量变化会促使其他竞争者或潜在竞争者提供具有替代性的产品或服务（Tan，2019），出租车供给数量变化不足为共享出行企业的市场进入创造了条件。另一方面，供给数量变化会促使企业采取措施去提高有效供给，避免无效供给或供给失灵，而互联网平台的使用提高了供给效率和交易效率（Ritter et al.，2019）。

（2）供给条件变化。共享经济视角下供给的另一个变化是供给条件变化。一方面，数字化技术手段与移动设备平台为产品的供给创造了基本条件，解决了信息不对称问题（Ritter et al.，2019；Li et al.，2019），供给不确定性变化减弱；另一方面，互联网多边信息平台使得大规模个体之间的交易成为可能，经济社会体系中大量的个人闲置资源或企业闲置资源得以进入市场进行交易，产品供给不再局限于企业自营。

三、战略柔性

战略柔性是企业重新获取和重新配置其组织资源、流程和战略以应对环境变化的能力（Zhou et al.，2010；Claussen et al.，2018）。企业为应对环境变化，获取竞争优势和高企业绩效，往往应同时具备资源柔性和能力柔性两个层面的战略柔性（陶颜等，2016），资源柔性强调可被利用的资源的使用范围，能力柔性强调快速对资源使用范围和市场机会进行识别（杨智等，2010）。在互联网经济时代，市场、客户变化更快，消费、营销、搜索行为和沟通行为更即时和碎片化，新产品、新服务，包括渐进式创新和突破性创新，都以前所未有的速度进入市场，对企业资源柔性和能力柔性的要求更高。互联网企业需要变得更加柔性和反应迅速，以满足客户多样化和不断增长的需求（朱良杰等，2018）。

（1）资源柔性。资源柔性包含两个方面的含义：一是指资源具有多样的可选择性和适用性；二是指当前不能够被企业利用但能够转化为企业可利用资源的一种属性（陶颜等，2016）。资源柔性创建了处理动态环境的战略选择，使资源得以充分利用，增强企业对市场动态变化的适应能力（Sanchez，1997）。互联网企业的资源柔性反映了互联网企业与平台的资源有效地用于开发、制造、分销或营销的不同产品的能力，能否更好地利用资源布局、扩大和主导竞争市场。

（2）能力柔性。能力柔性指企业在应对环境变化的过程中，采用探索式的方式发现新资源并整合、配置它所拥有的各种资源以使资源发挥更大价值的能力选择范围（陶颜等，2016）。能力柔性能帮助企业发现新资源、降低创新所需的时间和成本，以及帮助企业进入新的市场环境。互联网企业的能力柔性反映了互联网企业与平台资源处理、使用的能力柔性化程度，在创意经济时代，企业只有具有不断拓展新资源或者挖掘新价值的能力才有可能进入市场并迅速扩张市场（杨学成等，2017；Zhou et al.，2010）。

四、分析框架

综上所述，我们构建了一个共享经济视角下企业利用战略柔性进入需求和供给均发生急剧变化的市场的研究分析框架，其中需求变化、供给变化、战略柔性是共享经济企业市场进入的重要前因条件。我们希望通过研究进一步明晰，与传统行业的市场进入相比，共享经济视角下，需求变化、供给变化与战略柔性三个前因条件的联动作用是否存在差异化的机制，影响共享出行领域平台的市场进入。

首先，以克劳森等为代表的传统行业的市场进入理论关注的是需求变化与战略柔性的相互作用对市场进入的影响，并未纳入供给变化的影响。而共享经济视角下企业市场进入面对的不仅是急剧变化的需求，还包括急剧变化的供给，如李等（Li et al.，2019）认为，业务需求的变化平台为企业创造新的市场服务提供了机会，而供给条件，即渠道共享、直接销售等的改变，为双边平台市场的进入创造了条件。由此可见，共享经济视角下，供给变化对企业快速创造并迭代新的资源与能力提出了新的要求，会对企业的战略柔性的作用产生联动影响。

其次，以克劳森等为代表的传统行业的市场进入理论提出，需求变化与战略柔性之间的相互作用会积极影响民航企业的市场进入，并未区分不同类型的战略柔性的差异化作用，而共享经济视角下的市场进入研究更为强调资源柔性的作用，如肯尼等（Kenney et al.，2019）提出，能够不断整合大量资本的新进入者能够在足够长的时间内经受住损失，战胜其他获得融资的初创平台，或取代现有的平台企业，从而主导市场。在新的整合框架下，我们关注共享经济视角下，两种不同类型的战略柔性是否会有差异化的作用机制。

最后，人口的快速增长和城市化为共享经济的服务创造了需求和相应的软硬件条件，伴随着需求急剧变化，共享经济领域的企业需要变得更加柔性和反应迅速，要具有资源柔性与能力柔性，以满足客户多样化和不断增长的需求；共享出行领域市场导向的战略柔性也是平台识别外部需求供给变化，在应对变化的行为和行动中快速地改变供给渠道并通过战略融资布局市场与竞争对手竞争，因此战略柔性与需求变化、供给变化也是联动匹配的。

在组态条件下，前因条件通过联动匹配的方式协同发挥作用（谭海波等，2019）。因此，本章将在组态视角下，试图探讨需求变化、供给变化、战略柔性三重条件究竟如何通过联动匹配来影响共享出行平台的市场进入。图 1 - 1 展示了本章的分析框架。

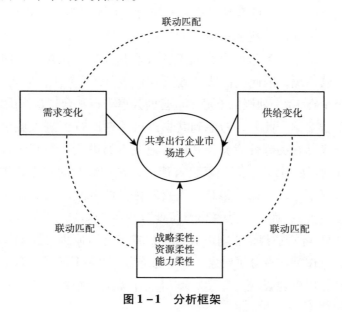

图 1 - 1　分析框架

第二节　研究方法与数据来源

一、样本和数据

共享出行领域是本章的研究对象，该领域企业进入市场的基本单位是城市，如何恰当地界定城市也很关键。我们参考了埃克豪特（Eeckhout，2004）采用的"地区"作为基本研究单位，他认为，研究单位的定义必须与研究者的研究目的相适应，因而使用数量最多、包含范围最广的统计单位"地区"作为基本研究单位。在有关中国的研究中，城市的定义也是根据不同的研究目的进行调整，李兵等（2019）将城市（地区）定义如下：如果一个地级或以上行政市包含市辖区，则将其所辖的市辖区合并视为一个"地区"，而该地级市每一个下辖县视为一个单独的城市（地区）；如果该行政单位为县级市，则直接视为一个"地区"。我们将一座城市内部的所有市辖区视为一个城市，我们认为市辖区之间的交通出行市场并没有很明显地被分割开，而市区和县之间则由于较大的交通成本、地理因素、人口分布差异而被割裂为不同的交通出行市场，因此本章数据来源的基本单位是市辖区。

据不完全统计，全国共享出行平台超过 100 个，但由于市场竞争激烈，大部分平台的市场进入犹如昙花一现，进入市场后无法运营或者只在个别三四线小城市运作，类似平台我们无法获取其准确的市场进入时间、城市以及具体运营情况，因此我们选择截至 2019 年 12 月底至少获得 30 个城市运营权或至少在 10 个地级以上城市运营的共享出行平台，最终确定了 29 个共享出行平台案例。此外，考虑到共享出行平台的首个进入城市对其进入共享出行市场具有关键性意义，其后其他城市的进入往往基于首次进入市场后的 APP 平台、技术、资源及已有能力，在较短时间内迅速扩张，平台自身能力差异不显著，而且很难全面获取各个城市的进入信息（尤其小平台获取难度更大），而且，共享出行行业分析报告对低于 20 万月度活跃用户规模（MAU）的平台企业则没有报告，基于上述原因，我们以各平台的首次进入城市作为本章分析对象，样本分布如表 1-1 所示。数据来源于城市统计年鉴、城市建设统计年鉴、城市统计局统计年鉴、公开网页资料以及天眼查数据库。

表 1-1　　　　　　　　　　　　　样本分布

共享出行平台	首先进入城市	进入市场年份	人口变化（％）	供给数量变化（％）	活跃用户规模
易到用车	北京	2010	11.5	0.0	大于20万
快的打车	杭州	2012	9.7	9.6	
滴滴出行	北京	2012	19.7	0.0	
优步打车	上海	2014	1.9	1.2	
嘀嗒出行	广州	2014	1.7	12.9	
神州专车	天津	2015	12.4	-6.4	
首汽约车	北京	2015	6.8	1.4	
曹操出行	宁波	2015	2.4	20.2	
美团打车	南京	2017	1.0	23.1	
享道出行	上海	2018	-0.3	-8.6	
东风出行	武汉	2019	4.5	6.8	
T3出行	南京	2015	2.4	-6.2	
斑马快跑	武汉	2016	11.5	0.9	小于20万
帮邦行	漳州	2017	4.8	-0.7	
AA出行	北京	2013	18.4	0.0	
飞嘀打车	北京	2015	6.8	1.4	
阳光出行	北京	2015	6.8	1.4	
900游	上海	2016	1.5	-2.2	
中交出行	深圳	2016	7.9	8.5	
风韵出行	武汉	2016	4.8	0.9	
司机点点	合肥	2016	13.0	-10.8	
优选出行	昆明	2016	4.0	-4.1	
好约车	泸州	2016	1.7	2.3	
呼我出行	重庆	2017	9.5	16.2	
万顺叫车	深圳	2017	12.0	11.7	
365约车	昆明	2019	12.2	9.0	
顺道出行	漳州	2019	2.6	-7.4	
和行约车	合肥	2019	12.1	0.0	
及时用车	淄博	2019	1.1	0.4	

二、研究方法

本章的研究问题是共享出行平台如何利用战略柔性进入需求和供给均发生巨大变化的市场，即共享平台市场进入的内在机制研究。本章采用清晰集的定性比较分析方法（csQCA）开展实证检验，主要是基于该方法能够在组态视角的基础上分析共享出行平台企业市场进入背后的多元驱动机制。在清晰集 QCA 分析中，研究者可以通过跨案例比较，找出不同条件的匹配模式与结果之间的逻辑关系，也即"哪些前因条件的组态会导致结果变量呈现积极的结果？哪些前因条件的组态会导致结果变量呈现消极的结果"（Campbell et al.，2016），在本章中，我们将战略柔性、需求变化、供给变化等前因条件纳入清晰集分析，考察这三个前因条件组态导致的市场进入的差异化结果，以此分析共享平台市场进入的内在机制研究。

本章采用清晰集 QCA 方法的原因在于：第一，本章只有 29 个样本，样本量未能达到"大样本"水平，无法对需求变化、供给变化、战略柔性的众多影响因素做有效的跨层次处理，难以通过统计方法得出稳健的结果。而运用 QCA 对小样本的跨案例比较，本章可以在识别出条件变量作用机制的基础上，确保实证结果一定程度上的外部推广度。第二，现有关于市场进入的研究表明，本章运用 QCA 可以识别出具有等效结果的条件组态，这可以帮助人们理解不同案例场景下导致结果产生的差异化驱动机制。第三，由于互联网企业往往赢者通吃，较早进入市场并具有一定客户基础的平台往往能保持相当高的市场份额和资本规模，不同平台之间某些数据跨度很大（往往 TOP 1 的企业遥遥领先于其他企业的数据总和），无法使用模糊集 QCA 合理地将变量校准为"0 ~ 1"区间的模糊集隶属分，而清晰集却可以将弱小平台的数据赋值为 0，领先企业的数据归为 1。根据马克思和杜萨（Marx and Dusa，2011）的研究，6 个前因条件只在 QCA 中只需要 16 ~ 25 个样本即可满足效度要求，本章有 29 个样本，样本数量符合 QCA 的研究要求。

为了后续的变量赋值和研究结论与讨论的需要，本章将中国共享出行市场发展时期划分为前期、中期和后期。前期是探索与市场启动期（2010年 9 月 ~2015 年 1 月），该时期的特征是企业开始尝试利用移动端进行叫车服务、对顺风车、快车市场进行初步探索，竞争程度不激烈，例如易到用车是中国第一家通过移动端进行预约用车的平台，该阶段只有少数个别进入市场的平台。中期是高速发展和激烈竞争期（2015年2月~2016年10月），该时期共享出行平台快的打车、滴滴出行、优步打车、嘀嗒出行、神州专车、首汽约车、曹操出行等纷纷进入市场并展开激烈的市场竞争，市场竞争日益激烈的重要标志是2015年2月滴滴出行与快的打车合并，双方组成一家公司加快抢夺消费者市场，该阶段的特征是网约车平台竞相进入中国各大中小城市市场并激烈争夺共享出行业务市场，企业在市场进入、融资规模、运营能力等方面展开激烈竞争。后期是规范期和成熟期（2016年11月至今），经过中期的洗牌之后，共享出行市场出现寡头竞争格局，滴滴一家独大，而且随着《网络预约出租汽车经营服务管理暂行办法》在2016年11月1日开始实施，倒逼网约车市场加速向规范化和成熟化方向发展，这一时期共享出行市场准入门槛逐步提升，对车辆、车主准入条件日趋严苛。

三、变量及校准

在清晰集定性比较分析中，赋值（calibrating）指的是给案例赋予清晰的二分（0和1）归属的过程。具体而言，研究者必须根据已有的理论知识、实际知识并结合案例情境将变量赋值为0或1。市场进入等变量的标注、测量和赋值如表1-2所示，最终构成事实分析的清晰集真值表（见表1-3）。

表1-2 　　　　　　　　　　　变量标注、测量和赋值

变量（标注）		测量标准		赋值
前因条件				
需求变化 DV	消费者变化（CV）	共享出行平台进入的城市过去三年市辖区常住人口数量变化百分比	变化百分比大于等于常住人口城镇化3年复合增长率（7.1%）	1
			变化百分比小于城镇化3年复合增长率	0
	竞争环境（CE）	共享出行平台在市场中将面临的实际和潜在竞争程度	2015年2月之后进入且目标市场为一二线城市	1
			2015年2月之前进入或目标市场为三线及以下城市	0

续表

变量（标注）		测量标准		赋值
供给变化 SV	供给数量变化（VSA）	共享出行平台进入的城市过去三年市辖区出租汽车数量变化百分比	变化百分比大于等于出租车3年复合增长率（5.2%）	1
			变化百分比小于出租车3年复合增长率	0
	供给条件变化（VSC）	共享出行平台运营的车辆的供给渠道	运营车辆主要是非平台自营	1
			运营车辆主要是平台自营	0
战略柔性 SF	资源柔性（RF）	共享出行平台获得高流动性的融资规模（轮数）	融资规模在两轮及以上（多轮融资）	1
			融资规模在一轮及以下（非多轮融资）	0
	能力柔性（CF）	共享出行平台进入的出行细分市场总数	出行细分市场总数大于等于3	1
			出行细分市场总数小于等于2	0
被解释结果				
市场进入（ME）		网约车平台月度活跃用户规模（MAU）	MAU大于等于20万	1
			MAU小于20万	0

表1-3   真值表

DV		SV		SF		ME	频数
PV	CE	VSV	VSC	RF	CF		
0	1	0	0	0	0	0	4
0	1	0	0	1	0	0	2
1	0	0	0	1	0	1	2
0	0	1	1	1	0	1	2
0	1	1	1	1	1	1	2
0	1	0	1	1	0	1	2
1	0	0	0	0	0	0	1
1	1	0	1	0	0	0	1
1	1	1	1	0	0	0	1
1	1	1	1	0	0	0	1
0	1	0	1	0	0	0	1
1	1	0	1	0	1	0	1

续表

DV		SV		SF		ME	频数
PV	CE	VSV	VSC	RF	CF		
0	0	0	0	0	0	0	1
0	0	0	1	0	1	0	1
1	0	1	0	1	0	0	1
1	1	1	0	0	0	0	1
0	0	0	0	1	0	0	1
1	0	1	1	1	0	1	1
1	0	0	1	1	1	1	1
0	1	0	1	1	1	1	1

（一）被解释结果

市场进入（market entry）。网络效应理论认为，平台公司最重要的目标之一是增加他们的活跃用户基础，活跃用户规模能够衡量平台绩效（Cennamo et al.，2013）。因此，本章用月度活跃用户规模（MAU）来衡量市场进入。共享出行市场同样存在赢者通吃（WTA）的多边市场范例，因此我们把那些 MAU 小于 20 万的市场进入赋值为 0，MAU 高于 20 万赋值为 1。

（二）前因条件

需求变化（demand variation）。需求变化包括人口变化（population variation）与竞争环境（competitive environment）。我们用常住人口城镇化复合增长率（城市市辖区常住人口增长的速度）对人口变化进行"增长快"和"增长慢"的二分。根据杨振等（2020）对中国地级行政区和直辖市的城镇化与经济发展关系的时空格局，计算出 2010 年以来中国常住人口城镇化 3 年复合增长率为 7.1%。共享平台进入前期（2010 年 9 月～2015 年 1 月），整体市场竞争较小；共享平台进入中后期（2015 年 2 月至今），市场竞争差异化较大，其中中后期进入三四线城市的市场竞争程度依然较低（例如 2018 年底，三线城市网约车市场渗透率为 5.0%），而中后期进入一二线城市的市场竞争非常激烈（例如 2018 年底，一线城市网约车市场渗透率为 40.1%）。因此，我们对在 2015 年 2 月前进入市场，或者进入非一二线城市市场的平台竞争环境赋值为 0，将中后期进入且目标市场为一二线城市的平台竞争环境赋值为 1。

供给变化（supply variation）。供给变化包括供给数量变化（variation of supply quantity）和供给条件变化（variation of supply conditions）。供给数量变化借鉴戈莱查和甘（Golecha and Gan，2016）以产品数量年度变化表示产品的供给量变化，考虑共享出行行业实际，通过出租车供给变化百分比表示，赋值结果如表 1-2 所示。供给条件变化通过渠道特征的变化表示（刘军等，2017），通过区分主要平台运营车辆是否为平台自营，将供给条件变化赋值为 0、1。

战略柔性。战略柔性包括资源柔性（resource flexibility）与能力柔性（capability flexibility）。资源柔性借鉴刘名旭和向显湖（2014）、王文华和江昕意（2020）的研究，用财务资源柔性衡量资源柔性，具体指标选取融资规模（刘名旭等，2014）。能力柔性借鉴克劳森等（2018）以"飞机类型计数"衡量民航出行企业的能力柔性，考虑共享出行市场实际，以平台进入的共享出行细分市场总数表示，二分赋值如表 1-2 所示。迄今为止，共享出行领域主要有六个出行细分市场，即出租车、快车、顺风车、专车、租车和城际拼车，不同的出行细分市场对车型和载客容量有不同的要求。

第三节　共享经济市场进入前因条件构型分析

本章使用 fsQCA3.0 软件对真值表进行实证分析，QCA 实证分析包括必要性与充分性分析、前因条件构型分析。在对条件组态进行构型分析前，研究者首先要逐一对各个条件的"必要性（necessity）"和"充分性（sufficiency）"进行单独检验，前因条件的必要性与充分性分析如表 1-4 所示。其次，需要对上述多项前因条件进行构型分析，构型指用以解释某一结果集合的前因条件组态，构型分析就是条件组态分析，即驱动某一结果的路径分析，该路径能够比较清晰地表明各个条件在组态中的相对重要性（谭海波等，2019）。以 0.8 为 PRI 一致性门槛值、1 为样本频率阈值对影响共享出行平台的前因条件构型进行识别，得出复杂解。然后设定简单类反事实前因条件（本章设置资源柔性为必定存在的条件，因为资源柔性为必要条件），通过简单类反事实条件分析和困难类反事实分析得出简约解和中间解。若前因条件同时出现于简约解和中间解中，则标记为核心条件，若前因要素仅出现在中间解而未出现于简约解，则标记为边缘条件，得出共享出行平台市场进入的前因条件构型如表 1-5 所示。

表 1-4　　　单项前因条件对市场进入的必要性与充分性分析

前因条件	前因条件的必要性		前因条件的充分性	
	ME	~ME	ME	~ME
PV	0.333	0.412	0.364	0.636
~PV	0.667	0.588	0.444	0.556
CE	0.500	0.706	0.333	0.667
~CE	0.500	0.294	0.545	0.454
VSA	0.417	0.235	0.556	0.444
~VSA	0.583	0.765	0.350	0.650
VSC	0.833	0.471	0.556	0.444
~VSC	0.167	0.529	0.182	0.818
RF	1.000	0.118	0.857	0.143
~RF	0.000	0.882	0.000	1.000
CF	0.791	0.235	0.500	0.500
~CF	0.442	0.765	0.381	0.619

表 1-5　　　　共享出行平台市场进入的前因条件构型

前因条件	资源柔性—资源共享—需求基础		资源柔性—资源共享—需求增长	资源柔性—专业化供给—供需缺口	战略柔性—资源共享—供需缺口
	C1	C2	C3	C4	C5
DV					
PV	⊗	⊗		●	●
CE		●	⊗	⊗	⊗
SV					
VSA			●	⊗	⊗
VSC	●	●	●	⊗	●
SF					
RF	●	●	●	●	●
CF	⊗		⊗	⊗	●

前因条件	资源柔性—资源共享—需求基础		资源柔性—资源共享—需求增长	资源柔性—专业化供给—供需缺口	战略柔性—资源共享—供需缺口
	C1	C2	C3	C4	C5
CS	1	1	1	1	1
RCV	0.417	0.500	0.167	0.167	0.083
UCV	0.083	0.250	0.083	0.167	0.083
SCS	1				
SCV	1				

注：①●或 ● 表示该条件存在，⊗或 ⊗ 表示该条件不存在，"空白"表示构型中该条件可存在、可不存在；●或⊗表示核心条件，●或⊗表示边缘条件。②CS 表示一致率（consistency），RCV 表示原始覆盖率（raw coverage），UCV 表示唯一覆盖率（unique coverage），即由该构型独立解释，不与同一被解释结果的其他构型重合的覆盖率；SCS 表示解决方案一致率（solution consistency），SCV 表示解决方案覆盖率（solution coverage）。

一、单项前因条件的必要性与充分性分析

如表 1-4 所示，所有单项前因条件对共享出行平台市场进入均不构成充要条件，但资源柔性是共享出行平台市场进入的必要条件。首先，从必要性来看，资源柔性具有 1 的必要性水平，超过临界值 0.9，资源柔性为共享出行平台市场进入的必要条件，其余各前因要素对共享出行平台市场进入的解释力均未超过临界值 0.9，既不构成也不近似于必要条件。其次，从充分性来看，各前因要素的充分性水平均较低（未超过临界值 0.9），因此各因素不能构成共享出行平台市场进入的充分条件。基于此，可以认为这些单项条件均不能构成市场进入的充要条件。

二、网约车市场进入前因条件构型分析

如表 1-5 所示，所得 5 个前因条件构型（C1、C2、C3、C4、C5，合并后变为 4 个）的一致性均为 1，说明现有前因条件组合中的所有样本都满足一致性条件，即所得的所有前因构型都能促进平台市场进入。而总一致性指标也为 1，说明目前所得的前因构型涵盖了所有可能促进平台市场进入的前因条件组态。

（一）"资源柔性—资源共享—需求基础型"（C1 + C2）

C1 构型（$\sim PV * VSC * RF * \sim CF$）表示：具备强大资源储备和配置能力的共享出行平台，如果能够增强社会资源的共享程度并选择市辖区常住人口很高（城镇化达到一定水平）的目标市场先行进入，虽然未向更多的出行细分市场进行能力拓展，仍能促进平台的市场占有。C2 构型（$\sim PV * CE * VSC * RF$）表示：具备强大资源储备和配置能力的共享出行平台，如果能够增强社会资源的共享程度并选择城镇化水平很高的目标市场先行进入，虽然目标市场竞争环境激烈，仍能促进平台的市场占有。这表明互联网企业对能够在不同细分市场之间切换的能力柔性要求不高，往往只需利用资本推动在利基市场站稳脚跟，就能够凭借强大的用户基础，获取市场份额。C1 和 C2 构型中，都包含高资源柔性、高供给渠道变化两个核心条件，竞争环境和能力柔性的影响不那么重要，因此我们将其命名为"资源柔性—资源共享—需求基础"型。资源柔性使企业采取积极的策略（低价渗透、"零抽成"福利）来扩展其用户群和稳定的战略投资方，以最大化市场进入的利润水平。互联网平台的发展解决出行需求端的盲目等待和信息不对称问题，对传统的路边叫车的打车渠道进行替代，共享出行平台通过"去中介化"为传统出行产业引入一种替代性的商业模式。以美团打车为例，美团点评集团公司依托美团自有平台发现活跃用户中有巨大的出行需求，通过 A 轮融资后，美团打车于 2017 年 2 月在南京上线。2017 年 10 月完成新一轮 40 亿美元融资，迅速升级组织架构并成立出行事业部、升级出行场景（到店、到家、旅行），紧接着 12 月同时在全国 7 个大城市上线并宣布司机成功注册成为美团打车平台车主，可以享受三个月的"零抽成"福利。[①] 虽然美团打车上线时市场竞争已经激烈，但美团仍凭借着强大的资金资源和大城市用户强大的需求基础占有一定的市场份额。

（二）"资源柔性—资源共享—需求增长型"（C3）

C3 构型（$\sim CE * VSA * VSC * RF * \sim CF$）表示：具备强大资源储备和重新配置的共享出行平台，如果能够增强社会资源的共享程度并在需求快速增长的时机进入市场，虽然没有进入多个出行市场的能力柔性，仍能促

---

① 资料来源：新浪财经，《美团点评完成 40 亿美元融资 CEO 宣布进入社会企业阶段》，2017年 10 月。

进平台的市场占有。其中，高资源柔性、高供给渠道变化和低竞争环境为核心条件，高供给数量变化和低能力柔性为边缘条件，因此我们将其命名为"资源柔性—资源共享—需求增长"型。长期以来，"打车难"是许多大城市的常态，尤其是在早晚高峰时刻。尽管一些大城市出租车供给是增长的，但难以弥补资源城市出租车资源严重不足的现状。以嘀嗒出行为例，嘀嗒出行的最初业务就是以车主和乘客顺路搭乘拼车的顺风车共享出行路线与空余车座，顺风车车源来自城市私人载客汽车的车主。嘀嗒出行能够合理有效地调动已有社会资源，由于缺少顺风车业务的竞争对手，嘀嗒出行的顺风车业务迅速在全国覆盖。在经过 D 轮融资之后，嘀嗒出行已在出行市场牢牢站稳脚跟，最终成长为活跃用户数量第二的共享出行平台。

（三）"资源柔性—专业化供给—供需缺口型"（C4）

C4 构型（PV＊～CE＊～VSA＊～VSC＊RF＊CF）表示：具备强大资源储备和重新配置的共享出行平台，如果能够增强自身资源的专业化程度并在缺少竞争对手的时机、选择供需缺口的目标市场先行进入，能积极促进共享出行平台的市场占有。其中，高资源柔性、高人口变化和低竞争环境为核心条件，低供给变化和低能力柔性为边缘条件，因此我们将其命名为"资源柔性—专业化供给—供需缺口"型。以神州专车为例，其于2015 年 1 月在天津上线。2012～2014 年天津市辖区常住人口增长了12.4%，出租车供给减少了 6.4%，呈现了巨大的供需缺口。神州专车采用"专业车辆，专业司机"的 B2C 运营模式，车辆均为来自神州租车的正规租赁车辆，并和专业的驾驶员服务公司合作，为中高端群体打造"随时随地，专人专车"的专业化服务供给。神州专车通过 8 轮融资，让更多的大型企业成为其股东，提高市场估值，对 B2C 专车模式进行拓展，努力追求"长尾效应"。[①]

（四）"战略柔性—资源共享—供需缺口型"（C5）

C5 构型（PV＊～CE＊～TSV＊SCV＊RF＊～CF）表示：具备强大资源

[①] 资料来源：李鸿诚：《共享经济："双创"背景下的共享模式创新》，企业管理出版社，2017 年 1 月。

储备和配置能力的共享出行平台，如果能够增强社会资源的共享程度并在缺少竞争对手的时机、选择供需缺口的目标市场先行进入，并不断增强其在多个细分出行市场的能力柔性，最终能够主导市场。其中，高资源柔性、高供给渠道变化、高人口变化、低竞争环境为核心条件，高能力柔性与低供给变化为边缘条件，在这条路径中，高水平的市场进入是由战略柔性、需求变化和供给变化的协同并发效应实现，战略柔性表示企业应对外界动态变化的适应或调整的能力，因此我们将其命名为"战略柔性—资源共享—供需缺口"型。该构型的典型代表是市场份额与市场用户规模遥遥领先于其他竞争对手总和的滴滴出行。滴滴出行于 2012 年 9 月 9 日在北京上线，这是国内较早进军出租车市场和快车市场的网约车平台，2009 ~ 2012 年北京市辖区常住人口激增需求增长巨大，而供给却无变化。滴滴出租车业务利用移动互联网解决供需缺口条件下盲目打车与路边等待的问题，颠覆了路边拦车的概念，将线上与线下融合，提高打车效率与用户体验。滴滴快车无需预约，是一种即时叫车拼车的业务，借助社会闲置车辆和运力，缓解城市高峰期运力短缺的问题。为了与竞争对手竞争和扩大市场，滴滴先后进行多轮融资，融资规模超 200 亿美元。而且滴滴业务涵盖了六大出行细分市场，其可以在每个细分市场占领一定的用户规模，能够满足用户的不同个性化需求（一款滴滴就可以解决大部分的出行需求），凭借强大的资源柔性和能力柔性成为该市场占有率最高的行业龙头。

第四节　共享经济市场进入机制的研究结论与讨论

一、研究结论

本章以 29 个获取城市运营权数量最多的网约车平台为研究样本，通过 csQCA 方法探讨了需求变化、供给变化、战略柔性共同作用下，共享出行平台市场进入的内在机制，主要研究结论如下所述。

第一，共享出行平台市场进入有四种基本模式："资源柔性—资源共享—需求基础型""资源柔性—资源共享—需求增长型""资源柔性—专业化供给—供需缺口型""战略柔性—资源共享—供需缺口型"，这四种基本模式中资源柔性均为核心条件。资源柔性推动企业采取积极的市场进入策略最大化利用其用户群和资源，主导策略是通过选择最快增长的功能需求定位来快速赢得市场，即大众市场领导者的地位，例如滴滴率先进入出租车与快车市场并通过多轮融资以价格战与竞争对手正面竞争，成功合并快的打车与中国优步，是中国共享出行市场的"巨无霸"。资源共享以激活沉淀的闲置资源，增加经济社会体系内产品或服务的供给量，形成巨大的"产能供给池"，替代或补充传统供给的不足。例如，北京私家车上座率仅为1.2人左右（Negahban et al.，2016），资源共享的供给替代效应的实质在于共享经济双边或多边信息平台通过共享资源的模式填补了供给的不足。面对供需缺口的市场，共享出行平台通过传统出租汽车接入共享出行平台和吸收社会私家车辆加入应对低供给变化、高需求变化的现状，利用网约车共享出行平台"去中介化"和解决信息不对称，对传统的打车和租车渠道进行补充乃至替代。

第二，"资源柔性—资源共享—需求基础型"是共享出行市场进入的主导构型，包含不同共享出行市场发展时期进入市场并取得高水平市场规模的平台数最多，能够解释绝大部分共享经济企业的市场进入模式，如表1-6所示。首先，资源共享的供给替代与补充效应改变了传统经济的供给端，资源共享是一种经济的可持续发展模式。传统经济的供给主要是由企业内部组织提供的资源和能力组成，因此传统的市场进入理论从资源基础观的角度出发，强调企业内部资源的重要性（Tuppura et al.，2008），而随着经济发展对于资源需求量的日益增长，现有的供给和消费体制不足以支撑经济社会的可持续发展。资源共享的动机基于提高存量资源利用率，并获取一定收益，"闲置资源—暂时转移或共享使用权—获取收益"形成动态的产业闭环，具有内在张力和可持续性。其次，互联网平台的渠道替代效应和大众共同参与能够迅速弥补供需缺口。供给结构老化一直是困扰经济供给侧的难题（余航等，2018），共享出行企业利用社会资源和平台渠道更新供给结构、放松供给约束、解除供给抑制，体现了新供给主义的理论创新。互联网平台在信息匹配功能方面，对于传统渠道具有更好的替代性，能够进行有效的供需匹配。利基先驱平台与大众市场参与者共同演化以促进市场进入（Schaltegger et al.，2016），这些共享出行平台全部在具有强大的需求基础的副省级以上城市优先进入，然后再逐步通过资源柔性扩大市场。

表 1 - 6　　　　　每种构型的解释案例分布、解释案例覆盖率

构型	解释案例（进入年份）	解释案例覆盖率（%）
C1 + C2	优步（2014）、嘀嗒出行（2014）、首汽约车（2015）、曹操出行（2015）、美团打车（2017）、享道出行（2018）、T3 出行（2019）、东风出行（2019）	66.67
C3	快的打车（2012）、嘀嗒出行（2014）	16.67
C4	易到用车（2010）、神州专车（2015）	16.67
C5	滴滴出行（2012）	8.33

第三，从供给特征来看，在共享出行市场发展前期进入市场的平台供给渠道主要是社会供给、自营供给，中后期进入共享出行市场的平台供给渠道主要是主机厂/车企供给，如表 1 - 7 所示。前期进入共享出行市场的企业要么通过互联网平台减少信息不对称并为客户提供专业化的用车服务，要么整合社会资源对传统的供给端进行替代或补充。随着市场日渐饱和、竞争愈发激烈、社会资源被充分利用、合法化和规范化下市场准入门槛提高，后期进入共享出行市场的平台很少能成功打开共享出行市场，往往只能在一两个三四线小城市运作。但具有主机厂/车企背景的平台企业可以提供更标准化的服务和更标准化的车辆，而且有强大的资源支持，在汽车市场低迷的时候，不少传统汽车企业纷纷与平台企业进行战略合作布局共享出行领域，将重资产用于社会共享或将政府鼓励的新能源汽车推向市场，在共享出行市场中占有一席之地。

表 1 - 7　　　　　高水平市场进入平台的供给渠道特征

平台（进入年份）	供给渠道特征
易到用车（2010）、神州专车（2012）	专业化的自营供给
快的打车（2012）、滴滴出行（2012）、嘀嗒出行（2014）、优步（2014）、美团打车（2017）	大范围社会资源共享的社会供给
首汽约车（2015）、曹操出行（2015）、享道出行（2018）、T3 出行（2019）、东风出行（2019）	高品质汽车共享的主机厂/车企供给

第四，从战略柔性看，共享出行平台企业的资源柔性比能力柔性更加重要，不具备资源柔性的企业盲目追求能力柔性而使发展战略与目前市场竞争格局不匹配，往往比只拥有资源柔性的平台市场规模要低。在主要的四种构型中，资源柔性都是必要条件，能力柔性都是边缘条件，这主要是

因为共享出行平台市场是利基市场，企业如果能够采取有效的资源配置行动快速抓住大众出行需求，成功把握利基市场，迅速获得竞争所需的大规模用户基础，从而持续获得领先优势。而如果资源柔性较弱，在巨大需求的利基市场竞争初期落败，平台可能会被迫将利基市场拱手让给竞争对手，转而在规模较小、利润较低的其他市场展开竞争（Cennamo et al.，2013），由于这个原因，大多数平台倾向于通过资源快速行动争夺市场份额，抢占利基市场。

二、研究理论贡献

第一，在整合传统的市场进入理论研究和共享经济的相关研究基础上，构建了一个整合的理论分析框架，拓展了市场进入和共享经济的理论研究。虽然已经有大量研究围绕着传统企业市场进入的影响因素问题展开了理论和实证研究，但传统市场进入研究主要关注需求变化、战略柔性等因素对传统企业市场进入的影响，而共享经济市场进入的相关研究目前主要从社会和企业运营两大视角关注共享经济对市场进入的影响和企业的市场进入策略调整，研究还不够系统深入，尚未能将企业内部和外部等不同视角的资源、能力、供给需求变化等整合起来分析共享经济的市场进入影响机制。本章在克劳森等构建的理论框架和共享经济相关研究的基础上进行拓展整合，进一步研究了共享经济视角下企业利用战略柔性进入需求和供给均发生急剧变化的市场过程中的影响因素和市场进入的内在机制，综合研究需求变化、供给变化、战略柔性对共享经济视角下企业的市场进入的组态构型作用。本章在克劳森等的研究基础上进一步细化和拓展了共享经济视角下需求变化、供给变化、战略柔性共同影响企业市场进入模式的影响机制。

第二，本章基于新的整合框架的分析研究，与传统市场进入理论和共享经济理论进行了对话，进一步细化和拓展了共享经济视角下不同类型的战略柔性的差异化作用机制。研究发现，共享经济视角下，企业资源柔性是影响共享经济出行企业市场进入的核心因素。在动态的市场环境中，资源共享的供给替代与补充效应改变了传统经济的供给端，这是与传统行业市场进入的重要差异。本章研究与克劳森等基于传统行业和肯尼等为代表的共享经济研究进行对话，进一步拓展和细化了不同类型的战略柔性的差异化作用，同时回应了肯尼等为代表的共享经济视角下资源柔性的核心作用。

第三，本章通过把供给变化纳入传统市场进入的理论分析框架，进一步拓展了共享经济视角下供给变化的独特作用机制。相比于传统经济的供给主要是由企业内部组织提供的资源和能力组成，共享经济的供给替代与补充效应改变了传统经济的供给端，提高存量资源利用率，"闲置资源—暂时转移或共享使用权—获取收益"形成动态的产业闭环，具有内在张力和可持续性，是一种经济的可持续发展模式。此外，供给条件变化是影响共享经济出行企业市场进入的主要因素。在共享出行市场发展不同时期进入市场的平台的供给渠道具有一定的时间差异性，在共享出行市场发展前期进入市场的平台供给渠道主要是社会供给、自营供给，中后期进入共享出行市场的平台供给渠道主要是专业化供给。

第四，本章研究提供了一个方法论角度，将构型视角应用于市场进入理论研究，这对研究者突破现有研究框架、谋求理论创新具有重要意义，在管理学中应用将更为广泛。

三、研究实践贡献

本章为共享出行平台市场进入战略及资源整合模式提供了一些实践启示。

首先，本章对共享经济平台如何理性进入新市场提供了实践启示。研究表明，在共享出行市场发展前期，选择竞争环境相对宽松的时机及供需缺口较大的目标市场进入，如果具备强大资金支持，更容易主导市场。但对于发展中后期的共享经济平台，更多需要的是凭借其强大的用户基础，不断整合社会资源，并不断增强其在多个细分出行市场的战略柔性，才能较好地确保市场进入的有效性。当前，共享经济发展在从追求规模和速度的粗放型模式向注重质量和效率的集约型模式转型的过程中，众多共享经济平台应该注重时机选择，增强企业的战略柔性，尤其是增强资源柔性，从市场盲目扩张向理性进入转变。

其次，本章对共享经济资源整合模式提供了实践启示。供给结构老化是长期困扰我国经济发展的难题，我国政府提出以"创造新供给、刺激新需求"为目标的供给侧结构性改革，共享出行企业利用社会资源和平台渠道调整供给结构、放松供给约束、解除供给抑制，是供给侧结构性改革的成功实践。研究表明，共享平台在不同发展时期可以针对性选择差异化的资源供给方式和共享资源整合模式，如在共享出行市场发展前期进入市场的平台供给渠道主要是社会供给、自营供给，中后期进入共享出行市场的平台供给渠道主要是主机厂/车企供给，以更好地整合社会资源，确保市场进入的有效性。

四、研究不足及局限

本章目前仍存在以下局限：首先，影响共享经济企业市场进入的前因条件还包括制度环境、企业资源基础、人均受教育程度等，受样本数量等条件限制未纳入研究框架；其次，市场进入时机跨度较大，对样本自身的演进变化未充分考虑；最后，样本均为典型共享出行平台，研究结论是否对其他共享出行平台或其他共享经济行业具有普适性仍具有不确定性，需要在未来研究中做进一步分析。

第二章　数字化、商业模式创新和中小企业绩效

随着诸如大数据、云计算、人工智能等数字技术逐步改变工业经济的根本，现代社会已经进入了数字化经济时代。在这一时代，数字技术改变了原有产品的基本型态、新产品生产过程的方式、商业模式和组织型态，甚至颠覆了许多创新理论的基本假设（刘洋等，2020）。数字技术被定义为信息（information）、计算（computing）、沟通（communication）和连接（connectivity）技术的组合（Bharadwaj et al.，2013）。过去十年，在数字技术驱动下，商业企业已经经历了许多转型，极大地改变了公司与客户开展业务的方式以及产品/服务的开发、制造和交付方式，这一转型会深刻改变企业的价值架构，该架构由价值主张、价值创造和传递以及价值获取机制组成，并且是公司经营战略的体现，改变公司的价值架构就会创造商业模式创新（BMI）。

企业之间的竞争不仅局限于差异化产品、关键性资源、核心能力之间的竞争，还包括商业模式的竞争、生态系统的竞争以及企业创新能力的竞争，商业模式创新被认为是未来竞争优势的来源。经济全球化以及数字技术的飞速发展改变了企业的运营环境，动态多变的环境给企业提出了新的挑战，同时也带来新的机遇，企业创新驱动和创新绩效将受到多方面因素的影响，但学者们指出商业模式创新才是企业实施创新驱动战略和获取创新绩效的关键点。数字化可以为企业创造数字资源、数字化能力、数字平台/生态系统，这些都构成数字商业环境下企业的竞争基础，而数字商业模式创新更是企业保持竞争优势的关键。

新产品和服务、新生产和经营管理、新商业模式和新市场对于企业绩效至关重要，企业追求绩效是永恒的主题，探索企业绩效的关键决定因素一直是战略管理领域的核心。国内外学者都对企业绩效的影响因素进行了大量的实证研究，商业模式（Clauss et al.，2017）、动态能力（Wilden et al.，2013）、战略导向（Tenhiala et al.，2018）、竞争战略等都是企业绩效

的重要前因变量。商业模式的创新必然提高企业产品或服务在市场上的认可度、组织内外部资源的利用效率、产生模仿壁垒、创造新竞争优势，最终促进企业绩效的提高①。动态能力能提高组织内外部资源的配置效率和以更高效的方式创造价值，进而影响企业绩效。因此，以数字动态能力和数字创新为核心的数字化对于企业提高运营绩效、财务绩效和获取竞争优势至关重要。

本章以长三角地区有数字技术应用背景的各类企业为例，将商业模式创新纳入数字化和企业绩效关系当中，分析其内在作用机制。在理论分析的基础上构建三者关系的框架模型，揭示数字化情境下数字化对企业绩效影响机制的内在逻辑。特别考虑中国数字化情境下的商业模式创新研究是一个不断完善和深入探索的研究领域，这些问题的解决对中国企业自身成长与发展有着极为重要的启示意义。

第一节　理论框架与研究假设

一、数字化和商业模式创新

亨弗里德森（Henfridsson）等②、斯尼胡尔（Snihur）等③众多学者都认为，数字商业模式创新是数字创新、数字化转型、数字化赋能的重要结果。从技术范式理论的角度来看，数字化包含了获取高数字性的信息和处理分析数据两个部分，数字化具有高价值性、高数字性和高创新性的本质特征，常常会破坏市场或行业既定的规则、命令、信念和价值观，破坏现有技术能力和市场联系，从而使企业的价值主张和价值创造的方式发生变化；从动态能力的角度来看，企业通过数字化获得数字智力能力、数字连接能力、数字分析能力等高阶动态能力，这些动态能力赋能企业捕捉用户深层次的

---

① 庞长伟等：《整合能力与企业绩效：商业模式创新的中介作用》，载《管理科学》2015 年第 5 期。

② Henfridsson O, Nandhakumar J, Scarbrough H, et al., "Recombination in the Open-End-ed Value Landscape of Digital Innovation", *Information and Organization*, Vol. 28 No. 2, 2018, pp. 89 – 100.

③ Snihur Y., Thomas L. D., Burgelman R. A, et al. "An Ecosystem-Level Process Model of Business Model Disruption：The Disruptor's Gambit", *Journal of Management Studies*, Vol. 55 No. 7, 2018, pp. 1278 – 1316.

需求，促进了企业的资源整合和常规能力的提升；从生态系统的角度来看，数字平台和数字生态系统加强了社会的大规模协作、激发了用户的参与和创新意识，给企业的价值创造方式带来新的机会，利益相关者可以嵌入价值创造系统的任一位置，而平台和生态系统的虚拟性、增值性和网络效应给企业价值捕获的模式带来了更多的可能。

科特马基（Kohtamaki et al.，2020）等基于服务管理视角将数字化分为四个维度：销售支持的数字化、服务支持的数字化、数字化分析支持、数据整合和访问支持。销售支持的数字化指"通过数字化的技术来运作销售活动，使销售组织能够准确获取客户的信息与竞争对手的信息，或使销售组织能够将潜在客户安排给合适的销售人员、为客户提供定制化的报价以及以自我指导的方式执行客户的购买活动"。服务支持的数字化指"高级服务可以以数字服务交付流程为基础，并探索如何利用数字技术（大数据和物联网）来发现新服务的机会"[①]。数字分析支持指"企业有效部署技术和人才来捕获、存储和分析数据，通过实现高速捕获、发现和/或分析，从海量的各种数据中经济地提取价值，分析出实现价值最大化利益的客户的主要关注点"。数据整合和访问支持指"企业以数字技术为核心、以数字数据为载体，将产品、知识、信息、消息、图像和文字等数字资源存储于以数字网络为基础的虚拟空间，客户[②]可以通过开放接口访问数字资源，企业可以整合既有数字资源"。

商业模式有三个核心维度——价值主张、价值创造、价值获取，因此，学者认为，商业模式创新即是这三个核心价值维度的创新。价值创造创新指企业创造价值途径的创新，通过采用新的技术/设备、构建新的企业能力、设计新的流程或者与合作伙伴建立新的合作关系，实现商业模式创新[③]。价值主张创新反映企业为了实现产品或服务的核心内容或抓住新的商业机会而创造的新产品/服务、新的客户关系、新的市场和新的渠道等，揭示了企业产品和服务努力与顾客的需求变化的方向保持一致。价值捕获创

---

①　Raddats C., Kowalkowski C., Benedettini O., et al. "Servitization: A Contemporary Thematic Review of Four Major Research Streams", *Industrial Marketing Management*, Vol. 83 No. 3, 2019, pp. 207 – 223.

②　谢卫红等：《高管支持、大数据能力与商业模式创新》，载《研究与发展管理》2018 年第 4 期.

③　Zott C. and Amit R., "Business Model Design: An Activity System Perspective", *Long Range Planning*, Vol. 43 No. 43, 2010, pp. 216 – 226.

新指企业创造收益和利润的机制随着需求环境的变化而产生的动态调整，包括新的收益模式和新的成本结构。综上提出如下假设。

假设 2 - 1：数字化对企业商业模式创新有正向影响作用。

假设 2 - 1a/2 - 1b/2 - 1c/2 - 1d：销售支持的数字化/服务支持的数字化/数字化分析支持/数据整合和访问支持对价值创造创新有正向影响作用；假设 2 - 1e/2 - 1f/2 - 1g/2 - 1h：销售支持的数字化/服务支持的数字化/数字化分析支持/数据整合和访问支持对价值主张创新有正向影响作用；假设 2 - 1i/2 - 1j/2 - 1k/2 - 1l：销售支持的数字化/服务支持的数字化/数字化分析支持/数据整合和访问支持对价值获取创新有正向影响作用。

二、商业模式创新与企业绩效

在动荡的商业环境中，企业的绩效在很大程度上取决于企业商业模式的再创新，例如佐特和阿米特（Zott and Amit）、庞长伟等、克劳森（Clauss）等众多学者都曾实证研究商业模式创新实施对企业绩效的积极影响。本章认为，商业模式创新的实施主要通过开发新机会和提供新的价值主张创造新价值、提高企业的价值获取能力、加强组织内外部资源与能力的协调配合、产生模仿壁垒[①]、为企业创造新竞争优势，从而提高企业的短期或长期绩效。因此，本章提出如下假设。

假设 2 - 2：商业模式创新对企业绩效有显著的正向影响。

假设 2 - 2a/2 - 2b/2 - 2c：价值创造创新/价值主张创新/价值捕获创新对企业短期绩效有显著的正向影响；假设 2 - 2d/2 - 2e/2 - 2f：价值创造创新/价值主张创新/价值捕获创新对企业长期绩效有显著的正向影响。

三、数字化与企业绩效

数字化是企业在数字经济时代生存的全过程，在这个过程中，企业通过数字技术支撑、数字平台赋能、数字创新与数字转型改变组织结构设计、商业模式设计，提高运营效率和组织绩效，构建持续竞争力。

（1）数字技术在产品、流程、组织和商业模式设计中的广泛使用可大

---

① Zott C. and Amit R., "Business Model Innovation: Creating Value in Times of Change", *Universia Business Review*, Vol. 23, 2009, pp. 108 - 121.

幅提升运营绩效。第一，数字产品具有监测、控制、优化和自动四大类功能，其中控制、优化和自动这三类功能可以显著提升企业的运营效率。第二，数字过程创新和数字组织创新的核心就在于数字技术的组合改变了创新流程和组织形式，进而提升组织运营绩效。第三，企业通过应用数字技术催生的效率型商业模式创新改变其价值创造的途径，为客户更高效地创造价值，提高了运营效率、降低了成本。

（2）数字创新为企业带来长期绩效。第一，数字产品创新为客户创造了新的价值，而且，数字产品创新的自生长性意味着随着时间的累积可以催生新的创新出现，进而为企业长期绩效带来正向影响。第二，数字过程创新和数字组织创新可以提升企业的动态能力进而帮助企业提高新产品的数量并增加绩效。第三，数字商业模式创新改变了原有企业价值获取以及价值创造的方式，价值主张更多反映客户和消费者的深度需求，消费者更愿意为价值主张付费，使得企业在价值空间中更加高效地获取和创造价值，企业因而能够灵活地应对环境变化进而实现卓越的绩效。因此，提出以下假设。

假设 2 - 3：数字化对企业绩效有显著的正向影响。

假设 2 - 3a/2 - 3b/2 - 3c/2 - 3d：销售支持的数字化/服务支持的数字化/数字化分析支持/数据整合和访问支持对企业短期绩效有显著的正向影响；假设 2 - 3e/2 - 3f/2 - 3g/2 - 3h：销售支持的数字化/服务支持的数字化/数字化分析支持/数据整合和访问支持对企业长期绩效有显著的正向影响。

四、商业模式创新的中介作用

通过对数字化与商业模式创新的关系、商业模式创新与企业绩效的关系、数字化与企业绩效的关系描述中，不难看出，在数字化商业环境中，商业模式创新能够促进企业对市场和客户的数字信息进行有效地识别与处理、灵活地应对环境变化，卷入大量用户参与到企业的价值创造活动中，挖掘出具有潜在价值的产品/服务，通过一系列的价值结构设计（价值主张创新、价值创造创新、价值捕获创新），使得企业在价值空间里更高效地创造和获取价值，进而实现卓越的绩效。因此，提出以下假设。

假设 2 - 4：在数字化商业环境中，商业模式创新对于数字化与企业绩效的关系具有中介作用。

综上所述，本章构建数字化、商业模式创新和企业绩效之间关系的理论模型，如图 2-1 所示。

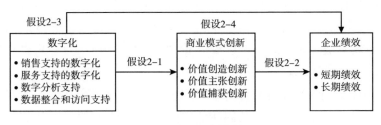

图 2-1　理论模型

第二节　研究设计与实证分析

一、研究样本与数据收集

本章研究选取长三角地区各类企业作为样本。特别地，结合本章的需要，尽可能选择有大数据、数字化技术应用背景的制造业、服务业企业。长三角地区经济实力较为发达，新兴数字化技术应用程度较高，创业浪潮较为活跃，中小型企业广布、大型企业实力雄厚，企业对区域经济的贡献力和在全国的影响力非常强大。制造业与服务业水平均处于全国前列，更符合本章需要，对于本章也更具实践意义和理论意义。采用问卷调查方法，依托同学、关系团队以及教师的校内外社会资源，网络问卷和纸质问卷同时进行，问卷发放对象主要是来自有大数据应用背景的制造业企业。纸质问卷主要通过向各个学校的 MBA 学员及其他关系渠道走访企业相关从业者等形式发放。网络问卷主要以问卷星、微信、电子邮件等各种渠道扩散。数据收集时间从 2020 年 4 月至 2020 年 8 月，共经历 4 个多月。针对回收的问卷，剔除纸质问卷题项缺失的、电子问卷和纸质问卷题项作答全部是同一评分的、存在人为的规律性作答、电子问卷填写时间过短（低于 60 秒）等问卷，剩余问卷视为有效问卷。其中，实地访谈发放问卷 566 份，回收 309 份，有效问卷 138 份；电子问卷发放问卷 600 份，回收 468 份，有效问卷 330 份。总计问卷发放 1166 份，问卷回收 777 份，有效问卷 468 份。问卷回收率为 54.80%，回收问卷有效率为 60.23%，具体样本情况如表 2-1 所示。

表 2-1　　　　　　　　　　样本企业特征　　　　　　　　单位:%

类别	类型	频率	类别	类型	频率
企业性质	国有/国有控股企业	16.88	所属产业	农业	7.69
	民营企业	65.38		制造业	21.79
	外商独资/合资企业	14.53		服务业	68.80
	其他	3.21		其他	1.71
企业规模	50 人以下	33.12	职位等级	普通员工	26.92
	51~100 人	27.56		基层管理者	42.31
	101~500 人	28.85		中高层管理者	23.29
	500 人以上	10.47		所有者	7.48
企业年限	1 年以下	7.69	教育程度	高中及以下	10.68
	2~5 年	34.19		中专或大专	32.05
	6~10 年	35.04		本科	47.01
	10 年以上	23.08		硕士及以上	10.26

注:N=468。

二、变量测量

本章在梳理数字化、商业模式创新和企业绩效方面的文献的基础上,选取已有的、多次被检验的并获得学术界广泛认可的国内外相关领域的成熟量表构成本章的初步测量量表。为了保证题项的精准性,对部分来自英文文献的原始测量题项,委托外语专业的研究生同学进行严谨地回译,再邀请学校教授对问卷题项进行逐一确定,直到达成一致意见。其中,数字化的测量采用科特马基等基于服务管理的能够体现数字服务化、数字化能力、客户体验与参与等内容的四维度量表,数字化销售支持有如"本公司的数字化程度,能够为销售人员提供销售领域的客户信息"等 4 个题项,数字化服务支持有如"本公司的数字化能力,允许客户支持部门访问所有功能区的客户交互数据"等 4 个题项,数字分析支持有如"本公司的数字化程度,能够评估渠道的性能"等 5 个题项,数据整合和访问支持有如"本公司的数字化程度,能够将客户交易数据与外部数据源相结合"等 3 个题项。商业模式创新采用克劳森(2017)首次创建的并由郭海和韩佳平(2019)结合中国数字化情境和制度环境改良的商业模式创新的三维度量表，该量表分别从价值创造创新、价值主张创新、价值捕获创新对商业模式创新进行测量，如"公司持续参加培训以学习和发展新的能力""公司在产品生产过程中采用了创新性的工艺和流程""公司最近开发了新的收入机会（如附加销售、交叉销售等）"共 18 个题项。对被解释变量企业绩效的测量本章考虑众多学者的建议，不采用财务指标或短期目标的单一因素的企业绩效评价体系，而采用能反映其经营效益、成长效益和未来变化趋势的多重变量的谢洪明等主观度量的企业绩效自评量表，该量表分别从短期绩效、长期绩效对企业绩效进行测量，有如"同主要竞争者相比，公司对销售增长率的满意度""同主要竞争者相比，公司对新产品的开发绩效的满意度"共 12 个题项，所有题项均采用李克特 5 点量表。

由于企业异质性的存在，企业商业模式的创新水平、企业的运营绩效和竞争优势还会受到企业年限、企业规模、企业所属行业①、企业所有制性质的影响。故本章考虑了被试的企业年限、企业规模、企业所属行业、企业所有制性质（国有及国有控股企业、民营企业、外商独资/合资企业、其他四类）等控制变量。对控制变量进行赋值和虚拟化处理。企业年限根据从小到大分段赋值为 1~4，1=1 年以下，2=2~5 年，3=6~10 年，4=10 年以上；企业规模根据从小到大分段赋值为 1~4，1=50 人以下，2=51~100 人，3=101~500 人，4=500 人以上；企业所属行业分为三类：制造业、服务业和其他，设置两个虚拟变量，其他为对照组；企业所有权性质分为三类：国有企业、民营企业和其他，设置两个虚拟变量，其他为对照组。

三、共同方法偏差分析和相关分析

为了控制可能存在的共同方法偏差（CMV），本章通过探索性因子分析（EFA）进行检验。EFA 检验共同方法偏差的标准有两个——把所有量表题项进行 EFA 时如果只得出一个因子或者第一个因子的解释力（方差解释率）特别大，通常以 50% 为界，此时可判定存在共同方法偏差。利用 SPSS24.0 把所有量表题型进行 EFA，结果显示，旋转前单因子最大方差解释率为 48.456%（小于 50%）。因此，本章不存在共同方法偏差的问题，可继续进

---

① 余传鹏等：《专业化知识搜寻、管理创新与企业绩效：认知评价的调节作用》，载《管理世界》2020 年第 1 期。

行下一步分析。

相关分析是进行假设检验的前提条件，通过对本章所涉及的数字化、商业模式创新、企业绩效等变量的相关分析，结果显示各变量的相关系数均在正常范围，如表2－2所示。相关分析结果表明，变量均值和标准差等指标均处于合理统计区间。首先，数字化各维度与商业模式创新的各维度存在显著正相关关系。例如，销售支持的数字化与商业模式创新的三个维度Pearson相关系数分别为0.704、0.676、0.705，P值小于0.001显著。其次，商业模式创新各维度与企业绩效存在显著正相关关系。例如，价值创造创新与短期绩效、长期绩效的相关系数分别为0.669、0.702，P值小于0.001显著。最后，数字化各维度与企业绩效的各维度存在显著相关关系。例如，数字分析支持与短期绩效、长期绩效的相关系数分别为0.720、0.728，P值小于0.001显著。变量间的相关关系与所提出的研究假设基本相吻合，可以继续下一步的回归分析。

四、信度和效度分析

一般来说，克隆巴赫信度系数（Cronbach'α系数值）用来作为信度分析结果的测量指标。本章通过SPSS24.0来对样本数据进行信度检验，结果表明本章每个变量的α系数均大于0.7，数字化的Cronbach'α为0.948，其四个维度的Cronbach'α分别为0.822、0.820、0.890、0.787；商业模式创新的Cronbach'α为0.947，其三个维度的Cronbach'α分别为0.890、0.891、0.751；企业绩效的Cronbach'α为0.948，其两个维度的Cronbach'α分别为0.909、0.895。总量表的Cronbach'α为0.979。而且各变量的组合信度（CR值）也在0.7以上。这表明调查问卷的数据信度质量高。

此外，利用AMOS22.0对量表各变量及题项进行CFA验证变量之间的聚合效度。结果显示，首先，每个题项的因子载荷均大于0.6，每个维度的CR值均在0.7以上，每个维度的AVE值均在0.5以上，由此可见，研究中所采用的量表具有较好的聚合效度。其次，拟合指数反映了拟合指标是否处于可接受的范围，本章也验证了模型与样本数据的吻合度，X^2/df值均小于3，RFI、IFI、CFI、NFI、TLI值都在0.9以上，同时，RMSEA值都小于0.1，说明本章采用的量表具有较好的聚合效度。本章的信效度值，如表2－3所示。

表 2 - 2

变量间均值、标准差和相关系数

变量	1	2	3	4	5	6	7	8	9
1. 销售支持的数字化	1								
2. 服务支持的数字化	0.742***	1							
3. 数字分析支持	0.738***	0.721***	1						
4. 数据整合和访问支持	0.754***	0.746***	0.763***	1					
5. 价值创造创新	0.704***	0.702***	0.740***	0.674***	1				
6. 价值主张创新	0.676***	0.680***	0.710***	0.623***	0.677***	1			
7. 价值捕获创新	0.705***	0.658***	0.709***	0.672***	0.739***	0.753***	1		
8. 短期绩效	0.711***	0.697***	0.720***	0.680***	0.669***	0.654***	0.735***	1	
9. 长期绩效	0.709***	0.697***	0.728***	0.664***	0.702***	0.701***	0.746***	0.591***	1
均值	3.854	3.866	3.831	3.839	4.017	4.011	3.872	3.844	3.894
标准差	0.759	0.758	0.789	0.786	0.669	0.677	0.757	0.785	0.748

注：* p<0.05，** p<0.01，*** p<0.001。

表 2 - 3 变量信度与效度分析结果

变量	维度	题项	因子载荷	Cronbach's α	CR	AVE
数字化	销售支持的数字化	A1	0.724	0.822	0.822	0.536
		A2	0.728			
		A3	0.727			
		A4	0.749			
	服务支持的数字化	A5	0.724	0.820	0.822	0.536
		A6	0.717			
		A7	0.713			
		A8	0.774			
	数字分析支持	A9	0.769	0.890	0.890	0.618
		A10	0.808			
		A11	0.787			
		A12	0.790			
		A13	0.776			
	数据整合和访问支持	A14	0.762	0.787	0.786	0.504
		A15	0.732			
		A16	0.732			
商业模式创新	价值创造创新	B1	0.723	0.890	0.891	0.505
		B2	0.689			
		B3	0.716			
		B4	0.719			
		B5	0.722			
		B6	0.703			
		B7	0.719			
		B8	0.691			
		B9	0.749			
		B10	0.715			
	价值主张创新	B11	0.756	0.891	0.891	0.540
		B12	0.740			
		B13	0.750			
		B14	0.697			
		B15	0.733			

续表

变量	维度	题项	因子载荷	Cronbach's α	CR	AVE
商业模式创新	价值捕获创新	B16	0.729	0.751	0.755	0.507
		B17	0.735			
		B18	0.671			
企业绩效	短期绩效	C1	0.805	0.909	0.910	0.627
		C2	0.765			
		C3	0.820			
		C4	0.812			
		C5	0.797			
		C6	0.749			
	长期绩效	C7	0.758	0.895	0.896	0.589
		C8	0.811			
		C9	0.761			
		C10	0.775			
		C11	0.786			
		C12	0.708			

五、回归分析

为了检验假设，本章应用多元回归的方法构建了多个回归方程，研究结果如表2-4所示。在模型M1b中，数字化的四个维度——销售支持数字化、服务支持数字化、数字分析支持与数据整合和访问支持对商业模式创新中的价值创造创新均有显著的正向影响，数字分析支持的回归系数最高，假设2-1a、假设2-1b、假设2-1c、假设2-1d成立；在M2b中，除数据整合和访问支持对价值主张创新的正向影响没有达到显著水平以外，数字化的其他三个维度对价值主张创新均存在显著的正向影响，数字分析支持的回归系数最高，因此，假设2-1e、假设2-1f、假设2-1g成立，假设2-1h不成立；在M3b中，除服务支持的数字化对价值捕获创新的正向影响没有达到显著水平以外，数字化的其他三个维度对价值捕获创新存在显著的正相关，销售支持的数字化回归系数最高，因此，假设2-1i、假设2-1k、假设2-1l成立，假设2-1j不成立；在M4b和M6b中，数字化的四

表2-4　数字化、商业模式创新与企业绩效的回归分析结果

变量	商业模式创新						企业绩效					
	价值创造创新		价值主张创新		价值捕获创新		短期绩效			长期绩效		
	M1a	M1b	M2a	M2b	M3a	M3b	M4a	M4b	M5	M6a	M6b	M7
控制变量												
企业年限	-0.026	0.036	-0.005	0.061	-0.039	0.018	-0.056	0.003	-0.030	-0.058	0.005	-0.035
企业规模	0.027	-0.098	0.017	-0.109	0.135	0.005	0.197	0.068	0.124	0.167	0.038	0.100
国有企业	0.063	-0.002	0.067	0.002	0.071	0.006	0.066	0.000	0.010	0.087	0.509	0.029
民营企业	0.015	0.010	0.050	0.045	0.053	0.049	0.051	0.048	0.017	0.079	0.017	0.044
制造业	0.094	0.028	0.055	-0.012	0.041	-0.023	0.041	-0.026	-0.007	0.048	0.627	-0.002
服务业	0.047	-0.006	0.020	-0.034	0.013	-0.037	-0.021	-0.075	-0.041	-0.003	0.138	-0.024
自变量												
数字化												
销售支持的数字化		0.215***		0.234***		0.310***		0.254***	0.258***		0.258***	
服务支持的数字化		0.129*		0.175**		0.022		0.152*	0.093		0.156**	
数字分析支持		0.331***		0.341***		0.307***		0.268***	0.476***		0.303***	
数据整合和访问支持		0.120**		0.045		0.181***		0.163*			0.106*	
商业模式创新												
价值创造创新									0.258***			0.241***
价值主张创新												0.184**
价值捕获创新												0.423***
R^2	0.016	0.616	0.009	0.574	0.033	0.578	0.066	0.607	0.595	0.052	0.603	0.625
F	1.254	73.401***	0.695	61.555***	2.639*	62.560***	5.467*	70.471***	74.744***	4.234***	69.548***	84.796***

个维度均对企业绩效的两个维度——短期绩效、长期绩效有显著的正向影响，数字分析支持的回归系数最高，因此，假设 2 - 3、假设 2 - 3a、假设 2 - 3b、假设 2 - 3c、假设 2 - 3d、假设 2 - 3e、假设 2 - 3f 成立；在 M5 中，商业模式创新中的价值创造创新和价值捕获创新对短期绩效有显著的正向影响关系，但价值主张创新对短期绩效的正向影响不显著，因此，假设 2 - 2a、假设 2 - 2c 成立，假设 2 - 2b 不成立；在 M7 中，商业模式创新的三个维度对长期绩效均有显著的正向影响关系，因此，假设 2 - 2d、假设 2 - 2e、假设 2 - 2f 成立。

为了检验商业模式创新的中介作用，本章通过 Spss24.0 进行层次回归分析，检验结果如表 2 - 5 所示。第一步，M9 中数字化对企业绩效的主效应检验中，数字化的回归系数值为 0.830（P = 0.000 < 0.001），主效应检验通过，数字化对企业绩效产生显著的正向影响，假设 2 - 3 成立。第二步，M10 中数字化的回归系数值为 0.466（P = 0.000 < 0.001），商业模式创新的回归系数值为 0.453（P = 0.000 < 0.001），数字化和商业模式创新均对企业绩效产生显著的正向影响，假设 2 - 2 检验通过。第三步，通过 M12 检验数字化对商业模式创新的影响关系，数字化的回归系数值为 0.804（P = 0.000 < 0.001），假设 2 - 1 检验通过，数字化会对商业模式创新产生显著的正向影响关系。从以上分析中，可以得到商业模式创新在数字化和企业绩效的关系中发挥着中介作用。

另外，对照 M9 和 M10，可以发现，在 M9 的基础上加入商业模式创新，R^2 由 0.636 上升到 0.692，意味着商业模式创新可以对企业绩效产生 5.6% 的解释力度。对比 M9 和 M10 检验数字化对企业绩效的效应是否消失（完全中介）或者减弱（部分中介）。M9 中数字化的回归系数值 0.830，M10 加入商业模式创新后，数字化的回归系数为 0.466，数字化对企业绩效的效应下降 0.364，并未完全消失。因此，商业模式创新在数字化和企业绩效的关系之间发挥着部分中介作用。假设 2 - 4 检验通过。

表 2 - 5　　　　　商业模式创新在数字化和绩效中的中介作用检验

变量		企业绩效（因变量）			商业模式创新（因变量）	
		M8	M9	M10	M11	M12
控制变量	企业年限	- 0.057	- 0.003	- 0.016	- 0.023	0.029
	企业规模	0.182 ***	0.057 *	0.085 ***	0.060	- 0.061 *
	国有企业	0.077	0.011	0.009	0.067	0.004

变量		企业绩效			商业模式创新	
		（因变量）			（因变量）	
		M8	M9	M10	M11	M12
控制变量	民营企业	0.065	0.063 *	0.046	0.039	0.037
	制造业	0.045	−0.022	−0.021	0.063	−0.001
	服务业	−0.012	−0.066	−0.055	0.027	−0.026
自变量	数字化		0.830 ***	0.466 ***		0.804 ***
中介变量	商业模式创新			0.453 ***		
	R^2	0.062	0.636	0.692	0.019	0.670
	Adj. R^2	0.050	0.630	0.686	0.006	0.664
	ΔR^2	0.062	0.573	0.056	0.019	0.651
	F	5.094 ***	114.61 ***	128.689 ***	1.452	133.134 ***
	ΔF	5.094 ***	723.795 ***	83.446 ***	1.452	906.126 ***

注：* $p < 0.05$，** $p < 0.01$，*** $p < 0.001$。

本章还使用偏差校正的非参数百分位 Bootstrap 法对中介效应进行校验。自变量为数字化，因变量为企业绩效，检验商业模式创新的中介效应，抽样 5000 次，置信区间（CI）设定为 99%。最后得到，置信区间为 [0.212, 0.525]，0 不在包络区间内，中介效应占比 43.89%，商业模式创新在数字化与企业绩效关系之间的中介作用显著。具体结果如表 2-6 所示。

表 2-6　商业模式创新在数字化和企业绩效之间的中介作用 Bootstrap 检验

效应	效应值	Boot 标准误	Boot CI 下限	Boot CI 上限	相对效应值
直接效应	0.466	0.076	0.272	0.674	56.11%
中介效应	0.364	0.062	0.212	0.525	43.89%
总效应	0.830	0.041	0.721	0.932	100.00%

第三节　结论、讨论及启示

本章在回顾和梳理数字化、商业模式创新、企业绩效等理论的基础上，构建了本章的基本理论模型和研究假设。本章以长三角地区有数字化应用背景的企业为样本，围绕"创新支撑—创新流程—创新产出"这一主线展开，揭示了数字化这一独特视角下，数字商业模式创新对企业绩效的影响机制。目前，关于数字化对企业商业模式创新、企业绩效影响的过程路径研究和实证研究并不多见，因而，亟需对数字化与企业绩效之间的具体作用路径进行剖析。通过对长三角地区企业的抽样调查，本章验证了提出的研究模型，并得到了以下四点研究结论。

首先，数字化对商业模式创新有正向积极影响，数字分析支持对价值创造和价值主张创新的影响程度最高，销售支持的数字化对价值捕获创新的影响程度最高。数字化包含了收集数据和分析数据两个最基本的程序，大数据分析能力被认为是企业的一种信息处理的动态能力，数字分析支持能够帮助企业"洞察市场局势、识别数字需求、开发数字产品和服务、捕获数字战略资源"，有效增强组织战略决策、重塑企业价值架构。在数字化支持下，任何企业都可以建立一个网站或者使用已有数字平台，通过网上平台销售产品，使直接销售变得容易而成本低廉，这将从根本上降低企业进入市场的障碍。零售商可以利用数字化渠道为消费者实现相同的目的，但也可以将数字化渠道用于其他互补的目的。销售支持的数字化改变了企业的成本结构和盈利模式（例如通过错位盈利获取更持久的盈利），从而影响企业的价值捕获创新。因此，数字化深刻影响着商业模式的方方面面，会给企业带来价值主张的创新、价值创造的创新、价值捕获的创新。

其次，商业模式创新对企业绩效有正向积极影响，价值捕获创新对企业绩效的影响程度最高，商业模式创新各维度对长期绩效均有正向积极影响。价值捕获创新使企业创造收益和利润的机制会随着需求环境的变化而产生动态调整，从而产生新的收益模式和新的成本结构。新的盈利模式代表了企业价值创造采用新方式和新路径时企业获取经济租金的新模式，例如互联网企业商业模式循环迭代创新会为企业带来连接红利、增值平台和互利共赢三种盈利模式[①]，连接红利会带来短期的财务绩效，而增值平台和互利共赢的价值网络效应创造了更大的资源池，为企业保持了较高的长期竞争优势。资源基础观认为，难以模仿的异质性资源和核心能力是企业保持竞争优势的关键因素。一方面，商业模式创新能够重新组合组织内外部

---

① 刘志迎等：《互联网企业商业模式循环迭代创新的演化机制——基于单案例的探索性研究》，载《管理案例研究与评论》2019 年第 4 期。

资源和产生模仿壁垒，这保证了新资源的异质性，为企业创造长期竞争优势；另一方面，创新的价值创造能力是适应市场环境、捕捉商业机会和跨越组织边界的高阶能力，它会增强企业的常规运营能力和重构组织惯例，形成新的知识基础，实现资源的整合和利用，促进产品设计和市场开拓，资源聚合、定制化产品和高阶能力都是市场成功的必要战略资产，对企业长期绩效的获取至关重要。

再次，数字化的四个维度——销售支持的数字化、服务支持的数字化、数字分析支持、数据整合和访问支持均正向影响企业绩效的两个维度——短期绩效、长期绩效，数字分析支持对企业绩效的影响程度最高。数字化涉及数据使用的所有方面，包括整个企业如何监视、存储、处理和分析数据以及这些数据如何改善企业的运营流程和生产运作。数字技术对组织运营的破坏性和生产性影响已经得到证明[①]，数字技术通过提高企业运营管理的效率和价值攫取能力使企业获得更高的短期绩效。企业在运用数字化过程中培育的销售支持能力、服务支持能力、数字分析能力、数据整合能力是企业依靠数字创新的收敛性和自生长性构建资源重组能力、迭代创新能力、动态能力等高阶能力的重要基础，而这些高阶能力一直被认为是中国大型互联网企业的优势。数字化是强调设计逻辑、开放式创新、情境交融和持续迭代的动态交互过程，这种自生长性的过程意味着随着时间的累积可以催生新的创新出现，企业因能够灵活地应对环境变化进而实现长期的卓越绩效。

最后，商业模式创新在数字化和企业绩效的关系中起到了部分中介作用。第一，产品、过程、组织和商业模式设计中使用数字技术均可大幅提升运营效率，这归功于数字技术本身的优势。第二，数字技术催生的效率型商业模式创新是为客户创造价值的主要方式之一，数字商业模式创新改变了原有企业价值获取以及价值创造的方式，企业因而能够灵活地应对环境变化进而实现卓越的绩效。

本章拓展了企业商业模式创新理论研究的视角，解释了数字化环境下数字化对制造型企业绩效的影响机制以及企业绩效的实现路径，具体得到了以下研究启示。

---

① Martin-Pena M., Sanchez-Lopez J. and Diaz-Garrido E., "Servitization and Digitalization in Manufacturing: The Influence on Firm Performance", *Journal of Business & Industrial Marketing*, Vol. 35 No. 3SI, 2019, pp. 564-574.

　　首先，在数字经济时代，企业的数字化程度成为企业不断提升动态能力、运营效率和获取核心竞争力的关键。数字化可以帮助企业获取更多的数字资源、改变企业的战略决策范式、提高组织凝聚力、重塑企业的价值架构，同时有利于提高企业创新成功率和创新速度，获得创新绩效。面对当前不断变幻的外部环境和企业现有资源困境，本章为企业利用数字化实现数字商业模式创新和提升企业绩效提供了理论支撑。

　　其次，在商业模式创新时需要注重培育和构建数字化能力，充分开发利用动态的资源和数字分析能力。对于企业而言，积极培育和构建数字化能力是企业在数字经济时代和数字化双重情境下变革企业价值创造的基本逻辑、提升企业竞争力，走出创新困境，实现商业模式创新的重要路径。制造业与服务业企业必须积极应对大数据带来的冲击和挑战，变革思维方式，创新管理意识，充分开发、利用大数据能力，将数字化融合在企业日常相关业务活动与管理决策中，构建不易被竞争对手模仿的核心能力。

　　本章在研究设计和样本分析上也存在一些局限。第一，本章数字化量表虽然采用国外比较成熟的量表，但是量表产生是基于国外的研究环境，对于中国国情可能不完全契合。此外，由于数字化是新兴术语，目前国内对数字化的量表开发不多，数字化实证研究尚不成熟，这些可能会对研究结论有一定影响。第二，本章获得的是横截面数据，其不具备时段动态性特征。对相关变量的测量是从当前时间点出发，缺乏时间序列变化上的考察，企业在不同发展阶段、不同时期数字化程度不同。

第三章　破解数字化重构的商业模式创新

习近平总书记指出："数字化、网络化、智能化的深入发展，在推动经济社会发展、促进国家治理体系和治理能力现代化、满足人民日益增长的美好生活需要方面发挥着越来越重要的作用。"① 数字化打破了行业壁垒，创造性地破坏了企业原有的商业模式，并创造了新的机会，重构了全新的商业模式（Weill et al.，2015）。数字化重构的商业模式层出不穷，其本质在于企业通过采用数字技术来改变价值主张、价值创造和价值获取机制。有研究表明，积极使用数字技术改进业务流程的公司比那些使用少量技术的公司创造了更多的收入（Zhao et al.，2016）。随着数字经济的发展和大数据的迅速普及，许多企业以数字化驱动实现商业模式创新，建立新的竞争优势；然而过程中有的企业成功，有的企业失败，这不禁让人思考：企业在快速动荡变化的数字化环境中进行商业模式创新，该如何通过资源和能力的匹配应对严峻挑战？

互联网、数据等 IT 基础设施的快速发展推动人类社会步入数字时代。数字化的应用使得企业行业边界趋于模糊，原有的行业规则也被打破，在此背景下，商业模式是企业在竞争激烈的数字网络环境中赢得先发优势的重要支持（Amit et al.，2001）；范霍夫等（Verhoef et al.，2019）也提出，企业使用数字化技术，可以开发一种新的数字化商业模式，帮助企业创造并获得额外的新价值。越来越多的企业通过数字化驱动创新商业模式，如阿里巴巴、爱彼迎等数字原生企业，它们依托数据之上的网络效应执行业务扩张并不断跨越既有的产业边界进入新的领域，创新商业模式，成为行业中的核心企业。数字化使得能重点关注企业的数字创新实践应用与成果，研究聚焦于数字化技术如何提升商业和社会创新效率。然而研究发现，由于数字创新日新月异，企业现有的资源、能力很难应对数字机遇的需求，

---

① 新华社：《习近平致信祝贺首届数字中国建设峰会开幕》，中国政府网，2018 - 04 - 22。

中小企业在采用新技术进行数字化商业模式变革时面临越来越大的挑战（Giotopoulos et al.，2017）。数字化背景下企业需要具备很强的应变能力以迅速整合资源，重视构建新的商业模式并探索如何以新方式组织企业活动获取收入，并找准在行业发展中的新定位。

商业模式创新助推企业价值创造进而提高企业绩效，由此受到学者们的持续关注，其对企业绩效作用的关联机制探索也渐次深入，从商业模式创新直接影响企业绩效机制的剖析（阎婧等，2016；罗兴武等，2017），到以创业机会、整合能力、变革型领导等为代表的环境动态感知能力与企业绩效的桥梁作用机制转变（阎婧等，2016；郭海等，2014；庞长伟等，2015）。近年来，学者们分别从创新、资源等视角研究二者之间的关系（李鸿磊，2019；迟考勋等，2020），但忽略了当前企业在数字化转型过程中战略柔性这一要素，且鲜有研究成果阐明战略柔性在商业模式创新中的独特机制。在不断动荡变化的商业环境中，企业能否在数字化转型深入拓展和多样化需求迭代升级的市场环境中生存，取决于其快速适应环境变化进行商业模式创新的战略柔性，即企业在数字化商业模式变革的进程中，需要及时应变，快速整合、构建内外部资源（Drnevich et al.，2013），进而实现资源与数字化变革过程中商业模式创新的匹配。若企业无法快速应变建立核心资源和技术来匹配数字化商业模式将导致竞争对手的追赶超越，影响企业自身的发展。因此，从战略柔性缺口出发，破解数字化重构的商业模式创新过程中战略柔性作用机制的黑箱，具有重要的理论和现实意义。

基于此，本章搭建了一个研究框架，该理论框架旨在分析以下问题：（1）数字化的作用：数字化如何重构商业模式创新？（2）战略柔性的作用：战略柔性是否影响商业模式创新与企业绩效的关系？数字化对商业模式创新和战略柔性是否具备调节作用？研究通过理论和实证分析，为企业在数字经济迅速发展的条件下有效创新商业模式与战略柔性提高企业绩效提供理论和实践指导。

第一节　理论框架与研究假设

一、商业模式创新与企业绩效

现代信息技术的快速发展和产业生态的持续演化使企业赖以生存的外

部环境日趋动荡，不断创新商业模式成为企业应对外部环境变化和形成独特竞争优势的关键手段之一。"商业模式创新"是有意识地改变现有的商业模式，或创造一个新的商业模式满足客户多样化和个性化需求（Zott et al.，2011），也可以通过改变价值创造的方式，赋予企业新的竞争优势，进而促进企业绩效的提升。企业要想在快速变化的市场环境中获得竞争优势，需要不断革新现有的商业模式（Morris et al.，2005），通过改革为客户创造全新的价值，从而促进企业绩效的提高。

企业绩效是反映企业的竞争优势是否存在，经营目标是否实现的关键指标。商业模式创新是学者们研究的重点，研究者从不同视角出发探究商业模式创新如何影响企业绩效。从价值创造角度分析，蔡俊亚等（2015）认为，企业创新变革商业模式可以增加新价值的创造和获取，进而促进财务绩效；陈菊红等（2020）认为，商业模式创新可以创造新的价值并传递给客户，从而提供更好的用户价值体验，提高客户忠诚度，促进企业绩效。从技术视角看，王翔等（2015）提出，企业可以通过创新商业模式来获取持续的竞争优势；庞长伟等（2015）认为，商业模式创新可以帮助企业构筑进入壁垒，阻碍竞争对手的进入，提高企业绩效；江积海等（2016）研究商业模式创新通过供应客户新的产品、服务和体验，来留住老客户、吸引新客户，拓宽客户渠道，实现企业盈利；吴晓波等（2017）认为，创新商业模式可以帮助企业获取新资源、建立新的差异化优势，刺激经济新的增长点带来企业绩效的改善。基于以上分析，本章提出以下假设。

假设3-1：商业模式创新正向影响企业绩效。

二、战略柔性的中介作用

战略柔性体现了企业在面对瞬息万变的环境时决策反应的灵活性，反映了企业主动或被动应对动荡变化的市场环境的能力（Grewal et al.，2001）。从动态能力来看，企业需要具备迅速应对环境变化的能力，才能在激烈的商业竞争环境中生存下来并保持自身竞争优势。战略柔性可以被视为这样一种动态能力（王铁男等，2010），它能够帮助企业进行资源的重新配置以及中断并更新现有的常规运作（Zhou et al.，2010）。郭海等（2007）、裴云龙等（2013）认为，战略柔性包括资源和能力柔性，其中资源柔性是指企业高效利用、配置、转换现有资源的能力，能力柔性则是指企业快速调整资源灵活应对市场变化的能力，两类柔性相辅相成，共同支持促进企业竞争优势的获取。企业的资源柔性越高，企业越能充分利用资源来促进企业绩效的提高；企业能力柔性越高，越会增强企业适应和利用不断变化的环境的能力，增强企业合理配置现有资源和挖掘新资源的能力，进而影响企业绩效。在动态的市场行业环境中，战略柔性这一能力可以帮助企业迅速识别和把握环境变化所带来的机会，从而及时做出改变组织决策和战略的行为，提高企业绩效。因此，基于以上分析，提出以下假设。

假设3-2：战略柔性正向影响企业绩效。

企业若想在竞争激烈的市场环境中维持自身发展，管理者需要重视战略柔性的作用，将其视为一种基本的组织能力。波勒等（Pohle et al.，2006）指出，最高管理层因为商业模式创新将战略灵活性视为可实现的预期结果。一些学者认为，热衷于商业模式创新的企业更有可能尝试潜在的变化，以加速其产品和服务要素的模块化结构，从而提高灵活性（Worren et al.，2002）。此外，施耐德等（Schneider et al.，2014）认为，价值提供创新和价值架构创新对管理能力和企业资源灵活性具有积极影响。巴希尔等（Bashir et al.，2019）研究得出，商业模式创新是企业业绩和战略柔性的重要预测指标，战略柔性和商业模式创新紧密相连。根据商业模式创新的一项研究，商业模式创新帮助管理者和企业降低成本，拥有战略柔性，有助于开拓新的市场机会，减少风险和资本投资。战略柔性作为一种动态能力，可以重新分配组织资源配置以适应环境需求。

虽然商业模式创新对处于动荡环境中的企业来说是一项强有力的措施，但仅靠这个概念并不能持续保护企业，尤其在商业模式创新后期，追求商业模式创新的企业迫切需要在竞争环境中保持其战略柔性。"战略运营说"认为，商业模式创新本质上是一种战略性变革，企业通过持续调整战略安排来应对商业环境的变化（Giesen et al.，2007）。企业对市场变化的反应非常敏感，因此其需要通过非常强的资源和能力柔性，迅速整合资源开发新的机会，迅速构建新的能力并对市场变化做出快速反应，对经营管理模式进行重构，颠覆原有的商业规则（Cucculelli et al.，2015），实现企业盈利，促进企业成长。战略柔性通过资源和能力柔性的共同作用，有助于企业在商业模式创新过程中快速适应环境，从而实现商业模式创新过程中的价值创造，促进企业绩效。基于以上分析，本章提出以下假设。

假设3-3：战略柔性中介商业模式创新与企业绩效的关系。

三、数字化的前置与调节作用

数字技术是企业商业模式创新过程中的新技术驱动（Zott et al.，2007），企业通过使用数字化技术进行内部资源的整合与重构，提供新的价值创造和收入创造的机会（Sklyar et al.，2019）；通过应用数字化能力、技术来提高与客户沟通和互动的程度，促进价值的创造。数字经济的快速发展以及数字技术的广泛使用，促进了互联网服务的发展，这从根本上改变和重塑了企业的商业模式。同时数字化模糊了技术和管理之间的界限，促进了建立在数字环境上的概念、方法和工具上的新商业模式。佐特等（2007）提出，数字技术作为商业模式创新的根本驱动力，重构了企业价值创造和获取的方式；公司各种商业活动包括商业模式也受到数字化程度的影响，这种影响带来了全新的合作形式，提供了新的产品和服务，与此同时，也促使企业反思并调整当前的战略，积极探索新的商业机会。数字化使新的创新服务、商业模式和定价模式成为可能，从而改变了价值创造方式（Nambisan，2016；Autio et al.，2018）。奥蒂奥等（Autio et al.，2018）将转型效应和商业模式创新与数字化联系在一起，通过数字化，企业应用数字技术优化现有的业务流程，允许流程之间更有效地协调，或通过用户体验创造额外的客户价值。余江等（2020）提出，数字技术本身的特性一方面能够应用于公共服务，另一方面可促进各类创新如公共服务创新。基于以上分析，本章提出以下假设。

假设3-4：数字化正向影响商业模式创新。

在大数据背景下，企业需要利用信息技术应对复杂多变的市场、产品和服务，才能在激烈的商业环境中立足。南比桑（2016）指出，在产品和服务进入市场后，企业可以通过使用新数字技术扩大产品和服务的范围、提高产品和服务的灵活性，促进其价值的持续发展，进而提高企业的竞争优势。数字化挑战了现有的商业模式，并成为进一步增长的驱动因素，数字化在促进实现经济发展目标方面发挥着重要作用。为了使企业能够应对这些复杂的挑战，要将现有的商业模式转化为数字商业模式，对资源配置产生短期和长期影响,进而影响与商业模式创新匹配的企业战略柔性,从而实现可持续的价值获取和价值创造。研究人员发现,数字创新能力是增强组织战略柔性的有力武器,互联网、数据等 IT 应用可以使企业迅速获取、掌握有价值的新知识,更好地响应客户需求和对接新市场机会(迟考勋等,2020;Federico et al.,2017)。拥有高水平的数字创新能力的企业可以集成和连接 IT 支持的流程和活动,从而实现更大的灵活性(Kohtamäki et al.,2019)。如果两家公司都进行商业模式创新,但数字化程度不同,更高程度的数字化的企业将享有更多的选择,因此可能达到一个更高层次的战略灵活性(Kohtamäki et al.,2019)。类似地,如果两家公司拥有同等水平的基础设施,但核心竞争力的数字创新能力不同,数字能力较弱的公司将实现较低水平的战略灵活性(Sabherwal et al.,2001)。基于以上分析,本章提出以下假设。

假设 3 - 5:数字化正向调节商业模式创新与战略柔性的关系,企业的数字化程度越高,越有助于提高商业模式创新对战略柔性的影响,反之则反是。

基于研究假设 3 - 3 和假设 3 - 5,本章提出一个有调节的中介效应模型。即商业模式创新经由战略柔性影响企业绩效间接效应的大小取决于企业的数字化程度。企业的数字化程度越高,商业模式创新促进战略柔性的效用越强,进而导致战略柔性在商业模式创新和企业绩效之间的中介效应越强。综上分析,本章进一步提出如下假设。

假设 3 - 6:商业模式创新经由战略柔性影响企业绩效的间接效应受到数字化的调节,数字化程度越高,商业模式创新经由战略柔性影响企业绩效的间接效应越强,反之越弱。

基于以上分析,本章的理论模型如图 3 - 1 所示。

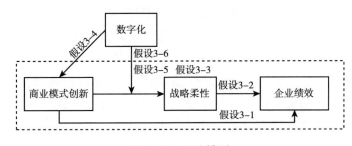

图 3 - 1 理论模型

第二节 研究设计

一、研究样本与数据来源

本章通过实地调研和电子问卷两种渠道进行调研数据收集，样本来自苏浙沪等长三角省市，涉及农业、制造业与服务业等多个行业。本章共发放问卷 750 份，共回收问卷 502 份，其中实地调研回收 202 份，电子问卷回收 300 份，通过筛选得到有效问卷 463 份，有效问卷回收率为 61.73%。最终样本的特征分布如表 3 – 1 所示。

表 3 – 1　　　　　　　　　　样本基本情况

题项	样本特征	百分比（%）	题项	样本特征	百分比（%）
职务等级	普通员工	26.3	企业年限	1 年以下	7.8
	基层管理者	42.8		2～5 年	33.7
	中高层管理者	23.3		6～10 年	35.4
	所有者	7.6		10 年以上	23.1
教育程度	高中及以下	10.8	企业规模	50 人以下	33.3
	专科	31.7		51～100 人	27.2
	本科	47.1		101～500 人	29.2
	硕士研究生及以上	10.4		500 人以上	10.4
所有制	国有及国有控股企业	16.8	公司行业	农业	7.8
				制造业	21.8
	民营企业	65.2		服务业	68.5
	其他	17.9		其他	1.9

注：N = 463。

二、数据变量

通过对国内外相关文献的梳理，本章借鉴参考商业模式创新、战略柔性、数字化、企业绩效四个变量的成熟量表进行问卷设计。指标采用 Likert5 点量表，从 1 到 5 代表"非常不同意"到"非常同意"。本章利用 SPSS 与 AMOS 软件进行数据的分析处理，对数据应用了层级回归分析等统计分析方法。

（1）商业模式创新。本章采用克劳森（2017）首次创建的并由郭海和韩佳平（2019）结合中国数字化情境和制度环境改良的商业模式创新量表，结合研究主题与实际情况，从中选取 8 个题项，其内部一致性系数为 0.887。

（2）战略柔性。本章采用裴云龙等（2013）的量表，结合研究主题与实际情况，从中选取 5 个题项，其内部一致性系数为 0.832。

（3）企业绩效。本章采用谢洪明等（2006）提出的企业绩效自评量表，包含 12 个题项，其内部一致性系数为 0.941。

（4）数字化。本章采用科塔马基等（2020）基于服务管理的四维度量表，选取 15 个题项，其内部一致性系数为 0.939。

（5）控制变量。考虑到对企业绩效产生影响的其他因素，本章将企业年限、企业所有制、行业和规模 4 个变量作为控制变量。其中，企业年限包括"1 年以下""2～5 年"等 4 个维度；企业所有制包括"国有及国有控股企业""民营企业""其他"等 3 个维度；企业行业包括"农业""制造业""服务业""其他"等 4 个维度；企业规模包括"50 人以下""51～100 人"等 4 个维度。

第三节　实证分析

一、验证性因子分析

本章使用 AMOS 软件检验各变量的区分效度，分别对"商业模式创新""战略柔性""数字化"和"企业绩效"的量表进行验证性因子分析，结果如表 3 - 2 所示。从表 3 - 2 中可以看出，四因子的拟合模型对实际数据的拟合（$\chi^2 = 1276.865$，$df = 734$，$\chi^2/df = 1.740$，$CFI = 0.951$，$IFI = 0.951$，$TLI = 0.948$，$RMR = 0.026$，$RMSEA = 0.040$）明显优于其他三个模型，这表明本章的四个变量具有良好的区分效度。

表 3 - 2   验证性因子分析结果

模型	χ^2	df	χ^2/df	CFI	IFI	TLI	RMR	RMSEA
四因子模型（B；S；D；P）	1276.865	734	1.740	0.951	0.951	0.948	0.026	0.04
三因子模型（B+S；D；P）	1450.354	737	1.968	0.936	0.936	0.932	0.031	0.046
二因子模型（B+P；S+D）	2207.706	739	2.987	0.868	0.869	0.861	0.044	0.066
单因子模型（B+S+D+P）	2557.924	740	3.457	0.837	0.837	0.828	0.045	0.073

注：表中 B 代表商业模式创新；S 代表战略柔性；D 代表数字化；P 代表企业绩效；"＋"表示融合。

二、描述性统计与相关性分析

表 3 - 3 是关于各研究变量的均值、标准差以及相关系数的统计指标分析结果。从表 3 - 3 可知，商业模式创新与战略柔性（r = 0.712，p < 0.01）和企业绩效（r = 0.657，p < 0.01）显著正相关，数字化与商业模式创新（r = 0.716，p < 0.01）显著正相关，战略柔性与企业绩效（r = 0.754，p < 0.01）显著正相关，这初步证实了本章的研究假设。

表 3 - 3   描述性统计分析

变量	1	2	3	4	5	6	7	8
1. 公司行业	1.00							
2. 所有制	0.049	1.00						
3. 企业年限	-0.114*	-0.121**	1.00					
4. 企业规模	-0.286**	-0.101*	0.456**	1.00				
5. 商业模式创新	0.059	-0.082	0.029	0.079	1.00			
6. 战略柔性	-0.029	-0.089	-0.004	0.101*	0.712**	1.00		
7. 数字化	0.000	-0.120**	0.021	0.219**	0.716**	0.688**	1.00	
8. 企业绩效	-0.089	-0.115*	0.041	0.234**	0.657**	0.754**	0.762**	1.00
平均值（M）	2.6458	2.0108	2.74	2.17	0.0311	0.0301	0.0274	0.0283
标准差（SD）	0.65119	0.59023	0.901	1.007	0.71579	0.74370	0.71073	0.75222

注：* p < 0.05，** p < 0.01，双尾检验；N = 463。

三、中介效应分析

通过参考巴伦和肯尼（Kenny and Baron.，1986）提出的检验中介效应的步骤，检验战略柔性的中介效应，结果如表 3 - 4 所示。从表 3 - 4 可以看

表 3－4　　层次回归分析结果

因变量		商业模式创新	战略柔性		企业绩效				战略柔性
		M1	M2	M3	M4	M5	M6	M7	M8
控制变量	公司行业	0.037	0.004	-0.061	-0.020	-0.078*	-0.022	-0.044	-0.061
	所有制	0.003	-0.085	-0.030	-0.098*	-0.048	-0.036	-0.032	-0.011
	企业年限	0.064	-0.072	-0.059	-0.092	-0.080*	-0.039	-0.047	-0.016
	企业规模	-0.101	0.126*	0.051	0.260***	0.193***	0.168***	0.164***	-0.034
自变量	商业模式创新			0.711***		0.644***		0.250***	0.483***
中介变量	战略柔性						0.733***	0.555***	
调节变量	数字化	0.743***							0.375***
交互项	商业模式创新×数字化								0.079*
	R^2	0.524	0.020	0.516	0.070	0.477	0.596	0.626	0.582
	调整后 R^2	0.519	0.012	0.511	0.062	0.472	0.592	0.621	0.575
	F	100.617***	2.391*	97.372***	8.639***	83.476***	134.881***	181.907***	90.341***

注：* $p < 0.05$，** $p < 0.01$，*** $p < 0.001$。

出，商业模式创新积极影响企业绩效（M5，β = 0.644，p < 0.001），假设 3 - 1 得到进一步支持；模型 6 结果显示，战略柔性积极影响企业绩效（β = 0.733，p < 0.001），假设 3 - 2 得到进一步支持；模型 7 将商业模式创新和战略柔性同时纳入回归方程中，此时商业模式创新影响企业绩效的正向作用为 0.250（p < 0.001），小于模型 5 中的 0.644，这表明战略柔性部分中介了商业模式创新对企业绩效的影响。因此，假设 3 - 3 得到了支持。

四、数字化的前置与调节作用分析

本章通过层级回归分析方法来检验数字化是否调节商业模式创新对战略柔性的作用，研究结果如表 3 - 4 所示。根据表 3 - 4 中的模型 M1 结果可以知道，数字化对商业模式创新（M1，β = 0.743，p < 0.001）有显著的正向影响，假设 3 - 4 成立。商业模式创新与数字化的交互项对战略柔性存在显著的正向影响（M8，β = 0.79，p < 0.05）。进一步绘制数字化的调节效应图（见图 3 - 2），从图 3 - 2 中可以看出，当数字化程度较高时，商业模式创新可以显著促进战略柔性；而当企业数字化程度较低时，商业模式创新对战略柔性的作用降低。因此得出，数字化调节了商业模式创新对战略柔性的作用，假设 3 - 5 得到了支持。

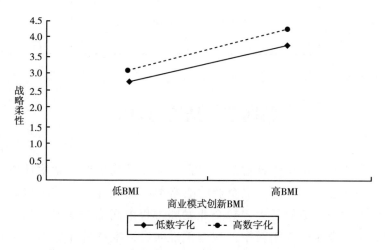

图 3 - 2　商业模式创新与数字化对战略柔性的交互作用

五、被调节的中介效应检验

假设 3－6 提出，数字化对商业模式创新通过战略柔性影响企业绩效的间接效应具有调节作用。因此，本章借鉴兰伯特和爱德华兹（Lambert and Edwards，2007）的思想，通过使用 Bootstrap 方法来检验战略柔性中介于商业模式创新和企业绩效的关系大小是否会受到不同程度的数字化的影响，具体结果如表 3－5 所示。由表 3－5 可知，当数字化程度比较低时，商业模式创新通过战略柔性影响企业绩效的间接效应为 0.2494（CI ＝［0.1644，0.3331]）；当数字化程度较高时，商业模式创新通过战略柔性影响企业绩效的间接效应为 0.3164（CI ＝［0.2145，0.4291]）。表 3－5 显示，置信区间均不包含零，表明数字化变量无论是取低值还是高值，商业模式创新通过战略柔性影响企业绩效的间接效应均显著，因此，假设 3－6 得到验证。

表 3－5   有调节的中介效应 Bootstrap 分析结果

变量	条件间接效应				
	调节变量	效应	标准误差	置信区间	
				下限	上限
战略柔性	低值	0.2494	0.0427	0.1644	0.3331
	均值	0.2829	0.0405	0.2035	0.3617
	高值	0.3164	0.0558	0.2145	0.4291

第四节　结论与启示

随着产业数字化趋势日益加强，企业面临日趋激烈的竞争环境和日益加剧的环境动态性，如何增强企业的战略柔性以提升企业数字化商业模式创新过程中的企业绩效是大多数企业发展过程中面临的重要挑战，目前鲜有针对数字化商业模式创新中的战略柔性研究，本章旨在探索数字化调节的商业模式创新绩效中战略柔性为中介的内在作用机制。

一、主要研究结论

商业模式创新对企业绩效有正向影响。这一结论符合现有的关于商业模式创新影响企业绩效的研究，企业通过创新商业模式可以获取竞争优势抢占行业先机，创新力度越大，决定企业价值创造的数量越多，越有利于提高企业绩效。

商业模式创新通过战略柔性部分中介作用于企业绩效。即商业模式创新借助企业战略柔性能力来促进企业绩效，这一路径揭开战略柔性在商业模式创新和企业绩效之间作用的"黑箱"。企业在不确定环境中创新商业模式，需要通过对环境变化迅速做出反应，快速整合相应资源，并快速形成商业模式转型所需的能力，从而实现这一过程中的价值获取，进而切实提高企业绩效。

数字化对商业模式创新有前置的正向作用。数字化有助于企业进行商业模式创新。数字技术改变了企业价值创造和获取的方式，给企业带来了全新的运营合作形式，是推动企业创新商业模式的核心力量。

数字化调节商业模式创新与战略柔性之间的关系，并进一步调节"商业模式创新——战略柔性——企业绩效"这一中介机制。较高的数字化发展水平支持企业采用数字技术进行创新，有利于增强商业模式创新对战略柔性的正向影响，进而通过战略柔性进一步提升企业绩效；较低的数字化发展水平，会减弱商业模式创新过程中战略柔性的作用，进而企业绩效也就相应减弱。数字化的这一调节关系，正是商业模式创新通过战略柔性提升企业绩效的边界条件，为企业进行商业模式创新的内在机制提供了更多的视角。

二、理论贡献

第一，本章基于商业模式创新的研究，探索了战略柔性在商业模式创新中的中介机制。在以往的研究中，学者们大多研究商业模式创新直接影响企业绩效的关系，鲜有研究探索战略柔性在其中发挥的中介作用。本章发现商业模式创新可以通过战略柔性的部分中介作用促进企业绩效，该研究发现进一步拓展了商业模式创新对企业绩效作用机制的"黑箱"，深化了对战略柔性在商业模式创新和企业绩效之间的中介作用的理解，完善了商业模式研究的理论框架。

第二，本章基于数字化等新兴技术对企业价值创造、价值获取的研究，进一步探讨了数字化作为商业模式创新的边界条件，这一研究发现为后续学者研究数字化水平对商业模式创新与企业绩效的影响提供了新的视角。过往研究较少关注数字化因素对商业模式创新的影响，通过引入数字化这一重要的研究变量，本章发现数字化正向调节商业模式创新通过战略柔性中介影响企业绩效的内在机制，进一步拓展了数字化复杂情境下企业商业模式创新的理论框架，完善了战略柔性在数字化水平调节的商业模式创新中的关键性中介作用。

三、管理启示

第一，企业要重视战略柔性能力的发展。商业模式创新通过战略柔性间接影响企业绩效的机制表明，企业要想通过商业模式创新获取高绩效，离不开企业的战略柔性。例如共享单车商业模式创新中，企业 ofo、摩拜单车虽然开创了很好的商业模式，但由于资源的限制最终失败了，而相比之下哈罗单车的成功，则在于快速应变，通过与支付宝的战略合作迅速获取资源和资金的支持。这也反映了数字化构建的商业模式创新成功与否在于，企业能否突破自身资源的限制快速应变以获得资源和能力的支持，即企业是否拥有较强的战略柔性。在数字化重构的商业模式创新中，如果企业的战略柔性较差，则难以获取较好的企业绩效。

第二，研究结果表明，数字化驱动创新商业模式，数字化的应用增强了商业模式创新对战略柔性的正向影响。全球数字经济的快速发展，使得企业可以应用数字化提高自身经营能力、获取竞争先机，利用数字资源、能力、技术实现数字商业模式的创新与转型。随着产业数字化与数字产业化的迅速发展以及市场行业环境的迅速变化，企业应集中精力发展数字化，提高自身数字化程度，利用数字技术开创新型商业模式，适应动态环境，提升企业绩效。

第四章　创新视角的用户线下使用刷脸
支付意愿的前因研究

2003 年，一家名为 Uniqul 的芬兰公司推出了第一个刷脸支付平台，即 Unique Pay 系统。刷脸支付是一种使用人体生物特征进行个人识别的新型支付方式（Abrahão et al.，2016；Lee et al.，2013）。2017 年，一家位于杭州的肯德基餐厅采用了刷脸支付。它是全球首家使用刷脸支付方式的线下实体店。在 2018 年底，支付宝正式推出了名为"蜻蜓"的刷脸支付系统，微信紧随其后推出了系统"青蛙"，银联在 2019 年底推出了刷脸支付系统"蓝鲸"。近年来，刷脸支付设备以惊人的速度在全球线下服务场景铺开，得到了商家和个体用户的广泛采纳。来自朱尼普研究公司（Juniper Research）（Hampshire，2021）的一项研究预计到 2025 年，全球刷脸支付用户数量将超过 14 亿人。随着刷脸支付应用市场的加速扩增，这种支付方式被认为是未来的主要支付方式之一。然而，用户对这种新型支付方式的态度和使用意愿是否与其市场扩张速度相匹配，尚未得到充分认识。因此，研究用户使用刷脸支付的意愿是必要且迫在眉睫的。一些研究人员已经探讨了刷脸支付的部分主题。例如，张和康（Zhang and Kang，2019）将安全性、可见性、预期努力和社会形象作为影响刷脸支付系统采纳的关键因素。基于技术采纳和整合理论（UTAUT）模型，刘和涂（Liu and Tu，2021）研究了在金融科技经济中影响用户采用刷脸支付意愿的因素。高等（Gao et al，2020）从 3 个零售连锁店收集交易数据，开发了计量经济学模型和估计策略，检验了影响用户刷脸支付技术使用的社会临场感和感知从众效应。李等（Li et al，2020）从风险和收益的角度，提出了一个由隐私关注和相对优势构成的研究模型来分析用户对刷脸支付技术的采纳行为。

然而，很少有研究从技术、个体和环境共同影响的角度来全面分析用户使用刷脸支付的意愿。这种线下的公开行为对用户而言不仅是一种全新的体验，还可能会引发用户特定的心理过程。因此，本章研究的目的是从多维视角调查影响用户使用意愿的因素，并探索在线下零售场景中，个体使用刷脸支付的意愿的内在形成机制。本章提出的研究问题是：重要的技术、个体和环境因素通过什么样的心理机制影响用户使用刷脸支付的意愿？

最终，本章研究整合了 TPE 框架理论和满意度理论来探索用户在线下场景使用刷脸支付的情况，从而深入了解新型移动支付环境下个体行为决策产生的重要影响因素和形成过程。

本章的组织结构如下：在文献综述部分讨论了刷脸支付和 TPE 框架理论、便利性、感知隐私风险、感知从众、满意度和使用意愿的理论背景；在研究模型和假设建立部分介绍了模型理论化过程和建立假设的过程；在研究方法部分详细介绍了本章使用的具体研究工具和样本回收过程；在结果部分介绍了数据分析和结果，包括描述统计分析、无响应偏差分析和共同方法偏差分析、测量模型和结构模型结果；在讨论部分对结果进行了讨论分析，提出了理论和实践意涵以及本章的研究局限性和未来可能的研究方向；最后，得出了本章研究的结论。

第一节　文献综述

一、刷脸支付和 TPE 框架理论

面部识别技术是基于面部特征信息，通过采集图像或视频中出现的面部，进行自动检测和面部跟踪，完成对个体的身份认证（Lee et al.，2013）。与其他生物识别方法相比，面部识别具有高准确性和低侵入性的优点（Abrahão et al.，2016）。在线下使用刷脸支付设备时，用户仅需通过支付设备和系统识别面部即可。完成整个过程仅需要几秒钟，不需要任何其他的步骤和人际互动。受益于这些优势，刷脸支付已经被广泛应用于线下商业场景（Zhong et al.，2021）。

托纳茨基和弗莱舍（Tornatzk and Fleischer，1990）首创的 TOE 框架是由技术、组织和环境三个维度组成，可以用来预测组织用户对电子商务的采纳情况（Awa et al，2015；Baker，2012）。最初的 TOE 框架被用来确定关键因素，以解释对创新产品的采纳和实施是如何受到企业环境的影响。但原始的 TOE 理论仅适用于组织层面的测量，江等（Jiang et al，2010）对 TOE 模型进行了演化调整，用个人维度取代了组织维度，提出了适用于个体层面的 TPE 理论模型。此外，尽管 TPE 框架理论保留了 TOE 的属性，但 TPE 的所有变量都被调整为适应于测量个体层面。技术维度可包括个体的自我效能感、技术需求和感知有用性等变量。个人维度可包括个体的人格属性，如外向性、兼容性和风险规避等变量。环境维度可包括社会因素及其他模仿和制度因素。近年来，TPE 理论模型被用于识别个体对于信息系统接受意愿的前因测量。比如哈贾杰和艾哈迈德（Alhajjaj and Ahmad，2022）用 TPE 框架理论识别了个体客户对于金融科技服务使用意愿的重要的环境因素。黄和庄（Hung and Chuang，2020）采用 TPE 框架理论识别了社交网络游戏新手持续使用意愿的前因。莉娅娜等（Riana et al，2018）检验了技术—个体—环境维度下的重要因素及其相互关系对用户使用在线健康实验室的意愿的影响。胡纳法等（Hunafa et al，2017）采用 TPE 框架理论调查了个体使用移动支付意愿的重要前因。鉴于 TPE 在信息系统采纳领域强大的情境适用性，本章应用 TPE 框架理论来探究用户线下使用刷脸支付意愿的重要影响因素。

二、便利性、感知隐私风险和感知从众

市场营销领域的一些研究人员认为，便利性所意味的对时间和精力资源的节省是非货币成本性的，会影响消费者的购买行为，如使用意愿（Bender，1964）。王（Wang，2012）检验了自助服务技术的便利性对个体消费者的影响。便利性已经在移动支付领域被视为一个统合性的构念，集中处理各种好处。金等（Kim et al.，2010）和奥格巴努夫等（Ogbanufe et al.，2017）探索了用户使用移动支付的便利性。刷脸支付具有高度便利性，特别是对于年长者，其无须携带手机、无须操作手机的便利性具有重要价值。

有学者将感知风险视为消费者对使用新技术或创新产品的负面后果的不确定感（Phonthanukitithaworn et al.，2015）。帕夫卢（Pavlou，2003）认为，感知风险可以分为四种类型，包括经济风险、个人风险、绩效风险和隐私风险。相对其他风险而言，感知隐私风险较为隐性，近年来逐渐获得学者们的关注。比如皮（Pee，2011）和徐等（Xu et al.，2009）分别检验了消费者对基于定位的移动服务的感知隐私风险的担忧。在移动支付领域，当消费者使用其他移动支付方式时，信息的传递必须依赖于手机等有形的媒介设备，信息是相对隐藏的。但在使用刷脸支付时，消费者的个人信息却总是暴露在外，对信息的捕获和识别是公开的。

个体面对不确定的环境时，他们会更希望从他人那里寻求有能力的信息或解决方案，以帮助自己做出决定（Cohen and Golden，1972）。环境因素对个体的影响可以分为两种类型：一是向有知识的他者（如长辈、老师）寻求信息和建议；二是根据观察他者的行为做出决策（Park and Lessig，1977）。作为一种信息影响因素，感知从众被视为从可信来源获取知识，以减少自己的不确定性。王等（Wang et al，2019）调查了从众行为对金融科技采纳意愿的重要影响。在用户起初使用刷脸支付的经历中，对环境的不确定会加深消费者内心对于使用刷脸支付的不确定。因此，消费者会期望通过观察他人的行为、他人的选择来帮助自己做出决策。

三、满意度和意愿

根据迈耶和施瓦格尔（Meyer and Schwager，2007）的观点，满意度是用户的期望和实际体验达到平衡时所产生的感知的顶点。也就是说，用户满意度通常表示为用户对满足状态的判断（Oliver，1997），是对用户情绪感受的整体概括。满意度已被证实对移动支付的采纳具有显著影响（Liébana-Cabanillas et al.，2020；Zhou，2013；Zhou，2015）。意愿是指用户打算在现在或未来使用刷脸支付（Ahn et al.，2007），意愿将导致实质行为。在态度—意愿关系中，对结果的评价是针对过去或现在，而使用意愿是面向未来，是由情绪反应形成的应对反应。已有相当多的研究检验了在移动支付领域，意愿是预测实际行为最关键的因素（Chopdar et al.，2018；Patil et al.，2020；Soomro，2019；Wei et al.，2021）。

作为一种新型的移动支付方式，刷脸支付能否获得用户的正向反馈（如满意度）至关重要。在线下商业场景应用刷脸支付的情境下，用户满意度的建立和形成受到多维因素的影响。当用户对刷脸支付的使用持肯定态度时，他们可能倾向于保持频繁的使用行为（Yu et al.，2018）。那么，这种新型的支付方式才可能会真正成为更多用户的首选支付方式，最终成为一种主流的移动支付方式。

第二节　研究模型和假设建立

在研究模型中，便利性、感知隐私风险和感知从众分别是从技术、个体和环境维度预测意愿的关键因素，通过满意度的中间机制作用，进一步增强了对意愿形成的解释（Hong et al.，2017；Kim et al.，2008；Zhang and Kang，2019）。便利性代表了用户衡量购买产品所花费的时间和精力（Berry et al.，2002）。与扫码支付等其他移动支付方式相比，刷脸支付所需花费的时间更少，因为它能节约多个操作步骤。因此，本章研究认为，便利性是线下刷脸支付使用情境下最典型的技术特征。在移动支付的情境下，感知隐私风险被定义为个体对其个人信息泄露的潜在担忧（Johnson et al.，2018）。相比于其他移动支付方式，刷脸支付识别验证需通过裸露的面部特征信息，因此在信息安全方面受到了用户的重点关注。确切来说，将近半数的刷脸支付用户认为当前的一系列保障措施仍令他们的信息安全面临相当大的威胁（iiMedia Research，2019），因此感知隐私风险是个体用户最关注的特点。此外，用户考虑是否采纳新技术的关键障碍在于信息技术总是具有大量的未知特性（Walden and Browne，2009）。作为一种信息影响因素，感知从众是指通过观察他人的行为和举动，或者通过关注网上的热点新闻，即从可信的来源获得可参考的知识后，对他人的行为进行模仿（Handarkho，2020）。例如，在线下商店中，消费者观察到他人正在使用刷脸支付或联想到近期大众在网上对刷脸支付的热议，会促使用户跃跃欲试。

此外，满意度作为态度构念，决定了用户最初的使用意愿和后续的持续使用意愿，这已在较多的移动支付研究中得到证实（Liébana-Cabanillas et al.，2014）。基于上述讨论，提出如图4-1所示的研究模型，并进一步讨论构念之间的相关假设。

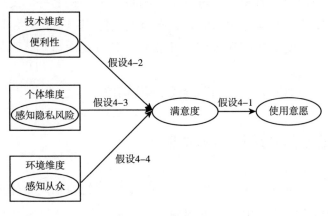

图4-1 研究模型

一、满意度和使用意愿

使用意愿是指用户试图获得一种产品或服务（Ahn et al.，2007）。大量文献已经讨论了满意度和使用意愿之间的密切关系。在信息系统环境中，满意度和使用意愿之间的正向关系被证明是显著的（Lin et al.，2014；Xu et al.，2012；Shiau et al.，2020）。此外，大量研究发现，满意度是衡量用户移动支付服务使用意愿的重要指标（Zhou，2015；Lee et al.，2019）。因此，在线下使用刷脸支付服务的情境下，满意度更高的用户可能会更愿意使用刷脸支付。因此，我们提出如下假设。

假设4-1：满意度会正向影响用户线下使用刷脸支付的意愿。

二、便利性和满意度

便利性是指用户对时间和地点效用的综合衡量，只有当新技术使他们的生活变得更容易或更方便时，才会影响他们对新技术的采纳态度（Pal et al.，2020）。新技术的便利性将帮助用户节省时间和精力，从而减少他们的潜在担忧和不确定性（Joel and Daniel，2010）。利巴纳-卡巴尼拉斯等（Liébana-Cabanillas et al.，2018）发现了新技术的便利性会对用户的满意度产生正向影响，比如使用近场通信支付系统的便利性能正向影响用户的满意度。作为一种新型的移动支付方式，刷脸支付比其他移动支付方式更具有便利性，如节省时间、简化流程，甚至能消除用户支付对使用手机的依赖。这种优化和创新被认为对用户的满意度具有正向影响。因此，我们提出如下假设。

假设4-2：便利性会正向影响线下使用刷脸支付的满意度。

三、感知隐私风险和满意度

约翰逊等（Johnson et al，2018）解释称，感知隐私风险体现了用户对个人信息泄露和财务安全损失的风险感知。如果使用新技术会让用户担心他们的个人信息安全，那么用户会因此感到生气或后悔，从而可能会对他们采用的技术或服务感到不满意。在电子交易中，由于涉及敏感的个人信息，用户可能会因怀疑技术的安全性而感到更加紧张。特兰（Tran，2020）调查发现，上网购物时，感知隐私风险较高的用户会感觉到较低的满意度。相似的，程和江（Cheng and Jiang，2020）探索发现，用户感知隐私风险越高对聊天机器人服务的满意度会越低。在线下使用刷脸支付的情境中，用户对这种复杂的新技术有不同的隐私风险感知程度，当感知隐私风险越强时，用户的满意度会越低。据此，提出以下假设。

假设 4-3：感知隐私风险对用户线下使用刷脸支付的满意度有负向影响。

四、感知从众和满意度

在使用之初，用户往往不太清楚新技术能为自己带来哪些好处。当用户无法完全依赖自己的判断时，他们倾向于通过观察他人的行为来调整自己的想法，最终对他人行为进行模仿。在信息系统采纳的情境下，学者们逐渐关注到感知从众对使用意愿的重要影响。同样，当个体在特定环境中感到不确定时，降低自己的坚持来模仿他人的行为是为了获得平均补偿的策略，以避免最糟糕的情况，这样的决策会在事后为其带来满足感。例如，孙（Sun，2009）发现，潜在采纳者们抱团克服新产品所带来的不确定性能增加他们对产品有用性的感知并且获得愉快的感受。这与宏等（Hong et al，2017）在移动社交应用中的研究发现一致，感知从众会正向影响满意度。在刷脸支付线下使用情境下，面对陌生的新环境，感知从众会有助于使用户感到满意。因此，提出以下假设。

假设 4-4：感知从众能正向影响用户线下使用刷脸支付的满意度。

第三节　研究方法

本章使用 SPSS 对样本进行描述性统计分析。偏最小二乘法的结构方程模型被用来分析研究模型。作为一种重要的多元数据分析技术，结构方程模型包括基于协方差的结构模型和基于方差的偏最小二乘法的结构模型。与基于协方差的结构模型相比，偏最小二乘法的结构模型对测量规模、样本大小和残差分布要求较低（Chin et al.，2003），放宽了对正态分布的假设要求（Hair et al.，2019；Shiau et al.，2019）。本章构念定义与测量题项如表4-1所示。由于本章部分题项不符合正态分布，因此，本章适合使用SmartPLS软件（Ringle et al.，2015）进行数据分析。

表4-1　　　　　　　　　　　构念定义与测量题项

构念及定义	测量题项	题项来源
满意度 满意度指当消费者的期望和体验达到平衡时产生的状态（Meyer and Schwager，2007）	SAT1 我很高兴在线下服务中使用刷脸支付 SAT2 在线下服务中使用刷脸支付让我感到开心 SAT3 我认为选择在线下服务中使用刷脸支付是明智的 SAT4 我认为我在线下非接触式服务中使用刷脸是正确的决定	Sabiote and Román（2009）；Susanto et al.（2015）
使用意愿 使用意愿指用户打算在现在或未来使用刷脸支付（Ahn et al.，2007）	INT1 如果有机会，我会在线下服务中使用刷脸支付 INT2 在不久的将来，我可能会在线下服务中使用刷脸支付 INT3 我对在不久的将来在线下服务中使用刷脸支付持开放态度 INT4 当机会出现时，我打算在线下服务中使用刷脸支付	De Luna et al.（2019）
便利性 在线下非接触式服务中，使用刷脸支付的便利性定义为消费者通过刷脸支付设备付款产生的时间和精力成本（Berry et al.，2002）	CON1 在线下服务中，我觉得用刷脸支付比较容易 CON2 在线下服务中，我认为使用刷脸支付非常方便 CON3 在线下服务中，我认为使用刷脸支付比较简单 CON4 在线下服务中，我认为使用刷脸支付更省时 CON5 在线下服务中，使用刷脸支付使我不用随身携带现金、信用卡和智能手机 CON6 在线下服务中，我不必随时随地带着智能手机	Ogbanufe and Kim（2017）；Pal et al.（2020）

续表

构念及定义	测量题项	题项来源
感知隐私风险 感知隐私风险指个人对其隐私信息的潜在威胁的担忧（Johnson et al.，2018）	PPR1 在线下服务中通过刷脸支付提供个人隐私信息，我会感到不安全	Johnson et al.（2018）
	PPR2 如果在线下服务中使用刷脸支付，我担心其他人会访问我的账户	
	PPR3 在线下服务中通过刷脸支付系统发送敏感信息时，我会感到不安全	
	PPR4 与普通移动支付相比，使用刷脸支付将涉及更多的金融风险	
	PPR5 我不认为使用刷脸支付有任何真正的金融风险（反向题项）	
感知从众 感知从众是指个体倾向于采纳他人的行为、行动、趋势或信念（Handarkho and Harjoseputro，2019）	PH1 我是否在线下服务场景中使用刷脸支付受到使用这种支付方式的人数的影响	Handarkho and Harjoseputro（2019）
	PH2 如果我发现许多熟人在线下服务场景中使用刷脸支付，那么我也会更愿意在购物时使用它	
	PH3 在线下服务场景中使用刷脸支付的人越多，我越倾向于使用它	
	PH4 我认为在决定是否通过刷脸支付购物时，参考其他用户的选择是明智的	

注：SAT 代表满意度，INT 代表使用意愿，CON 代表便利性，PPR 代表感知隐私风险，PH 代表感知从众。

本章首先进行了前测试。4 名使用过刷脸支付的受访者受邀对问卷的题目、结构、语义、长度和格式进行审查与评估。根据反馈意见，作者对问卷的内容和结构进行修改，以保证问卷的内容效度。在正式问卷发放之前，作者从线下零售场景中收集了 117 名受访者进行预测试，其中 64 名（54.7%）为男性，53 名（45.3%）为女性。预测试中所有题项的因子载荷量均超过 0.5（Wixom and Watson，2001），Cronbach'α 值在 0.803 ~ 0.958，组合信度在 0.871 ~ 0.969。通过平均方差提取（AVE）值来评估构念的收敛效度，范围在 0.634 ~ 0.888，这意味着均高于基准值 0.5。预测试结果保证了问卷的可靠性和有效性。

本章研究调查对象仅限于在线下场景使用过刷脸支付的群体。正式问卷通过线上和线下2个渠道进行发放，总共回收402份。其中，通过线下调查，收集了237份在线下场景中使用过刷脸支付的用户样本，如在大型超市"盒马鲜生"、肯德基、便利店、蔬菜水果店和智能自助服务柜等线下情境进行收集。此外，线上调查和传统的纸质调查相比，具有响应时间快速和成本效益的优势（Bhattacherjee，2001a；Bhattacherjee，2001b）。结合线上调查的方式，本章研究利用大型在线问卷调查平台"问卷星"收集了165份样本。

第四节　研究结果

一、描述性统计分析

进过剔除不完整问卷和无效问卷，最终保留了340个有效样本用于数据分析。在340名受访者中，有男性167名（49.1%），女性173名（50.9%）。绝大多数受访者年龄分布在18~39岁（91.8%），1年内初次使用刷脸支付的经历者占45.6%。受访者使用刷脸支付的频率多集中在每周1~3次（34.4%）和超过3次（22.6%）。

二、无响应偏差分析和共同方法偏差分析

本章采用了阿姆斯特朗和奥弗顿（Armstrong and Overton，1977）的方法检验了无响应偏差。较早完成调查的238名受访者被视为早期受访者，后期完成的102名受访者被视为晚期受访者。卡方检验被用于比较早期组和晚期组的性别和年龄。结果表明，早期和晚期被调查者在性别和年龄上无显著差异（$p > 0.05$）。因此，排除了无响应偏差的可能性。本章研究的问卷通过线上和线下两种方式收集，以减少共同方法偏差。此外，我们还使用两种方法进行了共同方法偏差分析。哈曼（Harman）的单因素测试用于识别任何潜在的共同方法偏差（Podsakoff and Organ，1986；Podsakoff et al.，2003）。测试结果表明，没有任何单一因素占总方差的50%以上（Mattila and Enz，2002）。前4个因素累积解释了总方差的71.38%；第一个（最大的）因素占46.93%（被解释方差范围为5.31%~46.93%），说明

共同方法偏差的威胁较小。此外，我们还使用标记变量法检验了共同方法偏差（Chin et al.，2012）。数据分析的结果表明，标记变量对满意度或使用意愿没有显著影响。因此，在这项研究中，共同方法偏差威胁不大。

三、测量模型

为检验测量模型的有效性，作者对测量模型进行了信度、收敛效度和区别效度评估。题项的因子载荷量过低（小于0.5）和交叉载荷量过高说明是有问题的题项（Wixom and Watson，2001）。因此，由于因子载荷量小于0.5，在执行其余的测量评估之前，删除了题项PH4（"在决定是否通过刷脸支付进行购买时，采纳其他用户的选择是明智的"）。组合信度表示测量模型的内部一致性，本章研究中组合信度介于0.868~0.954，所有Cronbach's α值都在0.768~0.935，均超过0.7（Bagozzi and Yi，1988）。所有构念AVE范围介于0.663~0.837，均超过0.5（Chin et al.，2003），达到合格指标。SRMR为0.076，小于模型拟合阈值0.08（Henseler et al.，2015）。表4-2总结了测量模型的信度和效度。

表4-2 测量模型的信效度

构念	题项	平均值	标准差	因子载荷量	平均变异萃取（AVE）	组合信度（CR）
满意度	SAT1	5.144	1.331	0.911	0.809	0.944
	SAT2	4.915	1.320	0.895		
	SAT3	5.174	1.238	0.886		
	SAT4	4.974	1.300	0.906		
使用意愿	INT1	5.421	1.223	0.895	0.837	0.954
	INT2	5.574	1.195	0.909		
	INT3	5.629	1.187	0.926		
	INT4	5.588	1.198	0.929		
便利性	CON1	5.597	1.180	0.839	0.663	0.922
	CON2	5.606	1.162	0.871		
	CON3	5.606	1.162	0.843		
	CON4	5.556	1.265	0.842		

续表

构念	题项	平均值	标准差	因子载荷量	平均变异萃取（AVE）	组合信度（CR）
便利性	CON5	5.779	1.295	0.748	0.663	0.922
	CON6	5.576	1.345	0.732		
感知隐私风险	PPR1	3.856	1.553	0.808	0.700	0.921
	PPR2	4.032	1.709	0.846		
	PPR3	3.885	1.609	0.868		
	PPR4	3.906	1.599	0.879		
	PPR5	4.465	1.638	0.778		
感知从众	PH1	4.215	1.502	0.694	0.689	0.868
	PH2	5.426	1.271	0.893		
	PH3	5.559	1.262	0.888		

此外，本章研究使用了福内尔和拉克尔（Fornell and Larcker，1981）和 HTMT（Heterotrait-monotrait）的相关比率两种分析方法来评估构念的区别效度。通过比较构念方差的平方根是否大于与其他构念的相关系数来评估区别效度（Fornell and Larcker，1981）。同时，相关性的 HTMT 比率应显著小于 0.9（Henseler et al.，2015）。表 4-3 显示，本章研究中两个标准均得到了满足，因此结果验证了模型的区别效度。

表 4-3 区别效度

构念	SAT	INT	CON	PPR	PH
SAT	*0.899*				
INT	0.770 (0.829)	*0.915*			
CON	0.690 (0.748)	0.712 (0.767)	*0.814*		
PPR	-0.532 (0.585)	-0.389 (0.423)	-0.281 (0.304)	*0.836*	
PH	0.526 (0.623)	0.557 (0.645)	0.534 (0.631)	-0.225 (0.280)	*0.830*

注：SAT 表示满意度，INT 表示使用意愿，CON 表示便利性，PPR 表示感知隐私风险，PH 表示感知从众；对角线上的值（粗体和斜体）是每个构念平均变异萃取（AVE）的平方根，括号中的值是 HTMT 比率。

四、结构模型

在评估结构模型之前，首先检查了共线性问题，以保证其不会对结果造成偏差。所有构念的方差膨胀因子（VIF）值远低于基准值 5.0（Neter et al.，1990）。外部 VIF 值的范围介于 1.258 ~ 4.148，内部 VIF 值均小于 3。因此，本章研究排除了严重的共线性问题。在结构模型分析中，本章研究采用自助法的采样方法（5000 次重采样）来确定结构模型路径的显著性。结构模型的分析结果如图 4 - 2 所示。满意度对使用意愿有正向影响（β = 0.770，t = 28.056，p < 0.001）。便利性对满意度有显著的正向影响（β = 0.494，t = 11.562，p < 0.001）。感知隐私风险对满意度有显著的负向影响（β = -0.353，t = 9.172，p < 0.001）。感知从众对满意度有显著的正向影响（β = 0.183，t = 4.487，p < 0.001）。

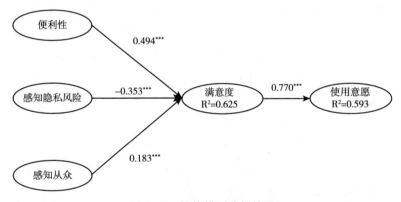

图 4 - 2　结构模型分析结果

注：*** p < 0.001。

4 个假设均得到了验证支持。海尔等（Hair et al，2014）提出，测量结构模型最广泛应用的方法是计算每个内生构念的解释方差（R^2值）。本模型解释了满意度的 62.5% 的方差和使用意愿的 59.3% 的方差。

第五节　讨论与结论

本章研究旨在探讨 TPE 维度下的重要因素如何通过影响满意度来影响

用户使用刷脸支付系统的意愿。研究结果与之前关于移动支付的研究发现相一致（Lu et al.，2011；Susanto et al.，2015），满意度是用户在线下场景使用刷脸支付系统的行为意愿的重要决定性因素。

假设 4 - 1 成立，说明满意度显著地正向影响使用意愿。满意度是一种总体评价，在解释用户使用意愿方面扮演了重要角色。用户的高度评价表明他们的期望得到了良好的满足，因此他们会有强烈的意愿尝试这种支付方式。

假设 4 - 2 成立，说明便利性对满意度有正向且显著的影响。消费者对于使用刷脸支付的便利性的感知，通常意味着操作流程简化，甚至消除使用手机的必要性。便利性的增加意味着用户可能会通过全新而便捷的体验获得超出预期的满意。只需要两步操作就可以在 10 ~ 15 秒内完成刷脸支付，所用时间几乎是扫码支付所需的时间 1/3（Liu，2020）。特别是当用户在线下零售场景中排队结账时，对便利性的感知会给他们带来更明显的正向感受。这一发现与高等（Gao et al，2020）以及刘和涂（Liu and Tu，2021）的发现相一致，他们同样发现了便利性会影响用户直接或间接使用刷脸支付方式的意愿。

假设 4 - 3 成立，感知隐私风险会显著地负向影响满意度。由于面部可传达不同类型的个人敏感信息，如性别、年龄和个人身份信息等，用户认为使用刷脸支付，个人信息被泄露和滥用的风险很高，这会使得他们对此持否定的态度。也就是说，恐惧和不安全感会阻碍满意度的形成。这一结果与特兰（Tran，2020）的发现一致，刷脸支付相较于其他移动支付的不同之处在于所传递信息的特殊性，以及负向事件的潜在发生使隐私风险成为用户线下使用它的最大担忧。

感知从众对使用刷脸支付的满意度有正向影响，假设 4 - 4 成立。这个发现与高等（Gao et al，2020）的研究结果一致。刷脸支付处于推广初期，包含较多的潜在未知性。在线下环境中，如果潜在用户观察到有相当多的用户毫不犹豫地选择使用刷脸支付进行结账，他们可能也会认为使用刷脸支付是一个好的选择。因此，在线下零售使用刷脸支付的场景中，感知从众会让用户感到满意。

一、理论和实践意涵

本章研究提供了三个理论意涵。首先，不同于以往从单一的个体用户或商业组织角度对刷脸支付的研究，本章采用了 TPE 框架理论，从技术、个体和环境 3 个维度识别影响用户行为的重要因素。影响新技术被采纳的因素是多维的、共同作用的和共同进化的（Lewin and Volberda, 1999），这些因素通过个体的多维感知来综合影响用户的判断和评价。其次，本章将 TPE 框架理论应用于新型移动支付的线下采纳场景，这在之前的研究中很少出现。最后，为了揭示影响结果变量形成的内在机制，我们检验了满意度作为态度变量对行为意愿的影响。

本章研究也为刷脸支付系统的供应商和使用商家提供了实践意涵。首先，系统供应商和商家应该进一步提高使用刷脸支付的便利性，并且要同时控制隐私风险。而这两者往往是此消彼长的矛盾关系。因此，这意味着供应商必须持续优化，不断创新和完成系统升级。这需要供应商掌握更强的技术支持和流程设计来解决此类冲突，需要更强而有力地应对由于便利性的提高可能带来的感知隐私风险的增加。其次，基于本章研究结果，希望业界能够关注用户使用刷脸支付的意愿的形成过程，以及刷脸支付与其他移动支付的显著差异。未来，基于刷脸支付的技术扩展性，业内可建立起其他创新的商业形态。

二、研究局限

本章研究为未来的研究提供了研究基础。首先，作为一种新型的支付方式，刷脸支付目前处于早期发展阶段，仍有较多研究空白。其次，本章研究中老年受访者的样本数量较为有限。未来的研究可以将重点放在探索老年群体的刷脸支付使用意愿形成方面。最后，TPE 框架理论具有良好的情境适用性，应被广泛应用于影响个体决策的因素分析。

三、结论

目前，较少研究从技术、个体和环境因素共同影响个体态度的角度来全面分析用户使用刷脸支付的意愿形成过程。刷脸支付的线下使用行为能让用户获得新鲜的体验，并且可能会引发用户特定的心理过程。因此，本章采用 TPE 框架理论，从多维综合视角识别影响用户的重要前因，结合满意度理论，旨在调查用户使用线下刷脸支付意愿的内在心理机制。本章研究经过了前测试和预测试，最终通过线上和线下调查相结合的正式调查方式共收集了 340 份有效样本，采用偏最小二乘法的结构方程模型进行了数据分析。研究结果显示，满意度对意愿有正向影响；便利性对满意度有重要的正向影响；感知隐私风险对满意度有负向影响；感知从众对满意度有正向影响。最终，研究模型解释了满意度 62.5% 的方差和使用意愿 59.3% 的方差。

本章研究结合了 TPE 框架理论和满意度理论来探索用户在线下服务情境采用刷脸支付的情况，从而深入探索了新型移动支付环境下的个体行为决策过程。每一项创新服务的推广都必然是技术、个体和环境共同作用的结果。基于研究结果，作者向供应商和商家提出了实践性的建议，这将有助于进一步提升个体用户对线下刷脸支付的使用意愿。根据这项研究结果，未来，TPE 框架理论应该更广泛地应用于其他研究领域，这些领域可能对增强特定形式的知识更有价值。

第五章　动态能力、数字分析支持与价值捕获创新

　　《中华人民共和国国民经济和社会发展第十四个五年规划和二〇三五年远景目标纲要》以较大篇幅重点谋划数字中国战略，产业数字化内容也囊括其中。由此可见，在今后相当长一段时间内，推进企业和产业层面的数字化转型将作为国民经济建设的重点工程。数字化不仅有利于推进国家治理能力和治理体系现代化，还是经济发展的重要引擎。在微观层面，数字化帮助企业降低对供应链核心企业的依赖、增进与终端客户交互。在中观层面，数字化促进传统产业转型升级、赋能新兴产业。在宏观层面，数字化助力中国制造、中国模式成为世界标准，实现"换道超车"。实现经济高发展质量，补足中小企业弱数字化这块短板尤为必要。因此，中小企业作为国民经济的重要组成部分，将成为"十四五"期间数字化转型的重点经济主体。

　　目前，国际国内都在推进多领域深层次的数字化转型。在具有前瞻性的国家战略和政策引领，以及一批互联网企业和信息通信企业智力和技术的支持下，中国的数字化进程正居于世界各国的第一梯队。尽管数字化的战略意义已得到政府部门的重视，学术界的聚焦以及大量规模以上企业的实施（王康周等，2018；张振刚等，2021），如三一重工、徐工集团、格力电器。然而，大多数中小企业却踌躇观望（Li et al.，2018），"不会转""不敢转""不愿转"是主要问题（盘和林，2021；倪克金和刘修岩，2021），如资金不足、规模局限、专业运维人员缺乏（Sousa and Rocha，2019）、企业家忽视及相应管理技能欠缺（Robert et al.，2020）。无论何种抑制因素主导，都会导致中小企业的数字化进程难以推进。显然，中小企业的数字化转型难是一个亟待破解的困局。

　　为突破现状，学术界必须重视中小企业数字化转型的驱动因素研究，探索中小企业数字化转型的可行路径。但是，通过概览现存文献，国内学者基于中国情境针对相关问题的研究仍然有限（Li et al.，2018；Matarazzo et al.，2021；池毛毛等，2020）。同时，本章发现，学者们近年来研究动态能力对企业数字化转型、数字创新的影响热度正不断上升（张振刚等，2021；Matarazzo et al.，2021；刘洋等，2020），显示出动态能力在数字时代意义同样重大，加之中小企业具有柔性、去中心化、顾客临近性（customer proximity）、决策流程精益化等带有动态能力特征的既有优势（Li et al.，2018）。在以上文献缺口和研究趋势的启发下，本章开展主题研究，试图探索以下两个问题：（1）动态能力能否驱动中小企业开展数字创新？（2）动态能力驱动的中小企业数字创新是否呈现出新的范式？

通过中小企业数字化的积极影响因素研究，以及中小企业数字化的典型表现对其商业模式创新的影响研究，本章发现数字分析支持促成动态能力驱动下的中小企业价值捕获创新呈现新变化。因而本章丰富动态能力和数字创新主题文献。另外，本章既为国家数字化战略的实施提供一定理论支持，也为中小企业开展数字化转型提供了可行路径指引。所以本章具有理论和实践的双重意义。

本章选择动态能力理论作为研究视角，利用来自长三角地区的271家涵盖多行业的中小企业样本进行实证研究，研究的主要发现是数字分析支持在动态能力（包括机会识别能力、资源整合能力和组织重构能力）和价值捕获创新之间发挥中介作用。本章的创新点和贡献是多方面的。第一，根据实证检验得出的数字分析支持在机会识别能力和价值捕获创新、资源整合能力和价值捕获创新、组织重构能力和价值捕获创新之间均发挥中介作用，本章提出中小企业在数字化赋能下价值捕获创新的三种新研究范式。第二，本章深化数字时代中小企业多种类型动态能力的认知，对动态能力和价值捕获创新关系的探索实现了同现存文献的有效对话。第三，本章基于一手数据开展中小企业数字化相关特定问题的实证研究，丰富了中小企业情境下数字化的相关研究文献。

第一节 文献回顾与研究假设

一、动态能力

动态能力理论由蒂斯等（Teece et al.，1997）首次提出，该理论能够克服资源基础理论和"五力模型"在动态环境下解释力不足的问题（Eisen-hardt and Martin，2000；Teece，2007）。动态能力较资源基础观更具等价性（equifinality）、同质性（homogeneity）和可替换性（substitutability）（Eisen-hardt and Martin，2000）。佐特等（Zott et al.，2003）也提出，动态能力绝不仅仅是对资源基础观的简单补充，因为它控制了能够直接产生租金的资源和能力。

蒂斯等（1997）将动态能力定义为企业整合、建立和重新配置内外部资源以应对快速变化环境的能力。艾森哈特和马丁（Eisenhardt and Martin，2000）认为，动态能力是企业利用资源以匹配甚至引发变革的系列流程，即整合、重新配置、获取和投放资源的流程。因此，动态能力反映了组织在给定路径依赖和市场地位的情况下获得新的或创新形式竞争优势的能力。蒂斯等（1997）认为，动态能力赋能商业企业创造、调集并保护那些能够维持长期卓越业务绩效的无形资产。动态能力框架专注于解释持续的企业级竞争优势来源问题，并为管理者提供指导以规避因同质企业在完全竞争市场竞争而导致平均利润的情况。总之，学术界对动态能力的定义具有一定的可归纳性和认同度（Eisenhardt and Martin，2000）。

为了便于分析，学者们常将动态能力细分成多个子能力。具有开拓意义的当属蒂斯提出的通过提升、组合、保护，必要时重新配置商业企业无形、有形资产的三个子能力：（1）感知并塑造机会和威胁的能力；（2）把握机会的能力；（3）保持优势的能力。威尔登等（Wilden et al.，2013）将动态能力细分为三个子能力，即机会识别能力、机会捕获能力、整合重构能力。中国学者结合特定研究情境，也为动态能力维度区分作出贡献，如焦豪（2011）的四维度能力。

如果一家企业拥有资源或能力而缺乏动态能力，那么它虽然能够在短期内获得有竞争力的回报，但是难以长期地维持超竞争收益（Teece，2007）。具有动态竞争力的企业不仅掌握竞争防御能力，还能借助创业、创新半连续的资产协调和业务重组以利于塑造竞争结果和市场产出（Teece，2007）。

二、数字化之数字分析支持

数字化描述了信息技术（IT）或数字技术如何被用于替代现有业务流

程。作为数字化最重要的技术保障的信息技术不断升级，新一代信息技术以大数据、人工智能、区块链、云计算、物联网为代表（连玉明，2020），已成为近年来商业模式创新的主要驱动力（余江等，2017）。同信息技术并举，数字技术是指嵌入在信息通信技术内或是由信息通信技术所支撑的产品或服务，在创新创业过程中发挥重要赋能作用（刘志阳等，2020）。

数字化前提下，企业可运用数字技术使业务流程间更加有效地协调和/或通过提升用户体验创造额外的消费者价值（Verhoef et al.，2021）。对企业而言，数字化赋能的商业模式是其获取数字化价值所必需的（Kohtamäki et al.，2019，2020）。目前，数字化已改变诸多商业模式并渗透到消费者的日常生活中（Tunn et al.，2020；Labrecque et al.，2013），如以共享单车、共享移动电源、共享汽车为代表的共享经济的兴起和繁荣。

为更好地指导实践并深化研究，学者们还对数字化进行了细分，如根据不同业务流程分为销售支持的数字化、服务支持的数字化、数字分析支持以及数据整合和访问支持（Kohtamäki et al.，2020）；根据业务网络中参与者间的联系类型分为以活动（activity）链接为中心的数字化、以资源连结为中心的数字化、以参与者纽带为中心的数字化（Pagani and Pardo，2017）。

作为企业数字化的重要方面，数字分析支持是评估客户数据及其购买产品行为模式的过程，可以更好地帮助企业了解并分享客户消费偏好及忠诚度、评估销售渠道及盈利能力，乃至预测新需求等有价值的见解和知识，勾勒较为完整的用户画像，带给企业运营能力的蜕变，提高企业具备先动性的可能（Bouncken et al.，2019）。它是组织运营惯例局部转变的体现而非动态能力（Rialti et al.，2019；Mikalef et al.，2021）。有学者证实，具备合格数字分析能力的企业不仅有利于新商业模式的发现和采用，甚至能够根本性地修改其业务逻辑，引发外部环境的变化（Ciampi et al.，2021）。

三、价值捕获创新

价值捕获是商业模式的一个核心构念。商业模式是企业如何在整体和系统层面运行和发展业务的结构模板（Ciampi et al.，2021；Foss and Saebi，2017）。已有文献证实其有三个关键维度（Clauss，2017；Spieth et al.，2014；Zott et al.，2011），即价值创造（creation）、价值主张（proposition）

和价值捕获（capture）。其中，价值创造维度指的是企业如何以及通过什么方式利用组织内部和组织间流程的资源和能力，依托价值链创造价值；价值主张维度包含企业为客户提供的解决方案组合和提供方式；价值捕获定义了企业如何围绕价值主张获得覆盖成本的收益并实现利润以确保可持续绩效（Clauss，2017）。蒂斯（2018）强调，商业模式描述了企业如何为客户创造和交付价值的架构以及用于获取价值份额的机制。它是一套相互匹配的要素，包含成本、收入和利润流动。

价值捕获创新是商业模式创新过程中，为企业、客户和其他利益相关者重新配置作为商业价值逻辑基础的一个或多个组件的深思熟虑的过程（Bucherer et al.，2012），通过对至少一个核心价值维度作出显著改进，创造和捕获价值的新途径（Amit and Zott，2012）。

根据动态能力理论观点，进行复杂外部环境中的价值捕获创新以实现可持续绩效增长可能是一项关键的动态能力（Zott et al.，2011）。业务逻辑创新文献研究通常包括"演化"和"破坏"两个相对的视角（Schneider and Spieth，2013），其中演化视角，将价值捕获创新视为旨在实现企业资源和能力之间动态平衡的持续调整（Paiola and Gebauer，2020）。特别地，有研究发现，数据驱动的价值捕获创新能够通过即时和持续提供有关业务利益相关者的新信息，使管理层的直觉和创造力合理化（Cheah and Wang，2017）。因此，价值捕获创新可有效研究运用大数据破坏企业业务逻辑的可能性（Ciampi et al.，2021）。

四、动态能力和价值捕获创新

价值捕获创新能够通过动态能力理论这一视角得到恰当考查（Ciampi et al.，2021；Fossa and Saebi，2017）。蒂斯（2018）认为，在企业拥有全面而强大动态能力的条件下，管理层可更自由地考虑那些需要彻底改变资源或活动的商业模式，并快速实施、测试和改进新的业务模型。切斯布洛（Chesbrough，2010）认为，在价值捕获创新过程中，动态能力发挥关键性的促进作用。

机会识别能力有助于企业追踪需求变化，使企业活动紧密围绕消费者未获满足且有支付意愿的需求展开具有可操作性，包括从价值捕获机制着手设计和实施显著异于竞争者且绩效表现更优的商业模式（Teece，2018）。

价值捕获创新是系统性事务，需要技术知识、行业数据、关系网络等必要的配套资源，而资源总是稀缺的，尤其是中小企业所持冗余资源往往很难为此活动提供足够支持。所以中小企业需重新编排在用资源、获取外部资源作为补充，这就要求中小企业应具备较强的资源整合能力（Zott et al.，2011；Amit and Zott，2012；Makkonen et al.，2014）。此外，产品或服务的再设计、内部流程的再调整、内外关系网络的再完善等组织重构能力也对价值捕获创新具有最重要的影响（Bock et al.，2012）。简言之，机会识别能力、资源整合能力和组织重构能力三个子能力也对价值捕获创新有重要的积极意义。因此，本章提出以下假设。

假设 5 - 1：中小企业具有动态能力能促进价值捕获创新。

假设 5 - 1a：中小企业具有机会识别能力能促进价值捕获创新。

假设 5 - 1b：中小企业具有资源整合能力能促进价值捕获创新。

假设 5 - 1c：中小企业具有组织重构能力能促进价值捕获创新。

五、数字分析支持的中介效应

动态能力理论将大数据视为能够创造价值的资源并分析大数据发挥多重效用的潜力（Ciampi et al.，2021）。该理论也支持研究深化大数据资产和流程重新配置问题的探索，以便在组织内部传播从大数据中提取的知识，继而有效地满足各种业务和战略需要（Ciampi et al.，2021）。所以动态能力理论是基于大数据开展商业分析应用的恰当研究视角（Chen et al.，2015）。

动态能力对价值捕获创新的促进作用已得到学者们的广泛认同（Matarazzo et al.，2021；Teece，2007；Teece，2018），数字技术的发展成熟使得数字化成为当前企业业务流程技术范式转变的主要趋势。动态能力本就有利于企业引进并吸收新技术、新思想，对数字化也不例外。而决策备选方案合理多元化、市场进入门槛降低、协调沟通优化、产品开发简化等数字化所发挥的显著优势展现出其将在动态能力对包括价值捕获创新在内的商业模式创新联系机制中发挥重要传导作用的潜力（Robert et al.，2020）。焦豪等（2021）指出，在技术范式转变时期，动态能力为企业如何在数字经济中整合数字化技术和业务流程以进行组织转型，实现客户体验增强、运营简化或新的商业模式创建等重大业务改进活动提供了借鉴思路。根据动态能力观的观点，在快速变化的环境中，企业缺乏动态能力则不利于其发掘大数据分析的全部潜力，因此会难以实现价值捕获创新和竞争优势提升的难得机遇，这一问题日益凸显（Ricarda et al.，2021）。因此，本章提出以下假设。

假设5-2：数字分析支持在中小企业动态能力和价值捕获创新之间发挥中介作用。

实现完全意义上的数字化并充分获取数字化所带来的经济效益需要大量的资源支持和周密的模式设计（Tunn et al.，2020），加之数字化需要伴随组织利益相关者间增进交互、深化协同等开放性活动，因而机会识别能力、资源整合能力和组织重构能力将为中小企业的数字化发挥积极作用。

中小企业机会识别能力赋能数字分析支持实现价值捕获创新。为实现数字化，中小企业对于数字化机会的识别应体现在多方面，首先是投资技术和工具的自建机会，如人工智能、区块链、云计算、大数据分析技术、物联网等新型数字技术为企业的数字化转型带来多项选择，但其中大部分技术选项单凭中小企业自身实力是可望而不可即的。其次是融入生态系统、数字化外包等开放可能性，如依托产业集群、供应链、生态系统成为数字一体化成员，企业数字化服务市场也逐渐活跃，是否外包以及外包服务者的选择也是企业数字化机会识别能力的体现。一旦数字化机会被识别，中小企业便会力求借此实现组织能力提升，帮助企业创建新路径、带来企业级的更持续竞争优势（Zott，2003）。通过数字分析支持实现的客户偏好预测、顾客忠诚度测量等功能可将机会识别能力具化为组织知识（李树文等，2021），为企业成本或收益策略的调整提供可靠依据。因此，本章提出以下假设。

假设5-2a：数字分析支持在中小企业机会识别能力和价值捕获创新之间发挥中介作用。

中小企业资源整合能力赋能数字分析支持实现价值捕获创新。无论选择何种路径实现数字化，中小企业均要对内外部资源进行整合，如借鉴先行者经验、扩大信息内外共享。此举既为中小企业引进数字化做铺垫，也为它们更好地获取数字化红利。因而资源整合能力对数字化具有积极意义。企业的资源基础包括实物、人力和组织资产（Teece，2007），其中，数据资源的重要性在数字时代达到前所未有的高度。当然，数据本身并不能带来价值，还需要经过信息化、知识化乃至智慧化的链式传递才能为企业业务活动所用。数字技术的发展将此深化过程整合在一套严密的算法框架内，已成为数据资源价值化的必由之路。因此，本章提出以下假设。

假设 5 – 2b：数字分析支持在中小企业资源整合能力和价值捕获创新之间发挥中介作用。

中小企业组织重构能力赋能数字分析支持实现价值捕获创新。推进变革应当有充分的组织准备以降低阻力，企业数字化转型属于企业业务流程的变革，对此，企业应当塑造对数字化高度认同的组织文化（Ciampi et al.，2021）、制定较为清晰的数字化日程、协调利益相关者参与企业数字化转型等具体且相互契合的组织重构策略集，这正能体现企业的组织重构能力。组织重构活动作为企业重大变革有必要在设计修正阶段保证预期相对高效能和低风险。而数字分析支持的效用是多方面的，既能作出评价也可实施预测，它对现有价值传递渠道性能、服务盈利水平的评估能力正能迎合组织重构计划真正落地前臻于完善的诉求。所以数字分析支持能为组织重构能力驱动下有意义的中小企业价值捕获创新提供有力支撑。因此，本章提出以下假设。

假设 5 – 2c：数字分析支持在中小企业组织重构能力和价值捕获创新之间发挥中介作用。

因此，本章提出的动态能力、数字化之数字分析支持和价值捕获创新之间的理论模型，如图 5 – 1 所示。图 5 – 1 表明，动态能力对价值捕获创新具有正向促进作用，数字分析支持在两者间发挥中介作用。

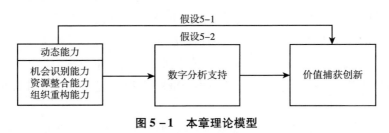

图 5 – 1 本章理论模型

第二节 研究设计

一、样本与数据

本章于 2020 年 6 ~ 9 月进行多轮数据收集工作，被试企业均位于长三角地区。项目组成员参考已在国内外权威期刊上发表的相关实证研究文章采用的成熟变量测量量表，设计了适用于本章的调查问卷。调研过程发放电子问卷和纸质问卷共777份，回收问卷468份，其中有效问卷271份，有效回收率为34.9%，样本组织特征如表5-1所示。

表5-1　　　　　　　　　　　　　样本组织特征

项目	分类	占比（%）	项目	分类	占比（%）
成立年限	1年以下	8.9	企业规模	50人以下	33.2
	2~5年	35.8		51~100人	26.6
	6~10年	32.1		101~500人	28.4
	10年以上	23.2		500人以上	11.8
受访者职务等级	普通员工	26.6	受访者受教育程度	高中及以下	10
	基层领导	44.6		专科	31.7
	中高层领导	20.7		本科	47.6
	所有者	8.1		硕士研究生及以上	10.7
所有制性质	国有及国有控股	15.9	所属行业	农业	7
	民营	64.9		制造业	29.5
	外资独资/合资	15.9		服务业	63.5
	其他	3.3			

二、变量测量

本章采用李克特五级量表对变量进行测度，其中，1表示"非常不同意"，5表示"非常同意"，对每个变量的题项均采用取平均值的方法来反映变量的最终值。

（一）自变量

目前学术界对于动态能力的测量尚没有主导意义上的量表，但基本还是围绕蒂斯提出的感知并塑造机会和威胁的能力、把握机会的能力和保持优势的能力这三个维度进行调整再设计。如威尔登等（2013）将动态能力细分为机会识别能力、机会捕获能力和整合重构能力加以测量；中国学者焦豪（2011）提出动态能力四维度量表，即机会识别能力、整合重构能力、组织柔性能力和技术柔性能力；卢启程等（2018）则将动态能力划分为感知响应、整合利用和重构转变三个维度。考虑到研究主题，综合研究对象中小企业的固有特质，如柔性、去中心化、决策流程精益化（Li et al.，2018），经过项目组讨论和专家咨询，本章主要借鉴蒂斯和焦豪（2011）提出的测量指标设计本章的动态能力量表，题项包括"本公司关心客户需求的变化及潜在的客户需求""本公司能够有效利用相关行业的技术知识""本公司能够对现有的产品和服务进行再设计"，如表 5－2 所示。

表 5－2　　　　　　　　　变量的测量与信效度检验

变量	维度	题项描述	因子载荷	α	AVE	CR
动态能力	机会识别能力	本公司关心客户需求的变化及潜在的客户需求	0.75	0.74	0.59	0.74
		本公司能够及时了解产业和行业发展趋势	0.78			
	资源整合能力	本公司能够有效利用相关行业的技术知识	0.70	0.71	0.55	0.71
		本公司能通过广泛渠道获得外部资源来补充或更新现有资源	0.79			
	组织重构能力	本公司能够对现有的产品和服务进行再设计	0.77	0.74	0.59	0.74
		本公司能调整企业内外关系网络和网络沟通方式	0.77			
数字分析支持	数字分析支持	本公司的数字化水平能够评估渠道的性能	0.74	0.89	0.57	0.87
		本公司的数字化水平能够预测客户偏好	0.75			
		本公司的数字化水平能够很好地测量客户忠诚度	0.78			
		本公司的数字化水平能够计算客户生命周期价值	0.76			
		本公司的数字化水平能够评估服务的盈利能力	0.74			

续表

变量	维度	题项描述	因子载荷	α	AVE	CR
价值捕获创新	价值捕获创新	我们最近开发了新的收入机会（如附加销售、交叉销售等）	0.72	0.73	0.58	0.74
		相比竞争对手，我们的收入模式与众不同	0.81			

（二）因变量

本章主要借鉴克劳斯（Clauss，2017）在深度访谈和调研的基础上，开发的由价值主张创新、价值创造创新和价值捕获创新构成的商业模式创新三维度量表以及郭海和韩佳平（2019）设计的量表对被试企业价值捕获创新进行测量，题项包括"我们最近开发了新的收入机会（如附加销售、交叉销售等）"和"相比竞争对手，我们的收入模式与众不同"，如表5-2所示。

（三）中介变量

从本章回顾的文献来看，目前学者们对企业数字化的测量可分为两类：一类是根据研究情境的差异而有所不同，如流程数字化（Adomako et al.，2021）、服务导向的数字化（Tunn et al.，2020）；另一类是将企业数字化作为全局性现象加以衡量（Robert et al.，2020）。目前，学者们对企业数字化的衡量多围绕企业运用信息通信技术和以3D打印为代表的先进制造技术等数字化工具开展各项业务活动的情况做代理测量，如阿多马科等（Adomako et al.，2021）就通过询问企业运用互联网、电子邮件等信息通信技术开展信息搜集、营销、管理和沟通业务的现状衡量企业业务流程数字化，罗伯特等（Robert et al.，2020）通过询问企业相较所在行业的数字化水平、信息通信技术的运用和信息通信技术的使用范围衡量它们的数字化水平。

本章则主要借鉴科塔玛基等（Kohtamäki et al.，2020）提出的服务数字化量表来测量被试企业的数字分析支持水平，题项包括"本公司的数字化水平能够预测客户偏好"，如表5-2所示。

（四）控制变量

考虑到受访对象在企业担任的职务等级较为分散，基层管理者和员工对企业重大决策一般缺少决策权，因而本章只选择描述企业特征的所属行业、成立年限、企业规模和企业的所有制性质作为控制变量。

三、信度、效度与共同方法偏差检验

首先，通过探索性因子分析（EFA）检验量表，结果显示，旋转后的因子载荷在 0.70 ~ 0.81，每个变量的 Cronbach's α 均高于 0.7。其次，通过验证性因子分析（CFA）检验量表效度，数据显示，各变量的组合效度（CR）在 0.71 ~ 0.87，平均方差提取值均大于 0.5。总之，所有变量均具有良好的信度和聚合效度。另外，KMO 值为 0.90，Bartlett 球形检验显著概率为 0.000，表明数据适合开展因子分析，如表 5 - 3 所示。

表 5 - 3	KMO 和巴特利特检验	
KMO 取样适切性量数		0.90
巴特利特球形度检验	近似卡方	1486.34
	自由度	78
	显著性	0.000

对于共同方法偏差问题，本章利用 Harman 单因子检验方法对调研结果进行统计检验，通过因子旋转分析主要因子发现有两个因子特征值大于 1，首因子解释方差占比为 44.035%，未占多数，可见数据并不存在同源方差问题（Podsakoff et al.，2003）。

第三节 实证分析

一、描述性统计分析

通过 SPSS23 软件，得出本章中所有变量的相关系数（Pearson 相关系数）均低于临界值 0.7，且核心变量间相关性均显著，如表 5 - 4 所示。

表 5 - 4 描述性统计分析和相关分析

变量	1	2	3	4	5	6	7	8	9
1. 行业	1								
2. 年龄	-0.04	1							
3. 规模	-0.27**	0.49**	1						
4. 所有制	0.15*	-0.14*	-0.15*	1					
5. 机会识别能力	0	0.07	0.15*	-0.01	1				
6. 资源整合能力	-0.04	0.06	0.07	-0.01	0.52**	1			
7. 组织重构能力	-0.02	0.07	0.15*	-0.10	0.43**	0.49**	1		
8. 数字分析支持	-0.16**	0.05	0.29**	-0.10	0.43**	0.43**	0.48**	1	
9. 价值捕获创新	-0.16**	0.15*	0.26**	-0.12	0.40**	0.48**	0.40**	0.58**	1
均值	—	2.70	2.19	—	4.212	4.16	4.13	3.95	4.00
标准差	—	0.93	1.03	—	0.627	0.63	0.62	0.66	0.72
$\sqrt{AVE}$	—	—	—	—	0.766	0.74	0.77	0.76	0.76

注：***、**、*分别表示在 0.001、0.01、0.05 级别（双尾）相关性显著。

二、假设检验

（一）主效应检验

本章采用结构方程模型检验假设，主要借助 AMOS24.0 软件完成，能克服回归分析、化潜为显、两步最小二乘法（2SLS）等传统方法存在的缺陷（卢启程等，2018）。经过检验，动态能力和价值捕获创新之间的直接路径系数为 0.72，并在 P < 0.001 的情况下显著，且模型拟合度良好，表明动态能力对价值捕获创新有显著的正向影响，证实假设 5 - 1，如表 5 - 5 所示。另外，本章还检验了动态能力的三个维度与价值捕获创新之间的直接路径系数。第一，机会识别能力和价值捕获创新之间的直接路径系数为 0.54（P < 0.001），且模型拟合度良好，表明机会识别能力对价值捕获创新有显著的正向影响，能够证实假设 5 - 1a。第二，资源整合能力和价值捕获创新之间的直接路径系数为 0.67（P < 0.001），模型拟合度良好，可证实假设 5 - 1b。第三，组织重构能力和价值捕获创新之间的直接路径系数为 0.54（P < 0.001），且模型拟合度良好，表明组织重构能力对价值捕获创新有显著的正向影响，证实假设 5 - 1c。本章同样对动态能力到数字分析支持和数字分析支持到价

值捕获创新的直接效应系数进行了检验，前者的路径系数为 0.69（P < 0.001），后者为 0.73（P < 0.001），并根据能够反映模型拟合度的系列参数进行判断，两个模型均拟合良好。表明动态能力和数字分析支持、数字分析支持和价值捕获创新都有显著的正向影响。

表 5 - 5 主效应分析

路径	路径系数	χ^2	拟合度检验
假设 5 - 1 动态能力→价值捕获创新	0.72***	16.30（P = 0.43）	SRMR = 0.02、χ^2/df = 1.02、IFI = 1.00、TLI = 0.10、CFI = 1.00、RMSEA = 0.01
假设 5 - 1a 机会识别能力→价值捕获创新	0.54***	0.91（P = 0.34）	SRMR = 0.01、χ^2/df = 0.91、IFI = 1.00、TLI = 1.00、CFI = 1.00、RMSEA = 0.00
假设 5 - 1b 资源整合能力→价值捕获创新	0.67***	3.13（P = 0.08）	SRMR = 0.02、χ^2/df = 3.13、IFI = 0.99、TLI = 0.95、CFI = 0.99、RMSEA = 0.09
假设 5 - 1c 组织重构能力→价值捕获创新	0.54***	0.90（P = 0.34）	SRMR = 0.01、χ^2/df = 0.90、IFI = 1.00、TLI = 1.00、CFI = 1.00、RMSEA = 0.00
动态能力→数字分析支持	0.69***	43.75（P = 0.32）	SRMR = 0.03、χ^2/df = 1.09、IFI = 0.10、TLI = 0.10、CFI = 0.10、RMSEA = 0.02
数字分析支持→价值捕获创新	0.73***	10.15（P = 0.68）	SRMR = 0.02、χ^2/df = 0.78、IFI = 1.00、TLI = 1.01、CFI = 1.00、RMSEA = 0.00

注：*** 表示在 0.001 级别（双尾）相关性显著。

（二）中介效应检验

中介效应的检验，本章首先考察数字分析支持在分维度的动态能力和价值捕获创新之间发挥的中介作用，模型和结果如表 5 - 6 和图 5 - 2 所示。经检验，模型的拟合度系列指标为：χ^2 = 65.05（P = 0.27）、SRMR = 0.03、χ^2/df = 1.10、IFI = 0.10、TLI = 0.10、CFI = 0.10、RMSEA = 0.02，以上指标均表明模型与样本数据拟合较好。动态能力到数字分析支持的路径系数为 0.68，且在 P < 0.001 的水平上显著；数字分析支持到价值捕获创新的路径系数为 0.46，且在 P < 0.001 的水平上显著；动态能力到价值捕获创新的路径系数为 0.39，且在 P < 0.001 的水平上显著。模型结果表明，数字分析支持在动态能力与价值捕获创新之间存在部分中介作用，假设 5 - 2 得到证实。

表5－6　　　　　　　　　　　　中介效应分析

路径	中介效应	直接效应	中介效应/总效应	χ^2	拟合度检验
X→M→Y	0.32	0.39	0.45	65.05 (P=0.27)	SRMR = 0.03、χ^2/df = 1.10、IFI = 0.10、TLI = 0.10、CFI = 0.10、RMSEA = 0.02
X1→M→Y	0.34	0.20	0.63	16.96 (P=0.85)	SRMR = 0.02、χ^2/df = 0.71、IFI = 1.01、TLI = 1.01、CFI = 1.00、RMSEA = 0.00
X2→M→Y	0.29	0.37	0.44	34.66 (P=0.07)	SRMR = 0.03、χ^2/df = 1.44、IFI = 0.99、TLI = 0.98、CFI = 0.99、RMSEA = 0.04
X3→M→Y	0.38	—	1	18.45 (P=0.78)	SRMR = 0.02、χ^2/df = 0.77、IFI = 1.01、TLI = 1.01、CFI = 1.00、RMSEA = 0.00

注：X 代表动态能力，X1 代表机会识别能力，X2 代表资源整合能力，X3 代表组织重构能力；M 代表数字分析支持；Y 代表价值捕获创新。

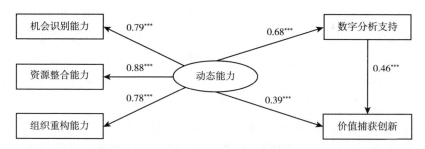

图5－2　数字分析支持在动态能力和价值捕获创新关系中的中介效应

注：*** p<0.001。

其次，本章进一步检验了数字分析支持在动态能力三个维度（即机会识别能力、资源整合能力和组织重构能力）和价值捕获创新之间的中介作用。经检验，三个模型与样本数据均良好拟合。其中，数字分析支持在机会识别能力和价值捕获创新、资源整合能力和价值捕获创新这两对关系中发挥部分中介作用，中介效应在总效应中的占比分别为 0.34 和 0.29，假设 5－2a 和假设 5－2b 得到证实。数字分析支持则在组织重构能力和价值捕获创新之间存在完全中介作用，假设 5－2c 得到证实。

第四节　结论与启示

一、研究结论

当前，数字化转型已成为企业的必然选择，但对中小企业而言，这一进程面临多重障碍。通过 271 个样本开展中小企业实现数字分析支持驱动因素和有利影响的实证研究，本章发现，动态能力及其三个子能力，即机会识别能力、资源整合能力（Makkonen et al.，2014）和组织重构能力，对价值捕获创新均具有显著的正向影响，与蒂斯关于动态能力积极影响企业商业模式创新的研究发现相呼应。

本章还发现，数字分析支持在动态能力包括机会识别能力、资源整合能力同价值捕获创新的关系之间发挥部分中介作用，而在组织重构能力和价值捕获创新的关系之间发挥着完全中介作用。部分中介效应体现了在高自我效能等乐观因素促进或是对数字分析支持信心不足等悲观因素的倒逼下，中小企业部分利用数字分析支持工具以助推其价值捕获创新。完全中介效应说明，中小企业的组织重构能力对其价值捕获创新的影响离不开数字分析支持的中介作用。在企业外部环境出现重大变化的情况下，中小企业的高层领导者可能更积极寻求数字分析支持，以达成组织重构能力驱动的价值捕获创新。数字化企业能够有效地调配内外部大数据，借助大数据工具重新配置价值捕获机制，如通过增添新的收益来源或成本削减计划实施干预（Ciampi et al.，2021）。另外，具有强大的大数据分析能力的企业能够有效地收集和分析来自外部环境的数据，通过这些数据可以塑造商业机会（Ciampi et al.，2021）。数字分析支持可实现企业运营能力的变革式提升。它对数据资源的有效开发，使后者真正成为企业紧跟管理实践潮流、建立价值捕获创新方面竞争优势的重要保障。

本章所发现的由三个子动态能力作为前因的中介机制代表动态能力驱动下数字化赋能中小企业价值捕获创新的三种研究范式。第一，机会识别能力驱动型数字分析支持的价值捕获创新范式。基于高质量数据，中小企业可通过可靠算法支持的数字分析系统得到更加准确的知识，提高决策的科学性和可选择性。目前所形成的数字驱动的商业模式创新就体现在企业基于较强的机会识别能力发现潜在的需求，使用信息技术创造、捕捉价值的新途径，比如基于移动互联网和智能终端的移动支付模式（刘志阳等，2020）。

第二，资源整合能力驱动型数字分析支持的价值捕获创新范式。新兴数字技术能够降低创新的资源门槛，扩展包括数字驱动的商业模式创新在内的数字创新流程和范围（刘志阳等，2020）。近年来快速成长的三一重卡正是此范式的践行者，其背靠母公司三一集团，调配内部资源搭建商用车生产线，组建管理、研发和装配团队，首款产品整合了潍柴发动机、法士特变速箱、汉德车桥等外部成熟的商用车国产核心零部件，依托自身互联网优势，通过"卡车之家""卡友地带"等商用车用户网络社交平台开展市场调研，发布首款产品技术参数、预售信息，市场逐步打开后以自建的"三一卡车"App为平台巩固、汇聚用户群，创新价值捕获机制即采用行业首创的新品线上预售、低价限量首发、线下自提的直销模式，颠覆商用车行业长期以多级线下分销为主导的价值捕获机制，仅用三年时间，其牵引车产品销量即跻身行业第六位。

第三，组织重构能力驱动型数字分析支持的价值捕获创新范式。中小企业可利用作为数字化载体的数字技术实现合作网络边界多孔化兼具流动性并自然地融入数字生态系统，同网络内数字主体进行数据汇集和信息交互（Verhoef et al.，2021），有效破除"数据烟囱"，实现更合理有效的创新性价值捕获机制设计。对于商业生态系统的重要性，一项在2017年开展的研究显示，75%的高管指出，企业的竞争优势并非由内部决定，而是取决于他们的合作伙伴和选择融入的生态系统的优势。新冠疫情的冲击使优质护理品供应商林清轩濒临破产，但在企业董事长领导下，企业展现极强的组织重构能力，包括重塑企业文化、破除层级制、构建"大中台—小前端"业务生态、利用"钉钉"改善内部信息沟通，基于企业既有的数字化基础和"阿里数据银行"合作，精准计算出潜在客群分布，实现产品与服务定向投放，创造22天逆势反弹的奇迹（单宇等，2021）。

二、理论贡献

首先，本章提出动态能力驱动下数字化赋能中小企业价值捕获创新的三种研究范式，即机会识别能力驱动型数字分析支持的价值捕获创新范式；

资源整合能力驱动型数字分析支持的价值捕获创新范式；组织重构能力驱动型数字分析支持的价值捕获创新范式。三种范式的提出为学术界梳理数字时代中小企业价值捕获创新的类别提供可靠依据，并以实证的方式佐证，数字技术的应用改变了以技术创新为核心的价值捕获传统创新路径（刘洋等，2020；闫俊周等，2021）。

其次，本章深化了数字时代中小企业多种类型动态能力的认知，与斯皮斯等（Spieth et al.，2014）提出探究动态能力和商业模式创新关系进行了对话，不仅佐证了现有文献发现的动态能力能够促进商业模式创新（Teece，2018），而且证实机会识别能力、资源整合能力和组织重构能力也对商业模式创新有积极影响。同时，本章也丰富了关于大数据在企业创新想法的产生及其创造性提升以拉动绩效这一方面作用的问题讨论（Erevelles et al.，2016）。此外，本章所研究的中小企业数字价值捕获创新是数字创新的特征表现之一，积极响应刘洋等（2020）提出的从动态能力理论角度探究数字创新驱动因素的号召。

最后，国内学者开展中小企业情境下的数字化相关研究文献仍然较少，且大多将数字化作为企业全流程现象研究而缺乏更微观的洞见（Li et al.，2018；Robert et al.，2020）。本章基于一手数据开展实证研究，构建了一个整合的研究分析框架，将动态能力、数字分析支持、价值捕获创新置于综合框架内进行研究，解释了从中小企业既有的动态能力促发运营管理能力的变革式提升，实现数字赋能的价值捕获创新这一中小企业特定竞争优势形成的逻辑过程，是对现有主题研究文献的有益补充。

三、实践启示

当较大规模企业开始理解数字化带来的机遇和挑战，并从行动上加以回应时，大多数中小企业却因转型之路将面临的多重挑战而踌躇。对此，本章根据研究结论得出以下管理启示。

第一，培育动态能力克服天生劣势。虽然有研究证实信息技术、员工数字技能等资源配置对企业数字化进程均有显著的正向促进作用，但对中小企业而言，无论是招聘掌握必备技能的员工还是迅速引进新技术、开展"干中学"、培育创新和优化生产的能力均会受其自身规模的束缚，从而限制它们成功数字化并从数字经济中获益的能力（Robert et al.，2020；Matarazzo et al.，2021）。但此现状并未对中小企业的数字化构成寸步难行的局面，事实上，数字化非专有技术和开放获取平台的普及为中小企业提供了开发其数字技术基础设施的空前机遇（Audretsch et al.，2015），如云计算、软件即服务、社交媒体，但前提是中小企业须具备机会识别能力、资源整合能力和组织重构能力等动态能力以加强企业对新技术范式的敏捷度、接受度、转化度，继而借助新技术范式或管理思想为企业赢得竞争优势。

第二，自上而下破除认知局限。研究表明，中小企业信息技术项目失败的原因通常是高管疏于支持以及他们薄弱的项目管理技能（Robert et al.，2020）。此外，员工对数字化的高度认同也对企业成功数字化至关重要（Sousa and Rocha，2019）。针对主观认识问题，企业应具备组织重构能力。首先，塑造数据驱动的企业文化，如细致设计其数字身份，以建立起未来的规范和价值观，并促进个体间、部门间的知识交流。塑造数据驱动的企业文化和愿景大有裨益，因为这能够激发企业上下围绕基于内部大数据、采用创造性实验方法的联合项目开展内部协作，相关协作能促进企业内部人员思想融合、旧思维模式颠覆，最终促使他们反思现有商业模式，为商业模式创新创造有利条件（Matarazzo et al.，2021；Ciampi et al.，2021）。其次，在战略层面，中小企业应开发一个配有具体关键绩效指标和行动的数字战略以监测转型过程（Robert et al.，2020），例如中小企业可以把数字分析支持作为数字化功能实现的起点，为后续充实企业数字化深度和广度积累经验、增强信心。

政策建议。数字资源和先进算法分配的现状亟须立法、立规以规范数字利用和保护，政府支持培育一批服务于中小企业数字化的服务商，健全大数据交易制度（曾铮和王磊，2021），建立大数据交易中心（刘淑春，2019），严格监督互联网平台兼并行为（谢运博和陈宏民，2018）等环环紧扣、高度协同的促进数字资源和数字红利合理分配的举措，并在两化融合战略的基础上继续推动产业数字化。

四、研究展望

首先，本章选取的样本均位于长江三角洲地区，区位优势加之改革开放以来先行先试构筑的较完善的营商环境、产业基础，使得该地区中小企业能够较好地搜寻并整合必要资源开展创新活动，因此本章得出的研究结果需要其他代表性区域样本，乃至全国性的样本予以更为深刻地证实。其次，大量实证文献将动态能力作为特定研究框架的中介变量，并且近年来有学者提出数据驱动的动态能力概念（陈衍泰等，2021），因此探索数字时代动态能力的新发展是有意义的研究方向。最后，利用数字赋能开展包括价值捕获创新在内的创新活动，需要考虑消费者对需求匹配和隐私维护之间的权衡问题，因而探究企业是否应相对保守地利用数字分析的结果似乎很有必要。

第六章 数字化情境下创业导向与企业绩效：基于双重中介效应的研究

创业导向是企业在动态复杂的环境变化中，不断提升企业创新能力和环境适应能力，获取竞争优势的重要因素。然而，受新企业进入竞争压力的影响，创业企业的失败率较高。企业要想在动态变化的外部环境中发展，必须制定超前的发展战略，在产品和技术上寻求突破和创新，这就要求企业实施以创新性、风险承担性和先动性为特征的创业导向，不断提升自身能力，获取持续的竞争优势（Covin，1999）。习近平总书记曾多次指出，我国要牢牢把握新一轮科技革命和产业革命战略机遇，要高度重视创新驱动发展，积极推进数字产业化、产业数字化，促进产业结构优化升级，推动经济高质量发展。[①] 随着云计算、物联网等信息技术的发展，人类进入数字时代，市场变得更加不确定，企业的生存环境发生了根本的改变，信息化技术和互联网经济催生了企业新的经营模式和盈利模式。在数字化时代下，数字技术改变了原有产品的基本型态、新产品生产过程的方式、商业模式和组织型态，甚至颠覆了许多创新理论的基本假设（刘洋等，2020），为此，企业需要考虑数字时代下创业导向如何影响企业的持续经营，企业发展数字化能否让自身受益，其具体实现路径是什么，通过探讨这些问题为企业经济发展提供现实依据。

创业导向作为一种高风险、高资源消耗的战略，其成功实施需要大量资源的支持，需要匹配相应的战略来协调、转化、配置资源，提高资源的利用率。战略柔性作为一种动态能力，通过利用和协调企业自身的资源来为创业导向的实施提供保证，使之能够最大化利用现有资源和协调运营来形成竞争优势。已有学者开始研究战略柔性在创业导向和企业绩效之间的中介作用机制（丁栋虹等，2019），本章在以往学者研究的基础上进一步丰富战略柔性的作用。在数字经济时代的创新情境下，产业边界模糊性逐渐

---

① 新华社：《中共中央政治局举行第九次集体学习 习近平主持》，中国政府网，2013-10-01。

加大，市场需求异质性不断增加，企业面临的不确定性特征也日益显著
（如新冠疫情等不确定性事件频发），这加大了企业准确了解并判断目标市
场的难度，也对其创业导向过程提出了新的挑战。因此，如何更好地感知
与响应环境变化，并通过数字化与战略柔性过程的实现，推动企业更好地
发展，成为当前理论界与企业战略管理决策实践需要研究和探讨的关键
议题。

第一节　研究设计

一、研究假设

（一）创业导向与企业绩效

创业导向包括创新性、风险承担性和先动性三个维度（Miller，1983），
创新性是指企业采用和支持新想法、新过程的意愿和程度，具有创新性的
企业通过使用新技术、创造新产品来创造新的绩效增长点；风险承担性是
指企业对于高风险和高不确定项目中有意承担风险和失败的程度，高风险
承担性的企业能创造更大的绩效变异，因此可能实现卓越的长期绩效；先
动性是指企业通过预测市场行情，比竞争对手率先采取行动（Lumpkin and
Dess，1996），具有先动性的企业能够及时抓住市场机会，先于竞争对手占
领细分市场。因此，具有较强创业导向的企业更倾向于采用和制定具备创
新性、不确定性高、风险高的战略方案，也会优先分析当前市场环境和政
策环境，寻找适合的商业机会。在市场需求变化频繁、竞争日益激烈的环
境下，创业导向作为企业的一种战略导向，体现了企业的决策风格、方法
以及具体行为的特征（张骁等，2013），有助于企业在产品和市场竞争中快
速回应市场和消费者需求的变化，不断创新其产品和服务，寻求潜在机遇
来赢得竞争优势。基于以上分析，本章提出如下假设。

假设6-1：创业导向正向影响企业绩效。

（二）数字化的中介作用

数字化是通过使用数字技术和能力实现对企业业务、流程和组织的重

构（Ritter，2020）。本章认为，数字化在创业导向和企业绩效之间存在中介作用。首先，数字化是一个需要大量的创新努力的变革过程（Verhoef et al.，2021），而与组织惯性相关的潜在要素可能会阻碍企业的数字化，因为对不确定性和风险的恐惧可能会导致企业依赖现有的能力或业务逻辑（Sirén et al.，2017）。相比之下，创业导向是一种具有很强创新和冒险的意愿，以及面对市场机会积极主动的倾向（Lumpkin and Dess，1996），高水平的创业导向可以提供克服惯性力量的动力（Sirén et al.，2017）。已有研究指出，银行业的数字化趋势更加明显，创业导向通过支持金融服务在职者的数字化可以加快这一现象，强烈的创业导向有助于在职者将数字技术整合到他们的组织战略中，并创建适当的企业文化来实施数字化（Yunis et al.，2018）。其次，权变理论认为，创业导向的效益取决于经营环境的类型，创业导向与关键变量之间的匹配是获得高水平企业绩效的关键。在对数字技术的影响方面，创业导向在高科技和非高科技产业中都显示出价值，然而，在以技术变革为特征的高技术产业中，创业导向对企业绩效的影响通常更强（Niemand et al.，2021）。在以快速技术变革为特征的商业环境中，通过数字化建立新的能力可能比制定战略更重要。整合、构建和重新配置资源的能力鼓励了新形式的竞争优势。基于以上分析，本章提出如下假设。

假设 6 - 2：数字化在创业导向和企业绩效之间起到中介作用。

（三）战略柔性的中介作用

战略柔性是应对不确定环境获取竞争优势的关键手段。动态能力理论指出，企业要想在瞬息万变的动态环境中获取并保持竞争优势，需要培育能适应环境变化且能做出及时反应的能力（Teece et al.，1997）。创业导向作为一种动态能力，促使企业能够发现、抓住、利用和应对市场与技术的机遇，及时响应外界环境的变化，减少反馈时间和响应成本（Alvarez et al.，2001）。创业导向型企业相对于非创业企业或保守型企业，具有较强的创新理念及对市场变化更加敏锐的洞察力和前瞻性，强调对市场变化的及时反应，更愿意主动参与市场竞争从而及时发现新机遇和新资源（Nadkarni et al.，2007；Zahra et al.，2015），并通过有效转换自身资源及合理配置内外部资源，即资源柔性和能力柔性的良好发挥，积极创造对自身有利的变化形成竞争优势，进而对企业绩效产生正向影响。而非创业或保守型企业对动态环境中的新资源及机遇识别缓慢甚至错失，不利于企业动态能力的形成，也不能通过动态能力的有效转换进而带来良好绩效。在创业导向与柔性关系的背景下，李等（Li et al.，2008）指出，在战略柔性的帮助下，创业型企业可以通过在快速变化的环境中减少不确定性和风险，企业也能有效地分配和利用资源，增加资源的价值，并消除开发突破性技术和产品的障碍，引入比传统企业更好的创新实践，进而提升企业绩效。基于以上分析，本章提出如下假设。

假设 6-3：战略柔性在创业导向与企业绩效之间起到中介作用。

（四）数字化与战略柔性的链式中介作用

创业导向作为企业的一种战略导向，能更好地引导企业可持续发展，对企业绩效产生积极影响。由于在高度活跃的商业竞争环境中，仅借助创业导向是远不够支持企业持续获取竞争优势的。结合前文的研究假设，具有创业导向的企业更注重自身数字化发展，而数字化的应用进一步提升了企业的柔性、敏捷性和适应性，增强了企业对动态环境的反应能力（Rialti，2019），促使企业迅速整合内外部资源推出新服务和新产品，从而构筑企业的竞争优势，提升企业绩效。基于动态能力理论，创业导向促使企业敢于冒险尝试新技术、新方法，促进了数字技术、能力、资源在企业范围内的应用与流动。此外，数字资源的整合、分析加快了柔性能力的产生，陈等（Chen et al.，2015）提出对核心能力提供高水平信息技术支持的公司可以利用战略柔性来重新调整其战略，并将资源重新集中在连续的决策点上，高水平的战略柔性为企业实现卓越绩效提供了机会。基于以上分析，本章提出如下假设。

假设 6-4：数字化与战略柔性在创业导向与企业绩效之间起到链式中介作用。

综上所述，本章的理论模型如图 6-1 所示。

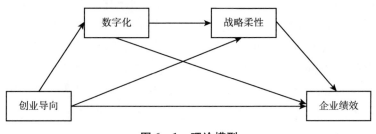

图 6-1　理论模型

第二节　研究方法

本章采用调查问卷的方式收集数据，由于收集到的样本有限，因此本章采用 SPSS 和 Smart-PLS3.0 两个软件对数据进行分析。Smart-PLS3.0 是一种结构方程模型分析工具，将因子分析和路径分析方法整合使用的多元分析技术。Smart-PLS3.0 对样本要求低，但对样本容量有一定的要求，一般来说，PLS 对于样本数的要求是一定要大于所提出的问题项数，最好达 10 倍（萧文龙，2018）。本章调查问卷题项为 39 题，收集到的有效问卷数为 280 份，样本量符合要求。在调研过程中，由于每份问卷由同一个受访者填写，可能存在共同方法偏差问题，为此本章利用 SPSS24.0 把所有量表题型进行 EFA，结果显示，旋转前单因子最大方差解释率为 42.022%，小于普遍接受的阈值 50%。因此，本章不存在共同方法偏差的问题，可继续进行下一步分析。

数据变量。本章中研究模型共涉及 4 个变量，即创业导向、数字化、战略柔性和企业绩效。为保证测量工具良好的信效度，本章通过参考借鉴国内外文献的成熟量表，最终采取 Likert5 级量表对 4 个变量进行测量，1~5 分别代表从"完全不同意"到"完全同意"。

创业导向。基于李雪灵等（2010）结合中国情境借鉴米勒（Mille，1983）开发的量表，包含"创新性""风险承担性""先动性"三个维度，共 9 个题目，如"在过去 3 年里，公司上马了很多新产品或服务"。

数字化。基于科塔玛基等（Kohtamaki et al.，2020）基于服务管理的四维度量表，包括"销售支持的数字化""服务支持的数字化""数字分析支持""数据整合和访问支持"四个维度，共 16 个题项。

战略柔性。基于桑切斯（Sanchez，1995）研究的量表，学者裴云龙等（2013）采用过该量表，包括"资源柔性"和"能力柔性"两个维度，共 8 个题项。

企业绩效。基于谢洪明等（2006）主观度量的企业绩效自评量表，包括短期绩效和长期绩效，考虑到研究的时效性，选取短期绩效的 6 个题项。

第三节　实证分析

一、信效度检验

本章采用 SPSS 进行信度检验，结果如表 6 - 1 所示。

表 6 - 1　　　　　　　　各变量及维度的信度分析

变量	维度	Cronbach'α 系数		题项数目
创业导向	创新性	0.741	0.902	3
	风险承担性	0.769		3
	先动性	0.775		3
数字化	销售支持的数字化	0.782	0.937	4
	服务支持的数字化	0.810		4
	数字分析支持	0.891		5
	数据整合和访问支持	0.778		3
战略柔性	资源柔性	0.783	0.877	4
	能力柔性	0.810		4
企业绩效	短期绩效	0.910	0.910	6
总量表			0.963	39

本章运用 Smart-PLS3.0 测量聚合效度和区分效度（Liang et al.，2018），所有潜变量的 AVE 值均大于 0.5，个别大于 0.5、小于 0.7，但是综合来看每个变量的平均负载系数均高于 0.7，因此对其予以保留，量表聚合效度符合研究要求。

根据弗内尔和拉克尔（Fornell and Larcke，1981）的建议，本章使用 Smart-PLS3.0 中的 PLS 算法来计算测量数据的 AVE 平方根和因子相关系数值，由表 6 - 2 可知，各潜变量 AVE 平方根（对角线上的值）均大于各变量之间的相关系数（非对角线值），且各潜变量所对应题项的交叉载荷系数均大于所对应其他变量题项的系数，因此判定量表具有良好的区分效度。

表6-2　　　　　　　　各潜变量的 Fornell-Larcker 准则检查

变量	企业绩效	创业导向	战略柔性	数字化
企业绩效	0.831			
创业导向	0.758	0.749		
战略柔性	0.664	0.737	0.734	
数字化	0.630	0.647	0.606	0.718

二、共线性与路径系数分析

(一) 共线性分析

测量数据需要进行共线性判断以避免因路径系数出现的偏差导致测量模型的估计失真或估计准确度降低，方差膨胀因子 (variance inflation factor, VIF) 值低于5时，测量题项之间不存在共线性。因此，本章对各题项的多重共线性进行了检验，具体如表6-3所示，由表6-3可知 VIF 值均小于5，各变量之间不存在多重共线性。

表6-3　　　　　　测量数据的方差膨胀因子 (VIF) 检验结果

题项	VIF	题项	VIF	题项	VIF
EO1	1.941	D5	1.881	SF2	2.014
EO2	1.891	D6	1.965	SF3	1.614
EO3	1.586	D7	2.099	SF4	1.703
EO4	1.814	D8	2.460	SF5	1.681
EO5	2.133	D9	2.262	SF6	2.014
EO6	2.004	D10	2.615	SF7	1.873
EO7	2.053	D11	2.572	SF8	1.873
EO8	2.059	D12	2.573	P1	2.254
EO9	1.915	D13	2.426	P2	2.744
D1	1.864	D14	2.109	P3	2.441
D2	1.821	D15	1.906	P4	2.595
D3	1.953	D16	1.852	P5	2.450
D4	1.903	SF1	1.832	P6	1.912

(二) 路径系数分析

本章运用 SmartPLS3.0 中的 Bootstrapping 算法进行 PLS-SEM 检验，得到模型中各个潜变量之间的显著性关系，同时 Bootstrapping 算法也得出了各路径系数置信下限和置信上限，具体如表6-4所示。

表6-4   模型的路径系数

路径方向	Original Sample (O)	样本均值 M	标准差 (STDEV)	T Statistics (|O/STDEV|)	P 值	2.5%	97.5%
创业导向→企业绩效	0.500	0.497	0.055	9.044	0.000	0.385	0.606
创业导向→战略柔性	0.593	0.592	0.052	11.347	0.000	0.488	0.695
创业导向→数字化	0.647	0.646	0.038	17.102	0.000	0.563	0.713
战略柔性→企业绩效	0.174	0.180	0.065	2.666	0.008	0.063	0.316
数字化→企业绩效	0.201	0.198	0.059	3.397	0.001	0.070	0.310
数字化→战略柔性	0.222	0.221	0.069	3.200	0.001	0.081	0.358

由表6-4可知，在5%的显著性水平下各路径系数 P 值都小于0.05，即各路径系数提高 t 检验，再由路径系数置信区间可知，各置信区间不包含0值，这也说明各路径系数不显著为0，即路径系数显著，模型拟合能力较好。

三、假设检验

(一) 直接作用检验

本章采用 Smart-PLS3.0 中的"PLS算法"与"Bootstrapping"分别对模型中相关变量的路径系数、显著性进行检验。首先，检验变量之间的直接影响效应。由表6-4可知，各路径系数（标准化）在显著性水平5%下显著不为0，因此研究假设中有关潜变量间直接影响在显著性水平5%下显著存在，各路径系数代表一个潜变量对另一个潜变量的直接效应（标准化）。具体模型路径系数如图6-2所示，图中每条路径包含路径系数和系数检验P值，显著性检验水平均为5%。

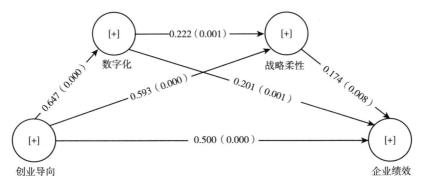

图6-2　偏最小二乘法结构方程模型路径系数

根据表6-4和图6-2可以看出，创业导向对企业绩效有直接的正向影响，创业导向指向企业绩效的路径系数为0.500，即创业导向对企业绩效的直接影响效应为0.500，系数T值为9.044，P值小于0.05，表明在5%的显著性水平下创业导向对企业绩效有显著的正向影响，即企业创业导向越强，企业绩效越高，假设6-1成立。

（二）中介效应检验

创业导向对企业绩效存在直接影响，但同时创业导向对数字化、战略柔性也存在直接影响效应，并且数字化、战略柔性这两个中介变量对企业绩效也存在直接影响效应，因此，有理由检验数字化和战略柔性在创业导向影响企业绩效的过程中存在中介作用。特定变量的中介模型检验结果如表6-5所示。

表6-5　特定变量的间接效应表（标准化结果）（bootstrapping=5000次）

路径过程	效应值	T值	P值
创业导向→战略柔性→企业绩效	0.103	2.414	0.016
数字化→战略柔性→企业绩效	0.039	2.059	0.040
创业导向→数字化→战略柔性→企业绩效	0.025	2.036	0.042
创业导向→数字化→企业绩效	0.130	3.181	0.001
创业导向→数字化→战略柔性	0.144	2.959	0.003

由表6-5可知，具体的中介作用假设检验结果有：（1）创业导向→数字化→战略柔性的路径过程间接效应为0.144，T值为2.959，P值为0.003，小于0.05，该间接效应在5%的显著性水平下通过显著性检验。即创业导向通过数字化的中介作用对战略柔性产生显著的正向影响。（2）创业导向→战略柔性→企业绩效的路径过程间接效应为0.103，T值为2.414，P值为0.016，小于0.05，该间接效应在5%的显著性水平下通过显著性检验。即创业导向通过战略柔性的中介作用对企业绩效产生显著的正向影响。（3）创业导向→数字化→战略柔性→企业绩效的路径过程间接效应为0.025，T值为2.036，P值为0.042，小于0.05，该链式中介效应在5%的显著性水平下通过显著性检验。即创业导向可以通过数字化与战略柔性的链式中介作用对企业绩效产生显著的正向影响。

第四节　主要研究结论与启示

一、结论与讨论

第一，创业导向对企业绩效具有显著的正向影响。这与大多数学者的研究结论保持一致，创业导向的实施能够推动企业绩效的提高。具有创业导向倾向的企业，具有创新性、先动性和风险承担性的特征，会持续创新、开发新产品和服务，敢于尝试和承担风险，能够及时捕获市场机会占领细分市场，从而为自身绩效的提高带来了更多可能性。第二，数字化在创业导向和企业绩效之间发挥显著且正向的部分中介作用。创业导向具有创新性、先动性和敢于承担风险性，拥有创业导向的企业能积极发现、利用资源、数字技术、机遇。有创业导向倾向的企业通过越来越频繁地使用数字资源、数字平台、数字基础设施等数字技术，可以促进企业数字化的发展，数字技术的使用可以为企业创造竞争优势，提高企业绩效。第三，战略柔性在创业导向和企业绩效之间发挥显著且正向的部分中介作用。创业导向的先动性和风险承担性有助于企业积极探索、挖掘新机会和资源，进一步通过资源柔性实现对资源的及时转化来减少配置资源的成本，再通过能力柔性实现对资源的整合优化利用，做到资源的最有效利用和价值的最大化，从而改善企业绩效。第四，数字化与战略柔性在创业导向与企业绩效之间起链式中介作用。通过实施创业导向战略，企业由于尝试探索新技术、新资源并应用到自身业务发展流程中，企业自身的数字化水平得到发展与提高。企业的数字化发展有助于其更好地利用数字资源，并调整当前的战略柔性与之匹配，满足客户的多元化需求，进而实现更高的企业绩效。

二、理论贡献

本章分析了数字化情境下创业导向影响企业绩效的作用机制以及数字化和战略柔性的中介作用机制，理论贡献主要有以下三个方面。

第一，扩展了创业导向对企业绩效作用机制的中介路径研究。丁栋虹、曹乐乐（2019）研究了战略柔性单一变量在创业导向和企业绩效之间的中介机制，本章在其研究框架基础上通过纳入数字化，探究数字化、战略柔性在创业导向和企业绩效之间发挥的中介作用。本章得出数字化、战略柔性在创业导向和企业绩效之间发挥链式中介作用，进一步丰富了以往学者关于创业导向和企业绩效之间的单一中介路径研究。同时，本章还丰富了创业导向结果因素的研究。第二，丰富了数字化这一新兴变量的研究。目前关于数字化的研究主要集中在数字化对其他变量的单一作用研究，我们的研究通过关注数字化的动态性，将数字化与战略柔性联系起来，研究二者共同作用于企业绩效，进一步补充验证了陈等（Chen et al.，2015）关于信息技术（IT）和战略柔性之间的关系。第三，充实了战略柔性的相关研究。战略柔性代表了企业通过快速响应业务环境的变化来管理经济和绩效的能力。战略柔性允许公司改变和调整对组织资源的使用，以创建战略选项组合，使他们能够响应，甚至主动地响应不断变化的环境。通过研究数字化对战略柔性的影响，进一步丰富了战略柔性前因因素的研究。

三、管理启示

通过对创业导向、数字化、战略柔性和企业绩效变量之间的关系研究，本章的管理启示主要体现在以下三个方面。

第一，积极培育企业的创业导向。创业导向关系到企业的战略选择，反映了企业的运营管理过程。在动荡不确定的经营环境中，存在许多创业机遇，同时也存在着不确定性和高风险性。创业成功与否在于能否准确识别市场机遇，通过整合利用各种资源，进而采取具有创新性、先动性和风险承担性的创业行为。通过培育企业准确合适的创业导向，可以发现并有效利用创业机遇、资源，实现企业的可持续成长。第二，助力企业数字化能力建设。数字化可以帮助企业获取、利用和分析数字资源、技术来创新产品，满足客户个性化需求，利于绩效提高。在数字经济时代，数字化成为企业不断提升动态能力、获取竞争优势的关键因素，企业需要立足自身需求，加大数字基础设施的投入，加快物联网、云计算、大数据等新一代数字技术与企业产品业务流程的深度融合，通过利用数字技术、建设数字平台加快企业数字化进程。第三，提升企业战略柔性能力。战略柔性在创业导向和企业绩效之间发挥中介作用的结果表明，创业导向型企业在其发展过程中，会面临资源的整合利用问题，此时企业需要自身战略柔性来协调配置资源，保证创业导向战略的顺利实施，带来企业的成长。

四、研究局限及未来展望

本章存在一些局限性。首先，本章是基于问卷调查获得的横截面数据，缺乏对变量数据的纵向研究收集，数据不具备时段动态性特征，未来可针对不同时间段获取的数据进行研究。其次，数字化作为新兴研究领域，目前国内对其量表开发的相关研究不多，数字化实证研究尚处在发展阶段，本章中的数字化量表是借鉴国外比较成熟的量表，未来研究可结合中国情境进行相关研究。

第七章　中小企业数字化转型驱动制造业高质量发展的对策建议

当前，数字化改革大幕已全面拉开。在高质量推进数字化改革的新背景下，对标"重要窗口"新目标新定位，对标争创社会主义现代化先行省，对标高质量发展建设共同富裕示范区，浙江省中小企业在数字化赋能产业转型升级，助推实体经济高质量发展过程中仍存在挑战。通过对544家中小企业的线上和电话调研，深入分析了中小企业数字化转型和高质量发展过程中面临的核心技术不够强、数字技术与中小企业融合深度不够、中小企业数字生态的广度和深度不够、数字转型高层次人才和应用型人才支撑不足等核心问题，针对性地提出了统筹大中小企业数字化转型协同发展、深耕产业链数字化、高质量建设数字产业集聚区、实施"应急性、保障性、发展性"数字人才计划等若干具有操作性的对策建议。

第一节　高质量发展背景下中小企业数字化转型的五大短板

一、中小企业数字化转型落后于数字经济整体发展

近年来，数字经济发展非常快，两化融合指数高，形成以重点龙头为引领的企业数字化转型模式，相比之下，量大面广的中小企业数字化转型推进缓慢，具体表现在：一是中小企业大多还停留在传统的信息化思维，我们通过对中小企业调研发现只有13%的企业有整体数字化转型意愿，42%的受访企业表示希望通过"机器换人"等局部系统解决单点单环节问题。二是目前受访中小企业只有不到20%通过服务型制造、个性化定制、网络化协同等创新型商业模式、产品研发模式等路径实施数

字化转型。

二、数字技术与制造业中小企业融合深度不够

一是缺乏系统规划，数字化转型层次不够高。不少制造业企业相关系统和设备添置慢，数字化系统不兼容，导致数字化转型效果不佳。二是前期投入大，企业数字化转型推进不够快。数字化转型涉及高端硬件、软件投入，资金需求量大，前期产出回报慢，短期内产出难以达到预期。部分传统制造业企业积累了较为完整的生产线，依赖于传统销售渠道和代加工生产模式，数字化转型所需的大量成本投入及不甚明朗的发展前景导致其望而却步。三是中期维护成本高，数字化转型成效不够明显。数字化转型是一项长期、持续化的工程，前期巨额投资加上每年的维护成本，导致数字化投入负担较重。

三、中小企业工业互联网应用深度和广度不够

部分企业数字化基础薄弱。一是处于半自动化生产阶段，硬件数字化程度低，设备改造和数据采集难度大。有些企业对数字化转型相关技术的利用程度比较低，对数字化改革的认识停留在生产自动化、管理信息化，满足于"机器换人、生产换线、装备换芯"，尚未进行产品全生命周期数据驱动和产业链协同的智能化应用。二是企业间数字鸿沟明显，产业协同数据共享不够。市场上的工业设备种类繁多、应用场景较为复杂，不同环境有不同的工业协议，缺少数字化改造标准模板，大中小企业间数字鸿沟明显，企业间、软件间的数据互联互通有欠缺，系统间的信息数据不畅导致"信息孤岛"丛生，产业链协同发展受限。某电器有限公司反映，企业数字化与外部数据融合度不高，受限于数据规模、种类及质量，无法及时全面感知数据的分布与更新。三是数字化改造更多地停留在碎片化、低端化层面，数字化转型效果不佳。部分制造业企业在数字化转型过程中，简单地将业务流程进行信息化呈现，停留在初级应用阶段。数字化转型效果局限于排产效率提升、减员降本、原料节省等直接经济效益，尚未涉及商业模式、组织架构、价值体系等深层次的优化。

四、中小企业数字化转型的资金支撑不足

企业数字化转型是一项周期长、投资大的复杂系统工程，数字化转型的人才、技术等各方面都离不开资本支撑。当前中小企业数字化转型资金问题存在较大缺口，近65%的中小企业反映数字化转型过程中用于研发、设备、人才的资金不足，数字化转型融资难、融资贵问题突出，目前市场上缺乏面向企业数字化转型的特色融资产品，无法为中小企业数字化转型提供资金保障。

五、中小企业数字化转型的人才缺口严重

数字经济人才缺口大，其中中小企业数字化人才缺口尤为严重。一是支撑中小企业数字化转型的数字高端专技人才、数字工匠的结构性短缺成为制约中小企业高质量发展的突出瓶颈；二是兼具数字技能与实体经济知识技能的跨界复合人才十分匮乏。企业受制于缺乏数字化转型整体规划型人才和系统运营维护的应用型人才，难以独立完成数字化转型。特别是支撑中小企业数字化转型的数字高端专技人才、数字工匠结构性短缺。

第二节　加快推进中小企业数字化转型驱动制造业高质量发展的对策建议

一、深耕产业数字化，广泛推动数字技术赋能中小企业高质量发展

一是加快建设产业大脑，对企业数字化进行赋能。通过产业大脑让中小企业实现研发设计、物资采购、生产销售等业务的数字化，实时了解行业发展趋势，便捷享受要素保障、标准规范、财政金融政策等服务，实现企业发展提质、降本、增效。二是开展中小企业数字化转型试点示范。借鉴"灯塔工厂"和"黑灯工厂"，高标准建设未来工厂，从人机协作、质量控制、精益管理、信息化基础、智能化场景等维度，分行业、分层次进行

画像，建立培育企业库和项目库。支持智能制造试点示范企业联合优秀服务企业，共同推进工业智能、工业互联网、数字孪生等最新技术在制造业各场景创新应用，探索批量化、规模化推进产业集群、块状经济数字化改造的新模式。三是探索轻量化数字化改造方式。针对中小微企业量多面广、数字化水平低的实际，推进解决共性问题多、投资小、工期短、见效快、易推广的中小企业轻量化数字化改造。四是加强数字化转型相关政策解读。发挥行业协会、展会活动、第三方机构等在企业间的桥梁纽带作用，让企业及时跟进了解行业间数字化转型发展进度。组织企业家到"黑灯工厂""未来工厂""无人车间"等数字化改造先进企业现场参观，学习先进的数字化转型经验，进一步提升数字化转型动力。

二、强链延链补链，统筹大中小企业数字化转型协同发展

一是大力推进5G、工业互联网、窄带物联网（NB-IoT）、低功耗广域物联网（LPWAN）等发展，推动网络基础设施向高速率、低功耗、可靠连接转变，为中小企业数字化转型构建生态融合的平台基础设施。二是深化大中小企业数字化融通创新，依托工业互联网统筹部署大中小企业协同推进数字化转型。基于阿里巴巴 supET 等生态平台，领军企业与中小企业形成战略合作，以工业互联网的部署、连接及实施为导向，加快推进"企业上云"深化工程，协同推进中小企业数字化改造。三是基于行业领军企业推动上下游中小企业数字化转型"雁阵"行动，降低中小微企业数字化转型成本，推动产业链上下游纵向集成、企业之间横向集成、产业价值链端到端集成，培育一批"无人车间""无人工厂"服务型制造、个性化定制等在细分行业领域的示范中小企业和工业互联网深度应用企业。

三、加快平台建设，完善中小企业数字化转型的生态系统

一是完善促进中小企业数字化转型的政策，构建技术、平台、人才、资本等全要素支撑的中小企业数字化转型的政策体系。二是制定中小企业数字化转型行业标准。制定智能制造的标准化路线图，推进行业标准国际化。组织行业联盟、行业协会、研究机构和企业共同协商建立统一的行业标准，制定中小企业跨系统、跨平台集成应用标准，机器与机器互联的物

联网行业应用标准等智能化制造标准体系。三是构建全要素、全产业链、全价值链全面链接的数字化转型智慧系统。融合产业侧和政府侧数据，贯通生产端与消费端，基于物联网技术，建设面向中小企业的网络化、柔性化、智能化的畅通的数字化信息链和数字化管理体系。

四、加大金融支持，持续拓展中小企业数字化转型的融资支撑

一是加强对中小企业数字化转型的金融支持，择优扶重，为小微智能制造企业成长服务，实行"中小企业数字化贷款担保"，对小微企业数字化转型实行全程融资服务；创新中小企业数字化金融产品，实现金融机构与中小企业数字化转型的双向对接。二是成立政府性投资引导基金，挖掘中小企业数字化转型新的投资机遇，吸引民间资本协同投入，加快培育金融科技企业和风险投资基金，以多样、灵活、精准的创新服务对接中小企业数字化转型的金融需求。三是加强政府对中小企业数字化转型的财政支持，给予中小企业数字化标杆企业财政资金补贴和税收优惠。四是完善中小企业数字化转型的扶持政策，在财政、税收、科研奖励、服务创新等方面对数字化转型企业予以政策倾斜。设立数字化转型升级专项资金，用于企业数字化改造的资助引导、贷款贴息、补助等。利用基金、信托、再担保、融资租赁等金融工具，针对性地开发特色金融产品，打造数字化转型金融服务平台，突出对重大平台、重大项目及各类试点示范的支持，发挥政策叠加效应。鼓励银行开发针对企业数字化改造的相关信贷产品，开设项目融资"绿色通道"。

五、加大引才育才力度，完善中小企业数字化转型的人才体系

一是实施面向数字产业工人的"保障性策略"。大力推行"学徒计划"，为中小企业数字化培训专业技工。发挥高校、科研院所、职业院校、企业和产业培训机构的平台作用，建立"五合一平台"，加大机械、自动化、信息化等产业技术人才的培养力度。二是实施面向应用型人才的"发展性策略"。建立互联网、信息技术、机械工程、工业设计等专业交叉的梯队型技

术人才队伍，在近期和中期采取定向培养策略。对重点扶持产业的中小企业出台人才培养相关的激励措施和定向培养等措施。三是实施面向高层次人才的"应急性策略"。针对数字化转型如工业机器人、高端数控设备等重点领域急需的专业技术型人才和管理人才，在短期内采取引进和借用的方式。

第三节　加快构筑中小企业"智造生态系统"的政策建议

在"中国制造2025"国家战略背景下，智能制造（intelligent manufacturing，IM）是"互联网＋工业""互联网＋制造"的主攻方向。应率先建立"智能制造生态系统"（intelligent manufacturing ecological system，IMES），从产业生态系统、创新动力系统、人才支持系统、共性保障系统、辅助系统等五个子系统发力，推动"中国制造"向"中国智造"转变，推动"中国制造2025"落地结果。

近年来，发达国家高度重视智能制造的生态系统构建，美国先后推出了"先进制造业伙伴（AMP）计划"和"工业互联网"。德国实施基于信息物理系统（cyber-physical system，CPS）的"工业4.0"。英国、法国、日本、韩国等国家都纷纷实施了本国的高端制造业发展战略。在"互联网＋"的大逻辑下，高端制造业领域的争夺异常激烈。

2015年，中国正式实施"中国制造2025"国家战略，并计划通过三个十年计划，进入先进制造业国家行列，由制造大国转变为制造强国。浙江省在制造业、互联网产业两大领域都有基础和优势，如果能够加速制造业与互联网融合，那么就很可能率先蹚出智能制造的新路。浙江作为制造大省，应抢先一步，加快制定"浙江制造2025计划"，加快抢占智能制造高地。

国外研究表明，智能制造生态系统（IMES）是由若干智慧型的制造企业（包括研发型企业和制造服务企业）及其上下游，以及客户群体，形成基于信息物理系统和工业互联网，实现数据、信息、知识等资源自由流动，进行全价值链集成和全产业链重塑的制造生态系统。本质上是"互联网＋"背景下一种基于服务的跨平台的制造业互联网化、数字化、智能化的解决方案，在硬件上无缝连接智能制造企业中和企业间各现场设备，集成相互不兼容的操作平台和控制系统，通过统一的智能制造标准和通信协议将各智能设备无缝连接在一起；在软件上基于互联网和云计算技术，应用工业互联网，安全高效、综合集成各智能制造企业的管理系统，实现更高效的资源管理和成本控制。

一、智能制造产业生态系统：从三大核心产业切入，迅速搭建智能制造生态系统的主体架构

一是构建基于信息产业技术的"互联网＋制造业"云制造产业生态。借助浙江"互联网＋"信息经济的先发优势，融合数字化网络化制造技术、云计算、物联网等技术，将各类研发、设计、制造资源和能力虚拟化、服务化，搭建开放式、跨空间协同的智能制造能力和制造资源交易平台；利用物联网和大数据技术，推动全产业价值链的互联网化及产品全生命周期的制造服务化。促使制造业向上游拓展、向下游延伸，促进产品全生命周期和制造服务全流程，发展"制造业的服务化，服务业的制造化"。尤其要借鉴谷歌等智能工业领域整合经验，鼓励推动阿里巴巴等信息产业龙头企业利用信息技术、产业整合、资本运作等方面的优势，成为智能制造工业领域产业竞合的主导方；以柔性制造系统为基础、以电商平台为支撑，完美匹配客户及市场的定制需求的大数据，推动制造业向大规模、高效定制的智能制造新业态转型。

二是构建基于信息物理系统CPS的高端智能装备产业生态。建议浙江率先实施传统产业智能提升工程和智造装备产业优先扶持工程。将智能制造的核心技术，即3D打印等加式制造科技、纳米材料等先进材料技术、自动化机器人、动态实时传感器技术综合集成的信息物理系统CPS，融入构建数字化、网络化、智能化制造和管理的柔性制造系统。重点发展新能源汽车及轨道交通装备、高端船舶装备、光伏及新能源装备、高效节能环保装备、智能纺织印染装备、现代物流装备、现代农业装备、现代医疗设备与器械、机器人与智能制造装备，加快打造数字工厂、智能工厂和无人工厂。对萧山、柯桥、永康等传统产业比重较大的地方，加快推进"机器换人"。

三是构建支撑智能制造的智能设施产业生态。在智能制造的产业链中，以大数据云计算产业、数字内容服务产业，以及软件和信息服务业等为代

表的软件产业和以机器人、通信设备、计算机应用设备、电子信息材料等为代表的硬件产业，无疑是智能制造产业的"大脑"和"身体"。浙江要依托良好的电子信息产业基础和创业创新"土壤"，进一步发展支撑智能制造发展的软件和硬件两方面的基础设施产业形态。在继续巩固并扩大电子元器件及材料、通信、计算机及网络、应用电子、软件与信息服务业等细分领域特色优势的基础上，关注新技术、新产业，进一步加快发展、优先发展机器人及关键核心零部件、光伏及新能源材料、高效节能环保材料等硬件基础设施产业、大数据和云计算产业、数字内容服务产业等软件基础支撑产业。

二、智能制造动力系统：抢占智能制造的核心技术，打造智能制造的持久竞争力

一是实施"智能制造业龙头引领计划"。鼓励龙头企业跨国并购和研发国际化，即通过海外并购、联合研发，赴美国、德国等智能制造业先进行列国家，在智能制造业先进材料、先进工艺和产业先进技术等智能制造的前沿领域，并购拥有核心智能制造技术和知识产权的企业，迅速形成智能制造产业的创新能力。充分尊重企业在自主创新中的主体作用，提升科技成果创新效率。扶持智能制造业领域的龙头企业在技术投入、自主创新、设备更新、工艺更新等方面的创新活动。以智能制造产业的创新成果转化和应用为导向，高度重视龙头企业的创意和创新。

二是实施小微企业智能制造行动计划。浙江拥有大量的小微制造企业，"智造"转型过程中面临着与同类企业数据和资源互联的硬件和软件方面的诸多瓶颈。遵循最小干预原则，基于企业工商登记制度，对成立5年内的智能制造、电子商务、电子信息加工业和智能制造服务等领域小微型企业实施"免三减二"政策，即三年全免税，两年减税；为小微型智能制造、制造服务企业提供海外并购、出口和贸易的法律咨询、财务咨询和顾问、资金审批和融资服务等；开办政策性银行，对商业银行实行"智能制造化贷款担保"，对小微企业智能化改造项目，实行全程型的融资服务。

三是孵化一批"智能制造领域"的核心技术和科技成果。对在智能制造领域，尤其高端装备制造业领域具有关键应用价值和潜力的核心技术和科技成果实施重点孵化。设立"智能制造创新能力孵化期"，对于在工业机

器人、智能芯片、加式制造所需的纳米材料、信息物理系统、工业物联网等方面具有优势的企业，进行集中扶持，给予 5～10 年的"创新能力孵化期"，孵化创新成果。

四是加快组建政府性的投资引导基金。近年来，德国发展工业 4.0，美国发展先进制造业和工业互联网，都不约而同地意识到强大的"互联网能力"和"大数据处理能力"对于工业发展的强势推动作用，并都在相应领域加大资金投入进行原始创新和科技研发。浙江省要重点加大在"互联网"和"大数据处理"方面的科技创新研发投入，尤其是对基础研究、公益研究、产业共性技术研究和战略技术研究领域的支持力度。整合财政性科技投入，成立政府性投资引导基金，吸引民间资本协同投入，发挥其放大、辐射、引导的"乘数效应"，加快提升浙江省智能制造业领域的自主创新能力。

三、智能制造保障系统：全方位打造智能制造的能力和智慧制造资源的共性平台

一是依托"特色小镇"构建开放型的智能制造平台。利用浙江正在着力打造的 100 个"特色小镇"，加快制造智能化和产业融合，变革传统制造产业价值链的生产模式、流程和组织。加大制造业企业的智慧化改造和升级，通过工业互联网进行虚拟集聚，通过"机器换人"导入物联网技术，实现制造硬件和管理生产信息软件的"双智慧化"。通过信息物理系统对松散的柔性制造单元进行分布式部署、耦合、集成使用，将柔性化的智造车间通过互联网形成互联网化的产业链。

二是构建智能制造应用全覆盖的公有云和私有云平台。未来浙江省要整合全球资源，依托云计算产业基础，以阿里云牵头成立的云计算联盟，将云计算产业生态小镇"云栖小镇""西溪谷""杭州云谷"等建成全球一流的大数据中心和云服务平台。一方面，要面向中小微企业提供智能制造应用公有云平台，构建制造资源和制造能力池，提高整个社会制造资源和制造能力的使用率；另一方面，要鼓励龙头企业构建基于企业网的私有云应用平台。构建龙头企业内部运行者、资源提供者和使用者之间的云服务平台，优化企业或集团资源和能力使用率，减少资源和能力的重复建设，降低成本，提高企业竞争力。

三是构建互联网化的"供应商—制造商—客户"全供应链智慧物流系统。构建综合交通运输体系，发展海空铁公联运，实现公路、航空、铁路、水路等交通运输方式的合理分工和有效衔接。建设物流综合平台，在省际、市际、商贸重镇、专业市场和产业集群区，建立集展示、交易、仓储、流通加工、运输、配送、信息功能于一体的综合交通运输枢纽和物流节点；基于物联网技术，打造"电商＋物流"的现代物流模式，建设网络化、柔性化、智能化的畅通的物流信息链和物流管理体系，实现完全集成、互联互通、完美调控的供应链。

四是构建智慧化服务智能制造的政务生态系统。在智能制造业领域，浙江省应加快体制机制创新，加强各部门的协同和创新，迅速形成在智能制造业领域的战略优势和制造能力。设立智能制造业委员会，下设执行机构，负责智能制造业项目的执行和智能制造政策的制定、落实和完善，并开展政府与企业、学术界之间的协同。实施"智能制造发展专项行动计划"，在投资研发、科技创新、教育培训、企业扶持、产品出口、税收改革、贸易等方面实施全方位的"打包政策"，为智能制造业提供全方位政策支持。

四、智能制造辅助系统：接轨国际，率先实施智能制造生态系统的网络安全机制和标准体系

一是前瞻制定与国际化接轨的智能制造生态系统的网络安全机制。建立具有高数据安全的网络安全机制。高数据安全的网络安全机制及服务体系的构建，不仅是工业互联网发展的内在要求，也是智能制造生态系统中的重要一环，是巨大的"蓝海市场"。由于智能制造生态系统的网络安全机制及服务体系具有公共性、排他性和外部性的公共产权属性，一方面，浙江省政府要大力投入资金主导智能制造生态系统的网络安全机制的标准、规范的制定；另一方面，要通过制定智能制造网络安全标准，在形成规范和完善监督方面等加强引导，大力引导私人资本进入网络安全基础设施、机制设计的产业领域，形成特色鲜明的智能制造网络信息安全产业领域。

二是率先制定智能制造行业标准。智能制造战略的实施关键是建立一个人、机器、资源互通互联的网络化社会，各种终端设备、应用软件之间的数据信息交换、识别、处理、维护等必须基于一套标准化的体系。标准

先行是智能制造战略的突出特点。浙江省应高度重视发挥标准化工作在智能制造产业发展中的引领作用，及时制定智能制造的标准化路线图。同时，还要着力实现标准的国家化和国际化，使得浙江制定的标准得到国家的广泛采用，并与国际接轨，以夺取未来智能制造产业竞争的制高点和话语权。在智能制造生态系统的构建中，用标准引领信息网络技术与制造业的深度融合。由政府牵头组织行业联盟、行业协会、研究机构和企业共同协商建立统一的行业标准，如制定智能制造企业跨系统、跨平台集成应用标准，机器与机器互联的物联网行业应用标准等一系列的智能化制造标准体系。

第二篇

制度创新驱动中小企业高质量发展

第八章　制度逻辑、组织场域及集体
行动的研究综述与展望

本章主要针对制度逻辑及其演化、组织场域结构、集体行动及其行动模式三个方面展开了文献回顾与分析，对制度逻辑的概念及内涵、多重制度逻辑及其多元化、制度逻辑的动态演化过程、制度逻辑演化的驱动因素、组织场域的概念及内涵、组织场域的结构特征、组织场域结构特征与制度逻辑演化的关系、集体行动的概念及内涵、集体行动模式、集体行动模式与制度逻辑演化的关系等内容进行了已有研究的回顾分析。

第一节　制度逻辑及其演化的研究

制度逻辑是组织场域中稳定存在的制度化规范和相应的行动机制（Friedland and Alford，1991；周雪光和艾云，2010），是塑造组织场域内行动者的认知及其行为的所有文化信仰和规制（Thornton，2002；Thornton，2004；Lounsbury and Crumley，2007；杜运周和尤树洋，2013；猴情雯和蔡宁，2015）。制度逻辑强调在一个制度场域中，可能同时存在着多种制度逻辑，会共同对场域中的组织和个人的行为产生多样化的形塑作用，使得场域中的组织行为趋于差异化（Ocasio and Thornton，1999）。这种多样化甚至是竞争性的多种制度逻辑，打破了现有制度理论结构化研究的限制，认为竞争性的多种制度逻辑使得制度场域环境变得更多样化和碎片化（Lounsbury and Crumley，2007）。多种制度逻辑是塑造组织和个人行为差异，解释制度变革的重要前因（Dunn and Jones，2010）。现有的理论研究主要从多种制度逻辑如何塑造组织和个体行为异质性（Greenwood et al.，2008；Lok，2010）、如何推动制度变革（Greenwood et al.，2008；Thornton et al.，2012）进行了深入的研究。

在目前的研究中，学者们主要关注了制度逻辑演化的过程，尤其是竞争性制度逻辑之间互动过程的冲突演化，以及竞争性制度冲突的替代演化，较少涉及竞争性制度逻辑间存在的兼容性和互补性状态（Reay and Hinings，2009），此外，研究哪些因素影响了竞争性制度逻辑的演化过程，即逻辑演化条件的研究更是十分缺乏。总的来说，由于数据的获取及研究的相对复杂性，现有的关于制度逻辑演进过程和内在机制的研究仍较少，如何更深入地研究制度逻辑的演化过程及其内在机制，包括多重制度逻辑的冲突、兼容或互补的条件，是未来制度逻辑理论研究的重要方向（杜运周和尤树洋，2013）。

一、制度逻辑的概念及其内涵

制度逻辑是组织场域中稳定存在的制度化规范和相应的行动机制（Friedland and Alford，1991；周雪光和艾云，2010），是塑造组织场域内行动者的认知及其行为的所有文化信仰和规制（Thornton，2002，2004；Lounsbury and Crumley，2007；杜运周和尤树洋，2013；猴倩雯和蔡宁，2015）。

弗里德兰和阿尔福（Friedland and Alford，1991）将制度逻辑定义为"一套物质实践与符号结果构成的场域组织化原则，并且组织与个人都可以对这些物质实践与符号结构进行精心的设计、制定和详细的阐述"。弗里德兰和阿尔福（1991）将制度逻辑概念在个体、组织和社会的相互关系中进行拓展。

奥卡西奥和桑顿（Ocasio and Thornton）把制度逻辑定义为"由社会建构、历史形态所形成的物质实践、假定、价值观、信念以及社会规范等"。希宁斯和雷伊（Hinings and Reay，2009）把制度逻辑定义为形塑场域组织行为的原则，指出制度逻辑是一整套的价值体系和相联系的行为，制度逻辑决定了组织的内容和形式。

每个基本的制度逻辑都对社会生活的一个特定的制度场域提供了一系列一致的组织行为准则，用以规范场域内的组织和个体的行为实践和规则。新制度理论强调在单一的主导制度逻辑的形塑下，场域中的组织和个人的行为从长期来看会逐渐趋同（Meyer and Rowan，1977；Powell，1983），而制度逻辑则强调在一个制度场域中，可能同时存在着多种制度逻辑，会共同对场域中的组织和个人的行为产生多样化的形塑作用，使得场域中的组织行为趋于差异化（Ocasio and Thornton，1999）。

二、多重制度逻辑及制度逻辑的多元化

在同一个时间，多种不同的制度逻辑经常会同时存在于同一个制度场域内，从而使得场域内的组织和个体的目标、行为实践和规范等受到多种制度逻辑的影响（Friedland and Alford，1991）。格林伍德等（Greenwood et al.，2011）及克瑞兹和布洛克（Block and Kraatz，2008）也进一步指出，组织经常会面对具有多重制度逻辑的组织环境，因此他们的行动和实践也反映了多种制度逻辑的影响。

多种制度逻辑经常会体现在多个不同的层面。在社会层面，学者们定义了七个层面的基本制度逻辑，分别是家庭、社区、宗教、国家、市场化、专业化以及企业层面（Friendland and Alford，1991；Thornton et al.，2012；Thornton，2004）。在发达社会中，由于社会分化为政治的、经济的、宗教的、家庭的等众多不同的专门领域，会同时受到不同制度逻辑的支配，正如弗里德兰和阿尔福（1991）所指出的，"住房和医疗是由市场来调节，还是由国家来调节呢？教育是由家庭来控制，还是由教会、政府来控制？人口再生产是由政府来调节，还是由家庭或教会来调节？"

弗里德兰和阿尔福（1991）提出，西方社会存在资本主义、国家官僚主义和政治民主三种制度，这三种制度内含着相互冲突的实践与信念，进而影响着个体或组织如何参与政治竞争。因此，个人和组织在面对各种不同的制度逻辑时，可能会面临互相矛盾的逻辑，当然也可能利用互相矛盾的逻辑。

众多学者研究了场域内的多重制度逻辑及其前因后果，宾德（Binder，2007）研究了同一组织内的不同组织单位对多重制度逻辑所施加的压力作出了不同的反应。库珀等（Cooper et al.，1996）研究指出，从专业制度逻辑到市场制度逻辑的转变导致了一种替代性的组织原型的出现；琼斯和邓恩（Jones and Dunn，2010）研究了多重制度逻辑被不同的群体和利益所支持，随着时间而动态波动，并产生动态张力；德尔布里奇和爱德华兹（Delbridge and Edwards，2011）、基钦纳（Kitchener，2002）、希宁斯和雷伊（2005，2009）、斯科特等（Scott et al.，2000）都研究了场域内专业逻辑与市场逻辑等多重制度逻辑；格林伍德等（Greenwood et al.，2010）研究了场

域内区域国家逻辑和家庭逻辑对以市场逻辑为主导的场域组织的影响，局部地区的制度逻辑和家庭制度逻辑影响了组织如何对主导市场逻辑进行回应。同时，研究表明宗教逻辑在其中扮演着一定的角色，海默（Heimer，1999）研究了场域内法律、医疗和家庭等多重制度逻辑之间的竞争；劳恩斯伯里（Lounsbury，2002）研究了场域内监管逻辑和市场逻辑等多重制度逻辑；迈耶和哈默施密德（Meyer and Hammerschmid，2006）研究讨论了场域内法理官僚逻辑及管理逻辑等多重制度逻辑；桑顿（2002）、桑顿和奥卡西奥（1999）研究了场域内编辑逻辑、市场逻辑等多重制度逻辑；汤利（Townley，2002）研究了来自文化和经济价值之间的冲突引发的对于竞争性和不一致的制度逻辑的回应；特雷西等（Tracey et al.，2011）研究表明，相互矛盾的多重制度逻辑的组合创造了新的组织形式。希勒布兰德和范·杰斯泰尔（Hillebrand and van Gestel，2011）指出，当一个主导制度逻辑被设置后，游戏中就保留了多重制度逻辑及多重制度逻辑暂时的稳定性和变革过程。韦斯特法尔和扎亚克（Westphal and Zajac，2004）研究了场域内合作逻辑、代理逻辑等多重制度逻辑。众多学者主要基于案例研究方法，考察了场域内的多重制度逻辑。

国内学者也关注了多重制度逻辑，王凯和邹晓东（2016）基于多重制度逻辑的视角，把产学合作知识生产模式的制度逻辑划分为"商业逻辑"和"学术逻辑"；刘振等（2015）研究了市场逻辑、公益逻辑、理性选择逻辑等多重制度逻辑对社会企业成长的作用机制；猴倩雯和蔡宁（2015）指出，国家逻辑、市场逻辑和社会公益逻辑构成了企业认知与行为的外部制度和文化根源，并据此构建了多重制度逻辑影响下的企业环境战略分析架构；李东红等（2016）分析了海外运营的企业中存在的三种并行的制度逻辑，即国家逻辑、企业逻辑和社区逻辑；李宏贵等（2017）研究认为，专业逻辑、合作逻辑、社区逻辑和家族逻辑等多重制度逻辑对创新合法性具有正向促进作用。

多种制度逻辑是塑造组织和个人行为差异，解释制度变革的重要前因（Dunn and Jones，2010）。现有的理论研究主要从多种制度逻辑如何塑造组织和个体行为异质性（Greenwood et al.，2008；Lok，2010）、如何推动制度变革（Greenwood et al.，2008；Thornton et al.，2012）进行了深入的研究，如表8－1所示。

表 8 - 1　　　　　　　　　　多重制度逻辑相关研究的汇总

文献	研究发现	研究方法
Friendland and Alford (1991)	场域内共存的家庭、社区、宗教、国家、市场化、专业化以及企业层面等多重制度逻辑	历史叙事
Binder（2007）	同一组织内的不同组织单位对多重制度逻辑所施加的压力作出了不同的反应	民族志案例研究
Cooper et al.（1996）	从专业制度逻辑到市场制度逻辑的转变导致了一种替代性的组织原型的出现	比较案例研究
Dunn and Jones（2010）	研究了多重制度逻辑被不同的群体和利益所支持，随着时间而动态波动，并产生动态张力	历史叙述和定量研究
Edwards and Delbridge (2011)	研究了场域内专业逻辑与市场逻辑等多重制度逻辑	历史案例研究
Greenwood et al.（2010）	研究了场域内国家逻辑、家庭逻辑、市场逻辑等多重制度逻辑的互动影响	历史叙述和量化分析
Heimer（1999）	场域内法律、医疗和家庭等多重制度逻辑之间的竞争影响着组织的决策制定过程	民族志案例研究
Kitchener（2002）	研究了场域内专业逻辑和市场逻辑等多重制度逻辑对组织合法性和组织间并购行为的影响	案例研究
Lounsbury（2002）	研究了场域内监管逻辑和市场逻辑等多重制度逻辑	历史定性和定量分析
Meyer and Hammerschmid (2006)	研究讨论了场域内法理官僚逻辑及管理逻辑等多重制度逻辑	量化分析
Reay and Hinings（2005）	研究了场域内专业逻辑、市场逻辑等多重制度逻辑	案例研究
Reay and Hinings（2009）	研究了场域内专业逻辑、市场逻辑等多重制度逻辑	案例研究
Scott et al.（2000）	研究了场域内专业逻辑、市场逻辑等多重制度逻辑	比较性的历史案例研究
Thornton（2002）	研究了场域内编辑逻辑、市场逻辑等多重制度逻辑	量化分析
Thornton and Ocasio（1999）	研究了场域内编辑逻辑、市场逻辑等多重制度逻辑	历史叙述和量化分析

续表

文献	研究发现	研究方法
Townley（2002）	来自文化和经济价值之间的冲突引发了对于竞争性和不一致的制度逻辑的回应	案例研究
Tracey，Phillips and Jarvis（2011）	相互矛盾的多重制度逻辑的组合创造了新的组织形式	案例研究
Van Gestel and Hillebrand（2011）	当一个主导制度逻辑被设置后，游戏中就保留了多重制度逻辑，以及多重制度逻辑暂时的稳定性和变革过程	案例研究
Zajac and Westphal（2004）	研究了场域内合作逻辑、代理逻辑等多重制度逻辑	量化分析
王凯和邹晓东（2016）	将产学知识生产模式的制度逻辑划分为"商业逻辑"和"学术逻辑"	历史叙述
刘振等（2015）	市场逻辑、公益逻辑、理性选择逻辑等多重制度逻辑对社会企业成长的作用机制	案例研究
张学文（2013）	知识的异质性、知识的公共物品属性和新制度选择等多重制度逻辑对产学研协同创新的影响	历史叙述
缑倩雯和蔡宁（2015）	国家逻辑、市场逻辑和社会公益逻辑构成了企业认知与行为的外部制度和文化根源	定量研究
李东红（2016）	分析了海外运营的企业中存在的三种并行的制度逻辑，即国家逻辑、企业逻辑和社区逻辑	案例研究
李宏贵等（2017）	专业逻辑、合作逻辑、社区逻辑和家族逻辑等多重制度逻辑对创新合法性具有正向促进作用	案例研究

三、制度逻辑的动态演化过程

近年来，随着制度变革研究的不断深入，学者们日益重视制度逻辑的演进过程研究。以往的研究表明，由于多种制度逻辑的共存，制度逻辑的动态演化会形成多样化的结果。多重制度逻辑的动态演化，会使得场域的多种制度逻辑之间呈现出对抗（Battilana and Dorado，2010；Zilber，2002）、分离（estranged）、共存（Reay and Hinings，2009；McPherson and Sauder，2013）、融合（Binder，2007）以及替代转化（Haveman and Rao，1997，Greenwood et al.，2002；Hoffman，1999）等多种结果，如表8-2所示。

表 8 - 2　　　　　　　　　　　制度逻辑演化相关研究的汇总

文献	研究发现	研究方法
Thornton and Ocasio（2008）	提出多重制度逻辑会引起组织和个人在信念和实践上的冲突	案例研究
Dunn and Jones（2010）	研究了在医疗教育场域中关爱逻辑和科学逻辑等多重制度逻辑的对抗	历史叙述和定量研究
Greenwood et al.（2011）	组织在面对不兼容的多重制度逻辑时会面对多重制度的复杂性	历史叙述研究
Lounsbury（2002）	研究了从监管逻辑到市场逻辑的转化	历史定性和定量分析
Haveman and Rao（1997）	以储蓄银行为例，研究了多重制度逻辑最终如何在制度场域层面实现了从多种制度逻辑向官僚逻辑的单一制度逻辑的转变	案例研究
Scott et al.（2000）	从专业逻辑向市场逻辑的转变对于医疗保健系统的激烈改变具有重要作用	比较性的历史案例研究和量化分析
Thornton（2002）	从编辑逻辑向市场逻辑转化对于 M 型组织结构的采纳具有缓和作用	量化分析
Thornton et al.（2005）	制度逻辑中的转化影响了制度稳定性模式和组织治理中的变革	历史比较分析
Thornton and Ocasio（1999）	编辑逻辑向市场逻辑的转化改变了经营者继承的位置性、相关性和经济决定因素	历史叙述和量化分析
Cooper et al.（1996）	研究了从专业制度逻辑到市场制度逻辑的转变，研究了主导制度逻辑的更替	比较案例研究
Meyer and Hammerschmid，（2006）	研究讨论了如何衡量一种制度逻辑被另一种制度逻辑所取代，并分析了从法理官僚主义到管理逻辑的转变体现在个人用来声称自己的社会身份的词汇上	量化分析
Zajac and Westphal（2004）	合作逻辑向代理逻辑的转化对于被感知的价值实践具有影响力，同时它也改变了金融市场的反应	量化分析
Battilana and Dorado（2010）	研究讨论了两种相互矛盾的制度逻辑如何结合在一起以及组织保持其混合性的条件，即需要创造一个新的共同的组织身份，使得在两种对抗的制度逻辑之间保持平衡	比较案例研究

续表

文献	研究发现	研究方法
Djelic and Ainamo（2005）	通过研究场域内制度逻辑的转换过程，研究高度关注了多重制度逻辑融合的动力机制	历史叙述和比较案例研究
Tracey et al.（2011）	相互矛盾制度逻辑的组合创造了新的组织形式，促成了融合的制度逻辑留存于场域中	案例研究
Townley（2002）	尽管在领域层面上的主导制度逻辑发生了变化，个人似乎接受了新的制度逻辑，但同时继续按照旧的逻辑行事	案例研究
Reay and Hinings（2005）	论文基于加拿大艾伯塔省健康产业改革的案例研究，通过分析这个政府主导的大规模的改革计划，理解场域重构的过程。建立了一个有助于理解成熟场域制度变革的理论模型，强调了竞争的制度逻辑对于根本性的制度变革过程的重要作用。研究了从专业逻辑到市场逻辑的彻底转变，以及先前的主导逻辑的持久性	案例研究
Reay and Hinings（2009）	从专业逻辑向市场逻辑的转变促发了激烈的变革，先前主导逻辑的持续性被高度显化了，发现在制度变革过程中虽然一种新的主导制度逻辑会出现，但原有的主导制度逻辑也会在组织域中继续存在，发展了制度逻辑演化过程中两种竞争性制度逻辑兼容的状态	案例研究
Edwards and Delbridge（2011）	研究了专业与市场逻辑之间的矛盾与相互依存关系。指出相互矛盾的多重制度逻辑既对立，但也在不同程度的兼容性上共存	历史案例研究

多重制度逻辑之间的冲突和对抗是非常普遍的（Battilana and Dorado，2010；Zilber，2002）。斯科特（1994）指出，由于组织场域会同时受到"两种或更多的具有很强的影响力、竞争性或冲突的价值观"的作用，因此多种制度逻辑的存在会引起制度逻辑之间的冲突和对抗。桑顿和奥卡西奥（2008）提出，多重制度逻辑会引起组织和个人在信念和实践上的冲突；格林伍德等（2011）认为，组织在面对不兼容的多重制度逻辑时会面对多重制度的复杂性。邓恩和琼斯（2010）研究了在医疗教育场域中关爱逻辑和科学逻辑等多重制度逻辑的对抗。

主导制度逻辑的更替是学者们关注最多的（Lounsbury，2002；Haveman and Rao，1997；Scott，Ruef，Mendel and Caronna2000；Thornton，2002；

Thornton, Jones, and Kury, 2005；Thornton and Ocasio, 1999；Cooper, Hinings, Greenwood and Brown, 1996；Meyer and Hammerschmid, 2006；Zajac and Westpha, 2004）。众多学者指出，一种主导制度逻辑向另一种主导制度逻辑的转变是推动制度变革的重要因素。库珀、希宁斯、格林伍德和布朗（1996）研究了从专业制度逻辑到市场制度逻辑的转变。斯科特、吕夫、孟德尔和卡洛娜（2000）研究指出，从专业逻辑向市场逻辑的转变对于医疗保健系统的激烈改变具有重要作用。迈耶和哈默施密德（2006）研究讨论了如何衡量一种制度逻辑被另一种制度逻辑所取代，并分析了从法理官僚主义到管理逻辑的转变体现在个人用来声称自己的社会身份的词汇上。

多重制度逻辑的融合。也有研究提出，组织会嵌入相对兼容的多重制度逻辑内，这时多重制度逻辑最终会融合成一种新的制度逻辑（Rao, Monin and Durand, 2005；Stark, 1996）。拉奥和哈夫曼（Rao and Haveman, 1997）以储蓄银行为例，研究了多重制度逻辑最终如何在制度场域层面实现从多种制度逻辑向官僚逻辑的单一制度逻辑的转变；多拉多和巴蒂拉娜（Dorado and Battilana, 2010）研究讨论了两种相互矛盾的制度逻辑如何融合在一起以及组织保持其混合性的条件。埃那莫和杰利奇（Ainamo and Djelic, 2005）通过研究场域内制度逻辑的转换过程，高度关注了多重制度逻辑融合的动力机制。

多种制度逻辑的共存更多的是作为制度逻辑竞争过程中的一种暂时存在的现象（Hensmans, 2003；Hoffman, 1999）。由于新的制度逻辑的形成，一些以挑战者的身份存在的行动者为了支持这种新的制度逻辑，会和场域内原有的支持旧制度逻辑的在位者之间发生冲突，场域内一些重要的行动者之间的对抗就很容易发生（Reay and Hinings, 2009）。因此，在新旧制度逻辑的转换时期，直到场域内的一方或另一方制度逻辑获胜并成为主导制度逻辑为止，多种冲突的制度逻辑很容易并存（Hensmans, 2003；Hoffman, 1999）。

多重制度逻辑之间的分离。学者们也指出，有的时候多重制度逻辑的共存也会发生在一些其他的情况下，比如当改变计划将旧的制度逻辑推翻时，逻辑之间的竞争有时是秘密进行的。逻辑上的竞争似乎是通过在领域层面上创造一个新的主导制度逻辑，但同时了旧的冲突的制度逻辑仍然存在并且以不太明显的方式引导场域内部分行动者的行为（Reay and Hinings, 2009）。例如，汤利（2002）发现，尽管在领域层面上的主导制度逻辑发生了变化，个人似乎接受了新的制度逻辑，但同时继续按照旧的逻辑行事。卡恩等（Khan et al.，2007）也展示了制度逻辑的变化是如何被引入的，但是竞争的家庭和社会的逻辑导致了一些隐藏的活动对旧的制度逻辑的支持。

竞争性制度逻辑的兼容。雷伊和希宁斯（2009）发现，制度变革过程中虽然一种新的主导制度逻辑会出现，但原有的主导制度逻辑也会在组织域中继续存在，发展了制度逻辑演化过程中两种竞争性制度逻辑兼容的状态，展示了国家和多个专业团体之间的分散的中心性，导致了医疗专业的逻辑和医疗保健等商业逻辑在医院和健康服务机构的多重制度逻辑的演化。医生强调的是医学专业的逻辑，而在地区卫生机构工作的政府和管理专业人员则遵循卫生保健等商业逻辑。由于不同的行动者在场域内均有权威，因此多重逻辑均会影响到组织的核心实践。

在目前的研究中，学者们主要关注了制度逻辑演化的过程，较少涉及竞争性制度逻辑间存在的兼容性和互补性状态（Reay and Hinings，2009）。此外，研究哪些因素影响了竞争性制度逻辑的演化过程，即逻辑演化条件的研究更是十分缺乏。总的来说，现有的关于制度逻辑演进过程和内在机制的研究仍较少，如何更深入地研究制度逻辑的演化过程及其内在机制，包括多重制度逻辑的冲突、兼容或互补的条件，是未来制度逻辑理论研究的重要方向（杜运周和尤树洋，2013）。

四、制度逻辑演化的驱动因素研究

场域内多重制度逻辑会随着时间和环境的变化而演化（Thornton et al.，2012），但究竟是哪些因素驱动了制度逻辑的动态演化呢？众多学者指出，场域内多重制度逻辑的动态演化是由多种因素引起的，其中主要包括两大类影响因素：一类是场域层面的结构特征（Greenwood，Raynard，Kodeih，Micelotta and Lounsbury，2011；毛益明，2014），如制度化程度、多重性程度（Dorado，2005）、中心性程度、碎片化程度（Pache and Santos，2010）、兼容度等（Besharov and Smith，2014）以及造成组织内角色、结构和功能重叠的多种外部事件（Thornton，Jones and Kury，2005）等；另一类是个体和集体行动者的行动，如个体行动者的文化创业（Dimaggio，1982），组织实践和身份的动态变化（Lounsbury and Crumley，2007；Lounsbury，2007），多行动主体的协调性的集体行动等（Lounsbury and Crumley，2007）。一方面，组织场域的结构特征会将外部的宏观环境与微观的组织和行动者联结起来，使得制度逻辑具体化为影响行动者的认知和规则，多重制度逻辑之间的冲突因此会给组织造成实质性的制度压力（Dacin，Munir and Tracey，2010），进而影响多重制度逻辑的演化；另一方面，场域内的个体和集体行动者，除了受到制度逻辑的形塑，也能够具体化和扩散场域的制度逻辑，并创造和激活场域中的制度逻辑，能够运用自身的能动性影响和改变场域的认知与规则，塑造和改变场域的制度逻辑（Fligstein and Mc Adam，2012）。

众多学者的研究指出，组织场域是一个重要的情境因素，使得多重制度逻辑的相互作用影响行动者的不同实践，进而影响多重制度逻辑自身的演化（Greenwood，Raynard，Kodeih，Micelotta and Lounsbury，2011；毛益明，2014）。不同场域的组织结构不尽相同，应如何衡量场域组织结构的特征，并且组织场域的结构是如何影响行动者的实践，进而影响多重制度逻辑的演化的，其内在的过程机制有待探索。尼加姆（Nigam，2010）认为，注意力与环境意义建构之间的相互作用导致了场域层面的制度逻辑的出现和采用。案例分析说明了环境的一个底层过程的意义建构导致了一种管理关怀逻辑的出现和采用，这种逻辑提供了新的在医院组织领域的组织原则。此外，第二种机制是环境意义建构通过范例和环境特征变化的代表，理论化、表象、持续的事件注意力之间的相互作用可以导致制度逻辑的改变。

在制度逻辑的驱动因素研究中，学者们指出，个体与集体的行动会影响制度逻辑的塑造和演变（Thornton，2004）。早期关于行动主体的研究重点关注的主要是单一因素的影响。在制度逻辑的驱动因素的研究中，不少学者研究了单个组织的应对策略（Oliver，1991）、单个组织的战略性行为（Suchman，1995；Zimmerman and Zeitz，2002），如修辞策略（Suddaby and Greenwood，2005）、权谋技巧（Levy and Scully，2007）、故事理论化（Morrill and Owen-Smith，2002）等用来表达、操控并重组制度逻辑的行为（Suddaby and Greenwood，2005）。格林等（Green et al.，2008）合作控制修辞学形塑了制度逻辑的竞争行为，并且建立了场域内利益分享者群体内的主导地位。

随着近期的研究已开始探索制度变革中可能存在的集体行动层面（Rao et al.，2000；Lounsbury and Crumley，2007；Canales，2011），制度逻辑的驱动因素也更多地关注多主体行动的影响。珀迪和格雷（Purdy and Gray，2009）指出，多主体的行动会促成多种制度逻辑的扩散。邓恩和琼斯（2010）研究发现，不同团体和利益干预的存在，导致美国医疗教育产业制度变革过程中形成了多种制度逻辑并存。桑顿等（2012）从人类行为模式角度研究认为，行动者之间的社会互动非常重要，社会互动是组织实践制度以及身份产生和转变的基础，制度逻辑变迁最重要的就在于微观变迁过程是通过宏观制度逻辑类比组合转译以及适应得来的。劳恩斯伯里（Lounsbury，2008）强调了关注行动者的重要性，提出行动者会影响制度实践。在实践的过程中，各种物质性和非物质性的中介物，同样作为行动者集合来行动（Callon，2007），因此，制度逻辑是在实践中被创造并且转化到实践中，从而将注意力集中到理解逻辑和实践的相互关系上。行动者理论中另一个重要的概念就是转换。卡隆（Callon，2007）提出，转换被用于描述和分析现象每次是如何在新的环境中发生改变和被解释的；林德伯格（Lindberg，2014）基于案例研究，分析了行动者如何利用转换实现对制度逻辑的改变，他研究了瑞典药店如何在多重制度逻辑影响下，实现非处方药品的销售，分析了行动者如何利用转换实现制度逻辑的变迁。

现有关于驱动制度逻辑演化和制度变革的集体行动的研究，更多的是通过协调的方式开展集体行动，创造新组织的动员过程，使集体行动获得新的可能意义与身份的建构过程，而对于非协调性的集体行动模式的研究相对较少。劳伦斯等（Lawrence et al.，2002）研究显示了跨组织的合作是如何促进制度变革的，尤其是当合作者密切卷入变革计划同时又深深嵌入组织领域的时候，在此情况下他们既有积极性又有促进变革扩散的手段。制度变革中的集体行动也可以是非相互协调的。克拉姆利和劳恩斯伯里（Crumley and Lounsbury，2007）提出，制度可以被拥有不同的能动性、不同程度、不同数量的资源的参与者从事的多元化活动所改变。因此，制度变革过程中的集体行动是非协调的、不确定的，结果依赖于多重参与者的正反作用力的过程（Reay and Hinings，2005；Meyer，2006；Garud et al.，2007；Delbridge and Edwards，2008；田志龙等，2015）。

虽然众多学者关注到了场域结构特征和行动都会影响多重制度逻辑的演化，但对于两者之间有何联系，两者如何影响多重制度逻辑的演化，现有研究鲜有涉及。

场域组织结构如何影响行动者的行动，两者之间是否具有相互联系和作用，又是如何影响多重制度逻辑的演化，这是一个有待进一步探索的重要研究问题。

第二节　组织场域结构的研究

一、组织场域的概念及内涵

组织场域是一个中观层次的概念，将微观的组织研究与宏观的结构研究相结合，是制度逻辑研究中非常重要的研究层次。众多学者对组织场域的定义和内涵进行了阐述。

皮埃尔·布迪厄（1971，1984）首先提出组织场域的概念，他指出"组织场域是社会或文化生产领域中各种行动者、组织的总和以及它们之间的动态关系的集合"，布迪厄使用规则、博弈、风险、竞争、斗争等来描述场域的特征，强调场域的冲突和组织间的关系。在布厄迪的基础上，迪马吉奥和鲍威尔（1983）进一步发展了组织场域的概念，并将组织场域界定为"包括关键供应商、原料与产品购买商、规制机构及其他提供相似服务与产品的组织聚合在一起所构成的一种制度生活领域"。

场域是一种实践空间，是介于宏观和微观之间的层面，从某种程度来说，场域是介于组织环境与行动者之间的中介，外在的社会、经济、文化等因素，通过场域的作用对存在于场域中的行动者产生相应的影响（皮埃尔·布迪厄，2004；毛益明，2014）。

二、组织场域的结构特征

史密斯和比沙罗夫（Smith and Besharov，2014）以兼容性（compatibility）和中心性来衡量组织场域的结构特征。其中，兼容性指的是多重制度逻辑对加强组织行为的一致性的程度，他以美国医疗组织场域为例，在20世纪大多数时间中，医生逻辑主导了健康护理领域，其他行动者如护士和药剂师服从医生的主导逻辑，此时场域结构具有高度的兼容性（Freidson，1970；Starr，1982）；而在商业领域，在20世纪中期，多个行业为了成为商业组织场域内的主导制度逻辑而激烈竞争，具体包括金融、会计、法律和人力资源。每个行业都有自己的基本方法来定义和解决组织问题（Barley and Tolbert，1991），这时组织场域呈现了较低的兼容性。而中心性是指多重制度逻辑被认为是同等有效且与组织功能相关的程度。根据定义，当多个逻辑在核心组织功能具体化时均处于核心位置，中心性就较高。当单个制度逻辑指导组织的核心运作，而其他制度逻辑则在那些与组织功能没有核心联系的外围活动中表现出来，此时中心性就较低。

组织领域对其他领域实践的开放程度不同，因此，参与者有可能接触到多个相互重叠和相互冲突的机构参照物。关于多重性的定义及内涵，斯威德勒（Swidler，1986）提出，多重性增加了行动者的文化工具箱。在此基础上，奥德里奇（Aldrich，1999）等学者提出，多重性有利于增强行动者制定新制度安排的能力，使他们能够被多方所接受。多拉多（2005）提出，当一个场域的多重性很低的时候，行动者往往会缺乏行动的意愿以及获得支持新制度安排的认知资源。关于制度化程度的概念，贝克特（Beckert，1999）提出，只有当组织场域的制度化水平至少是中等程度的时候，制度变革的战略行为才可能发生。因为这一水平的发展允许有意义的计算，因此参与者可以想象未来的可能性。在这样的环境下，行动者可能故意通过制度创业的过程来进行制度变革。如果成功了，带来的变化会导致去制度化和不确定性。在这样的背景下，适应的过程很可能会盛行。反过来，这些适应过程将促进连续性，从而减少不确定性。一旦稳定性被重建，这种导致战略行动的条件会得以恢复，使得制度创业过程再次成为可能。

三、组织场域的结构特征与制度逻辑演化的关系

学界普遍认为，组织场域的结构特征决定了组织所面临的制度逻辑冲突的性质和程度（Greenwood，Raynard，Kodeih，et al.，2011；毛益明，2014）。场域是一种实践空间，是介于宏观和微观之间的层面，从某种程度来说，场域是介于组织环境与行动者之间的中介，组织场域的结构特征会将外部的宏观环境与微观的组织和行动者联结起来，使得制度逻辑具体化为影响行动者的认知和规则，多重制度逻辑之间的冲突因此会给组织造成实质性的制度压力（Dacin，Munir and Tracey，2010），进而影响多重制度逻辑的演化。也就是说，组织场域是一个重要的情境因素，使得多重制度逻辑的相互作用影响行动者的不同实践，进而影响多重制度逻辑自身的演化。

此外，较多学者基于场域结构特征的制度化程度分析了对制度逻辑演化的影响，当场域结构的制度化程度较高时，场域往往有相对清楚的规则或结构，场域呈现出较强的确定性和可预见性（Greenwood et al.，2011），此时场域的多重制度逻辑的冲突和对抗相对会比较小，而当场域结构的制度化程度较低时，场域的制度往往存在很大的不确定性和模糊性，因此这种场域结构下的多重制度逻辑之间的冲突和对抗相对会比较激烈（Fligstein，1997；毛益明，2014）。

桑托斯和帕切（Santos and Pache，2010）认为，场域的组织结构特征会引致多重制度逻辑的演化，他用碎片化和中心化来衡量场域的结构特征。该论文指出，在一个高度碎片化的场域结构环境中，组织依赖并需要回应多重的主体，以获取合法性和资源，由于这些主体对合法性的逻辑各不相同，使得组织的制度要求出现冲突。此外，当组织的场域结构特征为高度中心化时，会存在主导的行动者和正式化权威，使得场域的多重制度逻辑呈现单一逻辑主导的特征；反之当场域结构的中心化程度较低时，行为者不会受到单一的制度逻辑的主导，甚至制度逻辑对行动者的影响很小。因此，他们提出高度碎片化和中度中心化特征的场域结构特征，往往会推动多重制度逻辑剧烈对抗及长期持续化冲突。

比沙罗夫和史密斯（2014）提出，场域的组织结构特征会引起场域多重制度逻辑的演化。他们以兼容性（compatibility）和中心性来衡量组织场域的结构特征，架构了不同类型的场域组织结构特征组合与制度逻辑演化关系的分析框架，指出当场域组织结构特征为高中心性低兼容性时，会导致场域组织间的多重制度逻辑呈现对抗的状态，即存在大量的对抗；当场域组织结构特征为低中心性低兼容性时，会导致场域组织间的多重制度逻辑呈现疏远的状态，即存在适度的对抗；当场域组织结构特征为低中心性高兼容性时，会导致场域组织间的多重制度逻辑呈现单一制度逻辑主导的状态，即不存在对抗；当场域组织结构特征为高中心性高兼容性时，会导致场域组织间的多重制度逻辑呈现多重制度逻辑联盟的状态，即存在少量对抗。比沙罗夫和史密斯（2014）运用了大量多重制度逻辑研究的相关论文的案例来论证上述研究结论，并证明场域的组织结构特征的差异，可以解释多重制度逻辑演化的多种不同结果，论文对解释多重制度逻辑演化结果的前因条件分析提出了一个整体性的分析框架，对制度逻辑演化的前因条件研究做出了重要贡献。

第三节　集体行动及其行动模式的研究

一、集体行动的概念及内涵

行动者嵌入在某个制度场域中，由于受到建构其认知的规制、规范和认知的约束，如何能在面对制度同构压力时反过来影响制度并推进制度变迁？行动者是如何促进制度变革的，尽管面临着制度倾向于保持不变的压力（Holm，1995；Seo and Creed，2002）？制度变革的过程研究，无论是单个组织的合法化过程，还是多个组织的集体行动以争取新制度的合法化过程，由于将能动因子的理性选择模型连接到结构性决定论（Battilana et al.，2009），对于制度理论都是一个巨大的推动。

在解释制度变革的制度创造、扩散、牢固建立的过程中，行动者及其行为的作用机制是非常关键的（Christensen et al.，1997；Dacin et al.，2002）。早期的研究重点关注的是单个组织的行为，如奥利弗（Oliver，1991）对单个组织的应对策略做出了重要发展，后续学者也进一步完善了如何通过单个组织的战略性行为来获取合法性（Suchman，1995；Zimmerman and Zeitz，2002），如采取跨国经营行为（Gifford，Kestler and Anand，2010）、创业行为（Tornikoski and Newbert，2007）、战略联盟（Dacin，Oliver and Roy，2007）和企业社会责任（CSR）行为（Bowen，Newenham-Kahindi and Herremans，2010）等来获取合法性。

近期的研究已转向探索制度变革中可能存在的集体行动层面 Canales，2011；Lounsbury and Crumley，2007；Rao et al.，2000）。制度变革中的集体行动是不同种类、不同数量的制度变革参与者以协调或非协调的方式进行活动的行动集合（Lounsbury and Crumley，2007；Battilana et al.，2009）。克雷德和徐（Creed and Seo，2002）在马克思主义理论家安东尼娅·拉布里奥拉（Antonia Labriola）的研究基础上，在制度变革中讲到集体行动的概念，认为实践可以通过集体经验改变权威，实践是对当前社会制度的限制和潜力进行缜密分析的基础上对社会制度的重构，具体包含四个部分：集体行动、活化行为、意识的深层转变和潜在变革。多拉多（Dorado，2005）将集体行动称作"制度共担"，指出制度变革不能归功于某个单一的组织或个体，而是大量行动者各自发散性变革活动的累积。他将制度变迁描述为无数行动者长时间的自发行为，众多行动者的不协调的行动会随着时间的推移而积累和融合，进而推动制度变革。托尔伯特和巴利（Tolbert and Barley，1997）等也指出，制度变革是来源于长期以来多个行动者的非协调行动的积累，这些行为并非是刻意面向变革的行动的积累，而是他们选择性地重新激活过去的行为模式。加鲁德和范·德·芬（Garud and Van de Ven，1993）也指出，积累意味着支持和接受的出现是无数参与者的不协调行为共同作用的结果。雷伊和希宁斯（2005）分析了制度变革过程中多个场域成员的作用。德尔布里奇和爱德华兹（2008）解释了多个参与者如何以各种方式促进制度变革的过程。

二、集体行动模式的研究

集体行动模式已成为近期研究高度关注的问题（Canales，2008；Lounsbury and Crumley，2007；Rao et al.，2000），它是一个涉及不同种类不同数量的参与者以协调或非协调的方式进行活动的集体现象，即集体行动模式包括协调性和非协调性两种模式。

目前多数学者的研究是关于协调性的集体行动模式，如卡梅伦和迈尔斯（Cameron and Miles，1982）研究了美国六大烟草公司集体行动对外科医生协会把吸烟与癌症联系起来的行为作出反应；劳伦斯等（2002）的研究显示了跨组织的合作是如何促进制度变革的。格雷和伍德（Gray and Wood，1991）指出，当众多的自主利益相关者参与到一个场域的交互过程中，并通过共享规则、规范和结构来执行或决定与该场域相关的问题时，跨组织的合作就会发生。

集体的制度创新也可以是非相互协调的。多拉多（2005）将其称作"制度共担"（institutional partaking），在这种情况下制度变革不能归功于某单一的组织或个体，而是大量制度企业家各自发散性变革活动的结果的累积。与此相一致的观点是，劳恩斯伯里和克拉姆利（2007）等学者提出，"制度可以被拥有不同程度、不同数量的资源的参与者从事的具有空间扩散性的多元化活动所改变"。制度过程中的集体行动是非协调的、不确定的，结果依赖于多重参与者的正反作用力的过程（Reay and Hinings，2005；Meyer，2006；Garud et al.，2007；Delbridge and Edwards，2008；田志龙与谢青等，2015）。制度变革可能偶然地由于制度创业者对制度化常规的打破而引发，但由于对变革的制度化过程常常是一种战略行为，某些实践只有在行动者采取能动性行动的情况下才能制度化（DiMaggio and Powell，1991；Friedland and Alford，1991；Brint and Karabel，1991；DiMaggio，1988；Hargrave and Van de Ven，2006；Zilber，2002）。

三、集体行动模式与制度逻辑演化的关系

制度逻辑会影响组织和个体的认知和行动，同时，行动者的行动也会对制度逻辑的演化具有重要的能动性。弗里德兰和阿尔福（1991）与迪马吉奥（1997）在研究中都强调了行动者的实践和行为方式会增强或挑战一个特定社会生活领域内的行为假设、价值观、行为准则、行动规则等。在此基础上，桑顿和奥卡西奥（2008）进一步强调了制度逻辑和行动之间的相互作用关系，指出"制度逻辑会形塑组织和个体行为，组织和个体行动者也有能力重塑和改变制度逻辑"。

众多学者都关注了行动对制度逻辑演化的作用，他们指出，场域中的行动者，无论是个体行动者还是集体行动者，都能创造、具体化和激活场域中的制度逻辑。行动者既会受到制度逻辑的形塑，也能够具体化和扩散场域的制度逻辑，同样也能够运用自身的能动性影响和改变场域的认知和规则，塑造和改变场域的制度逻辑（Fligstein and McAdam，2012）。

随着近期的研究已开始探索制度变革中可能存在的集体行动层面（Rao et al.，2000；Lounsbury and Crumley，2007；Canales，2011），制度逻辑的驱动因素也更多地关注多主体行动的影响。

现有关于驱动制度逻辑演化和制度变革的集体行动的研究，更多是通过协调的方式开展集体行动，创造新组织的动员过程，使集体行动获得新的可能意义与身份的建构过程（Gray，2000；Lawrence et al.，2002；Phillips et al.，2000；Real and Hingings，2009），而对于非协调性的集体行动模式的研究相对较少。菲利普斯等（Phillips et al.，2000）指出，由于协作是让感兴趣的参与者采取行动的有效方式，因而网络内的行动者之间的合作有利于场域的结构的形成、场域的制度规则的形成及维系，进而形塑了整个制度场域。格雷（2000）也指出，通过管理不同行动者的利益的过程，行动者之间的合作可以影响制度逻辑或制度规范和价值观的变化。

第四节　文献述评及研究展望

尽管现有的理论研究对制度变革过程中的多重制度逻辑及竞争性制度逻辑的演化轨迹、制度变革过程中的集体行动及相应的理论内涵等制度理论前沿进行了非常有意义的探索，但仍存在一些研究缺口。

第一，现有关于多重制度逻辑及其演化过程的研究，更多是关注竞争性制度逻辑之间的冲突演化，以及竞争性制度冲突的替代，较少涉及竞争性制度逻辑间存在的兼容性和互补性状态（Reay and Hinings，2009）。此外，目前鲜有影响制度逻辑演化条件的研究，即哪些因素影响了竞争性制度逻辑的演化过程的研究较少。

第二，不同场域的组织结构不尽相同，到底应如何衡量场域组织结构的特征，并且，组织场域的结构是如何影响行动者的实践，进而影响多重制度逻辑的演化的，其内在的过程机制仍有待探索。

第三，集体行动是当前在制度理论研究中的一个非常重要的研究方向（Battilana et al.，2009），但制度变革过程中有哪些类型的集体行动模式，不同类型的集体行动模式又是如何形成的，现有的相关研究却鲜有涉及。

第四，现有的研究虽然指出组织与个体的行动会影响制度逻辑的塑造和演变（Thornton，2004），多层面的行动会促成多种制度逻辑的扩散（Purdy and Gray，2009），但现有研究对于集体行动会如何影响多重制度逻辑的演化，尤其是不同的集体行动模式对于驱动竞争性制度逻辑的冲突、兼容或互补等多种互动关系的作用机制的研究还未进行整合。

第五，虽然众多学者关注到了场域结构特征和行动都会影响多重制度逻辑的演化，但两者之间有何联系，两者是如何影响多重制度逻辑的演化，现有研究鲜有涉及。场域组织结构如何影响行动者的行动，两者之间是否具有相互联系和作用，又是如何影响多重制度逻辑的演化，是一个有待进一步探索的重要研究问题。

第九章　制度逻辑演化、组织场域
与集体行动：新兴业态
"共享专车"的案例

　　近年来，组织场域中制度逻辑的变革及演化过程日益成为理论界关注的焦点①②。由于制度逻辑对场域中行为范式的巨大形塑作用，主导制度逻辑的变革必然昭示着场域中行动者行为方式的重构及其带来的利益分配方式的改变③。随着市场结构多层次性和行动主体行为多样化的持续深入，多种制度逻辑并存的现象将日益突出，并且更加强调制度逻辑的动态化过程。杜运周等（2013）指出，多重制度逻辑的演化，尤其是多重制度逻辑相互重叠、冲突、替代和互补的多种演化过程及其演化作用的边界条件，是未来制度逻辑研究非常重要的方向。

　　由于制度逻辑带来的行动范式及其利益分配合法化，导致场域中的不同行动主体总是竭尽全力推动符合自身利益的制度逻辑体系的构建。在推动新的制度逻辑体系建立过程中往往是汇聚了众多行动者的集体行动，那么，各行动主体之间是如何互动的，现有的研究并没有进行深入的分析。巴蒂拉娜等（Battilana et al.，2009）指出，制度理论研究未来的一个非常重要的方向是关于多个主体的更加完善的集体行动理论，探讨制度变革过程中多个行动主体是如何通过协调或者非协调的集体行动推动制度逻辑的演化，是当前在制度理论研究中尚未解决的理论问题。

　　现有的制度变革理论在制度逻辑和集体行动研究上的理论缺口启发本章研究基于集体行动的视角来探讨制度逻辑的演化过程。具体来说，本书通过我国专车服务市场变革的纵向案例研究，希望回答以下问题：（1）制度逻辑

---

　　①③　Reay T. and Hinings C. R. ，"Managing the Rivalry of Competing Institutional Logics"，*Organization Studies*，Vol. 30 No. 6，2009，pp. 629 –652.

　　②　Mary B. D. and Candace J. ，"Institutional Logics and Institutional Pluralism：The Contestation of Care and Science Logics in Medical Education 1967 – 2005"，*Administrative Science Quarterly*，Vol. 55 No. 1，2010，pp. 114 –149.

的动态演化过程是怎样的？多种竞争性制度逻辑之间是如何互动和相互作用的？（2）制度变革过程中多主体如何开展集体行动？分别具有哪些不同的集体行动模式和特征？（3）在制度逻辑动态演化过程中，不同的集体行动模式的作用机制是否相同？集体行动是如何推动多种制度逻辑的演化的？

　　本章拟采用纵向案例比较研究方法对上述问题进行深入探讨，理由如下：首先，制度变革过程中的制度逻辑演化是一个包含了兼容、冲突和互补状态的复杂过程，我们试图探讨这种制度逻辑的演化过程机制，采用纵向比较案例研究方法有利于对这一复杂过程进行详尽的探究（Eisenhardt，1989）。其次，在不同阶段，场域结构的特征、集体行动的模式并不相同，我们关注的正是行动者在不同阶段差异化组织场域结构特征和集体行动模式如何导致了制度逻辑的演化。纵向案例研究可以按照时间对关键事件进行排序（程聪等，2015），从而有利于清晰地挖掘和深入理解案例中不同制度逻辑[1]状态的形成和演化，揭示其中的内在机制。

第一节　案例选取

　　案例研究样本的选取遵循理论抽样原则，本章以我国出租出行场域专车模式[2]这一商业模式的制度化过程作为研究对象，理由如下：首先，出租出行场域的制度逻辑经历了多重制度逻辑的演化，包括从出租车特许经营的制度逻辑主导，到专车制度逻辑的局部形成，以及专车制度逻辑和出租车制度逻辑的激烈冲突等多个过程，集中了制度逻辑演化的多个状态，是一个非常典型的研究制度逻辑演化特征的案例。其次，专车制度逻辑的发展是一个从无到有的新制度逻辑形成过程，在这一过程中涉及专车平台、投资机构、出租车行业、监管部门、媒体、普通消费者等多方利益群体，场域结构的特征非常丰富；最后，从专车模式的主要推动者来看，在相对较短的时间内先后出现了易到用车、滴滴打车、快的打车、神州专车以及Uber等主要行业主导力量的介入，行业内部也经历了一个复杂的竞合过程，

---

　　① 本章案例中新制度逻辑是指以网络服务平台预约汽车为特色的专车服务模式，旧制度逻辑是指以特许经营模式为核心的出租车服务模式。

　　② 专车模式特指以互联网技术为依托构建服务平台，整合供需信息，使用符合条件的车辆和驾驶员，提供非巡游的预约出租服务的新型出行服务模式。

这些专车模式倡导者以协调或非协调的方式展开集体行动，遵循案例研究可比较性原则（Eisenhardt，1989），专车模式发展过程中的这种"制度共担"过程是多个制度行动者集体行动的累积，这为本章探讨的集体行动如何促发制度逻辑的演化提供了丰富的案例素材。遵循案例选择的极化原则（Eisenhardt，1989），该案例在制度逻辑演绎方面是一个十分突出的案例，充分体现了组织场域中制度逻辑的变革性过程。

第二节　数据来源

一、数据来源的编码

在数据资料的来源上，案例研究要求尽可能通过多种数据来源，如正式/非正式访谈、现场观察以及二手资料等，并对多种资料进行三角验证，以提高研究的信度和效度。本章研究的是出租服务场域专车服务这一新制度逻辑形成过程及其与现有租车制度体系的互动。本案例资料的主要来源及编码规则如表 9 - 1 所示。

表 9 - 1　　　　　　　　　专车案例资料来源编码规则

序号	资料来源	资料分类	来源编码
1		通过非正式访谈滴滴出行的公关部负责人获取资料	ZCG1
2		通过非正式访谈 Uber 杭州地区分公司管理人员获取资料	ZCG2
3		通过非正式访谈快的高管获取资料	ZCG3
4		通过非正式访谈滴滴出行管理人员获取资料	ZCG4
5		通过非正式访谈滴滴出行司机获取资料	ZCD1
6		通过非正式访谈快的司机获取资料	ZCD2
7	非正式访谈	通过非正式访谈滴滴出行司机获取资料	ZCD3
8		通过非正式访谈 Uber 司机获取资料	ZCD4
9		通过非正式访谈易到司机获取资料	ZCD5
10		通过非正式访谈神州司机获取资料	ZCD6
11		通过非正式访谈出租车司机获取资料	TD1
12		通过非正式访谈出租车公司高层获取资料	TD2
13		通过非正式访谈杭州市运管负责人获取资料	HG1
14		通过非正式访谈专车乘客获取资料	CK

续表

序号	资料来源	资料分类	来源编码
15	二手资料	通过易观国际、阿里研究院、腾讯研究院、网易科技、腾讯科技、新浪科技等权威的第三方平台所提供的专车相关等各类资讯和研究报告中获取资料	WR
16		通过平台官网和平台 App 推送新闻获取资料	ZWP
17		通过文献、文库、网上书店、新闻网站和报纸获取资料	PP
18		通过公司内部记录、高层讲话和内部刊物获取资料	ZCI

二、二手资料

　　二手资料的收集我们主要是通过四种方式获取的：第一，我们主要下载了"滴滴""快的""易到""神州""Uber（优步）"等主要专车平台官网上关于公司发展历程、大事记、公司动态、快讯等所有和专车平台相关的资料信息，以及专车平台 App 上推送的所有资料。第二，我们主要从权威的第三方研究机构和研究平台获取相关资料，我们通过易观国际、阿里研究院、腾讯研究院、网易科技、腾讯科技、新浪科技等第三方平台网站的资讯和研究报告中获取资料。第三，我们通过"中国知网""万方数据库"等文献文库以及网上书店和新闻报纸网站中收集下载资料。第四，我们在实地考察和访谈过程中，获取滴滴公关部和快的、Uber 公司所提供的公司内部资料、内部刊物、宣传册以及公司高管的讲话资料等；访谈后，我们又通过网络补充收集了所有平台在重大事件中高管的公开信内容。

　　由于本章的研究对象是围绕出租服务的所有利益相关者的集体行动，因此在权威的第三方平台、新闻网络，以及相关学术数据库搜索资料过程中，我们采用了两种方式：第一，我们主要利用"专车""专车服务""网约车""网络约租车""网络预约出租汽车"以及专车的主要平台名称"滴滴""快的""易到""神州""Uber（优步）"，在权威的第三方平台、新闻网络，以及相关学术数据库中进行搜索；第二，采用"专车/网约车 + 资本/融资""专车/网约车 + 司机/租车公司""专车/网约车 + 监管/中央/地方""出租车 + 专车/网约车""专车/网约车 + 乘客""专车/网约车 + 媒体"等组合方式在权威的第三方平台、新闻网络，以及相关学术数据库中搜索。在获得原始资料以后，我们按照集体行动的主要行动主体，即专车平台、政府相关部门、出租车、消费者、其他利益相关者（包括媒体、投资机构、关联企业等，下文简称其他）进行了分类整理。

三、非正式访谈

为了对二手资料进行验证，本章研究者对主要专车平台以及众多行动主体分别进行了非正式的访谈。非正式访谈对象包括专车平台管理人员、专车和出租车司机以及使用专车的乘客、政府监管部门工作人员，共计52人，如表9-2所示。

表9-2　　　　　　　　　非正式访谈对象的描述性统计

访谈对象	录音时间（分钟）	录音字数	调研次数（次）	访谈人数（人）	高层人数（人）	受访者
专车平台	317	55602	4	5	3	滴滴的公关部管理人员（1）、快的高管（1）、滴滴和快的合并后的滴滴出行管理人员（2）、Uber杭州地区分公司管理人员（1）
专车平台司机	1088	953088	34	34	—	滴滴司机（8）、快的司机（7）、滴滴出行司机（6）、Uber司机（6）、易到司机（4）、神州司机（3）
出租车司机	192	12941	3	6	—	北京（3）、上海（1）、杭州（2）
专车乘客	104	15257	3	5	—	北京（2）、上海（1）、杭州（2）
政府监管部门	126	21269	2	2	2	杭州市运管负责人（2）

第三节　核心构念及编码过程

一、核心构念的界定

（一）场域结构特征的相关构念

制度化程度是指在组织场域中制度对于行动主体的决定、制约和使能作用（Dorado，2005；方世建、孙薇，2012）。制度逻辑的演化经历了从边缘化向场域中心，从低制度化向高制度化，从不稳定的行动机制向稳定的行动机制演化的过程。在本案例中，我们将制度化程度定义为，出租行业制度逻辑得到国家和地方政府层面正式制度规制的程度，主要从对出租车和专车等行业的特许经营管制、数量管制和价格管制等方面进行考察。

多重性是指组织场域的分散程度以及对其他场域的实践或资源的开放程度（Dorado，2005；方世建、孙薇，2012）。组织场域与其他领域的想法的开放程度有差异（Greenwood and Hinnings，1996），因此，组织场域的部分行动者可能会接触到一些与场域内的实践相重叠或冲突的其他机构作为参照物，一定程度开放的场域允许张力的出现，因此有利于创造性行为的发展（Seo and Creed，2002；Giddens，1991；Whittington，1992；Rao，1998），这种情况称为中等程度的多重性；与此相反，在一些紧密封闭的组织场域内，行动者几乎无法接触到暴露于多个机构的其他参照物，因此组织场域不太可能促进创造性行动，这种情况被称为低多重性；当然，场域也有可能太开放，这种情况下多重性程度高，会导致复杂的不确定性产生，这种情况被称为高多重性（Dorado，2005）。参考该定义，我们将从各阶段出租行业的车辆供给、客户群体、行业管制、服务水平、车内环境、预约情况等角度考察场域的多重性特征。

机会是场域行动主体识别新制度并利用资源的可能性，是制度变革的场域条件，多拉多（2005）归纳了机会的三种类型：一是机会沉没，此时组织场域对行动主体具有强约束，行动者较少接触到更优的制度安排；二是机会涌现，此时场域内的行动主体有一定的弹性，能够接触到更优的制度安排；三是机会模糊，此时组织场域高度不确定并容易发生变化，会有复杂的不确定性产生，在案例中，我们主要根据定义考察场域的制度机会。

（二）集体行动的相关构念

参考巴蒂拉娜等（2009）、雷伊和希宁斯（2005）、德尔布里奇和爱德华兹（2008）、劳恩斯伯里和克拉姆利（2007）、多拉多（2005）、米桑依等（Misangyi et al.，2008）制度领域知名学者关于集体行动的相关的理论文献以及国内学者田志龙（2015）等关于制度变革集体行动的文献，我们根据巴蒂拉娜等（2009）与劳恩斯伯里和克拉姆利（2007）等学者的定义，将集体行动界定为不同种类、不同数量的制度变革参与者以协调或非协调的方式进行活动的行动集合，并且，参考上述文献，我们把集体行动定义为协调性和非协调性两种模式。其中，协调性的集体行动是多个主体通过合作的方式创造新组织的动员过程，使集体行动获得新的可能意义与身份的建构过程；非协调性的集体行动是不确定的，结果依赖于多重参与者的正反作用力的过程。此外，多拉多（2005）、米桑依等（2008）主要是从能动性、资源利用等维度研究制度变革的集体行动，在界定集体行动不同模式的特征和概念化过程中，我们借鉴了多拉多（2005）基于行动主体的能动性和资源利用维度引发集体性制度变革的整体研究框架，对集体行动的能动性和资源利用构念内涵及特征进行定义。

能动性是驱动组织和个人的行为偏离主导行为模式的创造性（Emirbayer and Mische，1998）。多拉多（2005）归纳了能动性的三种类型：一种是惯常能动性，这是面向过去的行为主体根据旧的制度逻辑和行为方式的驱动因素；二是意义建构能动性，这是面向当下的行为主体在不确定的场域条件下，通过主观理解，对情境赋义，建构框架，降低不确定性来形成确定行动情境的驱动方式；三是策略能动性，这是面向未来的行动主体为获得某个市场或某种利益主动设计未来的驱动因素。

资源利用是指资源的调动和利用，制度逻辑的演化有赖于多种方式的资源调动和利用（Levy and Scully，2007；Misangyi et al.，2008；Battilana et al.，2009），多拉多（2005）归纳了资源利用的三种类型：一是杠杆化利用，这是行动者由于自身资源不足，从其他重要的利益相关者那里争取资源以支持自己新设立的制度框架；二是积累，这是一个或多个行动主体通过自身积累投入相关资源的方式，是一种资源的物理性累积；三是聚集，由于某些复杂的社会问题不能只依赖单一的行动者，而是需要行动者之间进行多层面的合作，多个主体主动将各方的资源汇集聚合并相互发生作用，推动整体性的社会变革。

（三）制度逻辑的相关构念

我们参考劳恩斯伯里和克拉姆利（2007）与雷伊和希宁斯（2009）等的定义，把制度逻辑界定为形塑场域组织行为的原则，是一整套的价值体系和相联系的行为，是塑造组织场域内行动者的认知及其行为的所有文化信仰和规制（Thornton，2002；Thornton，2004；Lounsbury and Crumley，2007；杜运周与尤树洋，2013；猴倩雯与蔡宁，2015）。每个基本的制度逻辑都对社会生活的一个特定的制度场域提供了一系列一致的组织行为准则，用以规范场域内组织和个体的行为实践和规则。

二、核心构念的编码过程

遵循探索式研究方法的编码思路，采用开放式编码对案例的数据进行分析（Yin，1994；谢康等，2016）。在数据编码过程中，首先，编码成员以时间为顺序，对行动者的所有行动进行初步编码（吕力，2014），案例数据来源编码规则详见表 9 – 1。其次，根据专车案例的阶段划分，将集体行动进行概念化，对主构念、子构念以及构念之间的逻辑关系进行识别，并清晰界定主构念、子构念以及构念的场景化定义对照规则，详见表 9 – 3。再次，根据构念场景化定义对照规则，得到关于集体行动的 205 条一级条目，并运用构念场景化定义对照规则对一级条目进行构念试炼、比较和验证。对构念场景化定义对照规则进行了微调，并确定对照规则的可执行性。最后，3 人背靠背进行二级条目编码。在编码过程中，当遇到编码结果不一致的地方，3 名编码人员通过反复讨论，直到意见统一。最终，得到二级条目编码 181 条，识别出案例中各阶段组织行动主体集体行动模式的特征。

表 9 – 3　　　　　　　　　　　构念的场景化定义对照规则

特征	主构念	子构念	场景的概念化定义
集体行动特征：（1）资源利用	资源杠杆	联盟者动员	找寻联盟者开展合作
		资本调用	获取金融资源
		技术撬动	通过新技术或技术手段杠杆化利用竞争性资源
		服务撬动	通过创新服务杠杆化利用竞争性资源
		政治技能	利用管理创新手段杠杆化利用资源
	资源积累	资源带入	将原有的资源引入
		资源深化	在既有模式下竞争性资源的积累
		用户累积	用户资源积累
		资源保留	保持资源不流失

续表

特征	主构念	子构念	场景的概念化定义
集体行动特征：（1）资源利用	资源聚集	资源转用	将资源转化使用
		资源限制	控制资源的总量
		构造联盟	建立可持续联盟
		用户聚集	用新服务聚集用户资源
		资源拓展	发布新产品吸引资源进行积累
		资源融入	新的资源引入、整合并加以利用
		用户反向聚集	开展竞争性手段反促使用户向对手方向聚集
		偶像效应	利用偶像引起资源聚集的效应
集体行动特征：（2）能动性	惯常型能动性	变异抵制	用特定行为捍卫原有的行动方式或抵制新生变异逻辑
		惯例遵循	沿袭既有的思维方式和行动模式
	意义建构型能动性	对手压制	利用竞争性手段压制对手力量
		身份界定	清晰地界定某种事物的性质
		路径铺设	进入新的市场谋求发展
		实践界定	划定实践的边界
		质疑澄清	面对质疑进行澄清
		实践破冰	开拓性的实践和行动尝试
		图景预设	对发展愿景、目标的预期和构想
		理念固化	将创新的经营理念转化为创新产品、创新服务和创新模式
		竞争跟随	同步开展竞争性行为
		行动约束	对行动进行约束和限制
	策略型能动性	话语策略	通过开放式话语渠道表达意见
		制度期盼	盼望制度完善或者新的制度出台
		政策响应	制定政策法规和规范
		策略转向	调整策略方向
		政策建议	对政策提出意见和建议
		差异竞争	实施差异化竞争策略
		路径预想	对发展路径进行规划
		标准制定	制定行业标准

第四节　案例简介

本章的纵向案例研究对象是出租服务场域，根据文件《国务院办公厅关于深化改革推进出租汽车行业健康发展的指导意见》中对出租服务的定义，出租汽车是城市综合交通运输体系的组成部分，是城市公共交通的补充，为社会公众提供个性化运输服务。出租服务主要包括巡游、网络预约等方式。要统筹发展巡游出租汽车（以下简称出租车）和网络预约出租汽车（以下简称专车），实行错位发展和差异化经营，为社会公众提供品质化、多样化的运输服务。

所谓专车，又称为网络预约出租汽车，根据交通运输部等七部门发文《网络预约出租汽车经营服务管理暂行办法》的定义，是指以互联网技术为依托构建服务平台，整合供需信息，使用符合条件的车辆和驾驶员，提供非巡游的预约出租服务的经营活动。网络预约出租汽车经营者（以下称专车平台），是指构建网络服务平台，从事网约车经营服务的企业法人[①]。而根据艾瑞咨询报告的定义，互联网专车是整合利用社会闲置优质车辆资源和驾驶员，通过互联网、移动互联网平台等方式预约或即时预定，帮助自己或他人实现高效率位移的一种创新性出行服务[②]。相关监管部门、媒体也有将专车称为网约车、网络预约出租汽车等，在本案例中均指专车。

所谓出租车，又称为"巡游出租汽车"，根据交通运输部发布的文件《巡游出租汽车经营服务管理规定》[③]，是指可在道路上巡游揽客、站点候客，喷涂、安装出租汽车标识，以七座及以下乘用车和驾驶劳务为乘客提供出行服务，并按照乘客意愿行驶，根据行驶里程和时间计费的经营活动。

在专车平台企业成立以前，出租服务行业只有出租车。2010 年，易到用车成立，这是国内最早成立的专车企业，创业初期，主要拉拢的是那些去五星级酒店拉生意的司机和车辆，靠为这群相对高端的车辆提供愿意支付高额车资的顾客，来获得对方的认同和合作。2014 年初，Uber 进入了中

---

① 交通运输部定义源自《网络预约出租汽车经营服务管理暂行办法》（2016 年 7 月 27 日发布）第二条。

② 该定义源自艾瑞咨询报告《2014 年中国智能用车市场研究报告》。

③ 定义源自《巡游出租汽车经营服务管理规定》（2016 年 8 月 26 日发布）第五十二条。

国市场，中文名为"优步"，进入之初，Uber 提供的主要是奥迪这样的豪华车，价格是出租车的数倍。2014 年 7 月，快的打车"一号专车"正式运营，8 月，滴滴宣布推出定位于中高端的新业务品牌滴滴专车，之前，滴滴打车和快的打车在出租车市场展开了激烈的补贴战，两个软件下载量都过亿。易到用车在 8 月宣布开始跟百度地图合作，百度地图上新增"专车"选项，专车的供应商就是易到用车。此后的 9 月，易到用车宣布完成据称超过 1 亿美元第三轮的融资。12 月 17 日，百度与 Uber 在北京签署战略合作及投资协议，Uber 宣布接受百度的战略投资，双方达成全球范围内的战略合作伙伴关系。协议签订后，百度和 Uber 将在技术创新、开拓国际化市场、拓展中国 O2O 服务 3 个方面展开合作。

资本裹挟下的互联网专车已经诱发了前所未有的连锁反应：媒体、投资人关注，用户、司机利益相关，而政府监管部门也给予了前所未有的关照。继北京宣布打车软件推出的专车服务非法之后，广州也宣布跟进，公布私租车"涉嫌非法营运，将依法严厉打击"。2015 年 1 月 8 日，交通运输部为专车定性为合法但禁止私家车参与运营。

面对专车非法质疑，滴滴、快的、易到等企业积极辩解其业务模式的安全性和合法性。快的打车宣布旗下的"一号专车"将成立 1 亿元的乘客先行赔付基金，并和中国平安保险公司共同达成责任人责任险合作框架，使用专车服务的乘客如在营运过程中发生保险事故，由该基金先行给付赔偿。滴滴等企业也均成立了先行赔付基金。

2015 年 2 月 14 日，在投资人的极力撮合下，滴滴打车和快的打车两家公司宣布合并，双方将组成一家公司共同拓展打车市场。

虽然多地对专车仍采取"围剿"，但在上海、义乌等地开始为专车正名。上海市交通委员会在 2015 年 5 月宣布与滴滴公司联手成立专门工作组，制订专车试点方案，经过了 2 个多月的酝酿，上海专车管理方案即将出炉，只待交通运输部的批准审核。

2015 年 7 月底，交通运输部相关人士对外表示，涉及互联网专车与出租车的改革制度——网络约租车管理办法和出租车改革方案已经起草完成，不久将向社会公开征集意见。这两项改革制度一旦出台，这对专车而言，其合法性身份问题将得到解决；对出租车行业来说，也是转型升级的好机会。2015 年 10 月 10 日，交通运输部正式发布《关于深化改革进一步推进出租汽车行业健康发展的指导意见（征求意见稿）》和《网络预约出租汽车经营服务管理暂行办法（征求意见稿）》。2015 年 12 月 30 日，杭州市出台了《杭州市人民政府关于深化出租汽车行业改革的指导意见》，对出租车实行经营权无偿使用，正式放弃了出租车"特许经营"的规定。2016 年 7 月 28 日，国务院办公厅出台了《关于深化改革推进出租汽车行业健康发展的指导意见》，管理原则明确"促进巡游出租汽车转型升级，规范网络预约出租汽车经营"；同时规定对新增出租汽车经营权全部实行无偿使用。同时交通运输部、工业和信息化部、公安部、商务部、工商总局、质检总局、国家网信办 7 个部门出台了《网络预约出租汽车经营服务管理暂行办法》，明确新政于 11 月 1 日起实施。2016 年 9 月 9 日，交通运输部公布了《出租汽车驾驶员从业资格管理规定》和《巡游出租汽车经营服务管理规定》，作为出租车、网约车新政的配套政策。

2016 年 10 月 8 日，北京等四地发布《网络预约出租汽车经营服务管理暂行办法（征求意见稿）》；2016 年 12 月 21 日，北京、上海、广州等地交通委正式发布《网络预约出租汽车经营服务管理实施细则》；2017 年 3 月 17 日，据交通运输部发布，北京、天津、上海、重庆等 73 个城市的网约车管理实施细则已正式发布，在中央统一的框架性管理办法下，各地方进一步细化和明确了专车的规范化管理细则。

根据制度逻辑演化研究的相关理论，场域内不同制度逻辑之间会存在重叠、冲突、替代/互补等不同状态。在出行行业，这两种不同租车制度逻辑之间主要经历了三个发展阶段：第一阶段，定制化、高品质租车市场的需求促发了易到专车模式局部创业的成功，并促成了新的专车制度逻辑的出现，但由于专车服务对原有出租车特许经营市场几乎不构成竞争，因此两种制度逻辑处于一种相互分离的状态。第二阶段，随着众多租车平台的加入和专车服务市场范围的不断拓展，专车出行这一新的制度逻辑逐渐从租车市场组织场域的边缘走向场域中心，并和租车市场中占据主导地位的出租车特许经营制度逻辑出现了重叠和渗透，引发了两种逻辑之间的激烈冲突。第三阶段，在专车、出租车以及其他利益相关者的多方博弈下，从中央到地方政府相关部门都陆续出台了出租车、专车管理改革方案，规范了我国租车市场出租车和专车的营运制度规范体系，从而实现了专车制度逻辑和出租车特许经营制度逻辑的共存状态。

因此，在后续的分析过程中，我们将根据这三个阶段的划分，对场域结构特征、集体行动模式与制度逻辑的演化特征分别进行详细的研究，其中第一阶段主要体现为机会涌现、协调性的集体行动模式与制度逻辑的分离，第二阶段主要体现为机会模糊、非协调性的集体行动模式与制度逻辑的冲突，第三阶段主要体现为机会沉没、再协调性的集体行动模式与制度逻辑的共存，下面第十、第十一、第十二章3章我们将分别就各阶段演化过程进行详细分析。

下面在图9-1中，我们展示了专车服务场域发展过程中的部分代表性集体行动和制度逻辑的演化过程。

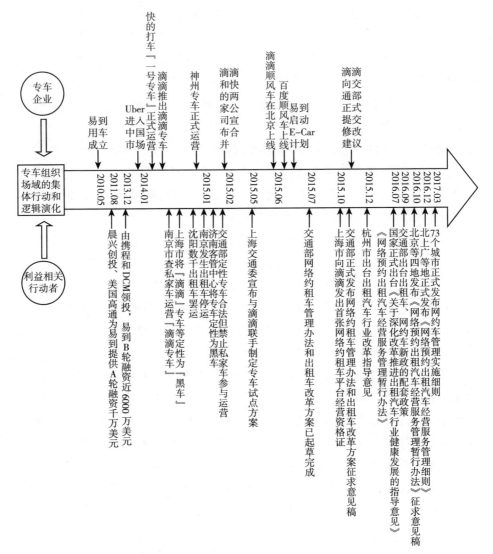

图9-1 专车组织场域发展过程中的部分代表性集体行动和制度逻辑演化过程
资料来源：笔者整理。

第十章　机会涌现、协调性的集体行动模式与制度逻辑的分离

第一阶段，定制化、高品质租车市场的需求促发了易到专车模式局部创业的成功，并促成了新的专车制度逻辑的出现，但由于专车服务主要面对定制化的高端需求乘客，对原有出租车特许经营市场几乎不构成竞争，因此两种制度逻辑处于一种相互分离的状态。

在这一阶段，制度逻辑的演化是如何发生的？场域的结构特征如何？多主体行动者采取了什么类型的集体行动？该阶段的场域结构特征和集体行动怎样影响了制度逻辑的演化？这是我们高度关注的问题，也是需要通过详细的案例分析进行深入剖析的。

本章主要内容结构安排如下：首先，分析第一阶段组织场域的结构特征，以及场域特征与专车服务市场的机会特征的关系；其次，描述第一阶段多主体的集体行动特征，概括集体行动模式；再次，分析第一阶段制度逻辑的演化特征，以及集体行动如何影响制度逻辑的演化过程；最后，提出研究结论，剖析第一阶段组织场域的结构特征、集体行动模式及制度逻辑演化之间的关系。

第一节　组织场域的结构与制度机会涌现

一、场域的结构特征

(一) 第一阶段出租服务场域的案例描述

一直以来，"打车难"是许多大城市的通病。随着经济社会和城市建设的发展，交通出行需求迅猛增长，出租车出行供需矛盾的问题日益突出。

我国对出租车行业实行特许经营权制度、数量管控和价格管控制度，但随着需求的不断增加，供求矛盾在一、二线城市越来越突出。总而言之，

155

出租车打车困难、司机态度不佳、车内环境不佳是出行领域的突出问题，一直没有得到有效解决。

2009年，易到创始人做市场调查，发现出租车和租车行业都是一个非常"凄惨"的行业。他看到了司机和租车公司的双重机会：建立一个信息平台，把租车公司难以利用的碎片时间最大化使用，在车辆闲置时提供给租赁公司冗余的订单。

此外，在公务用车环境下，如接送贵宾、机场往返、加班晚归、火车站往返等公务出行领域，特别是高端公务出行和机场往返的企业客户，对于出行的车辆环境、服务等有着更为高端化和定制化的需求。

（二）第一阶段出行领域出租车和租车行业的场域特征比较

通过案例中对场域特征的分析，我们对出行领域内出租车和租车行业的场域情境进行了详细分析，从行业管制、供需情况、客户群体、服务水平、车内环境、服务模式、司机收入障碍等角度进行了比较研究，如表10-1所示。

表 10-1　　　　出租服务场域出租车行业和租车行业特征比较

场域情境	典型证据	出租车行业特征	典型证据	租车行业特征
行业管制	我国对出租车行业实行特许经营权制度、数量管控和价格管控制度	特许经营、数量和价格管控	这（租车公司）趋近于一种封闭的作坊式经营，甚至5个人50台车，几乎就可以支撑一个租车公司，中国有上万个这种小型租车公司。北京、上海等城市由于实行严格的车辆拍照管制，有一定局限	非特许经营、无数量和价格管控，主要城市车牌限制
供需情况	出租车出行供需矛盾日益突出，运营车辆、载客量和运营里程的增幅都很小	供给严重不足	传统的租车公司只能提供周期较长的租车服务，通常是按照年租和月租进行，租车公司车辆使用效率不足50%	车辆冗余、使用效率低
客户群体	—	普通人群	租车公司的司机主要要去五星级酒店或旅行社拉生意，向这些愿意支付高额车资的顾客提供服务	企业客户、商务人士、高端客户

续表

场域情境	典型证据	出租车行业特征	典型证据	租车行业特征
服务水平	出租车拒载现象在全国很多城市都屡见不鲜，在多个城市出租车拒载、议价等现象较严重。此外，在出行高峰或人口密集的区域，有时为了打到一辆车，乘客常常需要忍受司机挑活儿、态度恶劣，甚至"被拼车""被加价"等情景，司机"抢时间"的高速驾驶习惯、乏善可陈的服务态度也让很多乘客饱受困扰	较差	租车公司提供相对高端的车辆和服务	态度较好
车内环境	一进车里常常就能闻见的烟熏味、一些司机几天不洗澡发出的体臭味和污秽的座椅	较差	租车公司提供相对高端的车辆和服务	高端车辆，环境较好
服务模式	乘客打车主要在路边招手	马路招手、一般无须预约	传统的租车公司只能提供周期较长的租车服务，通常是按照年租和月租进行。租车公司最好跟企业签个一年期合约；即使散租，也需要提前几天预约用车	至少提前几天预约
司机收入障碍	出租车公司每个月收5000元的份子费，出租车司机从早上一睁眼就需要想到自己几百元的份子钱是否能够赚回来，他们每天工作18~20个小时，甚至睡在车上，不敢生病，因为生病一天就贴进去一天份子费	需向出租车公司缴纳份子钱	租车行业同样如此，司机每天的工作是去酒店的各大礼宾部递名片，求着旅行社给他们拉订单。通常，酒店和旅行社的账期很长，偶尔会拖上一年半载，因为订单少，所以司机们常常为了能拉到活儿而忍辱负重	订单少、账期长
主要问题	广大用户出行中普遍反映"打车难""打车贵"	打车难、打车贵、服务差	传统的租车公司只能提供周期较长的租车服务，通常是按照年租和月租进行，租车公司车辆使用效率不足50%	客户资源不足、车辆利用率不高
高端需求	不仅是找一个代步工具，满足"可以出行就好了"，更是期望达到舒适、高端、豪华、"有面子""拿得出手"等出行体验。而这些体验，目前大部分的出租车显然难以实现	高端化、定制化的出行服务无法满足需求	高端公务出行和机场往返的企业客户，对于出行的车辆环境、服务等有着更为高端化和定制化的需求	公务用车乘客的高端需求

资料来源：笔者整理。

由表 10 – 1 可见，出租服务场域结构呈现了如下特征。

（1）行业管制。案例显示，我国对出租车行业实行特许经营权制度、数量管控和价格管控制度，因此出租车行业的进入门槛比较高。相比之下，租车行业的进入门槛比较低，租车行业不实行特许经营权制度、数量管控和价格管控制度，趋近于一种封闭的作坊式经营，甚至 5 个人 50 台车，几乎就可以支撑一个租车公司，中国有上万个这种小型租车公司。

（2）供需情况。案例显示，出租车出行供需矛盾日益突出，运营车辆、载客量和运营里程的增幅都很小，出租车供给严重不足；传统的租车公司只能提供周期较长的租车服务，通常是按照年租和月租进行，租车公司车辆使用效率不足 50%，租车行业车辆冗余、使用效率低。

（3）客户群体。案例显示，出租车的客户群体以普通打车客户为主，租车行业的目标客户群是企业客户、商务人士、高端客户，租车公司的司机主要去五星级酒店或旅行社拉生意，向这些愿意支付高额车资的顾客提供服务。

（4）服务水平。案例显示，出租车的服务质量较差，出租车拒载现象在全国很多城市都屡见不鲜，在多个城市出租车拒载、议价等现象较严重。此外，在出行高峰或人口密集的区域，有时为了打到一辆车，乘客常常需要忍受司机挑活儿、态度恶劣，甚至"被拼车""被加价"等情景，司机"抢时间"的高速驾驶习惯、乏善可陈的服务态度也让很多乘客饱受困扰。相比之下，租车行业能提供相对高端的车辆和服务。

（5）车内环境。案例显示，出租车车内环境较差，一进车里常常就能闻见的烟熏味、一些司机几天不洗澡发出的体臭味和污秽的座椅，相比之下，租车车辆的环境较好。

（6）服务模式。案例显示，出租车无须预约，乘客打车主要在路边招手，而租车则需要提前预约，租车公司只能提供周期较长的租车服务，通常是按照年租和月租进行。租车公司最好跟企业签个一年期合约；即使散租，也需要提前几天预约用车。

（7）司机收入障碍。案例显示，出租车和租车司机的收入均不高，出租车公司每个月收 5000 元的份子费，出租车司机从早上一睁眼就需要想到自己几百元的份子钱是否能够赚回来，他们每天工作 18～20 个小时，甚至睡在车上，不敢生病，因为生病一天就贴进去一天份子费。租车行业同样如此，司机每天的工作是去酒店的各大礼宾部递名片，求着旅行社给他们拉订单。通常，酒店和旅行社的账期很长，偶尔会拖上一年半载，因为订单少，所以司机们常常为了能拉到活而忍辱负重。

（8）主要问题。案例显示，出租车行业的主要问题是供需严重不足，广大用户出行中普遍反映"打车难""打车贵"，而租车行业的主要问题是客户资源不足、车辆利用率不高，传统的租车公司只能提供周期较长的租车服务，通常是按照年租和月租进行，租车公司车辆使用效率不足50%。

（9）高端需求。案例显示，无论是出租车还是租车用户，客户对于高端化、定制化的服务均有较大的需求。不少出租车的客户，不仅是找一个代步工具，满足"可以出行就好了"，更是期望达到舒适、高端、豪华、"有面子""拿得出手"等出行体验。而这些体验，目前大部分的出租车显然难以实现；而高端公务出行和机场往返的企业客户，对于出行的车辆环境、服务等有着更为高端化和定制化的需求。

二、组织场域结构与专车服务市场的机会涌现

（一）第一阶段组织场域结构的制度化程度和多重性水平分析

分析出租服务领域的场域结构特征，我们发现，出租车是打车出行的主要方式，我国对出租车行业实行特许经营权制度、数量管控和价格管控制度，出租车出行供需矛盾日益突出，运营车辆、载客量和运营里程的增幅都很小，整体供给远低于需求，打车出行领域的突出问题是"打车难""打车贵"，略显肮脏的车内环境、乏善可陈的服务态度也让很多乘客饱受困扰，但同时，在出行领域的租车行业，由于受限于原有租车行业以五星级酒店和旅行社为主要目标客户群体，提供周期较长的租车服务模式，租车行业并不是打车出行的主要交通方式，但租车行业对出租车行业具有很好的补充，这充分表现在两者的客户群体、服务水平、行业管制、车辆环境和服务模式等多个方面，使得场域的结构特征呈现了中等的制度化程度和多重性程度。

（1）场域的制度化程度。虽然我国出租车行业存在特许经营、数量和价格管控，这使得出租车行业的进入门槛很高，但租车行业不存在特许经营、数量和价格管控，只是在国内主要城市受到车辆牌照管制限制，因此整体来说，出行领域的制度化程度中等，场域的制度化程度对行动主体具

有中等强度的约束。

（2）场域的多样性特征。出租车和租车行业在客户群体、服务模式上有着明显差异化的对比，出租车行业主要面向普通打车客户群体，服务水平和服务环境均较差，租车行业主要面向五星级酒店和旅行社用户，提供较为高端的车辆和高水平的服务，相比出租车的巡游服务和马路招停模式，租车行业以年租和月租为主，即使散租，也需要提前几天预约用车，两者在服务上的对比和差异，使得场域呈现出中等的多重性水平，行动主体有一定的弹性，能够接触到更优的制度安排。

（二）出租服务领域的场域结构特征和专车服务市场的机会涌现

通过对案例中出租车行业和租车行业的分析比较，我们研究了出行领域的场域结构特征和专车服务市场的机会，具体详见表10-2。

表10-2　　　　　　出租服务领域场域结构特征与专车服务市场机会
涌现的案例分析及结论

项目		案例分析		结论	
	情境	出租车行业特征	租车行业特征	制度化程度	多重性程度
场域结构特征	行业管制	特许经营、数量和价格管控	非特许经营、无数量和价格管控，国内主要城市车辆牌照管制	中等 出租车行业管控严格，租车行业管控相对宽松	—
	客户群体	普通人群	企业客户、商务人士、高端客户	—	中等 既有普通群体，也有高端客户
	服务水平	较差	态度较好	—	中等 出租车服务质量较差，租车能提供较为高端的服务
	车内环境	较差	高端车辆，环境较好	—	中等 出租车环境较差，租车车辆环境较好
	服务模式	马路招手，一般无须预约	至少提前几天预约	—	中等 可预约也可不预约

续表

项目		案例分析		结论	
场域现状及制度机会	情境	出租车行业特征	租车行业特征	出租场域的现状	专车服务市场的机会
	车辆供给	供给严重不足，打车难	车辆冗余、使用效率低	出行领域供需矛盾日益突出，出行供给量远远满足不了需求量	对接打车客户需求，增加车辆供给
	高端服务	环境差、服务差	车辆利用率不高，只能满足部分旅行社和五星酒店客户	高端化、定制化的出行服务无法满足需求	提供高端化、定制化的打车出行服务
	制度监管	管制严格	管制相对宽松	出租车管制严格，租车相对宽松	可通过租车行业降低出租服务场域进入的制度门槛

资料来源：笔者整理。

分析在第一阶段的出行领域的机会特征，我们发现，出行领域供需矛盾日益突出。一方面，在出租车特许经营模式下，出租车数量受到严格管控，出租车整体供给远低于需求，广大用户出行中普遍的反映是"打车难""打车贵"；另一方面，传统的租车公司只能提供周期较长的租车服务，通常是按照年租和月租进行，租车公司车辆使用效率不足 50%。此外，高端化、定制化的出行服务更是远远满足不了需求，出行领域以出租车为主，普通出租车的服务和车内环境远远满足不了高端客户的需求，虽然租车公司能部分提供面向商务和高端客户的服务和环境，但是由于租车公司车辆使用效率低，也无法满足较多的高端客户的需求。

比较该阶段整个组织场域的结构特征和场域的机会特征（详见图 10-1），我们发现，打车出行领域的整体供给远低于需求，出行领域供需矛盾日益突出，尤其是面向高端群体需求的出行服务空缺，传统出租车只能提供面向大众的打车服务，未能有效满足高端消费者的打车需求。同时，虽然出租车行业受到特许经营的制度化约束而表现出较高的制度化程度，但租车行业不存在类似的经营权管制、数量管制和价格管制，只是国内主要城市有车辆牌照管制，相比之下租车行业的制度化程度比较低，由于租车行业的互补，出行领域的组织场域特征呈现出中等的制度化程度和多样性程度，此时行动主体有一定的弹性，能够接触到更优的制度安排，面向高端客户群体的专车市场服务机会涌现。

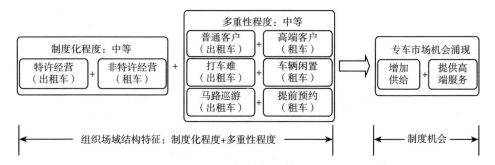

图 10 - 1　组织场域结构特征与专车服务市场的机会涌现

第二节　专车服务市场的协调性集体行动模式

一、第一阶段场域的集体行动特征

（一）第一阶段专车服务市场集体行动的案例描述

2010 年 5 月，易到用车成立，这是国内最早成立，也是发展初期国内唯一的专车企业，易到起家于改变传统租赁公司低效率的运转模式，将需要提前几天预订的车辆变得可以实时预订。

2011 年，晨兴创投、美国高通风险投资给了易到千万级美元的 A 轮融资。当时的易到更看中企业商务用车的商机，定位为 B2B 的易到四处扩张、打广告，以吸引汽车租赁公司、用车者的注意。2011 年 2 月，易到用车网新版网站正式上线。2012 年，易到营业收入较 2011 年翻了 2.75 倍，同时也成为风投们的宠儿。2013 年 4 月，宽带资本给了易到 1 亿元人民币的 B 轮融资；到 2013 年 12 月，携程和 DCM 领投对易到用车进行了融资金额约为 6000 万美元的 C 轮融资。2013 年底，易到用车宣布跟长于商旅市场的携程合作，推出接送机服务，后来又和去哪儿网达成战略合作。到 2013 年底、2014 年初，易到用车管理的司机已达到 50000 名，活跃用户超过 200 万。2013 年底，易到用车的平均客单价超过 200 元。它上面最便宜的车型，也要收 1 小时 30 元及每公里 3 元的费用，通常一单下来，价格是出租车的 2 倍，易到用车则每单收 20% 的信息服务费。[①]

---

① 资料来源：《经济参考报》，2016 年 5 月 3 日。

（二）第一阶段集体行动特征的编码分析

通过对该阶段场域中相关主体的行动进行编码分析（见表 10 - 3），我们对相关行动者的资源利用和能动性行动特征进行了详细分析。

表 10 - 3　第一阶段集体行动模式主要特征的典型引用举例及编码结果

特征	主构念	子构念	关键词	部分代表性数据引用	行动主体	来源
集体行动特征：（1）资源利用	资源杠杆	联盟者动员	与车辆租赁公司合作	2011 年……据周航说，像南方创业这样超过 300 辆车的租赁公司全国不超过 20 家……周航选择了与他们合作……由用车网的系统来调配……	ZC	PP
		资本调用	获取金融资源	2011 年，成立约一周年的易到拿到了晨兴创投的 A 轮融资……	ZC&PA	WR
		技术撬动	利用新技术吸引司机	……2011 年，智能手机在中国还未普及……易到给司机发放一个带有 GPS 的小盒子以对司机进行定位，易到根据这个定位来派单……	ZC	ZWP
		服务撬动	创新服务利用供应链资源	没有一辆车、没有一个司机，但却可以做到用户拨打电话即可下单，一个小时即响应，每辆车都提供配驾……	ZC	PP
		政治技能	规避政策风险，发展车主资源	……易到采取私家车主加盟的形式发展。为了规避政策风险，车主将车辆挂靠在租赁公司，车主本人挂靠在劳务公司，易到用车通过双方进行租赁……	ZC	WR
集体行动特征：（2）能动性	意义建构型能动性	身份界定	易到通过服务吸引高端商务群体	……易到能提供给乘客尊贵感和私密感，例如，司机可能会像私人助理那样，主动为赶早班飞机的老顾客买早餐……倍有面儿……	ZC	PP
		路径铺设	易到进入专车行业	2010 年 5 月，周航跳入之前完全不熟悉的专车行业，创办易到用车网……	ZC	PP

续表

特征	主构念	子构念	关键词	部分代表性数据引用	行动主体	来源
集体行动特征：(2) 能动性	意义建构型能动性	图景预设	对目标市场的预设	……安装 1000 台交互终端的数字相对周航心中的目标市场还是相差甚远……他计划在 2011 年实现可调配车辆 1 万辆，在上海、广州、深圳以及两个二线城市开展业务……	ZC	ZWP
		理念固化	将创新经营理念固化为产品	……易到 CEO 周航介绍，为了让用户感觉租用方便、灵活……让用户心里舒服……用车网整合到旗下可调用的车辆有 800 辆，分豪华、商务等五大类，全部陪驾……	ZC	ZWP

注：行动主体代码如下：专车平台 ZC，消费者 CS，其他 PA，出租车 TX，中央政府 CG，地方政府 LG。复合行动主体代码编制，例如，专车平台和出租车 ZC&TX，下同。

通过分析第一阶段场域相关行动主体的能动性和资源利用特征，我们一共获得了 40 条编码，其中关于能动性的编码有 13 条，关于资源利用的编码有 27 条，具体如下所述。

（1）能动性特征。第一阶段的能动性特征编码显示，有 12 条编码是"意义建构型"能动性，1 条为"策略型"能动性。12 条"意义建构型"能动性中，6 条是"身份界定"，涉及对高端客户的定位、专车面向高端客户提供的差异化服务、专车模式的差异化、吸引高端客户群体等；3 条为"图景预设"，涉及对目标市场的预设、专车模式的预设、对发展图景的预设；2 条为"理念固化"，涉及将创新理念固化为产品和将创新理念固化为服务；1 条为"路径铺设"，涉及易到进入专车行业。根据上述能动性的编码，我们可以发现，在第一阶段，行动主体主要采取的是"意义建构"型能动性，通过"路径铺设""身份界定""图景预设""理念固化"等意义建构型能动性发挥，拓展了专车发展的新模式。

（2）资源利用特征。第一阶段的资源利用特征编码显示，有 25 条编码是"杠杆化"资源利用模式，有 2 条编码是"积累型"资源利用模式，1 条编码是"聚集型"资源利用模式。25 条"杠杆化"资源利用模式中，有 7 条是"联盟者动员"，涉及易到在拓展专车发展新模式之初，与车辆租赁公司合作、与融资租赁公司合作、组合分散车辆资源，提升专车司机待遇吸引司机加盟、以硬件吸引司机加盟、完善流程吸引司机加盟、寻找合作伙伴等；有 4 条是"资本调用"，涉及易到在发展专车新模式时获取金融资源、金融资本为易到提供融资服务等；有 9 条是"技术撬动"，涉及易到利用新技术提升调度水平、利用新技术吸引司机、用技术对接各类资源，用新技术撬动用户资源、利用技术获取供应链资源等；有 4 条是"服务撬动"，涉及高端服务吸引用户、创新管理机制优化运营、创新利用供应链资源、撬动各方资源支持专车模式等；有 1 条为"政治技能"，涉及规避政策风险发展车主资源。根据上述资源利用的编码，我们可以发现，在第一阶段，行动主体主要采取的是"杠杆化"的资源利用模式，通过"联盟者动员""资本调用""技术撬动""服务撬动""政治技能"等杠杆化资源利用模式，充分调用各方利益相关者的资源，服务于发展专车新模式。

二、协调性的集体行动模式

通过对第一阶段行动者集体行动特征的编码分析，我们发现第一阶段的集体行动，从资源利用的模式来看，集体行动者主要采用了"杠杆化"的资源利用模式；而从能动性来看，主要采取了"意义建构"型的能动性策略。对第一阶段的集体行动编码得到了如下结果。

专车平台易到在变革过程中通过对主要的利益相关者开展"理念固化""身份界定""图景预设""路径铺设"等意义建构式的能动性建构，专车企业易到通过预设目标市场、设计新的发展模式、构想发展图景，将创新经营理念固化为创新服务和创新产品，以租车市场切入专车出行服务领域，进入专车服务市场，设计了面向高端客户群体的差异化的服务模式，通过吸引司机和租车公司的加盟，吸引高端商务客户群体，吸引风投资本支持新商业模式，成功地构建了专车服务的新制度逻辑。

专车平台易到在变革过程中实施了"技术撬动""资本调用""政治技能""联盟者动员""服务撬动"等杠杆化资源调用方式，易到通过提升专车司机的待遇、提供硬件、完善流程支持吸引司机加盟，用技术手段撬动用户资源、调用供应链资源，获取和对接了司机、消费者以及金融资本、供应链资源等其他重要利益相关者的资源，进行了广泛的联盟者动员，杠杆化地调用各方利益相关者的资源以支持新的制度逻辑。

因此，在这一阶段，行动主体及其支持者的集体行动主要呈现出鲜明的"意义建构"的能动性和"杠杆化"的资源调用特征。一方面，以专车

平台易到为首的制度行动者动员租车公司、司机、消费者、其他利益相关
者等众多行动主体，通过预设目标市场、设计新的发展模式、构想发展图
景，将创新经营理念固化为创新服务和创新产品，以租车市场切入专车出
行服务领域，设计了面向高端客户群体的差异化服务模式，进入专车服务
市场。行动过程中，所有的行动主体都具有相同的制度目标，并能从专车
服务这种新模式中获益，例如，专车平台获得投资、消费者满足高端租车
需求、司机收入提高，此时多行动主体的能动性策略均表现为"意义建构"
型能动性。另一方面，易到平台用技术手段撬动用户资源、调用供应链资
源、成功对接各类资源，获取和对接了司机、消费者以及金融资本、供应
链资源等其他重要利益相关者的资源，进行了广泛的联盟者动员以支持专
车服务的新模式，此时，各行动主体主要采用了"杠杆化"的资源利用策
略，我们将这一过程绘制如图 10 - 2 所示。

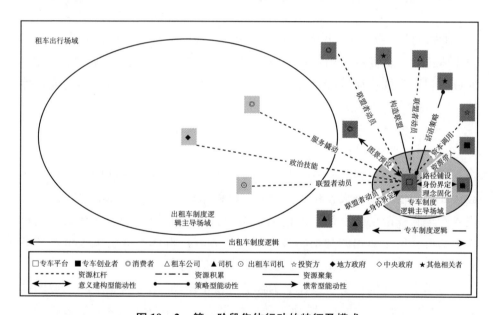

图 10 - 2　第一阶段集体行动的特征及模式

　　由图 10 - 2 可知，在第一阶段，多个行动主体的能动性策略均表现为
"意义建构"型能动性，多个行动主体的资源利用目标一致，主要采用了
"杠杆化"的资源利用策略支持专车服务的新模式，在这一阶段，多主体的
能动性策略一致，资源利用目标一致，此时集体行动所表现出来的是一种
协调性的集体行动模式。

第三节　协调性的集体行动模式与出租服务场域的 制度逻辑分离

一、出租服务场域制度逻辑的分离

纵观该阶段整个组织场域制度逻辑演化的过程，我们发现，一开始，出租服务场域的制度逻辑是出租车的特许经营为主导的制度逻辑，在易到为代表的众多集体行动者以租车市场切入专车领域后，促成了专车这一新的制度逻辑在局部范围形成，并与原有出租车制度逻辑分离并存。

（一）出租车特许经营成为出租服务场域的主导制度逻辑

1. 出租车特许经营的形成背景

我国出租汽车行业诞生于 20 世纪 70 年代末，80 年代初城市只有少量出租汽车，允许自由发展；90 年代开始出租车行业飞速发展，各地开始出台出租车数量管制控制发展。公共交通的紧缺与局限，为出租车行业提供了发展空间，而较为宽松的管制政策，更是为其发展提供了制度空间。然而，伴随城市出租车市场规模爆炸式增长而来的，是缺乏规划的、非理性的车辆规模在超过城市承载力之后，引发了市场恶性竞争、交通堵塞等多重负面影响。90 年代末，建设部、公安部联合发布《城市出租汽车管理办法》，实行"统一管理、合法经营、公平竞争的原则"，推出了出租车经营权有偿使用的政策，要求出租车公司化发展，不允许个人经营。出租车行业特许经营的管理模式正式启动。

2. 出租车特许经营的本质和内涵

20 世纪 90 年代末开始，我国出租车行业一直实行特许经营的管理体制。出租车特许经营，是指从事客运出租汽车经营必须依法经审批，取得客运出租汽车的特许经营权。

3. 出租车特许经营成为出租服务场域的主导制度逻辑

以经营权准入管制、数量管制和价格管制为代表的出租车市场特许经营政策，维护出租车市场的营运秩序，也在客观上保证了出租车公司的市场主体地位，塑造了领域内出租车特许经营的主导制度逻辑，主要体现在以下两个方面。

首先，经营权准入管制通过设置严格的市场进入条件塑造了出租车的进入门槛。准入管制不仅是对于市场进入的限制，更意味着对于"场外市场"非法营运的大力打击，以维护现有市场的排他性。外部需求替代市场的缺失使得出租车客运市场的产品市场边界明晰，使得出租车特许经营成为出租服务场域的主导制度逻辑。

其次，数量管制和价格管制具有鲜明的主观属性，交通运输主管部门根据城市规划拥有出租车投放数量的决定权，并决定出租车服务在区域的价格。特许经营的投放数量不是一劳永逸的，而是分阶段分批次的。数量管制使得出租车在相关市场内保证了一定程度的稀缺性，出租车牌照数量有限，因此获取牌照的企业就容易形成寡头竞争，造成出租车企业对市场的垄断。数量和价格为代表的管制使得出租车区域相关市场形成，造成了对于市场竞争性的消灭，阻断了出租车市场供求以及竞争关系的有效传导。这样一来，在出租服务场域中，出租车特许经营成为场域的主导制度逻辑。

（二）专车新制度逻辑的形成及新旧两种制度逻辑的分离

1. 专车服务新制度逻辑的形成

专车服务模式的特征及形成。自 2010 年创业以来，易到用车已发展成为中国首家专业提供智能用车服务的平台。易到用车成立初期主要整合闲置汽车租赁公司的车辆资源，为其提供愿意支付高昂车价的企业客户，将原本按日计的租车，转变为按小时起租，提高了车辆的使用效率。易到用车网站在 2010 年 9 月上线，2012 年，易到正式推出手机端 App，构建以智能终端为平台的智能用车服务。

2011~2013 年，易到用车先后获得两轮分别来自晨兴创投和携程、DCM 等投资方的数千万美元融资，快速扩张所覆盖城市和加盟车辆，推动国内智能用车市场发展。到 2014 年 4 月，易到拥有超过 100 万活跃用户，在 57 个城市拥有超过 5 万台车辆，与 1000 多家租车公司合作。[①] 随着覆盖城市和加盟车辆的增加，易到的专车模式也日益成熟，形成了以智能用车服务为主营业务的模式。

---

① 资料来源：《易到用车："赤手空拳"挑战传统租车行业》，新浪网，2014 年 5 月 26 日。

新制度逻辑（专车服务）与旧制度逻辑（传统出租车特许经营）的比较。与打车出行领域的传统出租车特许经营相比，专车服务在经营权管制、价格管制、数量管制、车辆来源、服务方式以及客户群体等多个方面都有着完全不同的模式，具体如表10-4所示。

表10-4　　　　　新、旧两种制度逻辑的经营模式上的比较

项目	旧的制度逻辑（出租车特许经营）	典型证据	新的制度逻辑（专车服务）	典型证据
经营权管制	管制	出租汽车经营资格证、车辆运营证和驾驶员客运资格证核发由县级以上地方人民政府出租汽车行政主管部门依法实施行政许可	不管制	易到用车以整合闲置汽车租赁公司的车辆资源切入，将需要提前几天预订的车辆变得可以实时预订，并逐渐转向以智能终端为平台的智能用车服务，避开了出租车行业的经营权管制
价格管制	管制	地方交通运输主管部门决定出租车服务在区域的价格	不管制	2013年底，易到用车的平均客单价超过200元。它上面最便宜的车型，也要收1小时30元及每公里3元的费用，通常一单下来，价格是出租车的2倍，易到用车则每单收20%的信息服务费
数量管制	管制	交通运输主管部门根据城市规划拥有出租车投放数量的决定权。特许经营的投放数量不是一劳永逸的，而是分阶段分批次的	不管制	到2013年底、2014年初，易到用车管理的司机已达到50000名，拥有超过5万台车辆，与1000多家租车公司合作
车辆来源	主要来自出租车公司	出租车司机与出租车公司间大多是挂靠关系，向企业缴纳数万元押金后，获得运营权（车辆的所有权有不同形式：司机购买或向公司租赁），另外每月需要交纳数千至万余元的管理费，俗称"份子钱"	主要来自租赁公司，少部分来自私家车主加盟	通过易到的信息平台，把租车公司难以利用的碎片时间最大化使用，在车辆闲置时提供给租赁公司冗余的订单。除了租赁公司的车辆外，易到也采取私家车主加盟的形式发展

续表

项目	旧的制度逻辑 （出租车特许经营）	典型证据	新的制度逻辑 （专车服务）	典型证据
服务 方式	马路扬招	—	App 叫车	2012 年，易到正式推出手机端 App，转向以智能终端为平台的智能用车服务
客户 群体	普通打车客户	—	高端客户群体	易到把"高端商务人士"看作自己的核心用户群，因为这样的人群乘车最频繁。这群高端消费客户也非常满意易到的服务，因为易到能提供给乘客尊贵感和私密感

资料来源：笔者整理。

（1）经营权管制的差异。出租车经营权由政府支配。大部分城市出租车行业的特许经营制度是由政府部门核定城市出租车数量并发放牌照，出租车公司或拍卖或通过划拨等方式取得，然后交给出租车司机驾驶，司机上交管理费，即政府—出租车企业—出租车司机的三级管理模式。与出租车经营权管制不同，易到的专车模式并不受到出租车的经营权管制的限制，易到用车以整合闲置汽车租赁公司的车辆资源切入租车行业，成立之初，易到通过信息平台，把租车公司难以利用的碎片时间最大化使用，在车辆闲置时提供给租赁公司冗余的订单，将需要提前几天预订的车变得可以实时预订，2012 年后，逐渐转向以智能终端为平台的智能用车服务，易到拓展的专车服务模式从租车市场切入用车服务领域，避开了出租车行业的经营权管制。

（2）价格管制的差异。出租车行业实行价格管制，各地方政府有权对出租车计费方式和计费标准进行统一管制，确保在一定区域内出租车计费标准的统一。与出租车的价格管制不同，易到不断调整并降低专车高昂的价格。运营之初，专车价格高昂，到 2011 年 9 月的时候，易到继续调整模式和价格，通过降低价格带动用车数量的大幅增加，以说服司机愿意降低价格获取更大的利润。最后说服了北京 3000 多个司机全部同意降价，使专车的价格继续下降了 2/3。

（3）数量管制的差异。出租车行业实行数量管制，各地交通运输主管部门根据城市规划拥有出租车投放数量的决定权。特许经营的投放数量不是一劳永逸的，而是分阶段分批次的。出租车行业的数量管制造成了打车出行领域的供小于需的现状，造成了"打车难"的现状。与出租车的数量管制相比，专车模式在车辆上没有数量管制的限制，并随着该模式的不断拓展而不断拓展服务提供的车辆数量。

（4）车辆来源的差异。在出租车特许经营制度下，出租车公司取得出租车特许经营权后，与出租车司机签订承包经营合同或者租赁合同，并且根据出租车购车款的实际承担者的不同，由出租车公司出资购买出租车或在签订合同时购车款全部由出租车司机承担，但因运营需要，车辆登记的车主为出租车公司。总的来说，出租车特许经营下，出租车司机跟出租车公司间大多是挂靠关系，出租车司机向企业缴纳数万元押金后获得运营权，而车辆的所有权则由司机购买或向公司租赁，另外每月需要交纳数千至万余元的管理费。相比之下，专车服务通过租车行业进入出行服务领域，其车辆主要来自各汽车租赁公司。

（5）服务方式的差异。相比出租车以马路扬招的服务方式，专车服务从一开始就是以预约服务为主。2012 年，易到正式推出手机端 App，转向以智能终端为平台的智能用车服务。

根据上述方面的比较，我们可以发现，专车服务模式和出租车特许经营的服务模式在经营权管理、价格管制、数量管制、车辆来源、服务方式等方面都存在着根本的差异，由此可见，专车服务模式是异于出租车特许经营服务模式的一种全新的制度逻辑。

2. 新、旧两种制度逻辑的分离

虽然专车服务的新制度逻辑已经形成，但我们发现，专车服务在客户群体、用户人数、司机和汽车数量、服务价格等方面与出租车仍然有很大的差异，如表 10 – 5 所示。

表 10 – 5　　　　　　新、旧两种制度逻辑的服务范围和价格比较

项目	旧的制度逻辑（出租车特许经营）	典型证据	新的制度逻辑（专车服务）	典型证据
客户群体	普通打车客户	—	高端客户群体	易到把"高端商务人士"看作自己的核心用户群，因为这样的人群乘车最频繁。这群高端消费客户也非常满意易到的服务，因为易到能提供给乘客尊贵感和私密感

续表

项目	旧的制度逻辑 （出租车特许经营）	典型证据	新的制度逻辑 （专车服务）	典型证据
用户 人数	数量庞大	根据交通运输部2014年发布的《2013年行业发展统计公报》称，出租汽车载客量为401.94亿人次	数量仍较少	到2013年底、2014年初，易到用车活跃用户超过200万
司机和 汽车 数量	规模庞大	根据交通运输部2014年发布的《2013年行业发展统计公报》称，全国出租汽车运营车辆约为133.52万辆	数量仍较少	到2013年底、2014年初，易到用车管理的司机已达到5万名
服务 价格	价格相对便宜	—	价格是出租车的约2倍	2013年底，易到用车的平均客单价超过200元。它上面最便宜的车型，也要收1小时30元及每公里3元的费用，通常一单下来，价格大约是出租车的2倍

资料来源：笔者整理。

（1）客户群体的差异。出租车以马路扬招为主的形式也决定了出租车的客户群体较为广泛。而专车则把"高端商务人士"看作自己的核心用户群，正如易到负责人所言，高端商务人士乘车最频繁。由此可见，专车服务新制度逻辑只是作用于部分高端商务人士群体，而出租车特许经营的旧制度逻辑则作用于更广泛的人群。

（2）用户人数的差异。根据交通运输部2014年发布的《2013年行业发展统计公报》称，出租汽车载客量为401.94亿人次。而根据易到在新闻发布会上公布的数据，易到用车在2013年底、2014年初，其活跃用户超过200万。显然，此时出租车和专车的用户人数差距甚大，用户人数再次佐证了专车服务的新制度逻辑只是存在于较小范围内的人群。

（3）司机和汽车数量的差异。根据交通运输部2014年发布的《2013年行业发展统计公报》称，全国出租汽车运营车辆约为133.52万辆，由于出租车的服务模式是"人休车不休"，同一辆车，往往有两个甚至更多个司机分别驾驶白班和夜班，出租车司机的数量甚至数倍于运营车辆。根据易到在新闻发布会上对外公布的数据，到2013年底、2014年初，易到用车管理的司机已达到 5 万名。实际上，易到管理的司机主要以出租车租赁公司的车辆司机为主，也包括少数私家车主加盟，由于易到的模式主要是把租车公司难以利用的碎片时间最大化使用，在车辆闲置时提供给租赁公司冗余的订单，因此专车服务"闲时利用"的模式和出租车"人休车不休"的模式相比，车辆的实际载客量和利用率差距非常大，专车和出租车的实际使用车辆规模差距也非常大。

（4）服务价格的比较。2013 年底，易到用车的平均客单价超过 200 元。它上面最便宜的车型，也要收 1 小时 30 元及每公里 3 元的费用，通常一单下来，价格大约是出租车的 2 倍。由此可见，相较于出租车，专车的服务价格高出不少，和出租车分别服务于差异化的市场。

根据新、旧制度逻辑在客户群体、用户人数、司机和车辆数量以及服务价格等方面的比较可知，专车服务的车辆和司机数量有限，只服务于少数的高端商务人群，服务价格昂贵，因此专车服务的新制度逻辑只作用于少数群体。而原有的出租车司机和车辆数量庞大，价格相对适中，能为广泛的打车人群接受，服务的客户群体数量庞大，出租车特许经营的制度逻辑仍作用于多数群体。因此，在出租服务场域，虽然专车服务的新制度逻辑已经形成，但仍处于局部范围，出租车的旧制度逻辑依旧是场域内的主导制度逻辑，此时新、旧两种制度逻辑分离并存，具体如图 10 - 3 所示。

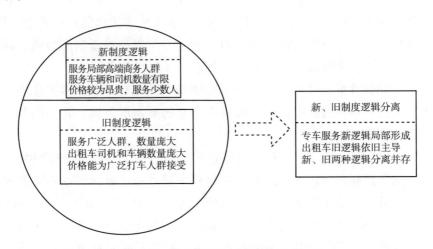

图 10 - 3 第一阶段的制度逻辑演化特征

二、协调性的集体行动模式与出租服务场域的制度逻辑分离

（1）协调性的集体行动模式表现为多主体能动性策略一致，多主体具有相同的制度目标，均致力于创建专车服务的新制度逻辑，并与旧制度逻辑的制度目标不冲突。

在第一阶段，行动主体及其支持者的集体行动主要呈现出鲜明的"意义建构"型的能动性特征。易到在变革过程中通过对主要的利益相关者开展"身份界定""目标预设""图景预设""理念固化""愿景描绘"等意义建构式的能动性建构，进行联盟者动员以支持新的制度逻辑。所有的行动主体都具有相同的制度目标，并能从这种新制度逻辑中获益，例如，专车平台获得投资、消费者满足高端租车需求、司机收入提高，等等。

同时，易到等多主体行动者的这种一致性的能动性策略所支持的制度目标与原有的出租车制度目标并未冲突。此时意义建构型的能动性所推动的制度目标主要是面向高端客户群体的高品质预约专车服务新制度逻辑，与面向普通客户群体的以马路扬招的出租车特许经营的旧制度逻辑的制度目标并行，两者并不冲突。

总之，为了创建专车服务这一新的制度逻辑体系，以易到为首的制度行动者采取了一种协调性的集体行动模式，表现为多主体能动性策略一致，多主体具有相同的制度目标，均致力于创建专车服务的新制度逻辑，同时与出租车特许经营的旧制度目标并不冲突。

（2）协调性的集体行动模式表现为资源利用目标一致，多主体的资源利用均支持了相同的制度目标，服务于专车的新制度逻辑，并与旧制度逻辑的制度目标不冲突。

在第一阶段，行动主体及其支持者的集体行动主要呈现出鲜明的"杠杆化"的资源利用特征。易到在变革过程中通过对主要的利益相关者进行联盟者动员以支持新的制度逻辑，同时实施了"技术撬动""资本调用""市场定向匹配""政治技能""联盟者动员""服务锁定"等杠杆化资源调用方式，获得了消费者以及金融资本、供应链资源等其他重要利益相关者的支持。多主体的这种"杠杆化"的资源利用模式支持了专车服务的新制度逻辑的资源需求，支持了专车服务的新制度逻辑的形成和发展。

同时，易到等多主体行动者的这种一致性的资源利用模式所支持的制度目标与原有的出租车的制度目标并未冲突。此时杠杆化资源利用模式主要利用的是租车行业的汽车和司机资源与部分私家车主的车辆和司机资源，以及部分金融资本，所推动的制度目标主要是面向高端客户群体的高品质预约专车服务新制度逻辑，与以出租车行业的出租车经营资格、出租车车辆及出租车司机等资源支持的、面向普通客户群体的以马路扬招的出租车特许经营的旧制度逻辑的制度目标并行，两者并不冲突。

总之，为了创建专车服务这一新的制度逻辑体系，以易到为首的制度行动者采取了一种协调性的集体行动模式，表现为多主体资源利用目标一致，多主体资源利用支持相同的制度目标，均致力于创建专车服务的新制度逻辑，同时与出租车特许经营的旧制度目标并不冲突。

纵观该阶段整个组织场域演化的过程，具体如图 10-4 所示，我们发现，在该阶段，从资源利用的模式来看，这种集体行动者主要采用了"杠杆化"的资源利用模式；而从能动性来看，则主要采取了"意义建构"型的能动性策略。易到实施了意义建构式的能动性策略和杠杆化资源调用，与消费者和其他重要利益相关者采取协调性的集体行动。易到与消费者和其他重要利益相关者之间的协调性的集体行动，首先，多主体能动性策略一致，多主体具有相同的制度目标，均致力于创建专车服务的新制度逻辑，并与旧制度逻辑的制度目标不冲突，因此促成了专车这一新的制度逻辑在局部范围形成，并与原有出租车制度逻辑分离并存；其次，资源利用目标

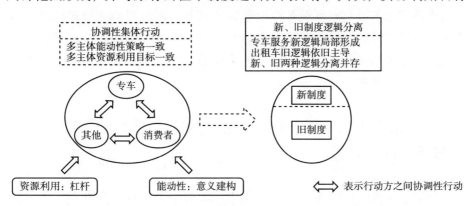

图 10-4 第一阶段集体行动模式影响制度逻辑演化的过程机制

注：该阶段专车企业对主要利益相关者开展"理念固化""身份界定""图景预设""路径铺设"等意义建构式的能动性策略，同时实施了"技术撬动""资本调用""政治技能""联盟者动员""服务撬动"等杠杆化资源调用方式。

一致，多主体的资源利用均支持了相同的制度目标，服务于专车的新制度逻辑，并与旧制度逻辑的制度目标不冲突。这种协调性的集体行动，促成了专车这一新的制度逻辑在局部范围形成，并与原有的出租车制度逻辑分离并存。

第四节　讨论与结论

分析第一阶段打车出行领域的场域结构特征与制度机会、集体行动模式以及场域制度逻辑演化的相关关系，我们形成的主要结论如下。

一、中等制度化和多重性的结构特征促使出租服务场域专车服务市场机会的涌现

纵观第一阶段整个组织场域的结构特征和场域的机会特征，我们发现，打车出行领域的整体供给远低于需求，出行领域供需矛盾日益突出，尤其是面向高端群体需求的出行服务空缺，传统出租车只能提供面向大众的打车服务，未能有效满足高端消费者的打车需求，同时，虽然出租车行业受到特许经营的制度化约束而表现出较高的制度化程度，但租车行业不存在类似的经营权管制、数量管制和价格管制，相比之下租车行业的制度化程度比较低，租车行业和出租车行业形成了互补，此时出行领域的组织场域特征呈现出中等的制度化程度和多样性程度，行动主体有一定的弹性，能够接触到更优的制度安排，以增加供给和面向高端客户群体为目标的专车市场服务机会涌现。

二、该阶段出租服务场域内多主体的集体行动呈现了协调性的集体行动模式

在第一阶段，以易到为代表的企业以定制车辆租赁服务开始切入高端打车市场，多主体行动者采取了一种协调性的集体行动模式，所有的行动主体都具有相同的制度目标，并能从这种新制度逻辑中获益。从能动性来看，专车平台及其利益相关者均采取了"意义建构"的能动性策略，从资

源利用来看，专车平台主要采用了"杠杆化"的资源利用模式动员其他行动者支持统一的制度目标。

三、多主体协调性的集体行动推动了出租服务场域专车服务新制度逻辑的形成，并推动场域从单一制度逻辑主导向新、旧两种制度逻辑分离状态演化

在该阶段，多主体采取了协调性的集体行动模式，多主体的能动性策略一致，多主体具有相同的制度目标，均致力于创建专车服务的新制度逻辑，并采用一致的资源利用模式支持专车服务的新制度逻辑，并且多主体的能动性策略和资源利用的制度目标与旧制度逻辑的制度目标不冲突，这种协调性的集体行动促成了专车服务的新制度逻辑在局部范围形成，并与原有的出租车制度逻辑分离并存，制度过程中多主体协调性的集体行动推动了出租服务场域制度逻辑从开始的单一制度逻辑主导向制度逻辑分离状态演化。

由此，我们得出了在第一阶段出租服务场域制度逻辑演化的内在机制，具体如图 10－5 所示。最初场域内是出租车的单一制度逻辑主导出租市场，高端定制化租车服务的空白使得专车服务模式为出租市场带来巨大商机。此时出行领域的组织场域特征呈现出中等的制度化程度和多样性程度，行动主体有一定的弹性，能够接触到更优的制度安排，以增加供给和面向高端客户群体为目标的专车市场服务机会涌现。这种出租服务市场机会的涌现，最终促使多主体的能动性和资源利用服务于统一目标的协调性集体行动模式出现，促成了新制度逻辑的生成，造成新、旧两种制度逻辑的分离。

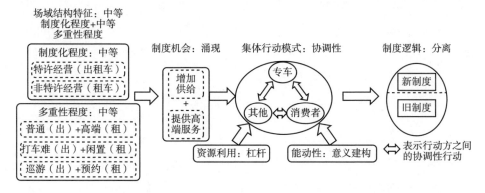

图 10－5　第一阶段场域结构特征、制度机会、集体行动模式与制度逻辑演化的过程

　　本章分析了第一阶段出租服务场域制度逻辑演化的内在机制，深入剖析了组织场域结构特征与机会涌现、集体行动模式及制度逻辑演化之间的内在关系。研究结论表明，在第一阶段，出行领域的组织场域特征呈现出中等的制度化程度和多样性程度，行动主体有一定的弹性，能够接触到更优的制度安排，促发了专车市场服务的机会涌现，在该场域条件下，易到和与消费者和其他重要利益相关者采取协调性的集体行动，促成了专车这一新的制度逻辑在局部范围内形成，并与原有的出租车制度逻辑分离并存。

第十一章　机会模糊、非协调性的集体行动模式与制度逻辑的冲突

由于定制化、高品质出租服务市场的需求促发了易到专车模式局部创业的成功，促成了专车新制度逻辑的出现，新制度逻辑对场域内其他众多的行动主体具有强烈的示范和形塑作用，推动了新制度逻辑的快速扩散。第二阶段，以专车和出租车为代表的集体行动者之间开展了非协调性的集体行动，最终促发了出租服务场域内部新、旧两种制度逻辑的激烈冲突。

在第二阶段，制度逻辑的演化是如何发生的？场域的结构特征如何？多主体行动者采取了什么类型的集体行动？该阶段的场域结构特征和集体行动怎样影响了制度逻辑的演化？这是我们高度关注的问题，也是需要通过详细的案例分析进行深入剖析的。

本章主要内容结构安排如下：首先，分析第二阶段组织场域的结构特征，以及场域特征与专车服务市场的机会特征的关系；其次，描述第二阶段多主体的集体行动特征，概括集体行动模式；再次，分析第二阶段制度逻辑的演化特征，以及集体行动如何影响制度逻辑的演化过程；最后，提出研究结论，剖析第二阶段组织场域的结构特征、集体行动模式及制度逻辑演化之间的关系。

第一节　组织场域的结构与制度机会模糊

一、场域的结构特征

（一）第二阶段专车服务组织场域的案例描述

随着社会和经济的不断发展，出租车供需失衡的情况日趋严重。从客运量来看，2010～2014 年出租汽车运送旅客数量也呈稳定增长趋势，年复合增长率为 4.1%。2014 年，出租汽车运送旅客 406 亿人，同比增长

1.01%。我国平均每天有 4.5 亿出行需求，其中 5000 万人叫车，仅 3000 万人能成功坐上车，即出租车日均订单 3000 万。[①] 此外，随着收入水平的不断提高，乘客对出行服务有着更高的要求，而这些体验，大部分的出租车显然难以实现。

随着易到用车的成立，易到用车在高端商务出行领域成功切入，构建了专车服务的模式。专车服务模式获得了很大的发展。

从国际租车出行领域来看，Ridejoy、Lyft、Sidecar 等一批基于网络预约租车的平台企业纷纷注册上市，不仅填补了普通人群租车出行的需求，而且大大刺激了这种日益普遍的专车需求市场。截至 2014 年 6 月，智能用车核心企业 Uber、Lyft、Sidecar 三家融资金额总额已经超过 18 亿美元，其中 Uber 服务遍及中国在内的 38 个国家、129 个城市。[②] 虽然专车服务发展迅猛，但此时出租车仍是出租服务场域的主要模式。

随着出租车类打车应用软件的爆发式发展，出租车服务模式开始多样化，出行领域的需求被进一步激发。滴滴打车和快的打车在出租车市场激烈的补贴战后，两个软件下载量都过了亿，两家公司用户量合计有 1 亿多。

虽然专车模式发展较快，但由于出租车模式仍是出租服务场域的主要模式，专车发展在制度层面的监管仍处于真空地带。中央和地方政府监管部门对于专车服务新模式的监管仍不明确。

在上述众多情境的影响下，众多平台均看好专车服务市场的巨大需求。根据滴滴打车的后台数据，即使用了滴滴打车，还是有 40% 的订单打不到车。出租车行业存在车型单一、舒适性差、不守时等服务局限，用户的很多需求无法实现。

（二）第二阶段出行领域出租车和租车行业的场域特征比较

通过案例中的场域特征的分析，我们对出行领域内出租车和租车行业的场域情境进行了详细分析，从行业管制、车辆供给、客户群体、服务水平、车内环境、主要问题、客户需求等角度进行了比较研究，具体详见表 11 - 1。

---

① 资料来源：前瞻产业研究院发布的《2015～2020 年中国出租车行业经营管理模式与投资发展预测分析报告》。

② 资料来源：艾瑞咨询集团发布的《2014 中国智能用车市场研究报告》。

表 11 – 1 第二阶段出租服务场域典型证据及特征分析

场域情境	典型证据	出租车逻辑特征	典型证据	专车逻辑特征
行业管制	我国对出租车行业实行特许经营权制度、数量管控和价格管控制度	特许经营、数量和价格管控	由于出租车模式仍是出租服务场域的主要模式,专车发展的制度层面的监管仍处于真空地带	监管政策不明确,对私家车也没有明确的监管政策
车辆供给	2014 年,出租汽车运送旅客 406.00 亿人,同比增长 1.01%。我国平均每天有 4.5 亿出行需求,其中 5000 万人叫车,仅 3000 万人能成功坐上车,即出租车日均订单 3000 万单	供给严重不足	易到是一家不购车却提供租车服务的公司,其车源来自各家汽车租赁公司。除了租赁公司的车辆外,易到也采取私家车主加盟的形式发展。为了规避政策风险,车主将车辆挂靠在租赁公司,车主本人挂靠在劳务公司,易到用车通过双方进行租赁	以租赁车辆为主,私家车大量加盟,车辆供给潜力巨大
客户群体	—	普通人群	易到创始人把"高端商务人士"看作自己的核心用户群	企业客户、商务人士、高端客户
服务水平	出租车拒载现象在全国很多城市都屡见不鲜,在多个城市出租车拒载、议价等现象较严重。滴滴打车和快的打车在出租车市场激烈的补贴战后,两个软件下载量都过了亿,两家公司用户量合计有 1 亿多人	参差不齐	2012 年,易到正式推出手机端 App,转向以智能终端为平台的智能用车服务	网络预约租车模式成为满足多样化出行需求的重要渠道
车内环境	一进车里常常就能闻见烟熏味,污秽的车辆座椅	较差	与传统出租车相比,网络预约租车所提供的车辆车型更加丰富、预订灵活、支付灵活、服务规范,车辆环境极大改善	车型丰富,有多种档次车辆供选择
主要问题	广大用户出行中普遍的反映是"打车难""打车贵"	打车难、打车贵、服务差	监管不明确,对私家车也没有明确的监管政策	专车监管政策还不明确,存在政策风险

续表

场域情境	典型证据	出租车逻辑特征	典型证据	专车逻辑特征
客户需求	不仅是找一个代步工具，满足"可以出行就好了"，更是期望达到舒适、高端、豪华、"有面子""拿得出手"等出行体验。而这些体验，目前大部分的出租车显然难以实现	高端化、定制化的出行服务无法满足需求	高端公务出行和机场往返的企业客户，对于出行的车辆环境、服务等有着更为高端化和定制化的需求	公务用车乘客的高端需求

资料来源：笔者整理。

由表 11-1 可见，专车服务市场的组织场域结构呈现如下特征。

（1）行业管制。案例显示，我国对出租车行业实行特许经营权制度、数量管控和价格管控制度，因此出租车行业的进入门槛比较高，相比之下，由于出租车模式仍是出租服务场域的主要模式，专车发展的制度层面的监管仍处于真空地带，监管政策尚不明确，专车服务不实行特许经营权制度、数量管控和价格管控制度，对私家车也没有明确的监管政策。

（2）车辆供给。案例显示，出租车出行供需矛盾日益突出，相比不断增长的需求，出租车供给严重不足；专车的车辆供给以租赁车辆为主，私家车大量加盟，车辆供给潜力巨大。

（3）客户群体。案例显示，出租车的客户群以普通打车客户为主，专车行业的目标客户群是企业客户、商务人士、高端客户。

（4）服务水平。案例显示，出租车的服务质量较差，出租车拒载现象在全国很多城市都屡见不鲜，在多个城市出租车拒载、议价等现象较严重。但由于打车平台为出租车提供网络预约服务，出租车的服务模式也不断多样化发展。随着智能手机和移动终端的快速发展，滴滴打车和快的打车在出租车网络预约服务市场展开了激烈的补贴战，两个软件下载量都过了亿，两家公司用户量合计有 1 亿多，这极大地激发了打车出行领域的市场需求。专车行业则凭借网络预约租车模式成为满足多样化出行需求的重要渠道。

（5）车内环境。案例显示，出租车车内环境较差，一进车里常常就能闻见烟熏味，车辆座椅污秽不堪，相比之下，与传统出租车相比，网络预约租车所提供的车辆车型更加丰富、预订灵活、支付灵活、服务规范，车内环境也有极大改善。

（6）主要问题。案例显示，出租车行业的主要问题是供需严重不足，广大用户出行中普遍的反映是"打车难""打车贵"，而专车行业的主要问题是监管不明确，对私家车也没有明确的监管政策，存在较大的政策风险。

（7）客户需求。案例显示，无论是出租车还是专车用户，客户对于高端化、定制化的服务均有较大的需求。对于不少出租车客户来说，车辆不仅是代步工具，更期望达到舒适、高端、豪华等出行体验。这些体验，目前大部分的出租车显然难以实现。高端公务出行和企业客户对于出行的车辆环境、服务等有着更为高端化和多样化的需求。

二、组织场域结构与专车服务市场的机会模糊

（一）出租服务场域结构的多重性水平分析

一是出租服务场域供需矛盾进一步加剧，高端出行服务需求凸显。从社会的传统认知角度来看，出行需求被排在基本生活需求"吃住行"的第三位，成为萦绕在普通中国民众生活中的重要问题。在北上广等中心城市，出行难更是成为长期困扰人们生活的难题。随着社会经济水平的发展和人们收入的大幅提高，出租服务场域供需失衡的矛盾进一步加剧。虽然出租车数量有所增长，却跟不上普通人群的出行需求增长的幅度。此外，出租车略显肮脏的车内环境、乏善可陈的服务态度、单一的车型也越来越不能满足人们对出行服务的要求，消费者对于高端出行和多样化出行的需求不断涌现。

二是以易到为首的集体行动者从"0"到"1"，成功构建了专车服务的新制度逻辑。从2011年成立，到随后的2～3年，易到及众多集体行动者，在高端商务出行领域成功切入，构建了专车服务的模式。易到将分散于各汽车租赁公司的大量闲置车辆资源，通过网络平台有效集中起来，为高端商务群体提供网络预约租车服务。由于专车的经营管制、价格管制、数量管制均和原有的出租车特许经营的旧制度逻辑完全不同，加上专车服务采用的网络预约平台、专车预约方式与传统出租车服务的差异，使得专车服务模式成为出租服务场域的新制度逻辑。此后易到不断拓展服务城市，并将更多的私家车主和私家车辆也纳入服务平台，不断拓展专车服务市场，扩展新制度逻辑的场域范围。

三是出租车特许经营的制度逻辑仍然是出租服务场域内的主导制度逻辑。随着打车软件的爆发式发展，出租车服务模式开始多样化，出行领域

的需求被进一步激发。虽然专车服务的新制度逻辑已经形成，但此时出租服务场域内仍是由出租车特许经营的旧制度逻辑主导，出租车的经营权管制、价格管制和数量管制模式并未改变。由于滴滴打车、快的打车等打车平台为出租车提供网络预约服务，出租车的服务模式也不断多样化发展。随着智能手机和移动终端的快速发展，尤其是互联网巨头阿里巴巴和腾讯作为战略投资者加入后，滴滴打车和快的打车在出租车网络预约服务市场展开了激烈的补贴战，两个软件下载量都过亿，两家公司用户量合计达到1亿多人，这极大地激发了打车出行领域的需求，激发了乘客的多样化需求。

四是伴随国内出租服务场域专车服务新制度逻辑的形成以及国际上各大专车服务模式的不断完善，出租服务场域高端化和多样化的用车需求被极大拓展，专车服务的市场前景广阔。易到用车的专车服务新模式的建立表明我国出租服务场域新制度逻辑的形成。此外，国际租车出行领域内Uber、Ridejoy、Lyft、Sidecar等一批基于网络预约租车为代表的租车平台服务模式不断拓展，出租服务场域的多样性不断增加。与传统出租车相比，网络预约租车所提供的车辆车型更加丰富、预订灵活、支付灵活、服务规范、车内环境极大改善。出行领域的出行方式发生悄然变化，从租赁车辆出行到路招出租车，再逐渐形成网络预约租车的模式。新制度逻辑拓展的网络预约租车模式成为满足多样化出行需求的重要渠道，专车服务的需求不断扩大，出租服务场域高端化和多样化的用车需求被极大拓展，专车服务的市场前景广阔。

（二）出租服务场域结构的制度化水平分析

面临迅速崛起的专车服务，以及专车服务的多样化，制度监管边界仍未突破原有制度界限。专车服务制度监管不明确，仍处于监管真空地带。大部分地方政府对于新出现的专车服务没有明确的政策监管措施，没有适用的专车服务监管办法，对于专车服务既不进行硬性约束，也不加以推广。事实上，当时政府对于智能打车应用的监管更多是聚焦于出租车打车服务软件，有部分地方政府出台了网络预约出租车的临时管制措施，如北京市针对网络预约出租车出台专项管制办法，并统一安装"标准化"的网络打车应用软件，试图"规范"网络预约出租车市场的运行；上海早晚高峰禁止使用打车软件，强制打车软件接入出租车公司电调平台；南京客管部门指出打车软件的加价功能涉嫌违规等，详见表11-2。

表 11－2　　　第二阶段出租服务场域结构特征与专车服务市场机会
模糊的案例分析及结论

项目	案例分析			结论	
	情境	出租车	专车服务	制度化程度	多重性程度
场域结构特征	行业管制	特许经营、数量和价格管控	监管不明确，无特许经营、数量和价格管控，对私家车也没有明确的监管政策	低 出租车行业管控严格，租车行业管控相对宽松	—
	客户群体	打车软件补贴战激发了乘客的多样化需求	企业客户、商务人士、高端客户	—	高 既有普通群体，也有高端客户，智能出行软件适用人群广泛
	服务水平	参差不齐	网络预约租车模式成为满足多样化出行需求的重要渠道	—	高 网络预约租车模式成为满足多样化出行需求的重要渠道
	车内环境	较差	车型丰富，多种档次车辆供选择	—	高 出租车环境较差，专车车型丰富，选择余地大
	服务模式	出租车打车软件盛行，预约和马路招手并存	智能预约服务，预订灵活、支付灵活	—	高 预约服务较为普及，服务模式灵活
场域的现状及机会	情境	出租车	专车服务	出租服务场域的现状	出租服务场域的机会
	供需情况	供给严重不足	以租赁车辆为主，私家车大量加盟，车辆供给潜力巨大	供需不平衡进一步扩大	对接打车客户需求，通过专车新制度逻辑进入出行领域
	高端服务	很难提供高端服务	专车服务新制度逻辑的形成以及国际专车模式的不断完善推动高端化、多样化用车需求极大拓展	高端化、定制化的出行服务需求不断凸显	对接客户高端化、定制化的出行需求，以专车新制度逻辑的形式满足客户需求
	制度监管	管制严格	监管不明确	出租车管制严格，专车监管不明确	众多打车平台纷纷看好专车市场

资料来源：笔者整理。

　　分析在第二阶段出行领域的机会特征，我们发现，出行领域供需矛盾进一步扩大，一方面，随着社会经济水平的发展和人们收入的大幅提高，出租服务场域供需失衡的矛盾进一步加剧，虽然出租车数量有所增长，却跟不上普通人群的出行需求增长的幅度；另一方面，出租车的服务也越来越不能满足人们对出行服务的要求，消费者对于高端出行和多样化出行的需求不断凸显。此外，随着打车软件的爆发式发展，出租车服务模式开始多样化，出行领域的需求被进一步激发。

　　比较该阶段整个组织场域的结构特征和场域的机会特征（详见图 11 - 1），我们发现，由于专车服务新制度逻辑的形成以及国外众多专车模式的不断完善，对场域内其他众多的行动主体具有强烈的示范和形塑作用，使得出租服务场域的多重性水平大大增加；此外，出租车打车软件的爆发式发展也使得场域消费者对于多样化的出行服务需求被极大地激发，出租服务场域的需求也呈现出多重性特征；同时，虽然出租车行业受到特许经营的制度约束而表现出较高的制度化程度，但专车新制度逻辑仍限于局部场域，尚处于监管真空的状态，这使得以专车逻辑进入出租服务场域相对容易，总而言之，第一阶段末期出租服务场域呈现出较低的制度化水平。由此可见，第二阶段出行领域的场域特征呈现出较低的制度化程度和较高的多重性水平，各专车平台都十分看好专车服务市场的巨大潜力，出行服务市场呈现出多样化的趋势，政府对专车服务的监管制度还不明朗，场域高度不确定并容易发生变化，专车服务市场机会模糊。

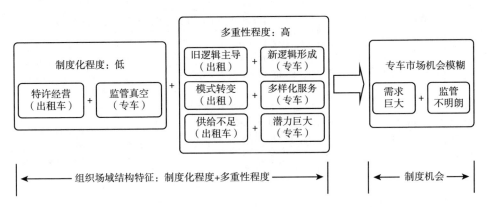

图 11 - 1　出租服务场域结构特征与专车服务市场的机会模糊

第二节　出租服务场域的非协调性集体行动模式研究

一、第二阶段出租服务场域的集体行动特征

（一）第二阶段专车服务市场集体行动的案例描述

随着专车服务市场空间被极大地激发，众多专车平台都十分看好专车市场前景。为争夺市场，滴滴打车和快的打车之前在出租车市场开展激烈竞争，两个软件下载量都过了亿，两家公司用户量合计有 1 亿多。除上述巨头外，"我有车"嘀嗒拼车、哈哈拼车、爱拼车、AA 拼车的 App 和服务也纷纷进入市场。2015 年 1 月，神州租车旗下的"神州专车"也宣布正式运营。①

进入专车市场之初，各大专车平台除充分利用已有的资源，还积极整合各类外部资源支持专车模式的拓展。

随着出行领域消费者习惯的转变，通过专车平台企业 App 预约出行逐步成为一种新的趋势。专车制度逻辑在出租服务场域内迅速扩散，引起了多地媒体开始关注专车的服务质量、收费标准等。而部分媒体逐步开始注意到专车平台企业运营管理的规范性等问题。其中，杭州、广州等多地媒体对专车平台的车辆来源提出质疑，认为专车中部分车辆来源并非具有运营资格的车辆，并提出专车是"黑车"。然而，媒体的关注加快了专车制度逻辑的扩散。

2015 年初，由于专车市场的扩展，专车服务抢占了出租车的市场资源，造成沈阳、南京、武汉等多地出现出租车司机集体罢运并围堵专车事件。而应对上述事件，中央和地方政府对于出行领域专车行业的治理呈现出差异化的政策导向。多数地方政府严格遵循出租车行业的传统管制办法，并延伸运用到专车行业，进一步严格了对于专车平台企业和专车运营的管制。北京、重庆、沈阳、南京等不少地方交通管理部门甚至将"专车"直接定义为"黑车"。沈阳有关管理部门甚至公开表示，对于没有营运资格的"滴滴专车"，一经查实就按"黑车"处理，不仅扣车，还要处以 3 万元到 10

---

① 资料来源：易观国际发布的《2014 年第三季度中国打车软件市场季度监测报告》。

万元罚款。上海采取的是一方面协调快的、滴滴接入出租车公司的调度平台，统一纳入监管范围，同时，又限制出租车在高峰时段使用专车平台网络进行揽客。就在各地运管部门对于专车纷纷表态的同时，2015 年 1 月 8 日，交通运输部表示，各类"专车"软件公司应当遵循运输市场规则，承担应尽责任，禁止私家车接入平台参与经营，即私家车通过挂靠、加盟约租车服务平台从事运营载客服务的就是"黑车"。

2 月 14 日，滴滴和快的正式宣布合并，进一步加剧了专车市场的竞争。滴滴快的、易到、Uber、神州等进一步积极巩固和拓展各自的市场。滴滴快的继续现金补贴争夺市场客户资源。易到开通包括伦敦、悉尼、东京在内的海外 26 座城市，服务覆盖四大洲。

（二）第二阶段集体行动特征的编码分析

通过对该阶段场域中相关主体的行动进行编码分析，具体如表 11 - 3 所示，我们对相关行动者的资源利用和能动性行动特征进行了详细分析。

表 11 - 3　　第二阶段集体行动模式主要特征的典型引用举例及编码结果

特征	主构念	子构念	关键词	部分代表性数据引用	行动主体	来源
集体行动特征：（1）资源利用	资源杠杆	联盟者动员	快的不收份子钱争取司机支持	快的一号专车的司机按照多劳多得、少劳少得的原则获得相应的收入，这和出租车司机上缴给出租车公司的固定承包费迥然不同	ZC	ZCG3
		资本调用	金融资本为滴滴提供融资	2014 年 12 月，滴滴宣布成功融资 7 亿美元，创下内地移动互联网最高融资额，淡马锡和国际投资集团 DST 皆成为其投资者……	ZC&PA	WR
		技术撬动	滴滴利用微信平台争取用户	滴滴打车还利用微信做了新玩法，用户用了滴滴专车，就能一键发专车红包到微信里，供数个朋友分享，这使得滴滴专车拉新客变得更简洁，影响面也更大……	ZC	ZWP
		政治技能	滴滴说明专车业务对政府的意义	滴滴前副总裁认为……专车业务以专车能降低私家车的需求，缓解城市拥堵和空气污染为理由，来说明自己这项业务对政府的意义……	ZC	ZCG4

续表

特征	主构念	子构念	关键词	部分代表性数据引用	行动主体	来源
集体行动特征：（1）资源利用	资源积累	资源带入	神州租车将10万辆自有车转成专车	2015年，神州租车，拥有超过10万辆自有车辆……变成专车……	ZC	WR
		资源深化	一号专车平台业务覆盖8个城市	2014年8月，一号专车前总经理在接受媒体采访时透露，其全国日订单量已经达到1万单，平台业务已经覆盖了8个城市……	ZC	ZCG3
		用户累积	补贴战积累用户资源	在激烈的补贴战中，滴滴打车和快的打车下载量都过亿，两家公司用户量合计有1亿多……	ZC	PP
		资源转用	滴滴将资源转入中高端专车市场	滴滴打车创始人对《第一财经周刊》称，要将公司资源转入中高端专车租赁细分市场……	ZC	PP
		资源限制	滴滴控制用户进入量	……"刚开始的时候，我们其实是极度地控制乘客进来的量，因为绝大多数的情况都是车辆不足。"滴滴前副总裁说……	ZC	ZCG4
	资源聚集	构造联盟	易到与奇瑞博泰联合	2015年2月，易到联合奇瑞、博泰集团，共同出资成立易奇泰行，计划在未来推出互联网智能共享电动汽车……	ZC&PA	ZWP
		用户聚集	Uber新服务吸引用户下载App	2015年3月，Uber杭州推出"一键叫船"服务，Uber用户可以通过Uber App预订人工摇橹船；4月，Uber"一键叫直升机"服务，引起了一波下载Uber App的热潮……	ZC	ZWP
		资源拓展	易到在洛杉矶、伦敦开通华语用车服务	2014年9月，易到开通美国洛杉矶、英国伦敦两个国际一线城市的华语用车服务……	ZC	ZWP

续表

特征	主构念	子构念	关键词	部分代表性数据引用	行动主体	来源
集体行动特征：（2）能动性	意义建构型能动性	身份界定	消费者反映专车服务好	……杭州一位经常享受专车的用户反映"发现这些'专车'特色都很一致：车子比出租车体面、干净，服务质量好"……	ZC&CS	CK
		路径铺设	易到进入汽车租赁市场	易到用车进入汽车租赁市场……	ZC	PP
		实践界定	快的打车对业务合法性界定	快的打车前公关总监称，"我们自己的业务本身在法律框架上来看是没有问题的……我们也咨询过很多法律专业人士……"	ZC	ZCG3
		实践界定	交通运输部允许专车创新	2014年11月，交通运输部表明官方态度……将坚持"以人为本、鼓励创新……"的原则，鼓励市场创新……还引用李克强总理的发言"不要一棍子打死"……	CG	PP
		质疑澄清	滴滴回应黑车质疑	回应"黑车"质疑……滴滴打车软件公司工作人员向新京报记者表示，"专车"车辆均来自汽车租赁公司……具备运营资格……	ZC	ZCG1
		实践破冰	神州率先成立乘客保障基金	对于管理部门提出的"专车服务没有营运资质，乘客安全没保障"等问题……神州旗下一号专车也率先做出了回应……率先成立1亿元的乘客"先行赔付"基金……	ZC	PP
		实践破冰	交通运输部现场调研专车模式	2014年11月，时任交通部党组成员、道路运输司司长刘小明亲自带队到"滴滴打车"专门调研"专车"……对这一破解城市日益凸显的出行难题的新思维表示肯定……	CG	PP

续表

特征	主构念	子构念	关键词	部分代表性数据引用	行动主体	来源
集体行动特征：（2）能动性	意义建构型能动性	竞争跟随	滴滴快的同推专车企业版	2015 年 1 月，几乎与快的打车同步，滴滴宣布，旗下专车企业版服务正式上线，打车软件领域的竞争和使用范围将全面覆盖 C 端和 B 端用车市场……	ZC	PP
		行动约束	专车平台约束司机行动	……Uber 和滴滴快的都已对旗下的专车司机发出通告，要求司机们"冷静面对执法事件""不要聚众暴力对抗""否则永久封号并扣发所有奖励"……	ZC	ZWP
	策略型能动性	话语策略	快的向媒体表示其司机保险高标准	快的一号专车向媒体表示，对于合作的租赁公司，快的一号专车均要求……购买针对司机最高 100 万元的第三方责任险等……	ZC	PP
		话语策略	媒体呼吁保护专车创新	2015 年初，在交通运输部表态之前，人民日报等中央媒体集体发声呼吁监管部门保护"专车"这一共享经济创新萌芽……	PA	PP
		策略转向	易到服务变得平民化	2014 年易到用车大幅下调了价格……十一期间，易到用车在北京的接送机价格变成了 58 元、68 元起，而之前大约是 128 元起……新增了 15 元起步价、每公里 3 元的两种车型……变得平民化起来	ZC	PP
		差异竞争	滴滴快的差异化服务	"一号专车"针对企业用户提供了 PC 端的服务后台……在现有"一号专车"移动端平滑使用……而滴滴产品策略并不相同，直接推出了针对企业用户的产品……	ZC	PP
		标准制定	专车平台联合制定乘客安保标准	2015 年 3 月 16 日，滴滴专车和一号专车联合发布了《互联网专车服务管理及乘客安全保障标准》……	ZC	PP

注：行动主体代码如下，专车平台 ZC，消费者 CS，其他 PA，出租车 TX，中央政府 CG，地方政府 LG。复合行动主体代码编制，例如，专车平台和出租车 ZC&TX。

通过分析第二阶段场域相关行动主体的能动性和资源利用特征，我们一共获得了96条编码，其中关于能动性的编码有64条，关于资源利用的编码有32条，具体如下所述。

（1）能动性特征。第二阶段的能动性特征编码显示，有12条编码是"策略型"能动性，有12条编码是"惯常型"能动性，有40条编码是"意义建构型"能动性。40条"意义建构型"能动性中，12条是"对手压制"，涉及滴滴进行乘客补贴、快的对乘客进行免起步费补贴、一号专车给司机补贴和奖励、Uber给司机进行补贴、神州专车叫板滴滴快的、滴滴通过补贴获得出租车市场份额、快的用优惠券争取用户资源、神州专车对乘客持续大力度补贴应对竞争、易到对乘客进行补贴、滴滴快的将继续补贴战、易到应对补贴大战加大补贴力度、滴滴和一号专车免起步费等；7条是"路径铺设"，涉及快的开通一号专车企业版服务、滴滴入局专车市场、快的上线专车产品、神州专车正式运营、易到进入汽车租赁市场、神州租车进入专车市场、Uber入局专车市场等；6条是"身份界定"，涉及定位女性客户、神州界定专车定位、消费者反映专车服务好、媒体曝专车挂靠租赁公司、消费者反映专车服务好、消费者反映专车服务贵等；6条是"实践界定"，涉及快的打车对业务合法性界定、优步司机认为市场很大、易到专车服务顺应消费需求升级、交通部长肯定新模式但要求规范、政府为专车模式划界、交通运输部允许专车创新；5条是"质疑澄清"，涉及滴滴回应黑车质疑、易到回应黑车质疑、一号专车澄清份子钱质疑、快的辩解专车合法、一号专车回应黑车质疑；2条是"实践破冰"，涉及神州成立乘客保障基金、交通运输部现场调研专车模式；1条是"竞争跟随"，涉及滴滴快的同推专车企业版；1条是"行动约束"，涉及专车平台约束司机行动。

12条"策略型"能动性中，5条是"话语策略"，涉及专车平台企业快的向媒体表示其司机保险高标准、人民网评地方政府有懒政之嫌、媒体呼吁保护专车创新模式、人民网聚焦专车行业、经济参考报刊文聚焦政府专车监管等；3条是"策略转向"，涉及Uber转向中低端市场、易到服务变得平民化、Uber计划扩张等；3条是"差异竞争"，涉及滴滴快的通过目标客户差异化策略尽量不和出租车行业直接竞争、专车出租车收费差异化、滴滴快的开展差异化服务等；1条是"标准制定"，涉及专车平台联合制定乘客安保标准。

12条"惯常型"能动性中，7条是"变异抵制"，涉及多地出租车司机罢工抵制专车；5 条是"惯例遵循"，涉及多地政府将专车界定为黑车。

根据上述能动性的编码，我们可以发现，在第二阶段，行动主体采取的是"意义建构型""策略型""惯常型"能动性。首先，从专车平台来看，专车在变革过程中既要面向主要的利益相关者和消费者开展以"面向当下"为重点的"对手压制""实践破冰""实践界定""竞争跟随""身份界定""路径铺设"等意义建构型的能动性建构行为，拓展专车制度逻辑在整个出行领域的影响力，也要实施"话语策略""策略转向""标准制定""差异竞争"等面向未来的策略型能动性行为。其次，从出租车来看，出租车在制度变革的组织场域中，依旧沿袭由出租车特许经营的既有思维方式和行动模式，采取"变异抵制"等惯常型的能动性。最后，从政府来看，政府在面对专车新制度逻辑和出租车旧制度逻辑的压力时，中央政府的行动是在不确定性条件下对专车新制度逻辑赋予意义，并提出限制私家车进入等规范性要求来降低建构过程的不确定性的"意义建构型"能动性；而地方政府依旧沿袭租车特许经营的既有思维方式和行动模式，以"惯常"式的能动性捍卫原有制度逻辑。

（2）资源利用特征。第二阶段的资源利用特征编码显示，有 17 条编码是"杠杆化"资源利用模式，有 8 条编码是"积累型"资源利用模式，有 7 条编码是"聚集型"资源利用模式。17 条"杠杆化"资源利用模式中，有 8 条是"联盟者动员"，涉及快的不收专车司机份子钱以争取司机支持、一号专车以保底工资和社保吸引司机加盟、滴滴给司机补贴、滴滴奖励带车加盟的专车司机、滴滴与租赁公司谈合作、易到对司机进行补贴、柳青进入滴滴管理高层、一号专车补贴司机等；有 5 条是"资本调用"，涉及神州专车获得多渠道融资、金融资本为 Uber 提供融资、金融资本为滴滴提供融资、金融资本为易到提供融资、乐视控股对易到提供股权投资等；有 3 条是"政治技能"，涉及滴滴举交通运输部大旗回应合法、滴滴举监管大旗回应质疑、滴滴说明专车业务对政府的意义等；有 1 条是"技术撬动"，涉及滴滴利用微信平台争取用户。

8 条"积累型"资源利用模式中，有 3 条是"资源深化"，涉及一号专车平台业务覆盖 8 个城市、易到专车覆盖全国 75 个城市、易到将专车模式扩展到海外 26 座城市；有 2 条是"用户累积"，涉及补贴战积累用户资源、激烈市场拓展行为积累的用户资源等；有 2 条是"资源转用"，涉及滴滴将资源转入中高端专车市场、滴滴控制用户进入量等；有 1 条是"资源带入"，涉及神州租车将 10 万辆自有车转成专车。

7 条"聚集型"资源利用模式中，有 4 条是"构造联盟"，涉及易到专车与百度地图资源组合、滴滴快的合并、Uber 百度战略合作、易到与奇瑞博泰联合组成易奇泰行发展智能共享电动汽车等；有 2 条是"用户聚集"，涉及 Uber 新服务吸引用户下载 App、滴滴新服务聚集加班用户等；有 1 条是"资源拓展"，涉及易到在洛杉矶、伦敦开通华语用车服务。

根据上述资源利用的编码，我们可以发现，在第二阶段，行动主体采取的是"杠杆化""积累型""聚集型"的资源利用模式。首先，从专车平台来看，通过"用户积累""资源深化""资源带入"等方式调用平台原有的"积累型"资源，并采用"资本调用""联盟者动员""技术撬动""政治技能"等杠杆化资源利用方式和"构造联盟""用户聚集"等聚集型资源利用方式，以支撑平台企业的新制度逻辑的实施。其次，从出租车来看，出租车在制度变革的组织场域中，通过积累式的资源调用模式捍卫原有制度逻辑，并继续沿用政府授予的特许经营权等垄断资源。

二、非协调性的集体行动模式

通过对第二阶段行动者集体行动特征的编码分析，我们发现第二阶段的集体行动，从能动性的模式来看，出行领域的行动者采取了"意义建构型""策略型""惯常型"的能动性策略。从资源利用的模式来看，行动者主要采用了"杠杆化""积累型""聚集型"的资源利用模式。而对第二阶段的集体行动编码得到了如下结果。

专车平台采取了"对手压制""路径铺设""身份界定""实践界定""质疑澄清""实践破冰""竞争跟随"等面向当下的"意义建构型"能动性，从出租服务场域各行动者的能动性集体行动特征来进行全景式分析，我们发现，专车平台企业在这一阶段迅速拓展市场份额，经过第一阶段易到的市场启蒙阶段，第二阶段以滴滴、快的、神州、Uber、易到等为代表的专车平台企业加强市场拓展和市场教育。第一，专车市场的迅速拓展是通过市场教育来实现的。所谓市场拓展是指专车平台企业进一步扩大经营范围，包括进入出行领域的专车平台企业数量、专车吸引的车辆种类、专车服务品类等。而市场教育是指出行领域利益相关的行动者通过口碑、网络、平面媒体加强消费者对专车服务逻辑的认知水平和程度。第二阶段初始阶段，我们看到专车平台企业的行动特征显示出"路径铺设"能动性，各专车平台企业纷纷入局专车市场，如快的开通一号专车企业版服务、滴滴入局专车市场、快的上线专车产品、神州专车正式运营、易到进入汽车租赁市场、神州租车进入专车市场、Uber 入局专车市场等。应该说各主要专车平台企业都进入出行领域，形成出行领域专车服务的强势供给格局。而为了争夺消费者市场，各专车平台企业又纷纷采取相互打压的"零和博弈"式商业竞争，意图尽快夺取对手的市场，此时，专车平台企业的行动特征主要是"对手压制""竞争跟随"能动性，如 2014 年 2 ~ 3 月，以滴滴和快的为代表的专车平台企业之间展开了如火如荼的补贴大战，企业之间的补贴竞争实质上是资本的较量。如滴滴在进行乘客补贴的同时，快的一号专车 App 每天会向用户账户自动充入两张 15 元甚至更高面值的优惠券。而 Uber 也会根据闲、忙时段的不同，向司机提供相当于订单金额本身 0.5 ~ 1 倍的补贴。神州租车推出了"新用户 50 元内免单""北京老用户 15 元优惠券""充 100 补 100"等活动。专车平台企业之间的这种面向当下，旨在迅速占领市场份额的行动模式，起到了市场教育的作用。这些行动迅速吸引了消费者、地方和中央政府，以及媒体等出行领域利益相关行动者的注意和连锁的响应行动。地方和中央政府、媒体都试图通过对专车服务这一新兴服务模式进行"身份"和"实践"的有效界定，来规范其经营行为，确定其背后所主导制度逻辑的合法性，从而保障租车市场和出行领域的稳定运行，并力图保障消费者的合理利益。这一阶段中央政府明确表态，肯定专车服务新模式且要求其规范运作，但是认为私家车开展专车服务则被视为"黑车"，政府为专车模式划定了界线。部分地方政府明确表示专车为"黑车"，而专车平台企业则通过媒体采取行动澄清质疑，证明身份的合法性。

第二，出行领域的利益相关行动者还采取了面向未来的行动策略，即"策略型"能动性。其中，专车平台企业通过"话语策略"，向媒体展示专车服务的合法性和运营规范，如快的一号专车向媒体表示给予司机最高 100 万元的第三方责任险，以期待消费者和媒体对于专车运营合法性的一致认同。同时，部分专车平台企业还联合制定了专车服务规范，如滴滴专车和一号专车联合发布了《互联网专车服务管理及乘客安全保障标准》。同时，部分专车平台企业的行动模式还表现出"差异化竞争"的能动性，如滴滴快的针对出租车展开的差异化服务。出行领域的专车平台企业还通过转变经营策略和企业战略，试图抢占企业在市场上的竞争优势。如 Uber 转向中低端市场、易到服务变得平民化等。

第三，地方政府、出租车公司和司机都坚持原有的出租车治理和运营逻辑，其行动模式表现出"惯常型"的能动性特征。随着专车平台企业 App 的下载量和用户安装基础的急剧增加，专车服务的新制度逻辑在消费者心目中进一步得到确立。此时，出租车的市场份额被专车抢占，多地出租车司机爆发罢工和围堵专车的现象。

专车平台企业利用"杠杆化"的资源利用模式，通过"以小博大"等行动方式，利用组织、金融、政治、技术等行动手段，杠杆化地调用各类资源，拓展专车服务的新制度逻辑。从组织行动策略来看，专车平台企业运用"内外兼修"的战术行动。对外来说，专车平台企业纷纷采取建立吸引合作者的方式，让利益相关者加入专车平台企业的价值链，扩展价值创造联盟。如为了吸引司机加入一号专车平台，快的一号专车不向司机收取固定的"份子钱"，而是通过按照网络预约车单，提取一定比例的车费，理顺了司机治理和平台盈利的机制，实现双赢。此外，一号专车还给司机提供完善的社会保险等福利措施等，促使更多出租车司机加盟一号专车平台；深圳滴滴为了拓展车源，与数百家车辆租赁公司谈合作。对内来说，部分专车企业加强组织结构和组织领导，完善组织的运营管理，如滴滴从高盛引进柳青作为首席运营官，负责运营管理专车、市场、人力、业务拓展等业务。从金融方面的行动策略来看，专车平台企业与产业资本加强互动和融通。众多出行领域中的核心专车平台企业，如滴滴、Uber、神州、易到等都通过调用产业资本，达到扩大企业规模的目的。神州获得全球租车巨头赫兹公司 2 亿美元的战略投资，Uber 新完成 12 亿美元的融资，滴滴调用淡马锡和国际投资集团 DST7 亿美元的资本，等等。从政治方面的行动策略来看，专车平台企业充分运用政治技能杠杆化利用市场资源。滴滴运用了争议营销、危机公关等管理创新手段，通过媒体公开表示平台车源和司机来源具有合法性。滴滴高层管理者甚至通过专车服务能够缓解城市拥堵和空气污染的角度，阐释专车服务对于城市公共治理的意义等，从而最大限度地争取消费者的认同，占据有利的市场地位。从技术方面的行动来看，出行领域的核心专车平台企业加强研究开发，不断提升专车平台 App 的客户使用体验，让消费者在使用网络预约专车时更加便捷，提高服务质量。如滴滴利用微信在"专车售后服务"中设置了新玩法，用户可以一键发专车红包到微信里，供数个朋友分享，这使得滴滴专车拉新客变得更便捷，影响面也更大。

在第二阶段专车平台企业通过"资源积累"的资源利用模式，加强专车服务新制度逻辑在出行领域中对于市场资源的"深化、转移、带入、增减"等积累效应。从资源深化的资源利用行动来看，一号专车、易到等迅速将各自的专车服务扩展到全国众多城市内。易到甚至开拓了包括伦敦、悉尼、东京在内的海外26座城市，服务覆盖四大洲。从资源带入的资源利用行动来看，神州租车将自有的10万辆车源带入专车服务市场。从用户累积的资源利用行动来看，专车平台企业之间通过补贴战等市场化竞争方式，累积了丰富的用户资源。从资源转用的资源利用行动来看，滴滴通过资源转用的行动抢占中高端专车租赁的利基市场。此外，滴滴也通过资源限制的方式，控制专车平台用户流量，从而保证平台的正常运营。

该阶段出行领域利益相关行动者通过"资源聚集"的资源利用模式，加强了专车制度逻辑下市场资源组合的激烈变化效应。专车平台企业和利益相关者通过"构造联盟"，形成可持续发展的联盟组织。

综上所述，纵观第二阶段的出行领域专车市场各利益行动者的集体行动相互交织错综复杂，并形成了以专车服务相关利益者与出租车服务相关利益者之间剧烈冲突为主要特征的非协调性集体行动模式。从能动性的行动特征来分析，为了在未来的专车市场中占据主导地位，众多专车平台重点采取了"意义建构"的方式动员其他重要的利益相关者和消费者来支持专车服务，而出租车相关利益者则通过向地方政府施压，以"惯常"的能动性坚决捍卫租车市场特许经营的制度逻辑。在租车市场场域机会模糊的情景下，这种行动主体非协调性的集体行动模式促发了租车市场内部两种制度逻辑的激烈冲突；从资源利用模式来看，众多专车平台以"杠杆化＋积累"的资源利用方式推动专车服务这一新制度逻辑的扩散，而出租车相关利益者则以积累式的资源调用模式捍卫原有制度逻辑，并继续沿用政府授予的特许经营权的垄断式资源，该阶段多主体能动性策略多样化，资源利用目标不一致，分别支持了两种相对立的制度目标，体现为非协调的集体行动模式。这一过程如图11-2所示。

由图11-2可知，在第二阶段，租车出行领域众多利益相关行动主体的行动错综复杂。

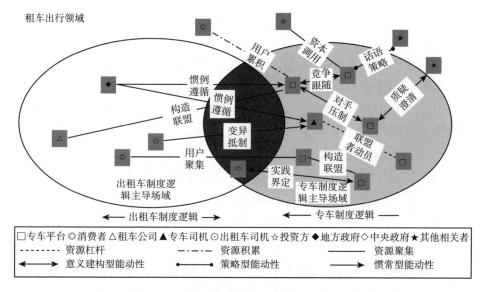

图 11－2　第二阶段集体行动的特征及模式

　　以专车平台企业为代表的一方，努力扩展专车制度逻辑。并通过"意义建构型＋策略型"能动性组合，争取消费者、政府、媒体等出行领域内行动者的认同、支持甚至加盟，不断拓展专车制度逻辑的场域范围。此外，专车平台企业还通过资源利用行动，广泛运用"杠杆化＋资源积累＋资源聚集"的资源利用模式，运用金融、政治、技术、组织等资源活动，扩大专车制度逻辑的影响力和辐射范围。在这个过程中，我们也看到专车平台企业之间也发生了激烈的资源竞争、组织竞争、技术竞争等多样化竞争，专车平台企业之间的竞争一方面使得核心专车平台企业获得在专车制度场域内的竞争优势，另一方面也通过企业竞争对出行领域的消费者、政府和媒体进行了市场教育，促进了专车制度逻辑的固化和扩散。

　　从政府的角度来看，中央政府和地方政府表现出不同的制度倾向。地方政府是传统的出租车制度逻辑的具体监管者和执行者，在专车制度兴起和扩散的进程中，地方政府对专车制度逻辑的治理方式主要是依托出租车行业的管制规范，坚持惯例，试图用出租车制度逻辑规制专车制度逻辑，并对专车行业加以治理。而实际上，地方政府对专车行业采取了抵制和打压措施，一度将专车认定为黑车。而中央政府对于专车服务这样一种网络预约租车服务行业的出现，进行了深度调研，从专车平台企业、专车服务以及专车与出租车和私家车的关系等角度，对专车服务行业进行了制度预判，即认为专车是一种互联网情境下新兴的租车业态，并严格划清了私家车不得进行"私家车商用"的界限，为专车制度逻辑后续的发展奠定了制度基础。

从出租车行业的角度看，在第二阶段出行制度场域中，出租车行业努力遵循和捍卫旧的出租车特许经营的制度逻辑，依旧沿袭由出租车特许经营的既有思维方式和行动模式，不仅坚持以特许经营的方式继续开展出租车的日常管理和营运，并且以特许经营的制度逻辑对地方政府施压，并以特许经营的旧制度逻辑和专车司机之间发生了一系列对抗行为。在资源利用的方式上，出租车行业以"变异抵制"等惯常型的能动性和积累式的资源调用模式捍卫特许经营的旧制度逻辑（Dorado，2005；方世建和孙薇，2012），继续沿用政府授予的特许经营权的垄断式资源，沿用特许经营逻辑下积累的经营权资源、车辆资源和司机资源，捍卫旧的制度逻辑。

由图 11－2 可知，在第二阶段，从资源利用模式来看，这种非协调性的集体行动呈现出以"杠杆化＋积累"为特征的多种资源利用形式，不同行动主体分别采用符合自身利益的资源利用方式来支持各自的制度逻辑；而从能动性角度来看，不同行动主体则采取了"意义建构、策略、惯常"等多种能动性形式以支持各自的制度逻辑。在这一阶段，多主体的能动性策略多样化，资源利用目标不一致，此时集体行动所表现出来的是一种非协调性的集体行动模式。

第三节　非协调性的集体行动模式与出租服务场域的制度逻辑冲突

一、出租服务场域制度逻辑的冲突

纵观该阶段整个组织场域制度逻辑演化的过程，我们发现，一开始，出租服务场域的制度逻辑依旧是以出租车的特许经营为主导的制度逻辑，专车服务的新制度逻辑在局部形成，但并未成为场域的主导制度逻辑，新、旧两种制度逻辑分离并存。随着专车服务的新制度逻辑也逐渐成为场域的主导制度逻辑，专车服务的新制度逻辑与出租车特许经营的旧制度之间的冲突凸显。

1. 专车服务的新制度逻辑成为场域的主导制度逻辑之一

从 2014 年 8 月开始，随着众多专车平台纷纷进入专车市场，"专车服务"快速发展，也逐渐成为出行市场的主导制度逻辑。

在各专车平台的激烈竞争和强势补贴作用下，专车数量和用户不断拓展。在三方面推动因素的共同作用下，专车市场不断发展：一是上半年各平台的强势补贴培育和刺激了市场发展；二是补贴大战吸引专车司机加盟，也刺激更多司机涌入专车市场，活跃车辆数在上半年上涨近 4 倍，专车市场供给激增，尤其是大量的私家车加入后，专车的供给数量大幅增加；三是在经历了近一年的激烈竞争后，各专车平台纷纷拓展新市场，众多的专车平台联合主要的利益相关者，不断进入新的城市，未来专车业务在三、四线城市仍有较大的发展潜力。众多专车平台的市场拓展行动，使得专车用户猛增，专车市场交易规模逐渐逼近互联网出租车市场交易规模。2015 年，专车市场发展迅猛，根据罗兰贝格的中国专车市场分析报告的数据，专车日均订单成交量从 1 月的 9 万单/天发展至 4 月的 63 万单/天。

专车从高端用车市场逐渐转向中低端消费者市场，专车平台纷纷抢占出租车市场。在专车市场发展初期，专车主要定位于高端用户，提供收费远高于出租车的高端用车服务，主要占据了高端出行用户市场。根据艾媒咨询的统计数据①，如图 11-3 所示，2014 年中国移动出行类用户的平均单次预算统计，单次预算 50 元以下的用户，76.9%选择出租车类打车应用，23.6%选择专车类打车应用；单次预算 50～100 元的用户，16.2%选择出租车类打车应用，37.7%选择专车类打车应用；单次预算 101～150 元的用户，4.3%选择出租车类打车应用，18.5%选择专车类打车应用；单次预算 151～200 元的用户，2.1%选择出租车类打车应用，10.8%选择专车类打车应用；单次预算 200 元以上的用户，0.5%选择出租车类打车应用，9.4%选择专车类打车应用。随着竞争的加剧，各专车平台也纷纷抢占中低端消费者市场。Uber 进入中国之初，只推出了高端服务 Uber Black，提供的主要是豪华车，价格是出租车的数倍。2014 年 6 月，Uber 又推出了价格减半的平价打车服务 UberX（优选轿车）。8 月，Uber 再推"人民优步"低价产品，价格已经低于出租车。为增强竞争优势，2015 年 2 月 14 日，滴滴打车和快的打车两家公司合并，双方组成一家公司加快抢滩消费者市场，2015 年 2

---

① 资料来源：艾媒咨询《2014～2015 年中国移动出行市场研究》。

月，滴滴快的先是抛出主打低廉价格、以乘客为主导的"快车"业务试水；接着推出"顺风车"业务，价格均已低于出租车；并且双方还在拼车、代驾、大巴等领域快速拓展。易到用车也启动了"E-Car 计划"，使用新能源电动汽车，价格也远低于出租车。

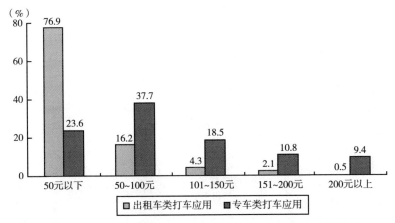

图 11 - 3 2014 年中国移动出行类应用用户平均单次预算统计

资料来源：艾媒咨询《2014～2015 年中国移动出行市场研究》。

由于上述两方面的共同作用，专车市场发展迅猛。2014 年 4 月，专车活跃用户大约 100 万左右，拥有车辆大约 5 万台。另根据艾瑞咨询报告的统计数据①，2015 年，中国移动端出行服务用户乘客数量总计接近 4 亿人，达到 3.99 亿人。在所有的移动端出行服务中，出租车约车用户达到 2.5 亿人，专车（包括快车、拼车等）用户达到 3.5 亿人。2015 年，中国移动端出行服务用户中司机数量总计为 1871.4 万人。在所有移动端出行服务中，出租车司机达到 153 万人，专车服务的司机（包括快车、顺风车、拼车等）达到 1455.5 万人，专车服务司机已远超过出租车服务司机。专车服务的新制度逻辑从场域边缘走向中心，专车服务的新制度逻辑也已成为出租服务场域的主导逻辑之一。

2. 专车服务的新制度逻辑与出租车特许经营的旧制度逻辑之间的冲突

专车市场的快速发展，使得专车服务也逐渐成为出租服务场域的主导制度逻辑之一，极大地冲击了传统出租车行业，对出租车的特许经营模式

———————

① 资料来源：艾瑞咨询报告《2016 年中国移动端出行服务市场研究报告》。

造成了巨大的挑战，形成了专车服务的新制度逻辑与出租车特许经营的旧制度逻辑之间的冲突。新、旧两种制度逻辑的冲突主要如表 11 - 4 所示。

表 11 - 4　　　　　　　　　　新、旧两种制度逻辑两阶段的比较

项目	旧制度逻辑（出租车特许经营）		新制度逻辑（专车服务）	
	第一阶段末	第二阶段末	第一阶段末	第二阶段末
经营权管制	实行特许经营模式	实行特许经营模式	不受到特许经营的限制	不受到特许经营的限制
数量管制	实行数量管制，车辆数量供不应求	仍旧实行数量管制，但由于司机减少，不少车辆闲置	不实行数量管制	不实行数量管制，数量已远超出租车数量
价格管制	实行价格管制，与专车相比较，出租车价格相对便宜	实行价格管制，出租车价格仍未变动	不实行价格管制，价格至少是出租车的2倍	不实行价格管制，随着专车切入快车、顺风车等市场，专车价格已远低于出租车
客户群体和数量	普通打车客户，数量庞大	普通客户，由于专车推出大量低价产品抢夺市场，出租车用户数量大幅减少	高端客户群体，但数量仍较少	除高端客户群体外，专车还面向普通客户，专车用户剧增，抢夺了大量出租车用户
司机数量	规模庞大	由于用户减少和专车司机大额补贴等因素冲击，出租车司机数量大幅减少	数量仍较少	纳入快车、顺风车等产品后，专车服务司机已远超出租车服务司机

资料来源：笔者整理。

（1）经营权管制的差异。第二阶段出租车经营权管制模式仍然没有改变，经营权仍由政府支配，实行特许经营的模式。与出租车经营权管制不同，专车模式并不受到出租车的经营权管制的限制，第一阶段易到拓展的专车服务模式以租车市场切入用车服务领域，避开了出租车行业的经营权管制，第二阶段众多的专车平台纷纷采用专车的新制度逻辑，避开了出租车特许经营的限制。

（2）数量管制的差异。第一阶段出租车行业实行数量管制，各地交通运输主管部门根据城市规划拥有出租车投放数量的决定权，出租车行业的数量管制导致打车出行领域的供小于需，造成了"打车难"的现状，第二阶段出租车行业仍实行数量管制，但在专车新制度逻辑的冲击下，出租车市场被专车抢占，导致不少出租车车辆闲置。与出租车的数量管制相比，从第一阶段开始，专车服务模式就不受到数量管制的限制，专车与租车公司合作，以租赁车辆和部分私家车作为车辆来源；第二阶段后，专车服务模式仍然不受到数量管制的限制，并随着专车制度逻辑的扩散而不断拓展服务提供的车辆数量，众多专车平台吸纳了大量租赁车辆和私家车，尤其是随着专车切入快车、顺风车等市场，数量已远超出租车数量。

（3）价格管制的差异。第二阶段出租车行业仍然实行价格管制，各地方政府对出租车计费方式以及计费标准进行统一管制，确保在一定区域内出租车计费标准的统一。与出租车的价格管制不同，专车定价完全由平台企业自行决定，在第一阶段，专车以高端客户为目标群体，通过差异化竞争进入出租服务场域，其价格至少是出租车的2倍；到了第二阶段，随着专车新制度逻辑的扩散，更多的专车平台进入场域，这加大了专车市场内部的竞争，随着专车切入快车、顺风车等市场，专车价格已远低于出租车。

（4）客户群体和数量的差异。无论第一阶段还是第二阶段，出租车的客户群体一直是普通打车出行客户群体，两个阶段的差异主要体现在客户数量的差异，第一阶段出租车是场域的主导制度逻辑，客户群体数量庞大，第二阶段随着专车新制度逻辑快速扩散并逐渐成为场域主导制度逻辑之一，专车平台推出大量低价产品抢夺出租车客户市场，导致出租车用户数量大量减少。相对应地，第一阶段，专车把"高端商务人士"看作自己的核心用户群，第二阶段，随着新制度逻辑的扩散，专车把客户群体从原来的高端客户向各个不同层次的客户群体延伸，并根据不同客户群体的需求，设计相应的专车产品服务不同人群，如针对普通客户群体，设计了顺风车和快车等多种产品，其价格甚至比出租车还要低，由此抢夺了大量的出租车客户，第二阶段末专车用户数量剧增。

（5）司机数量的差异。在第一阶段，由于出租车的服务模式是"人休车不休"，同一辆车，往往有两个甚至更多个司机分别驾驶白班和夜班，出租车司机的数量甚至数倍于运营车辆，数量非常庞大，而到第二阶段末，在专车模式的冲击下，出租车市场缩小和收入锐减、专车司机的大额补贴等因素导致大量出租车司机流失。相比出租车，第一阶段专车以租赁车辆司机为主，数量较少，和出租车的司机数量差距非常大，到第二阶段末，由于专车新制度逻辑的扩散，专车司机数量大幅增加，尤其在纳入快车、顺风车等产品后，专车服务司机甚至已远超出租车服务司机数量。

由此可知，新、旧制度逻辑在经营权管制、数量管制和价格管制等方面在本质上是对立的。所以在第二阶段，随着专车模式新制度逻辑的不断扩散，专车模式以非数量管制的模式飞速扩张，并以非特许经营的模式不断进入并冲击出租车特许经营的市场，导致大量出租车司机流失，出租车客户资源转向专车市场，出租车资源大量闲置，随着专车车辆、司机和客户数量逼近甚至超过出租车车辆、司机和客户数量，出租车特许经营的旧制度逻辑和专车服务的新制度逻辑之间的冲突不断加剧，具体如图 11 - 4 所示。

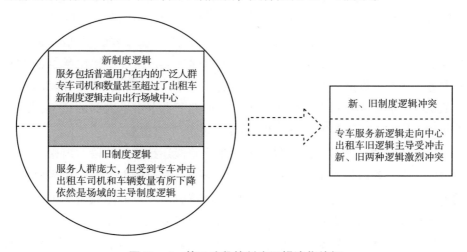

图 11 - 4　第二阶段的制度逻辑演化特征

二、非协调性的集体行动模式与出租服务场域的制度逻辑冲突

非协调性的集体行动模式表现为多主体能动性策略多样化，专车及利益相关者以"意义建构型"策略支持新制度逻辑，出租车及利益相关者以"惯常型"能动性策略捍卫旧制度逻辑。多样化的能动性策略分别支持了两种相对立的制度目标，推动了出租服务场域的新、旧制度逻辑之间的冲突。

在这一阶段，专车和出租车及其众多利益相关者分别以多样化的能动性策略支持新、旧两种制度逻辑。其中专车及其利益相关者，在变革过程中既开展了面向主要的利益相关者和消费者"实践破冰""实践界定""竞争跟随""身份界定""路径铺设"等意义建构型的能动性行为，也实施了

"话语策略""策略转向""标准制定""差异竞争"等面向未来的策略型能动性行为，以支撑平台企业的新制度逻辑的实施；而出租车及其利益相关者在制度变革的场域中，依旧沿袭出租车特许经营的既有思维方式和行动模式，以"变异抵制"等惯常型的能动性捍卫原有的制度逻辑（Dorado，2005；方世建和孙薇，2012）；专车等行动者实施的"意义建构型"能动性策略，推动了新逻辑的扩散，吸引了出租车的众多司机加入专车，抢夺了原来出租车市场的众多客户群体，出租车市场空间被专车抢占，对专车发起了抵制，众多地方政府运管部门将专车界定为"黑车"，对专车进行了"绞杀"。出租车制度逻辑和专车制度逻辑发生了激烈的冲突。由此可见，两种方向迥异的能动性策略的实施，分别支持了对立的制度目标，推动了新、旧两种制度逻辑的冲突。

总之，该阶段多主体的能动性策略趋于多样化，专车及利益相关者以"意义建构型"的策略支持新制度逻辑，出租车及利益相关者以"惯常型"能动性策略捍卫旧制度逻辑，多样化的能动性策略分别支持了两种相对立的制度目标，推动了出租服务场域的新、旧制度逻辑之间的冲突。

非协调性的集体行动模式表现为多主体资源利用目标不一致。专车等行动者以"杠杆化 + 积累"的资源利用方式推动专车新制度逻辑的扩散，出租车等行动者则以"积累"的资源调用模式捍卫原有的制度逻辑，多主体的差异化的资源利用策略分别支持了两种相对立的制度目标，推动了出租服务场域的新、旧制度逻辑之间的冲突。

在这一阶段，专车和出租车及其众多利益相关者分别以多样化的资源利用策略支持了新、旧两种制度逻辑。其中专车及其利益相关者，在变革过程中通过"用户积累""资源深化""资源带入"等方式调用平台原有"积累型"资源，并采用"资本调用""联盟者动员""技术撬动""政治技能"等杠杆化资源利用方式和"构造联盟""用户聚集"等聚集型资源利用方式，以支撑平台企业的新制度逻辑的实施；而出租车及其利益相关者在制度变革的过程中，依旧沿袭出租车特许经营的既有思维方式和行动模式，以"积累式"的资源调用模式捍卫原有制度逻辑（Dorado，2005；方世建和孙薇，2012）。专车等行动者实施"杠杆化 + 积累"的资源利用方式推动了专车服务这一新制度逻辑的扩散，抢夺了原来出租车市场的众多客户群体，而出租车市场仍以"积累式"的资源调用模式支撑出租车旧制度逻辑。随着专车支持的新制度逻辑不断扩散，出租车制度逻辑和专车制度逻辑发生了激烈的冲突。由此可见，不同的资源利用策略的实施，分别支持了对立的制度目标，推动了新、旧两种制度逻辑的冲突。

总之，该阶段多主体的资源利用目标不一致，专车等行动者以"杠杆化＋积累"的资源利用方式推动专车新制度逻辑的扩散，出租车等行动者则以"积累"的资源调用模式捍卫原有制度逻辑，多主体的差异化的资源利用策略分别支持了两种对立的制度目标，推动了出租服务场域新、旧制度逻辑之间的冲突。

纵观该阶段整个组织场域演化的过程，如图 11 – 5 所示，我们发现，为了在未来的专车市场中占据主导地位，众多专车平台重点采取了"意义建构"的方式动员其他重要的利益相关者和消费者来支持专车服务，并以"杠杆化＋积累"的资源利用方式推动专车服务这一新制度逻辑的扩散。而出租车相关利益者则通过向地方政府施压，以"惯常型"能动性坚决捍卫租车市场特许经营的制度逻辑。在租车市场场域机会模糊的情景下，这种行动主体非协调性的集体行动模式促发了租车市场内部两种制度逻辑的激烈冲突。

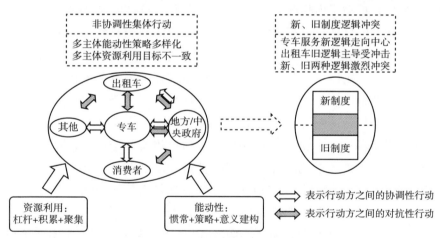

图 11 – 5　第二阶段非协调性集体行动模式影响制度逻辑演化的过程机制

注：该阶段专车企业开展了"实践破冰""实践界定""竞争跟随""身份界定""路径铺设"等意义建构型能动性策略和"话语策略""策略转向""标准制定""差异竞争"等面向未来的策略型能动性行为，开展"用户积累""资源深化""资源带入"积累式资源利用方式、"资本调用""联盟者动员""技术撬动""政治技能"等杠杆化资源利用方式和"构造联盟""用户聚集"等聚集型资源利用方式，以支撑平台企业的新制度逻辑的实施；出租车依旧沿袭特许经营，以"变异抵制"等惯常型的能动性和积累式的资源调用模式捍卫原有制度逻辑；政府在面对专车新制度逻辑和出租车旧制度逻辑的压力时，中央政府对专车新制度逻辑赋予意义，并提出限制私家车进入，体现了"意义建构型"的能动性，而地方政府以"惯常型"能动性捍卫原有制度逻辑。

综上所述，出行领域的利益相关行动者出于对"专车制度逻辑"和"出租车制度逻辑"的扩散和维护采取了非协调性的集体行动。而两种制度逻辑之间呈现出激烈的对抗性冲突。

第四节　讨论与结论

分析第二阶段打车出行领域的场域结构特征与制度机会、集体行动模式以及场域制度逻辑演化的相关关系，我们形成的主要结论如下。

一、低制度化和高多重性的场域结构特征促使出租服务场域专车服务市场机会模糊

纵观第二阶段整个组织场域的结构特征和场域的机会特征，我们发现，由于专车服务新制度逻辑的形成以及国外众多专车模式的不断完善，对场域内其他众多的行动主体具有强烈的示范和形塑作用，使得出租服务场域的多重性水平大大增加；此外，出租车打车软件的爆发式发展也使得场域消费者对于多样化的出行服务需求被极大地激发，各专车平台都十分看好专车服务市场的巨大潜力，出行服务市场呈现出多重性特征；此时专车虽一定程度受制于出租车特许经营的制度约束，但政府对专车服务的监管制度还不明朗，专车并未受到政府监管的制度管制，尚处于监管真空的状态，制度化程度低。由此可见，第二阶段出行领域的组织场域特征呈现出较低的制度化程度和较高的多重性水平，各专车平台都十分看好专车服务市场的巨大潜力，出行服务市场呈现出多样化的趋势，政府对专车服务的监管制度还不明朗，场域高度不确定并容易发生变化，专车服务市场机会模糊。

二、该阶段出租服务场域内多主体的集体行动呈现了非协调性的集体行动模式

纵观第二阶段的出行领域专车市场各利益行动者的集体行动相互交织错综复杂，并形成了以专车服务相关利益者与出租车服务相关利益者之间剧烈冲突为主要特征的非协调性集体行动模式。从能动性的行动特征来分

析，为了在未来的专车市场中占据主导地位，众多专车平台重点采取了
"意义建构"的方式动员其他重要的利益相关者和消费者来支持专车服务，
而出租车相关利益者则通过向地方政府施压，以"惯常型"能动性坚决捍
卫租车市场特许经营的制度逻辑。在租车市场场域机会模糊的情景下，这
种行动主体非协调性的集体行动模式促发了租车市场内部两种制度逻辑的
激烈冲突。从资源利用模式来看，众多专车平台以"杠杆化＋积累"的资
源利用方式推动专车服务这一新制度逻辑的扩散，而出租车相关利益者则
以积累式的资源调用模式捍卫原有制度逻辑，并继续沿用政府授予的特许
经营权这一垄断型资源，该阶段多主体能动性策略多样化，资源利用目标
不一致，分别支持了两种相对立的制度目标，体现为非协调的集体行动
模式。

三、多主体非协调性的集体行动推动场域从新、旧制度逻辑的分离向新、旧两种制度逻辑冲突状态的演化

纵观该阶段整个组织场域演化的过程，我们发现，各专车平台都十分
看好专车服务市场的巨大潜力，出行服务市场呈现出多样化的趋势，此时
专车虽一定程度上受制于出租车特许经营的制度约束，但政府对专车服务
的监管制度还不明朗，专车服务多重性高，制度化程度低，场域高度不确
定并容易发生变化，专车服务市场机会模糊。在该场域条件下，为了在未
来的专车市场中占据主导地位，众多专车平台重点采取了"意义建构"的
方式动员其他重要的利益相关者和消费者来支持专车服务，并以"杠杆化
＋积累"的资源利用方式推动专车服务这一新制度逻辑的扩散；而出租车
相关利益者则通过向地方政府施压，以"惯常型"能动性坚决捍卫租车市
场特许经营的制度逻辑。这种非协调的集体行动模式，表现为多主体能动
性策略多样化和多主体资源利用目标不一致，这两种方向迥异的能动性策
略分别支持了两种对立的制度目标，多主体多样化的资源利用策略的制度
目标相对立，因此，这种行动主体非协调性的集体行动模式促发了租车市
场内部两种制度逻辑的激烈冲突。

由此，我们得出了在第二阶段出租服务场域制度逻辑演化的内在机制，
如图 11 - 6 所示。

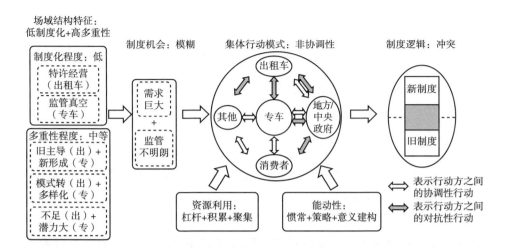

图 11-6　第二阶段场域结构特征、制度机会、集体行动模式
与制度逻辑演化的过程

　　本章分析了第二阶段出租服务场域制度逻辑演化的内在机制，深入剖析了组织场域结构特征与机会模糊、集体行动模式及制度逻辑演化之间的内在关系。研究结论表明，在第二阶段，出行领域的组织场域特征呈现出低制度化程度和高多重性程度，各专车平台都十分看好专车服务市场的巨大潜力，出行服务市场呈现出多样化的趋势，政府对专车服务的监管制度还不明朗，场域高度不确定并容易发生变化，在该场域条件下，以专车和出租车为代表的集体行动者之间开展了非协调性的集体行动，表现为多主体能动性策略多样化，多主体资源利用目标不一致，这两种方向迥异的能动性和资源利用策略分别支持了两种对立的制度目标，因此，这种非协调性的集体行动模式促发了出租服务场域内部新、旧两种制度逻辑的激烈冲突。

第十二章 机会沉没、再协调性的集体行动模式与制度逻辑的共存

与第二阶段相比，专车市场之中形成了既竞争又合作的市场格局。专车平台企业之间激烈的补贴竞争，迅速推动专车服务的新制度逻辑在出租服务场域中扩散。虽然国家层面的主管政府部门为专车服务的新制度逻辑划定了政策界限，并充分肯定了专车服务的新业态，但是出租服务场域内专车服务的新制度逻辑和出租车旧制度逻辑仍存在激烈的冲突。两种制度逻辑的冲突，造成了出租服务场域内的价值耗散，专车平台企业主动停止了资本消耗型的补贴竞争方式，出租车企业和司机、普通消费者更希望出租服务场域内出现多方共赢的主导逻辑，所以，第三阶段出租服务场域的多方行动主体采取了再协调性的集体行动，努力促成新、旧两种制度逻辑的共存。

在这个阶段，专车服务的新制度逻辑和出租车旧制度逻辑如何演化？出租服务场域的结构特征如何？多方行动主体采取了什么类型的集体行动？该阶段的场域结构特征和集体行动如何影响了制度逻辑的演化？这是我们高度关注的问题，也是需要通过详细的案例分析进行深入剖析的。

本章主要内容结构安排如下：首先，分析第三阶段组织场域的结构特征，以及场域特征与专车服务市场的机会特征的关系；其次，描述第三阶段多主体的集体行动特征，概括集体行动模式；再次，分析第三阶段制度逻辑的演化特征，以及集体行动如何影响制度逻辑的演化过程；最后，提出研究结论，剖析第三阶段组织场域的结构特征、集体行动模式及制度逻辑演化之间的关系。

第一节 组织场域的结构与制度机会沉没

一、场域的结构特征

（一）第三阶段专车服务组织场域的案例描述

经过前两个阶段的发展，专车制度逻辑进一步扩散。不论对于专车消

费者，还是对于专车司机，专车与传统租车出行领域中的出租车、租赁车辆相比都更加具有吸引力。专车平台企业之间的补贴大战，进一步扩大了专车的影响力。进入 2015 年专车平台企业之间的补贴大战不断升级。根据罗兰贝格发布的《2015 年中国专车市场分析报告》显示，各专车平台企业对专车消费者和司机都进行了大力度的补贴，从消费端来看，滴滴对于老用户实施 10～30 元不等的红包，新用户给予 40～50 元红包。滴滴和快的合并以后，立即对外声明在相当长的时间内，针对乘客的红包补贴奖励将继续发放，并于 3 月下旬又针对消费者实施了免起步价优惠措施，并实施每日两次 15 元代金券自动发放到账户系统。易到给予用户"充 100 送 100"的优惠。Uber 则对新用户实施输入优惠码享受 30～50 元的用车补贴，老用户每邀请一个新用户也可获得 20～50 元不等的用车补贴。从司机端来看，滴滴从 2015 年初就对司机实施 1.5～3 倍的车费奖励，高峰奖励高达 2.5～3 倍，3～4 月更是实施"单单有奖"，没有封顶。Uber 给司机 2～5 倍的车费奖励不等，并有特别的奖励政策，即在"高峰圈"给予 3～5 倍的奖励。这些双向补贴策略迅速拓展了专车市场。

专车出行在经历了 2014 年的爆发式增长后，到 2015 年年中，专车市场也由最初的群雄逐鹿逐步演变为滴滴、Uber、神州专车的三足鼎立。专车平台企业相互差异化竞争，专车服务覆盖面更加广泛。滴滴快的、Uber、神州与易到等核心专车平台企业相互竞争，不断拓展专车服务品类。滴滴快的致力于打造"专车服务的全产品线"，涵盖快车、顺风车等多种专车服务产品，积累了规模庞大的用户群体。滴滴快的车源大量来自私家车；神州致力于发展自营车辆的专车服务，自成一个出行生态系统，市场份额稳定提升；Uber 推出面向普通消费者的人民优步产品线，采取"运营实体＋开放式平台"的整合运营模式，车源主要以私家车为主，同时，拥有国际运营经验，具有较强的市场开拓能力；易到从高端商务领域的专车市场切入普通消费者的专车市场，并将车型分为经济型、舒适性、商务型和豪华型。根据 Analysys 易观智库中国数字消费用户雷达数据显示，2015 年 5 月滴滴快的、Uber 和神州专车分别以 86.2%、16.8% 和 8.3% 的比例占据中国专车服务活跃用户覆盖率的前三名，专车行业市场格局已基本锁定。

在租车出行领域，专车对其他租车出行方式形成了强烈的替代效应。相对出租来说，消费者普遍认同专车在乘车服务质量、车内环境、预约便捷性、车费补贴等各方面都更优，因此，大量消费者表示愿意选择专车出行。有调查显示甚至超过 35% 的消费者表示，在高峰时段愿意支付高于出租车 20% 的溢价选择专车出行。从车辆租赁公司的角度来看，专车方便快捷、性价比高、操作更加简单。从车辆租赁的用途性质分类，我们大致可以将租赁车辆分为商务型专车和普惠型专车。商务型专车主要是用于商务用途，普惠型专车更偏重于服务普通消费者日常出行用途。面对 5000 亿元的出行市场需求，专车在商务型专车和普惠型专车中都形成了一定的替代效应。从其他非专车类及黑车的角度来看，专车无疑更加安全，在专车网络平台上拥有完善的用车记录、车辆轨迹和司机等信息，专车的替代效应明显。从城市公共交通的视角来看，城市公共交通的完善程度对专车的替代性也有非常大的影响，面对全国一、二线城市高峰时段"堵城"现象，公共交通几近崩溃，由于行车路线的灵活性，在高峰时段专车对于公共交通具有显著的替代效应。

中央政府通过调研为专车服务划定了政策边界，各地方政府坚持以出租车行业监管办法严格管制专车。早在 2014 年 10 月中旬，交通运输部一行对滴滴进行了深入调研。一方面，作为中央政府主管部门调研团队给予专车服务高度评价，认为专车是移动互联网技术在交通运输领域的创新运用，有利于解决城市交通拥堵的顽疾。另一方面，提出专车行业是一种新型的网络预约出租车，专车行业要依法合规经营，实现移动互联让多方共赢的格局。而随着专车服务的扩散，2014 年底至 2015 年初，多地出现出租车罢运抵制专车现象；2015 年 3 月"两会"前后，《人民日报》等中央媒体呼吁政府不应"懒政"，不要简单地抵制专车，应该保护和积极引导专车这一新兴产业形态。"两会"期间时任交通运输部部长杨传堂也表示，要尊重租赁车辆的市场管理，应该给予专车发展空间，并认为专车服务新模式对满足运输市场高品质、多样化、差异化需求具有积极作用。但是，同时也表示任何运营服务都要遵循市场规则、维护公平竞争的市场秩序。私家车永远不允许当专车使用。[①]

租车出行领域专车平台企业之间激烈的市场竞争、专车行业市场格局的锁定，以及政府对于专车服务监管政策的严厉性，对专车平台企业、消费者以及专车司机都形成了深刻影响。从专车平台企业来看，滴滴快的继

---

① 《人民网评：一味封堵"专车"有懒政之嫌》，人民网，2015 年 1 月 20 日。

续实施补贴策略，易到等其他专车平台表示这种竞争行为"不健康、不可持续"，同时，也表示不会跟随这种竞争行为；出租车司机则普遍认为专车"免掉起步价，很多乘客都不会再打出租车"，专车的补贴行为已经深深触及出租车市场，抢占了出租车的客户资源；专车平台则认为政府对于专车行业政策不明朗，影响了专车行业的发展。

（二）第三阶段出行领域出租车和租车行业的场域特征比较

通过案例中场域特征的分析，我们对出行领域内出租车和租车行业的场域情境进行了详细分析，从行业管制、车辆供给、客户群体、主要问题等角度进行了比较研究，具体如表 12-1 所示。

表 12-1 　　　　　第三阶段出租服务场域典型证据及特征分析

场域情境	典型证据	出租车逻辑特征	典型证据	专车逻辑特征
行业管制	出租车的特许经营制度并未改变，只是做了一些调整，如上海市于2014年9月制定发布《关于规范出租汽车手机软件召车等网络预约服务管理的通知》，禁止出租车行业高峰期加价的行为	仍然推行特许经营、数量和价格管控	一是中央政府明确要规范专车管理，2015年两会期间，时任交通运输部部长杨传堂肯定专车服务新模式，重申禁止私家车通过接入专车平台从事专车业务；二是地方政府对专车严格管制，2014年底至2015年初，多地叫停专车	未正式出台管理法规，中央政府鼓励专车模式但严格禁止私家车进入；地方政府严格监管专车，多地叫停专车模式
车辆供给	2015年6月底，杭州市出租车面临20多年来最严重的"退车潮"。在深圳1.6万辆出租车每个白天却有近一半时间在空驶；同时，在上海也出现了类似的情况，在上海某出租车公司的停车场内，每天平均有200辆出租车被"空置"，那些车因为没有司机而无法上路运营，只能空置着"烧钱"	由于大量乘客被专车抢夺，出租车空驶现象普遍，大量出租车闲置	受到专车平台企业补贴刺激，专车供给持续增加。滴滴快的车源由大量私家车加盟，少量车源由租车公司提供；优步车源主要以私家车为主；神州10万辆自营车辆转为专车；易到私家车和具有运营牌照的车辆各占50%	大量私家车不断涌入专车平台，平台自营车辆和租赁车辆比例下降，车辆供给潜力大，但是政策风险大

续表

场域情境	典型证据	出租车逻辑特征	典型证据	专车逻辑特征
客户群体	各地出租车司机普遍反映，专车出现后他们的日接单量变少、营收下降。以杭州为例，2015 年 5 月杭州市出租车客运总量出现了两成的下滑，专车的出现，使杭州每天搭乘出租车人次减少了 15 万	受到专车平台补贴战的影响，更多乘客选择专车服务，出租车客户骤减	一号专车和滴滴专车，也已经让消费升级的服务来到一、二线城市的普通人身边。"专车"服务被越来越多的消费者所认识，并且开始形成习惯	从高端用户到普通用户群体，已习惯于使用专车服务
主要问题	我国对出租车行业实行的是特许经营管理，即政府对出租车数量、价格、服务质量和从业人员等进行管制，而专车行业不受特许经营管理的约束	专车打破了出租车垄断经营，导致出租车逻辑受到巨大挑战	一方面，专车不得不面对地方政府的严格管制，如北京、上海、济南、青岛等多地叫停专车；另一方面，专车行业内部的恶性补贴竞争给众多专车平台的可持续发展和生存带来极大挑战	面对市场冲突和制度困境的双重压力，专车平台企业、专车制度逻辑得到政府政策的合法性认可，助推行业长期良性发展

资料来源：笔者整理。

由表 12 - 1 可见，专车服务市场的组织场域结构呈现了如下特征。

（1）行业管制。案例显示，专车制度逻辑的快速扩散，出租车的监管制度并未改变，仍实行特许经营的行业监管，而多地地方政府加大对专车的监管，专车在多地被叫停。一方面，出租车行业的特许经营制度并未改变，只是做了一些调整，如上海市于 2014 年 9 月制定发布《关于规范出租汽车手机软件召车等网络预约服务管理的通知》，禁止出租车行业高峰期加价的行为。同时，地方政府对出租车行业仍坚持施行特许经营、数量管控和价格管控，随着出租车行业逻辑不断受到专车制度逻辑的挑战，取消出租车特许经营制度改革的呼声日益高涨。另一方面，专车的监管制度仍未明确，多地叫停专车。从专车行业的发展来看，中央政策面对专车行业的发展，显示出"政策智慧"，预留了政策空间，继 2014 年 10 月调研滴滴总部，高度肯定了专车的创新模式，2015 年 3 月"两会"期间，交通运输部再次肯定专车服务新模式，也再次重申，禁止私家车通过接入专车平台从事专车业务。为专车行业发展划定了政策红线。此举也可以理解为中央政府设立了非正式的政策边界。地方政府对专车严格管制，2014年底至2015年初，多地叫停专车，不少地方交通管理部门将"专车"直接定义为"黑车"。

（2）车辆供给。案例显示，在专车制度发展的第三个阶段，专车制度逻辑受到消费者的普遍认可，各个专车平台企业的补贴竞争更是促进了专车制度逻辑在出行领域内的扩散，专车出行成为租车出行领域消费者的主要出行方式。由于大量乘客被专车抢夺，出租车空驶现象普遍，大量出租车闲置，2015年6月底，杭州市出租车面临20多年来最严重的"退车潮"。在深圳1.6万辆出租车每个白天却有近一半时间在空驶；[①] 同时，在上海也出现了类似的情况，在上海某出租车公司的停车场内，每天平均有200辆出租车被"空置"，那些车因为没有司机而无法上路运营，只能空置着"烧钱"。[②] 从2014年底到2015年初多地发生了出租车司机集体聚集、集体罢运和抵制专车事件，尤其是2015年元旦假期结束后的第一个工作日，在早晚高峰时段，沈阳、南京等多地出租车司机发生集体罢运。[③] 从专车的供给来看，首先，专车在多地受阻。多地政府对专车进行了限制，北京、上海、济南、青岛等多地叫停滴滴等专车。多地专车被迫转入地下，部分司机暂时出现观望态度，不再运营专车服务。其次，私家车受到专车平台的补贴激励大量涌入专车平台，观察专车行业中核心专车平台企业发现，滴滴快的车源由大量私家车加盟，少量车源由租车公司提供；优步车源主要以私家车为主；神州10万辆自营车辆转为专车；易到私家车和具有运营牌照的车辆各占50%。而私家车的涌入又为专车平台的持续发展带来了政策风险。

（3）客户群体。案例显示，出租车的客户群体大量流入专车行业，随着专车制度逻辑的扩散，尤其是专车补贴战的影响，更多乘客选择专车服务，出租客户骤减。各地出租车司机普遍反映，专车出现后他们的日接单量变少、营收下降。以杭州为例，2015年5月杭州市出租车客运总量出现了两成的下滑，专车的出现，使杭州每天搭乘出租车人次减少了15万。而专车制度逻辑的不断扩散则推动了专车客户群体的快速发展。易到专车的发展之初致力于服务高端商务用户，神州也是以企业级用户为主，而滴

---

① 资料来源：《五城体验"没有滴滴的深夜"：的哥生意回暖，有市民称不方便》，环球网，https://m.huanqiu.com/article/9CaKrnKcrQv。

② 资料来源：《上海现"的哥"离职潮 出租车行业暗流涌动》，中国财经，http://finance.china.com.cn/industry/wl/20150727/3253781.shtml。

③ 资料来源：《多地出租车罢运："祥子"集体不拉活，仅是"专车""黑车"惹的祸？》，新华日报，2015年1月7日。

滴、快的、Uber 的用户群体则偏向集中于年轻群体、白领用户群体。随着专车制度逻辑的扩散，专车客户群体从高端用户向普通消费者用户群体普及，租车出行领域的消费者开始习惯于使用专车服务。一号专车和滴滴专车，也已经让消费升级的服务来到一、二线城市的普通人身边。"专车"服务被越来越多的消费者所认识，并且开始形成习惯。

（4）主要问题。案例显示，出租车行业资源垄断引发了出行领域一系列的社会问题，比如行业的排他性歧视，尤其是对专车行业的抵制和排斥，出租车公司作为既得利益集团和地方政府联合抵制专车行业的发展。我国对出租车行业实行的是特许经营管理，即政府对出租车数量、价格、服务质量和从业人员等进行管制，而专车行业不受特许经营管理的约束，专车打破了出租车垄断经营，导致出租车逻辑受到巨大挑战。出租车公司存在已久的暴利经营问题等受到中央媒体等高度关注。而最为突出的问题的是，理应提供公共交通出行服务的出租车行业，由于受到专车的挤压，在全国多地爆发了出租车集体聚集、集体罢运等事件。而对于专车行业，地方政府参照出租车监管法规对专车行业进行监管，限制私家车进入专车平台运营。部分地方政府还联合出租车公司对专车展开监管，专车平台在快速发展的同时存在政策风险。一方面，专车不得不面对地方政府的严格管制，如北京、上海、济南、青岛等多地叫停专车；另一方面，专车行业内部的恶性补贴竞争给众多专车平台的可持续发展和生存带来极大挑战，面对市场冲突和制度困境的双重压力，专车平台企业期盼专车制度逻辑得到政府政策的合法性认可，助推行业长期良性发展。

二、组织场域结构与专车服务市场的机会沉没

（一）第三阶段组织场域的制度化程度和多重性水平分析

1. 出租服务场域结构的多重性水平分析

专车制度逻辑已基本覆盖市场，与之前的两个阶段相比较，出租服务场域的制度多重性水平反而降低了。专车平台之间的补贴竞争正在悄然转向。首先，补贴竞争方式受到出行领域内多方行动者的普遍质疑。专车平台企业之间的补贴大战，实现了争取客户和司机资源的阶段性战略目标。然而，专车制度逻辑的市场认可度几乎达到上限。也就是说专车平台企业不仅感到了竞争压力，也受到其背后产业资本的推动作用。滴滴快的合并之后，虽然延续了补贴战略，但是不论从企业内部，还是企业外部来说，

继续通过实施补贴战，来争取扩大客户和司机资源的方式，受到来自市场消费者、媒体、政府和资本方的普遍质疑。

其次，消费者对于专车 App 使用黏性下降。所谓使用黏性，是指消费者使用某一种专车 App 的专注程度。如果某个消费者同时安装有 3 个及以上的专车 App，我们则认为该消费者对于某种特定的专车 App 的使用黏性比较低。而随着补贴战的发展，专车消费者的用户忠诚度不断下降，部分专车平台企业甚至抱怨消费者根本就没有忠诚度。专车平台企业通过"烧钱"补贴的方式，吸引消费者的发展模式已经表现出不可持续性。

最后，专车出行在经历了 2014 年的爆发式增长后，到 2015 年年中，专车市场也由最初的群雄逐鹿逐步演变为滴滴、Uber、神州专车的三足鼎立。根据 Analysys 易观智库中国数字消费用户雷达数据显示，2015 年 5 月滴滴快的、Uber 和神州专车分别以 86.2%、16.8% 和 8.3% 的比例占据中国专车服务活跃用户覆盖率的前三名，专车行业市场格局已基本锁定。

因此，在这个阶段，我们发现虽然专车平台企业之间的竞争，以及专车平台企业与出租车企业之间的竞争风起云涌，但是租车出行领域中似乎已经没有"新鲜事"，专车服务对于消费者来说已成为"乘车补贴服务"，尤其是随着三大平台三足鼎立的地位确定，行业内市场格局基本锁定，出行领域的制度多样性大大降低了。

2. 出租服务场域结构的制度化水平分析

在出租服务场域中，专车制度逻辑和出租车制度逻辑的制度化程度都比较高。一是出租车行业依旧维持特许经营制度，制度化程度依然很高。地方政府对出租车行业仍坚持施行特许经营、数量管控和价格管控。随着出租车行业逻辑不断受到专车制度逻辑的挑战，取消出租车特许经营制度改革的呼声日益高涨。二是专车逻辑触及出租车制度逻辑，引起地方政府的管制和叫停。专车逻辑的迅速扩散得益于专车平台企业之间的补贴大战。从 2014 年底到 2015 年初愈演愈烈的补贴大战，不仅刺激消费者下载专车平台企业 App，大大增加了以滴滴快的为代表的专业平台企业的用户安装基础，同时，也对司机产生了巨大的推动作用，使得数量可观的司机涌入专车市场。消费者市场的萎缩和司机资源的流失，成为专车平台企业与出租车公司和司机之间爆发利益冲突的直接原因。而专车平台企业的车费补贴直接冲击出租车价格，成为激化冲突的导火索。地方政府对专车强化管制，2014 年底至 2015 年初，多地叫停专车，不少地方交通管理部门将"专车"直接定义为"黑车"。

　　从租车出行领域的制度化程度来分析，在租车出行领域，专车行业经过前两个阶段的发展，得到消费者的广泛认同，受到媒体的关注，并引起中央和地方政府的重视。第三阶段开始专车制度逻辑的制度化水平与第二阶段相比明显提升，达到高制度化水平。通过案例分析，我们发现，从国家顶层设计的角度来看，中央政府还没有出台专车行业的法规政策，从出租车行业业已完备的治理规范对专车服务进行划界，标示"政策红线"，预警市场，认定私家车不能作为承运车辆，开展专车服务。专车行业的制度空间进一步明晰。而各地方政府，在遵循惯例的前提下，先行依据出租车行业的监管措施，如国家 2004 年 4 月公布的《中华人民共和国道路运输条例》等，联合本地出租车公司和出租车司机，对专车行业进行了具有针对性的管制措施，表现出很强的制度约束。不少地方交通管理部门将"专车"直接定义为"黑车"，直接叫停专车服务。相较于地方政府，中央政府相关政策的顶层设计部门一直处于持续跟踪关注行业动态和事态发展的过程中。2015 年初，交通运输部在多地政府与出租车公司联手围堵专车之时，又再次发声肯定专车服务创新模式，但是明确声明禁止私家车接入专车平台从事专车业务。2015 年 3 月"两会"期间，时任交通运输部部长杨传堂再次表示肯定专车服务对于满足城市运输市场多样化、差异化、高品质的出行需求具有重要意义，同时，也再次为专车划定政策红线，即私家车不允许充当专车使用。① 中央政府主管部门通过调研、媒体采访和公开表态等为专车服务进一步发展提供了制度逻辑发展的空间，如表 12 - 2 所示。

表 12 - 2　　　　第三阶段出租服务场域结构特征与专车服务市场
机会沉没的案例分析及结论

项目	案例分析			结论	
	情境	出租车	专车服务	制度化程度	多重性程度
场域结构特征	行业管制	特许经营、数量和价格管控。与地方政府联合，坚持出租车行业监管制度	未正式出台管理法规，中央政府在调研的基础上肯定专车服务的创新模式，但划定政策红线：私家车禁入。地方政府严格监管	高；出租车行业依旧严格实行特许经营监管，各地对专车的监管不断升级甚至叫停专车服务	—

---

① 《交通部部长赞专车创新 代表委员称其意义非同小可》，中国网，2015 年 3 月 5 日。

续表

项目	案例分析			结论	
	情境	出租车	专车服务	制度化程度	多重性程度
场域结构特征	客户群体	受到打车软件补贴战的影响,更多乘客选择专车服务	从高端用户到普通用户群体,习惯于使用专车服务。乘客的使用黏性下降,更加关注补贴而非专车服务本身	—	低;乘客群体进一步扩散到高端群体至普通消费者的各个群体。专车服务如同出租车服务被普遍接受
	服务水平	未见明显改善。服务水平仍存在参差不齐的现象	网络预约专车服务的品质化、多样化、普及化标志着专车服务水平趋同	—	低;出行领域内的核心专车平台企业所提供的网络预约专车服务都趋向于品质化、多样化和普及化
	服务模式	出租车模式转变,网络预约也逐渐成为出租车重要的打车方式	多个平台推出同质化的"类专车"服务,专车服务模式普及	—	低;预约服务较为普及,网络预约租车成为出租车和专车的共有服务模式
场域的现状及机会	情境	出租车	专车服务	出租服务场域的现状	出租服务场域的机会
	供需情况	出租车受到专车服务的挤压,多地发生集体罢运	车源扩大,包括租车公司具备营运资格的牌照车,专车公司的自营车,以及更多的私家车加盟专车平台,车辆供给充裕	大量租赁车辆和私家车涌入专车领域,车辆已经供大于需。同时,由于激烈的补贴竞争,打车需求也已经充分释放	专车制度逻辑已基本覆盖市场,车辆供给充足,打车需求也已过度释放,出租服务场域的增长空间基本消失
	制度监管	出租车行业与地方政府联合维护出租车行业发展。但是出租车特许经营制度逻辑受到舆论的批判	地方政府参照出租车行业管理法规对专车行业进行严格管制,多地叫停专车	以出租车行业的管理法规为基准,专车行业受到严格监管。出租车制度逻辑努力维持原有的制度逻辑	滴滴等专车行业标杆企业积极配合中央政府相关主管部门调研,寻求专车制度逻辑的顶层认同,专车制度逻辑面临制度甄别

资料来源:笔者整理。

分析第三阶段的出行领域的机会特征，我们发现，整个出行领域发生了三个方面的变化：一是专车制度逻辑的扩散。专车制度逻辑经过前两个阶段的发展，在租车出行领域获得充分扩散。专车的日订单数从 2014 年初不足 1 万到 2015 年初突破 20 万，专车已经成为更多消费者租车出行的选项。① 专车平台企业之间的市场竞争及合作的行为，进一步加速了出行领域利益相关行动者对于专车制度逻辑的认知和接纳。如专车平台企业之间的补贴大战，滴滴和快的合并，各专车平台企业获得融资规模的扩大等。二是出租车制度逻辑的惯性坚持。随着专车制度逻辑在出租服务场域中的蔓延，出行领域的利益相关者，包括媒体、地方政府、中央政府等都对专车平台企业和专车服务更加关注。在出行领域内，地方政府参照出租车行业治理规范，对专车行业严格监管。对"私家车专车化"的现象严厉打击；出租车公司和司机，通过集体罢运，联合地方运管打击专车等方式，压制专车发展。三是众多专车平台企业推出"类专车"同质化服务。人民 Uber、滴滴快的、神州、易到等专车平台，虽然平台运营模式各有不同，但是推出的专车服务并没有太大的差异。滴滴快的致力于打造"一站式"的智能出行平台，神州的主力是自营车并专注于高端商务用车，人民优步以私家车为主建设开放式普惠型的专车平台，易到从高端商务领域切入专车服务，这些平台都提供了面向普通消费者的专车服务。

比较该阶段整个组织场域的结构特征和场域的机会特征（如图 12 – 1 所示），我们发现，从场域多重性的角度分析：首先，出租车行业虽然受到专车行业的冲击，但是出租车制度逻辑仍处于主导地位。不论中央政府还是地方政府，都参照出租车制度逻辑，对专车行业进行监管。其次，由于专车制度逻辑的广泛扩散，以及专车服务的同质化，使得专车制度逻辑在出行领域成为一种新的范式，个别专车平台企业的专车服务不再具有示范性和形塑作用。最后，出租车运营模式受到专车影响，不再仅限于马路巡游，出租车也能够实现专车提前预约和网络预约的约车方式。出租服务场域消费者面临的是"出租车依旧，专车不再新"的场域情境，从而使得场域的多重性水平降低了。从制度化程度来分析，政府更加关注租车出行领域的制度监管，并将专车行业作为出租车行业的延伸。中央政府对专车行业的治理划定了政策界限，在大力鼓励专车服务创新的同时，明确表示私

――――――――――

① 资料来源：《中国专车市场分析报告》。

家车不能作为专车运营。地方政府在国家层面未正式出台专车行业治理制度之前，对专车的管制更加严苛。因此，可以看出在这个阶段出租车制度化的程度非常高。此外，专车制度逻辑的制度化程度也提升到一个高水平。消费者通过网络预约专车服务，成为出行领域的普遍现象和默认的出行规则。由此可见，第三阶段出行领域的组织场域特征呈现出较高的制度化程度和较低的多重性水平。各专车平台企业不再进行"资本消耗式"的市场竞争。出行市场逐渐形成多专车平台企业平行运营、同质服务的格局。政府对专车的管制非常严格，场域逐渐稳定，专车服务市场机会沉没。

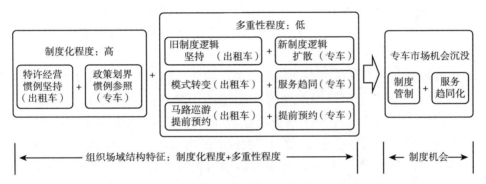

图 12-1　组织场域的结构特征与专车服务市场的机会沉没

第二节　出租服务市场的再协调性集体行动模式

一、第三阶段出租服务场域的集体行动特征

（一）第三阶段专车服务市场集体行动的案例描述

面对市场冲突和制度困境的双重压力，专车平台企业在冲突竞争的同时，开始面向平台间企业以及平台外部资源，甚至竞争对手出租车行业寻求更多合作与协调。2016 年 8 月 1 日，专车市场最大的两个平台——滴滴和 Uber 中国合并，根据新浪财经公布的数据，2015～2016 年，滴滴的市场份额稳定在 70%～80%，Uber 位居第二名。

同时，虽然多地对专车仍采取围剿，但上海、义乌、杭州等地开始探索专车和出租车共存经营的改革模式，同时全国和地方层面的出租车、专车管理改革方案也不断推进。上海市交通委员会在 2015 年 5 月宣布与滴滴公司联手成立专门工作组，制订专车试点方案，市交通委与沪上四大出租车企业及滴滴打车联合推出上海出租车信息服务平台的同时，宣布三方成立全国首个预约租车管理办法工作组，共同制定一套可操作可持久的专车管理机制，争取专车合法化问题在上海解决。2015 年 10 月 8 日，上海市政府向滴滴发出首张网络预约租车平台经营资格证。

2015 年 7 月底，交通运输部相关人士对外表示，涉及互联网专车与出租车的改革制度——网络约租车管理办法和出租车改革方案已经起草完成，不久将向社会公开征集意见。2015 年 10 月 10 日，交通运输部正式发布《关于深化改革进一步推进出租汽车行业健康发展的指导意见（征求意见稿）》和《网络预约出租汽车经营服务管理暂行办法（征求意见稿）》。2015 年 12 月 30 日，杭州市出台了《杭州市人民政府关于深化出租汽车行业改革的指导意见》，对出租车实行经营权无偿使用，正式放弃了出租车"特许经营"的规定。

2016 年 7 月 28 日，国务院办公厅出台了《关于深化改革推进出租汽车行业健康发展的指导意见》，明确"促进巡游出租汽车转型升级，规范网络预约出租汽车经营"；同时，规定对新增出租汽车经营权全部实行无偿使用。同时交通运输部、工业和信息化部、公安部、商务部、工商总局、质检总局、国家网信办 7 个部门出台了《网络预约出租汽车经营服务管理暂行办法》，明确新政于 2016 年 11 月 1 日起实施。2016 年 9 月 9 日，交通运输部公布了《出租汽车驾驶员从业资格管理规定》和《巡游出租汽车经营服务管理规定》，作为出租车、网约车新政的配套政策。2016 年 10 月 8 日，北京等四地发布《网络预约出租汽车经营服务管理暂行办法（征求意见稿）》；2016 年 12 月 21 日，北京、上海、广州等地交通委正式发布《网络预约出租汽车经营服务管理细则》；2017 年 3 月 17 日，据交通运输部发布，北京、天津、上海、重庆等 73 个城市的网约车管理实施细则正式发布。在中央统一的框架性管理办法下，各地方政府进一步细化和明确了专车的规范化管理细则。

（二） 第三阶段集体行动特征的编码分析

通过对该阶段场域中相关主体的行动进行编码分析，如表 12 - 3 所示，我们对出租服务场域相关行动者的资源利用和能动性行动特征进行了详细分析。

表 12 - 3　第三阶段集体行动模式主要特征的典型引用举例及编码结果

特征	主构念	子构念	关键词	部分代表性数据引用	行动主体	来源
集体行动特征：(1)资源利用	资源聚集	构造联盟	滴滴与Uber中国合并	2016年8月1日,滴滴和Uber中国合并。双方达成战略协议,滴滴出行和Uber全球将相互持股……	ZC	ZWP
			滴滴与汽车厂商合作	2016年4月,滴滴与汽车厂商合作,正式推出"伙伴创业计划",利用"互联网"促进就业……	ZC&PA	PP
			滴滴与出租车公司联合	2016年4月底,滴滴从线上走进线下,联手上海海博出租车公司,推出不同于传统的出租车承包制的"滴滴海博"专车……	ZC&TX	PP
			上海市政府与滴滴合作	2015年5月18日,上海市交通委宣布,将与滴滴公司联合成立专门工作组……拿出上海的专车试点管理方案……	LG&ZC	PP
		用户聚集	滴滴新服务聚集麻友用户	2015年6月,滴滴在成都上线了"一键呼麻友"新服务……通过该公司旗下专车App呼叫麻友……	ZC	PP
		资源拓展	滴滴推出快车	滴滴推出快车这一"专车"新产品……打车和专车之间,提供一种低价产品,消化了专车的冗余运力……	ZC	ZWP
		资源融入	易到启用电动车	易到用车启动"E-Car计划",使用新能源电动车,价格远低于出租车……同时也规避了一定的政策风险……	ZC	ZWP
			滴滴、出租车平台流量融合	……为进一步加强与出租车平台的合作,在流量融合方面,滴滴平台已经可以实现出租车网约车订单和后台系统的打通……让出租车司机在承接出租车订单基础上,承接网约车订单……	ZC&TX	ZWP
		偶像效应	马化腾为顺风车做广告	滴滴顺风车不到一个月的时间,日订单峰值已经超过60万……	ZC	ZWP

续表

特征	主构念	子构念	关键词	部分代表性数据引用	行动主体	来源
集体行动特征：（2）能动性	策略型能动性	话语策略	滴滴向媒体展示专车公益性	滴滴之所以看重顺风车、代驾、巴士等产品，是因为产品属性可以顺应《小客车合乘出行意见》等政府治堵方案，借力智能交通的同时又有公益属性……	ZC	WR
			交通运输部起草报批出租车和专车新规	2015 年 7 月底，交通运输部相关人员表示，涉及出租车和专车的两项相关制度均起草完毕，已报送至国务院批准……新生事物的出现正倒逼传统行业转变……促使监管部门制定相关法规……	CG	PP
			国家行政决策辅助机构支持出租车网约车融合发展	……时任国家行政学院决策咨询部副主任丁元竹的观点是，非常赞成出租车、网约车融合发展，一起满足社会需求……	PA&ZC	PP
		制度期盼	专车司机期盼政府尽快出台政策认定专车	"专车究竟是黑是白，政府赶紧给个痛快话吧。"专车司机当得"提心吊胆"，程某一直在等待政策出台……	ZC	TD1
			法律界人士认为，政府应取消出租车业特许经营权使用费	……北京志霖律师事务所律师、中国互联网协会信用评价中心法律顾问赵某领认为"不应过多地牵扯到政府部门利益，特别是特许经营权使用费，政府应该逐步取消这笔收费"……	PA	WR
			出租车司机期盼出台出租车新政	……有出租车司机表示"我希望能取消出租车公司，由个人经营出租车，直接向政府缴纳费用，让政府出台制度去监管出租车司机。"……	TX	TD1

续表

特征	主构念	子构念	关键词	部分代表性数据引用	行动主体	来源
集体行动特征：（2）能动性	策略型能动性	政策响应	交通运输部起草专车和出租车新政	2015 年 10 月 10 日，交通运输部起草了《关于深化改革进一步推进出租汽车行业健康发展的指导意见》和《网络预约出租汽车经营服务管理暂行办法》，并向社会公开征求意见……	CG	PP
			杭州出台出租车新政	2015 年 12 月 2 日，杭州市人民政府正式发布了《关于深化出租汽车行业改革的指导意见》，正式放弃了出租车"特许经营"的规定……	LG	HG1
		策略转向	滴滴加速向出租车网约车合作策略调整	2016 年 8 月 31 日，为调整以往同时发展私家车、出租车、租赁车的策略，滴滴同北上广深杭等十余个城市的近 50 家出租车企业达成战略合作……加速与出租车平台型企业的合作……	ZC&TX	ZWP
		政策建议	滴滴提出政策建议	滴滴对于《网络预约出租汽车经营服务管理暂行办法（征求意见稿）》正式提出三条意见建议……	ZC	ZWP
			政府公开反馈征求意见稿的反馈意见	2015 年 10 月 26 日，中国交通新闻网、交通运输部运输服务司，公布了专车新政征求意见稿，自 2015 年 10 月 10 日向社会公开征求意见以后，共收到十个方面的意见和建议……	CG	PP
		路径预想	滴滴快的要构建出行生态圈	2015 年 7 月，滴滴快的在内部邮件中强调要让生态圈的所有参与者共赢，在滴滴的下一个三年规划中，指出要为 3000 万人提供出行服务，服务 1000 万司机的并行目标……	ZC	WR

注：行动主体列中 ZC 表示专车平台，CS 表示消费者，PA 表示其他，TX 表示出租车，CG 表示中央政府，LG 表示地方政府。ZC&TX 表示专车平台和出租车。

　　通过分析第三阶段场域相关行动主体的能动性和资源利用特征，我们一共获得了 45 条编码，其中关于能动性的编码有 28 条，关于资源利用的编码有 17 条，具体如下所述。

　　能动性特征。第三阶段的能动性特征编码显示，有 25 条编码是"策略型"能动性，有 2 条编码是"意义建构型"能动性，有 1 条编码是"惯常型"能动性。在 25 条"策略型"能动性中，3 条是"话语策略"，涉及滴滴向媒体展示专车公益性、交通运输部起草报批出租车和专车新规、国家行政决策辅助机构支持出租车网约车融合发展等；8 条是"制度期盼"，涉及专车司机期盼政府尽快出台政策认定专车、滴滴快的展示发展愿景、法律界人士认为政府应取消出租车行业特许经营权使用费、国家发改委有关人员描绘有滴滴参与的网约车发展前景、出租车司机希望规范专车、出租车司机期盼出台出租车新政、出租车平台认为应规范专车治理等；6 条是"政策响应"，涉及交通运输部起草专车和出租车新政、中央政府正式出台出租车新政、中央政府正式出台网约车新政、杭州出台出租车新政、义乌出台出租车业新政、四地联发专车新政等；2 条是"策略转向"，涉及滴滴加速向出租车网约车合作策略调整、滴滴出租车合作调整运营模式等；4 条是"政策建议"，涉及滴滴提出政策建议、滴滴向媒体发表政策建议、国家发改委有关人员发表政策建议、政府公开征求意见稿的反馈意见等；2 条是"路径预想"，涉及滴滴快的要构建出行生态圈、滴滴构想未来发展路径。

2 条"意义建构型"能动性中，1 条是"对手压制"，涉及神州专车发布针对 Uber 的竞争性广告；1 条是"实践破冰"，涉及上海市政府为滴滴快的颁发许可。

根据上述能动性的编码，我们可以发现，在第三阶段，行动主体主要采取的是"策略型"能动性，其他还包括"意义建构型"和"惯常型"能动性。租车出行领域内的行动主体都积极展开了面向未来的"策略型"能动性。首先，从专车平台来看，专车平台主要开展了"话语策略""制度期盼""政策响应""政策建议""路径预想"等能动性行为。这些能动性行为主要致力于三个方面的目的：一是对外宣示企业经营的价值理念，即通过移动互联技术解决交通领域的消费者出行难题，承担企业社会责任；二是期盼国家专车监管制度尽快出台，并积极对相关政策的制订提供政策建议和响应；三是专车平台的标杆企业对城市出行生态进行战略展望。其次，从出租车来看，出租车公司和出租车司机开展了"制度期盼""策略转向"等能动性行为。这些能动性行为主要致力于两个方面的目的，一是出租车公司与专车平台企业之间不再进行市场竞争行动，而是从竞争策略转向合作和结盟策略。出租车平台企业主动向专车平台靠拢，致力于在未来的出行领域联合发展，走竞合发展的道路。二是出租车司机通过媒体等渠道希望政府出台专车监管相关政策，规范专车行业的治理。同时，也盼望政府对出租车行业进行深度改革，改善出租车特许经营制度，从而改变出租车公司对于出租车司机的管理方式，包括份子钱等。最后，从政府来看，从中央政府到地方政府都积极响应出行领域利益相关行动者对于国家给予专车行业顶层设计和政策供给的需求，并与核心专车平台企业紧密合作，推动相关政策的制订和完善。其中，中央政府不仅扮演了政策顶层设计的角色，同时，也通过中央媒体向社会展示政府治理专车行业的态度和行动，推动专车制度逻辑成为租车出行领域主导制度逻辑，部分地方政府如义乌、上海等地开展专车治理办法的先行先试，为国家专车行业监管政策的制订提供经验。

资源利用特征。第三阶段的资源利用特征编码显示，有 16 条编码是"资源聚集"资源利用模式，有 1 条编码是"资源积累"资源利用模式。在16 条"资源聚集"资源利用模式中，有 6 条是"构造联盟"，涉及滴滴和Uber 中国合并、百度推出顺风车、滴滴与汽车厂商合作、滴滴与出租车公司联合、上海市政府与滴滴合作、上海市政府联合滴滴推广信息服务平台等；有 3 条是"用户聚集"，涉及滴滴新服务聚集麻友用户、滴滴新服务聚集龙虾用户、滴滴新服务聚集用户；有 2 条是"资源拓展"，涉及滴滴推出快车、顺风车等；有 3 条是"资源融入"，涉及易到启用电动车、滴滴和出租车平台流量融合、滴滴平台将优质出租车司机融入服务阵列等；有 1 条是"用户反向聚集"，涉及神舟攻击营销反使 Uber 用户激增；有 1 条是"偶像效应"，涉及马化腾为顺风车做广告。

该阶段有 1 条"积累型"资源利用模式是"资源保留"。

根据上述资源利用的编码，我们可以发现，在第三阶段，行动主体采取的是"聚集型"和"积累型"的资源利用模式。租车出行领域利益相关主体采取结盟的方式聚集资源，将专车制度逻辑在租车出行领域进一步推广。

二、再协调性的集体行动模式

通过对第三阶段行动者集体行动特征的编码分析，我们发现，从能动性的模式来看，出行领域的行动者采取了"策略型"和"意义建构型"的能动性策略。从资源利用的模式来看，行动者主要采用了"聚集型"和"积累型"

的资源利用模式。而对第三阶段的集体行动编码得到了如下结果。

专车平台从多维角度构建合作联盟，致力于推动专车制度逻辑成为未来出行领域的主导制度逻辑。专车平台采取了"政策期盼""政策建议""话语策略""路径预想"等策略性的能动性，力图转变角色，并经过了若干阶段的角色转变过程。从政策的"受"与"制"的角度，专车平台企业从传统出租车行业监管政策的"受制者"，努力转变成为专车行业监管制度的呼吁者、推动者和参与者；从竞争的"施"与"释"的角度，经过前两个阶段的激烈竞争，专车平台企业中的领军企业作为专车场域内市场竞争的实施者，经历了"竞争—淘汰—竞合"的发展历程。随着滴滴和快的合并，在专车市场形成滴滴快的、Uber、神州三足鼎立的市场格局。滴滴快的并没有延续竞争性的市场策略，而是致力于构架一个良好的专车出行生态，与专车消费者、专车司机、公共秩序的治理者和维护者在出租车行业形成一个价值共赢的生态系统，有力地释放了专车市场的具有价值破坏作用的竞争性动机。因此，首先，我们发现，专车平台企业采取了"话语策略""制度期盼""政策响应""政策建议"等策略型能动性，主要是专车平台企业中的领军企业积极参与地方和中央政府关于专车行业的变革进程。尤其是滴滴从 2014 年 10 月就开始积极配合中央政府对专车行业的调研。进入2015 年 5 月后，滴滴在上海、义乌等多地配合政府对出租车行业的改革，积极参与网络预约租车行业的变革进程。同年 6 月，滴滴与上海市交通委员会、上海市其他四大出租汽车企业共同上线了"上海出租汽车信息服务平台"。该平台整合了专车和出租车平台资源，成为出租车制度改革和专车制度正式出台前，上海市政府对于专车和出租车的一个过渡性兼试验性方案。专车平台企业期盼政府对于过渡性方案的检验和经验总结，能够为制订专车制度提供政策借鉴。其次，专车平台企业中的领军企业还采取了"策略转向"和"路径预想"等策略性的能动性。积极面向出行领域的相关利益者，倡导实现价值共赢，转变了与出租车行业等的竞争性策略。滴滴坚持以用户体验作为企业战略发展的基石，积极拓展专车制度逻辑，其出行生态圈不仅涵盖了个人业务，还涉及了商务业务和公共出行。2016 年 8 月，滴滴出行和北上广深杭等十余个城市的近 50 家出租车企业达成战略合作。业务范围从专车（包括与 Smart 合作）、快车、拼车、顺风车、代驾等，到出租车、商务接送机、公共班车等，实现了对出行领域的覆盖。从出行领域利益相关者的其他行动观察，在这个过程，专车平台企业之间仍存在竞争性的逻辑，如"神州—Uber""滴滴—Uber"等。但是租车出行领域中整体上呈现出行动者之间围绕专车制度逻辑法制化、规范化等行动的协调性。

从政府方面的行动能动性来看，2015 年 3 月，在交通运输部高度肯定专车制度创新并为专车制度划定政策红线（指限制私家车接入专车平台运营）以后，各地政府纷纷响应中央政府号召，同时也是响应租车出行领域内利益相关者的需求，采取"政策响应"等能动性，逐步改变了对专车行业一味抵制的态度。部分地方政府，如上海、义乌等地相继在 5、6 月间，进行"政策试验"，试图为专车监管探索一条创新路径，如义乌市于 6 月 1 日出台《义乌市出租汽车行业改革工作方案》，要求在保证司机从业资格的基础上，鼓励专车等新业态发展。中央政府迅速推进专车和出租车制度的政策制订进程；2015 年 7 月，交通运输部再次明确表示"涉及出租车和专车的两项相关制度均起草完毕，已报送至国务院批准"；2015 年 10 月，交通运输部正式面向社会公布《网络预约出租汽车经营服务管理暂行办法（征求意见稿）》。最终，2016 年 7 月，交通运输部正式公布了《网络预约出租汽车经营服务管理暂行办法》，专车作为网络预约出租的一种商业形态得到了国家顶层的制度背书。

比较特殊的是，作为出租车特许经营权既得利益享有者的出租车公司，则质疑专车制度逻辑的合法化过程，尤其是对于出租车公司的特许经营权限的存留采取了"惯例遵循"的能动性。

租车出行领域的利益相关者采取了"聚集型"的资源利用模式，以加速不同类型资源向专车制度场域的整合、聚集和可持续化的利用。在该阶段中，专车平台之间、专车平台与地方政府、专车平台与出租车都展开了合作，通过"构建联盟""资源融入"等资源利用模式强化专车制度逻辑在租车出行领域中的主导地位。首先，专车平台之间采取了"经济互利型联合"的协同型资源利用模式。一直以来，滴滴和 Uber 中国在租车出行领域是竞争对手，双方在价格补贴、市场抢占、广告竞争等方面竞争激烈。为了实现双方利益的增长，2016 年 8 月 1 日，滴滴和 Uber 中国合并，双方在专车出行领域的数据、用户资源等方面实现了整合。其次，在专车平台企业和地方政府之间采取了"政治互惠型联合"的协同型资源利用模式。多地政府和滴滴联合制订专车行业治理的过渡性措施和监管制度，一方面，专车平台企业作为公共交通出行领域的重要行动者，在政策制订、政策建议、政策合作方面跟政府展开深度合作，为专车制度逻辑的创新，提供了政治基础；另一方面，政府放下姿态，取政于企业，寻找治理城市交通顽疾的措施，为专车制度的确立，提供了政治可能。最后，专车平台与出租车企业之间采取了"跨界合作型联合"的协同型资源利用模式。如专车平台企业滴滴与上海海博出租公司合作推出"滴滴海博"专车。双方从原来的竞争对手走向合作共赢，滴滴海博专车改变了出租车公司传统的承包制，在出租车司机、出租车公司、专车平台之间建立了合作关系。

同时，专车平台企业还采取了"用户聚集""资源拓展""偶像效应"等资源利用模式。滴滴通过一系列创新服务聚集用户，如滴滴在成都上线了"一键呼麻友"新服务，在多个城市推出"一键叫小龙虾"的专车特色服务，还在端午期间推出"一键复活屈原"等活动，等等。滴滴积极利用企业积累的技术资源、市场资源等，推出了快车、顺风车等专车服务。滴滴还采用了"偶像效应"资源利用模式，其顺风车广告请马化腾领衔，并在一个月不到的时间，促使顺风车日订单峰值超过60万。

专车平台领军企业还采取了"积累型"的资源利用模式。如滴滴不再与其他专车平台企业开展补贴式的竞争。

综上所述，纵观第三阶段的出行领域专车市场各利益相关行动者的集体行动呈现出高度的协同效应。从资源利用模式来看，行动者主要采取了"聚集"这一资源利用模式。从能动性角度来看，行动者主要采取"策略性"这一能动性策略。具体体现在专车平台提出生态圈参与者共赢的构想，积极配合各级政府推动政策改革，和不同类型竞争对手建立战略联盟，如专车和出租车企业的合作、专车平台的合并等。从政府来看，政府层面的"政策响应""话语策略"等策略性能动性，一方面体现在中央政府层面对出租车和专车行业的整体性改革的推进，明确专车的合法化和规范化运行要求，将出租车特许经营的深入改革同步推进；另一方面也表现在地方政府层面，许多地方政府也主动推动专车合法化和出租车特许经营模式的改革，并且，在中央统一的框架性管理办法下，各地方政府进一步细化了专车的规范化管理。在该阶段，出租服务场域内的行动者采取了再协调性的集体行动模式，以专车平台为主导的专车服务模式、以出租车为主导的特许经营模式都重点关注如何完善自身的制度逻辑，而不再把资源集中在彼此的对抗上。我们将这一过程用图12-2展示。

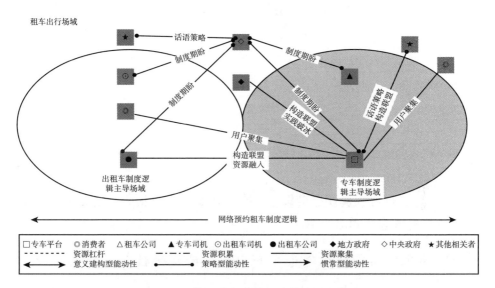

图 12 - 2 第三阶段集体行动的特征及模式

第三节 再协调性的集体行动模式与出租服务场域的制度逻辑共存

一、新、旧制度逻辑的共存

(一) 专车制度逻辑的场域主导地位不断加强,出租车依然是场域的主导制度逻辑

第三阶段中,随着专车新制度逻辑的不断扩散,专车的主导制度逻辑地位不断加强,而出租车依然维持场域主导制度逻辑的地位。并且,随着专车平台的补贴政策逐步取消,专车和出租车的主导地位不断趋于平衡,两者均是场域的主要制度逻辑之一。

根据中国互联网络信息中心(CNNIC)发布的《中国互联网络发展状况统计报告》,网络预约出租车用户规模数额庞大,网络预约出租车和专车类用户在网民中的渗透率飞速增加,如表 12 - 4 所示。

231

表 12 – 4　　　　　　　　第三阶段网络预约出租车和专车用户规模

时间	网络预约出租车		网络预约专车	
	用户规模（亿）	网民占比（%）	用户规模（亿）	网民占比（%）
2016 年 6 月	1.59	22.3	1.22	17.2
2016 年 12 月	2.25	30.7	1.68	23
2017 年 6 月	2.78	37	2.17	28.9

资料来源：中国互联网络信息中心 CNNIC 发布的《中国互联网络发展状况统计报告》。

（二）政府的新制度框架确立了专车新制度逻辑的合法性，并维持了出租车旧制度逻辑的合法性

1. 国家顶层不断推进专车和出租车的整体性制度框架的设计和实施

自 2015 年 3 月两会开始，中央政府加速了专车制度的顶层设计进程。2015 年 7 月底，交通运输部相关人士对外表示，涉及互联网专车与出租车的改革制度——网络预约租车管理办法和出租车改革方案已经起草完成，不久将向社会公开征集意见。2016 年 7 月下旬，国家正式出台了《关于深化改革推进出租汽车行业健康发展的指导意见》，文件明确指出要统筹发展巡游出租汽车（即出租车）和网络预约出租汽车（即专车），实际是确立了专车制度逻辑的合法性，并维持了出租车制度逻辑的合法性。除此以外，交通运输部、工信部、公安部、商务部、工商总局、质检总局、国家网信办 7 个部门出台了《网络预约出租汽车经营服务管理暂行办法》，明确新政于 2016 年 11 月 1 日起实施。2016 年 9 月 9 日，交通运输部公布了《出租汽车驾驶员从业资格管理规定》和《巡游出租汽车经营服务管理规定》，作为出租车、网约车新政的配套政策。国家层面的专车和出租车改革的政策体系已经构架完成。

2. 新制度框架维持了出租车旧制度逻辑的合法性

在新出台的《关于深化改革推进出租汽车行业健康发展的指导意见》和《巡游出租汽车经营服务管理规定》中，出租车的旧制度逻辑的合法性得到进一步维持，并在原有的制度逻辑的基础上进行了改革。

第一，关于特许经营权，新的制度框架继续维持出租车特许经营模式并进行了适度的改革。《巡游出租汽车经营服务管理规定》第十三条指出，国家鼓励通过服务质量招投标方式配置巡游出租汽车的车辆经营权。

第二，关于出租车制度逻辑的数量管制，新的制度框架继续维持了出租车制度逻辑的数量管制政策。

第三，关于出租车制度逻辑的价格管制，新的制度框架继续维持了出租车制度逻辑的价格管制政策。

3. 新制度框架确立了专车新制度逻辑的合法性

在新出台的《关于深化改革推进出租汽车行业健康发展的指导意见》和《网络预约出租汽车经营服务管理暂行办法》中，专车的新制度逻辑的合法性正式得到确立。

第一，专车不实行出租车特许经营制度，但制度也对专车平台、专车车辆、驾驶员等做出规范性要求。

第二，专车不实行数量管制。

第三，专车不实行价格管制。

4. 政府的新制度框架设立了专车和出租车的制度界限，鼓励两者差异化发展

新的制度框架下设立了专车和出租车的制度界限，鼓励两者差异化发展。《关于深化改革推进出租汽车行业健康发展的指导意见》第三条指出，"要统筹发展巡游出租汽车（以下简称巡游车）和网络预约出租汽车（以下简称网约车），实行错位发展和差异化经营，为社会公众提供品质化、多样化的运输服务"。

同时，在《出租汽车驾驶员从业资格管理规定》和《巡游出租汽车经营服务管理规定》中，新的制度框架也明确了出租车制度逻辑和专车制度逻辑的制度界限，指出"促进巡游出租汽车转型升级，规范网络预约出租汽车经营"。明确了出租车的特许经营、价格管制和数量管制，指出出租车改革的相关方向，规定对新增出租汽车经营权全部实行无偿使用。对于专车，则规范发展专车服务模式，明确了专车平台、专车车辆和专车司机的相应规范化要求。新政方案明确了网约车合法地位，满足条件的私家车可按一定程序转为网约车，从事专车营运。此外，鼓励私人小客车合乘。

由此，我们对第三阶段新、旧制度逻辑的演化特征进行了比较，如表12-5所示。

表 12－5   新、旧两种制度逻辑的比较

场域情境	旧的制度逻辑（出租车特许经营）		新的制度逻辑（专车服务）	
	第二阶段末	第三阶段末	第二阶段末	第三阶段末
特许经营	实行特许经营模式	实行并改革特许经营模式，规定对新增出租汽车经营权全部无偿使用，通过服务质量招投标方式配置出租汽车的车辆经营权	不受出租车特许经营的限制	不受出租车特许经营的限制，但规定网约车平台公司应当取得相应《网络预约出租汽车经营许可证》并申请互联网信息服务备案后，方可开展相关业务
数量管制	仍旧实行数量管制，但由于司机减少，不少车辆闲置	仍实行数量管制。规定县级以上道路运输管理机构应当按照当地出租汽车发展规划，综合考虑市场实际供需状况、出租汽车运营效率等因素，科学确定出租汽车运力规模，合理配置出租汽车的车辆经营权	不实行数量管制。专车数量已远超出租车数量	不实行数量管制
价格管制	实行价格管制，出租车价格仍未变动	实行价格管制。规定设区的市级或者县级交通运输主管部门应当配合有关部门，按照有关规定，并综合考虑出租汽车行业定位、运营成本、经济发展水平等因素合理制定运价标准，并适时进行调整	不实行价格管制，随着专车切入快车、顺风车等市场，部分专车价格已远低于出租车	不实行价格管制，规定网约车运价实行市场调节价。取消补贴后仅顺风车低于出租车，大部分专车与出租车价格接近或高于出租车
客户群体和数量	普通客户，由于专车推出大量低价产品抢夺市场，出租车用户数量大量减少	普通客户。随着专车补贴政策的逐步取消和价格上涨，出租车客户群体回归，客户数量稳中有升	除高端客户群体外，专车还面向普通客户，专车用户剧增，抢夺了大量出租车用户	除高端客户群体外，专车还面向普通客户。随着专车补贴政策的逐步取消和价格上涨，客户数量渐趋平稳

资料来源：笔者整理。

（1）特许经营的差异。第三阶段在新的制度框架下，出租车依然继续推行经营权管制模式，经营权仍由政府支配，实行并改革特许经营模式，规定对新增出租汽车经营权全部无偿使用，通过服务质量招投标方式配置出租汽车的车辆经营权。与出租车经营权管制不同，专车模式并不受到出租车的经营权管制的限制，但增加了专车经营的规范化要求，规定网约车平台公司应当取得相应《网络预约出租汽车经营许可证》并申请互联网信息服务备案后，才能开展相关业务。

（2）数量管制的差异。第三阶段在新的制度框架下，出租车仍实行数量管制，规定县级以上道路运输管理机构应当按照当地出租汽车发展规划，综合考虑市场实际供需状况、出租汽车营运效率等因素，科学确定出租汽车运力规模，合理配置出租汽车的车辆经营权。与出租车的数量管制相比，到第三阶段，专车服务模式仍然不受到数量管制的限制。

（3）价格管制的差异。第三阶段在新的制度框架下，出租车依然实行价格管制，规定设区的市级或者县级交通运输主管部门应当配合有关部门，按照有关规定，并综合考虑出租汽车行业定位、营运成本、经济发展水平等因素合理制定运价标准，并适时进行调整。与出租车的价格管制不同，第三阶段专车仍然不实行价格管制，新制度框架规定专车运价实行市场调节价。取消补贴后仅顺风车低于出租车，大部分专车产品与出租车价格接近或高于出租车。

（4）客户群体和数量的差异。在第三阶段，随着专车补贴政策的逐步取消和价格的上涨，出租车客户群体回归，客户数量稳中有升。相对应的，除高端客户群体外，专车还面向普通客户。由此，专车和出租车之间的市场竞争有所缓解。

纵观第三阶段制度逻辑的演化特征，可以看出，第一，专车制度逻辑的场域主导地位不断增强，出租车依然是场域的主导制度逻辑；第二，国家的新制度框架确立了专车新制度逻辑的合法性，并维持了出租车旧制度逻辑的合法性；第三，新制度框架设立了专车和出租车的制度界限，鼓励两者差异化发展，因此，专车服务新制度逻辑确立、出租车旧制度逻辑继续存在，新的制度框架推动了新、旧制度逻辑的共存，如图 12 - 3 所示。

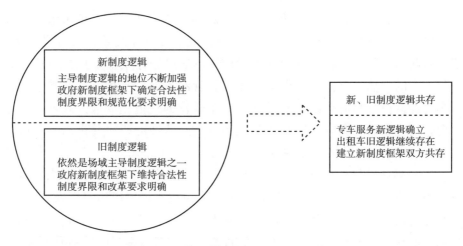

图 12 – 3　第三阶段的制度逻辑演化特征

二、再协调性的集体行动模式与制度逻辑的共存

再协调性的集体行动模式表现为多主体能动性策略的趋同性，租车出行领域的利益相关行动者经历第二阶段的竞争和冲突后，以面向未来的"策略型"和"意义建构型"能动性支持新制度框架，专车服务新制度逻辑与出租车行业的旧制度逻辑共存。

在这一阶段，专车和出租车、政府及其他利益相关者通过趋同性的能动性策略支持新、旧两种制度逻辑。其中，专车平台企业，在变革过程中开展了面向消费者的"策略转向"能动性，主动变革接单模式，通过智能派单提高消费者约车体验；滴滴采取了面向网络预约租车行业内其他专车平台企业的"路径预想"能动性，建议构建出行生态圈；专车平台企业和专车司机普遍向政府采取了"制度期盼""政策建议"等能动性，持续推动专车服务的新制度逻辑在出租汽车行业得到最终确立。特别是当国家发布《关于深化改革推进出租汽车行业健康发展的指导意见（征求意见稿）》和《网络预约出租汽车经营服务管理暂行办法（征求意见稿）》后，滴滴还针对性地提出三条政策建议，积极响应政府对专车服务新制度逻辑的顶层构架活动。政府作为第三阶段出租汽车场域重要的行动者采取了"政策响应""话语策略""实践破冰"等能动性。中央政府通过从国家层面设计制定出租汽车行业整体改革方案，将专车服务的新制度逻辑和出租车旧制度逻辑整合到网络预约租车制度的整合性构架之下，并通过媒体等渠道向场域内消费者、从业者公开宣布支持专车服务的新制度逻辑，积极变革出租车旧制度逻辑。而部分地方政府联合专车平台企业和出租车企业等采取的"实践破冰"能动性，通过改革出租汽车行业运营管理制度，将专车服务的新制度逻辑嫁接到出租车行业的旧制度逻辑之中，并通过市场方式将二者融合在同一制度框架下，从而推动两种制度逻辑的共存。

　　总之，该阶段众多的能动性策略出现高度的趋同性，即专车平台企业、中央和地方两级政府、出租车企业和场域内的消费者，都采取了面向未来的"策略性"能动性。目的是在出租汽车场域内强化专车服务的新制度逻辑。而场域的重要行动者之一，中央和地方两级政府通过制订网络预约租车的政策，将专车服务的新制度逻辑和出租车旧制度逻辑纳入同一政策构架之下，推动了出租服务场域内新、旧两种制度逻辑的共存。

　　再协调性的集体行动模式表现为多主体资源利用模式的趋同性。租车出行领域的利益相关行动者经历第二阶段的竞争和冲突后，多主体以聚集资源的资源利用模式支持新制度框架，专车服务的新制度逻辑与出租车制度逻辑共存。

　　在这一阶段，首先，最为显著的是出租服务场域内行动者的组合以及组合方所采取的联合行动模式。专车平台企业、出租车企业，以及中央和地方两级政府作为出租服务场域的重要行动者通过合作、联盟和互动等方式，共同推动资源向专车服务新制度逻辑主导场域聚集，强化了专车服务的新制度逻辑在出租服务场域中的主导地位。如滴滴和 Uber 合并、滴滴与出租车公司合作，以及滴滴和上海市政府之间的合作。专车平台企业、出租车企业、政府以及出租汽车场域内外的重要资源拥有方通过采取"构造联盟"的资源利用模式，促使出租服务场域发生深刻变化。专车的市场格局持续深化，专车的车辆资源不断丰富，专车的服务类型大大拓展，专车的合法性因得到政府背书而成为出租服务场域的主导制度逻辑之一。

　　其次，从某一特定类型的行动者来看，聚集型的资源利用模式更为明显。专车平台企业采取了"用户聚集"的资源利用模式，变革服务形式，提升服务体验，吸引和聚集用户群体。易到通过"资源融入"的资源利用模式，将电动车资源融入专车服务领域等。滴滴通过"偶像效应"的资源利用模式，为平台招揽顺风车司机和消费者等。从这个阶段行动主体的资源利用模式来看，出租服务场域的行动者组合和特定类型的行动者通过趋同形式的资源利用模式支持专车服务的新制度逻辑。推动专车新制度逻辑成为区别于出租车旧制度逻辑而独立存在的制度逻辑。

总之，该阶段出租服务场域的众多主体的资源利用目标是比较一致的。专车平台企业通过"资源聚集""用户聚集"等资源利用模式推动专车服务的新制度逻辑在出租服务场域成为主导的制度逻辑。政府通过"构建联盟"等合作、联盟的方式，在专车服务的新制度逻辑和出租车旧制度逻辑之间构建联系，促进双方共存。

纵观该阶段整个组织场域演化的过程，如图12-4所示，我们发现，政府是该阶段具有重要作用的场域行动者。中央和地方两级政府采取了"政策响应""实践破冰"等"策略型"能动性，在国家层面和地方层面响应出行领域从业者、消费者的制度期盼，联合专车平台企业，采取建构专车行业制度的能动性。中央政府对于专车政策的顶层设计，以及地方政府对于专车制度的先行先试等行动都推动了专车服务新制度逻辑的确立，并将出租车旧制度逻辑纳入同一制度框架下。而专车平台企业、出租车企业、消费者以及场域内外的利益相关行动者也都采取了"构建联盟"等"聚集型"的资源利用模式，加速了场域外资源的融入。行动主体之间这种协调性的集体行动模式推动专车服务的新制度逻辑和出租车的旧制度逻辑共存。

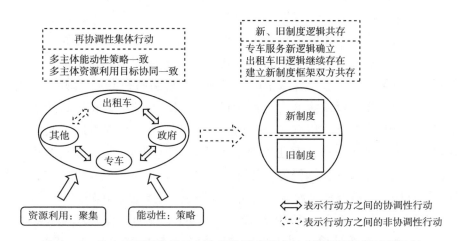

图12-4　第三阶段再协调性集体行动模式影响制度逻辑演化的过程机制

注：该阶段专车企业开展了"政策建议""话语策略""路径预想"等策略型能动性和"资源融入""构造联盟""用户聚集"等聚集的资源调用方式，中央政府和地方政府也以"政策响应""话语策略"等策略型能动性以及"构造联盟"等资源聚集式利用方式，推动出租车和专车行业的整体性改革。

综上所述，出行领域的利益相关行动者对于推动专车服务的新制度逻辑，以及强化主导逻辑的地位都采取了再协调性的集体行动。在《关于深化改革推进出租汽车行业健康发展的指导意见》和《网络预约出租汽车经营服务管理暂行办法》正式颁布后，"专车服务的新制度逻辑"和"出租车旧制度逻辑"在新制度构架下，达到共存状态。

第四节　讨论与结论

分析第三阶段出行领域的场域结构特征与制度机会、集体行动模式以及场域制度逻辑演化的相关关系，我们形成的主要结论如下所述。

一、高制度化和低多重性的场域结构特征促使出租服务场域专车服务市场机会沉没

纵观第三阶段整个组织场域的结构特征和场域的机会特征，我们发现，从专车制度的多重性水平来看，专车平台企业之间的竞争，以及专车平台企业与出租车企业之间的竞争激烈，一方面极大冲击了出租车行业，另一方面促进了专车服务在出租服务场域得到普及。同时，出租车运营模式受到专车影响，不再仅限于马路巡游，出租车也能够实现专车提前预约和网络预约的约车方式。出租服务场域消费者面临的是"出租车依旧，专车不再新"的场域情境。同时，专车行业随着三大平台三足鼎立的地位确定，行业内市场格局基本锁定，出行领域的制度多样性大大降低。从制度化程度来分析，中央政府和地方政府都开始加强对租车出行领域的制度监管，加强了对专车的管制。专车制度逻辑的制度化程度与第二阶段相比得到较大提升。由此，我们认为第三阶段初始阶段专车市场同质化服务的格局，以及政府对专车的管制，促使专车场域逐渐稳定，专车服务市场机会沉没。

二、该阶段出租服务场域内多主体的集体行动呈现了再协调性的集体行动模式

纵观第三阶段的出行领域专车市场各利益相关行动者的集体行动呈现

出高度的协同效应。从资源利用模式来看，出行领域利益相关者都采取了"聚集型"的资源利用模式。专车平台企业、出租车企业、地方政府之间通过"构建联盟"方式，两两之间相互合作，吸引各种资源向专车场域聚集，推动专车行业的发展。专车平台企业也采取了"用户聚集""资源拓展""资源融入"等资源利用模式，加速专车行业的普及。从能动性角度来看，场域内行动者主要采取"策略型"能动性。首先，专车平台企业提出出行生态圈参与者共赢的专车行业发展战略，积极配合各级政府推动政策改革，和不同类型竞争对手建立战略联盟。其次，中央和地方两级政府层面的"政策响应""话语策略"等策略型能动性，推动了专车制度落地。在该阶段，专车服务组织场域内的行动者采取了面向未来构建专车服务的新制度逻辑的再协调性的集体行动模式。

三、多主体再协调性的集体行动推动场域从新、旧制度逻辑的冲突向新、旧两种制度逻辑共存的状态演化

纵观该阶段整个组织场域演化的过程，我们发现，作为该阶段出租服务场域的重要行动者，中央和地方政府采取了建构网络预约租车制度的"策略型"能动性，包括"政策响应""实践破冰"等。中央政府积极响应出租服务场域利益相关者的需求，顶层设计和制订了网络预约租车政策。部分地方政府联合专车平台企业、出租车企业，对出租车行业进行大胆变革，将专车服务纳入监管范围，满足了普通民众对于城市交通出行的实际需求。而专车平台企业、出租车企业、消费者以及场域内外的利益相关行动者也都采取了"构建联盟"等"聚集型"的资源利用模式，加速了场域外资源的融入。行动主体之间这种协调性的集体行动模式推动了专车服务的新制度逻辑和出租车的旧制度逻辑共存。尤其是《关于深化改革推进出租汽车行业健康发展的指导意见》和《网络预约出租汽车经营服务管理暂行办法》正式颁布后，专车服务的新制度逻辑和出租车旧制度逻辑在新制度构架下，达到共存状态。

由此，我们根据第三阶段场域结构特征、制度机会、集体行动模式与制度逻辑演化的过程，通过图示刻画出第三阶段出租服务场域制度逻辑演化的内在机制，如图 12－5 所示。我们发现，专车市场内同质化服务盛行，专车市场被少数几家龙头企业占据，行业格局具有固化趋势，专车服务的

多重性降低。而政府参照出租车行业监管制度，对专车行业加强了监管力度，甚至联合出租车企业对专车进行打压，专车行业面临政府的监管异化，呈现出高度制度化。专车服务的低多重性水平和高制度化水平，促使专车服务市场的机会沉没。在该场域条件下，出租服务场域的主要利益相关者，采取了面向未来的"策略型"能动性。并集体致力于在出租服务场域内架构专车服务的新制度逻辑。中央和地方两级政府通过制订政策，为专车服务的新制度逻辑建构了一个整合性的制度构架，将专车服务的新制度逻辑和出租车旧制度逻辑整合在网络预约租车的制度框架下。专车平台企业积极响应政府的制度变革，为网络预约租车制度提出政策建议。消费者迫切盼望专车服务的新制度逻辑出台。同时，出租服务场域的主要行动者纷纷采取"聚集型"的资源利用模式，吸引资源向专车场域聚集，推动专车服务的新制度逻辑的确立。通过出租服务场域的众多行动者协调性的集体行动，推动专车服务的新制度逻辑和出租车旧制度逻辑在网络预约租车的新制度构架下共存。

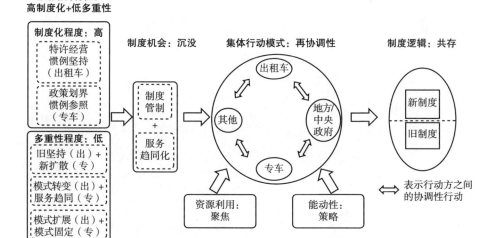

图 12 – 5　第三阶段场域结构特征、制度机会、集体行动模式与制度逻辑演化的过程

本章分析了第三阶段出租服务场域制度逻辑演化的内在机制，深入剖析了组织场域结构特征与机会涌现、集体行动模式及制度逻辑演化之间的内在关系。研究结论表明，出行领域的组织场域特征呈现出高制度化程度和低多重性程度，各专车平台企业不再进行"资本消耗式"的市场竞争，

出行市场逐渐呈现出主要专车平台企业三足鼎立的局面。专车平台企业平行运营、同质服务，专车市场格局已基本锁定。政府对专车的管制进一步强化，场域逐渐稳定，专车服务市场机会沉没。在该场域条件下，以专车和出租车为代表的集体行动者之间开展了再协调性的集体行动，表现为多主体能动性策略一致，多主体资源利用目标一致。多方行动主体均采取了"策略型"能动性和"聚集"资源利用模式，推动新制度框架的形成，推动专车服务和出租车服务两种制度逻辑由冲突转向共存的状态。

第十三章　制度逻辑演化、集体行动与中小企业新兴业态的高质量发展

由于制度逻辑带来的行动范式及其利益分配合法化，导致场域中的不同行动主体总是竭尽全力推动符合自身利益的制度逻辑体系的构建，例如，组织与个体的行动会影响制度逻辑的塑造和演变①，多层面的行动会促成多种制度逻辑的扩散②，这些研究主要是从单一或多个主体如何推动特定制度逻辑生成、壮大的过程角度进行阐述，对于具有多个不同目标的行动者如何影响多种制度逻辑的冲突、兼容或共存等多种互动关系的作用机制的研究还较少。并且，在推动新的制度逻辑体系建立过程中往往是汇聚了众多行动者的集体行动，那么，各行动主体之间是如何互动的，现有的研究并没有进行深入的分析。目前的研究主要是通过协同合作、目标一致的方式开展集体行动，尽可能地发挥资源动员过程，使集体行动获得合理、合规的行动意义与身份的建构过程，对于具有多重目标的、相互对立乃至冲突的集体行动的关注则比较少。具体而言，早期关于行动主体的研究主要关注的是单一因素的影响，但近期的研究已开始探索制度变革中可能存在的集体行动层面，即不同种类、不同数量的制度变革的参与者以协调或非协调方式进行活动的行动集合。巴蒂拉娜等指出，制度理论研究未来的一个非常重要的方向是关于多个主体的更加完善的集体行动理论，探讨制度变革过程中多个行动主体是如何通过协调或者非协调的集体行动推动制度逻辑的演化，是当前在制度理论研究中尚未解决的理论问题③。

---

① Thornton P. H. , *Markets from Culture：Institutional Logics and Organizational Decisions in Higher Education Publishing*, Palo Alto：Stanford University Press, 2004.

② Jill M. P. and Barbara G. , "Conflicting Logics, Mechanisms of Diffusion, and Multilevel Dynamics in Emerging Institutional Fields", *Academy of Management Journal*, Vol. 52 No. 2, 2009, pp. 355 – 380.

③ Julie B. , Bernard L. and Eva B. , "How Actors Change Institutions：Towards a Theory of Institutional Entrepreneurship", *Academy of Management Annals*, Vol. 3, 2009, pp. 65 – 107.

现有的制度变革理论在制度逻辑和集体行动研究上的理论缺口启发我们基于集体行动的视角来探讨制度逻辑的演化过程。具体来说，本书通过我国专车服务市场变革的纵向案例研究，希望回答以下问题：（1）制度逻辑的动态演化过程是怎样的？多种竞争性制度逻辑之间是如何互动和相互作用的？（2）制度变革过程中多主体如何开展集体行动？分别具有哪些不同的集体行动模式和特征？（3）在制度逻辑动态演化过程中，不同的集体行动模式的作用机制是否相同？集体行动是如何推动多种制度逻辑的演化的？

第一节　基于新兴业态组织场域、制度逻辑演化与集体行动的全过程分析

一、出租服务场域制度逻辑演化的全过程图景

纵观出租服务市场三个阶段的发展，场域行动者的集体行动模式经历了从协调性的集体行动到非协调性的集体行动到再协调性的集体行动模式的转变。我们发现，当多个行动主体的制度目标一致，多个主体的能动性策略一致，资源主要用于支持彼此一致的行动，这时集体行动就呈现出协调性的行动模式；而当多个行动主体目标对立，多个主体的能动性策略多样化，如不同主体会分别采取面向过去的"惯常型"能动性策略和面向现在的"意义建构型"能动性策略或面向未来的"策略型"能动性策略，用以支持不同的制度逻辑甚至冲突的制度逻辑。多个主体把资源利用在彼此的对抗上，此时集体行动就呈现出非协调性的行动模式；在面对复杂的社会问题，需要建立总体性制度框架时，行动主体通过采取面向未来的策略型能动性行动进行组织间的协商与合作，把不同组织的资源聚集在一起，这时集体行动呈现出再协调的行动模式。

分析本案例三个阶段集体行动与制度逻辑的演化过程，研究发现，专车制度变革经历了从新、旧制度逻辑分离到新、旧制度逻辑冲突再到新、旧制度逻辑共存的演化。而推动制度逻辑在不同阶段动态演化的过程中，组织场域的结构特征促发了场域机会的变化，进而引起了多主体的集体行动。因此，多主体的集体行动正是推动制度逻辑演化的一个重要驱动因素，

如图 13 - 1 所示。

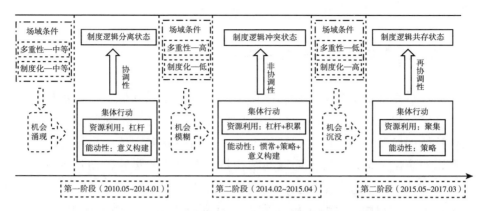

图 13 - 1　集体行动视角下制度逻辑演化的理论模型

（1）在第一阶段，出行领域的组织场域特征呈现出中等的制度化程度和多样性程度，行动主体有一定的弹性，能够接触到更优的制度安排，促发了专车市场服务的机会涌现。在该场域条件下，易到及其消费者和其他重要利益相关者采取协调性的集体行动，促成了专车这一新制度逻辑在局部范围内形成，并与场域内原有的出租车制度逻辑分离并存。

（2）在第二阶段，出行领域的组织场域特征呈现出低制度化程度和高多重性程度，各专车平台都十分看好专车服务市场的巨大潜力，出行服务市场呈现出多样化的趋势，政府对专车服务的监管制度还不明朗，场域高度不确定并容易发生变化。在该场域条件下，以专车和出租车为代表的集体行动者之间开展了非协调性的集体行动，表现为多主体能动性策略的多样化及多主体资源利用目标的不一致，这两种方向迥异的能动性和资源利用策略分别支持了两种对立的制度目标。因此，这种非协调性的集体行动模式促发了出租服务场域内部新、旧两种制度逻辑的激烈冲突。

（3）在第三阶段，出行领域的组织场域特征呈现出高制度化程度和低多重性程度，各专车平台企业不再进行"资本消耗式"的市场竞争，出行市场逐渐呈现出专车平台企业三足鼎立的局面。专车平台企业平行运营、同质服务，专车市场格局已基本锁定。政府对专车的管制非常严格，场域逐渐稳定，专车服务市场机会沉没。在该场域条件下，以专车和出租车为代表的集体行动者之间开展了再协调性的集体行动，表现为多主体能动性策略一致，多主体资源利用目标一致，多方行动主体均采取了"策略型"

能动性策略和"聚集"资源利用模式，推动新制度框架的形成。从而，推动专车服务和出租车服务两种制度逻辑由冲突转向共存的状态。

二、组织场域结构的促发作用

通过对专车制度变革过程的纵向案例研究，深入分析了组织场域结构在制度变革和制度逻辑动态演化过程中的作用，研究了不同阶段组织场域结构特征如何促发场域机会特征的变化，进而引起多主体的集体行动和制度逻辑的演化。研究发现，场域的结构特征对组织的集体行动具有重要的促发作用，正是在这个层次上，支配性的意义和规范性标准的集合被编码在"局部"逻辑中，这些逻辑在实践、日常行为和仪式中表现出来（Dacin，Munir and Tracey，2010），正如斯科特（2008）所指出的"组织场域与制度变革的进程联系更紧密"。

（1）出租服务场域中等程度的制度化水平和多重性水平的场域结构特征推动了面向高端客户群体专车市场服务机会的涌现。最初场域内打车出行领域的整体供给远低于需求，出行领域供需矛盾日益突出，尤其是面向高端群体需求的出行服务空缺。传统出租车只能提供面向大众的打车服务，未能有效满足高端消费者的打车需求。同时，虽然出租车行业受到特许经营的制度化约束而表现出较高的制度化程度，但租车行业不存在类似的经营权管制、数量管制和价格管制，仅国内主要城市有车辆牌照管制。相比之下租车行业的制度化程度比较低。由于租车行业的互补，出租出行场域特征呈现出中等的制度化程度和多样性程度，此时行动主体有一定的弹性，能够接触到更优的制度安排，面向高端客户群体的专车市场服务机会涌现。

（2）出租服务场域低制度化水平和高多重性水平的场域结构特征推动了专车市场服务机会模糊。由于专车服务新制度逻辑的形成以及国外众多专车模式的不断完善，对场域内其他众多的行动主体起到强烈的示范和形塑作用，促使出租服务场域的多重性水平大大增加；此外，出租车打车软件的爆发式发展也使得场域消费者对于多样化的出行服务需求被极大地激发，出租服务场域的需求也呈现出多重性特征；同时，虽然出租车行业受到特许经营的制度化约束而表现出较高的制度化程度，但由于专车制度逻辑仍是局部范围的制度逻辑，并未受到政府政策的制度管制，尚处于监管真空的状态，这使得专车制度逻辑进入出租服务场域相对容易。因此，第一阶段的出租服务场域呈现出较低的制度化水平。由此可见，第二阶段出行领域的组织场域特征呈现出较低的制度化程度和较高的多重性水平，各专车平台都十分看好专车服务市场的巨大潜力，出行服务市场呈现出多样化的趋势，政府对专车服务的监管制度还不明朗，场域高度不确定并容易发生变化，专车服务市场机会模糊。

（3）出租服务场域高制度化水平和低多重性水平的场域结构特征推动了专车市场服务机会模糊。在该阶段，从多重性水平分析，专车制度逻辑的广泛扩散，以及专车服务的同质化，各专车平台企业不再进行"资本消耗式"的市场竞争，出行市场逐渐呈现出主要专车平台企业三足鼎立的局面。专车平台企业平行运营、同质服务，专车市场格局已基本锁定，出租服务场域消费者面临的是"出租车依旧，专车不再新"的场域情境，从而使得场域的多重性水平降低了。从制度化程度来分析，政府更加关注租车出行领域的制度监管，并将专车行业作为出租车行业的延伸。中央政府对专车行业的治理划定了政策界线，在大力鼓励专车服务创新的同时，明确表示私家车不能作为专车运营。地方政府在国家层面未正式出台专车行业治理制度之前，更强化了专车监管，出租服务场域制度逻辑的制度化程度也提升到一个高水平。由此可见，第三阶段出行领域的组织场域特征呈现出较高的制度化程度和较低的多重性水平。政府对专车的管制进一步加强，场域逐渐稳定，专车服务市场机会沉没。

由三个阶段的组织场域结构特征与制度机会的分析比较，经研究发现，出租服务场域的结构特征促发了场域的制度机会变化，从而引起了多主体的集体行动，因此，组织场域的结构特征是引起场域制度变革及制度逻辑演化的重要促发因素。

三、集体行动模式推动制度逻辑演化的机制分析

通过对专车制度变革过程的纵向案例研究，从集体行动的视角深入研究制度逻辑动态演化的过程机制，研究不同阶段集体行动的模式及特征是如何驱动制度逻辑演化内在机制的问题。

（1）制度逻辑演化过程中协调性的集体行动是促成制度逻辑从单一制度逻辑主导向制度逻辑分离状态演化的重要驱动因素。最初在出租服务场域内，出租车的单一制度逻辑主导出行市场，高端定制化租车服务空白，

促使专车服务市场出现巨大商机。这种高端群体专车服务市场机会的涌现，最终促使多个主体能动性和资源利用服务于统一目标的协调性集体行动模式，促成了专车服务新制度逻辑在局部范围生成，与依旧占主导地位的出租车服务的旧制度逻辑分离并存，造成了新、旧两种制度逻辑的分离。

（2）制度逻辑演化过程中非协调的集体行动是促成两种制度逻辑从分离状态向冲突状态演化的重要驱动因素。在第二阶段，伴随着专车服务新制度逻辑在局部范围形成，场域内专车市场巨大潜力凸显，虽然出租车特许经营逻辑的制度约束更趋严格，但专车服务监管制度仍未明晰。此时，专车服务市场模糊的场域条件，促发多方行动主体形成了以专车模式相关利益者与出租车模式相关利益者之间剧烈冲突为主要特征的非协调性集体行动模式，如以专车为代表的行动主体为推动新制度逻辑合法化采取了面向当下和未来的"意义建构型＋策略型"能动性行为和"杠杆化＋积累"的资源调用方式，推动专车服务新制度逻辑不断走向中心。从而，使得出租车旧制度逻辑的主导地位受到冲击，以出租车和地方政府为代表的行动主体为捍卫旧制度逻辑采取的是"惯常型"能动性和"积累"的资源调用模式捍卫了出租车服务的旧制度逻辑。此时，多行动主体目标对立，能动性策略非常多样化，采取面向过去的"惯常型"能动性策略和面向现在的"意义建构型"或面向未来的"策略型"能动性策略，用以支持两种对立的制度逻辑。多个主体多样化的资源利用方式作用在彼此的对抗上。集体行动的这种非协调的行动模式促使新、旧两种制度逻辑的对立和冲突加剧，促使制度逻辑从分离状态向冲突状态转变。

（3）制度逻辑演化过程中再协调性的集体行动是促成两种制度逻辑的关系从冲突状态向再生状态演化的重要驱动因素。在第三阶段，伴随着专车平台企业之间，以及专车平台企业和出租车行业竞争的白热化，出租服务市场格局基本锁定，新的机会逐渐消失。随着政府介入管理专车服务市场，在机会沉没的场域条件下，以专车平台企业为主导的专车服务模式、以出租车为主导的特许经营模式都不再把资源集中在彼此的对抗上。双方转为采取了再协调性的集体行动模式。多方行动主体均采取了"策略型"能动性策略和"聚集"资源利用模式，推动新的制度框架形成，使得专车服务和出租车服务两种制度逻辑由冲突转向共存的状态。

由三个阶段的集体行动模式与制度逻辑演化特征的分析比较发现，多主体的不同类型的集体行动模式推动了组织场域差异化的制度逻辑演化过程，因此，集体行动是促成制度逻辑演化的重要驱动因素。

四、讨论与结论

（一）分析与讨论

通过对专车服务市场制度变革三个阶段的全景化分析，本章深入研究了制度逻辑动态演化的全过程，分析了不同阶段组织场域结构的特征及制度机会的变化、集体行动的模式及特征，进而探讨了组织场域结构的促发作用及集体行动如何驱动制度逻辑演化的内在机制问题，基于案例分析，本章分析探讨如下。

第一，组织场域的结构特征是引起场域制度变革及制度逻辑演化的重要促发因素。组织场域的结构特征引起了场域制度机会的变化，从而引发了多主体行动者的集体行动，进而推动了场域制度逻辑的演化。（1）在第一阶段，出行领域的组织场域特征呈现出中等的制度化程度和多样性程度，行动主体有一定的弹性，能够接触到更优的制度安排，促发了面向高端消费群体专车服务机会的涌现。（2）在第二阶段，出行领域的组织场域特征呈现出低制度化程度和高多重性程度，各专车平台都十分看好专车服务市场的巨大潜力，出行服务市场呈现出多样化的趋势，政府对专车服务的监管制度还不明朗，场域高度不确定并容易发生变化，使得专车新制度逻辑发展机会模糊。（3）在第三阶段，出行领域的组织场域特征呈现出较高的制度化程度和较低的多重性水平，各专车平台企业不再进行"资本消耗式"的市场竞争。出行市场逐渐成为多专车平台企业平行运营、同质服务的格局。政府对专车的管制强化，场域逐渐稳定，专车服务市场机会沉没。

第二，多主体的多样化能动性和资源利用方式共同形成了协调性和非协调性两种不同的集体行动模式（Battilana et al.，2009）。（1）在专车服务制度变革的第一阶段，由于面向高端客户群体的专车市场服务机会涌现，集体行动多主体的制度目标一致，表现为多主体的能动性策略和资源利用方式作用于支持一致的行动，这时集体行动呈现出协调性的行动模式。（2）在专车服务制度变革的第二阶段，由于专车服务市场机会模糊造成的场域高度不确定性条件，多主体的能动性策略多样化，以出租车和专车为代表的多主体行动者分别采取面向过去的"惯常型"能动性策略和面向现在的"意义建构型"能动性策略，或面向未来的"策略型"能动性，用以支持不同的制度逻辑。多个主体通过"积累""杠杆""聚集"等资源利用方式作用在彼此的对抗上，推动专车服务新制度逻辑不断走向中心，出租车的旧制度逻辑的主导地位受到冲击，这时集体行动呈现出非协调的行动模式。（3）在专车服务制度变革的第三阶段，在出租服务市场机会沉没的场域条件下，出租车和专车利益相关行动者的集体行动呈现出高度的协同效应。从资源利用模式来看，以出租车和专车为代表的多主体行动者主要采取了"聚集"这一资源利用模式；从能动性角度来看，多主体行动者主要采取"策略型"能动性策略推动新制度框架的形成，集体行动再次呈现了协调性的行动模式。总之，在制度变革的不同阶段，伴随着多主体的能动性和资源利用方式的不断变化，集体行动方式也经历了从协调到非协调到再协调的转变。

第三，集体行动是促成制度逻辑演化的重要驱动因素。（1）最初出租服务场域内，出租车的单一制度逻辑主导出行市场，高端定制化租车服务空白，使得专车服务市场涌现出巨大商机。这种高端群体专车服务市场机会的出现，最终促使多个主体能动性和资源利用服务于统一目标的协调性集体行动模式，促成了专车服务新制度逻辑在局部范围生成，与依旧占主导地位的出租车服务的旧制度逻辑分离，造成了新、旧两种制度逻辑的分离。（2）在第二阶段，伴随着专车服务新制度逻辑在局部范围形成，场域内专车发展显现巨大潜力。虽然出租车特许经营逻辑的制度约束更趋严格，但专车服务监管制度仍未明晰。此时，专车服务机会模糊的场域条件，促发多方行动主体形成了以专车模式相关利益者与出租车模式相关利益者之间剧烈冲突为主要特征的非协调性集体行动模式。多行动主体目标对立，能动性策略多样化。多行动主体采取面向过去的"惯常型"能动性策略和面向现在的"意义建构型"能动性策略，或面向未来的"策略型"能动性，用以支持两种对立的制度逻辑。多个主体的多样化资源利用方式作用在彼此的对抗上，集体行动的这种非协调的行动模式促使新、旧两种制度逻辑的对立和冲突加剧，促使制度逻辑从分离状态向冲突状态转变。（3）在第三阶段，伴随着专车之间以及和出租车竞争的白热化，出行服务市场格局基本锁定，新的机会逐渐消失。随着政府介入专车服务管理，在机会沉没的场域条件下，以专车平台企业为主导的专车服务模式、以出租车为主导的特许经营模式都不再把资源集中在彼此的对抗上，转为采取了再协调性的集体行动模式。多方行动主体均采取了"策略型"能动性策略和"聚集"资源利用模式，推动新的制度框架的形成，使得专车服务和出租车服务两种制度逻辑由冲突转向共存的状态。

（二）研究结论

本章通过对专车制度变革过程的纵向案例研究，深入研究了制度逻辑动态演化的过程机制，研究了组织场域结构特征的促发作用，以及集体行动是如何驱动制度逻辑演化的内在机制问题。本章的研究结论主要包括以下四个方面。

第一，组织场域的结构特征是引起场域制度变革及制度逻辑演化的重要促发因素，组织场域的结构特征引起了场域制度机会的变化，从而引发了多主体行动者的集体行动，进而推动了场域制度逻辑的演化。（1）中等的制度化程度和多样性程度的组织场域结构促发了制度机会的涌现。（2）低制度化程度和高多重性程度的组织场域结构制度机会模糊。（3）高制度化程度和低多重性水平的组织场域结构特征促发了制度机会沉没。

第二，制度逻辑的动态演化过程经历了由新、旧两种制度逻辑的分离到新、旧制度逻辑的冲突再到新、旧制度逻辑共存的状态。在多元的制度环境中，很多时候并非只有单一的主导制度逻辑，制度情境中会有多种制度逻辑并存，多种制度逻辑并存和相互作用构成了场域制度逻辑的动态演化[①]。制度逻辑这种从分离到冲突再到共存的演化过程，是制度变革过程中，从新制度逻辑的生成、边缘走向中心、与旧制度逻辑竞争冲突一直到新、旧两种制度逻辑共存的过程，这种制度逻辑的演化过程，揭示了组织变革过程中不同制度逻辑及其相互之间竞争和互动的演化[②]，是驱动制度变革的重要因素。

第三，在机会的场域条件下，多主体的多样化能动性和资源利用方式共同形成了协调性和非协调性两种不同的集体行动模式[③]。（1）在专车服务

---

① Christopher M., Mary A. G. and Gerald F. D., "Community Isomorphism and Corporate Social Action", *Academy of Management Review*, Vol. 32 No. 3, 2007, pp. 925 – 945.

② Steve M., Cynthia H. and Thomas B. L., "Institutional Entrepreneurship in Emerging Fields: HIV/AIDS Treatment Advocacy in Canada", *Academy of Management Journal*, Vol. 47 No. 5, 2004, pp. 657 – 679.

③ Julie B., Bernard L. and Eva B., "How Actors Change Institutions: Towards a Theory of Institutional Entrepreneurship", *Academy of Management Annals*, Vol. 3, 2009, pp. 65 – 107.

制度变革的第一阶段，由于面向高端客户群体的专车市场服务机会涌现，集体行动多主体的制度目标一致，表现为多主体的能动性策略和资源利用方式作用于支持一致的行动，这时集体行动呈现出协调性的行动模式。（2）在专车服务制度变革的第二阶段，由于专车服务市场机会模糊造成的场域高度不确定性条件，多主体的能动性策略多样化，各主体分别采取面向过去的"惯常型"能动性策略和面向现在的"意义建构型"或面向未来的"策略型"能动性以支持不同的制度逻辑，多个主体通过"积累""杠杆""聚集"等资源利用方式作用在彼此的对抗上，这时集体行动呈现出非协调的行动模式。（3）在专车服务制度变革的第三阶段，在出行服务市场机会沉没的场域条件下，多方行动主体均采取了"策略型"能动性策略和"聚集"资源利用模式，推动新的制度框架的形成，集体行动再次呈现了协调性的行动模式。总之，在制度变革的不同阶段，伴随着多主体的能动性和资源利用方式的不断变化，集体行动方式也经历了从协调到非协调到再协调的转变。

第四，集体行动是促成制度逻辑演化的重要驱动因素。（1）最初场域由单一制度逻辑主导，机会涌现过程中多主体通过能动性策略一致、资源利用目标一致的协调性集体行动模式，促成了新制度逻辑的生成和新、旧两种制度逻辑的分离。（2）新、旧两种制度逻辑的分离使得场域机会模糊，这时多方行动主体都采取相应行动支持各自的制度逻辑，希望成为场域主导制度逻辑并取代其他制度逻辑。此时，捍卫旧制度逻辑的多主体采取的是面向过去的"惯常"能动性和"积累"的资源调用模式，而支持新制度逻辑的多主体采取的是面向当下的"意义建构型"或面向未来的"策略型"的能动性行为，并尽可能通过"杠杆化"或"积累"的资源调用方式。这时，这种多主体目标对立、能动性策略多样化支持不同甚至冲突的制度逻辑，多主体的多样化资源方式利用与彼此对抗的非协调性集体行动模式促使新、旧两种制度逻辑的对立和冲突加剧，使得制度逻辑从分离状态向冲突状态转变。（3）在新、旧制度逻辑发生激烈冲突后，这时要解决复杂的社会问题，必须建立总体性制度框架，而不能只满足于逐一解决单个项目，任何单个行动主体都无法控制这种局面，行动主体通过采取面向未来的策略型能动性行动进行组织间的协商与合作，把不同组织的资源聚集在一起，通过这种再协调性的集体行动推动总体性制度变革，促成新、旧制度逻辑的共存。

第二节　理论贡献与实践意义

一、本章的理论贡献

本章对制度逻辑演化的过程及驱动因素等问题进行了深入的探讨，深入分析了组织场域结构特征、集体行动与制度逻辑演化之间的关系，弥补了以往制度变革理论相关研究存在的不足之处，将组织场域特征、集体行动和制度逻辑演化等理论分析整合起来，整合了制度逻辑动态演化的驱动机制的多个分析视角，是对制度理论的一个拓展和贡献。在一定程度上推动了制度逻辑的动态演化及驱动因素等相关理论的研究，具体来说，本章的理论贡献主要体现在以下五个方面。

第一，本章深化了对制度逻辑的动态演化过程的研究，对竞争性逻辑的冲突、互补和兼容关系做了更深入的探索。现有的制度逻辑理论已经越来越关注制度逻辑的演化研究，但现有研究对制度逻辑的演化轨迹的研究更多是竞争性制度逻辑之间的冲突，以及这种冲突如何形塑组织和个体的行为，而忽略了竞争性制度逻辑可能存在的兼容和互补的演化轨迹。本章通过专车制度变革的探索性纵向案例研究，揭示了组织制度变革中新、旧两种竞争性制度逻辑的动态演化过程，全过程刻画了从新制度逻辑的生成、边缘走向中心、与旧制度逻辑竞争冲突一直到新、旧两种制度逻辑共存的过程，这种新、旧竞争性制度逻辑从分离到冲突再到共存的演化过程，充分体现了竞争性逻辑之间的兼容、冲突、互补关系的融合，揭示了组织变革过程中不同制度逻辑及其相互之间的竞争和互动的演化，对制度逻辑演化理论具有一定的理论贡献。

第二，本章深化了对组织场域中集体行动相关理论的研究。制度变革中的集体行动是受到众多学者关注的领域，虽然认识到集体行动可能是一个涉及不同种类、不同数量的参与者以协调或非协调的方式进行活动的集体现象，但多数研究聚焦于协调性的集体行动方式[1]，关于非协调性的集体行动的研究较少。本章深入研究了集体行动的协调性和非协调性两种行动

---

① Lawrence T. B. and Phillips H. N., "Institutional Effects of Interorganizational Collaboration: The Emergence of Proto-Institutions", *Academy of Management Journal*, Vol. 45 No. 1, 2002, pp. 281–290.

模式的场域条件和特征，进一步细化了集体行动模式形成的微观机制，详细说明了在不同的机会场域条件下，多行动主体之间如何通过能动性策略和资源利用构建协调性和非协调性两种集体行动模式，研究不仅回应了多拉多关于制度变革过程中机会、能动性、资源利用的不同组合可以形成集体行动的理论推导①，更在多拉多的研究基础上进一步细化和拓展了不同类型的集体行动模式形成过程的理论分析框架。

第三，本书率先从集体行动的视角去研究制度逻辑演化的驱动因素。众多学者都关注到多种制度逻辑之间的冲突和兼容关系②，并提出这种竞争性逻辑的演化轨迹和条件是制度逻辑理论未来研究的一个重要方向，目前鲜有研究对这种竞争性逻辑之间冲突、互补或替代的条件进行研究③。本章从集体行动的不同模式，即协调性集体行动、非协调性集体行动和再协调性集体行动的角度去研究集体行动如何触发不同制度逻辑的动态演化，丰富了关于制度逻辑演化机制的研究，正是在这种集体行动的作用下，多种竞争性制度逻辑的演化呈现出动态演进过程，也为后续的多种制度逻辑的动态演化及其作用边界的研究提供了一个较好的视角。

第四，本章深化了组织场域结构特征影响制度逻辑演化的内在机制。虽然众多学者已经提出场域结构特征会影响制度逻辑的演化（Pache and Santos，2010；Besharov and Smith，2014），也指出了组织场域结构特征的众多分析维度，如制度化（Dorado，2005）、多重性（Dorado，2005）、碎片化（Pache and Santos，2010）、兼容性（Besharov and Smith，2014）等，但鲜有研究深入分析组织场域的结构影响制度逻辑的内在机制，尤其是关注组织场域的结构特征与制度机会的变化、行动之间相互关系和演化过程的研究更少。本章基于制度化和多重性两个维度，分析不同的制度化和多重性水平的组合构成的组织场域结构特征是如何影响制度机会的变化，进而影响行动者的行动，是对组织场域和制度逻辑演化的一个重要的深化和拓展。

第五，本章系统整合了制度逻辑动态演化的驱动因素及过程，将组织场域的特征、集体行动等多个视角的驱动因素分析过程整合在一起，深入

---

① Silvia D. , "Institutional Entrepreneurship, Partaking, and Convening", *Organization Studies*, Vol. 26 No. 3, 2005, pp. 385 –414.

② Patricia H. T. , "The Rise of the Corporation in a Craft Industry: Conflict and Conformity in Institutional Logics", *Academy of Management Journal*, Vol. 45 No. 1, 2002, pp. 81 –101.

③ 杜运周、尤树洋：《制度逻辑与制度多元性研究前沿探析与未来研究展望》，载《外国经济与管理》2013 年第 12 期。

剖析了制度逻辑演化过程中组织场域的促发作用，即不同类型的组织场域结构特征引起了制度机会的变化，进而促发了多主体行动者的集体行动，并推动了场域制度逻辑的演化。先前的相关制度逻辑的研究虽然已关注到组织场域特征对制度逻辑演化的影响机制（Pache and Santos，2010；Besharov and Smith，2014）、行动对制度逻辑演化的驱动作用（Oliver，1991；Rao and Morrill et al.，2000；Canales，2011），但并未将组织场域的结构特征、集体行动与制度逻辑的演化之间的内在关系及相互作用整合到一个研究框架下，相关研究之间是割裂的，本章研究在以往学者的研究基础上，通过专车制度变革的纵向案例分析，深入研究了制度组织场域的结构特征、集体行动与制度逻辑演化之间的内在逻辑关系，指出在制度逻辑演化过程中，组织场域的结构是重要的促发因素，通过影响多主体的集体行动从而推动场域制度逻辑的动态演化，本章整合了这三者之间的内在机制，较为系统地分析了制度逻辑的演化及驱动因素研究，是对制度变革，尤其是制度逻辑研究的重要发展。

二、本章的实践意义

本章从集体行动视角探讨了制度逻辑的演化问题，研究结论一方面对制度逻辑的演化过程和驱动因素提供了理论参考，另一方面对在复杂制度环境下企业和个人的集体行动的组织和治理，尤其是政府在新、旧制度逻辑冲突过程中的公共治理措施提供了实践启示。总之，本章的实践意义具体表现在以下三个方面。

首先，本章对于复杂的制度环境对企业和个人在多种制度逻辑下的行动策略选择提供了有效的建议。当前，中国经济的飞速发展、技术与制度的快速变革加剧了制度环境的复杂多变，公共出行、第三方支付等多个领域新兴制度逻辑不断涌现，新、旧制度逻辑之间的激烈竞争导致众多利益相关者之间的矛盾和冲突十分尖锐。这种复杂的制度环境对企业和个人在多种制度逻辑下的行动策略选择都带来了巨大的挑战。案例中专车新制度逻辑演化的过程中，专车利益相关者的协调性的集体行动促成了新制度逻辑的出现，因此，本章对个人和组织在复杂制度环境下的相应行动策略提供了有益的启示。

其次，本章对于如何推动受限于政府公共资源和公共服务能力不足而导致积弊已久的公共领域的制度变革具有重要启发。案例中专车新制度逻辑演化的过程中，专车利益相关者的协调性的集体行动促成了新的制度逻辑的出现。这种协调的集体行动所推动的专车服务的新制度逻辑的形成，对于受限于政府公共资源和公共服务能力不足而导致积弊已久的公共出行领域的制度变革，显然是具有重大进步的。因此，本章对受限于政府公共资源和公共服务能力不足而导致积弊已久的公共领域的制度变革具有重要启发。

最后，本章对于政府在新、旧制度逻辑冲突过程中的公共治理措施，对于完善新兴行业、业态的治理提供了有益的借鉴。复杂的制度环境对我国政府多种制度逻辑下的制度监管带来了巨大的挑战。在新制度逻辑扩散过程中，专车利益相关者与出租车行业利益相关者之间的非协调性的集体行动触发了新、旧制度逻辑之间的激烈冲突。在这种情境下，制度演化过程如果是制度逻辑的简单替代，可能都会引起较大的社会问题，如果是简单的新制度逻辑替代旧制度逻辑，可能会导致社会的不稳定，而旧制度逻辑替代新制度逻辑则可能造成时代的退步。本案例中，政府、专车、出租车多方利益主体的再协调的集体行动模式，将专车模式的规范化治理和出租车租赁行业的深度改革协同推进，使得新、旧制度逻辑的共存共生成为可能。在专车制度变革案例中，政府在新、旧制度逻辑冲突过程中的公共治理措施，对于完善新兴行业、业态的治理提供了有益的借鉴。

第三节　研究局限性

在当前制度环境复杂多变的背景下，多种制度逻辑下我国政府应如何进行制度监管，企业和个人的行动策略应该如何正确处理均是具有重要研究价值的问题。本章深入研究了组织场域的结构特征、集体行动和制度逻辑之间的关系，对上述问题进行了较为深入的分析，对制度逻辑研究进行了整合和拓展，并且获得了具有实践意义的研究启示。但是，由于本章关注的制度逻辑演化及其驱动因素研究的理论前瞻性较强，问题也较复杂，同时受到时间、财力、物力等诸多主客观因素的影响，本章仍存在以下三个方面的不足。

首先，虽然本章基于专车出行领域的纵向案例研究在理论抽样的极端性和过程的深入性方面有利于理论建构，但由于案例研究的局限性（张延林等，2014；Lee A S and Baskerville R L，2003），理论的质量仍有待提升，因此，后续研究需继续挖掘更多的案例，丰富新的构念，增加理论的饱和度。

其次，制度逻辑的驱动因素是多层次、多因素的，集体行动并不能完全解释。我们在文献回顾部分也指出，在制度逻辑的驱动因素的研究中，不少学者研究了单个组织的应对策略（Oliver，1991）、单个组织的战略性行为（Suchman M C，1995；Zimmerman M A and Zeitz G J，2002），如修辞策略（Suddaby R and Greenwood R，2005）、权谋技巧（Levy D and Scully M，2007）、故事理论化（Morrill C and Owen-Smith J，2002）等用来表达、操控并重组制度逻辑的行为（Suddaby R and Greenwood R，2005）。但上述基于单因素分析的制度逻辑的驱动因素的研究，并不具有创新性，随着近期的研究已开始探索制度变革中可能存在的集体行动层面（Canales R，2011；Lounsbury M and Crumley E T，2007；Rao H，Morrill C and Zald M N，2000），制度逻辑的驱动因素也更多地关注多主体行动的影响。巴蒂拉娜等（Battilana J et al.，2009）指出，制度理论研究的一个非常重要的方向是关于多个主体的更加完善的集体行动理论，弄清制度变革过程中多个行动主体是如何通过协调或者非协调的集体行动推动制度逻辑的演化，这是当前在制度理论研究中的一个没有充分被整合的部分。鉴于此，本章基于集体行动的视角开展相关研究。

最后，徐和克雷德（2002）在权威期刊 AMR 中发表了对制度变革过程的辩证分析，指出制度矛盾会引发实践变革进而导致制度变迁，而新建立的制度又会产生新的矛盾再次引发实践变革，制度变迁就是如此循环往复。在出行服务领域的制度变革过程中，目前出租车和专车制度共存的状态也并非可以永久存在，未来有可能会有新的出行服务的制度逻辑出现，替代专车和出租车服务的制度逻辑；也有可能出租车和专车改革会形成一种新的出租车服务，替代现有的出租车和专车服务制度逻辑；当然，出行领域制度变革也可能倒退，专车的合法化地位会被重新否定，出租车特许经营的逻辑重新成为主导，但是无论如何，目前专车服务行业制度变革的发展，已经是制度逻辑演化的一个阶段性成果，并形成了一个重要的制度逻辑演化过程，支持了本章的理论研究结论。理论会随着实践的发展不断发展，专车制度领域未来的制度演化，究竟是集体行动的模式有了新的变化，还是有其他层次其他类型的一些更为关键的要素，与集体行动发生了交互作用，影响到制度逻辑的演化，我们会继续关注，但我们认为这个不会影响本章的研究结论。

第四节　未来研究展望

针对上述研究不足，本章未来可能拓展和进一步研究的方向包括以下三个方面。

（1）拓展案例范围，增加理论的饱和度。案例研究的关键在于丰富新的构念，增加理论的饱和度，因此，案例延伸得越远，拓展得越广，越能将研究结果一般化。目前，本章的案例研究是基于出行领域的纵向案例研究，相对来说，行业范围还比较局限，因此，后续研究可以考虑在更广阔的行业范围收集更多的样本，并且可以考虑不同行业来研究本案例研究的理论模型和假设，以期待不同的研究发现。

（2）在本章关于集体行动模式的研究中，机会是场域行动主体识别新制度并利用资源的可能性，是制度变革的场域条件和起点，本章的案例研究发现也回应了多拉多等学者①的理论。但从驱动机制上来说，影响集体行动模式形成的因素应该是多层次、多要素的，也许不仅仅是机会的形态，由于本章的研究重点是关注集体行动对于制度逻辑演化的影响，因此并没有深入展开对集体行动模式驱动机制的分析，但本章研究深刻地认识到这是一个非常重要而且非常有价值的研究，在后续研究中还将进一步深化相关研究。

（3）专车服务领域的制度变革非常快速激进，很短的时间内经历了制度变革的多个过程，出行服务领域的制度变革未来可能还会继续演化，推动制度变革领域的理论研究不断发展，究竟是集体行动的模式有了新的变化，还是有其他层次、其他类型的一些更为关键的要素，与集体行动发生了交互作用，影响了制度逻辑的演化，我们将不断关注，也希望启发更进一步的跟进研究。

---

① Silvia D. , "Institutional Entrepreneurship, Partaking, and Convening", *Organization Studies*, Vol. 26 No. 3, 2005, pp. 385 – 414.

第三篇

绿色创新驱动中小企业
高质量发展

第十四章　中小企业绿色创新
与技术知识耦合

绿色创新有助于缓解资源短缺，同时也减少了对生态环境的破坏（Schiederig et al. ，2012；Flammer，2021），这是实现可持续发展、促进人与自然和谐共处的必要途径（Huang and Li，2017）。绿色创新是指生产或改进产品（有形或无形）、进行服务的过程中，减少了产品生命周期中使用的自然资源（如材料、能源、水和土地）和释放的有害物质（Ghisetti，2017）。制造企业的绿色创新本质上是一种复杂的知识活动，涉及绿色产品设计、制造工艺、回收生产、污水处理和节能等过程（Driessen et al. ，2013）。然而，仅仅依靠以往的技术经验或单一技术领域的技术知识来实施绿色创新的效果非常有限（Yayavaram，Chen，2015）。因此，需要不同类型的技术知识之间动态地相互作用，这被称为技术知识耦合（Strambach，2017；Duan，2021）。高蒂尔和格内特（Gauthier and Genet，2014）提出，实现绿色创新的关键在于企业能否有效地将现有制造过程与新的环保技术进行整合，外部异质性新知识与现有知识库之间需要动态耦合。虽然学者们已经意识到知识管理对绿色创新的影响不可忽视，但现有的研究大多是从一个静态知识管理视角来探讨知识管理对绿色创新的影响机制（Chin et al. ，2022）。由于从动态知识耦合视角出发来研究绿色创新作用机制的研究较少，因此为了填补这一空白，本章的第一个研究问题是在"技术知识耦合—绿色创新绩效"的概念框架下，探究不同类型的技术知识耦合对制造企业绿色创新的影响是否存在差异。

同时，制造企业的技术知识耦合也依赖于绿色创新的机制。因此，本章的第二个研究问题是探索制造企业不同类型的技术知识耦合与绿色创新关系的边界条件。一方面，已有研究表明，外部制度因素在推动绿色创新方面比逐利的经济驱动因素更为关键（Dacin et al. ，2002；Dubey，2015）。新制度主义认为，企业实施绿色创新的主要目的是获得和提高组织的合法性（Schaefer，2007）。促进绿色创新的关键制度因素主要包括政府监管压力、行业规范压力和同行模仿压力（Maggio and Powell，1983；Lui，2021）。李和丁（Li and Ding，2013）认为，企业被同行模仿后，外部模仿压力会削弱企业的竞争优势。与监管压力和规范压力相比，模仿压力源于企业为了保持竞争优势和应对行业内竞争对手带来的竞争而采取的模仿学习行为（Terlaak，2007；Zhu and Geng，2013）。模仿压力也是制造企业实现绿色创新的重要动力。学者们分析了模仿压力对绿色创新的直接影响（Bansal and Roth，2000；Zhu and Geng，2013），但很少有研究探讨公司高管如何应对竞争对手的模仿压力，模仿压力在企业绿色创新的战略决策过程中是否具有调节作用。

另一方面，环境认同被视为改善环境质量的有效方法之一，环境认同是指由组织成员共同构建，并形成内部的环境保护感知（Xing et al.，2019）。在强认知模式下，环境认同能使员工形成积极的环境管理意识，鼓励员工整合和利用与绿色创新相关的新知识和新思想，进而积极参与绿色创新，致力于满足消费者的环境行为需求（Song et al.，2018）。因此，制造企业在推动自身可持续发展的绿色创新战略行为时，增强对共同目标的认同感就变得至关重要。然而，组织内部环境认同是一个边界条件，环境认同在技术知识耦合与绿色创新关系中的调节机制研究较少。

本章利用 2009～2019 年 A 股上市制造企业的面板数据，探讨了技术知识耦合对中国制造企业绿色创新的影响机制和边界条件，以应对这些缺口。研究结论丰富和拓展了知识管理与绿色创新的研究。具体而言，其理论贡献如下：从不同技术领域知识互动和动态变化的角度，构建了制造企业技术知识耦合与绿色创新关系的理论框架，并进行了动态分析，为绿色创新领域的研究提供了新的研究思路和方向。本章从非线性关系的角度，探讨了制造企业不同技术知识耦合对绿色创新的复杂影响。进一步拓展了知识管理与绿色创新关系的机理研究。基于新的制度认同和组织认同理论，探讨了制造企业技术知识耦合与绿色创新关系的边界条件。我们试图将制造企业绿色创新研究领域的多种理论相结合，为探索绿色创新相关问题提供新的解释。同时，明确技术知识耦合与绿色创新的关系是制造企业绿色发展的现实需要，也是经济转型和创新驱动发展的内在要求。

本章第一节回顾了以往关于技术知识耦合与绿色创新的研究，提出了相关假设。第二节详细介绍了本章使用的方法，第三节介绍了获得的结果，第四节阐述了研究结论、理论贡献、管理启示、局限性和未来的研究方向。

第一节　文献回顾和假设发展

一、文献综述

本章将根据研究问题，对知识管理、模仿压力、环境认同与绿色创新之间的关系进行系统的文献综述。

（一）知识管理与绿色创新

制造企业的绿色创新是从产品和工艺设计层面来满足客户需求、减少环境污染的创新过程。它本质上是技术、知识和市场问题的综合，是一种寻求具有可持续性经济、环境和社会效益的创新活动。此前的研究对绿色创新的前因变量进行了广泛的讨论，如供应链内部合作（Wolf，2014）、绿色信贷（Li et al.，2018；Flammer，2021）、环境法规（Rennings and Rammer，2011）、公司治理（Kock，2012）、利益相关者压力（Murillo-Luna，2008）。众所周知，知识是创新的基础，绿色创新考虑了经济效益、生态效益、资源效益、环境效益和社会效益，比传统创新模式更加复杂（Muscio et al.，2017）。从技术和知识的角度看，制造企业在绿色创新过程中需要不断整合内外部知识，有效管理和利用这些知识，掌握绿色创新的主流技术、新概念和发展趋势（Duan et al.，2021），提高绿色技术创新效率。因此，知识管理是制造企业实现绿色创新的有效途径和必要机制。然而，现有研究从知识管理的角度探讨了知识对绿色创新的关键作用，如知识深度和广度（Yayavaram and Ahuja，2008）、知识复杂性（Apak and Atay，2015；Frone，2018）、知识冲突（Dange et al.，2016）、知识共享（Muscio，2017）、知识整合（Gauthier and Genet，2014）。然而，这些分析都是基于静态的知识管理视角。很少有文献在知识库动态变化的层面，从耦合的角度探讨技术知识对制造企业绿色创新的影响机制。

耦合是一个物理概念，指的是两个或多个系统（或运动形式）之间的相互作用（Yayavaram and Ahuja，2008）。技术知识耦合是两个或两个以上技术领域的知识要素通过不断的、动态的相互渗透，包括连接、组合和重建等而形成新知识的过程和结果（Yayavaram Chen，2015；Strambach，

2017）。技术知识耦合反映了不同技术领域之间的知识互动和动态变化。根据前人研究的观点，跨技术领域整合和重构各种知识要素可以改变现有的知识库，更有效地实施绿色创新（Yayavaram Chen，2015）。已有研究证实了知识搜索对熟悉或陌生知识领域创新的影响（Katila and Ahuja，2002；González-Morenoa，2019；Duan，2021）。然而，知识耦合与绿色创新的关系机制尚未探讨。先前的研究显示了两种主要的技术知识耦合方式：现有技术领域之间的知识耦合和新技术领域与现有技术领域之间的知识耦合（Yayavaram Chen，2015）。因此，本章将从动态知识管理视角探讨制造企业技术知识耦合与绿色创新的关系机制。

（二）模拟压力与绿色创新

现有研究从多个角度分析了促进绿色创新的积极因素。然而，它们忽视了影响绿色创新的阻碍因素，特别是对环境因素的探索，如外部竞争对手的模仿压力和组织内部的绿色环境认同等。

新制度理论认为，制度压力是企业采取绿色行为的主要驱动力（Schaefer，2007）。在制度压力下，制造企业会选择制度认可的组织结构、政策和行为，最终导致同一环境下的企业趋同（Dimaggio Powell，2000）。现有文献广泛讨论了制度压力与绿色创新之间的关系，但大多集中在政府环境监管压力对绿色创新的影响。研究结论一致认为，环境监管压力正向促进绿色创新（Rennings and Rammer，2011；Yu，2017；Frondel，2017；Huang and chen，2022）。为了应对市场竞争，减少不确定性，或者避免决策失误，管理者经常以行业内的领先公司作为模仿的基准（Bansal and Roth，2000）。这种模仿行为植根于其感知的模仿压力，而这种模仿压力会促使管理者在决策时更多地考虑竞争对手的影响。以往的研究更多地关注模仿压力对绿色创新的直接影响。例如，特莱克（Terlaak，2007）认为，管理者愿意采取保护环境的行为是为了应对另外一些保护环境的公司所带来的竞争压力。马奇（Marchi，2012）发现，消费者对环境因素的要求越来越高，高质量的绿色产品将逐渐成为竞争优势的重要来源，制造企业会模仿行业中成功企业的绿色创新行为。朱和耿（Zhu and Geng，2013）通过对中国制造业的调查发现，来自标杆企业和竞争对手的模仿压力是推动企业采取绿色环保的一个重要因素。其证实了竞争对手的模仿压力对采用节能系统的企业的经济效益有更显著的影响。

虽然现有文献基于新制度理论视角对绿色创新的研究取得了丰富的成果，并逐渐明确了制度压力对绿色创新的作用机制，但相关研究仍停留在"外部制度压力—绿色创新"的"激励—结果"的简单模型中。很少有研究将模拟压力作为一种情境变量来探究制造业中心企业如何应对来自同行的模仿压力，即模仿压力是否在绿色创新战略决策过程中起调节作用。此外，在动态知识耦合与绿色创新关系的框架下，很少将外部模仿压力作为上下文变量来分析二者关系的变化。

（三）环境认同与绿色创新

员工是创新的最终实现主体，而组织成员的环境认同对创新产出和效率起着至关重要的作用。柯达诺（Cordano，2000）提出，高度的绿色认同意味着组织成员对环境问题和绿色发展持积极态度。从心理学的角度来看，这是指一种特定的情感联系（Chen，2011）。在管理学科中，组织认同是组织成员共同开发的一种解释性行为，以解释其行为和选择（Ashforth and Mael，1989）。由于企业对经济发展和社会责任的双重要求，对环境保护的关注离不开组织认同的框架。环境认同将影响组织成员环境行为的组织、团队和个人紧密联系起来，从而建立起关于环境管理和绿色创新的共同信念（Xing，2019）。近年来，组织环境认同对绿色创新的直接和间接影响受到了学者们的广泛关注。例如，常和陈（Chang and Chen，2013）发现，绿色组织认同正向影响绿色创新绩效，并通过环境承诺和环境组织合法性间接影响绿色创新绩效。宋和于（Song and Yu，2018）探索了绿色组织认同对绿色创新的正向影响，发现其在绿色创新战略与绿色创新之间起到中介作用。宋（Song，2018）发现，绿色组织认同正向影响绿色新产品的成功，并在企业社会责任与绿色新产品成功之间发挥充分的中介作用。苏瓦诺（Soewarno，2019）以印度尼西亚制造企业为样本，分析了绿色组织认同在绿色创新战略与绿色创新关系之间的间接中介作用。邢（Xing，2019）利用 380 家中国企业的数据进行了实证研究，表明绿色组织认同可以促进探索性创新，提高企业的环境绩效。

综上所述，现有的研究已经形成了丰富的结果，但仍存在明显的局限性。第一，以往的研究大多证实了组织认同直接影响或以中介效应来影响绿色创新。但是组织环境认同作为情境变量对绿色创新的调节作用是薄弱的。第二，在制造企业知识基础动态变化的背景下，环境认同如何影响其绿色创新的机制尚未得到深入探讨。

因此，本章在"技术知识耦合—绿色创新"的概念框架下，基于新制度理论和组织认同理论，探讨了模仿压力和环境认同对制造企业不同类型技术知识耦合与绿色创新关系的调节作用。

二、发展假设

（一）现有技术知识耦合对绿色创新的影响

现有技术知识耦合通过现有技术领域之间的动态重组来改变知识库（Yayavaram Chen，2015）。绿色创新必须为市场服务，并考虑政府、消费者和其他利益相关者对环境保护的要求（Kumar Rodrigues，2020）。因此，有必要对现有知识库进行一定程度的调整或重构。

现有技术知识耦合对制造企业绿色创新的正向影响如下：首先，基于现有技术领域的知识动态整合与重构，不仅可以加深对现有知识的认知，利用现有知识进一步探索新的技术和市场机会（Jayaram and Pathak，2013），还可以通过对传统生产、制造工艺、管端控制等诸多现有技术领域的反复深入的知识搜索，激发新的想法，提高知识利用效率（Nerkar，2003）。此外，对现有知识的深度整合和重组可以在一个或多个链条上实现绿色创新（Driessen et al.，2013），例如，更多的节能生产过程，更少的材料消耗，更少的污染物排放等。卡纳等（Caner et al.，2015）研究表明，在少数特定的技术领域之间不断重构知识框架可以突破原始技术创新的局限。动态性的知识耦合也是深入利用知识的一种有效方式。通过尝试新的知识组合和解决问题的新想法，制造企业可以在一定程度上避免"熟悉陷阱"（Yayavaram Ahuja，2008）。其次，现有技术领域之间的知识动态耦合可以更好地促进制造企业知识库的转化，进而产生有利于环境保护的绿色创新（Yang et al.，2015）。因为当现有技术领域的知识动态交互时，研发人员可以对现有的知识体系有更深入的了解（González-Morenoa et al.，2019），从而掌握哪种知识组合更容易创造绿色发明。贝尔基奇（Berchicci，2013）的研究也支持类似的观点。他认为利用企业内部知识进行研发，有助于加强企业的知识基础，提高对知识的利用和吸收能力，从而产生更多功能和应用的创新。

然而，现有技术领域之间的知识耦合程度并不高。首先，绿色创新往往需要涉及新的技术领域，现有技术领域之间过度的知识耦合很可能产生类似的技术（Muscio et al.，2017）。新知识多样性的缺乏通常会降低制造企业对外部环境变化的响应灵敏度（Laursen Salter，2014；Duan，2021），无法感知市场变化，也无法适应动态竞争环境。其次，现有技术领域的知识库内容有限。技术知识耦合程度的提高容易诱发制造企业创新的"锁定效应"和路径依赖（Strambach，2017）。受路径的"锁定效应"影响，现有技术领域的知识库内容有限，不足以突破现有技术路线和研发流程，难以满足绿色创新所需的异质性知识（Chen et al.，2021）。

这在一定程度上阻碍了制造企业开展高质量的绿色创新活动。此外，现有技术知识耦合程度的不断加深，意味着发现新的知识组合的空间越来越小（耿等，2021）。同时，制造企业需要在不同技术背景的技术工人和研发人员之间进行知识转移，整合不同的技术知识。管理的限制性将影响这些活动，导致整合、沟通和协调的人力和物力成本增加（Gauthier and Genet，2014；Frone，2018），并降低绿色创新效率。因此，本章提出以下研究假设。

假设14-1：现有技术知识耦合与制造企业绿色创新呈非线性倒"U"型关系。

（二）新技术知识与现有技术知识耦合对绿色创新的影响

新技术领域和现有技术领域之间的知识耦合是企业进入过去没有涉及的新技术领域，并与现有技术领域动态重组知识以改变知识库的过程（Yayavaram and Chen，2015）。通过接触新的知识来源，制造企业可以获得自己所没有的各种异质的新知识。新知识有助于填补企业在绿色创新方面的知识空白，识别绿色技术发展的近期趋势，并使更有针对性的绿色创新成为可能（Gauthier and Genet，2014）。

新技术与现有技术的知识耦合对制造企业绿色创新具有以下积极作用：第一，新技术与现有技术领域的知识耦合可以引导制造企业找到合适的切入点，有效利用绿色环保相关的新知识（Chen et al.，2021）。因为这种知识耦合方法在现有技术领域的基础上引入了新的知识元素，丰富了制造企业的知识库，超越了现有知识库所能产生的创新效果。弗罗内（Frone，2018）提出，内外部知识结合可以不断优化企业的知识结构，实现与环境保护政策、法律、法规的动态匹配，促进绿色创新。高蒂尔和格内特（Gauthier and Genet，2014）发现，实现绿色创新的关键在于企业能否有效地将外部异质知识与现有知识库进行整合。第二，当制造企业将知识来源扩展到新技术领域时，发现过去没有实现的知识联系的概率更高，这有利于提高对未来创新的预期（Ge et al.，2014），并促使新领域和现有领域在整合中识别有价值的知识重组。与现有技术领域的知识重组相比，新技术领域和现有技术领域之间的知识耦合扩大了制造企业的知识广度，可以削弱传统的认知惯性（Dange et al.，2016），为绿色创新视角提供了新的机遇。希德里格和蒂泽（Schiederig and Tietze，2012）认为，制造企业拥有丰富的知识资源，能够尝试各种知识组合，能够满足多个利益相关者对环境保护的需求，是绿色创新成功的关键因素。此外，如果制造企业结合现有的知识基础，在新技术领域开展动态知识耦合，将有助于简化知识耦合范围，降低知识重组的不确定性（Macher and Boerner，2012），分散绿色创新的研发风险（Caner and Tyler，2015）。因为与现有技术领域之间的知识耦合相比，当研发活动扩展到异质性更高的新技术领域时，制造企业的绿色创新具有更强的选择性和灵活性。

虽然新技术领域与现有技术领域之间的知识耦合对制造企业的绿色创新具有上述积极影响，但在超出合理的范围外也存在负面的情况。首先，制造业企业绿色创新的结果在面对全新的技术领域知识时具有高度的不确定性（Yayavaram and Chen，2015）。假设制造企业缺乏在新技术领域寻找知识的能力和经验，在这种情况下多个技术领域的知识相互作用和重组会增加错误决策的概率（Strambach，2017）。因为并不是所有的知识对绿色创新都是实用的或有用的，也就是说，技术知识在新领域中的有用性是不确定的和有限的，其与现有技术知识的耦合和交互过程也具有不可预测性。拉希里（Lahiri，2010）认为，多元化的知识虽然扩大了技术范围，但也增加了创新资源配置的成本，从而降低了资源配置的效率，不利于创新。其次，新技术领域与现有技术领域之间的知识过度互动，意味着不同技术领域的公共知识库相对较少，知识跨领域转移存在巨大障碍（Apak and Atay，2015）。因此，新领域与现有领域之间的知识距离较长，可能加剧技术知识多样化导致的技术分散和知识超载问题，导致在新技术领域吸收知识的成本增加。希德里格和蒂泽（2012）发现，糟糕的内部和外部知识整合往往极大地影响着绿色创新。

由于涉及的技术领域太广，知识类型差异增加，知识结构重叠减少。在这种情况下，企业需要花费大量的时间和精力来消化和吸收多样化和异质性的知识（Macher and Boerner，2012），从而削弱了多样化对绿色创新知识的积极作用。因此，本章提出以下研究假设。

假设14-2：新技术知识和现有技术知识耦合与制造企业绿色创新之间呈非线性倒"U"型关系。

（三）模拟压力的调节作用

新制度理论主要使用同构和合法性机制来解释企业的同质行为（Dimaggio and Powell，2000；Dubey et al.，2015）。这种行为并不一定会提高组织的内部绩效，但有利于组织的合法性和声誉（Zhu and Geng，2013）。

当标杆企业的绿色创新活动增强行业内的合法性和竞争优势时，会对焦点企业造成模仿压力。此时，焦点企业将试图模仿和学习标杆企业的绿色创新活动（Bansal and Roth，2000），以保持其合法性和竞争优势。

在不同技术知识耦合对绿色创新的影响机制中，外部模拟压力可能有两种作用。首先，由于技术知识耦合的不确定性，制造企业会参考行业标杆企业的行为来实施绿色创新活动。先前的研究表明，社交网络中的组织具有嵌入特征，并倾向于模仿其他网络成员（Henisz and Delios，2001）。当外部环境存在不确定性时，组织会参考竞争对手的成就来做出战略选择，并采取与竞争对手相同的行为（Li and Ding，2013）。因此，在模仿压力的驱动下，制造企业在绿色创新过程中的技术知识耦合也会模仿标杆企业的绿色知识管理实践（Dai et al.，2015）。制造企业感受到的模仿压力越大，就越会采用类似标杆企业的知识管理，以降低技术知识耦合的不确定风险和成本（Huang and Chen，2022），以提高绿色创新的成功率。其次，在模仿压力下，绿色创新的主要目的是获得市场和消费者的认可。在这种逻辑下，模仿压力是环境保护市场需求带来的商机，制造企业更倾向于加强与外部组织的联系与合作（Terlaak，2007；Lui et al.，2021）。根据市场同行企业的绿色创新绩效，制造企业会主动跨组织边界和技术边界，寻找各种与绿色环保相关的技术知识（Yu et al.，2017），并将其与现有的知识体系相结合，丰富绿色环保知识基础，促进绿色创新。戴等（2015）认为，模仿压力促使企业持续关注和跟踪竞争对手的环保技术知识和绿色创新实践，以保持企业的绿色竞争力。因此，本章提出以下研究假设。

假设14-3a：模仿压力正向调节制造企业现有技术知识耦合与绿色创新之间的关系。

假设14-3b：模仿压力正向调节制造企业新旧技术知识耦合与绿色创

新之间的关系。

(四) 环境认同的调节作用

面对内部和外部环境压力，制造企业会采取绿色创新等适应性互动行为，绿色环境认同对此进行了解释和阐述 (Chang and Chen, 2013)。根据组织认同理论，企业的自我认知水平和认知语境决定了其战略选择和组织行为，使竞争对手难以模仿 (Chen, 2011; Song et al., 2018)。环境认同可以使员工形成积极的环境管理意识，鼓励员工整合和使用与绿色创新相关的新知识和新思想 (Xing et al., 2019)，并积极参与绿色创新，致力于满足消费者的环境需求。

在不同技术知识耦合对制造企业绿色创新的影响机制中，组织内部环境认同的影响可能表现为以下两个方面。首先，组织内部的环境认同可以通过整合环境友好型技术知识，以增强制造企业对环境问题的责任意识，影响产品战略行为 (Benet-Martinez et al., 2002)，如将环境因素融入产品研发创新。高度的环境认同意味着组织成员对环境问题和绿色发展持积极态度。在此基础上，可以形成稳定的认知，做出明确的环境承诺 (Cordano, 2000; Soewarno et al., 2019)。这种承诺体现为语言或文本形式，引导成员整合内部和外部技术知识，从产品开发和设计阶段考虑环境成本，通过降低成本和提高绿色创新效率来减少环境污染 (Ng, 2015)。其次，环境认同可以激励员工分享、整合和利用不同技术领域的知识，促进制造企业的绿色创新。因为环境认同是个体与组织建立联系的过程，它们对组织的归属感深刻地影响着个体的行为 (Song and Yu, 2018)。员工的环境身份认同会积极影响他们整合和交换知识的动机，并进一步促进成员之间的技术知识共享 (Van Dick, 2006)。先前的研究发现，环境认同感高的员工倾向于站在组织的角度考虑问题和采取行动 (Ng, 2015)，形成强烈的责任和义务意识，并积极参与组织期望的行为，如知识共享 (Lee et al., 2015)。综上所述，绿色组织认同有利于员工与企业形成一致的环境目标，这种共同目标有助于提高绿色创新绩效。因此，本章提出以下研究假设。

假设 14 - 4a：环境认同正向调节制造企业现有技术知识耦合与绿色创新之间的关系。

假设 14 - 4b：环境认同正向调节制造企业新旧技术知识耦合与绿色创新之间的关系。

第二节　研究方法与数据

一、样本和数据

本章以中国 A 股上市公司为初始样本，按照以下标准选择最终样本。（1）按照中国国民经济行业分类和代码（GB/ 4754 – 2011）选择生产企业；（2）剔除研究期内（2010 ~ 2019 年）绿色发明专利申请数为 0 的企业；（3）取消具有"ST"（特殊处理）和"＊ST"标志的企业；（4）剔除绿色发明专利 IPC 分类号不匹配的企业；（5）在此基础上剔除了数据存在严重缺陷的样本公司。

本章有三种类型的数据源。第一类是主要数据，如制造企业层面的金融、专利和研发，来自中国股票市场和会计研究（CSMAR）数据库和公司的年度报告。第二类是制造企业的环境保护和企业社会责任相关数据，来自 RANKINS 企业社会责任评级报告（www. rksratings. cn）和和讯企业社会责任报告（www. hexun. com）。第三类数据是与制造企业绿色专利相关的 IPC 分类号，来自国家知识产权局（SIPO）专利数据库。作为样本企业的年报和第三方数据库，研发创新和环境治理数据在 2010 年之前严重缺失。对于面板平衡性和结果稳定性，本章选取 2010 ~ 2019 年作为样本数据。基于技术知识耦合本身的特殊性和内生问题的减少，本章以 2012 ~ 2019 年制造业企业技术知识耦合为研究对象。其他变量都是 2010 ~ 2019 年的数据。最后，本章获得了 A 股 247 家制造业上市公司 10 年的面板数据样本。

二、测量数据

（一）因变量

本章的因变量是制造业企业的绿色创新（GI）。为了保证研究结果的稳健性，我们选择了单一指标和复合指标来衡量样本企业的绿色创新。现有研究认为，发明专利是衡量企业创新的重要指标（Comino and Graziano，2015；Duan et al.，2021）。因此，本章采用制造企业绿色发明专利申请数量作为单一衡量指标。具体测量公式如下：

$$GI = \ln(GP + 1) \qquad (14-1)$$

借鉴齐等（2011）的研究成果，选取制造业企业绿色专利申请数量、研发投入与环境管理体系认证得分、环保投入得分、行业专利数量等数据作为绿色创新的综合衡量指标。采用多元判别分析方法对其进行测量。判别模型如下：

$$GI = \alpha_0 + \beta_1 RD + \beta_2 IGP + \beta_3 GP + \beta_4 EM + \beta_5 EA + \varepsilon \qquad (14-2)$$

其中，GI 是绿色创新的虚拟变量，表示制造企业在当年是否进行了绿色创新。RD 为当年研发投入成本的对数，IGP 表示制造企业所在行业的绿色创新专利数，GP 表示该年度制造企业的绿色专利申请数，EM 为该年度环境管理水平得分，EA 为制造企业的环境保护意识得分。

表 14-1 显示了绿色创新综合指标的判别分析结果。结果表明，该模型整体上具有较好的显著性，各判别指标的系数均达到统计显著水平，至少在 10% 的水平上显著，说明该判别函数是有效的。

表 14-1 　　　　　　　ZGI 的判别分析结果

变量	系数	标准差	P 值
RD	0.015 **	0.001	0.000
IGP	0.001 ***	0.008	0.048
GP	0.003 ***	0.001	0.000
EM	− 0.022 *	0.013	0.079
EA	0.019 ***	0.007	0.009
Constant	0.063	0.146	0.063
N	2470		
F-test	10.58		
R^2	0.0233		

注：*、** 和 *** 分别表示在 10%、5% 和 1% 的水平上通过测试。

根据模型（14-3）估计绿色创新的多维代理变量 ZGI。

$$ZGI = \alpha_0 + \beta_1 RD + \beta_2 IGP + \beta_3 GP + \beta_4 EM + \beta_5 EA + \varepsilon \qquad (14-3)$$

(二) 独立变量

已有研究表明,技术知识耦合是两个或两个以上技术领域的知识元素被组合、连接并重组为新知识的过程。耦合程度反映了知识要素之间的动态重组(Yayavaram and Ahuja,2008)。IPC(国际专利分类)号可以很好地反映专利所属的技术领域(Bloom and Van,2002;Hung et al.,2011),因此本章使用制造企业的绿色 IPC 号专利来衡量技术知识耦合。

参考弗莱明和索伦森(Fleming and Sorenson,2004)与亚亚瓦拉姆等(Yayavaram et al.,2015)的研究,本章的具体技术知识耦合措施如下:以4 年为测量时间窗,以第 n 年为基准。取生产企业第 n 年绿色专利 IPC 号的前四位分别与第 $n-1$ 年、第 $n-2$ 年、第 $n-3$ 年的 IPC 号进行匹配。匹配记录如表 14-2 所示。表 14-2 中,k1、k2、k3 分别表示第 n 年技术领域知识与前 3 年的交互和动态耦合程度。K4、k5、k6 分别为制造企业第 n 年之前各技术领域之间的知识相互作用和动态耦合程度。因此,我们用 k1、k2、k3 的和来衡量第 n 年制造企业的新技术知识和现有技术知识耦合,用k4、k5、k6 的和来衡量第 n 年制造企业的现有技术知识耦合。

表 14-2   绿色专利 IPC 号前四位的匹配过程

Year	$n-th$	$n-1st$ year	$n-2nd$ year	$n-3rd$ year
$n-th$	—	k1	k2	k3
$n-1st$ year	k1	—	k4	k5
$n-2nd$ year	k2	k4	—	k6
$n-3rd$ year	k3	k5	k6	—

(三) 调节变量

模仿压力(MP)是业内竞争企业的一种制度压力。制造企业实现绿色创新主要依靠绿色创新技术,主要体现在专利上。然而,专利的申请和公布会使制造企业的绿色技术被同行业竞争者模仿,从而威胁其核心竞争优势。因此,本章借鉴陈和成(Chen and Cheng,2020)的研究,首先计算了制造企业的绿色专利(GP)占行业绿色专利总数(IGP)的比例,再乘以赫芬达尔—赫希曼指数(HHI)来衡量模仿压力。具体测量公式如下:

$$MP = GP/IGP \times HHI \qquad (14-4)$$

环境认同（EI）是组织成员为赋予环境保护行为意义而共同建立的环境管理和绿色创新的组织认同模型（Chen，2011）。环境认同可以解释和约束组织行为（Hypno-Magnus et al.，2015）。为了全面准确地衡量制造企业的环境认同，本章在前人研究的基础上，运用多元判别分析构建了反映制造企业员工环境认同程度的综合指标。判别模型如下：

$$EA = \alpha_0 + \beta_1 EG + \beta_2 EE + \beta_3 EP + \beta_4 EC + \xi \qquad (14-5)$$

其中，EA 为环境意识得分，EG 为环境治理水平，EE 为环境保护教育培训，EP 为环境保护投入，EC 为环境管理体系认证得分。环境一致性综合指标判别分析结果如表 14-3 所示。结果表明，模型中各判别指标的系数至少在 5% 的水平上具有统计学意义，说明判别函数是有效的。在得到各指标对环境一致性综合指标 ZEI 的权重后，根据模型（14-6）估计环境一致性多维代理变量 ZEI。

$$ZEI = \alpha_0 + \beta_1 EG + \beta_2 EE + \beta_3 EP + \beta_4 EC + \xi \qquad (14-6)$$

表 14-3　　　　　　　　　　　　ZEI 的判别分析结果

变量	系数	标准差	P 值
EG	0.047 ***	0.001	0.000
EE	-0.022 **	0.006	0.000
EP	-0.044 **	0.005	0.000
MI	0.045 **	0.011	0.051
Constant	0.030 ***	0.005	0.000
N	2470		
F-test	2354.43		0.000
R2	0.8093		

注：** 和 *** 分别表示在 5% 和 1% 的水平上通过测试。

（四）控制变量

制造企业的绿色创新可以理解为在社会层面上对生态环境的贡献。社会责任水平直接影响绿色创新的动机和动力（Govindan et al.，2021）。本章

将其作为控制变量，使用企业社会责任报告中披露的社会责任得分来衡量
制造企业的社会责任。以往的研究认为，研发资金和人力投入是企业实施
技术创新的基础，直接影响技术创新能力和绩效。因此，研发支出投入强
度和研发人力资本投入强度分别是第二个和第三个控制变量，我们通过研
发支出占主营业务收入的比例和研发人员占员工总数的比例来衡量（Duan
et al.，2021）。企业规模是本章的另一个控制变量。规模大的企业在人力资
源、资金、抗风险等方面更有优势。研究表明，企业规模直接影响创新意
愿和绩效（Fores and Camison，2016）。总资产的对数可以衡量企业的规模。
而不同生命周期的制造企业也会显著影响其创新（Kock et al.，2012）。

　　相比于巨大的发展下行压力，成长性较好的制造企业会选择更多的技
术创新（Wolf，2014）。因此，我们将企业的成长性作为控制变量，通过营
业收入增长率来衡量制造企业在环境监管部门下是否会影响其绿色创新，
和那些环境监管机构惩罚的不注重绿色创新的企业进行对比（Frondel，
2017）。本章采用虚拟变量对环境监督进行测度。财务杠杆反映了公司的
经营和融资状况。拥有相对充足的货币资金和合理的经营条件的企业具有
实施绿色创新更重要的能力（Flammer，2021）。因此，财务杠杆是第7个
控制变量，本章用资产负债率来衡量。此外，环境管理认证意味着制造企
业在环境治理和污染物排放控制方面得到了更多的认可，它也反映了绿色
技术水平，使其更容易实施绿色创新。我们将制造企业通过的环境管理认
证数量作为本章的第8个控制变量。表14-4显示了所有变量的名称和测
量方式。

表14-4　　　　　　　　　　　　　变量和测量

变量	变量名	变量测量
因变量	绿色创新（GI）	绿色专利申请数量的自然对数加1(ln（GP+1）)
复合指标 （ZGI）	绿色专利申请量（GP）	制造企业每年绿色专利申请数量
	研发投资（RD）	制造企业当年投入的研发经费
	环境管理水平（EM）	企业社会责任年度报告中环境管理的得分
	环保意识（EA）	企业社会责任年度报告中环保意识的得分
	行业绿色专利数量（IGP）	该行业所有公司的绿色专利的总和
独立变量	已有技术知识耦合（EKC）	$EKC = k1 + k2 + k3$
	新技术知识与现有技术知识耦合（NKC）	$NKC = k4 + k5 + k6$

续表

变量	变量名	变量测量
调节变量	模拟压力（MP）	MP = GP/GP × HHI
	环境标识（ZEI） 环境治理水平（EG）	企业社会责任年度报告中环境治理的得分
	环保教育及培训（EE）	1 为当年开展的环保教育培训，0 为其他
	环保投资（EP）	当年环保投资的金额
	环境认证（EC）	企业社会责任年度报告中环境管理体系认证的得分
控制变量	企业社会责任（CSR）	企业社会责任年度报告中的社会责任评分
	研发支出投入强度（RDE）	研发支出/主营业务收入
	研发人力资本投资强度（RDH）	研发人员全职/总雇员人数
	公司规模（FS）	总资产的对数
	公司增长（FG）	公司营业收入的增长率
	环境监督（ES）	1 为重点污染监测单位，0 为其他单位
	财务杠杆（FL）	资产负债率
	ISO 认证（IA）	1 表示通过 ISO 认证，0 表示其他

三、模型

本章利用数据模型分析了制造企业不同技术知识耦合对绿色创新的影响机理。同时，我们检验了模仿压力和环境同一性对上述关系的调节作用。建立以下回归模型：

$$ZGI_{i,t} = \alpha_0 + \alpha_1 EKC_{i,t} + \alpha_2 EKC_{i,t}^2 + \sum_i^j \delta \times Controls_{i,t}$$
$$+ \mu_{1,i,t} + \varepsilon_{1,i,t} \tag{14-7}$$

$$ZGI_{i,t} = \beta_0 + \beta_1 NKC_{i,t} + \beta_2 NKC_{i,t}^2 + \sum_i^j \delta \times Controls_{i,t}$$
$$+ \mu_{2,i,t} + \varepsilon_{2,i,t} \tag{14-8}$$

哈斯等（Haans et al.，2016）认为，如果建立技术知识耦合与制造企业绿色创新之间的倒 "U" 型关系，则需要满足以下条件：首先，既有技术知识耦合、新技术知识与既有技术知识耦合的系数 α_1 和 β_1 显著为正，其二次项的系数 α_2 和 β_2 显著为负，通过了联合显著性检验。其次，倒 "U" 型曲线在样本数据范围（$\alpha_1 + 2\alpha_2 \times EKC_{min} > 0$，$\beta_1 + 2\beta_2 \times NKC_{min} > 0$，$\alpha_1 + 2\alpha_2 \times EKC_{max} < 0$，$\beta_1 + 2\beta_2 \times NKC_{max} < 0$）两端斜率足够陡。最后，曲线拐点必须在样本数据范围内。

为了检验模仿压力和环境同一性对上述主要变量之间关系的调节作用，我们在上述方程的基础上分别增加模仿压力、环境同一性和变量之间的相互作用项，建立方程式（14-9）~式（14-12），如下所示：

$$ZGI_{i,t} = \sigma_0 + \sigma_1 EKC_{i,t} + \sigma_2 EKC_{i,t}^2 + \sigma_3 EKC_{i,t} \times MP_{i,t} + \sigma_4 EKC_{i,t}^2 \times MP_{i,t}$$
$$+ \sigma_5 MP_{i,t} + \sum_i^j \delta \times Controls_{i,t} + \mu_{3,i,t} + \varepsilon_{3,i,t} \qquad (14-9)$$

$$ZGI_{i,t} = \rho_0 + \rho_1 NKC_{i,t} + \rho_2 NKC_{i,t}^2 + \rho_3 NKC_{i,t} \times MP_{i,t} + \rho_4 NKC_{i,t}^2 \times MP_{i,t}$$
$$+ \rho_5 MP_{i,t} + \sum_i^j \delta \times Controls_{i,t} + \mu_{4,i,t} + \varepsilon_{4,i,t} \qquad (14-10)$$

$$ZGI_{i,t} = \theta_0 + \theta_1 EKC_{i,t} + \theta_2 EKC_{i,t}^2 + \theta_3 EKC_{i,t} \times EI_{i,t} + \theta_4 EKC_{i,t}^2 \times EI_{i,t}$$
$$+ \theta_5 EI_{i,t} + \sum_i^j \delta \times Controls_{i,t} + \mu_{5,i,t} + \varepsilon_{5,i,t} \qquad (14-11)$$

$$ZGI_{i,t} = \lambda_0 + \lambda_1 NKC_{i,t} + \lambda_2 NKC_{i,t}^2 + \lambda_3 NKC_{i,t} \times EI_{i,t} + \lambda_4 NKC_{i,t}^2 \times EI_{i,t}$$
$$+ \lambda_5 EI_{i,t} + \sum_i^j \delta \times Controls_{i,t} + \mu_{6,i,t} + \varepsilon_{6,i,t} \qquad (14-12)$$

在式（14-7）~式（14-12）中，所有变量的缩写见表14-4。此外，模型中的 α、β、σ、ρ、θ 和 λ 分别为模型截距项、自变量和控制变量的回归系数；i 代表不同的制造公司，t 代表年份；$\sum \delta \times Controls$ 指模型中未显示的其他控制变量集；μ 为随机扰动项；ε 为剩余项。

第三节　结　果

一、描述性统计和相关性分析

我们使用 Stata 15.1 来分析样本数据。无论是绿色创新数据的单一指标还是综合指标，结果都表明中国制造企业的绿色创新水平存在显著差异。

两类技术知识耦合的最大值和最小值相似，但平均值较小，说明制造企业的技术知识耦合度较低。模拟压力和环境识别的结果表明，样本企业面临的模拟压力相对较低，不同制造企业的环境识别差异较大。然而，不同的制造企业有一定程度的环境认同。制造企业规模的控制变量差异较小，而其他控制变量差异较大。

变量间相关系数矩阵的结果表明，既有技术知识耦合、新技术知识与既有技术知识耦合与绿色创新两个测度之间存在显著的正相关关系。模仿压力也与绿色创新显著正相关，但环境认同与绿色创新呈显著负相关。然而，自变量与因变量之间的因果关系需要进一步的回归分析来证实。变量之间的相关性为下一步的回归分析奠定了基础。

二、假设检验结果

在回归分析之前，为了选择合适的面板数据回归模型，我们分别进行了 Hausman 检验和 breuch-pagan 检验。结果表明，它们都否定了原假设（$p = 0.000$），因此固定效应模型是本章的适当选择。本章中所有变量的 VIF（方差膨胀因子）值均小于 5，说明不存在多重共线性问题。单位根检验结果表明，本章的数据是稳定的。因此，本章的数据适合进一步的回归分析。

表 14-5 给出了主要假设的回归结果。列（1）是一个只包含控制变量的回归。研究结果表明，大多数控制变量与制造企业绿色创新存在显著的相关关系，有必要对这些控制变量进行控制。列（2）为既有技术知识耦合及其二次项与绿色创新关系的回归结果。结果表明，在 5% 的水平下，既有技术知识耦合系数及其二次项分别为 0.113 和 -0.032，且显著。

表 14-5　　　　　　　　　　　　　　　回归结果

变量	(1)	(2)	(3)	(4)	(5)	(6)	(7)
EKC		0.113** (1.99)		0.110** (2.32)		0.088 (1.58)	
EKC^2		-0.032** (-1.97)		-0.034** (-2.14)		-0.026 (-1.61)	
NKC			0.124*** (2.99)		0.062* (1.70)		3.62 (0.57)

续表

变量	（1）	（2）	（3）	（4）	（5）	（6）	（7）
NKC^2			-0.038^{***} (-2.81)		-0.022^{*} (-1.82)		-2.53 (-0.25)
$EKC \times MP$				0.047^{**} (2.58)			
$(EKC \times MP)^2$				-0.016^{**} (-2.52)			
$NKC \times MP$					0.045^{***} (3.13)		
$(NKC \times MP)^2$					-0.016^{***} (-3.22)		
$EKC \times EI$						0.002^{***} (4.54)	
$(EKC \times EI)^2$						-0.001^{***} (-4.41)	
$NKC \times EI$							3.30 $(1\,66)$
$(NKC \times EI)^2$							-5.67 (-1.89)
EI						-0.001^{***} (-4.66)	-2.98 (-0.25)
MP				-0.004 (-0.33)	-0.011 (-1.22)		
RDH	-0.007^{**} (-2.25)	0.002 (1.10)	0.001 (1.20)	-3.51 (-0.88)	-2.76 (-0.95)	0.002 (1.28)	-2.95 (-1.01)
RDE	0.007^{**} (2.17)	-0.002 (-0.56)	-0.003 (-1.16)	0.001 (0.71)	0.001 (1.45)	-0.002 (-0.60)	0.001 (1.15)

续表

变量	(1)	(2)	(3)	(4)	(5)	(6)	(7)
CSR	2.4* (1.86)	−0.001 (−0.70)	−0.001** (−2.46)	−1.56 (−0.14)	2.81 (2.04)	−0.001 (−0.77)	2.58 (1.86)
FG	−5.88 (−1.41)	0.002 (0.55)	0.001 (0.27)	1.18 (0.59)	8.27 (0.08)	0.002 (0.53)	3.04 (0.28)
FL	6.72 (0.00)	0.153* (1.93)	0.029 (0.74)	−0.010 (−0.43)	0.021* (1.80)	0.136* (1.74)	0.021* (1.77)
FS	0.019*** (7.73)	−0.133*** (−7.08)	−0.079*** (−8.07)	0.043*** (8.12)	0.019*** (6.41)	−0.135*** (−7.27)	0.020*** (6.70)
ES	0.014*** (5.09)	−0.055*** (−2.69)	8.51 (0.01)	0.022*** (3.78)	0.004 (1.24)	−0.053*** (−2.66)	0.005 (1.43)
IA	0.004 (1.33)	0.010 (0.51)	3.21 (0.03)	0.001 (0.19)	0.001 (0.42)	0.006 (0.35)	0.002 (0.49)
Constant	−0.102* (−1.81)	4.650*** (10.58)	3.482*** (15.50)	−0.949*** (−7.67)	−0.419*** (−5.85)	4.723*** (10.87)	−0.438*** (−6.43)
R^2_O	0.075	0.259	0.120	0.293	0.125	0.301	0.103
样本量	2470	2470	2470	2470	2470	2470	2470

注：*、**、***分别表示在10%、5%、1%的水平上通过测试。

当已有技术知识耦合为最小值（0.000）时，曲线斜率大于0（$\alpha_1 + 2\alpha_2 \times EKC_{min} = 0.113$）；当已有的技术知识耦合为最大值（55.00）时，曲线的斜率小于0（$\alpha_1 + 2\alpha_2 \times EKC_{max} = -0.341$），而样本边界的斜率则相反。曲线的拐点为0.142，在样本区间范围内。随着现有技术知识耦合程度的增加，绿色创新呈现出先增加后减少的趋势。假设14-1认为，现有技术知识耦合与制造企业绿色创新之间存在倒"U"型关系。

列（3）为新技术知识与既有技术知识耦合及其二次项与绿色创新关系的回归结果。结果表明，新技术知识与现有技术知识耦合系数及其二次项分别为0.124和−0.038，均在5%的水平上显著；当新技术知识与现有技术知识耦合为最小值（0.000）时，曲线斜率大于0（$\beta_1 + 2\beta_2 \times NKC_{min} = 0.124$）；当已有技术知识耦合为最大值（55.00）时，曲线的斜率小于0（$\beta_1 + 2\beta_2 \times NKC_{max} = -1.966$），而样本边界的斜率则相反。曲线的拐点为0.153，在样本区间范围内。随着新技术知识与现有技术知识耦合程度的增加，绿色创新呈现出先增加后减少的趋势。假设 14 – 2 指出，新技术知识与现有技术知识耦合存在倒 "U" 型关系，制造企业的绿色创新也得到了支持。

将既有技术知识耦合、新技术知识与既有技术知识耦合的相互作用项以及它们与模拟压力和环境同一性的二次项引入方程后，曲线的拐点为：

$$EKC^* = \frac{-\sigma_1 - \sigma_3 \times MP}{2\sigma_2 + 2\sigma_4 \times MP}, \quad NKC^* = \frac{-\rho_1 - \rho_3 \times MP}{2\rho_2 + 2\rho_4 \times MP}$$

$$EKC^* = \frac{-\theta_1 - \theta_3 \times EI}{2\theta_2 + 2\theta_4 \times EI}, \quad NKC^* = \frac{-\lambda_1 - \lambda_3 \times EI}{2\lambda_2 + 2\lambda_4 \times EI} \quad (14-13)$$

很明显，拐点位置随模拟压力和环境同一性的变化而变化。然后我们计算式（14 – 13）的偏导数，得到如下公式：

$$\frac{\partial EKC^*}{\partial MP} = \frac{\sigma_1\sigma_4 - \sigma_2\sigma_3}{2(\sigma_2 + 2\sigma_4 \times MP)^2}, \quad \frac{\partial NKC^*}{\partial MP} = \frac{\rho_1\rho_4 - \rho_2\rho_3}{2(\rho_2 + \rho_4 \times MP)^2},$$

$$\frac{\partial EKC^*}{\partial EI} = \frac{\theta_1\theta_4 - \theta_2\theta_3}{2(\theta_2 + \theta_4 \times EI)^2}, \quad \frac{\partial NKC^*}{\partial EI} = \frac{\lambda_1\lambda_4 - \lambda_2\lambda_3}{2(\lambda_2 + \lambda_4 \times EI)^2} \quad (14-14)$$

当式（14 – 14）不等于 0 时，曲线的拐点会向右或向左移动。因为式（14 – 14）中的分母包含的平方项总是大于 0，所以当分子小于 0 时，拐点向左移动；当它大于 0 时，拐点向右移动。

表 14 – 5 中的列（4）~ 列（7）分别为添加既有技术知识耦合、新既有技术知识耦合交互项及其与模拟压力、环境同质的二次项后的回归结果。

列（4）的结果表明，既有技术知识耦合系数显著为正（$\sigma_1 = 0.110$，$p < 0.05$），其二次项系数显著为负（$\sigma_2 = -0.034$，$p < 0.05$）。既有技术知识与模仿压力的交互项系数显著为正（$\sigma_3 = 0.047$，$p < 0.05$），其二次项系数显著为负（$\sigma_4 = -0.016$，$p < 0.05$）。列（6）的结果表明，既有技术知识系数及其二次项的符号满足倒 "U" 型关系要求，但不显著。既有技术知识与环境同一性的相互作用项系数显著为正（$\theta_3 = 0.002$，$p < 0.01$），其二次项系数显著为负（$\theta_4 = -0.001$，$p < 0.01$）。因此，在加入模仿压力和环境同一性交互项后，现有技术知识耦合与绿色创新之间的倒 "U" 型关系仍然成立。接下来，我们确定拐点是否发生了变化。根据表 14 – 5 的结果计算，$\partial EKC^*/\partial MP$ 和 $\partial EKC^*/\partial EI$ 的值都大于 0，曲线的拐点向右移动。因此，模仿压力和环境同一性正向调节现有技术知识耦合与绿色创新的关系。假设 14 – 3a 和假设 14 – 3b 得到支持。

列（5）显示，新技术知识与现有技术知识耦合系数显著为正（$\rho_1 = 0.062$，$p < 0.1$），其二次项系数显著为负（$\rho_2 = -0.022$，$p < 0.1$）。新技术知识和现有技术知识与模拟压力的相互作用项系数显著为正（$\rho_3 = 0.045$，$p < 0.01$），其二次项系数显著为负（$\rho_4 = -0.016$，$p < 0.01$）。列（7）显示了技术知识与环境认同的相互作用系数的耦合显著为正（$\lambda_3 = 3.30$，$p < 0.1$），其二次项系数显著为负（$\lambda_4 = -5.67$，$p < 0.1$）。

因此，在加入模仿压力和环境一致性的交互项后，新技术知识与既有技术知识耦合和绿色创新之间的倒"U"型关系仍然成立。接下来，我们确定拐点是否发生了变化。根据表 14 - 5 的结果计算，$\partial NKC^*/\partial MP$ 和 $\partial NKC^*/\partial EI$ 的值都大于 0，曲线的拐点向右移动。因此，模仿压力和环境同一性正向调节新技术知识与既有技术知识耦合和绿色创新之间的关系。假设 14 - 4a 和假设 14 - 4b 也得到支持。

三、稳健性检验

实证分析了既有技术知识耦合、新旧技术知识耦合、绿色创新与模仿压力和环境同一性的调节作用之间的关系。为了检验研究结果的稳健性，我们用绿色专利申请数量的自然对数作为绿色创新的替代指标来检验假设。整理后的结果如表 14 - 6 所示。列（1）和列（2）的主效应检验结果表明，既有技术知识耦合系数、新技术知识与既有技术知识耦合系数显著正相关（$\alpha_1 = 0.947$，$p < 0.05$；$\beta_1 = 0.037$，$p < 0.01$）；它们的二次项系数显著为负（$\alpha_2 = -0.269$，$p < 0.05$；$\beta_2 = -4.65$，$p < 0.05$）。左侧样本范围的斜率分别为 $\alpha_1 + 2\alpha_2 \times EKC_{min} = 0.947$ 和 $\beta_1 + 2\beta_2 \times NKC_{min} = 0.037$，均大于 0。右边的斜率分别为 $\alpha_1 + 2\alpha_2 \times EKC_{max} = -0.286$ 和 $\beta_1 + 2\beta_2 \times NKC_{max} = -0.475$，均小于 0；曲线的拐点分别为 0.150 和 0.623，均在样本值的范围。现有技术知识耦合、新技术知识与现有技术知识耦合和绿色创新之间仍存在显著的倒"U"型关系。

列（3）和列（4）为模拟压力调节效应。结果表明，既有技术知识耦合、新既有技术知识耦合与模仿压力的交互项系数显著为正（$\sigma_3 = 0.023$，$p < 0.1$；$\rho_3 = 1.261$，$p < 0.01$），其二次项系数显著为负（$\sigma_4 = -1.73$，$p < 0.05$；$\rho_4 = -0.030$，$p < 0.05$）。因此，在加入模仿压力的交互项后，倒"U"型关系仍然有效。列（5）、列（6）为环境同一性调节效应结果。结

果表明，现有技术知识耦合、新技术知识与现有技术知识耦合与环境同一性的交互项系数显著为正（$\theta_3 = 8.46$，$p < 0.05$；$\lambda_3 = 1.21$，$p < 0.05$），其二次项系数显著为负（$\theta_4 = -4.70$，$p < 0.01$；$\lambda_4 = -5.43$，$p < 0.05$）。因此，在加入环境同一性的交互项后，倒"U"型关系仍然有效。同样，由表14-6的结果可知，式（14-14）的值均大于0，曲线拐点向右移动，模拟压力和环境同一性对主要变量之间关系的调节作用仍然存在，这与前面的结果一致。

表14-6　　　　　　　　　　替代因变量的稳健性检验结果

变量	(1)	(2)	(3)	(4)	(5)	(6)
EKC	0.947** (2.11)		0.001*** (5.46)		3.05*** (13.38)	
EKC²	-0.269** (-2.05)		-3.24*** (-3.97)		-1.55*** (-10.22)	
NKC		0.037*** (4.15)		0.049*** (3.97)		0.019 (0.04)
NKC²		-4.65** (-2.22)		-1.81 (-0.64)		-0.045 (-0.31)
EKC×MP			0.023* (1.94)			
(EKC×MP)²			-1.73** (-2.01)			
NKC×MP				1.261*** (3.23)		
(NKC×MP)²				-0.030** (-2.08)		
EKC×EI					8.46** (2.32)	
(EKC×EI)²					-4.70*** (-5.19)	

续表

变量	(1)	(2)	(3)	(4)	(5)	(6)
NKC × EI						1.21 ** (2.08)
(NKC × EI)²						− 5.43 ** (− 2.09)
EI					− 5.53 *** (− 3.48)	− 3.31 * (− 1.70)
MP			− 0.416 ** (− 2.05)	− 0.787 *** (− 2.64)		
RDH	− 0.005 (− 0.47)	0.001 (0.33)	1.30 (0.06)	− 0.001 (− 0.29)	− 0.019 * (− 1.88)	− 0.018 * (− 1.77)
RDE	0.004 (0.11)	− 0.004 (− 0.64)	− 0.004 (− 0.71)	− 0.005 (− 0.62)	− 0.011 (− 0.46)	0.027 (0.79)
CSR	0.106 (0.90)	3.34 (0.29)	2.81 (0.25)	0.002 (1.16)	0.011 ** (2.26)	− 0.007 (− 1.41)
FG	− 0.007 (− 1.22)	− 0.011 (− 1.59)	− 0.011 (− 1.62)	− 0.014 (− 1.52)	− 0.031 (− 1.03)	− 0.004 (− 0.03)
FL	0.709 (1.04)	0.080 (1.12)	0.080 (1.13)	0.106 (1.10)	0.330 (1.05)	0.686 (1.38)
FS	− 0.852 *** (− 5.07)	0.146 *** (6.80)	0.153 *** (7.15)	0.206 *** (7.08)	0.624 *** (6.63)	− 0.434 *** (− 3.56)
ES	0.310 ** (2.06)	− 0.040 (− 1.61)	− 0.034 (− 1.39)	− 0.067 ** (− 1.97)	− 0.183 * (− 1.67)	0.275 ** (2.44)
IA	− 0.143 (− 1.02)	0.005 (0.17)	− 0.001 (− 0.03)	− 0.013 (− 0.36)	− 0.078 (− 0.67)	0.040 (0.36)
Constant	20.33 *** (5.19)	− 2.896 *** (− 5.99)	− 3.003 *** (− 6.24)	− 4.168 *** (− 6.36)	− 12.97 *** (− 6.11)	11.16 *** (3.96)
R^2_O	0.177	0.038	0.048	0.068	0.116	0.054
N	2470	2470	2470	2470	2470	2470

注：括号中为 t 统计量；* 、** 和 *** 分别表示在 10% 、5% 和 1% 的水平上通过了测试。

第四节 结论与启示

一、研究论述

响应绿色可持续发展理念，制造企业如何利用知识进行绿色创新已成为知识经济时代知识管理和创新管理的热点问题（段等，2021；Chen et al.，2021）。先前的研究集中在知识管理的静态视角（亚亚瓦拉姆和阿胡贾，2008；Gauthier and Genet，2014；Apak and Atay，2015；Dange et al.，2016；Muscio et al.，2017；Frone and Frone，2018），基于内部知识库的动态变化对制造企业绿色创新影响机制的研究文献相对较少。不同于以往的研究，本章从耦合的角度出发，从反映动态知识变化的角度，探讨了各技术领域知识耦合对制造企业绿色创新的影响机制。此外，本章还借鉴新的制度认同和组织认同理论，分析了外部模仿压力和内部环境认同对上述关系的调节作用。通过对 247 家中国 A 股制造业上市公司的实证分析，得出以下结论。

首先，制造企业技术知识耦合与绿色创新不是简单的线性关系，而是非线性的倒"U"型关系。也就是说，现有技术领域之间的知识耦合和现有技术领域与新技术领域之间的知识耦合分别存在一个最优点。具体而言，制造企业技术知识耦合程度适度提高会促进绿色创新；当超过临界值时，增加技术知识耦合会对绿色创新产生负面影响。这一结论不同于以往的研究（Yayavaram and Chen，2015；Chen et al.，2021）。亚亚瓦拉姆和陈（2015）得出结论，现有技术领域之间的知识耦合对创新绩效有负向影响；新技术领域与现有技术领域之间的知识耦合正向影响创新绩效。陈等（2021）发现，知识耦合正向影响企业创新。因此，这一结论对现有的绿色创新研究做出了巨大贡献。大多数绿色创新成果都依赖于知识搜索的广度和深度，对各种知识组合的反复尝试更有利于制造企业的技术创造和创新（Strambach，2017）。这也呼应了段等（2021）的观点，深度和广度搜索对企业创新的影响范围均为中等，同时丰富和拓展了技术知识耦合与绿色创新关系机制的多样性。

其次，模仿压力和环境认同正向影响制造企业技术知识耦合与绿色创新的关系。如果组织面临较高的模仿压力，无论是现有技术知识耦合还是新技术知识与现有技术知识耦合，制造企业的绿色创新都会更高。这一结论回应了朱和耿（Zhu and Geng，2013）和刘等（Liu et al.，2021）的观点，即来自竞争对手的模仿压力促进了模仿标杆企业进行绿色创新的环保行为。同样，组织内部较高的环境认同将进一步强化制造企业内部技术知识耦合对其绿色创新的影响。这一发现与已有的研究结论一致，即环境认同对绿色创新具有间接和正向的影响（Chang and Chen，2013；Song et al.，2018；Soewarno et al.，2019），这也填补了现有研究对环境认同作为情境变量的不足。从结论可以看出，虽然制造企业内部知识库的交互和动态变化与绿色创新之间存在复杂的非线性关系，但组织内外不同的情境变量会强化或削弱这一关系机制。

二、理论贡献

本章对理论和文献有如下贡献。首先，基于不同技术领域之间的知识互动和动态变化，构建了技术知识耦合—绿色创新的概念框架，分析了不同技术知识耦合对制造企业绿色创新的影响机制，为绿色创新领域提供了新的研究思路和方向。以往文献对绿色创新的研究主要集中在外部因素对绿色创新的影响，如供应链合作（Wolf，2014）、绿色信贷（Li et al.，2018；弗拉默，2021年）、环境监管政策（Rennings and Rammer，2011）、利益相关者压力（Murillo-Luna et al.，2008）等。基于知识视角的绿色创新研究相对缺乏，且多关注知识的静态特征，如知识深度和广度（Yayavaram and Ahuja，2008）、知识复杂性（Apak and Atay，2015；Frone and Frone，2018），等等。从技术知识层面分析制造企业绿色创新的影响机制，侧重于知识的动态变化，尚属罕见。因此，本章结论填补了技术知识耦合与绿色创新关系研究的空白，丰富了制造业企业绿色创新驱动因素研究。

其次，从非线性视角探讨了制造企业不同技术知识耦合对绿色创新的复杂影响，进一步拓展了知识管理与绿色创新关系的机理研究。以往的研究对知识耦合与创新之间的关系进行了简单的探索（Yayavaram and Ahuja，2008），得出了不同的结论。虽然各学者从不同角度对知识耦合进行了分类，但都得出了知识耦合与创新之间存在正向或负向线性关系的结论（Yayavaram and Chen，2015；Chen et al.，2021）。然而，在不同技术领域之间的知识耦合中存在着大量的不确定性和不可预测性（Strambach，2017）。简单的线性影响机制可能无法解释复杂事物之间的关系。因此，本章的倒"U"型关系的结论为技术知识耦合与绿色创新之间的关系提供了新的解释。

最后，基于新的制度认同和组织认同理论，探讨了制造企业技术知识耦合与绿色创新关系的边界条件（外部模仿压力和内部环境认同）。这一结论拓展了组织认同理论和新制度理论在绿色创新中的应用。以往的研究主要讨论制度压力对绿色创新的直接影响（Zhu and Geng，2013；Frondel et al.，2017；Lui et al.，2021；Huang and Chen，2022），但忽略了模仿压力对绿色创新的间接影响。同样，尽管现有文献已经讨论了组织认同对绿色创新的直接和间接影响（Chang and Chen，2013；马格纳斯等，2015；Song and Yu，2018），但是大部分研究关注组织认同对绿色创新的中介机制（Soewarno et al.，2019；Xing et al.，2019），而忽略了组织身份作为上下文变量的调节作用。值得注意的是，模仿压力和环境同一性对技术知识耦合与绿色创新关系的调节机制尚未得到深入探讨。因此，本章试图整合绿色创新研究领域的多种理论，为探索绿色创新相关问题提供一个新的视角。

三、对管理领域的意义

本章的研究结论也可以帮助制造企业管理者在进行知识管理和绿色创新的战略决策时提供一些有价值的操作和实践启示。第一，制造企业的绿色发展转型在很大程度上依赖于绿色创新，这是一个复杂的过程，需要知识创造和技术发展，以及多个技术领域的知识耦合（Gauthier and Genet，2014）。研究结果表明，制造企业要实现绿色创新，应不断扩大知识储备，加强不同技术领域知识的互动与整合，避免知识隔离。一方面，管理者应鼓励员工充分分享知识，认识到现有技术领域知识的相互依赖性，对现有技术知识进行重新配置和重组，提供丰富的知识资源，发展绿色技术创新。另一方面，管理者利用制造企业的社会网络获取新技术领域的异质知识资源，通过新技术领域知识与现有技术知识的整合，创造出难以被模仿的新技术知识，从而提高绿色创新绩效。

第二，根据研究结论，技术知识耦合与绿色制造企业的创新之间存在倒"U"型关系。更具体地说，制造企业在现有技术领域之间进行知识耦合时，应根据现有技术知识的相似度选择适当的耦合程度，以避免过度耦合、"锁定效应"和路径依赖。在现有技术领域与新技术领域的知识耦合过程中，制造企业需要根据自身的风险控制能力和对外部异质性知识的吸收能力，将新技术领域的知识与现有技术知识进行适当的耦合，以避免技术分散和知识过载的问题。因此，无论是在现有技术领域内，还是在新技术领域与现有技术领域之间，知识耦合都存在一个最优值，应避免超过临界值阻碍绿色创新。

第三，制造企业管理者应在知识管理和绿色创新管理的战略决策过程中考虑外部模仿压力和内部环境认同的积极作用。一方面，管理者应该密切关注外部同行标杆企业的知识管理和绿色创新实践。根据竞争对手在市场上的表现，积极寻找各种绿色技术知识，实施绿色创新，保持自身的合法性和竞争优势。另一方面，管理者应从个体情感和行为层面积极引导和督促员工支持环保行动，鼓励员工分享环保意识，在组织内形成环境认同。

四、未来研究的局限性和方向

虽然本章从理论和实践两个层面从动态知识耦合的角度探讨了制造企业的绿色创新，但也存在不足和一定的局限性。因此，未来有必要继续拓展和深化制造企业知识管理和绿色创新的研究。首先，本章利用专利数据对制造企业的知识储备进行测度，但并不是每个制造企业都有专利数据，或者特定的制造企业由于竞争压力没有申请专利，样本集中在专利密集型制造企业，这种特殊性可能会影响结论的普适性。我们可以考虑对制造企业进行后续研究，获得第一手的数据，为未来的研究实现更准确的实证研究。其次，本章仅考察了制造企业技术知识耦合对其绿色创新的直接影响机制。因此，我们需要在未来的研究中进一步探讨不同类型的知识耦合（如技术知识耦合、市场知识耦合）对绿色创新的直接影响，并探索知识耦合对绿色创新的间接影响机制。

第十五章 以数据要素市场深化
中小企业创新发展的
经验及启示

2020 年 4 月，中共中央、国务院发布《关于构建更加完善的要素市场化配置体制机制的意见》，明确提出数据为新型生产要素，并要求加快培育数据要素市场。国内多地纷纷出台加快建设数据要素市场的重要政策，抢占数据要素市场制高点。浙江省应充分发挥数据要素市场的龙头引领和辐射带动作用，强力助推国家数字经济创新发展试验区建设，把数字经济打造成为"重要窗口"的重大标志性成果。通过对国际发达市场及北京、上海、贵州、广东、江苏等地数据要素市场建设的调查研究，我们认为上述地区在法规制度先导、一流新基建布局、应用场景新业态、数据高端平台、标准化治理等方面的建设经验，对浙江加快数据要素市场建设、深化数字经济创新发展具有重要启示。

第一节 以数据要素市场深化数字经济创新发展的
欧美建设经验

从世界范围看，国家与国家之间的竞争已经升级为数据要素与数字经济的竞争。无论是德国"工业 4.0"，还是美国"工业互联网"，抑或是"新工业法国"战略，无不是对准数据要素这一全球竞争的战略制高点。统计资料显示，在欧美过去十余年的劳动生产率增长过程中，数字化的贡献度超过了 40%。其中，美国目前开放数据集规模为我国的 9 倍。[1] 为进一步强化数字经济、建设数字经济中心，自 2010 年以来，欧美陆续出台了一系列政策和法规，发展出一套特色明显、经过实践检验的数字要素市场管理

---

① 《以产业数字化实现多要素有机联动》，光明网，2020 - 04 - 16。

运营方案，欧美由此成为世界上数字经济最为发达的区域之一，其经验非常值得借鉴学习。

一、制定国家区域战略

先试先行，欧美数据要素领域法治体系持续完善，试图在国际数据竞争战略中略胜一筹。一是欧美等国率先从法律法规上进行规范和着手。美国颁布了《加利福尼亚州消费者隐私法案》《电子政务法》《信息技术管理改革法》《数据质量法》等与数据要素市场相关的法律法规，欧盟则形成了以《通用数据保护条例》《公共部门信息再利用指令》《数字议程》等为主体的数据要素市场的法律法规体系。二是欧美抓紧推动数据要素领域战略方针精准落地。针对数字化转型及数字经济相关法案的制定和实施，美国政府 2012 年发布"联邦云计算机计划"，2013 年推出"先进制造业发展计划"，2016 年又进一步提出"国家人工智能研发与发展策略规划"。欧盟在数字经济领域发布了《欧盟人工智能战略》《非个人数据在欧盟境内自由流动框架条例》《可信赖的人工智能道德准则草案》等一系列政策。2010 年，英国颁布《数字经济法草案》，引发全球数字经济立法潮；2012 年，为推进政府服务在线能力建设，出台《政府数字战略（2012）》；2016 年，发布了《国家网络安全战略》，进一步构建数字化安全体系。

美国政府积极顺应数字经济发展趋势，通过建设数字政府以更好地为社会服务，如表 15 - 1 所示。例如，2009 年 1 月奥巴马签署了《透明与开放政府备忘录》，确立了"透明、共享与协作"的政府工作原则，并在 2011 年、2012 年、2014 年和 2016 年分别签署了《开放政府计划》，实现了政府数据的公开。

表 15 - 1　　　　　　　　　　美国数字鸿沟问题相关政策

政策名称	出台机构	主要目标	具体措施
宽带技术机遇计划	国家电信和信息管理局	刺激宽带产业发展，寻求新经济增长点；为无服务地区提供接入服务；为服务不足地区提供改善服务；对公共安全领域的宽带服务进行改进与升级	成立"宽带技术机遇计划"的运营；通过引入第三方机构的方式为其建设提供支持；资金提供分为两步计划，分批发放

政策名称	出台机构	主要目标	具体措施
国家宽带计划	美国联邦通信委员会	建立更快、分布更广的无线网络；居民可以通过网络进行能源消耗；社区可以负担1G以上的宽带服务；1亿以上家庭可以达到下行100兆、上行50兆的网络速度	共投资72亿美元，其中47亿美元用于BTOP计划（宽带技术机遇计划）建设，25亿美元用于农村互联网基础设施建设
数字素养行动	美国联邦通信委员会、国家电信和信息管理局	拓展公民教育机会；创建共享教育平台；提升民众数字素养并提供基本技能训练；为BTOP及国家宽带计划提供帮助	建立统一的数字素养平台，在平台中推广相关知识并以共享的形式分享相关资源

资料来源：笔者整理。

欧盟数字经济发展分为三个阶段：第一阶段是成长期，1993 年发布了《成长、竞争力与就业白皮书》；第二阶段为 2000 年开始的发展期，以"里斯本战略"的发布为代表；第三阶段则以 2010 年的"欧洲数字议程"及 2015 年的"数字单一市场"战略为标志。

由于欧盟成员国之间的信息技术发展差异性明显，因此为了保证数字经济发展的公平性，欧盟也十分重视数字鸿沟问题，主要通过发布数字经济和社会指数及政策引导等方式，以追踪欧盟成员国的数字经济发展进程演变，尽可能缩小成员国之间的差距，重点政策如表 15 – 2 所示。

表 15 – 2　　　　　　　　　　欧盟数字鸿沟问题相关政策

政策名称	出台机构	主要目标	具体措施
创建数字社会	欧盟委员会	主要为了从单一数字市场中获得最大利益，通过构建智慧城市的方式，加速政府数字化发展以提升政府治理职能，并提升成员国的整体数字化技能	制定了《欧洲技能议程》以培训全体欧盟公民；开展数字化健康服务行动计划，借助数字技术记录和跟踪健康状况；推广数字技术在日常生活中的应用，鼓励欧盟公民使用智能设备出行
宽带欧洲	欧盟委员会	在 2015 年之前，将欧盟建设成为千兆社会，包括利用互联网连接所有经济发展要素、推广5G技术并覆盖所有主要城区及交通领域、实现全欧盟家庭100兆以上的网络速度	允许和鼓励使用公共资金建设网络基础设施，并将其纳入欧盟财务框架直至2027年；通过奖励的激励方式对具有共享的地区进行表彰；通过立法等形式开展网络建设；实现公共区域WiFi全部免费连接

二、推动政府数据开放

分类管控，实现政府数据开放的分级共享。欧美政府目前不断扩大政府公共领域数据的开放共享，注重从三个层面开放共享数据。一是可以开放的数据即公共数据，向全社会无条件开放；二是可以共享的数据，在政府部门之间分享，并向合适的企业分享；三是对秘密的、不能披露的数据，以负面清单的方式划定，作为共享与开放的例外。2019 年，作为全球数据开放立法里程碑的美国《开放政府数据法案》和欧盟《开放数据指令》正式实施，美国通过统一的政府数据开放平台要求联邦机构将其信息作为开放数据，以标准化的、机器可读的形式在线发布；欧盟要求在统一的平台上开放政府数据和受政府资助的科研数据，并探索通过 API 接口开放共享实时数据。此外，G2G、G2B 数据共享分别以政府部门之间共享数据支撑智能高效的政府服务，并支持企业和研究机构也可以基于政府数据进行创新。相比于知情同意模式，澳大利亚的数据负面清单模式更能适应数字时代数据收集、使用活动的无时无刻、无处不在等特征。以数据共享责任清单为抓手，建立起公共数据开放和流动的制度规范。

三、瞄准重点产业领域

欧盟在推动数据共享共用方面，出现一些新趋势。一是 B2B、B2G 数据共享，按照欧盟的思路，B2B 数据共享以自愿分享为一般原则，只有特殊情况时，比如出现市场失灵时，才赋予数据访问权（data access right），基于公平合理无歧视的条件，强制进行数据分享；而且数据访问权需要考虑数据持有者的合法利益，并尊重法律框架。此外，B2G 数据共享也已被欧盟提上日程，将来制定的《数据法》将确保政府为了公共利益，可以获得企业手中的数据。二是数据公地，或者说是共同数据空间，为避免数据过分集中在美国大型科技公司手中，同时为欧盟企业（尤其是 SME）提供开发人工智能等新产品、新服务所必需的数据，欧盟希望在战略性领域（包括工业/制造、环保、交通、医疗、金融、能源、农业、政务、教育/就业），汇聚各个组织的数据，创建共同的、兼容性的泛欧数据空间，即数据池，从而便利大数据分析和人工智能应用。在此模式下，贡献数据的组织可以访问其他贡献者的数据，也可以获得数据池的分析结果、预测性维护等服务、许可费等。但是企业未来如何参与数据空间建设，尚需具体方案予以明确。三是数据合作，来自不同领域的参与者（尤其是公司）可以借助数据合作这一新型中介分享、交换数据，数据合作不同于个人与公司之间一对一的数据收集，也不同于政府与社会之间一对多的数据开放，而是一种多对多的关系，具有长期性。欧美构建数据要素市场的目的是挖掘社会数据资源价值。

四、抓住数据确权核心

数据作为一种全新的生产要素，具有多变性、外部性、非结构性、非标准化、边际成本递减、规模报酬递增等特征。国外立法淡化数据所有权理念，从为各方设置权利义务的角度，加强个人数据收集、存储、使用等处理活动中的个人数据保护。目前，在数据产权方面主要有两种：一种是通过建立知识产权来保护数据，如欧盟的数据库特殊权，将"数据信息"列为知识产权客体；另一种是通过建立所有权来保护数据。更进一步而言，讨论数据产权，需要区分个人数据和非个人数据。就个人数据的财产权而言，针对个人数据创设财产权利的倡议缺乏共识，一方面，由于大部分个人数据是一种社会构建，赋予个人数据财产权利可能导致不同个体主张权利的冲突情形，难以确保数据的确切归属和有效执行；另一方面，由于个人数据的财产权忽视了用户与平台之间的权益分配。

以盘活数据价值为主，多种确权形式共存。就非个人数据的财产权而言，欧盟曾考虑对人工智能、物联网等新技术应用中的工业数据（如自动驾驶汽车数据）进行产权保护，提出了使用所有权性质的数据生产者权利来保护机器生成的非个人数据或者匿名化数据（只保护代码而非信息，避免信息垄断或者权利过度），权利人可以申请禁令将基于不当获取的数据的产品排除出市场，或者请求赔偿。德国也在呼吁针对工业数据设立所有权。究其原因，欧洲呼吁保护工业数据是出于对主导欧洲数据和云服务市场的美国大型科技公司可能不当获取、使用欧洲数据资产的担忧，就像在1996年欧盟出台数据库特殊权是出于对美国数据库行业的市场主导地位的担忧一样。因此，在欧洲，数据产权是欧盟进行产业博弈的政策工具。但最新的"欧盟数据战略"并未继续主张数据产权理念，而是提出修改数据库特殊权，表明其立场有所转变。

整体而言，国际社会有关数据产权及保护的讨论，从所有权转向个人利益、行业和企业利益、公共利益的平衡，以及福利、风险、权利的平衡，强调对数据的访问、控制和权益平衡。此种路径能够较好兼顾各方利益，盘活数据资源，同时兼容数据的知识产权（如版权、商业秘密、数据库权）、合同、反不正当竞争等形式的保护，更容易在各方之间形成共识。

五、依托先进技术工具

数据信托已经成为数据管理的重要方式之一。欧盟制定《通用数据保护条例》（GDPR）之后，个人数据保护立法成为全球趋势。GDPR 赋予个人诸多个人数据保护权利，"欧盟数据战略"提出在后续修订 GDPR 和制定《数据法》的时候，给用户提供工具和方式来更好地控制、管理其个人数据，如表 15 – 3 所示。一方面是新型管理工具，如同意管理工具、个人信息管理 App 等，也包括基于区块链等新技术的解决方案；另一方面是数据信托（data trust）、数据合作（data cooperatives）等新型个人数据中介，旨在促进安全、公平、互惠的数据分享。数据信托的概念最早由英国政府报告《发展英国人工智能行业》提出，2019 年英国个人数据保护机构 ICO 认可了数据信托的价值，并开始探索有效且可信的数据信托框架和协议。数据信托已经成为个人从其个人数据的使用中分享收益的重要方式。当然，个人数据保护并非绝对化的权利，个人利益、行业和企业利益、公共利益甚至国家利益之间的平衡至关重要，各国在应对这次全球新冠疫情时所发布的政策和所采取的做法，很好地印证了这一观点。

表 15 – 3 GDPR 的文本结构

章节	标题	主旨内容
第一章	一般规定（第 1 ~ 4 条）	主题、目标、适用范围、地域范围、定义
第二章	基本原则（第 5 ~ 11 条）	相关原则、合法性、同意要件、特殊种类规定
第三章	数据权利主体（第 12 ~ 23 条）	透明度、数据获取、纠正和删除、拒绝权、限制

续表

章节	标题	主旨内容
第四章	数据控制和处理者（第 24~43 条）	基本义务、数据安全、评估咨询、保护专员、认证
第五章	个人数据传输（第 44~50 条）	基本原则、充分决定、约束性、未经授权的传输
第六章	监管机构（第 51~59 条）	监管机构独立性、权限、任务
第七章	合作与协调（第 60~76 条）	合作、一致性、欧盟数据保护理事会
第八章	补救、责任、处罚（第 77~84 条）	控诉的权利、司法救济的权利、赔偿、处罚
第九章	特定情形处理（第 85~91 条）	信息及形式处理、官方文件、科研、保密、宗教
第十章	委托与实施（第 92~93 条）	委托权、实施行为
第十一章	附则（第 94~99 条）	废除第 95/46/EC 号指令、与在先缔结协定之关系

六、掌控数据要素主权

随着全球数字经济的发展，数据的地缘政治重要性不断凸显，欧美开始强调数据主权，为了隐私保护、政府执法、产业发展等目的，要求数据本地化，这给全球化的数字经济所要求的数据自由流动带来巨大挑战。目前出现了三种趋势。一是完全本地化，此种模式可能使得各国的数字经济彼此割裂，不大可能成为全球普遍模式，只有个别国家如俄罗斯、印度等在推动。二是数据流动圈，以 GDPR 为触手，欧盟已经和 13 个国家达成了双边协议，从而搭建数据自由流动圈；美国也在基于《澄清境外数据的合法使用法案》（CLOUD 法案）来推动双边和多边的数据流动框架。考虑到国际社会目前在数据流动问题上分歧大于共识，未来可能出现越来越多的基于双边或多边协议的数据联盟、数据同盟、数据俱乐部等形式，以促进双边、多边的数据流动。三是德国的 GAIA-X 模式即云联盟模式，为了扭转在云计算领域的劣势地位，实现云服务和数据基础设施自主，并减少对外国服务商的高依赖性，欧盟考虑建立欧盟云和数据基础设施联盟，联盟成员需要遵守一套欧盟的规则和标准，以此为外国服务商参与欧盟云服务和数据市场设定游戏规则。

七、加紧推动数字税改

数字经济本质上是数据经济，数据的收集、使用在创造源源不断的价值和收益，欧美加紧推动数字税改，加强线上与线下、虚拟与实体经济的融合。但也引发了各国对数字经济的税收和利益分配的争议，以欧盟为首的地区和国家呼吁建立数字税制度。数字税彰显了欧美在数字经济领域的核心分歧，没有数字平台优势的欧盟认为，美国主导的跨国互联网企业获得了从数字经济中产生的大部分收益，但过时的企业税收规则带来"收入来源地"和"税收缴纳地"的错位问题，使得这些收益未被征税。欧美数字税存在以下特征：一是数字经济蓬勃发展，数据成为税收变革的关键；二是国际税收争议频发，跨国企业避税能力日益提高；三是欧洲缺少科技巨头，急欲与美国争抢互联网红利。目前，法国、英国已出台了数字税规定，其他一些国家也在酝酿；欧盟由于成员国之间的分歧，未能达成企业税收改革和数字税方案。

第二节　以数据要素市场深化数字经济创新发展的国内经验

一、以法规治理为先导

将数据要素作为基础性战略资源配置的过程中，各地高度重视通过立法确保数据要素市场交易的合法合规。一是重视数据要素的确权保护。深圳市运用特区立法权率先展开地方数据立法，首提数据权，促进个人隐私保护，以及公共数据开发利用。《贵州省大数据发展应用促进条例》对数据采集、共享开发和权属等基本问题作出规定，对数据确权进行了法律保护。贵阳大数据交易所率先实施大数据登记确权结算服务的交易规则，实现了数据的登记确权及变现。二是重视并完善数据要素全生命周期和全交易链治理。上海完善数据交易和电子政府的地方立法，对数据流通、应用场景、数据交易业务给予法律界定。上海数据交易中心针对数据利用生命周期组织了16个具有通用性的数据治理服务（简称GDPS），确保数据从资源侧到利用侧全过程的"准确性、一致性、时效性、合规性"。

二、以应用场景促建设

以应用场景为牵引，不断丰富数字前沿技术在政务治理、两化融合、金融、贸易、民生等领域的应用场景，推动数据要素市场建设。一是拓展区块链、人工智能、5G 等数字前沿技术的应用场景，推动数据要素交易。北京数据交易平台将"区块链＋人工智能"技术应用于数据交易和数字贸易，拓展民生服务、公共安全、生命健康等领域的应用场景。上海数据交易中心基于区块链底层技术设计数据交易解决方案，打通数据确权、交易安全等数据交易环节的"任督二脉"。二是产业化应用场景推动数据交易。贵阳成立全国农商银行金融大数据风控实验室，以解决银行风险控制问题。上海数据交易中心实施"大数据与城市精细化管理"项目，积极探索城市精细化管理。

三、以标准制定为基石

加快数据要素相关领域标准的设立，大力推进数据采集、开放、口径、质量、安全等关键共性技术领域的标准制定。一是围绕数据资源开发、利用和管理定标。根据数据资源生命周期，制定完善的数据互联、数据交易、数据安全、数据处理标准。贵阳大数据交易所参与了国家大数据产业"一规划四标准"的制定。上海数据交易中心制定了《数据互联规则》《个人数据保护原则》《流通数据处理准则》《交易要素·标准体系》《流通数据禁止清单》等。二是设立专门的机构指导定标。广东省成立"大数据标委会"，指导建立基础类、技术类、安全类、工具类、应用类、管理类标准等六大类适应大数据产业需求的标准体系。三是紧密结合应用场景定标，如江苏省建立了"工业大数据"发展标准等。

四、以"新基建"为契机

各地"新基建"以信息网络为基础，加快建设数字转型、智能升级、融合创新等基础设施体系，为数据要素自由流动提供全方位支撑。一是构建数据要素交易基础设施。上海围绕"新网络、新设施、新平台、新终端"推进"新基建",上海数据交易中心是"新平台"建设行动的主要参与单位。二是加快布局"网边云端心",支撑基础应用场景和行业应用场景需求。即加快推动扩容"5G+"网络,扩建工业互联网,边缘计算,云上平台,存储、服务和交易终端,超算中心等。北京加快了国家工业互联网大数据中心和工业互联网标识解析国家顶级节点建设。

五、以平台建设为核心

注重研发大数据交易平台系统,扩大优质数据源链入,引入数据资源头部企业和科研院所科技力量,为数据供给方、数据需求方搭建良好的数据交易平台。一是构建由政府主导的"政产学研用融合型交易平台"趋势明显。贵阳大数据交易所会员单位包括地方政府、企业和科研院所,该所还与中信银行共建金融风险大数据实验室,致力于金融风险管控的产业应用。二是由跨学科的高技术人才团队提供技术支持。贵阳大数据交易所设院士工作站,组建国家技术标准创新基地大数据流通交易专业委员会,吸纳中国科学院、中国标准化研究院、中国信息通信研究院、同济大学等机构权威专家。上海数据交易中心科研团队由3位两院院士、国家863计划项目首席专家、长江学者和100多名科研人员组成。三是市场化运营,产业力量强势介入。上海数据交易中心由上海市信息投资股份有限公司等多家企业注资2亿元联合成立。江苏大数据交易中心引入贵州数据宝公司作为实际运营方。

第三节 构建数据要素市场的对策建议

当前,浙江省应从市场法规制度、数据要素供给、数据资源转化、人才配置、交易关键技术、要素流动等方面加快推动构建高水平、高质量的数据要素市场,推动浙江成为数字经济创新发展的"重要窗口"。

一、推进数据要素市场制度建设,加强市场顶层设计

一是根据数据资源生命周期,制定并完善数据要素"生产、应用、交

易、标准、安全"五个方面的法律法规体系。制定浙江省《大数据资源开发利用法》《大数据安全保护法》《大数据标准法》《大数据产业应用法》等法律法规。二是筹建跨职能部门，聚集"政产学研用"领域专门人才组成"浙江省数据要素市场治理委员会"，作为数据要素市场决策主体。三是制定"四个一"的战略目标规划，即"打造一个数据要素交易平台，突破一批数据要素交易领域的共性技术，催生一批数据要素交易领域的新业态新模式，集聚一批全球顶级的数据要素交易领域人才和资本"。

二、突破数据要素交易前沿技术，聚焦数据产业应用场景

浙江省应充分发挥数字技术应用场景丰富的优势，充分借助区块链、5G、大数据、云计算等前沿科技推动数据要素的产业化应用。一是实施"浙江省数据交易的共性技术突破计划"，重点加强数据挖掘、产品生产、可视化、质量管理和安全防护等技术研发，重点推动"政府数据开发、传统产业数字化、数字标准化、民生康养、数据服务业"等五大产业领域开展数据要素交易。二是设立浙江省数据资源金融监管沙盒机制，集成利用区块链、5G等数字前沿技术，将浙江省打造成全球领先的数据要素区块链交易示范区。发挥杭州区块链产业技术高地优势，在"监管沙盒"内鼓励数据资源行业企业开展数据要素交易。三是利用区块链＋边缘计算，形成数据要素市场的技术解决方案。加速推动数据资源向数据资产转化。

三、加强数据要素供给侧创新，加速数据标准化进程

一是实施"浙江省政府数据资源目录化三年行动计划"。以《杭州政务数据资源目录》为实践蓝本，总结推广杭州市数据资源目录编制经验，积极推动各级政府数据资源的"标准化、目录化"。二是编制"浙江省政务数据要素上市的负面清单"，实施政务数据的负面清单管理，并根据"非限制即共享原则"，推动浙江省"渐进式开放"政务数据资源利用和开发权。分类、分批将政务数据资源纳入数据要素市场。三是参照政务数据资源向数据要素转化标准，制定企业级数据要素标准及《浙江省数据全流通环节确权标准》。应围绕数据采集、存储、传输、处理、使用和分配等数据流通环节，尽快建立相应环节的数据确权标准。

四、利用"新基建"重大契机，助推数据基础设施跨区域互联互通

一是重点推动数据要素交易领域"网边云平端心"基础设施汇通计划。推动跨区域的 5G 网络、下一代互联网（IPv6）、supET 工业互联网平台、边缘计算中心、EB 级云存储、数据终端接口、AI 中台及人工智能多场景算法平台、超算中心和大数据中心等共享互联和全面接驳。二是强化数据要素交易前沿技术研发，加快推动将区块链、云计算、大数据、人工智能、5G 等数字前沿技术应用于数据要素交易领域，孵化一批数据要素交易领域的关键共性技术。三是吸引 PE/VC 等产业资本进入新基建等重大投资领域，加快建设数据要素领域新基建基础设施，推动数据要素交易等关联产业领域。

五、依托长三角一体化平台，构建"数据要素跨境交易特区"

一是建立长三角数据要素交易特区，引导"政府数据代理机构"和"数据资源头部企业"先行先试，跨省跨境交易数据要素。二是加快与具有先发经验的上海数据交易中心联合建立数据要素跨省跨境流转的协作组织。三是实施"长三角区域数据要素流通、交易平台一体化工程"。主动对接"沪、苏、皖"数据要素交易平台的一体化。

六、创新数据要素开发模式，加速数据要素市场化进程

一是采取"控股开发模式"，引导社会资本共同参与开发政府数据资源。推行"浙江省数据资源协议开发计划"，政府向具有数据开发资质的企业和非营利机构购买数据资源开发利用服务，订立数据资源开发合同，引导社会资本进入数据要素交易市场。二是设立"浙江省中小企业数据要素交易引导基金"，引导中小企业实施大数据项目和应用大数据工具，推动中小企业数据资源的价值实现和转化。三是培育"浙江省数据要素百强企业"，给予一百家数据资源头部企业直接进入数据要素市场交易的特许经营资格。

七、构建数据要素产业人才生态，实施数据人才专项计划

一是实施"浙江省高层次数据资源专才计划"。打造面向全球的数据要素交易领域"人才蓄水池"，制定专项人才政策，应对数据要素交易市场运营和治理的人才缺口。二是凝聚一批数据资源产业领军人才。花大力气在全球范围内招募大数据、人工智能、区块链、边缘计算等产业领域的"技术＋管理型"产业领军人才。三是建立"浙江省数据资源领域人才选育引导基金"，培育一批产业梯队人才。鼓励有资质的数据资源头部企业和高校院所建立"院士工作站""博士后工作站"等人才平台，致力于引进和培育一批数据分析、人工智能等技术领域及交叉学科背景的产业接续人才。

第十六章　高质量发展数据要素
市场的问题与建议

党的十九届四中全会首次将数据要素增列为新生产要素。2020 年 3 月，党中央、国务院发布的《关于构建更加完善的要素市场化配置机制的意见》提出，加快培育数据要素市场，提升社会数据资源价值。数据要素是现代产业体系的核心要素之一，已成为全球新兴产业增长的新引擎，也是全球数字经济竞争的新赛道。"十四五"时期浙江要高质量推进数据要素市场化配置这一牵引性的重大改革，高质量发展服务型"公共数据要素市场"、精准型"标准化数据要素市场"、融合型"传统产业数据要素市场"和创新型"数据要素服务和中介市场"。

第一节　高质量发展数据要素市场的战略旨向

一、高水平数据要素市场对经济高质量发展的龙头引领作用

数字经济已成为浙江经济增长的主引擎。数据要素是数字经济的关键性要素，也是核心要素。加快推动数据资源的开发利用，有利于释放数据要素红利，进一步促进经济高质量发展。

数字化平台加速推动数据要素向数据资源的转化，各类数字经济平台规模日益扩大，数字经济生态已显峥嵘。良好的数字生态为加快构建数据要素市场奠定了基础，有利于对数据资源进行集约化开发利用和价值增值，有利于赋能其他传统要素资源，释放更大价值红利，为创建创新型省份提供要素支撑。

二、高水平数据要素市场对产业能级提升的强大引擎功能

当前，浙江加速提升数据要素生产力，全力助推传统产业数字化转型，

大力扶持数据驱动下的新技术、新产业、新业态和新模式，数据驱动的创新正成为经济发展新动能。在产业层面，已形成一批自主可控技术，类脑计算芯片、飞天 2.0 操作系统、含光 800 人工智能芯片等创新成果不断涌现。与其他要素市场比较，数据要素市场通过价值增值和创新，在提升国民经济各行业生产率、促进一二三产业深度融合等方面的作用持续增强。"十四五"时期应进一步推动数据要素更高效地向各领域创新源集聚，为产业提供创新驱动。

三、高水平数据要素市场对长三角数据资源整合利用的平台优势

在长三角区域发展一体化背景下，数据要素市场的平台优势可以融通长三角技术、人才等要素资源，弥补单一区域要素不足。目前，我国正加快建设服务长三角区域的数据要素基础设施，数字领域新基建和商业化数字平台建设日臻完善。浙江省"1 + N"工业互联网平台体系架构初步完成，拥有阿里云、蚂蚁金服、浙江中控等优势数据平台企业。打造辐射长三角的数据交易市场，有助于充分发挥长三角区域的数据、人力和技术等要素资源的平台倍增效应，实现"1 + 1 > 2"的局面。

第二节　数据要素市场的关键瓶颈与突出问题

一、公共数据开放共享不足

以浙江省为例，目前"两地三中心"省级政务云平台架构、两级公共数据平台不断完善。"浙里办"实名注册用户超过 3000 万，归集浙江省 205.4 亿条数据，"最多跑一次"，"浙里办"平台等实现了"互联网 + 政务"治理创新。但受限于数据要素交易成本过高，自由流动存在诸多瓶颈。目前面向社会公众开放的数据项，仅占已归集数据项的 8.1%，原因一方面在于公共数据清洗、分级分类、脱敏脱密、共享交换整个过程较为复杂，目前能提供专业化服务的机构和能力还远远跟不上数据开放和共享需求。另一方面是由于各类数据标准不一致造成了公共数据的信息孤岛，致使公

共数据难以完全符合开放共享的要求。

二、数据价值尚未充分释放

以浙江省为例，当前数字基础设施加快完善，已建成 5G 基站达 5.1 万个，建设进度和规模均居全国前 3 位，拥有国家（杭州）新型互联网交换中心。但总体来说，数据要素交易的粗放式管理限制了其价值释放，一是针对工业大数据、工业互联网等重点领域的数据采集能力薄弱，浙江省鞋服、泵阀、包装等领域企业生产设备尤其工控设备的网络协议、物联网应用协议种类众多，且兼容性较低，缺乏通用型、系统化、高效能、低成本的应用方案。二是企业数据要素交易、中介服务相关的技术和应用标准滞后，尤其是中小企业数据要素价值转换的生态系统尚未建立，中小企业数据要素价值转换难度大、周期长。

三、数据应用场景有待拓展

随着产业数字化的深入推进，数据在推动产业效率提高和促进一二三产业融合发展等方面，发挥着日益重要的作用。数据资源头部企业代表阿里云在全球 23 个城市引入城市大脑，覆盖了交通、城管、文旅等 11 个领域，48 个场景，在医疗、工业、农业、地产等多领域加快数据资源应用。但总体来说，数据要素开发利用场景还较为有限，未能充分满足实体产业转型的需求。一是结构性融合问题，消费领域、流通领域数据要素与产业融合发展迅速，但工业领域数据要素与实体产业融合发展不充分；二是标准性融合问题，中小企业数据要素应用能力较弱，工业设备、产品和生产线的数字连接水平低，关键工序数控率偏低，作业标准化程度低、数据采集难度大。

四、数据赋能水平有待增强

数据要素的赋能应用关键在于"服务增值"。以浙江省为例，当前培育工业互联网平台 108 个，初步形成"平台赋能数据服务商，数据服务商服务中小企业"的模式。但目前数据要素赋能水平不高：一是现有的数据开发服务公司和公共服务平台的服务能力与实体产业数字化转型的需求存在较大差距，40% 以上的受访企业表示现有的数据要素交易服务无法支撑其数字化转型过程中的各种困难问题；二是数据赋能应用能力不足，实体企业应政府号召"上云"，但"上云"实际应用的广度和深度不够，数据采集、数据开发和数据应用服务无法满足实体产业发展的深度需求。

第三节　培育国际领先、国内一流数据要素市场的政策建议

一、聚焦培育以"服务"为先导的公共数据要素市场

浙江省作为公共数据资源大省，应加快公共数据的开放、共享、利用和开发，培育公共数据产业，推动数据流通和数据交易，充分释放公共数据红利。一是服务中小企业，推动公共数据"共享式利用"。加快推动各级行政机关开放数据资源目录，为中小企业提供更多的公共数据支撑服务，辅助中小企业经营决策。二是服务民生，推动公共数据"协议式开发"。围绕教育、医疗等民生领域，建立"公共数据交易政府采购计划"，引导企业对公共数据进行开发。三是服务创业创新，推动公共数据"合同式定制挖掘"。引导数字资源头部企业和数字独角兽企业，深度挖掘公共数据价值，充分释放公共数据价值。

二、聚焦培育以"精准"为宗旨的数据标准化要素市场

加强数据要素标准化研制，对推动浙江省数据要素市场化配置进程，加快技术与标准的相互融合，落实数据要素开发利用战略具有重要意义。一是围绕数据要素全生命周期的标准化，推动数据要素市场的精准治理。成立"浙江省大数据标准化委员会"，整合现有数据交易市场，根据数据要素的确权、定价、交易、流通和增值等各生命周期和流通环节，制定流通标准和交易规则，构建适应数据要素交易产业发展需求的标准生态。二是建立数据要素脱敏脱密标准，实现数据交易安全的精准治理。根据数据要素来源、交易范围、开发利用程度，建立分级分类数据脱敏脱密标准，以

及数据要素交易风险控制机制，确保交易安全稳健，实现数据要素的安全和高效交易。

三、聚焦培育以"融合"为手段的传统产业数据赋能交易市场

推动数据要素赋能传统产业，实现"传统产业＋数据要素"的价值创新。依托数据要素推进传统产业融合全产业链资源，催生数据赋能型的新动能。一是推动"智造融合"，构建基于"浙江智造"创新生态系统的工业数据共享联盟。推动新建一批数字产业基础设施，包括数据中心、云边端设施、大数据平台、人工智能基础设施、工业区块链服务平台和数据交易设施，推动企业间实现工业数据共享；通过行业龙头企业和行业协会牵头，形成行业内及跨行业的数据共享联盟。通过建立工业数据共享联盟来实现工业数据间的交叉授权和共享开放。二是推动"商贸融合"，打造"'一带一路'商贸数据要素交易示范区"。依托浙江省丰富的内外贸商业资源，积极扶持阿里巴巴推进世界电子贸易平台（eWTP）建设，积极推动商贸领域数据要素资源的深度挖掘，开发利用商业贸易数据要素，推动数字贸易发展。

四、聚焦培育以"创新"为引领的中介服务数据要素市场

深度融合数据要素流通的价值链和创新链，培育"交易中介＋加工分析"等各类数据服务和中介产业的新技术、新产业、新业态和新模式，推动数据要素资产化和数据资源自由流动。一是围绕数据"安全与隐私"突破一批数据服务和中介领域的新技术。数据安全与隐私的保护技术是数据要素赋能应用实践的关键共性技术领域。浙江省要构建"数据要素一站式技术研发平台"，积极开展区块链、云计算、大数据、人工智能、5G 等前沿技术在数据要素领域的基础和应用研究。二是围绕"协作、集成和融合"孵化一批数据服务新产业、新业态和新模式，使数据要素在流通和交易过程中实现价值增值和创新。浙江省应当充分利用数字产业化优势，建立"数据要素服务和中介产业引导基金"，将数据服务和中介产业纳入现有高新技术企业、科技型中小企业优惠政策的支持范围，扶持一批数据要素交易领域协作型、支撑型的新产业、新业态和新模式。

第十七章 浙粤苏鲁科技创新能力的
比较及政策建议

自 2000 年以来，浙江省科技创新能力稳步提升，科技创新主要指标保持较快增长。2000～2019 年，浙江省 R&D 经费占 GDP 比重从 0.96% 提高到 2.68%；发明专利申请、授权数从 859 项和 184 项增加到 112981 项和 33964 项。[①] 2019 年，浙江省政府财政科技支出、规上工业企业 R&D 项目经费支出、高技术产业营业收入和利润总额以及技术合同成交金额五项指标的年均增长率，均为全国省区第一，但与广东、江苏、山东等先进省份相比，浙江省科技创新整体水平仍相对靠后，薄弱环节较多，特别是国家重点实验室、国家级大科学装置、国家级工程中心等平台建设，以及国家级高新区、高技术产业、技术市场等方面的发展，差距有进一步拉大的趋势。建议进一步从激发科技创新人才队伍的活力、增强基础研究的动力、提升企业自主创新的能力、挖掘开放协同的潜力等多方面采取有效措施，加快提升科技创新能力，推进科技创新和经济社会的快速发展。

第一节 浙粤苏鲁科技创新能力比较

一、科技创新投入比较

（一）浙江 R&D 经费总量、投入强度、经费增幅及基础研究经费投入强度排名分别为四省的第三、第三、第二、第三

2019 年，浙江省 R&D 经费投入达到 1670 亿元，比山东（1495 亿元）高 175 亿元，但只有广东的 54%、江苏的 60%。R&D 经费占地区生产总值的比例达到 2.68%，比山东（2.10%）高 0.58 个百分点，比广东

---

① 资料来源:《浙江统计年鉴》。

（2.88%）、江苏（2.79%）低 0.2、0.11 个百分点。从 R&D 经费的增长情况看，比 2015 年提高 0.36 个百分点，2015~2019 年年均增长 13.4%，远超山东（1.2%）12.2 个百分点，超过江苏（11.5%）1.9 个百分点，仅比广东（14.6%）低 1.2 个百分点。从基础研究经费投入强度看，浙江省基础研究经费投入占 R&D 经费比重为 2.86%，低于广东（4.58%）、山东（3.84%），仅比江苏（2.74%）略高，如表 17-1 所示。

表 17-1   浙粤苏鲁 2019 年主要创新指标对比

指标名称	浙江	广东	江苏	山东
研发（R&D）人员总量（人）	713684	1091544	897701	442233
研发人员中基础研究人员全时当量（人年）	13595	30104	24530	21374
每万名社会就业人员中从事研发活动人员（人）	184.17	152.66	189.18	73.85
研发人员中硕博毕业人员比例（%）	13.10	17.37	17.26	19.99
两院院士（人）	55	89	102	57
R&D 经费（亿元）	1670	3098	2780	1495
基础研究占 R&D 经费比例（%）	2.86	4.58	2.74	3.84
R&D 经费/GDP（%）	2.68	2.88	2.79	2.10
地方财政科技支出（亿元）	516.06	1168.79	572.04	305.76
地方财政科技支出占财政支出比例（%）	5.13	6.76	4.55	2.85
每万元 GDP 财政科技投入（元）	82.62	108.23	57.98	43.35
规上工业企业研发机构数（个）	13850	25891	23015	3822
规上工业企业中有研发机构企业的比例（%）	30.31	46.74	49.93	14.09
国家重点实验室（家）	14	30	39	20
国家级大科学装置（个）	1	13	3	1
国家级工程中心（个）	13	24	32	36
"双一流"高校（所）	1	2	2	2
"双一流"学科建设高校（所）	2	3	13	1
规上工业企业 R&D 项目数（万个）	9.85	10.63	9.52	4.52
规上工业企业 R&D 项目经费平均支出（万元/个）	136.19	223.41	229.29	266.86
国家级高新技术产业开发区（个）	8	14	18	13
国家级高新技术产业开发区内企业（个）	6288	18842	15641	5633
高技术产业营业收入（亿元）	8384	46723	23964	5911
高技术产业利润总额（亿元）	825	2731	1405	479

续表

指标名称	浙江	广东	江苏	山东
技术合同成交金额（亿元）	888.01	2223.08	1471.52	1112.02
专利申请量（万件）	43.59	80.77	59.42	26.32
其中：发明专利申请量（万件）	11.30	20.33	17.24	6.94
专利授权量（万件）	28.53	52.74	31.44	14.65
其中：发明专利授权量（万件）	3.40	5.97	3.97	2.07
每万人发明专利拥有量（件）	25.19	23.69	28.67	9.98
规上工业企业新产品销售收入（亿元）	26099.37	42970.06	30101.94	13480.08
新产品出口销售收入占新产品销售收入比例（新产品外向度）（%）	19.70	27.57	26.43	12.30

资料来源：《中国科技统计年鉴》。

（二）浙江地方财政科技投入总量、地方财政科技投入年均增长率、地方财政科技投入占财政支出比例及每万元 GDP 财政科技投入排名分别为四省的第三、第一、第二、第二

2019 年，浙江省地方财政科技支出达到 516.06 亿元，比山东（305.76亿元）高 210.3 亿元，是广东（1168.79 亿元）的 44%、江苏（572.04 亿元）的 90%。地方财政科技支出比 2015 年（250.79 亿元）翻了一番，年均增速 19.77%，排名四省第一（见表 17-2）。地方财政科技支出占地方财政支出的比例为 5.13%，比广东低 1.63 个百分点，分别比江苏、山东高0.58、2.28 个百分点。从地方财政科技支出与 GDP 总量之比看，2019 年浙江省每万元 GDP 财政科技投入为 82.62 元，比广东低 25.61 元，分别比江苏、山东高 24.64 元和 39.27 元，排名四省第二。

表 17-2　浙粤苏鲁 2015～2019 年主要创新指标年均增长速度对比

指标名称	浙江	广东	江苏	山东
研发（R&D）人员总量年均增长率（%）	9.88	12.55	6.43	-0.28
R&D 经费年均增长率（%）	13.4	14.6	11.5	1.2
R&D 经费/GDP 提高的百分点	0.36	0.47	0.26	-0.48
地方财政科技拨款年均增长率（%）	19.77	19.69	11.36	17.75
地方财政科技拨款占财政支出比重提高的百分点	1.36	2.32	0.71	0.92

续表

指标名称	浙江	广东	江苏	山东
规上工业企业中有研发机构企业比例提高的百分点	6.66	31.18	5.50	4.52
规上工业企业 R&D 项目数年均增长率（%）	17.35	29.88	16.49	10.11
规上工业企业 R&D 项目经费支出年均增长率（%）	13.21	13.01	11.56	1.08
高技术产业营业收入年均增长率（%）	12.21	8.83	-4.27	-15.39
高技术产业利润总额年均增长率（%）	12.28	7.64	-6.18	-13.96
技术合同成交金额年均增长率（%）	73.46	35.34	26.60	37.83
专利申请量年均增长率（%）	9.14	22.74	8.53	8.03
其中：发明专利申请量年均增长率（%）	13.67	18.26	2.76	-7.19
专利授权量年均增长率（%）	4.97	21.60	5.87	10.54
其中：发明专利授权量年均增长率（%）	9.83	15.58	2.45	5.17
规上工业企业新产品开发项目数年均增长率（%）	18.87	35.61	13.76	11.78
规上工业企业新产品销售收入年均增长率（%）	8.49	17.37	5.32	-2.13

资料来源：《中国科技统计年鉴》。

（三）浙江企业资金占 R&D 经费比例排名四省首位，但总量排名第三，政府资金占 R&D 经费比例及其总量排名则均为四省末位

从 2019 年 R&D 经费来源情况看，企业资金占 R&D 经费比例浙江省（90.25%）排名第一、山东（88.66%）第二、江苏（88.12%）第三、广东（85.52%）第四，但投入总量排名中广东（2650 亿元）第一、江苏（2449 亿元）第二、浙江（1507 亿元）第三、山东（1325 亿元）第四。政府资金占 R&D 经费总量的比例排名中广东（12.82%）第一、江苏（9.89%）第二、山东（9.80%）第三、浙江（8.16%）第四。政府资金投入总量的排序情况同样为广东（397 亿元）第一、江苏（275 亿元）第二、山东（147 亿元）第三、浙江（136 亿元）第四。

（四）浙江每万人从业人员中研发人员数排名四省的第二，但基础研究人员全时当量、硕博士占比和两院院士人数均为四省最低

2019 年，浙江省研发人员总量达到 71.37 万人，研发人员全时当量达到 53.47 万人年，比 2015 年分别增长了 45.77% 和 46.61%。每万人从业人员中研发人员数量达到 184.17 人，与排名第一的江苏（189.18 人）相比仅

少 5.01 人，超过广东（152.66 人）31.51 人、远超山东（73.85 人）110.32 人。但浙江省研发人员中从事基础研究人员的全时当量为 13595 人年，只有广东的 45%、江苏的 55%、山东的 63%。研发人员中硕博毕业人员比例仅为 13.10%，分别比广东、江苏、山东低 4.27、4.16 和 6.89 个百分点。2019 年，浙江省拥有全职两院院士 55 人，远低于江苏（102 人）、低于广东（89 人）、山东（57 人），占全国两院院士比例仅为 3.13%，在四省中排名末位。

二、科技创新平台比较

（一）浙江研发机构总体实力仍偏低

浙江省企业办研发机构虽然数量众多，但总体规模小，层次不高，能力偏弱。2019 年，浙江省规上工业企业办研发机构 13850 个，平均每个机构有博士和硕士 2.22 个，而广东、江苏、山东分别为 5.02 个、2.46 个和 6.89 个；每个机构经费支出 931 万元，分别为广东、江苏、山东的 61.61%、112.01% 和 55.30%。浙江省规上工业企业 R&D 项目数为 9.85 万个，比广东（10.63 万个）少 7.37%，比江苏（9.52 万个）多 3.42%、比山东（4.52 万个）多 117.68%。规上工业企业 R&D 项目经费支出 1341.50 亿元，平均每个项目经费为 136.19 万元，项目经费平均支出少于其他三个省，分别只有广东的 60.96%、江苏的 59.40%、山东的 51.04%。

（二）浙江重大创新平台和载体数量还偏少

2019 年末，浙江省国家重点实验室仅 14 家，低于江苏（39 家）、广东（30 家）、山东（20 家）。浙江省国家级大科学装置仅 1 个，还处于建设中，建成和在建数量少于广东（13 个）、江苏（3 个）。国家级工程中心仅 13 个，分别只有广东（24 个）、江苏（32 个）、山东（36 个）的 54%、41% 和 36%。浙江省"双一流"高校只有浙江大学 1 所，而广东、江苏、山东各有 2 所；"双一流"学科建设高校仅 2 所，少于江苏（13 所）、广东（3 所）。

（三）浙江高新技术产业开发区建设速度仍偏慢

2019 年末，浙江省国家级高新技术产业开发区仅 8 个，与江苏（18

个)、广东（14 个）、山东（13 个）差距明显。浙江省高新区内企业数量共 6288 个，分别是广东（18842 个）的 33%、江苏（15641 个）的 40% 和山东（5633 个）的 112%。对浙江省高新区中企业数量最多的杭州高新区和粤苏鲁中企业数量最多的深圳高新区进行比较，2019 年杭州高新区企业有 2294 个，企业数量上，杭州是深圳（6011 个）的 38.16%；总产值和出口额杭州分别为 4007.0 亿元和 545.8 亿元，只有深圳的 36.16% 和 16.99%。

（四）浙江技术市场的技术供给能力还偏弱

2019 年，浙江省技术市场成交金额是 2015 年的 9.05 倍，五年年均增长 73.46%，而广东、江苏、山东技术市场分别年均增长 35.34%、26.60% 和 37.83%，可见浙江省技术市场的增长速度明显快于其他三省，位居四省第一。但 2015～2019 年浙江省技术市场成交金额仍然较低，每年都排名四省最末位，且金额差距不小。2019 年浙江省技术市场成交金额 888.01 亿元，是广东（2223.08 亿元）的 39.94%，江苏（1471.52 亿元）的 60.45%，山东（1112.02 亿元）的 80.00%。此外，2015 年以来，浙江省技术合同流向继续呈净流进状态，说明浙江省作为技术购买方成交的合同数大于作为技术出让方的合同数，而江苏在 2016 年、2018 年、2019 年技术合同流向呈净流出状态。这也反映出浙江省大院名校数量少，技术供给能力偏弱，原始创新能力有待加强。

三、科技创新产出比较

（一）浙江高技术产业逐年稳步发展，营业收入和利润总额均排在四省的第三

2019 年，浙江省高技术企业共 3150 个，是 2015 年的 1.21 倍；高技术产业营业收入为 8384 亿元，利润总额为 825 亿元，两项指标均为 2015 年的 1.59 倍，五年年均增长分别为 12.21% 和 12.28%。但浙江省高技术产业营业收入和利润总额仍然不高，2019 年营业收入只有广东（46723 亿元）的 17.94%、江苏（23964 亿元）的 34.99%；利润总额只有广东（2731 亿元）的 30.20%、江苏（1405 亿元）的 58.69%。

（二）浙江专利申请和专利授权量稳步递增，每万人有效专利数排名四省的第二

2019 年，浙江省专利申请数 43.59 万件，其中发明专利申请 11.30 万件，分别是 2015 年的 1.42 倍和 1.67 倍；专利授权数 28.53 万件，其中发明专利授权 3.40 万件，分别是 2015 年的 1.21 倍和 1.45 倍。从"每万人发明专利拥有量"指标看，浙江省为 25.19 件，略低于江苏的 28.67 件，略高于广东的 23.69 件，远高于山东的 9.98 件。

（三）浙江工业企业新产品开发项目数逐年增长，但销售收入和新产品外向度均排名四省的第三

2019 年，浙江省规上工业企业新产品销售收入 26099.37 亿元，比 2015 年提高 38.54%，年均提高 8.49%。浙江省新产品销售收入排名四省第三，分别是广东（42970.06 亿元）的 60.74%、江苏（30101.94 亿元）的 86.70%、山东（13480.08 亿元）的 193.61%。若将新产品出口销售收入和新产品销售收入之比称为新产品的外向度，广东最高，为 27.57%；江苏第二，为 26.43%；浙江省第三，为 19.70%；山东第四，为 12.30%，可见浙江省企业新产品的国际竞争力弱于广东、江苏，强于山东。

（四）浙江基础研究的重大标志性科技成果还不够多，国家科学技术奖和国家杰青项目分别排名四省的第二和第三

2016~2020 年浙江省累计获得国家科学技术奖 59 项，约为江苏（95 项）的 62%；主持完成的国家自然科学奖跟山东同为 4 项，少于江苏（10 项）和广东（6 项），其中 2017~2019 年浙江省自然科学奖都一无所获，直到 2020 年实现重大突破。2015~2019 年浙江省获得国家杰出青年科学基金项目 49 项，少于江苏（89 项）、广东（53 项）；浙江省获得国家杰出青年科学基金项目的资助金额为 17525 万元，远低于江苏（31875 万元）。

第二节　当前科技创新的比较弱势及瓶颈制约

从科技创新投入、创新平台、创新产出 3 个维度多个指标的比较和分析可看出，浙粤苏鲁同处于我国科技创新领域的领先位置，但浙江省的科技创新能力指标有多项在四省中排名靠后，浙江省创新实力位居广东、江苏之后，与山东互有胜负，难分上下。

一、高层次、领军型科技创新人才总量少，人才引进培养的效益尚未凸显

就国内最高层次的科技创新人才两院院士来讲，浙江省在 2021 年院士新增选了 5 人后，共拥有全职两院院士 60 人，一举超过无新增的山东（57人），但江苏新增 16 人后达 118 人，广东新增 7 人后达 96 人，差距仍然显著。院士等领军型科技创新人才的缺乏，极可能成为浙江省与粤苏等先进省份进行科技和经济竞争的一个重要劣势。

究其原因，一方面，浙江省重点高校、大院大所、大企业比较少，如浙江省仅 1 所"双一流"高校，广东、江苏、山东都有 2 所，导致浙江省吸引到国际国内一流水平的学科带头人、科技创新领军人才总量较小；另一方面，浙江省高层次人才与团队的引进培养工作启动较晚，引培力度还不够。浙江省 2016 年才出台大力引进高层次创新人才的政策，而江苏 2006年、广东 2008 年就开始实行，浙江省人才效益的凸显还需时日。

二、科技创新人才分布结构不均衡，企业和基层创新人才少

浙江省基础研究领域的整体实力与广东、江苏等省份相比仍有不小差距。2019 年浙江省从事基础研究的 R&D 人员为 13595 人年，远低于广东（30104 人年）、江苏（24530 人年）。企业和基层创新人才少，科技人才大量集中在浙江省科研院所和高校，集中于教育、卫生等公共服务行业。2019年浙江省事业单位专业技术人员合计 92.78 万人，其中教育行业 51.47 万人，卫生行业 28.42 万人；而企业专业技术人员数合计 17.93 万人，仅占事业单位专业技术人员的 19.32%，其中从事制造业的专业技术人才严重不足，仅 2.19 万人。企业和基层原始创新人才短缺是制约浙江省科技竞争力提升的短板。

究其原因，一方面，农村、企业和基层一线缺乏对科技人才的吸引

力，产业化导向弱，企业远未成为研究与开发的主体；另一方面，评价科研人员的绩效标准和导向仍存在偏差，对原创、解决实际问题能力的重视仍不够，创新结合点错位，大量的科研成果转化率低，科技人才使用效益低。

三、科技研发投入总体不高，重大创新平台和载体还比较缺乏

浙江省科技研发投入仍显不足。（1）R&D 经费占 GDP 的比重仍低于先进省份，排名四省第三位。（2）政府投入 R&D 占 GDP 的比重是四省中比例最低的。（3）基础研究投入强度偏低，排名第三位。（4）"国字号"创新平台和载体还比较缺乏。

究其原因，一方面，浙江省科技投入多元化机制尚未有效建立。从投入资金来源结构看，基础研究的经费主要依靠财政投入，创新型企业和社会机构自主创新的主动性不强，对基础研究重视不够、投入偏低。另一方面，从投入方向看，浙江省研究资金大部分投向了试验发展研究，2019 年试验发展经费占比为 91.65%，而投入原始基础探索的比重仅为 2.86%。

四、科技创新资源整合还不够，创新体系整体效能还不高

2019 年，浙江省三项专利指标均排名四省第三位，可见浙江省自主创新能力还不是很强。全国规模以上工业企业 2019 年新产品项目数，浙江省排在四省的第二位，但销售收入却位居第三名，说明浙江省规上工业企业拥有的单项新产品的销售收入相对较低。从 2019 年高技术企业的数量、营业收入、利润总额来看，浙江省三项指标在四省中排名均为第三位，与前两名差距较大。

究其原因，一方面，中小企业自有的技术创新资源较为有限。浙江省中小企业或受限于战略视野，或受限于资本逐利要求，科研资金投入较少，高度依赖外部创新资源。另一方面，产学研协同创新障碍不少。高校、科研院所与企业在目标追求、绩效考核、管理方式、对接渠道等方面都存在较大差异，产学研创新主体协同合作的结合度并不尽如人意。

第三节　加快提升科技创新能力的政策建议

基于浙江省科技创新存在的上述短板，建议浙江省从打造高层次人才集聚高地、原创性成果策源高地、引领性企业成长高地、开放性创新协作高地等多方面进行优化整合，促进科技创新能力的提升。

一、坚持培养与引进并举，打造高层次人才集聚高地

一是加快引进顶尖科研人才。大力支持创建"双一流"大学，引进培育一批学科水平国际一流的大院名校，吸引和招募重点领域、科学前沿的国内外顶尖科研人才和团队、世界一流科学家来浙，支持其建立杰出科学家工作室，开展研究、发展团队、培养人才。加大对优秀外籍博士、博士后引进力度。

二是加大基础研究人才培养力度。围绕重大专项和科研基地建设，稳定支持一批领军人才和团队。围绕学科领域优势培育，扩大支持培养一批杰出青年人才。扩大自然科学基金规模，基金资助向青年科学家倾斜，为更多青年科学家提供独立研究机会。加强一流机构、一流学科对优秀青年后备人才的培养，扩大优秀博士培养与博士后引进支持规模。

三是建立更开放的人才交流制度。实行科研人员按需出国交流、合作、访学的审批制度。开展国际访问学者计划，加大对国际联合研究项目的支持力度，建立国际科研伙伴关系。

四是营造潜心研究的良好环境。探索建立科学家年薪制和终身制，为科学家从事科研提供长期、稳定、持续的支持。推进公立高校和科研机构的科学家工资分配制度改革，提高财政支付基本工资比例，优化科学家工资结构，保障科研人员合理的基本工资水平。

二、推进体制机制重塑，打造原创性成果策源高地

一是加大财政投入强度。立法保障省市县三级财政联动对基础研究的投入力度。优化财政科技资金投入结构，改变现有财政科技投入"重试验

发展""轻科学研究"的不合理现象。财政投资向市场机制容易失效的创新链的前端倾斜，提高在科技投入中政府财政对基础研究的投入比重。

二是建立多元稳定的支持机制。积极引导各类社会资金投入基础研究领域，探索政府与科研机构、企业、医疗机构、行业组织、风险投资等组织建立重点领域联合基金、制造业伙伴关系等。结合重大重点研究任务，选择具有创造性、颠覆性潜力的基础研究项目，给予基于绩效管理的长期稳定支持，并实施灵活高效的动态管理方式。

三是优化基础研究管理机制。进一步下放项目管理自主权，让科研人员在技术路线、资源使用和调配等方面获得更多自主权。建立经费使用"负面清单"，加强科学家诚信系统建设，从制度上防止经费使用不规范。建立对基础研究活动失败结果宽容的"容错"管理机制，对因非道德因素造成的项目失败不予追责。

四是构建原创导向的基础研究分类评价机制。人才评价要注重突出人才的创新思维与创造力，避免唯论文、唯职称、唯学历、唯奖项倾向。项目评价要注重原创性、科学价值与应用前景。增设基础研究后评估，重视成果的深化研究、中长期创新绩效和成果转化的跟踪评价。实施国际化同行评议制，建设多元化基础研究战略咨询委员会专家组，吸纳全球顶尖科学家，充实专家库高端专家资源。

三、强化自主创新能力，打造引领性企业成长高地

一是完善重大项目组织模式。浙江省应聚焦人工智能、量子通信、工业互联网、先进装备制造等重点领域的"卡脖子"问题，积极探索央地合作、军地合作、院企合作，建立重点领域重大项目政产学研联合支持机制，支持龙头企业、国有企业与高校院所建立联合实验室、新型研发平台开展联合攻关。

二是优化企业税惠政策供给。拓展新的税惠政策工具，提高研发税惠水平，对出资支持基础研究的企业，允许其将投入实验室或科研机构的运行研究资金纳入企业研发经费支出，享受相应的税惠政策。

三是改善企业创新生态环境。完善建立"科技金融"体系，聚焦数字经济、生物医药、新材料等高新技术产业和战略性新兴产业，推动形成资本为科技创新服务的良性循环，助力企业开展基础研究、应用基础研究。

大力推进国家重点实验室等重大科研设施的全社会共享服务,探索高效合理的开放共享使用制度。加大知识产权保护力度,健全保护机制,缩短审查授权周期,加快在专利、著作权等领域引入侵权惩罚性赔偿制度,提高损害赔偿力度。

四、提升平台载体能级,打造开放性创新协作高地

一是构建国家级基础研究支撑体系。加快建设超重力离心模拟与实验装置,加快推进智能计算、新一代工业互联网系统信息安全,超高灵敏的极弱磁场和惯性测量等重大科技基础设施的建设。以超常规力度建设一批国家、浙江省重点实验室,将杭州城西科创大走廊打造为面向世界、引领未来、辐射浙江的基础研究创新策源高地,打造以杭州、宁波为创新引擎的全省域协同创新高地。

二是推进国际基础研究合作关系建设。主动布局和谋划支持浙江大学科学家能够在未来参与或牵头发起新的国际大科学计划。依托国际大科学计划、大科学工程、国际合作重大基础研究计划,深化与全球伙伴的全方位科技对接合作。建立重大科学设施国际合作研究基金,为国际用户来浙提供必要的资金支持,开拓基于重大科学设施的国际科学合作研究。

三是深化长三角区域原始创新一体化合作。推进 G60 科创走廊建设,加速创新要素的省际流动和融合。围绕重要领域,推动长三角区域内高校、科研院所强强联合,建立原始创新联盟,组建跨区域团队,成立联合研究中心,深入开展基础研究合作等。

第十八章 "专精特新"中小企业竞争力分析及政策建议

为加快推进制造业高质量发展,夯实共同富裕的物质基础,助推全球先进制造业基地建设,我国要进一步提升"专精特新"企业竞争力,深化"创新驱动"战略,释放链主企业的创新动能,积极推动大中小企业和各创新主体的融通创新,深化"数智赋能",改善科技型中小企业营商环境。

一是破解"顶级科创要素集聚度不高、高能级创新平台支撑不足"的问题。浙江应加快构建全球顶级科创要素汇聚的体制机制。加快构建塑造"国家战略科技力量"的创新高地和"大冠军企业"领衔的国字号高能级创新平台,打造"航母级"科创平台。

二是破解"'四链'协同程度低、融通发展的格局尚未形成"的问题。引导链主型企业主动协同产业链、创新链、价值链、供应链上的"专精特新"中小企业和高校、科研院所等创新主体,围绕浙江"未来前沿科技"领域,依托"未来产业先导区建设",锚定"卡脖子"关键技术,构建领军企业"领航"、中小企业联合"启航"的创新格局。

三是破解"'数智鸿沟'制约企业数字化转型动力和能力不足"的问题。发挥市场力量助推"专精特新"发展,打造提升企业数字战斗力的"数智补给"平台。改善"专精特新"企业营商环境,重点"护航"科技型中小企业加速成长。

"专精特新"企业是细分领域的佼佼者,是产业发展的新引擎,是实体经济的硬核支撑力量。加大鼓励、引导和帮扶中小企业实现"专精特新"发展,是浙江助推经济高质量发展,打造共同富裕示范区的重要举措。课题组开展了京沪粤苏鲁等五地"专精特新"企业的比较研究,研究发现浙江"专精特新"企业存在"规模小"、"四链"中低端化、"创新驱动不足"、"市场成长性弱"等问题。课题组从体制机制创新、链主型企业激励、构建融通创新格局、数智赋能、"护航"科技型中小企业等五个方面提出了对策建议。

第一节 "专精特新"企业竞争力分析

一、"专精特新"企业数量多，规模小

一是浙江省专精特新"小巨人"企业数量居全国第一。国家级专精特新"小巨人"企业共有 4762 家，浙江省三批专精特新"小巨人"企业共470 家，数量位居全国第一。二是浙江省专精特新"小巨人"企业 2021 年贡献的经济总量却仅为 64613.3 亿元，远低于粤苏鲁三省。该三省国家级专精特新"小巨人"企业数和贡献的经济规模分别为：422 家/110760.9 亿元、284 家/102719 亿元、361 家/73129 亿元。①

二、"专精特新"行业分布制造业多，现代服务业、数智化企业少

一是浙江省专精特新"小巨人"企业在电子信息、装备工业、化工、能源 4 个产业领域集聚度较高。4 个产业领域的专精特新"小巨人"企业数量分别为 110 家、82 家、59 家、55 家，占总数的 65.11％，产业分布与国家级专精特新"小巨人"企业的产业分布以及粤苏京沪接近。② 二是浙江现代服务业领域专精特新"小巨人"企业仅 29 家，远远落后于北京（77家）、广东（66 家）、上海（47 家）、江苏（32 家）。三是浙江数智化企业数少。全国共有专精特新"小巨人"数智化企业 490 家，主要聚焦于大数据、云计算、人工智能、信息通信、物联网、智慧城市等领域。其中，山东 27 家，上海 23 家，浙江、江苏和广东各 21 家。

三、"专精特新"企业有效发明专利数量多，研发强度低，专利龙头少

一是浙江专精特新"小巨人"企业拥有有效发明专利 6460 件。浙江仅

---

①② 资料来源：课题组根据中国工业和信息化部公示的三批次专精特新"小巨人"企业名单统计得出。

次于粤京,广东和北京专精特新"小巨人"企业拥有有效发明专利数量分别为 7366 件、6962 件。而浙江专精特新"小巨人"企业户均发明专利拥有量 14 件,落后于京苏粤,北京、江苏、广东分别为 26.37 件、20.79 件、17 件。二是浙江 470 家专精特新"小巨人"企业研发经费支出占营业收入比重平均达到 4.9%,而广东、江苏专精特新"小巨人"企业研发强度分别为 8%、6.2%。① 三是创新链顶端的龙头企业少。从拥有授权发明专利数量排名前 20 的企业数量来看,北京有 5 家,广东有 5 家,浙江仅有 1 家。在已上市的国家级"专精特新"企业中,82 家企业因参与制定国家级标准、DPI 专利价值平均分 65 分以上、专利获奖和 PCT 海外布局居于创新链顶端,其中,浙江仅有 5 家(主要集中在医药生物、电子和基础化工行业),居于前列的分别有广东 16 家,江苏 13 家,北京 8 家,上海 6 家。

第二节 "专精特新"企业竞争力差异的深层原因

一、顶级科创要素集聚度不高,高能级创新平台支撑不足

一是浙江缺少构建"国家战略科技力量"的创新高地,聚合高能级创新要素的基础研究平台少。在新能源、新材料、电子化学、生命健康等基础研究领域,支撑浙江"专精特新"企业创新发展的战略后备力量不足,助推经济高质量发展的创新能级有待提升,浙江亟须构建高水平原创技术策源地。二是浙江"专精特新"企业缺少国字号高能级创新平台支撑。缺少以"大冠军企业"和行业领军企业为主导的国字号创新中心,应用基础研发扶持力度不足,缺少突破关键技术环节"卡脖子"的中坚力量,企业创新驱动不足,发展后劲受限。

二、"四链"协同程度低,融通发展的格局尚未形成

一是浙江省"专精特新"企业面临创新链、产业链、价值链、供应链"四链"协同程度低的困境。浙江"专精特新"企业仍处于从"四链"的

---

① 资料来源:浙江省经济与信息化厅、江苏省知识产权局、广东省工业和信息化厅。

"重要环节"向"关键环节"迈进的成长期，链主企业少。链主企业协同中小企业，向"四链"中高端跃迁的势能不足。二是大中小企业融合发展的格局还未形成。现代服务业支撑弱，浙江专精特新"小巨人"企业在供应链集约化服务、信息系统集成服务等方面产业支撑较弱，"专精特新"企业发展壮大受限。

三、企业面临"数智鸿沟"制约，数字化转型动力和能力不足

一是浙江"专精特新"企业受制于数字化转型"投入成本高、迭代周期长、回收见效慢""用数"风险大等原因，提升数字能力的意愿不强。二是浙江"专精特新"企业缺少数智化转型专门人才，推动企业数字化转型和融入全球数智创新生态的能力偏弱。数智赋能浙江"专精特新"企业发展的潜力受限。

第三节 增强"专精特新"企业竞争力的建议

一、加快构建全球顶级科创要素汇聚的体制机制，打造"航母级"科创平台

一是建立浙江省"国家级平台＋大冠军企业＋大项目"科技创新制度，构建制度创新和科技创新"双轮驱动"的创新格局。充分发挥科创制度顶层设计助推"专精特新"企业高质量发展的作用。二是以高能级国字号科创平台和创新中心落地浙江为牵引，加强航空航天、新能源、新材料、电子化学、生命健康等领域的基础研究，加快汇聚全球顶级科创要素。三是坚持应用基础研究推动产业发展的市场导向，充分发挥浙江民营经济市场主体活跃的优势。充分发挥民营企业在科技创新领域的市场主体地位，鼓励建设科技创新协作平台，加快实现科研创新成果"样品—产品—商品"的"三级跳"。

二、充分释放链主型企业的创新动能，发挥领军企业创新"领航"作用

一是依托领军企业和大冠军企业建立创新中心，致力于解决"卡脖子"

难题和"卡脖子"关键技术攻关。鼓励链主型企业,围绕浙江省高技术产业和战略性新兴产业,建立企业国家重点实验室、工程研究中心、国际合作基地等,锚定"卡脖子"关键技术攻关。二是鼓励链主型企业重点协同专注于关键核心技术和"未来前沿科技"领域的科技型中小企业,尤其是在细分市场上已取得全球领先地位的中小企业。打通"四链"特定环节,培育新产业、新业态、新模式,带动"四链"向中高端跃升。三是引导链主企业优先选择"专精特新"中小企业产品,充分发挥"专精特新"中小企业补链固链强链"稳定器"的作用。推动关键产品实现进口替代,带动提升"专精特新"中小企业市场竞争力。

三、大力鼓励企业融通创新,构建领军企业"牵手"中小企业联合"启航"创新格局

一是以浙江省"未来产业先导区建设"为载体,集中孵化和加速未来产业先导区内产业链上中下游"专精特新"中小企业。积极鼓励先导区内的链主企业开展源头创新,大力扶持产业链上中下游"专精特新"中小企业依托创新源,开展面向市场的"成果转化—产品开发—场景应用",形成未来产业培育链。二是以国家重大战略需求、产业重大需求、民生重大应用场景项目联合攻关为牵引,实施"浙江省重大公共项目大中小企业联合揭榜"。鼓励大冠军企业和领军企业主动协同中小企业,联合高校、科研院所等创新主体和优势科研力量组建融通创新联合体,协同攻关。

四、发挥市场力量助推企业专精特新化发展,打造提升企业数字战斗力的"数智补给"平台

一是推动建立"浙江'专精特新'企业数字化转型服务供应商(线上)市场",建立"浙江'专精特新'数字化转型服务供应商"动态清单。以市场化手段为"专精特新"企业数字化转型提供专业化服务。二是组建"浙江'专精特新'数字化转型咨询服务和人力资源市场",为企业数字化转型提供全方位、全过程的人力资源支撑,有效降低企业数字化转型成本和风险。三是支持数字化平台型的科技领军企业,实施数智赋能战略。鼓励数字化平台型企业,面向上下游中小企业提供一批成本低、见效快、适用性

强的数字化解决方案，推动"专精特新"中小企业融入大企业的数字创新生态。

五、改善"专精特新"企业营商环境，重点"护航"科技型中小企业加速成长

一是充分利用"浙里办""数字浙江"等浙江省政府公共服务资源，着力降低科技型中小企业营商成本，带动科技型中小企业提质增效。助推科技型中小企业向"'专精特新'—'小巨人'—'单项冠军'"的跨越式成长。二是着力改善聚焦"未来前沿科技"领域的科技型中小企业营商环境，主动为科技型中小企业提供战略、技术、投融资和法律等领域的"一对一"便利化服务。三是构建"绿色通道"助力浙江科技型中小企业迈入资本快车道。打造科技型中小企业赴北京证券交易所上市和新三板"转板"的绿色通道，为企业提供定制化、全程化、精细化的融资服务。

第十九章　高质量发展中小企业市场
竞争力分析及对策建议

第一节　外贸企业参加线下展会的问题、困难及建议
——以中国进出口商品交易会为例

外贸企业参展是经济活动和市场活动的重要"晴雨表"。第130届中国进出口商品交易会（以下简称广交会）于2021年10月15日在广州开幕，首次线上线下融合举办。为了解外贸企业对线下广交会的参展意愿情况，对相关企业开展调研，结果显示，外贸企业参加线下广交会的意愿总体偏低，这个问题亟待政府有关部门高度关注。

一、外贸企业参展意愿降低趋势明显

总体调研看，外贸企业参展线下广交会意愿有所下降。如台州市对辖区内1083家企业开展了"线下广交会参会意愿度"快速调研，29.09%（315家）的企业表示愿意参加线下广交会，70.91%（768家）的企业表示不愿参加或者还在考虑当中。又比如温州市原有82家品牌企业，品牌展位有425个，现共有3家品牌企业放弃16个品牌展位，这是温州市首次出现企业放弃品牌展位的情况。除品牌展位外，申请到特装展位、一般性展位等的企业参展意愿也有所下降，如温州瑞安市原先分配到展位的101家外贸企业中，仅有43家企业将参加本次线下展会，参展意愿率为42.57%。再如金华市对423家金华交易分团的一般性展位企业进行意向参展摸排，发现只有165家企业愿意参加第130届线下广交会，仅占一般性展位企业的40%。

调研对比发现，企业规模、行业、性质等因素对企业线下参展意愿有一定影响。从企业规模来看，规模较大的企业线下参展意愿较强。如绍兴

市对 118 家往年参展企业调研发现，规上企业具有参展意愿的为 53.3%，而小微企业只有 40.1%。又如台州市对辖区内 1083 家企业调研发现，规上企业中线下参展意愿高的占 40.66%，而规下企业中线下参展意愿高的仅占 14.44%。从企业性质来看，生产型企业线下参展意愿相对更高。如湖州市对辖内参展企业调研发现，生产型企业中线下广交会参展的意愿率为 87%；贸易型企业线下广交会参展的意愿率为 56%。又如温州瑞安市对分配到展位的 101 家企业调研显示，生产型企业中愿意参展的占比为 44.12%，而流通型企业中愿意参展的占比为 39.39%，相对较低。从企业所处行业来看，不同行业的企业线下参展意愿有所差别。如绍兴市调研发现，服装纺织面料企业有参展意愿的占 53.3%，而五金工具类企业有参展意愿的达 63.3%；又如温州市调研发现，汽车配件企业线下参展意愿相对较强烈，达 58.62%；鞋类企业为 42.11%；箱包企业参展意愿较低，为 27.78%；节日用品及家居企业参展意愿最低，10 家相关企业中，仅有 1 家企业愿意参展。

二、"六大困难问题"导致企业参展意愿下降

（一）展会规模压缩，企业需求难以保障

因新冠疫情影响，本届线下广交会展期由之前的三期缩短为一期，时间由 12 天缩短为 5 天，展位由 6 万个缩减至 2 万个，且以品牌展位及新能源展位为参展主体，一般性展位将在品牌展位及新能源展位确认后，按比例进行调减安排。如绍兴市统计显示，8 月 25 日广交会组委会展位调整前，该市展位分配名额 776 个，报名企业有 534 家，调整后展位缩减至 184 个，缩减幅度达 76.3%，仅能保障 90 余家企业参展。受展位紧缺和配额受限影响，部分企业特别是品牌层次不够高的企业参展需求难以保障，企业积极性受影响。如宁波旭日对外贸易有限公司主营纺织服装产品进出口，2021 年企业预定了 12 个线下广交会摊位，并提前支付摊位费、广告费、通信费等相关费用近 20 万元，但仍被告知将优先保障品牌商的摊位，其余参展商能否参加取决于广交会组织方，最终确定要在 9 月 6 日之后或最晚 9 月 13 日之后。

（二）疫情形势反复，企业心存担忧

虽然当时国内疫情风险总体可控，但新型冠状病毒传染性较强，部分

企业仍心存担忧，导致参展意愿受影响。

一方面，企业担忧疫情的不确定性可能带来风险。企业参展过程中需要派出较多工作人员，一旦受疫情影响发生需要隔离等情况，将对企业业务产生较大影响。

另一方面，企业担忧境外客商入境受限，线下参展效果打折。出于疫情防控原因，本次广交会官方将重点邀请境外机构/企业驻华代表、境内采购商等参会，预计到会外商数量相对较少，部分企业担忧线下广交会的参展效果会弱化。如海达门控有限公司反映，前期通过互联网线上沟通联系发现，有意向达成合作或期待合作的 15 家采购商均表示不出席线下展会或没有资格参会，因此企业参展意愿也不高。

（三）参展成本高昂，企业负担较重

参加线下广交会须承担机票、住宿、摊位费等多项开销，不少企业认为线下参展人力、物力、时间成本较高，负担较重。特别是外贸形势严峻背景下企业资金链紧张，控成本的导向也一定程度上遏制了参展意愿。温州市对 54 家企业的调研显示，92% 的企业认为参展成本较大，其中 38 家企业的参展成本在 10 万元以上（包括展位租金、人力成本等）。温州华得利鞋业有限公司反映，此次广交会的成本包括人力成本（住宿、交通、补贴等）5 万元、展会成本（展位、装修、样品等）30 万元、其他成本（疫情防控等）10 万元，总计 45 万元，预计展会带来的直接或间接订单额仅 200 万元左右，除去成本后的企业利润还不够花费的参展成本。

对于某些行业企业，线下参展花费更大，参展决策更为慎重。如浙江欧宜风家具有限公司表示，家具行业所需展台面积较大，其需要 300~400 平方米，装修成本超过 1500 元/平方米，且展会结束后装修部分无法回收。再加上 40 名员工的机票、住宿、伙食等费用，参加一次线下展会的成本预计超过 200 万元，参会成本较高。又如据浙江霸器智能装备股份有限公司反映，参加广交会时，公司须派出专门物流将大型设备搬运至广州，费用较高，且风险须企业自行承担。

（四）线上模式成熟，企业更加青睐

线上展销模式趋于成熟，形式日益多样，运行和管理制度日渐完善，时间成本和经济成本相对更小，相比线下广交会，线上展会对企业来说吸

引力增强。

本届广交会首次采用线上线下融合举办模式，设置线上免费展位 6 万余个，部分中小企业出于成本、地域距离、产品展示等因素考虑，倾向于参加线上展。如浙江森歌电器有限公司反映，此前参加线上广交会挖掘新订单 20 余笔，达成意向订单 150 万美元，与线下展客单成交量仅相差 10% 左右，但可以节约成本 10 余万元，企业计划在线上展方面投入更多资源。又如湖州埭溪振华工贸有限公司负责人反映，企业主要生产各种摩托车车架、系列发电机、汽车配件等产品，由于湖州到广州距离远、运输成本高且无法做到全面展示，加上广交会有"云展厅"，企业更倾向于线上参展，直接在厂房直播可以更好地展示产品的特点与优势。

同时，也有部分企业选择其他线上渠道。如浙江华龙巨水科技股份有限公司、菲时特集团股份有限公司等负责人表示，如今客户更加青睐于通过线上平台直接与企业交流，为了迎合客户群体需求，企业将展会重心转移至阿里巴巴、made in China 等线上平台，收益转化率高于线下广交会，基本确定不会参加 2021 年的线下广交会。又如龙泉市的浙江新劲空调设备有限公司负责人表示，线上展会方式能提高双方对接互动便利度，帮助企业接触到更多客商，且根据疫情防控要求，线上参展更加便捷。据悉，龙泉市已连续两年举办汽配出口网上交易会，26 家汽配企业与南美 40 多家采购商进行了 150 多场次的精准对接，线上展览效果不输线下。

（五）专业针对性不强，企业参展转化率不高

广交会作为综合性国际贸易盛会，知名度高、历史悠久、规模庞大、商品种类齐全，本届有 16 大类商品，设置了 51 个展区，但同时也导致行业集聚性和针对性不强，对于中小型外贸企业和行业集聚密集度高的企业促进作用不够明显，参展转化率不高，影响企业参展积极性。部分企业更倾向于参加专业展会或寻求其他展销渠道。如台州莱蒙缝纫设备有限公司反映，公司产品以长臂机为主，在通用机械、小型加工机械及工业零部件展区中属于细微的一个展品种类，有兴趣了解的采购商很少。而中国国际缝制设备展览会、华南国际缝制设备展等专业展会，参加人员更加细分，对缝制设备有个性化需求的客人更多，参展效率会更高。又如浙江冰尔新型制冷剂有限公司主要从事制冷剂研发、生产和销售，2020 年出口额达 947 万美元，考虑到广交会参展采购商专业性不强，有限时间内难以接触更多相关专业领域的采购商等因素，该企业一般都选择参加中国制冷展、杭州制冷站等专业性强、领域窄的专业主题展会。再如海宁德易遮阳科技有限公司表示，公司主要生产遮阳产品，属于较为狭窄的行业，市场份额不大，因此参加广交会意义不大。但近两年公司都参加了上海的 R + T Asia 亚洲门窗遮阳展，虽然 R + T 展会费高达 60 万元，明年可能提高到 100 万元，但因客户有针对性，订单和销售额增长较明显。

（六）成本大幅上涨，企业收益难以保证

2021 年以来，由于关键零部件、设备等沟通与获取不畅通，上游原材料价格上涨，不少企业外贸订单利润下降，对新订单持观望态度，参展积极性下降。另外，国际海运运力紧张，"一箱难求"和海运费用不断走高让外贸企业承受极大压力，不少企业货物被积压，导致部分企业即使参展也只结交意向客户，短期内不敢盲目接收新订单。

三、政策建议

一是优化展位布局。全面了解企业线下参展意愿情况，根据实际需求统筹安排行业间线下展位数，合理分配参展名额，在疫情防控前提下适当扩大展会规模，或延长展会时间，分类分批参展，尽可能满足线下参展需求强烈的企业，从而提高参展积极性。建立摊位流转机制，充分盘活展位资源，打击非法中介生存空间，避免摊位价格恶性竞争，减轻企业负担。

二是提高外商参与度。加大广交会宣传力度和外商引流力度，重点邀请境外机构或者企业驻华代表、境内采购商参加广交会，并多渠道、多途径邀请全球各国，特别是疫情控制较好的国家采购商参加广交会。完善国外客户入境采购渠道，在确保疫情可控前提下，进一步精简外商入境流程与难度，增加无法赴现场参展外商的参会渠道，降低参会外商数量下降导致的负面影响。

三是拓宽线上线下双渠道。做好线上线下一体谋划、一体推进、一体运营，努力打造线上线下相互促进、相互融合、相互赋能的全天候贸易平台。完善相关设备及软件，促进线上信息互通无阻，提高线上展会参与体验感和成交量。利用线上渠道尝试性开展跨地域、跨品台、跨展会的交流合作，打造专业性分类展会，提高企业客户转化率。

四是降低企业参展成本。加大政策补助力度，建议地方出台相关补贴政策，如展位费补贴、后续达成合作的奖励机制等，减少企业参展的成本压力。加大参展保险支持，加快理赔速度，缩短定损核赔时间，降低企业参展的风险成本，增强企业参展信心。

五是做好参展配套服务。加强疫情防控，进一步明确国内企业参展前后的防疫隔离要求，加强入境人员检测，切实提升疫情防控的精准性、便利性，有效减轻企业顾虑。加强对广交会等各项展会的监督管理，维护市场秩序，规范市场行为，促使外贸企业间良性竞争，保护参会商、采购商等各方合法权益。优化国内各关区、各港口集装箱空箱调配，加大出口运力调配力度，帮助参展企业货物顺利出口。

第二节　中小企业制造"品字标"竞争力提升的困境与建议

2014年浙江省在全国率先提出实施标准强省、质量强省、品牌强省战略，以"区域品牌、先进标准、市场认证、国际认同"为抓手，着力构建浙江制造"品字标"建设体系，引领经济高质量发展。经过多年培育发展，"品字标"已成为浙江制造的区域品牌形象标志，取得了显著成绩。但在调研中也发现"品字标"存在诸多困境。为此，课题组从品牌打造、品牌宣传、品牌联盟、品牌监管等方面提出对策建议。主要观点如下所述。

一、"品字标"已成浙江制造的品质标杆

（一）"品字标"企业规模效益明显提升

截至2021年11月，浙江省"品字标"企业已达2189家，年均增长107%。① 据浙江省统计局数据显示，2020年全省"品字标"企业利润总额1186.7亿元，较上一年增长18.5%，领跑全省，超越全国。其中，嵊州集成灶、台州智能马桶和泵阀产业、温州皮鞋、湖州木地板等行业在核心指标上接近或达到国际先进水平，市场效益提升明显。

---

① 资料来源：浙江省商务厅。

（二）"品字标"行业产品种类不断扩大

目前浙江省"品字标"产品共计有 3437 个，年均增长 101%，其产品品类已由 2015 年的 9 类逐年增加到 28 类，涉及酒水饮料制造、纺织服装服饰制造、家具制造、文体用品制造、家用电器制造、其他制造等多个类别，制造业品类覆盖率达 90%。[①]

（三）"品字标"认定标准体系逐步完善

自 2015 年以来，浙江省已发布超过 2600 项制造标准，累计发布国际市场准入证书 254 张。形成了包括"好企业""好产品""好服务"标准在内的"品字标"认定评估标准体系，涵盖产品全生命周期。[②]

二、"品字标"市场社会影响面临困境及原因

（一）高标准未获得市场高赞誉，品牌形象缺吆喝

尽管"品字标"制造致力于提升标准化，强化企业"品牌化"发展，持续释放供给侧改革效能，但从消费者反馈看，"品字标"的影响力还有待增强。根据课题组对浙江省消费者的问卷调查显示，82%的消费者表示未曾听说或不了解"品字标"这一公共品牌；在购买商品时以"品字标"作为搜索项或首选项的消费者占比合计不到2%。其主要原因是"品字标"的整体宣传力度不够。目前，"品字标"的宣传主要依托每年开展"品字标"产品与国际知名品牌的质量比对活动，通过央视、高铁等主流媒体推介，借力"中国品牌日"、全国"质量月"、中国—中东欧国家博览会、中国义乌国际小商品（标准）博览会等平台，举办"品字标"品牌主题展览、系列论坛和信息发布等。而传播效果较好的互联网、墙体广告、分众传媒、户外广告、手机等广告媒介没有得到充分利用。

（二）好品质缺少驰名好品牌，品牌培育缺力度

目前"品字标"标准体系中有明确的标杆性产品技术水平要求，"品字

---

① ② 资料来源：浙江省商务厅。

标"产品具有"精心设计、精良选材、精工制造、精诚服务"的特点，具备了高标准、高质量、好服务的品牌内涵。据课题组统计，在"中国驰名商标"榜单中，浙江企业处于全国领先地位，但浙江"品字标"企业上榜比例不高，只有114家，仅占"品字标"企业总数的5.2%。调研显示，浙江"品字标"企业未成功申请中国驰名商标的原因主要有：60%以上的企业认为，中国驰名商标是对企业品牌的综合评估，自身企业的综合影响力还不够，尚不具备申请的条件；约23%的企业是因为申请需要提供的佐证材料较多，周期较长，需要专业的指导；还有约15%的企业认为近年来中国驰名商标认定难度加大，影响了申请积极性。

（三）优质量没有卖出优价格，品牌营销缺合力

虽然"品字标"致力于以先进标准引导品质消费，但从市场现状看，"品字标"产品目前陷入了"消费无感"的困境。一方面，消费者不愿意为"品字标"的品牌溢价买单；另一方面，企业按照"品字标"高质量与好服务标准执行造成成本提升，但却未能形成"优质优价"的市场效应。"好产品卖不出好价格"有多重原因，从政府层面来看，浙江制造的公共品牌建设力量分散，未形成最大合力是重要因素。目前，浙江省除了"品字标"以外，还有类似的公共品牌如"浙江制造精品"。多个政府部门牵头的相似项目并存，分散了政府的资源，造成社会认知混淆，降低了公众对"品字标"的感知度。

三、提升浙江"品字标"制造市场竞争力的建议

（一）政策体系迭代升级，合力提升"品字标"品牌形象

"品字标"作为浙江制造的区域品牌标志建设已有7年，在浙江制造高质量发展的新阶段，需要迭代升级。建议由省发改委牵头，会同省经信厅、省商务厅、省市场监管局等，协同指导"品字标"制造具体工作，全面梳理整合浙江省范围内制造业相关公共品牌，全面制修订品牌、标准和认证管理制度体系，凝聚各部门资源，着力提升"品字标"在国内制造业的标杆形象，让"品字标"成为"浙江制造精品"的统一区域品牌。一是加快与国际标准衔接。对标国际同类产品先进品质标准和市场需求，严格把关

标准质量，引领企业从"国内合格"走向"国际优质"。二是加强培育驰名商标。制订商标梯次培育计划，建立知名商标培育名录库，加强品牌指导服务和知识产权保护力度，不断增强企业争创驰名商标的主动性。三是加强品牌赋能。利用浙江市场大省的优势，把"品字标"制造作为高端市场和关键领域的入市门槛，通过品牌赋能，提高"品字标"产品的品牌附加值。

（二）简化优化行政认证程序，加大"品字标"产品行业拓展

由浙江省市场监管局牵头，充分发挥行业协会、社会服务组织以及相关认证服务企业的作用，深入开展团队标准制定、产品认证、认证辅导与技术引入等，持续推动"品字标"认证服务优化，进一步提升"品字标"产品市场覆盖率。一是拓展产业领域。加快推动"品字标"由二产向一产、三产延伸，将"好企业""好产品""好服务"三项标准运用拓展到农产、服务、建造、生态等领域。二是拓展行业领域。从重点行业向所有行业拓展，针对"废弃资源综合利用业"与"金属制品、机械和设备修理业"两个未涉及大类，以及其他未涉及的中类行业，进一步提高"品字标"在制造 191 个中类行业的覆盖率。三是扩大产品领域。从少数产品向所有产品扩大，从已认定的"品字标""链主型"企业入手，开展相关产业上下游系统拓展。紧扣全产业链技术短板，加大核心技术和标准自主研发，实现协同发展，形成浙江"品字标"的全领域全方位覆盖。

（三）组织平台展会全面推广，扩大"品字标"制造市场影响

由浙江省经信厅、省商务厅、省市场监管局会同有关宣传部门，利用各大传统媒体、新媒体以及各类会展平台，全方位开展"品字标"宣传推广。通过政府"搭台"、企业"唱戏"的形式加强宣传造势，营造"要买就买品字标"的市场氛围。一是加大媒体平台推广力度。以公益广告、专题栏目、专题报道等形式在主流媒体推介"品字标"企业与产品；以短视频形式在抖音、微博、小红书等大流量新媒体以及分众传媒推送品牌故事、企业案例；加大户外广告的投放力度。二是加大会展平台推广力度。继续结合中国质量大会、中国—中东欧国家博览会、义乌国际小商品（标准）博览会等重要会展，组织设立"品字标"主题展馆（区），举办浙江制造"品字标"发布、推广活动，提高"品字标"产品的国内外社会声誉。三是

加大重要节点推广力度。在"双 11"、"618"、中国品牌日、质量月等特殊时间节点，加大"品字标"的宣传推广，提高"品字标"的辨识度和影响力。

（四）完善质量品牌数智监管，提升"品字标"品质浙江声誉

由浙江省市场监管局牵头，组建"品字标"重点产业质量提升标准技术联盟，发布重点产业"浙江制造"标准体系框架指南，加强"品字标"的数智监管。一是完善数字网络平台。结合"浙江质量在线"平台建设需求，完善"品字标""一站式"管理数字化平台，实现资料全流程线上流转，管理全过程在线实施。二是加大市场监控处置力度。优化实时经营数据收集系统，常态化管理与分析各行业"品字标"产品的销量与价格数据。组织对市场流通的"品字标"产品进行买样比对，对违规使用品牌和不符合标准的产品进行监管规制。三是提高管理协调能力。合作开展标准复评和实施绩效评价，适时废止使用率低、产业需求差的"僵尸"标准；对认证机构和认证活动开展"飞行"检查等。以市场导向引导企业合规认证，提高"品字标"作为先进浙江制造的公信力，从而提高"品字标"产品的品质品牌和优质优价的溢价能力。

第三节 "全球最低企业税率"对中小企业国际化竞争力的影响分析

2021 年 6 月 5 日，七国集团（G7）财长会通过了全球税收改革方案，达成了"全球最低企业税率"共识，跨国公司不仅需要在总部所在地纳税，还需要在其运营的所在国纳税，以国家为基础征收最低 15% 的税率。2021 年 7 月 10 日，二十国集团（G20）财政部部长和央行行长第三次会议就国际税收框架达成历史性协议，设置 15% 的全球最低企业税率，旨在解决跨国集团利润重新分配问题。[①] 这是 100 多年来国际税收的基本规则最广泛、最重要的调整之一，对今后相当长一个时期的国际税收分配格局、税收多边治理等将产生深远影响。近期，调研组就"全球最低企业税率"对浙江

---

① 资料来源：光明网。

省跨国公司可能带来的影响进行了调研，结果显示，对浙江省境内跨国公司总体影响有限，但对跨国公司"走出去"造成一定不利影响，对重点扶持行业企业也将产生一定影响，需要引起高度重视。

一、"全球最低企业税率"对浙江省跨国公司的影响

（一）对浙江省境内跨国公司总体影响有限

一是最低税率方案适用门槛较高。根据全球最低企业税率方案的支柱一、支柱二要求，浙江省在营业收入、利润等指标方面符合标准的跨国公司比较有限。按照支柱一主要适用于全球收入超 200 亿欧元且利润高于 10% 的跨国公司（不包括采掘业和部分金融业企业），杭州市受影响的企业目前仅阿里巴巴一家。温州跨国公司的海外公司涉及行业主要为加工业、通用设备制造业、电气机械、汽车制造业和皮革等，海外利润收入较低，占比不大，利润率超过 10% 的跨国公司较少，经测算，符合相关条件的企业仅有青山特钢和正泰集团。二是省内企业现有税率普遍高于最低税率。除高新技术企业外，目前国内企业适用所得税税率为 25%，高于全球最低企业所得税税率（以下简称企业税率）的 15%，因此对辖内公司的影响有限。玫琳凯中国、伊莱克斯杭州工厂等跨国公司全球区域内的各大关联工厂目前企业所得税税率均在 15% ~ 40%，最低税率的实施对企业短期内实质影响不大。三是"全球最低企业税率"有利于营造公平的全球营商环境。全球企业税率在过去几十年间出现国家间"逐底竞争"，只有少数低税经济体从中受益，多数国家和地区受损。浙江省跨国公司对此持积极态度，认为"全球最低企业税率"主要针对大型跨国科技巨头，实施后会推动国际市场竞争环境更加公平。

（二）对"走出去"跨国公司可能造成一定不利影响

一是在低税率、零税率国家和地区投资的跨国公司将受影响。为了提高市场开拓、资本运作、税收筹划等方面的便利性，不少跨国公司选择在香港等低税率地区设立离岸公司或收购国外公司，若实行最低 15% 的税率，相关企业可能会有一定的损失。如浙江一家从事石油化工与化纤原料生产的现代大型民营企业表示，集团下属三家香港公司都从事离岸经营业务，

根据香港当地政策实际税负为零；子公司一在注册地文莱享受先锋企业免征最长 19 年企业所得税的税收优惠；子公司二在新加坡享受全球贸易商计划，实际税负为 10%，若全球最低企业税率实施，则可能对该企业产生影响。二是对"一带一路"企业"走出去"会有影响。该政策可能会削减国内企业在"一带一路"沿线国家的投资持续性。新税收方案会减少"一带一路"沿线国家和地区的税收优惠操作空间，比如伊朗、越南、尼日利亚、沙特等国家的区域性、行业性税收优惠政策将会大大减少，税收的不确定性风险加大，甚至部分行业产品出口会受到抑制。三是加重少部分企业海外子公司的税收负担。"全球最低税率"对部分已经在低税率国家或地区设立公司或搭建控股平台的跨国公司来说，将加重部分海外子公司的税收负担。杭州某大型安防企业测算认为，集团在全球 48 个国家设有 120 家企业，按企业填报的税前利润和本年度计提企业所得税折算的税负率，低于 15% 最低税率的有 16 个国家，同时该集团 98.47% 的税前利润来自国内，目前国内税率也低于 15% 的最低税率。四是对未来成长性企业出海产生影响。全球最低企业税率只适用于大型跨国公司，浙江省大多数企业不在其列。但随着经济快速发展，未来更多企业会达到该门槛，他们出海投资过程中会受到影响。尤其是以互联网企业为代表的高科技公司发展迅猛，可能面临同谷歌、脸书、微软、苹果等美国互联网巨头一样的局面，即要在海外业务所在国缴纳更多的税。

（三）对重点扶持行业企业可能产生一定不利影响

全球最低企业税率的实施可能会影响浙江省重点扶持行业税收优惠政策实效。目前，部分战略性新兴产业和高新技术企业可以享受税收优惠待遇。根据相关政策规定，国家鼓励的集成电路、高端装备、新材料、新能源、测试企业以及重点集成电路设计企业和软件企业，在免税期结束后，可分别按照 12.5% 和 10% 的税率缴纳企业所得税。两项税率均低于全球最低企业税率的 15%，较高的全球最低企业税率标准可能会减少相关企业能够享受的税收优惠，降低国内税收政策灵活度。如温州某大型太阳能民营企业反映，集团境内多家企业均享受了税收优惠政策，在我国所得税有效税率也低于 15%。此外，该协议还支持授予各国对利润率超过 10% 的企业征收 20% 及以上税收的权利，集团整体的利润水平已超过 10%，G7 公报的协议一旦实施，或产生一定影响。

（四）跨国公司在全球布局时更看重税率以外的综合因素

全球最低企业税率的实施，将在减缓国家间税收"逐底竞争"的同时进一步提高跨国公司对其他各方面因素的要求。根据 TaxFoundation 数据，2020年全球主要国家企业所得税税率分别为：美国 25.77%、德国 29.90%、法国 32.02%、英国 19.00%、日本 29.74%、加拿大 26.47%、中国（大陆）25.00%、印度 30.00%、俄罗斯 20.00%、澳大利亚 30.00%、西班牙 25.00%，但也有不少国家企业所得税税率低于 15%，包括阿曼（15.00%）、马尔代夫（15.00%）、爱尔兰（12.5%）、保加利亚（10.00%）、英属维尔京群岛（0.00%）、开曼群岛（0.00%）等。不少跨国公司将境外利润转移至英属维尔京群岛、开曼群岛、百慕大群岛等避税天堂，积累了大量未被任何国家征税的投资，15% 的全球最低企业税率将使得这些地区不再具有税率竞争优势。全球最低企业税率实施后，跨国公司全球投资布局时会更加综合考虑各方面因素，包括市场容量、营商环境、基础设施、要素成本、产业链配套等。浙江某日资企业表示，企业仍然非常看好中国市场未来的发展，"全球最低企业税率"对企业在中国的业务影响不大。杭州某"走出去"企业认为，在美国休斯敦设立的子公司主要是为本公司出口的产品提供认证服务，便于拓展欧美市场。杭州某过滤设备有限公司表示，香港作为亚洲金融中心之一及亚洲重要海港之一，该公司在香港设立大立控股集团有限公司，主要是为了方便融资等各项金融活动和在国际上售卖产品。浙江某食品企业反映，企业在泰国设立加工厂主要是考虑到该国人力成本较低。

（五）对跨国公司自身经营能力提出更高要求

一是降低了企业逃避税空间。长期以来，部分跨国公司利用各个国家税率不一，积极合法避税，特别是大型跨国公司更容易将全球销售利润、税收转移到低税率国家或地区，从而实现税收比较优势。"全球最低企业税率"切断了一些企业向低税率地区转移的路径，使大型跨国公司难以通过在低税率地区建立加工厂来压低产品价格，减少中小型跨国公司在税负成本方面的竞争劣势，有利于营造更加公平的全球竞争环境，重塑行业竞争格局，促进行业良性竞争，推动各企业更专注于提升产品、技术、供应链等方面的竞争力。浙江某电缆公司表示，出于业务拓展、技术积累等多方面因素考量，其跨国子公司在美国成立，相比在其他低税率地区不具备税率优势，与已经建立完备跨国体系的大型跨国公司相比，难以形成价格竞争力，新冠疫情影响下甚至出现亏损。而"全球最低企业税率"推行后，在相同技术、人工等要素成本的情况下，利润率将处于同一水平，有利于企业与大型跨国公司进行公平竞争。二是对企业税务合规性提出更高要求。一方面，发达国家的会计准则与国际会计准则较为接近，发展中国家大部分有自己的会计准则，但需要进一步了解熟悉国际会计准则。由于各国税会差异，有些时间差因素也可能导致某年的税率会暂时性低于最低税率，这就需要发展中国家尽量减少税会差异，以反映最真实的税负情况，减少不必要的税负调整。另一方面，国别报告的充分运用与报送质量将显得更为重要。根据现行规定，集团收入达到7.5亿欧元的跨国集团需要向主管税务部门报送国别报告，详细记载该集团和分支机构在全球的经营收入、纳税情况等，这些信息将成为是否适用最低税率的重要参考依据。随着双支柱的不断推进，跨国集团将需要更加重视国别报告报送的合规性以及相关数据的准确性和完整性。三是对企业资产负债管理提出更高要求。全球最低税率的结构化和刚性化，总体上会推高企业的税率，后者可能会进一步加剧多数税收体系中已存在的债务融资倾向，从而在一定程度上提高企业债务水平，加大企业潜在的债务风险。这就要求企业进一步控制负债规模和比例，提高流动性管理能力。

二、政策建议

（一）加强对"全球最低企业税率"实施的动态研判评估

"全球最低企业税率"的逐步落地是全球税制的重大改革，相关政策体系复杂、牵扯面广，长期影响还有待进一步观察和分析。目前，设定全球最低企业税率仅是原则性规定，未来需要研究的是，最低企业税率指的是名义税率还是实际税率，是否设置例外和豁免条款等。虽然从短期看，对于浙江省外资企业影响不大，但长期还有待观察和分析。强化全球形势跟踪评估，精准研判发展方向，实时跟进全球最低企业税率实施情况，根据实施情况制定相应对策。加强调查研究，通过多部门联合研讨、智库研究、税企座谈等各种方式，做好国际税改方案和相关国家立法进程的跟踪研究，对最低税率中有效税率和有效税负如何计算，财政补贴如何计算等各类新问题认真研判，做到心中有数，并根据实际情况制定相应对策。

（二）建立"海外企业服务中心"及"税收服务联盟"

引导各地或区域探索建立海外企业服务中心，为企业境外经营提供以税收为切入点的政策咨询、融资投资、法务和风险预警等服务。对于跨国公司"走出去"建立全球架构时，充分考虑和评估双支柱的潜在影响，尽早对跨国公司经营开展海外税负评估，特别是对"走出去"较早且发展较好的海外企业，以及采用大量跨境关联服务费和特许权使用费安排的企业，尽早评估相关影响。主动对接海外华商和侨胞企业，建立境外经贸联络处，探索建立跨国公司服务新机制。鼓励企业健全企业治理机制，提升财务核算规范性水平，严格按国际会计准则和中国会计准则要求规范经营和核算，预防因销售规模和利润率标准差异而引发全球税收征管的摩擦或纠纷。随着全球各国合作共享企业税收信息，企业需要更加重视跨国业务的税务合规性，提前筹划考虑跨国布局的税务框架合理性和规范性。

（三）为跨国公司"走出去"提供专项政策支持

加强对本土跨国公司"走出去"的辅导，及时出台相关政策解读，组织企业进行培训和交流，让企业及时了解最新的国际税收规则，提升企业对协议的理解和应对能力，根据全球税负情况及早进行税收筹划，规划调整投融资架构和商业模式，升级财务系统，满足合规要求。加强对大型跨国公司"走出去"的服务，建立起政府部门与大型跨国经营企业的联动机制，做好跨国公司海外产业链布局的保障服务工作，及时帮助解决跨国公司在海外经营和产业链布局中碰到的问题。主动对接海外华商和侨胞企业。

（四）加强对数字贸易领域征税和监管规则的研究

全球最低企业税率方案"支柱一"要求数字产业在内的大型跨国公司在其所有实施商业活动并取得利润的市场缴纳公平的税额。阿里巴巴等互联网头部企业积极开拓国际市场，其营收额已超过有关数字税征收门槛，可能面临着谷歌、脸书、微软等美国互联网巨头一样的要求，即要在母国和业务所在国缴纳更多的税。对一些采取离岸架构，根据各地税收优惠特色，在不同的国际税收洼地设置中间实体的中资跨国公司，也需要缴纳额外税款。针对数字经济领域的平台型跨国公司，研究未来税收监管趋势，特别是对跨境数字贸易、跨境数据流动等的税收监管措施，做好相应的政策储备。在全球对大型科技平台监管合作的背景下，进一步加强与美国、欧盟、英国、日本等成员国的协调，推出平台类企业权利与义务更加平衡的数字规则标准。

（五）优化跨国公司投资营商环境

跨国公司投资时不仅要考虑税负，往往还考虑所在地的产业链供应链配套、人力资源成本、要素保障、资金成本、市场规模及景气程度、宏观政策稳定性等因素。实行全球最低企业税率，在削弱企业向低税率地区转移的同时，将迫使各国遵守全球标准，有利于在目前情况下最大限度地解决"税收政策逐底竞争"问题，有利于营造更为公平的全球经营环境。可预见，税率优惠等税收工具吸引外资的操作空间收窄，需要研究其他政策工具来优化营商环境。抓紧完善外资服务保障体系，全面落实外商投资准入前国民待遇加负面清单管理制度，形成法治化市场经济，增强外商长期在浙江投资的信心。进一步优化手续流程，提升审核审批效率，加强外资招引及配套服务，给予外商更多的投资便利，主动吸引更多国际投资。稳定宏观税负预期，保持宏观政策的连续性、稳定性，稳定国内市场主体，包括外国投资者的预期。完善争议预防和解决机制，加大相互磋商和争议解决力量，切实维护企业合法权益，增强外商长期在浙江投资的信心，让外国跨国公司愿意来、留得住、有发展。

第二十章　绿色低碳发展基金助力中小企业高质量发展的政策建议

2020 年 9 月，习近平主席在第 75 届联合国大会上郑重宣布中国"碳达峰、碳中和"的时间表。党中央、国务院印发的《生态文明体制改革总体方案》提出，"支持设立各类绿色发展基金，实行市场化运作"。中国人民银行等七部委联合印发的《关于构建绿色金融体系的指导意见》明确，"支持地方政府设立各类绿色发展基金，加快绿色金融发展"。2021 年 5 月，浙江省实施的《关于金融支持碳达峰碳中和的指导意见》指出，"整合、推动各类政府产业基金投向绿色低碳产业，鼓励有条件的地区设立绿色低碳发展基金，以市场化方式引导社会资本重点支持地方绿色低碳产业发展"。设立浙江省绿色低碳发展基金，创新政府推进实现"碳达峰、碳中和"的运作模式，能够为浙江省"碳达峰、碳中和"走在全国前列提供重要支撑。

第一节　发达国家绿色低碳发展基金经验借鉴

一、发达国家绿色低碳发展基金运行模式

绿色投资基金是美国、英国等发达国家普遍采用的推动可持续发展的重要方式。在美国，绿色投资基金已进入高速发展阶段，这类基金可提供比一般商业贷款更优惠的融资条件（如设置还款宽限期、更长的还款期和较宽松的抵押担保要求等），为美国社会带来了良好的经济和生态效益。同时在绿色投资基金的引导示范下，美国也有越来越多的社会责任投资（socially responsible investing，SRI）将生态环境要素纳入投资筛选范围，并通过股东对话的形式增加对企业环境责任的关注和投入，而碳减排和生态环境友好是其中的主要考虑因素。在欧洲，英国作为可持续金融方面的先行者，于 2012 年成立了英国绿色投资银行（Green Investment Bank，GIB），是

世界上首家由国家设立的专门为绿色低碳项目融资的银行，旨在解决英国绿色低碳项目融资的市场失灵问题，通过鼓励和引导更多的社会资本投资于绿色低碳项目领域，并吸纳私人资本参与绿色金融的转型，从而加快英国向绿色经济转型。

不少发达国家通过建立各种碳基金来支持节能减排项目和减排权交易。自欧盟于2005年运行全球首个碳排放权交易市场以来，截至2021年4月，全球运行中的碳排放权交易市场有21个，筹划推进中的有8个。活跃在各个碳市场上的碳基金，主要是针对企业的碳排放配额或者碳减排量进行交易，对于企业自主减排有显著的促进作用。碳资产的增值意愿也可以驱动控排企业积极进行自主减排，引导企业节能减排过程中增值的碳资产在上市交易后获得投资收益。如美国新能源汽车公司特斯拉2020年财报数据显示，该公司当年总营收为315亿美元，净利润为7.21亿美元，其中出售"碳积分"（carbon credits）的利润为15.8亿美元，即节能减排带来的碳资产增值收益扭转了造车本身的大幅亏损。

国际碳基金的股东结构包括3种主要类型。

（1）公共基金，由政府承担所有出资。国际碳市场上典型的公共基金有芬兰碳基金、英国碳基金、奥地利碳基金、瑞典清洁发展机制/联合实施项目基金（Clean Development Mechanism/Joint Implementation，CDM/JI）等。

（2）公私混合基金，由政府和社会资本按比例共同出资，是最常见的一种资金募集方式。公私混合基金中典型的代表是世界银行参与设立的碳基金，此外还有意大利碳基金、日本碳基金、德国复兴信贷银行（KFW）碳基金等。如成立于2004年11月的日本碳基金，资金来源于日本两家政策性银行（日本国际协力银行JBIC和日本政策投资银行DBJ）和31家私营企业，由政策性银行代表日本政府管理该基金。

（3）私募资金，则完全由私有企业自行募集资金。如由法国信托银行（Caissedes Depots）和比利时与荷兰富通银行（Belgian/Dutch Fortis Bank）两家银行在2005年设立的封闭式欧洲碳基金（European Carbon Fund），英国气候变化资本集团（Climate Change Capital）设立的气候变化资本碳基金Ⅰ和Ⅱ等。

国际碳基金当前的投资方式主要有以下两种：一是减排量购买协议方式，即碳基金直接购买温室气体减排量，是大部分基金的主要投资方式；二是直接融资方式，即由基金直接为相关低碳和减排项目建设的早期阶段提供融资支持，如股权投资、债权融资等，从而以较低的价格获得碳信用指标。

二、国际金融组织成立的低碳和气候类融资专项基金

世界银行于 2020 年成立的"气候减排基金"（Climate Emissions Reduction Facility，CERF）是气候融资的伞形基金（umbrella fund），是世界银行首个为低碳发展项目提供规模运营流动性的信托基金，该基金提供十年期的基于结果导向的气候资金支持，以帮助发展中国家塑造低碳路径。

亚洲开发银行于 2008 年设立了"清洁技术基金"和"战略气候基金"。其中，"清洁技术基金"主要支持风能、太阳能、水电和地热发电等低碳能源技术的发展，同时也支持工业及城市节能政策的实施，该基金以优惠贷款的形式向有需要的政府和私营部门项目提供融资，年利率为 0.25%，最高还款期限为 40 年。而"战略气候基金"则主要支持低收入国家开展应对气候变化的试验性项目，并将成功经验向其他低收入国家推广，该基金以援助款的形式提供融资。

第二节　国内发达地区绿色低碳发展基金经验借鉴

一、国家绿色发展基金运作情况

中国投资协会能源投资专业委员会在 2021 年 4 月发布的《零碳中国·绿色投资蓝皮书》中估算，中国"碳中和"零碳转型将带来巨大的市场规模和效益，预计能带动 70 万亿零碳产业投资，其中可再生资源利用、能效、终端消费电气化、零碳发电技术、储能、氢能、数字化七大投资领域最为重要。考虑到低碳绿色投资领域典型的外部性特征，仅依靠市场力量的自发投资和自主运作，难以满足巨量的低碳产业和绿色转型发展的投资需求。因此，成立和运行各类低碳绿色发展基金，已经成为满足我国低碳产业投资巨大资金需求、推动经济结构和社会生活方式实现绿色低碳转型的重要抓手和着力点，也是创新绿色低碳和可持续发展模式的一种政策共识和实务趋势。

为引导社会资本投向绿色发展领域，财政部、生态环境部、上海市于2020年7月共同发起设立国家绿色发展基金，国务院授权财政部履行国家出资人职责，财政部委托上海市承担绿色基金管理的具体事宜，首期募资规模为885亿元，其中，中央财政出资100亿元，出资方还包括长江经济带沿线11个省市、部分金融机构和相关行业企业，其中浙江省财政厅认缴出资12亿元，占比1.3559%。国家绿色发展基金主要聚焦于3大领域，包括落实党中央、国务院确定的生态绿色环保中长期战略任务；引导社会资本投向大气、水、土壤、固体废物污染治理等外部性强的生态环境领域；聚焦推动形成绿色发展方式和生活方式，推动传统产业智能化、清洁化改造，加快发展节能环保产业，促进生态修复、国土空间绿化等绿色产业发展和经济高质量发展。

二、国内发达地区绿色发展基金运作情况

国内许多发达地区在绿色发展基金运作上也已经做出了许多有益的探索和实践。

（1）广东省。为落实新一轮环保基础设施建设的重大战略部署，广东省于2015年出资20亿元设立政策性的广东环保基金，计划撬动约200亿元社会资本投向粤东西北等地区生活垃圾和污水治理领域。该基金运用PPP模式，推动财政资金与社会资本、产业资本与金融资本相融合，以实现地区环境保护建设目标。此外，2018年，广东省政府印发《广东省人民政府办公厅关于印发广东省广州市建设绿色金融改革创新试验区实施细则的通知》，明确提出鼓励和支持社会资本在试验区设立广东绿色低碳发展基金，引导低碳低能耗项目在试验区集聚发展。

（2）山东省。为支持培育绿色发展新动能，创新国外优惠贷款使用方式，山东省成立了绿色发展基金，是全国首只在省级层面利用国际金融组织贷款设立的绿色基金，总规模将达100亿元人民币，已通过财政部借用1亿美元亚洲开发银行贷款，德国复兴信贷银行（KFW）贷款1亿欧元，法国开发署（AFD）贷款0.7亿欧元，于2020年8月正式与上述国际金融组织签约。项目主要投资区域为山东省，通过直接投资和设立子基金等方式，重点投向节能减排、环境保护与治理、清洁能源、循环经济、绿色制造等领域。

（3）上海市。上海是国内最早建立碳排放权交易机构和体系的地区，推出了多个国内首创的碳交易金融产品。如 2015 年国内首个碳信托产品在上海碳市场交易中国核证自愿减排量（Chinese Certified Emission Reduction，CCER）；同年，由海通证券资产管理公司对外发行的 2 亿元规模的海通宝碳基金在上海环境能源交易所交易平台上线，标志着我国碳市场与资本市场联通。2017 年，上海环境能源交易所与上海清算所共同推出碳配额远期产品。从 2013 年底试点碳交易到 2020 年末，上海配额交易 4500 多万吨二氧化碳当量（含远期），CCER 交易约 1.10 亿吨，约占全国的 43%，其中各类碳基金是重要的投资交易主体。

（4）河南省。2019 年底统筹整合资金，吸引省辖市、社会资本参与，组建河南省绿色发展基金，基金总规模设立为 160 亿元，将带动银行等金融机构以债权方式支持不低于 640 亿元，形成不低于 800 亿元的投资规模。基金投资范围是围绕推动经济绿色转型升级，促进绿色产业发展，激发市场绿色投资动力，重点支持河南省内清洁能源、生态环境保护和恢复治理、垃圾污水处理、土壤修复与治理、绿色林业等领域的项目。

第三节 关于建立绿色低碳发展基金的政策建议

2021 年 5 月，浙江省碳达峰碳中和工作推进会明确了"碳达峰、碳中和"的总体目标，出台《关于金融支持碳达峰碳中和的指导意见》，为率先实现"碳达峰、碳中和"目标提供了强有力的目标引领和支撑保障作用。应紧抓国家部署推动碳达峰碳中和战略行动的重要机遇，加快建立省绿色低碳发展基金，助力浙江省率先实现碳达峰碳中和目标。具体建议如下所述。

第一，立足政府引导性基金，明确基金支持的目标领域和重点市场。基金由省级政府和各地市政府共同发起成立，按照"共同而又有区别"的原则，由省级财政资金（金控）引导，各地市政府共同出资设立"浙江省绿色低碳发展基金"。基金应聚焦于主要的目标市场，重点支持浙江省各地的重大生态环保工程项目建设，同时支持省域内重化工业污染治理升级换代、节能改造、发展循环经济、推行清洁生产。此外，省内各类能源服务公司的商业融资渠道不足，也是绿色低碳发展基金的重要目标市场。由此，带动浙江省绿色产业发展，加速省内产业转型升级，有效解决区域突出的生态环境和节能减排问题，加快改善区域生态环境质量，实现区域绿色低碳转型。

第二，撬动社会资本投入，多渠道融资，确保资金来源的多样性和可持续性。借鉴国际惯例，绿色低碳基金的资金来源主要有三个渠道，即政府资金、国际发展援助机构贷款和民间社会资本。建议发挥财政资金的引导和撬动作用，充分调动地方积极性，吸引社会资本参与，建立全社会共同参与"碳达峰、碳中和"任务的机制，形成资金总规模为 200 亿元左右的浙江省绿色低碳发展基金。具体来源和份额建议如下：一是省级财政资金约 30 亿元，可采用一次认缴，逐年注资的方式；二是按照共同又有区别的原则，由地市政府协商按一定比例出资，合计约 20 亿元；三是争取世界银行、亚洲开发银行、亚洲基础设施投资银行、金砖国家新开发银行等国际金融组织的贷款支持，约 20 亿元（3 亿美元左右）；四是吸纳、联合和撬动商业银行、投资类企业等社会资本投入，预计 130 亿元。在绿色低碳发展母基金之下，可以设立若干个子基金，满足不同领域和地区的绿色低碳融资需求。

第三，结合外向型市场经济特征及碳交易市场发展趋势，创新设计绿色低碳基金产品，满足多层次融资需求。为有效满足重点区域和重点行业实施大型节能低碳项目以及重点节能低碳技术推广对资本金的需求，兼顾解决中小企业实施节能低碳项目融资难问题，基金管理人可根据具体情况，组合选择股权、债权、类优先股、夹层、委托贷款、担保以及绿色债券、资产证券化、技术援助等产品。对于较大型节能低碳项目，可探索发展融资租赁模式，基金通过注资融资租赁公司、与融资租赁公司合作或者收购融资租赁公司的租赁资产来推出专门的融资租赁资产。同时，探索建立绿色低碳项目风险补偿机制，推动成立绿色担保子基金，对贷款风险补偿、应急转贷、财政贴息、增量奖励等方面进行集中管理，可放大资金运用的协同效应，降低绿色贷款的融资成本，充分发挥担保资金的信用放大能力。

第四，坚持市场化、专业化模式运作，强化基金管理和使用。按市场化原则进行专业化管理，基金的所有权、管理权、托管权三分离，绿色低碳基金设立、基金管理人的选择、投资管理、退出等按照市场规则运作。设立专门的基金理事会统筹资金的管理和使用，理事会可由省发改委、财政（金控）、生态环境、有关地市政府、合作金融和投资机构及其他利益相关方代表组成，适当增加环保部门的话语权。基金的运行按资本市场规则，由投资公司运作。基金引入绩效评估，由生态环境厅主导，由专业的第三方对基金的环境和减排绩效进行评估。该基金应接受审计部门的监管和社会公众的监督，资金的收支情况应及时向社会公开。

第五，加强国际和区域合作，引入战略合作伙伴和国际先进理念，加强交流互鉴，放大影响力。基金运作采用开放式模式，通过绿色低碳基金方式联合全球合作伙伴和区域合作伙伴，加强与丝路基金、世界银行、全球环境基金（GEF）、亚洲开发银行、亚洲基础设施投资银行、新开发银行等机构和国际资本的融资合作与知识分享。鼓励多元化投资主体联合融资，有效发挥政府基金的引导作用，支持境内外机构参与浙江省绿色低碳项目和相关技术开发，推动浙江省绿色投资、绿色技术推广，并积极参与气候变化和低碳减排领域的国际和区域合作进程。

第四篇

人力资源创新驱动中小企业
高质量发展

第二十一章　中小企业组织剥削与角色外行为的联系：资源保存的视角

随着各国公司丑闻的增多，组织剥削的话题越来越受到公众的关注（Livne-Ofer et al.，2019）。例如，一些媒体报道称，在工资极低、被迫加班的公司里，血汗制很普遍。根据公平工作监察专员的说法，澳大利亚斯卡曼德海滩度假酒店前经理强迫员工每周工作 57 小时而没有额外工资，是非法的、完全不可接受的。酒店业雇佣关系性质的快速变化，包括短期合同、外包以及人工智能和在线平台使用的增加（Bidwell et al.，2013；Cascio and Montealegre，2016；Krakover，2000），为宽松的就业法规和组织剥削创造了肥沃的土壤。

然而，尽管其普遍存在，组织剥削的主题仍然没有得到充分的探讨（Livne-Ofer et al.，2019；Sakamoto and Kim，2010），尤其是在酒店业研究方面。考虑到与组织剥削文献的滞后性，利夫内等（Livne-Ofer et al.，2019）提出了组织剥削感知的概念，并将其定义为员工认为自己在与组织的关系中被有意利用的程度。组织剥削的例子包括提供不安全甚至有害的工作条件、低工资和繁重的工作量等。

虽然利夫内等（2019）实证测试了组织剥削对员工态度反应的影响，包括倦怠、离职倾向、心理退缩和组织承诺，但仍然存在明显的差距，即我们对受剥削员工表现出的后果性行为的理解有限，尤其是在酒店业。因为组织主要决定员工福利和工作条件，受剥削的员工不太可能抵制组织的政策或减少他们在角色绩效方面的努力。感知组织剥削的潜在行为结果是减少角色外行为。角色外客户服务被定义为员工在为客户提供服务时超越正式工作角色界限的自发行为（Bettencourt and Brown，1997），代表了"自主的特殊服务"，通过超出客户的期望来取悦客户（Lee Livne-Ofer，2006；Lyu et al.，2016）。因此，当酒店员工受到组织的剥削时，他们既不愿意也缺乏足够的资源来发起角色外的客户服务行为，因为这是一种自愿选择，而不是组织正式要求的。

组织剥削感知与角色外客户服务的关联机制也值得探讨。根据资源保存（COR）理论（Hobfoll，1989），我们确定了一个新的渠道，将组织剥削感知与其行为结果联系起来。COR 理论认为，当面临真实或感知的资源损失威胁时，人们倾向于获取和保留有价值的资源（Hobfoll，1989）。缺乏支持员工日常生活的资源，那些资源耗尽的人容易精疲力尽和情绪低落（Hobfoll，1989）。作为一种威胁员工个人利益的消极职场体验（Livne-Ofer et al.，2019），组织剥削感知耗尽员工的可用资源，并阻止他们从工作场所重新获取资源，从而导致工作中的抑郁。在处理这种消极情绪时，由此产生的抑郁情绪和进一步的资源消耗可能会导致员工节约他们剩余的精力，通过限制其角色外客户服务来防止进一步的资源损失。因此，我们认为，组织剥削感知可能会产生一种资源流失的感知，并导致酒店员工在工作中经历抑郁，这进一步抑制了他们在角色外客户服务中的参与度。

一个更有趣的问题是，当员工受到剥削时，有没有人会不那么沮丧，仍然致力于角色外的客户服务？为了解决这个问题并探索在何种边界条件下，组织剥削的损耗效应可以被缓解，我们关注重新评价，即在认知上重新定义情绪激发情境并相应地调节情绪反应的倾向（Gross and John，2003）。到目前为止，学者们还没有研究组织剥削感知的边界条件，对哪些因素可以改变组织剥削感知影响的理解仍未透彻。根据 COR 理论，人们对资源损失的反应不同（Halbesleben et al.，2014；Hobfoll，2011）。尽管感知到的组织剥削通常会导致受剥削员工的痛苦情绪（Livne-Ofer et al.，2019）并耗尽他们的资源，但进行重新评价的人往往更能以较少负面的方式重新定义他们的资源损失（Gross and John，2003）。接受重新评价可以减轻资源枯竭的感知威胁和组织剥削造成的消极情绪（Koopmann et al.，2019）。因此，我们有理由认为，组织剥削感知的显著性取决于员工使用重新评价的倾向。换言之，进行重新评价的人不太可能受到组织剥削感知的影响而感到沮丧，仍然可能表现出角色外的客户服务。

本章在多个方面对文献做出了实质性贡献。第一，它关注组织剥削感知的行为后果，从而扩展组织剥削感知结果的范围，并将组织剥削感知引入酒店业。第二，它应用 COR 理论的新视角来确定组织剥削感知的潜在机制。纳入 COR 视角有助于揭示组织剥削的隐含复杂性，并回应了利夫内等（2019）提出的用其他视角解释组织剥削影响的呼吁。第三，本章首次探讨了在何种边界条件下可以减轻组织剥削感知的破坏性影响。纳入重新评价有助于建立组织剥削的框架，加深了我们对组织剥削的理解。本章概念模型如图 21 - 1 所示。

图 21 - 1　本章的概念模型

第一节　文献综述与假设建立

一、组织剥削感知和角色外客户服务

组织剥削感知是员工的主观感知，探索组织在员工—组织关系中为了自身利益故意利用员工的程度（Livne-Ofer et al.，2019）。基于这一定义，组织剥削感知有三大主要特征。第一，组织剥削感知是被剥削对象做出的的主观评价。因此，员工对同一剥削事件的认知可能不同。第二，感知到的组织剥削是有目的性的，而不是无意或偶然的剥削。第三，这种剥削嵌入员工—组织关系中，因此，对剥削的感知来自重复而不是孤立或单一的事件（Livne-Ofer et al.，2019）。

通过参与角色外的客户服务行为，酒店员工可以对客户表现出更多的关心和关怀，提供令人难忘的服务体验，并为满足顾客的期望而付出更多的努力（Bettencourt and Brown，1997；Orlowski et al.，2020）。这种角色外服务行为对于组织有效性至关重要（Bettencourt and Brown，1997），尤其是对于那些经常与客户互动，并需要满足客户以增加收入的组织。学者们已经研究表明，工作场所经验，包括工作场所公平性（Bettencourt and Brown，1997）、高绩效工作实践（Karatepe，2015）、客户不文明（Zhu et al.，2019a），以及主管的社会认知（Orlowski et al.，2020）与员工的角色外客户服务有很强的相关性。

我们认为，来自组织的压迫，即组织剥削感知，会降低员工在角色外客户服务中的参与度。主动行为的发生总是需要额外的努力（Frese et al.，

1997）。当员工感觉受到组织的剥削时，他们的身心受到了伤害，可能就会不遗余力地处理这种令人厌恶的情况（Sun et al.）。一方面，当受到组织剥削的伤害时，员工处于次优状态，通常很难主动做出额外的行为（Sonnentag，2003）。因此，受剥削的员工可能不愿意为客户付出额外的努力，因此不愿意承担角色外的客户服务。另一方面，组织剥削感知意味着组织通常以牺牲员工为代价获得利益（Livne-Ofer et al.，2019）。在这种被感知到的剥削下，员工感到组织的资源枯竭，因此需要付出额外的努力来处理这种组织剥削，这进一步耗尽了他们剩余的资源。随着个人资源的大量枯竭，被剥削的员工可能缺乏足够的资源来从事角色外的客户服务。基于以上分析，本章提出以下假设。

假设 21 - 1：组织剥削感知对酒店员工的角色外客户服务具有负向预测作用。

二、工作中抑郁情绪的中介作用

为了更好地理解组织剥削感知对酒店员工的角色外客户服务行为的影响，我们基于 COR 理论进一步探讨了工作中抑郁情绪的中介作用。利夫内等（2019）探索了组织剥削感知的情绪反应，并得出结论，即组织剥削感知会引发不同的痛苦归因反应。作为痛苦的典型代表（Grandey et al.，2005；Wu et al.，2011），工作中的抑郁情绪指的是一个人在工作场所经历的绝望、易怒、缺乏活力和有用性降低的普遍感觉（Quinn and Sheppard，1974）。研究表明，角色紧张（Beehr，1976）、与工作相关的压力源（Heinisch and Jex，1997）、工作场所排斥（Wu et al.，2011）、社会隔绝（Chen and Chen，2021）、管理资源的能力（Gallagher，2012）和情商（Delhom et al.，2018）与工作中的抑郁情绪密切相关。正如 COR 学者所指出的那样，心理资源为个人提供了环境中的恢复力（Hobfoll，2002）。因此，我们提出，在心理资源相对较少的情况下，个体不太可能适应环境，这可能会在厌恶的情况下引发消极情绪。因此，工作中的抑郁情绪很可能是组织剥削的情绪反应。

根据 COR 理论，在不利情况下，个人会努力保护有价值的资源（Hobfoll，1989）。当意识到资源获取和资源支出之间的不平衡时，可能会出现心理紧张状态（Hobfoll，2011）。作为工作场所的典型压力源，组织剥削是心理压力的激发者，极大地消耗了员工的资源。在这种情况下，受剥削的员工会感觉到资源损失的威胁，并陷入心理抑郁状态（Hobfoll，1989；Meng and Choi，2021）。此外，有学者认为，情绪是被触发经历的直接反映（Kiefer，2005），而负面的经历会导致强烈的消极情绪反应（Taylor，1991）。因此，组织剥削感知可能是一种负面经历，会引发工作中抑郁的消极情绪。

抑郁的员工可能会进一步拒绝发起角色外的客户服务行为。正如 COR 理论家所指出的那样，面临资源损失的个人努力保护其剩余资源，以防止资源进一步枯竭（Hobfoll，1989）。由于组织剥削而抑郁的员工会因消极情绪而分心，无法完全专注于工作任务。相反，他们需要投入更多的资源来应对消极情绪，并努力保持韧性（Hobfoll，2002）。因此，他们没有足够的资源，而且不太愿意付出额外的努力来履行更广泛的工作职责，例如付出更多的努力来满足客户的期望。由于组织条例中没有规定角色外客户服务（Kim and Qu，2020），酒店员工可能会选择在服务客户时保留自主行为，以节省剩余资源。学者们已经证明了工作中的抑郁情绪会导致低绩效、减少公民行为和倦怠（Stoner and Perrewé，2006）。因此，抑郁的酒店员工可能会拒绝提供角色外的客户服务。基于以上分析，本章提出以下假设。

假设 21 - 2：工作中的抑郁情绪在组织剥削感知与酒店员工角色外客户服务之间起中介作用。

三、重新评价的调节作用

COR 理论家观察到，不同的个体在资源枯竭的环境下会有不同的反应（Halbesleben et al.，2014；Hobfoll，2011）。组织剥削感知通常会消耗员工的资源，然而，具有不同倾向的个体对威胁的感知水平和相应的反应是不同的。重新评价是一种个人倾向，以一种调节情绪结果的方式来解释一种情况或事件（Gross and John，2003）。使用这种情绪调节策略的人可以有效地管理自己的情绪（Niven et al.，2013）。他们可以重塑负面经历，使其更加中性，产生更少的消极情绪，从而减少资源枯竭的感知威胁（Koopmann et al.，2019）。相比之下，那些不使用这种情绪调节策略的人，不能以一种降低其情绪相关性的方式来构建情境（Richards and Gross，2000），反而可能将即将到来的问题视为威胁。当面对压力时，他们可能会经历更多的消极情绪和更高程度的资源消耗。

因此，我们认为，使用重新评估的倾向可能会改变组织剥削感知对员工工作中抑郁情绪的影响程度。由于组织剥削感知是一种工作场所压力源，会消耗受剥削员工的资源（Livne-Ofer et al.，2019），缺乏重新评价倾向的员工不太可能以更积极的方式重新构建资源损失的潜在威胁（Gross and John，2003），他们无法有意识地改变伴随的情绪反应（Niven et al.，2013）。因此，这些员工可能会将周围的刺激解读为负面，更容易受到这些负面线索的影响，从而导致更严重的资源消耗。当面临组织剥削时，重新评价水平较低的员工遭受的损失更大。他们更容易受到组织剥削，也不太可能在由此产生的抑郁情绪中存活下来，因为他们缺乏调节情绪的能力，因此更可能沉溺在由感知剥削产生的抑郁情绪中。

相反，习惯性使用重新评价的受剥削员工可能会重新定义情绪的原因，并可能全面修改其潜在情绪（Niven et al.，2013）。他们通常会经历较低水平的消极情绪，从而可能减轻资源枯竭的感知威胁（Koopmann et al.，2019）。因此，重新评价水平高的员工倾向于将即将到来的威胁视为挑战（Niven et al.，2013；Tomaka et al.，1997），这极大地缓解了他们随后的情绪低落（Richards and Gross，2000）。因此，习惯使用重新评价的员工在面临组织剥削时，资源消耗较少，更有可能抑制由组织剥削感知引起的抑郁情绪。与我们的观点一致，之前的研究证明，员工的情绪调节策略是工作场所剥削对员工影响的重要调节因素（例如，Chi and Liang，2013；Diefendorff et al.，2019）。基于以上分析，本章提出以下假设。

假设21-3：重新评价调节了组织剥削对工作中抑郁情绪的影响，当重新评价较低时，积极影响更强。

结合以上提出的中介和调节假设，我们构建了一个整合的调节中介框架，其中，工作中的抑郁情绪将组织剥削感知的影响转移到角色外客户服务中，而重新评价调节了组织剥削感知和工作中抑郁情绪之间的关系。基于组织剥削感知在重新评价较低时导致工作抑郁情绪，以及工作中的抑郁情绪会进一步抑制角色外客户服务的观点，我们认为，当重新评价较低时，组织剥削感知通过工作抑郁情绪对角色外客户服务的间接影响更强。因此，提出以下假设。

假设21-4：重新评价通过工作中的抑郁情绪调节组织剥削感知对角色外客户服务的间接影响，当重新评估较低时，间接影响更强。

第二节 研究方法

一、样本和程序

我们从中国东南部的六家酒店获得了本章的样本。样本库是在目标酒店人力资源（HR）经理的协助下获得的。每个酒店的人力资源经理都给了我们一份所有员工的名单，我们从中随机选择了 600 名参与者。人力资源经理首先告知参与者本章的研究目的和调查程序。然后，我们向参与者分发了一封概述了研究目的、自愿参与的细节和匿名保证的求职信，以及一份问卷和一封回函。在完成问卷调查后，参与者将他们的回答放在密封的信封中，以确保匿名性。所有问卷都事先进行了编码，我们向每个主管—员工二元组分发了相同编码的问卷，以匹配员工和主管的回答。

在第一轮调查中，我们邀请了 600 名员工完成关于他们的人口统计、组织剥削感知和重新评价的问卷。在分发的调查问卷中，收回了 512 份，回复率为 85.3%。三个月后，在第二轮调查中，员工们对自己的抑郁情绪进行了评分，其中 389 人给出了有效反馈，回复率为 76.0%。再过三个月，这些员工的直接主管帮助我们评估员工的角色外客户服务行为。然后通过识别代码来匹配员工和主管的回应，从而创建了 340 个主管—下属组合的最终样本。

在 340 名员工中，52.6% 为女性，42.4% 具有高中及以下学历。他们的平均年龄为 34.28 岁（SD = 11.43），在组织中的平均任期为 4.79 年（SD = 5.19）。在 132 名主管中，68.2% 为男性，平均年龄为 36.86 岁（SD = 4.50），本科学历占 41.2%。

二、测量

为了确保测量的有效性，我们使用了成熟量表。此外，使用反向翻译程序来保证翻译对等（Brislin，1980）。参与者使用 5 点李克特量表对所有项目进行评分，范围从 1（强烈不同意）到 5（强烈同意）。

组织剥削感知。利夫内等（Livne-Ofer et al. , 2019）的 14 项量表用于衡量组织剥削感知。一个示例项目是"我的组织强迫我签订了一份单方面有利于该组织的合同"。Cronbach 的 alpha 值为 0.97。

重新评价。我们使用格罗斯和约翰（Gross and John，2003）开发的 6 项量表测量重新评价。一个示例项目是"我通过改变我对所处环境的思考方式来控制我的情绪"。Cronbach 的 alpha 值为 0.90。

工作中的抑郁情绪。奎因和谢泼德（Quinn and Shepard，1974）的 10 项量表用于测量工作中的抑郁情绪。一个实例项目是"我发现自己不安并且不能保持冷静"。Cronbach 的 alpha 值是 0.97。

角色外的客户服务。采用贝当古和布朗（Bettencourt and Brown，1997）的 5 项量表来衡量员工的角色外客户服务。一个示例项目是"这名员工自愿帮助客户，即使这意味着超出了他们的工作范围"。Cronbach 的 alpha 值为 0.93。

控制变量。研究表明，员工的年龄（Gallagher，2012）和教育程度（Zhu et al.，2019）与抑郁情绪有关，性别（Ye et al.，2021）和组织任期（Wu et al.，2020；Zhu et al.，2019）与角色外行为相关，我们在研究中对这些变量进行了控制。

第三节　研究结果

一、验证性因素分析

在检验我们的假设之前，我们使用 AMOS 21.0 评估了四个焦点变量的收敛和鉴别效度。表 21 - 1 中的结果表明，四因素基线模型具有良好的拟合（χ^2（71）= 213.02，TLI = 0.96，CFI = 0.97，RMSEA = 0.07），优于所有替代模型。因此，五个变量的显著性得到了支持。此外，所有标准化因子负荷均高于 0.50 且显著，显示收敛效度。

表 21 - 1　　　　　对所研究变量测度的验证性因子分析结果

模型	χ^2	df	TLI	CFI	RMSEA
基准模型（四因素模型）	213.02	71	0.96	0.97	0.07
三因素模型：组织剥削感知和重新评价被合并为一个因素	1593.46	74	0.60	0.68	0.25

续表

模型	χ^2	df	TLI	CFI	RMSEA
双因素模型：组织剥削感知、重新评价和抑郁情绪被合并为一个因素	2194.67	76	0.46	0.55	0.29
单因素模型：将所有变量合并为一个因素	3379.61	77	0.17	0.29	0.36

注：N = 340；TLI 是 Tucker-Lewis 指数；CFI 为比较拟合指数；RMSEA 为近似的均方根误差。组织剥削感知、重新评价和抑郁情绪被分为三个因素。

二、描述性统计

如表 21 - 2 所示，核心变量之间的相关性符合我们的预期。组织剥削感知与工作中的抑郁情绪正相关（r = 0.30，p < 0.01），与角色外客户服务负相关（r = −0.21，p < 0.01）。此外，工作中的抑郁情绪与角色外客户服务负相关（r = −0.24，p < 0.01）。这些结论为我们的假设提供了初步支持。

表 21 - 2　　　　　本章中所有变量的均值、标准差和相关性

变量	均值	标准差	1	2	3	4	5	6	7	8
1. 性别	1.54	0.53	1.00							
2. 年龄	34.28	11.43	−0.10	1.00						
3. 教育程度	1.83	0.83	0.15 **	−0.56 **	1.00					
4. 任期	4.79	5.19	−0.04	0.45 **	−0.22 **	1.00				
5. 组织剥削感知	2.00	0.84	−0.06	−0.11	0.02	0.07	(0.97)			
6. 重新评价	3.50	0.69	0.07	0.03	0.00	0.04	−0.06	(0.90)		
7. 抑郁情绪	2.42	0.83	0.09	−0.11	0.07	0.03	0.30 **	−0.01	(0.97)	
8. 角色外客户服务	3.80	0.70	0.03	0.01	−0.02	−0.02	−0.21 **	0.04	−0.24 **	(0.93)

注：N = 340；** p < 0.01（双尾），* p < 0.05（双尾）；对角线上括号内的值为每个尺度提取的平均方差值的平方根；性别："1"——男性；"2"——女性；教育程度："1"——高中及以下学历；"2"——副学士学位；"3"——本科及以上学历。

三、假设检验

由于 132 名主管为 340 名下属提供了角色外客户服务评级，因此主管评级可能会导致嵌套效应。此外，我们还计算了工作中抑郁情绪和角色外客

户服务的 MSB、MSW 和 ICC（1）。结果表明，工作中抑郁情绪的 MSB、MSW 和 ICC（1）分别为 0.91、0.56 和 0.19。角色外客户服务的 MSB、MSW 和 ICC（1）分别为 0.88、0.25 和 0.47。这些结果表明，工作中抑郁情绪和角色外客户服务的组间差异是充分的。我们进一步计算了额外角色客户服务的方差分析（F 检验），结果显示组间差异显著（F = 278.26，p = 0.00 < 0.01）。因此，为了避免潜在的嵌套效应，我们使用 Mplus 7.11 中的多级路径分析来检验假设。我们使用随机斜率作为假设路径，固定效应作为对照（Koopman et al.，2019）。如表 21 - 3 所示，组织剥削感知与角色外客户服务呈负相关（β = - 0.18，S. E. = 0.05，p < 0.01，模型 3），支持假设 21 - 1。

表 21 - 3　　　　　　　　　　　多级路径分析结果

变量	工作中的抑郁情绪		角色外客户服务		
	M1	M2	M3	M4	M5
控制变量					
性别	0.15* (0.07)	0.13 (0.07)	0.02 (0.07)	0.07 (0.07)	0.05 (0.07)
年龄	-0.01 (0.01)	-0.01 (0.01)	-0.00 (0.00)	-0.00 (0.00)	-0.00 (0.00)
教育程度	0.02 (0.07)	0.01 (0.07)	-0.03 (0.05)	-0.02 (0.05)	-0.02 (0.05)
任期	0.01 (0.01)	0.01 (0.01)	0.00 (0.01)	0.00 (0.01)	0.00 (0.01)
独立变量					
组织剥削感知	0.29** (0.06)	0.27** (0.06)	-0.18** (0.05)		-0.13* (0.05)
中介变量					
抑郁情绪				-0.21** (0.08)	-0.17* (0.08)
调节变量					
重新评价		-0.01 (0.05)			
交互作用					
组织剥削感知×重新评价		-0.12** (0.03)			

注：Level 1 N = 340，Level 2 N = 132；** p < 0.01（双尾），* p < 0.05（双尾）。

为了阐明中介效应，研究结果表明，工作中抑郁情绪在组织剥削感知和角色外客户服务之间的关系中具有显著的中介效应（间接效应 = -0.06，S. E. = 0.03，p < 0.05，95% 置信区间 [CI] = [-0.07，-0.01]）。

为了检验调节假设，我们构建了组织剥削感知和重新评价的交互项。这一互动术语与工作中的抑郁情绪之间存在显著负相关（β = -0.12，S.E. = 0.03，p < 0.01，模型2），为了阐明其方向，采用了艾肯和韦斯特（1991）的方法来说明其效果。如图 21 - 2 所示，感知到的组织剥削对重新评价水平较低的员工产生了强烈的抑郁情绪（β = 0.35，S. E. = 0.06，p < 0.01），但对高度使用重新评估的员工产生较低的抑郁情绪。因此，假设 21 - 3 得到了实证支持。

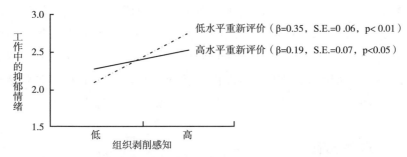

图 21 - 2　组织剥削感知和重新评价对工作中抑郁情绪的交互作用

在 Mplus 7. 11 中使用条件路径分析对调节中介假设（Edwards and Lambert，2007）进行了检验。结果表明，重新评价通过工作中的抑郁情绪显著调节组织剥削感知对角色外客户服务的间接影响（β_{diff} = 0.01，S. E. = 0.01，p < 0.01，95% CI = [0.01，0.02]）。因此，如表 21 - 4 所示，假设 21 - 4 得到支持。总体而言，结果支持了我们的整个框架。

表 21 - 4　　组织剥削感知对角色外客户服务的条件间接影响
（重新评估的 ±1 SD）

项目	效果（SE）	Boot LL 95% CI	Boot UL 95% CI
低水平重新评价（-1 SD）	-0.05 (0.02)	-0.095	-0.021
高水平重新评价（+1 SD）	-0.04 (0.02)	-0.088	-0.012
差值	0.01 (0.01)	0.011	0.021

注：Level 1 N = 340，Level 2 N = 132；LL = 下限；UL = 上限；CI = 置信区间。

第四节　结论与讨论

一、结论

在借鉴组织剥削和 COR 理论的基础上，我们构建了一个理论框架来考察组织剥削感知的机制。通过强调工作中抑郁情绪的中介作用和重新评价的边界条件，我们建立了一个调节的中介框架，在该框架中，工作中抑郁情绪将组织剥削感知的影响传递给角色外的客户服务。使用重新评价的倾向通过工作中的抑郁情绪削弱了组织剥削感知和角色外客户服务之间的间接联系。因此，我们对组织剥削感知如何以及何时影响服务环境中的员工提供了见解，为组织剥削的文献提供了新的视角，并激励酒店业对这一主题进一步研究。

二、理论贡献

本章从三个方面扩展了组织剥削感知的文献。首先，我们通过确认组织剥削感知的一种新的行为结果来扩展文献。组织剥削感知的概念（Livne-Ofer et al.，2019）很有趣，值得研究。然而，以往的研究主要集中于其对员工情绪和态度结果的影响，很少关注其行为结果。因此，我们仍然缺乏对组织剥削感知可能引发的后果行为的理解。为了推进文献，我们强调了组织剥削感知对角色外客户服务的影响，这在很大程度上决定了客户满意度，在酒店业中至关重要（Lyu et al.，2016；Raub and Liao，2012）。因此，我们检验并验证了组织剥削感知的一个重要但被忽视的行为结果，从而对文献有所贡献。

其次，尽管利夫内等的工作确定了心理困扰在组织剥削感知过程中发挥的关键作用，但他们并没有为此提供实证证据。为了证实这一潜在联系，我们将工作中的抑郁情绪作为组织剥削感知过程的潜在渠道。借助 COR 理论，我们通过揭示组织剥削感知的潜在影响，建立了一个新的视角。在此过程中，我们发展了组织剥削感知的理论框架，并拓宽了对组织剥削感知如何影响员工的理解。这一补充意义重大，因为它解决了调查组织剥削感知与其潜在结果之间关系的其他机制的呼吁（Livne-Ofer et al.，2019）。

最后，我们通过调查重新评价作为边界条件的作用来补充文献，以减轻组织剥削感知的破坏性影响。迄今为止，学者们尚未探索组织剥削感知的边界条件，在理解什么会加剧或减轻组织剥削感知所造成的伤害方面存在很大的空白。我们的研究通过将重新评价确定为组织剥削感知的边界条件来填补这一空白，并有助于确认其在组织剥削感知和工作中抑郁情绪之间的关系中的调节作用。因此，我们通过确定组织剥削感知的一个重要边界条件来推进文献。我们的研究结果也证实了 COR 理论，为以下论点提供了额外证据：个人对资源的重视程度取决于他们如何感知资源消耗事件（Halbesleben et al.，2014；Hobfoll，2011）。

三、实际意义

第一，考虑到组织剥削感知的潜在有害影响，酒店应采取措施避免组织剥削的发生。要事先制定政策和规则，防止组织剥削。例如，组织应采取并执行对组织剥削的零容忍政策。此外，应该制定公平的绩效评估和奖励制度，以确保所有员工的贡献得到公平的奖励。帮助检测组织剥削的监督系统也很重要。一旦发现剥削，应立即采取措施加以制止，受影响者可获得适当的心理安慰。此外，鉴于组织剥削感知是主观的，确定为什么一些员工更倾向于认为其组织具有剥削性十分重要（Livne-Ofer et al.，2019）。因为主观感知通常难以改变（Tomlinson and Mryer，2009），酒店应与其员工沟通，以确定负面情况是否由组织造成。如果确实存在组织性剥削，酒店应正视并采取措施解决。然而，如果负面情况是由员工的某些偏见造成，酒店应纠正这种偏见，以建立一个健康的工作环境。

第二，习惯使用重新评价的员工往往能更好地调节自己的情绪。因此，我们建议酒店组织雇用那些更有可能使用重新评价的员工，因为这种倾向可以帮助他们将消极情绪状态重构为中性或较少消极的状态（Koopmann et al.，2019）。更重要的是，组织应特别关注重新评价水平较低的员工，可以提供重新评价培训，以提高他们的情绪调节能力。这对酒店组织来说尤其重要，因为服务部门对其员工有很高的期望，要求他们在服务提供过程中表现出积极的情感表达（Grandey and Sin，2004）。因此，重构情景线索和处理情绪的能力对酒店员工非常重要。

此外，由于工作中的抑郁情绪将感知到的组织剥削效应转移到员工的角色外行为，因此组织应密切关注员工的工作情绪。我们鼓励酒店组织培养健康和支持性的情绪氛围，以帮助在工作场所创造积极的情绪（Chiang et al.，2020），作为一种抑制他们在工作中的抑郁情绪的手段。此外，管理资源的能力有助于抑制员工在工作中的抑郁情绪（Gallagher，2012），因此组织应帮助员工发展有效管理资源的能力。这样可以更好地确保员工不会在工作场所陷入抑郁情绪。

四、局限性和未来研究

这项研究有四个局限性。第一，存在通用方法差异的可能。尽管我们在数据收集过程中使用了多源和多波测量（Podsakoff et al.，2003），在同一次调查中，从同一参与者处收集了关于组织剥削感知和重新评价的数据。为了消除潜在的通用方法差异，我们进行了因子分析和结构效度测试，以证明通用方法差异不太可能影响我们的结果。未来的研究可以使用实验或纵向设计来进一步避免这种偏差。

第二，我们没有捕捉到其他类型的消极员工—组织关系（例如，感知分配不公和心理契约违约）。因此，在控制了其他类型的消极员工—组织关系后，组织剥削感知的影响仍然不清楚。未来的研究可以同时调查不同形式的消极员工—组织关系，以确定感知到的组织剥削对员工结果的影响。

第三，中国员工可能对组织剥削更宽容，可能与西方文化中的员工做出不同的反应。此外，对组织剥削感知的解释可能因文化而异。因此，将样本限制在中国可能会在一定程度上对结果产生偏差，尽管这允许我们排除重要的外部因素。因此，尽管样本约束促进了内部效度，但学者应该确定该结果在其他文化中是否仍然成立，以进一步证实我们研究结果的普遍性。

第四，尽管我们的研究结果表明，COR是解释组织剥削感知对员工角色外客户服务行为影响的有效基础理论，但可能还有其他理论可以用来描述这一影响过程。例如，未来的研究可以应用情感事件理论（Weiss and Cropanzano，1996）来说明员工在感知组织剥削时的情绪和行为反应。这将有助于以更全面的方式理解组织剥削感知对员工的影响。

第二十二章 高层梯队理论视角的中小企业社会责任研究

　　商业领导中的道德问题在学术研究中体现为伦理型领导研究的数量不断增长。伦理型领导是指"通过个人行动和人际关系示范符合规范的恰当行为，以及通过双向沟通、强化和决策向追随者推广这种行为"。一项跨文化研究显示，伦理型领导是亚洲、欧洲和美国管理学者共同关注的重要议题。[①]

　　尽管现有研究已经获得了丰硕的研究成果，但目前尚未有研究关注到CEO伦理型领导和企业社会责任之间的关系。企业社会责任是"组织在特定情境下的行动和政策，这种行动和政策重视利益相关者的期望以及经济、社会和环境的基本效益"[②]。高水平的企业社会责任能够为公司、利益相关者、顾客和员工带来巨大利益，包括增强组织的竞争优势、机构投资者吸引力和组织声誉[②]。尽管先前的文献研究了两者之间的关系[③]，但是使用CEO变革型领导而非伦理型领导来预测企业社会责任的局限性是显而易见的。相对于变革型领导而言，伦理型领导能更为直接地评估领导者的道德品质。实际上，一项针对董事和高层管理者的定量研究表明，伦理型领导是中小企业社会责任的一个重要前因变量。[④] 因此，为运用定量方法直接评估CEO伦理型领导行为对中小企业社会责任的影响，本章研究的第一个目的是检验在控制了变革型领导之后，CEO伦理型领导对中小企业社会责任的影响。

---

　　① Resick C. , Martin G. , Keating M. , Dickson M. , Kwan H. and Peng C. , "What Ethical Leadership Means to Me: Asian, American, and European Perspectives", *Journal of Business Ethics*, Vol. 101 No. 3, 2011, pp. 435 – 457.

　　② Aguinis H. and Glavas A. , "What We Know and Don't Know About Corporate Social Responsibility A Review and Research Agenda", *Journal of Management*, Vol. 38 No. 4, 2012, pp. 932 – 968.

　　③ Waldman D. , Siegel D. S. and Javidan M. , "Components of CEO Transformational Leadership and Corporate Social Responsibility", *Journal of Management Studies*, Vol. 43 No. 8, 2010, pp. 1703 – 1725.

　　④ Yin J. and Zhang Y. , "Institutional Dynamics and Corporate Social Responsibility CSR in an Emerging Country Context: Evidence from China", *Journal of Business Ethics*, Vol. 111 No. 2, 2012, pp. 301 – 316.

不仅如此，现有研究在很大程度上忽视了 CEO 领导行为对企业社会责任的影响机制及其中具体的中介机制。高层梯队理论指出，组织产出是高级管理团队心理特征的一个重要体现。[①] 基于高层梯队理论，现有研究已关注到组织文化在 CEO 价值观和组织产出关系中所发挥的中介作用。[②] 为揭示 CEO 伦理型领导和企业社会责任之间的中介机制，本章研究的第二个目的是检验组织道德文化的中介作用，该文化反映了所有组织成员对于组织道德标准的共同信念。

此外，如果 CEO 伦理型领导确实会对组织社会责任有显著的影响，我们还无法得知在何种边界条件下这种影响更容易发生。根据高层梯队理论，管理自主权极有可能是一个重要的调节变量。管理自主权是指管理者可控的行为界限，它极有可能有助于解释为何高级管理者在某些特定的情形下能够发挥出更显著的效果。对边界条件的关注与检验是至关重要的，它有助于我们更好地认识 CEO 伦理型领导的积极作用。因此，本章研究的第三个目的是检验管理自主权对 CEO 伦理型领导与企业社会责任的关系所发挥的调节作用。

本章研究将组织道德文化视为 CEO 伦理型领导与企业社会责任关系中的一个重要的中介变量，并将管理自主权视为此影响过程的调节变量。

第一节　理论分析与研究假设

一、CEO 伦理型领导、组织道德文化和中小企业社会责任

高层梯队理论将组织战略和产出视为高管心理特质的一种重要功能。同时，由于高管团队在工作期间需要持续面对大量模糊的、不确定性的情境，他们的价值观和信念对于理解环境信息具有重要的作用，并因此影响到他们对事件、决策和行动的解读。CEO 是制定和实施企业战略的关键决

---

① Hambrick D. C. and Mason P. A., "Upper Echelons: The Organization as a Reflection of Its Top Managers", *Academy of Management Review*, Vol. 9 No. 2, 1984, pp. 193 – 206.

② Baron R. M. and Kenny D. A., "The Moderator-mediator Variable Distinction in Social Psychological Research: Conceptual, Strategic, and Statistical Considerations.", *Journal of Personality and Social Psychology*, Vol. 51 No. 6, 1986, pp. 1173 – 1182.

策制定者，其价值观和信念在通过社会责任提升公司形象的实践中发挥了决定性作用。提高企业社会责任极有可能成为 CEO 的一个战略选择，因为这能够反映出 CEO 对于提升组织积极形象的工作投入程度。伦理型领导这一概念重点强调了领导者的个人特质（如诚实）、责任心、对他人的照顾与尊重，以及对组织和社会的整体关注。[①] 伦理型 CEO 可能会通过采取有利于提高企业社会责任的管理实践来展现其道德价值观。这一观点说明 CEO 伦理型领导对企业社会责任具有积极的影响。

为加强企业社会责任，CEO 可能基于恰当的伦理道德观念构建起相应的组织文化。事实上，组织文化是高层梯队领导力的一种反映。现有研究已证明，建立组织道德文化是伦理型领导者的一项基本能力。领导者构建稳定企业文化的一个重要途径为亲自树立一个道德榜样。[②] 社会学习理论指出，个体往往通过注意、观察和模仿榜样来学习和获取行为。[③] 在组织中，高管掌握最高层次的权力和地位，因此很可能成为组织中其他成员的榜样。不仅如此，通过表现出诚实、责任感、公平、顾及他人以及得体的举止和行为，伦理型 CEO 对组织成员而言是有吸引力的、可信的并且合理的。因此，这些 CEO 将在组织中脱颖而出。这些 CEO 奖励员工的道德行为、惩罚违反道德规范的员工并树立一个如何以道德上可接受的方式做事的榜样。在此情形下，伦理型 CEO 领导引导员工提升道德价值观，并帮助组织吸引、保留那些与组织具有相同道德价值观的成员并使他们适应组织。因此，CEO 伦理型领导促进组织成员形成一致的道德价值观，这对组织社会环境的构建而言是极其重要的。

建立对道德行为的清晰愿景是提高企业社会责任的另一个途径。[②] 道德问题往往具有一定的模糊性。伦理型领导者与组织成员讨论商业道德和价值观，而且同时从过程和结果来定义成功。因此，伦理型领导能够厘清道德行为的边界以缓解模糊性，这有利于促进组织道德文化的构建。相关研究已表明，伦理型领导与组织层面的道德文化正相关，这为 CEO 伦理型领

---

① Resick C., Martin G., Keating M., Dickson M., Kwan H. and Peng C., "What Ethical Leadership Means to Me: Asian, American, and European Perspectives", *Journal of Business Ethics*, Vol. 101 No. 3, 2011, pp. 435 –457.

② Grojean M. W., Resick C. J., Dickson M. W. and Smith D. B., "Leaders, Values, and Organizational Climate: Examining Leadership Strategies for Establishing an Organizational Climate Regarding Ethics", *Journal of business ethics*, Vol. 55 No. 3, 2004, pp. 223 – 241.

③ Bandura A., *Social Learning Theory*, Englewood Cliffs, NJ: Prentice-Hall, 1977.

导和组织道德文化的正向相关关系提供了支持。

通过强调社会责任实践活动的重要性，组织道德文化能够促使组织员工产生强烈的主人翁意识，从而增强员工在其道德型决策和道德进步方面的凝聚力。在这种文化情境中，员工被鼓励承担进行道德决策的责任并照顾多方利益相关者的看法和需求。因此，组织员工会把组织和社会的利益放在个人利益之前，考虑决策的可持续性和长期影响，并在与顾客、政府、社会、自然环境和后代互动的过程中做出负责任的行为。从以上的论述可以看出，组织道德文化和企业社会责任之间存在正向联系。

总体而言，本书推测 CEO 可以通过在组织内部培育企业文化来提高企业社会责任。具体而言，组织通过高度强调组织员工对道德规范的关注，并优先引导和协调员工的努力以达到高水平企业社会责任。实际上，现有研究已证实了组织文化在 CEO 价值观和组织产出之间发挥着重要的中介作用。[①] 因此，本章提出以下假设。

假设 22 - 1：组织道德文化在 CEO 伦理型领导和企业社会责任之间起中介作用。

二、管理自主权的调节作用

尽管我们在总体上推断 CEO 伦理型领导能够促进组织产生道德文化，组织的道德文化进一步影响企业社会责任，但社会学习理论和高层梯队理论均表示，在高度不确定性和模糊性的情境中追随者更容易关注到领导者的指导。基于社会学习理论，布朗等[②]强调"在工作任务被错误定义以及实践标准不明确的时候，领导者的道德型指导显得更加重要"。由此可见，CEO 伦理型领导可能在模糊性较强的组织中更为重要。此时，员工可能将更加依赖其 CEO 的伦理型领导。

不仅如此，高层梯队理论指出，当模糊性较强和限制条件较少的时候管理者自主权往往较高，而管理自主权的提高强化了 CEO 对于公司战略和

---

① Berson Y. and Dvir O. T. , "CEO Values, Organizational Culture and Firm Outcomes", *Journal of Organizational Behavior*, Vol. 29 No. 5, 2010, pp. 615 –633.

② Brown M. E. , Trevino L. K. and Harrison D. A. , "Ethical Leadership: A Social Learning Theory Perspective for Construct Development", *Organizational Behavior and Human Decision Processes*, Vol. 97 No. 2, 2005, pp. 117 –134.

产出的重要性。已有实证研究表明，当高层管理者拥有更多自主权时，他们对公司的影响将更强。[①] 现有研究已证明了个体特征和组织因素是决定管理自主权程度的两个关键条件。[②] 基于以上论述，本章研究主要关注代表管理自主权的 CEO 创始人地位和组织规模这两个变量。

相较成立已久的公司而言，初创公司面临着更高强的模糊性、不确定性和挑战。[③] 由于身为企业创始人的 CEO 受组织惯例和历史约束的可能性更低，所以他们在制定决策、制定和实施企业战略时享有更多自由。因此，身为企业创始人的 CEO 不仅在奖赏和惩罚员工在道德实践方面的表现拥有更多的自主权，而且更重要的是在建立和促进一个组织道德文化以增进企业社会责任方面也是如此。另外，因为创始人是造就初创公司成功的关键人物，他们在组织中往往具有较高的地位。因此，组织员工极有可能高度关注创始人的道德价值观并尽其所能地效仿创始人的道德行为。在成立已久的组织中，非创始人的 CEO 可能会更多地受到高度成熟的组织惯例、现存的组织决策制定程序和以往管理实践的约束。此外，组织的成功可能也不会归功于非创始人的 CEO。在此情形下，组织员工受非创始人 CEO 伦理型领导影响的可能性更低。以往研究已表明，相较于成立已久的公司，CEO 领导行为对初创公司的影响更强烈。[④] 因此，本章提出以下假设。

假设 22 - 2：CEO 的创始人地位调节了 CEO 伦理型领导与组织道德文化的关系。当 CEO 是组织创始人时，CEO 伦理型领导对组织道德文化的正向作用更强烈。

组织规模是管理自主权的另一个影响因素。[⑤] 大型组织由于已经建立起成熟的惯例和官僚结构，因而往往具有较强的组织惰性。此时，组织员工可能会习惯于遵循组织的固有惯例。这样的组织难以承受重大变革且比较难以受到 CEO 领导行为的显著影响。例如，现有研究已发现大型组织往往比小型组

---

① Crossland C. and Hambrick D. C., "Differences in Managerial Discretion across Countries: How Nation-Level Institutions Affect the Degree to Which CEOs Matter", *Strategic Management Journal*, Vol. 32 No. 8, 2011, pp. 797 - 819.

② Hambrick D. C. and Finkelstein S., "Managerial Discretion: A Bridge between Polar Views of Organizational Outcomes", *Research in Organizational Behavior*, Vol. 9 No. 4, 1987, pp. 369 - 406.

③④ Peterson S. J., Walumbwa F. O., Byron K. and Myrowitz J., "CEO Positive Psychological Traits, Transformational Leadership, and Firm Performance in High-Technology Start-up and Established Firms", *Journal of Management*, Vol. 35 No. 2, 2015, pp. 348 - 368.

⑤ Li J. and Tang R., "CEO Hubris and Firm Risk Taking in China: The Moderating Role of Managerial Discretion", *Academy of Management Journal*, Vol. 53 No. 1, 2010, pp. 45 - 68.

织更少主动地扩大商业规模。[①] 另外，另一项研究表明，组织规模弱化了 CEO 的傲慢行为和公司风险承担之间的正向关系。[②]因此，本章提出以下假设。

假设22－3：组织规模调节了 CEO 伦理型领导和组织道德文化之间的关系。组织规模越大，CEO 伦理型领导对组织道德文化的正向关系就越弱。

通过以上推理，本章构建了一个整合性的理论框架，在该框架中组织道德文化在 CEO 伦理型领导和企业社会责任之间起中介作用，管理自主权则对 CEO 伦理型领导和组织道德文化的关系起调节作用。通过以上论述可知，管理自主权调节了 CEO 伦理型领导和组织道德文化之间的关系，组织道德文化进一步对企业社会责任产生正向影响。因此，我们有理由相信管理自主权同时也调节了组织道德文化在 CEO 伦理型领导与企业社会责任关系中所起到的中介作用。据此，本章构建了一个有调节的中介模型。如前所述，当组织规模较小且 CEO 为创始人时，CEO 伦理型领导和组织道德文化之间的关系会更加强烈。因此，当组织规模较小且 CEO 为创始人时，伦理性领导通过组织道德文化对企业社会责任所发挥的间接作用将更加强烈。具体而言，当 CEO 掌握更多的自主权时，伦理型领导将对企业社会责任的发挥产生更多的间接影响。然而，当 CEO 受其非创始人地位和组织规模大所带来的约束时，伦理型领导在培育组织道德文化方面的影响将更弱，此时伦理型领导对企业社会责任的间接影响将较弱。综上所述，本章提出以下假设。

假设22－4：CEO 的创始人地位调节了组织道德文化在 CEO 伦理型领导和企业社会责任关系中所起到的中介作用。当 CEO 是组织创始人时，CEO 伦理型领导通过组织道德文化对企业社会责任所产生的间接影响更加强烈。

假设22－5：组织规模调节了组织道德文化在 CEO 伦理型领导和企业社会责任关系中所起到的中介作用。组织规模越大，CEO 伦理型领导通过组织道德文化对企业社会责任所产生的间接影响就越强烈。

第二节 研究方法

一、样本和程序

本章的数据通过一项问卷调查收集得到。问卷调查的对象是每家公司

---

① Greve A. H. R. , "Less Likely to Fail: Low Performance, Firm Size, and Factory Expansion in the Shipbuilding Industry", *Management Science*, Vol. 52 No. 1, 2006, pp. 83 – 94.

的 CEO、人力资源（HR）经理和首席财务官（CFO）。对 CEO、HR 经理和
CFO 进行分开调查，而且他们不知道彼此间被提出的问题。实施耗费一年
多时间完成的两波数据收集工作是为了减少共同方法偏差①。数据收集员均
受过训练。首波调查（T_1）中，HR 经理提供了 CEO 伦理型领导、公司人
口统计学特征（如公司年龄、规模、产业类别和地点）和一个控制变量
（CEO 变革型领导）等信息，而 CEO 则提供他们自己的人口统计学特征
（如创始人地位）和组织道德文化。一年后，在第二波数据收集（T_2）期
间，CFO 被要求提供他们公司的企业社会责任信息。

样本总量由 242 家公司（包括 242 位 CEO、242 位 HR 经理和 242 位
CFO）构成。这些公司来自不同行业，包括食品制造、软件、生物和机械。
制造业公司占样本总数的 55.0%；余下的为服务业公司。这些公司的平均
年龄是 10.15 年（SD = 5.88），员工数量平均为 928.01 名（SD = 927.48）。
至于样本公司地点，36.0% 位于广州，32.2% 位于北京，31.8% 位于厦门。

二、测量

本章研究中所有的多题项测量项最初由英文构建，遵循常用的回译翻
译程序②，本章研究为所有的这些测量项开发了中文版本。

（一）CEO 伦理型领导

CEO 伦理型领导采用了一个由布朗等③开发的十题项量表加以衡量。回
答的选项范围从 1 "强烈不同意" 到 5 "强烈同意"。样本题项包括 "我们
公司的 CEO 不仅仅以结果定义成功，还包括取得结果的方式" 和 "我们公
司的 CEO 制定了公正和公平的决策"。该量表的信度为 0.92。

---

① Podsakoff P. M., Mackenzie S. B., Lee J. Y. and Podsakoff N. P., "Common Method Biases in Behavioral Research: A Critical Review of The Literature and Recommended Remedies", *Journal of Applied Psychology*, Vol. 88 No. 5, 2003, pp. 879 – 903.

② Brislin R. W., "Translation and Content Analysis of Oral and Written Material, in: Triandis, H. C. and Berry J. W. eds., Handbook of Cross-cultural Psychology", *Handbook of cross-cultural psychology*, Vol. 2, 1980, pp. 349 – 444.

③ Brown M. E., Trevino L. K. and Harrison D. A., "Ethical Leadership: A Social Learning Theory Perspective for Construct Development", *Organizational Behavior and Human Decision Processes*, Vol. 97 No. 2, 2005, pp. 117 – 134.

（二）组织道德文化

一个由基（Key）① 开发的九题项量表被用于衡量组织道德文化。回答的选项范围从 1 "强烈不同意" 到 5 "强烈同意"。样本题项包括 "合乎道德标准的行为在我们公司是一种规范" 和 "关于道德行为的组织规则和程序仅起保持我们公司公共形象的作用（反向编码）"。该量表的信度为 0.88。

（三）企业社会责任

一个由塔克（Turker）② 开发的十七题项量表被用于衡量企业社会责任。回答的选项范围从 1 "强烈不同意" 到 5 "强烈同意"。样本题项包括 "我们公司完全、及时地遵守法律规定" 和 "我们公司对顾客权利的保护超过法律的要求"。该量表的信度为 0.91。

（四）CEO 创始人地位

CEO 创始人地位由一个虚拟变量表示，其中 0 代表一名非创始人 CEO、1 代表一名创始人 CEO。

（五）公司规模

公司规模通过员工总数的对数衡量。

（六）控制变量

由于公司人口统计学特征（如公司年龄、地点和产业类别）和 CEO 变革型领导对组织文化和企业社会责任的潜在影响，本章研究控制了公司年龄、公司产业类别、公司地点和 CEO 变革型领导。公司年龄取自公司创立的年数。公司产业类别由一个虚拟变量表示，其中，0 代表服务业公司、1 代表制造业公司。样本公司的地点（广州、北京和厦门）由两个虚拟变量

---

① Key S., "Organizational Ethical Culture: Real or Imagined?", *Journal of Business Ethics*, Vol. 20, 1999, pp. 217 – 225.

② Turker D., "Measuring Corporate Social Responsibility: A Scale Development Study", *Journal of Business Ethics*, Vol. 85 No. 4, 2009, pp. 411 – 427.

表示。CEO 变革型领导由沃尔德曼（Waldman）等[1]首创、桑等[2]加以改编的一个八题项量表衡量。回答的选项范围从 1 "强烈不同意" 到 5 "强烈同意"。该量表的信度为 0.94。

第三节　结果与分析

一、验证性因子分析

本章研究使用 AMOS 4.0 实施一系列验证性因子分析以评估关键变量的效度。本章研究首先检测了四因子模型，该模型中囊括了 CEO 伦理型领导、组织道德文化、企业社会责任和 CEO 变革型领导。本章研究根据海尔（Hair）等[3]的建议，利用模型的 χ^2、CFI、TLI 和 RMSEA 来评估模型拟合度。当 CFI 和 TLI 接近或高于 0.90，同时 RMSEA 低于 0.08 时，则表明假设模型和样本数据之间具有较好的拟合效果。分析结果表明，本章研究所假设的四因子模型能够较好地与样本数据进行拟合：$\chi^2(892)$ = 1464.35，$p \leqslant 0.01$；CFI = 0.91，TLI = 0.90；RMSEA = 0.05。另外，四因子模型中所有的因子载荷均显著，这为关键变量的聚合效度提供了证据。进一步地，本章研究将四因子模型的拟合效果与单因子模型以及三因子模型的拟合效果进行比较，据此分析四个关键变量之间的区分效度。在单因子模型中，本章研究将所有题项载入一个潜在因子中。在三因子模型中，本章研究将 CEO 伦理型领导和组织道德文化合并成一个因子，这是由于这两个因子具有最高的相关系数（$r = 0.38$，$p \leqslant 0.01$）。分析结果表明，单因子和三因子模型与样本数据的拟合效果较差。具体而言，单因子模型的拟合效果为：$\chi^2(902)$ = 4828.06，$p \leqslant 0.01$；CFI = 0.35，TLI = 0.32；

---

[1]　Waldman D. A., Ramirez G. G. and House R. J., "Does Leadership Matter? CEO Leadership Attributes and Profitability Under Conditions of Perceived Environmental Uncertainty", *Academy of Management Journal*, Vol. 44 No. 1, 2001, pp. 134 – 143.

[2]　Song L. J., Tsui A. S. and Law K. S., "Unpacking Employee Responses to Organizational Exchange Mechanisms: The Role of Social and Economic Exchange Perceptions", *Journal of Management*, Vol. 35 No. 1, 2009, pp. 56 – 93.

[3]　Hair J. F., Tatham R. L., Anderson R. E. and Black W., "Multivariate Data Analysis", *Technometrics*, Vol. 30 No. 1, 1998, pp. 130 – 131.

RMSEA = 0.13。三因子模型的拟合效果为：$\chi^2(895) = 2115.72$，$p \leqslant 0.01$；CFI = 0.80，TLI = 0.79；RMSEA = 0.08。因此，本章研究中的四个关键变量之间具有较好的区分效度。

二、描述性统计

CEO 伦理型领导与组织道德文化（$r = 0.38$，$p \leqslant 0.01$）和企业社会责任（$r = 0.24$，$p \leqslant 0.01$）均正相关。另外，组织道德文化和企业社会责任正相关（$r = 0.37$，$p \leqslant 0.01$）。这些结果与本章研究所提假设一致，为这些假设提供了初步支持。

三、假设检验

假设 22 - 1 预测组织道德文化在 CEO 伦理型领导和企业社会责任之间的关系中发挥中介作用。为了验证假设 22 - 1，本章研究进行了层级回归分析，分别加入控制变量、自变量（CEO 伦理型领导）和中介变量（组织道德文化）。巴伦和肯尼[①]的研究指出，如果满足四项条件，一个完全的中间效应就得到证实：（1）自变量（CEO 伦理型领导）对中介变量（组织道德文化）有显著的影响；（2）自变量对因变量（企业社会责任）有显著的影响；（3）中介变量对因变量有显著的影响；（4）当加入中介变量时，自变量对因变量有显著的影响。表 22 - 1 的结果表明：（1）CEO 伦理型领导对组织道德文化有正向的作用效果（$\beta = 0.37$，$p \leqslant 0.01$，M_2）；（2）CEO 伦理型领导对企业社会责任产生积极的作用（$\beta = 0.20$，$p \leqslant 0.01$，M_5）；（3）组织道德文化对企业社会责任有正向的影响（$\beta = 0.35$，$p \leqslant 0.01$，M_6）；（4）当加入组织道德文化时，CEO 伦理型领导与企业社会责任之间关系变得不显著（$\beta = 0.08$，n. s.，M_7）。因此，假设 22 - 1 得到证实。

---

① Baron R. M. and Kenny D. A., "The Moderator-mediator Variable Distinction in Social Psychological Research: Conceptual, Strategic, and Statistical Considerations.", *Journal of Personality and Social Psychology*, Vol. 51 No. 6, 1986, pp. 1173 – 1182.

表 22 – 1　　　　　　　　　　　分层回归分析的结果

变量	组织道德文化			企业社会责任			
	M_1	M_2	M_3	M_4	M_5	M_6	M_7
控制变量							
公司年龄	0.05	0.06	0.05	– 0.01	– 0.01	– 0.03	– 0.02
组织规模[a]	0.03	0.03	0.06	0.02	– 0.02	0.01	0.01
公司产业类别[b]	– 0.04	– 0.04	– 0.03	0.04	0.04	0.05	0.05
公司地点——广州[c]	– 0.00	0.01	0.03	0.01	0.02	0.01	0.02
公司地点——北京	0.08	0.07	0.10	0.00	– 0.01	– 0.03	– 0.03
CEO 创始人地位	0.03	0.03	0.02	– 0.01	– 0.01	– 0.02	– 0.02
CEO 变革型领导	0.14 *	0.02	0.09	0.20 **	0.13 *	0.15 *	0.12
自变量							
CEO 伦理型领导		0.37 **	0.27 **		0.20 **		0.08
中介变量							
组织道德文化						0.35 **	0.33 **
交互项							
CEO 伦理型领导 × CEO 创始人地位			0.22 **				
CEO 伦理型领导 × 组织规模			– 0.19 **				
R^2	0.03	0.15	0.22	0.04	0.07	0.16	0.16
ΔR^2	0.03	0.12	0.07	0.04	0.03	0.12	0.09
F	1.09	5.26 **	6.73 **	1.40	2.35 *	5.60 **	5.12
ΔF	1.09	33.38 **	10.83 **	1.40	8.68 **	33.70 **	25.38 **

　　注：N = 242；** $p \leq 0.01$；* $p \leq 0.05$（双尾）；a 组织规模 = Log（员工数量），b 公司产业类别："0"—服务业公司，"1"—制造业公司；c 公司地点厦门是参照项。

　　假设 22 – 2 和假设 22 – 3 推测 CEO 创始人地位和组织规模调节了 CEO 伦理型领导和组织道德文化之间的关系。如表 22 – 1 所示，CEO 伦理型领导和 CEO 创始人地位之间的交互项对组织道德文化有显著的正向影响（β = 0.22，$p \leq 0.01$，M_3），而 CEO 伦理型领导和组织规模之间的交互项对组织道德文化有显著的负向影响（β = – 0.19，$p \leq 0.01$，M_3）。这些交互项解释了组织道德文化 7% 的差异（ΔR^2 = 0.07，ΔF = 10.83，$p \leq 0.01$）。CEO 伦理型领导对组织道德文化的正向影响在 CEO 是创始人的情况下更强烈（β = 0.59，$p \leq 0.01$），这在 CEO 是非创始人的情况下则较弱（β = 0.15，$p \leq$

0.05）。更进一步地，本章研究计算了样本组织规模（员工总数的对数）的均值和标准差，并根据组织规模对所有样本组织进行分类，将规模值小于均值减一个标准差的组织归为小型组织，规模值大于均值减一个标准差的组织归为大型组织。CEO 伦理型领导和组织道德文化之间的正向关系对小型组织而言更强（β = 0.56，p≤0.01），而对于大型公司则较弱（β = 0.18，p≤0.01）。因此，假设 22 – 2 和假设 22 – 3 得到证实。

假设 22 – 4 和假设 22 – 5 预测 CEO 创始人地位和组织规模调节了 CEO 伦理型领导对企业社会责任的间接影响。为了验证该假设，本章研究进行了调节路径分析，利用拔靴法进行 1000 次抽样以计算校正偏差的置信区间。如表 22 – 2 所示，CEO 伦理型领导通过组织道德文化对企业社会责任发挥的间接作用对创始人 CEO 而言更强（β = 0.11，p≤0.01），而对于非创始人 CEO 而言则较弱（β = 0.03，p≤0.01）。整体而言，这一间接作用的差异是显著的（Δβ = 0.08，p≤0.01），因此假设 22 – 4 得到数据的支持。特别地，表 22 – 2 的结果同时还说明 CEO 创始人地位对第一阶段关系具有显著的调节作用（Δβ = 0.29，p≤0.01），这进一步证实了本章研究的理论观点：CEO 伦理型领导与 CEO 创始人地位的交互会影响组织道德文化，组织道德文化又相应地影响企业社会责任。最后，CEO 创始人地位既不会调节组织道德文化对企业社会责任的影响（Δβ = 0.02，n.s.），也不会调节 CEO 伦理型领导对企业社会责任的直接影响（Δβ = 0.06，n.s.）。

表 22 – 2　　　　　　　　　调节路径分析的结果

调节变量	CEO 伦理型领导（X）→组织道德文化（M）→企业社会责任（Y）				
	阶段		影响		
	第一 P_{MX}	第二 P_{YM}	直接影响（P_{YX}）	间接影响（$P_{YM}P_{MX}$）	总影响（$P_{YX} + P_{YM}P_{MX}$）
非创始人 CEO	0.17 *	0.23 **	0.04	0.03 **	0.08
创始人 CEO	0.46 **	0.25 **	0.10	0.11 **	0.21 **
差异	0.29 **	0.02	0.06	0.08 **	0.13
小型公司	0.48 **	0.30 **	0.05	0.14 **	0.19 **
大型公司	0.16 **	0.20 **	0.09	0.03 *	0.13 *
差异	– 0.32 **	– 0.10	0.04	– 0.11 **	0.06

注：N = 242；** p≤0.01，* p≤0.05（双尾检验）；P_{MX} 路径从伦理型领导到组织道德文化；P_{YM} 路径从组织道德文化到企业社会责任；P_{YX} 路径从伦理型领导到企业社会责任；间接影响和总影响的差异检验是基于拔靴法估计得到的校正偏差的置信区间。

　　另外，如表 22 - 2 所示，CEO 伦理型领导通过组织道德文化对小型公司企业社会责任产生的间接影响（β =0.14，p≤0.01）比对大型公司更强烈（β =0.03，p≤0.05）。整体而言，这一间接作用的差异是显著的（Δβ = - 0.11，p≤0.01），因此假设 22 - 5 得到了数据的支持。特别地，表 22 - 2 的分析结果还证实了组织规模对第一阶段关系的调节作用（Δβ = - 0.32，p≤0.01），这进一步证实了本章研究的理论观点：CEO 伦理型领导与组织规模的交互能够促进组织道德文化，组织道德文化又相应地提高企业社会责任。最后，组织规模既不会调节组织道德文化对企业社会责任的影响（Δβ = - 0.10，n.s.），也不会调节 CEO 伦理型领导对企业社会责任的直接影响（Δβ = 0.04，n.s.）。

第四节　结论与讨论

　　本书研究发现，CEO 伦理型领导促进了组织道德文化，特别是对拥有一位创始人且规模小的公司更是如此。因此，成员倾向于共享道德价值观。这一共享倾向的结果是当成员与顾客、政府、社会和自然环境等不同利益相关者群体交互时会表现得富有责任感，体现了突出的企业社会绩效。[①]

　　利用一套多时点、多来源的研究设计方案，本章研究提出的所有假设均得到证实：组织道德文化在 CEO 伦理型领导对企业社会责任影响机制中发挥中介作用，对于 CEO 是创始人且规模小的公司具有特别显著的积极影响。通过共同检验中介作用和调节作用，本章研究的模型一方面有利于解释 CEO 伦理型领导如何促进企业社会责任，另一方面也有利于阐明基于 CEO 伦理型领导，哪一类型的公司在企业社会责任方面最为受益。如此，本章研究不仅为 CEO 伦理型领导的确能够影响企业社会责任的观点提供有利的证据，而且深化了我们对这一关系如何产生的理解。沃尔德曼（Waldman）等[②]的研究关注 CEO 变革型领导对企业社会责任的影响，他们首次将企业社会责任与 CEO 领导行为相联系，而本章研究则绕过 CEO 变革型领导

---

　　① Clarkson M. E. , "A Stakeholder Famework for Analyzing and Evaluating Corporate Social Performance", *Academy of Management Review*, Vol. 20, 1995, pp. 92 - 117.

　　② Waldman D. , Siegel D. S. and Javidan M. , "Components of CEO Transformational Leadership and Corporate Social Responsibility", *Journal of Management Studies*, Vol. 43 No. 8, 2010, pp. 1703 - 1725.

直接评估 CEO 伦理型领导，并对沃尔德曼等（2010）的模型进行拓展以理解 CEO 伦理型领导和企业社会责任之间的中介机制。本章研究借助高层梯队理论认识到 CEO 伦理型领导如何以及何时能够对企业社会责任产生最为积极的影响。本章回应了沃尔德曼等（2010）发出的评估 CEO 有关伦理的真实领导力对企业社会责任的影响这一呼吁。本章还解决了迈耶等①提出的检验伦理型领导和道德文化之间关系以及伦理型领导生效的边界条件问题。

本书同时认为，CEO 伦理型领导有利于组织道德文化和企业社会责任的发展和培育。高层梯队理论强调了其他高层管理者在塑造组织战略和产出过程中的重要作用。② 虽然 CEO 的角色是多重的，这是由于他们会参与各种活动，但是其他高层管理者对组织战略和产出也可能会发挥独特作用。例如，HR 经理的道德价值观可能影响新人的甄选流程，如此便会相应地塑造组织道德文化。笔者相信，本模型同样非常适用于其他高层管理者的心理特征。

本章研究中 CEO 伦理型领导模型的一个主要优势是该模型为未来研究 CEO 伦理型领导对公司的影响提供了一个既有的框架。正如先前讨论的那样，组织道德文化代表了一个对高层梯队理论具有诸多深刻见解的广泛而又恰当的潜在机制，能够高效地应用于未来的 CEO 伦理型领导研究。例如，组织伦理型领导激励成员提升他们的道德价值观和行为③，这些成员的道德价值观和行为会潜在地影响 CEO 伦理型领导促成的公司其他产出，如长期财富最大化、道德资本和监管成本。

一、管理自主权的调节作用

本章研究的主要贡献之一在于将管理自主权作为一个 CEO 伦理型领导发挥作用的调节变量加以检验。如前所述，管理自主权是一个有趣的调节

① Mayer D. M., Kuenzi M., Greenbaum R., Bardes M. and Salvador R., "How Low Does Ethical Leadership Flow? Test of a Trickle-down Model", *Organizational Behavior and Human Decision Processes*, Vol. 108 No. 1, 2009, pp. 1 – 13.

② Hambrick D. C. and Mason P. A., "Upper Echelons: The Organization as a Reflection of Its Top Managers", *Academy of Management Review*, Vol. 9 No. 2, 1984, pp. 193 – 206.

③ Ampofo A., Mujtaba B., Cavico F. and Tindall L., "The Relationship between Organizational Ethical Culture and the Ethical Behavior of Employees: A Study of Accounting and Finance Professionals in the Insurance Industry of United States", *Journal of Business and Economics Research*, Vol. 2 No. 9, 2011.

项，因为 CEO 掌握高水平的管理自主权意味着组织所处的形势高度模糊并且应当强调 CEO 伦理型领导的影响。尽管本章研究的主要影响预测与高层梯队理论总体一致，这是因为代表 CEO 道德方面社会影响力的 CEO 伦理型领导会促进一个组织的道德文化和企业社会责任，但 CEO 伦理型领导对由一名创始人 CEO 领导的小型公司应该会产生最为有利的影响。这一发现同样与高层梯队理论相契合，从而表明当 CEO 掌握更多的自主权时，他们就显得更为重要。

但是，笔者并不确认本章研究的发现完全排除了管理自主权调节作用以外其他潜在的能够增强或减轻 CEO 伦理型领导积极作用的调节变量。例如，布朗等[1]提出的，当追随者对领导者投入更多关注时，追随者将更多地受到领导者伦理型领导的影响。基于社会认同理论，该理论的观点使追随者很可能会在认同领导者的情况下模仿他们，组织和 CEO 的支持可能会引导追随者认同 CEO，对 CEO 的认同又将促进角色模仿并因此强化 CEO 伦理型领导的影响力。所以，本章研究应当向调查其他可能的调节变量角度加以延伸，从而决定 CEO 伦理型领导在何种条件下会促进组织道德文化并由此提高企业社会责任。

本章研究的结果还通过将管理自主权与企业社会责任的文献联系起来，说明 CEO 领导行为效应中管理自主权的关键性作用。研究表明，CEO 变革型领导与企业社会责任正相关。[2] 虽然进行这样的工作将产生丰硕的成果，但是没有理论上的理由期待 CEO 领导行为在任何情况下均能对组织产生同等水平的影响。通过思考 CEO 领导行为的边界条件，本章研究关于管理自主权调节作用在增强 CEO 伦理型领导对企业社会责任的积极影响问题的研究结果弥合了管理自主权和企业社会责任之间的鸿沟。笔者希望本章研究和其他先行者在高层梯队研究领域的努力[3]将激发出更多在管理自主权及其对各种公司产出的有关影响领域的研究。一个例子是通过关注 CEO 和其他人的相对权力来理解公司治理状况。如果其他人的权力较高，那么 CEO 可

---

① Brown M. E., Trevino L. K. and Harrison D. A., "Ethical Leadership: A Social Learning Theory Perspective for Construct Development", *Organizational Behavior and Human Decision Processes*, Vol. 97 No. 2, 2005, pp. 117 – 134.

② Waldman D., Siegel D. S. and Javidan M., "Components of CEO Transformational Leadership and Corporate Social Responsibility", *Journal of Management Studies*, Vol. 43 No. 8, 2010, pp. 1703 – 1725.

③ Li J. and Tang R., "CEO Hubris and Firm Risk Taking in China: The Moderating Role of Managerial Discretion", *Academy of Management Journal*, Vol. 53 No. 1, 2010, pp. 45 – 68.

能掌握更低水平的管理自主权和对组织产出更小的影响力。未来可以考虑研究广泛权力的调节作用。

最后，笔者认为，研究管理自主权对 CEO 伦理型领导效应的调节作用是尤为及时的，这是基于商业丑闻已吸引公众的格外关注这一现实状况作出的判断。对伦理型领导和企业社会责任的研究在不断上升。[①] CEO 伦理型领导和企业社会责任的交叉使本章研究定位于管理自主权所扮演的角色，这为道德和领导力文献提供了理论和实践两方面的深刻见解。

二、局限性

尽管有这些贡献，但本章研究存在多项需要强调的局限性。第一，虽然本章研究的两波研究设计方案优于横断面研究设计方案，但该设计方案并不能鲜明地确定因果关系的方向。[②] CEO 伦理型领导和企业社会责任之间可能存在互惠关系。例如，当 CEO 所在公司展现出高水平的企业社会责任担当时，CEO 就可能被认为有道德。因此，笔者鼓励未来的研究使用一个纵向的研究设计方案以确认本章提出的因果关系。

第二，企业社会责任实践可能与整个高层管理团队的人生观和行动相关，而不仅限于 CEO。由于实践和资源的限制，笔者无法评估高层管理团队其他成员的伦理型领导。因此，未来的研究可以尝试通过研究所有高层管理团队成员的道德价值观和伦理型领导解决这一问题。

第三，本章研究仅在实地调查之初衡量 CEO 伦理型领导，因为笔者认为伦理型领导不会在滞后的数据收集过程中急剧变化。不过，工作经历可能导致 CEO 伦理型领导水平波动。例如，一名见证过商业丑闻不利影响的 CEO 可能反应性地增加他们的伦理型领导。因此，检验前因和 CEO 伦理型领导衡量的稳定性是可取的。

第四，本章研究选择 CEO 创始人地位和组织规模作为表示管理自主权的代理变量。尽管此方法与过去的研究一致，但这些代理变量可能拥有其他含义且调节作用或许并非管理自主权独具。因此，直接衡量管理自主权

---

① Aguinis H. and Glavas A. , "What We Know and Don't Know About Corporate Social Responsibility A Review and Research Agenda", *Journal of Management*, Vol. 38 No. 4, 2012, pp. 932 – 968.

② Cook T. D. and Campbell D. T. , *Quasi Experimentation: Design and Analytical Issues for Field Settings*, Chicago, IL: Rand McNally, 1979.

也许更好。未来的研究可以尝试开发 CEO 管理自主权的衡量方法，并在随后的研究中进行检验。

第五，组织道德文化评价的来源是 CEO。较低层级的员工应该也是评价组织道德文化的一个符合条件的来源，因为他们最适合评论管理行为。因此，组织道德文化的评价多元化应当在未来的研究中得到鼓励。

第六，CEO 伦理型领导和企业社会责任都仅由 HR 经理和 CFO 各自评价，这样可能导致反应偏差。为更准确地评估这些变量，笔者鼓励未来的研究采用多重受访者的方法。理想状况下，研究者能够请求多个高层管理团队成员（除 CEO）对 CEO 伦理型领导进行评价，同时请求其他高层管理团队成员提供企业社会责任的信息。通过这种方式，反应偏差和共同方法偏差都会被最小化。

第七，调查在中国进行会产生对发现或许不适用于西方国家的担忧。中国人展现出高权力距离，这可能会提高模仿领导者的可能性。[①] 因此，CEO 伦理型领导对中国公司组织道德文化和企业社会责任的影响或许比西方公司更强。所以，对未来的研究而言，一个有价值的路径就是实施一项跨文化研究以检验本章研究相关模型的普适性。

三、实践意义

从实践角度讲，企业社会责任对组织能力、顾客满意、竞争性优势和经济效益都重要[②]。本章研究的发现从 CEO 和组织角度提供了两条可以提升企业社会责任的路径。第一条是采取措施提升 CEO 伦理型领导。定性研究已表明，员工对高层管理者伦理型领导的认知来源既有面对面交流也有他们对高层管理者的总体印象。[③] 一方面，CEO 应该作出公平公正的决策，充分听取员工的意见并与员工交流商业道德；另一方面，CEO 应该通过公共

---

① Lian H., Ferris D. L. and Brown D. J., "Does Power Distance Exacerbate or Mitigate the Effects of Abusive Supervision? It Depends on the Outcome", *Journal of Applied Psychology*, Vol. 97 No. 1, 2012, pp. 107 – 123.

② Aguinis H. and Glavas A., "What We Know and Don't Know About Corporate Social Responsibility: A Review and Research Agenda", *Journal of Management*, Vol. 38 No. 4, 2012, pp. 932 – 968.

③ Trevino L. K., Brown M. and Hartman L. P., "A Qualitative Investigation of Perceived Executive Ethical Leadership: Perceptions from Inside and Outside the Executive Suite", *Human Relations*, Vol. 56 No. 1, 2003, pp. 5 – 37.

关系活动以及向所有员工传达公司内部公告提升他们的道德形象。此外，高层管理者的任命需要基于候选人的伦理型领导及其平衡多个利益相关者群体需求的策略制定能力。

增进企业社会责任的第二条路径是识别出掌握高水平管理自主权的CEO。本章研究结果表明，CEO伦理型领导的积极作用对拥有自主权的CEO最具影响力。因此，组织应当对这样的CEO投入额外的关注并鼓励他们行使旨在提升组织道德文化和企业社会责任的伦理型领导。

毫无疑问，企业社会责任对组织的能力、竞争性优势和经济效益是重要的。本章研究运用了高层梯队理论，即将组织道德文化作为一个关键中介变量，与CEO伦理型领导和企业社会责任之间的关系相结合，并视管理自主权为一个重要的调节变量。总而言之，当涉及承担企业社会责任时，本章研究的调节中介模型解释了CEO伦理型领导如何以及对何种类型公司最为重要。通过此前尚未发掘的中介变量和调节变量检验CEO伦理型领导和企业社会责任之间的关系，本章研究的发现为伦理学、战略领导力、组织文化和企业责任文献作出贡献。通过这一系列的工作，本章研究可作为未来研究关于理解树立和完善企业社会责任潜在过程的跳板。

第二十三章 中小企业主管和员工的政治技能的作用机制研究

鉴于职业正逐渐呈现出无边界化的发展趋势，有效地管理职业生涯对工作个体的重要性与日俱增。由于积极有效的社会影响有助于个人提升职业绩效并获得社会流动性，因此社会影响行为是工作个体进行职业生涯管理的重要途径。然而，并非所有的社会影响行为都能够成功。失败的社会影响或许会对员工职业生涯的成功不利。因此，研究影响行为—个人声誉以及职业产出关系的核心关注点在于探索个体如何、为什么以及何时能够成功地利用社会影响行为以在所处环境中获得领先地位。

逢迎是一种重要的社会影响行为，它是职场中最流行的一种影响策略，因而获得了大量研究的关注。逢迎是指个体为了增强自己对他人的吸引力而实施的一种行为，它的目的在于营造或者影响他人对个体的印象。现有研究已经探索了职场逢迎是否会帮助或者阻碍个体实现他们的个人目标和职业目标。大量的实证研究验证了职场逢迎与员工职业成果之间的关系，但是这些研究结果却呈现出高度的不一致。例如，一些研究揭示，员工自行汇报的逢迎行为对他们的工作薪酬和职位提升有积极影响。[1] 然而，其他研究则发现，自行汇报的逢迎行为对工作薪酬、职位提升及绩效评估并没有显著的影响。[2]

这些研究结果不一致的原因可归结为两个方面。首先，现有研究关注了员工自行汇报的职场逢迎，而忽视了领导者所感知到的员工逢迎行为。[3] 这一研究缺陷是令人震惊的，因为实际上领导者是员工薪酬和岗位晋升的决策制定者。领导者是否感知到以及如何感知员工的逢迎行为，直接影响了这些逢迎行为的有效性。其次，该领域的大部分研究仅仅关注了员工逢迎行为与其绩效产出之间的直接关系，而没有构建恰当的理论框架来深入

---

① Judge T. A. and Bretz R. D. J. , "Political Influence Behavior and Career Success", *Journal of Management*, Vol. 20 No. 1 , 1994 , pp. 43 – 65.

②③ Aryee S. , Wyatt T. and Stone R. , "Early Career Outcomes of Graduate Employees: The Effect of Mentoring and Ingratiation", *Journal of Management Studies*, Vol. 33 No. 1 , 1996 , pp. 95 – 118.

探索在何种条件下逢迎行为将对员工的职业成功产生有利或者有害的影响。因此，十分有必要厘清逢迎机制的复杂性，并探索对谁实施逢迎行为才能产生最高的效益，同时通过挖掘职场逢迎行为效用发挥过程中的中介和调节变量来为实务界提供实践建议。

本章研究以平衡理论①和特雷德韦（Treadway）等学者②的研究为基础，深入探讨职场逢迎行为的作用边界和中介机制。平衡理论重点强调了实施者和被实施对象在逢迎过程中的关键作用，并从理论上解释了为何一些逢迎行为能够成功而另一些则失败了。平衡理论同时也论述了成功和失败逢迎行为可能产生的后果。尽管平衡理论为我们理解逢迎行为的过程和结果提供了一个可靠的理论基础，但鲜有研究基于平衡理论去探讨职场逢迎行为。据笔者所知，特雷德韦等学者③开展了第一个运用平衡理论来解释职场逢迎成功原因的研究，该研究证明了职场逢迎实施者的个人特质（例如政治技能）在逢迎过程中发挥了重要的调节作用。政治技能是指在工作中员工有效理解别人的能力，并且运用这种能力去影响他人以做出有利于员工个人或者组织目标的行为。④ 现有研究表明，具有高超政治技能的员工所展现的逢迎行为相对不容易被领导者识别出来。⑤

尽管聚焦于员工能够帮助我们理解行为实施者的特征如何对社会影响过程产生作用，但平衡理论同时也强调了逢迎对象的重要作用。遗憾的是，特雷德韦等学者⑥的研究并没有检验与逢迎对象相关的任何议题，所以该研究没能全面地阐明逢迎的过程。因此，我们无法得知逢迎对象和逢迎者这两个角色是如何分别或共同地通过社会影响过程对结果产生影响的。琼斯⑦认为，逢迎对象常居于社会影响过程的核心位置，他们对逢迎者所传达的社会线索进行检索、识别、翻译和反馈。尽管逢迎者的社交技能会促进逢迎的成功，但具备高超社交技能的逢迎对象可能会通过甄别逢迎者的动机来抑制这一过程，从而在对逢迎效果的精准评估中发挥重要作用。因此，学者们

---

① Heider F. , *The Psychology of Interpersonal Relations*, New York, NY: Wiley, 1958.

②③⑤⑥ Treadway D. C. , Ferris G. R. , Duke A. B. , Adams G. L. and Thatcher J. B. , "The Moderating Role of Subordinate Political Skill on Supervisors' Impressions of Subordinate Ingratiation and Ratings of Subordinate Interpersonal Facilitation. ", *Journal of Applied Psychology*, Vol. 92 No. 3, 2007, pp. 848 – 855.

④ Gerald R. F. , Darren C. T. , Robert W. K. , Wayne A. H. , Charles J. K. , Ceasar D. and Dwight D. F. , "Development and Validation of the Political Skill Inventory", *Journal of Management*, Vol. 31 No. 1, 2005, pp. 126 – 152.

⑦ Jones E. E. , *Interpersonal Perception*, New York: Freeman, 1991.

呼吁应加强研究逢迎者和被逢迎对象在单一逢迎过程中所共同发挥的作用。[①]

如前所述，平衡理论强调了实施者和接受者在逢迎过程中的重要作用，而特雷德韦等学者仅仅关注了下属政治能力在逢迎过程中的调节作用。因此，为了检验平衡理论所提出的假设是否准确，并拓展特雷德韦等学者[②]的研究，本书同时检验下属（实施者）和领导（实施对象）的政治技能在下属逢迎行为与领导对该逢迎行为的感受的关系间所起到的重要作用。本章研究重点关注了下属和领导的政治技能是由于它代表着一个重要的社会效能构念，此概念从理论层面解释了在何种条件下人们可以有效地运用社会影响。[③]

另外，在领导感知的逢迎影响后果方面，特雷德韦等学者[④]的研究仅仅关注了人际促进这一个构念。然而，现有研究已证实如逢迎之类的社会影响行为会严重影响个人的职业生涯。为充分理解逢迎对声誉和职业生涯的影响，笔者对特雷德韦等学者的研究进行拓展，探索逢迎行为遭识别对个人声誉、工作绩效和职位提升的影响，这三个构念被视为衡量职业生涯成功与否的重要指标[⑤]。

此外，我们几乎不知道逢迎如何以及为何会影响职业生涯成功。现有研究已从理论上证实个人声誉在行为规范脱离和工作绩效、职位发展之间发挥中介作用。[⑥] 事实上，个人声誉已经被证明是社会影响机制中的一个重要因素[⑦]，并且也被实证证实是连接诸多前因变量与职业成功的重要中介机制，例如工作绩效和职位发展[⑧]。因为逢迎代表一种背离组织规范的

---

① Harris K. J. , Kacmar K. M. , Zivnuska S. and Shaw J. D. , "The Impact of Political Skill on Impression Management Effectiveness", *Journal of Applied Psychology*, Vol. 92 No. 1, 2007, pp. 278 – 285.

②④ Treadway D. C. , Ferris G. R. , Duke A. B. , Adams G. L. and Thatcher J. B. , "The Moderating Role of Subordinate Political Skill on Supervisors'Impressions of Subordinate Ingratiation and Ratings of Subordinate Interpersonal Facilitation. ", *Journal of Applied Psychology*, Vol. 92 No. 3, 2007, pp. 848 – 855.

③ Gerald R. F. , Darren C. T. , Robert W. K. , Wayne A. H. , Charles J. K. , Ceasar D. and Dwight D. F. , "Development and Validation of the Political Skill Inventory", *Journal of Management*, Vol. 31 No. 1, 2005, pp. 126 – 152.

⑤ Ng T. W. H. , Eby L. T. , Sorensen K. L. and Feldman D. C. , "Predictors of Objective and Subjective Career Success: A Meta-analysis", *Personnel Psychology*, Vol. 58 No. 2, 2005, pp. 367 – 408.

⑥ Zinko R. , Ferris G. , Blass F. and Laird M. , "Toward a Theory of Reputation in Organizations", *Research in Personnel and Human Resources Management*, Vol. 26, 2007, pp. 163 – 204.

⑦ Ferris G. R. , Blass F. R. , Douglas C, , Kolodinsky R. W. and Treadway D. C. , "Personal Reputation in Organizations", in Greenberg J. ed. , *Organizational Behavior: The State of Science.* Lawrence Erlbaum, Mahwah, NJ, 2003, pp. 211 – 246.

⑧ Blickle G. , Schneider Paula B. , Liu Y. and Ferris Gerald R. , "A Predictive Investigation of Reputation as Mediator of the Political-Skill/Career-Success Relationship", *Journal of Applied Social Psychology*, Vol. 41, 2011, pp. 3026 – 3048.

难料行为，所以它很有可能会对个人的声誉和职业生涯成功产生重要影响。格林伯格（Greenberg）① 也表示，印象管理策略对声誉的构建具有重要的影响。因此，个人声誉极有可能是连接逢迎和职业生涯成功的重要中介机制。

本章研究运用平衡理论检验了一个综合的社会影响过程模型，该模型关注了逢迎与工作绩效之间的关系，并进一步探索下属和领导政治技能在其中所起到的调节作用和个人声誉在其中所起到的中介作用。具体而言，（1）检验下属和领导者的政治技能在下属实施逢迎行为和领导者识别逢迎行为的关系间独立和交互发挥的调节作用。（2）检验下属个人声誉在领导者识别逢迎行为和评价下属工作绩效、晋升潜力的关系中起到的中介作用。

第一节　理论分析与研究假设

平衡理论为理解逢迎、政治技能、个人声誉和职业生涯成功这四个构念之间的关系提供了理论基础。根据平衡理论，任何成对关系中均存在三种态度。态度表示一个人对某事物的感受和评价的方式。该事物可能是另一个人或一个客观的实体。这三种态度包括行为主体对其所做行为的态度，行为客体对其所受行为的态度以及行为客体对行为主体的态度。所有人际互动的目的均是在这三种态度之间实现平衡与和谐。当行为客体面对所受行为和行为实施者均没有压力时方可获得平衡。因此，没有压力的存在才能促进态度改观。相反，当行为客体觉得不平衡时，行为客体将会为了获得平衡而改变自己对行为实施者的评估。

根据平衡理论，逢迎是人际交往中的一种有力的社会影响策略，成功的逢迎行为可以通过使行为客体感觉良好来促使行为客体实施积极的回馈以平衡逢迎行为的善意。平衡理论指出，实现感知的平衡是人际交往的隐性目的，这意味着下属的逢迎将会导致领导者态度的转变。在对下属的社会影响行为进行归因之后，领导者将对下属产生平衡或者不平衡的感知。当下属做出领导者喜欢的事情时，领导者就会对该下属保持积极的态度以

---

① Greenberg J., "Looking Fair Versus Being Fair: Managing Impressions of Organizational Justice", *Research in Organizational Behavior*, Vol. 12, 1990, pp. 111 – 157.

维持这种关系。因此，领导者将会对下属作出较高的评价以实现积极态度的平衡。相反，当下属做出领导者不喜欢的事情时，领导者将会改变对下属的态度。因此，由于人们常对虚伪和自私的人产生消极看法，逢迎可能会产生消极的作用。逢迎一旦受到质疑就可能被视作不当行为，并且双方互动中积极态度的平衡也将被打破。所以，领导者可能会更倾向于以看待虚伪、自私行为的态度看待下属，进而对下属作出低评价，并造成消极态度平衡。

平衡理论认为，人们会不断积累对一个人的看法。为了解这一过程，本章研究将个人声誉和职业生涯的成功视为平衡理论框架中的后果，因为两项指标反映了连续评价过程的结果。①

平衡理论也表明，逢迎的有效性取决于实施的方式。例如，当逢迎者能够较好地掩饰其动机时，逢迎行为就会有效，但还是要做一些对逢迎对象有吸引力的事情或是表现得谦卑以令逢迎对象满意。然而，平衡理论还暗示，进行逢迎并能使其他人保持良好情绪是困难的。总而言之，相较于产生积极的体验，行为客体更容易产生消极的体验。本书认为，实施者和实施对象均具备的政治技能决定了逢迎的有效性。津克（Zinko）等②表示，组织情境所需的一种最关键的社会效能是政治技能。根据费里斯（Ferris）等③的研究，巧妙地实施逢迎和被识别的蓄意操纵且失败尝试的区别点在于政治技能。具备高超政治技能的人善于逢迎。因此，他们的行为被视为逢迎的可能性更低，从而不良印象和后果形成的可能性也更低。④

下属的政治技能既有助于调和先前研究的不同结果，又能加强我们对逢迎效果的理解。⑤ 但是，如果没有考虑逢迎对象的作用，那么逢迎的效果将很难被完全理解，因为逢迎对象可能由于政治技能的差异性导致他们察

---

① ③　Ferris G. R., Blass F. R., Douglas C., Kolodinsky R. W. and Treadway D. C., "Personal Reputation in Organizations", in Greenberg J. ed., *Organizational Behavior: The State of Science*, Mahwah, NJ: Lawrence Erlbaum, 2003, pp. 211 – 246.

②　Zinko R., Ferris G., Blass F. and Laird M., "Toward a Theory of Reputation in Organizations", *Research in Personnel and Human Resources Management*, Vol. 26, 2007, pp. 163 – 204.

④　Treadway D. C., Ferris G. R., Duke A. B., Adams G. L. and Thatcher J. B., "The Moderating Role of Subordinate Political Skill on Supervisors' Impressions of Subordinate Ingratiation and Ratings of Subordinate Interpersonal Facilitation.", *Journal of Applied Psychology*, Vol. 92 No. 3, 2007, pp. 848 – 855.

⑤　Gerald R. F., Darren C. T., Pamela L. P., Robyn L. B., Ceasar D. and Sean L., "Political Skill in Organizations", *Journal of Management*, Vol. 33 No. 3, 2007, pp. 290 – 320.

觉逢迎的能力存在差异。津克等（2007）研究指出，掌握政治技能的人能够对他人进行敏锐的观察。他们能很好地理解社会交往、准确地解读他人的行为。因此，为了更好地理解逢迎的动态性，研究者们需要同时考察实施者和被实施对象的政治技能。

一、政治技能

政治技能高超的下属更可能明白在不同的情境需要做什么，并能在正确的时间以合理的方式实施逢迎，因此他们成功实施逢迎行为的可能性更高。具备高超逢迎技能的下属同样善于表现高度的正直和真诚。因此，他们实施逢迎行为背后的真正动机往往无法被识别出。最后，政治技能高超的下属善于习得和运用社交技能，这有助于他们与领导建立良好的人际关系。在此情形下，领导将会把这样的逢迎行为看作示好。相反，政治技能拙劣的下属往往在错误的时间以欠佳的方式进行逢迎，因此他们的逢迎行为可能被察觉。这些下属将给领导留下虚伪的印象，领导可能将这种行为视作伪善、自私，因此无法与之建立良好的人际关系。结合以上论据和先前的研究结果，即下属的政治技能既提高了逢迎的有效性又减少了逢迎被领导者察觉的可能性，本章研究提出以下假设。

假设 23 - 1：下属的政治技能调节了下属自评逢迎行为和领导评价逢迎行为之间的正向关系。当下属的政治技能水平较高时，下属自评逢迎行为和领导评价逢迎行为之间的正向关系就越弱。

作为逢迎对象，领导者的政治技能影响了领导者对下属逢迎行为的感知，因此领导者在逢迎作用发挥的过程中也起到了非常重要的作用。这种认知能力反过来会影响领导对下属行为动机的归因，进而决定了下属是否成功隐藏了真正的意图。另外，领导者将根据对下属逢迎行为的归因来对下属做出不同的反应。这种基于平衡理论的归因观点认为人们会对他人的行为做出因果解释。当被员工逢迎时，领导可能对这种行为的原因或目的进行因果归因，并继续处理相关信息以识别这种行为的动机。如果领导认为下属的动机是进行印象管理时，领导可能会坚定地认为下属是为了追求自身利益。除非领导者喜欢逢迎行为，否则这种想法和解读可能会刺激领导者阻止下属实施这种行为，并导致领导者通过能够衡量下属职业生涯的指标，如工作绩效、晋升潜力等，对他们作出低的评价。

因为政治技能反映一个人阅读环境和判断他人行为的能力，所以政治技能高超的领导者常善于察觉逢迎行为。杰拉尔德等[1]认为，世故是政治技能的核心特征，具备此特征的人既能更好地理解社交和人际关系的动态，又能感知到该行为背后真正的目的与动机。另外，特雷德韦等[2]表示，政治技能高超的人不仅更容易理解社会线索，而且能够准确地对他人行动的意图进行归因。因此，具备高超政治技能的领导者在他们的下属进行逢迎时能够更好地识别该行为并将其归结为印象管理。相反，政治技能拙劣的领导者几乎不可能意识到社会线索和人际关系的动态，这就使得他们几乎无法正确地将其下属们的逢迎归结为印象管理。此时，这些下属能更好地隐藏逢迎的真正动机。

德保罗等[3]提出，当人们的逢迎行为是出于自私的动机时，他们往往能够在一定程度上将这种动机隐藏起来。正因如此，如果下属们的真实动机是自私的，那么他们就将承担逢迎行为带来的风险。尽管人们能够经常监视和控制自己行为的一些方面，但真实的动机和感受有时会通过无意识的行为渠道暴露。综上所述，本章研究提出以下假设。

假设23-2：领导的政治技能调节了下属自评逢迎行为和领导评价逢迎行为间的正向关系。当领导的政治技能越高，下属自评逢迎行为对领导评价逢迎行为间的正向作用就越强烈。

二、逢迎的动态性

如前所述，如果下属和领导者的政治技能均能影响逢迎的成功，那么探索他们之间的交互作用将能够增进我们对逢迎动态的理解。如果领导者的政治技能是拙劣的，那么下属逢迎行为的成功将在很大程度上取决于下属的政治技能。如果下属的政治技能同样拙劣，那么下属的逢迎行为可能

① Gerald R. F., Darren C. T., Robert W. K., Wayne A. H., Charles J. K., Ceasar D. and Dwight D. F., "Development and Validation of the Political Skill Inventory", *Journal of Management*, Vol. 31 No. 1, 2005, pp. 126 - 152.

② Treadway D. C., Ferris G. R., Duke A. B., Adams G. L. and Thatcher J. B., "The Moderating Role of Subordinate Political Skill on Supervisors' Impressions of Subordinate Ingratiation and Ratings of Subordinate Interpersonal Facilitation.", *Journal of Applied Psychology*, Vol. 92 No. 3, 2007, pp. 848 - 855.

③ DePaulo B. M., Stone J. I., Lassiter G. D., "Telling Ingratiating Lies: Effects of Target Sex and Target Attractiveness on Verbal and Nonverbal Deceptive Success.", *Journal of Personality and Social Psychology*, Vol. 48 No. 5, 1985, pp. 1191 - 1203.

与领导者对逢迎行为的认知正相关。这是由于政治技能拙劣的下属自然也不善于逢迎，以至于即便是政治技能拙劣的领导者也能在一定程度上察觉下属潜在的动机。然而，当领导者的政治技能并不高超时，我们认为下属的逢迎行为与领导者对逢迎行为的认知负相关。如果领导者并不具备高超的政治技能，政治技能高超的下属应该更能隐藏其潜在的逢迎动机，而且领导者识别出下属逢迎行为的可能性也应当相应降低。领导者一旦形成对下属的良好印象，那么他察觉下属逢迎行为的可能性就将减少。

政治技能高超的下属可能难以对精明的（政治技能高超的）领导者掩饰自己的动机。此时，逢迎行为应与领导者对逢迎行为的认知正相关。当下属的政治技能拙劣而领导者的政治技能高超时，情况甚至会变得对下属不太有利。此时，不仅下属自己容易留下明显的逢迎漏洞，领导者也能够察觉自私动机的蛛丝马迹。因此，在这种情形下，我们认为下属的逢迎行为与领导者对逢迎行为的识别呈最密切的正相关关系。综合这些论点，本章研究提出以下假设。

假设23-3：下属和领导者的政治技能共同地调节了下属自评逢迎行为和领导者评价逢迎行为这两者之间的关系，因此：（a）当下属的政治技能拙劣而领导者的政治技能高超时，下属自评逢迎行为对领导者评价逢迎行为的正向作用最高；（b）当下属和领导者的逢迎技能均高超时，下属自评逢迎行为对领导者评价逢迎行为的正向作用较高；（c）当下属和领导者的政治技能均拙劣时，下属自评逢迎行为对领导者评价逢迎行为的正向作用较高；（d）当下属的政治技能高超而领导者的政治技能拙劣时，下属自评逢迎行为对领导者评价逢迎行为具有负向作用。

三、职场逢迎的后果

个人声誉是指通过直接观察和/或第三方汇报的个人在一段时间内所呈现的个性特质、成就、表露的行为和特定形象的复杂集合。[①] 个人声誉在自然情况下是感性和高度主观的，因此个人声誉受个人行为的影响。

现有研究已证实，社会影响行为在理论上与个人声誉密切相关。例如，

---

① Ferris G. R., Blass F. R., Douglas C., Kolodinsky R. W. and Treadway D. C., "Personal Reputation in Organizations", in Greenberg J. ed., *Organizational Behavior: The State of Science*, Mahwah, NJ: Lawrence Erlbaum, 2003, pp. 211–246.

格林伯格①提出，在他人面前有意操纵某些重复行为的印象管理策略会影响树立声誉的努力。另外，津克等②认为，在某种环境下实施背离规范的行为也会影响个人声誉。换言之，个人可以通过实施背离规范的行为塑造他们的个人声誉，如做一些与众不同的事情。平衡理论指出，当观察到的行为与态度不平衡时，人们会认为有必要对这类行为进行解释。一旦相关行为被理解，他们将尝试归结该行为产生的原因。

在逢迎情境下，当下属隐匿其逢迎的动机并成功地吸引了领导者的关注时，领导者将形成对下属及其个人特质、可贵品质的良好印象。因为这一正面的印象和归因，领导者可能会公开地表现出对下属的欣赏或委以重任，从而向他人表明该下属的突出特质和成就。相反，如果逢迎的动机被察觉，下属可能会陷入西奥迪尼（Cialdini）③ 所提出的"逢迎困境"中，即非但没有增加自己在领导者心目中的吸引力，反而下属的所有努力面临被定性为虚伪和自私的风险。领导者可能会公开地斥责下属的这种虚伪行径或贬低下属的成就，这反而破坏了下属的声誉。

基于平衡理论，本书认为个人声誉对工作绩效具有显著的影响。平衡理论指出，个人投入行为角色不仅能使他们的认知平衡感或认知一致性实现最大化，还能激励他们以一种与其自身形象相匹配的方式开展工作。因此，当员工具有良好的个人声誉时，他们将通过良好的行为表现来增强个人正面声誉。另外，因为树立声誉都需消耗时间和精力，并且声誉一旦毁坏代价十分高昂，所以具有良好声誉的下属可能表现得与声誉相称。相反，如果员工具有不良的个人声誉，他们将强化不良声誉并拒绝为出色地完成工作而努力。此外，这类员工更不可能获得有利于提高工作绩效和促进事业发展的关键资源，例如来自领导的支持。相反，他们通常得到的是领导者的监视和惩罚。现有研究已表明，个人声誉与工作绩效正相关。④

---

① Greenberg J. , "Looking Fair Versus Being Fair: Managing Impressions of Organizational Justice", *Research in Organizational Behavior*, Vol. 12, 1990, pp. 111 – 157.

② Zinko R. , Ferris G. , Blass F. and Laird M. , "Toward a Theory of Reputation in Organizations", *Research in Personnel and Human Resources Management*, Vol. 26, 2007, pp. 163 – 204.

③ Cialdini R. B. , *Influence: Science and Practice*, New York: Harper Collins, 1984.

④ Liu Y. , Ferris G. R. , Zinko R. , Perrewe P. L. , Weitz B. and Xu J. , "Dispositional Antecedents and Outcomes of Political Skill in Organizations: A Four-study Investigation with Convergence", *Journal of Vocational Behavior*, Vol. 71 No. 1, 2007, pp. 146 – 165.

当前的研究同时将个人声誉和职位晋升联系起来。员工树立的声誉可能会闻名于组织内外，这促使他们所在的组织将为留下他们而进行报酬奖赏①。其中，最重要的奖赏方式之一便是给这类员工提供晋升机会。此外，高职位员工的声誉正向影响组织的声誉，因为当他们与组织内外部群体进行互动时，他们有更多的机会代表组织。因此，组织很可能会提拔具有良好声誉的员工。多项研究已提供证据证实一个人的个人声誉与职位晋升正相关②。

综上所述，本章研究已为逢迎和声誉之间的关系以及声誉和工作绩效、职位晋升之间的关系建立了理论基础。如前所述，现有研究已提出，个人声誉在偏离规范的行为与工作绩效、职位晋升之间的关系中发挥着中介作用。③ 因此，本章研究提出以下假设。

假设23-4：下属的个人声誉在领导者评价逢迎行为和下属的工作绩效、职位晋升之间的关系中发挥着中介作用。

第二节　研究方法

一、样本和程序

数据是遵循以下程序收集的。在该企业人力资源经理们的帮助下，本章研究对随机抽样的320名下属及其对应的320名领导者（一名领导者仅评价一名下属）的一系列调查数据进行了校编。不同的问卷随后被分别分发给下属和领导者。问卷在发放前进行了编号，人力资源部门协助记录身份号码和调查对象的姓名以便进行领导者与下属的成对匹配。在工作时间，调查对象当面从数据收集员处取得问卷袋，数据收集员经过培训并在一间会议室受一名笔者指导。所用问卷最初是英文版，之后被转换为中文，转

---

① Treadway D. C. , Adams G. L. , Ranft A. L. and Ferris G. R. , "A Meso-level Conceptualization of CEO Celebrity Effectiveness", *Leadership Quarterly*, Vol. 20 No. 4, 2009, pp. 554 – 570.

② Zinko R. , Ferris G. R. , Humphrey S. E. , Meyer C. J. and Aime F. , "Personal Reputation in Organizations: Two-study Constructive Replication and Extension of Antecedents and Consequences", *Journal of Occupational and Organizational Psychology*, Vol. 85 No. 1, 2012, pp. 156 – 180.

③ Zinko R. , Ferris G. , Blass F. and Laird M. , "Toward a Theory of Reputation in Organizations", *Research in Personnel and Human Resources Management*, Vol. 26, 2007, pp. 163 – 204.

换过程遵循常用的回译程序。所有调查对象被告知，本调查旨在测试他们对企业人力资源实践的体验并且保证对他们的反馈内容完全保密。调查对象自行将他们完成的问卷放于密封的信封后，再把信封投入一个设置在人力资源部门的盒子中。

样本含 228 对匹配的领导者与下属。下属中，57.6% 是男士。平均年龄为 29.5 岁（SD = 4.52）、平均本企业工龄为 5.42 年（SD = 4.62）、平均与目前领导者的共事时间为 3.00 年（SD = 1.82）。领导者中，63.9% 是男士。平均年龄为 35.0 岁（SD = 6.69），平均本企业工龄为 11.4 年（SD = 5.79）。

二、测量

（1）下属自评逢迎行为。

借鉴特雷德韦等[1]的研究，本章研究运用一个三题项分量表评估下属的逢迎行为，该分量表来源于施里斯海姆（Schriesheim）和辛金（Hinkin）[2]的向上影响量表。本章研究要求下属通过 1（从不这样表现）到 7（经常这样表现）七个选项做出回答。一个样本题项是"提出自己的要求前，能使领导者对我印象良好"。该量表的信度系数 Cronbach's α 为 0.87。

（2）下属的政治技能。

一份 18 题项政治技能量表[3]被用于评估下属的政治技能。这份量表也被应用到中文场景中，并得到验证。[4] 在本章研究中，下属被要求通过 1（非常不同意）到 7（非常同意）七个选项回答这 18 个题项。一个样本题项是"我尤其善于察觉他人显见和隐藏的动机"。该量表的信度系数 Cronbach's α 为 0.93。

---

① Treadway D. C., Ferris G. R., Duke A. B., Adams G. L. and Thatcher J. B., "The Moderating Role of Subordinate Political Skill on Supervisors' Impressions of Subordinate Ingratiation and Ratings of Subordinate Interpersonal Facilitation.", *Journal of Applied Psychology*, Vol. 92 No. 3, 2007, pp. 848 – 855.

② Schriesheim C. A. and Hinkin T. R., "Influence Tactics Used by Subordinates: A Theoretical and Empirical Analysis and Refinement of the Kipnis, Schmidt, and Wilkinson Subscales", *Journal of Applied Psychology*, Vol. 75 No. 3, 1990, pp. 246 – 257.

③ Gerald R. F., Darren C. T., Robert W. K., Wayne A. H., Charles J. K., Ceasar D. and Dwight D. F., "Development and Validation of the Political Skill Inventory", *Journal of Management*, Vol. 31 No. 1, 2005, pp. 126 – 152.

④ Liu Y., Liu J. and Wu L., "Are You Willing and Able? Roles of Motivation, Power, and Politics in Career Growth", *Journal of Management*, Vol. 36 No. 6, 2010, pp. 1432 – 1460.

（3）领导者的政治技能。

同样的一份 18 题项政治技能量表被用于调查领导者，他们被要求评价自己的政治技能。该量表的信度系数 Cronbach's α 为 0.93。

（4）领导者评价逢迎行为。

再次借鉴特雷德韦等（2007）的研究，本章研究修改了施里斯海姆和辛金（1990）的三题项量表以衡量领导者对下属运用逢迎行为的评定结果。领导者被要求通过 1（从不这样表现）到 7（经常这样表现）七个选项做出回答。一个样本题项是"当提出他/她的要求时表现得非常谦逊"。该量表的信度系数 Cronbach's α 为 0.86。

（5）个人声誉。

一份由霍克沃特等①设计的 12 题项量表被用于衡量领导者对每位下属个人声誉的评定结果。领导者被要求通过 1（非常不同意）到 7（非常同意）七个选项进行回答。样本题项有"这位下属有一个好的声誉""这位下属赢得了我的尊重"和"他人对这位下属评价很高"。该量表的信度系数 Cronbach's α 为 0.92。

（6）工作绩效。

一份由威廉斯和安迪生②设计并在后来由惠（Hui）等③在中文场景下使用的 5 题项量表被用于衡量领导者对下属工作绩效的评定结果。领导者被要求通过 1（非常不同意）到 5（非常同意）五个选项进行回答。一个样本题项是"这位下属总能履行好特别是工作说明书规定的职责"。该量表的信度系数 Cronbach's α 为 0.90。

（7）晋升潜力。

一份由韦恩（Wayne）等④设计的 4 题项量表被用于衡量领导者对下属

---

① Hochwarter W. A., Ferris G. R., Zinko R., Arnell B. and James M., "Reputation as a Moderator of Political Behavior-work Outcomes Relationships: A Two-study Investigation with Convergent Results", *Journal of Applied Psychology*, Vol. 92 No. 2, 2007, pp. 567 –576.

② Larry J. W. and Stella E. A., "Job Satisfaction and Organizational Commitment as Predictors of Organizational Citizenship and In-Role Behaviors", *Journal of Management*, Vol. 17 No. 3, 1991, pp. 601 – 617.

③ Hui C., Law K. S. and Chen Z. X., "A Structural Equation Model of the Effects of Negative Affectivity, Leader-Member Exchange, and Perceived Job Mobility on In-role and Extra-role Performance: A Chinese Case", *Organizational Behavior and Human Decision Processes*, Vol. 77 No. 1, 1999, pp. 3 –21.

④ Wayne S. J., Liden R. C., Graf I. K. and Ferris G. R., "The Role of Upward Influence Tactics in Human Resource Decisions", *Personnel Psychology*, Vol. 50 No. 4, 2010, pp. 979 –1006.

晋升潜力的评定结果。领导者被要求通过 1（非常不同意）到 5（非常同意）五个选项进行回答。一个样本题项是"我相信这位下属具备晋升到一个更高层次职位的能力"。该量表的信度系数 Cronbach's α 为 0.86。

（8）控制变量。

根据先前的研究成果，本章研究控制了下属的人口统计学特征（年龄、性别、与目前领导者的共事时间以及本企业工龄）、领导者的人口统计学特征（年龄、性别以及本企业工龄）以及被发现会影响领导者对他们下属的认知和评价的"领导—成员交换（LMX）"。年龄、与目前领导者的共事时间以及本企业工龄以年为单位报告，性别则被虚化为数字 1 和 2，"男"的编号为"1"，"女"的编号为"2"。一份由格雷恩（Graen）和尤尔－比恩（Uhl-Bien）[1] 设计的 7 题项量表测量了领导—成员交换。该量表的信度系数 Cronbach's α 为 0.88。

第三节　结果与分析

一、初步结果

（一）失效分析

由于本章研究中两波数据均取自领导者，因此本章研究借鉴了古德曼（Goodman）和布卢姆（Blum）[2] 的方法测试第一波和第二波数据采集中是否存在系统性的回复偏差。首先，本章研究以调查时间（T_1 和 T_2）为因变量，领导者的人口统计学特征（年龄、性别以及本企业工龄）、领导者的政治技能、对下属逢迎行为的认知和对下属个人声誉的认知作为自变量进行多元逻辑回归分析。分析结果表明，所有的回归系数都是不显著的。此外，本章研究还实施了 T 检验以评估在第一波调查和第二波调查中领导者的人口统计学特征（年龄、性别以及本企业工龄）、领导者的政治技能、对下属

---

① Graen G. B. and Uhlbien M., "Relationship-Based Approach to Leadership: Development of Leader-member Exchange LMX Theory of Leadership over 25 Years: Applying a Multi-level Multi-domain Perspective", *Leadership Quarterly*, Vol. 6, 1995, pp. 219 – 247.

② Jodi S. G. and Terry C. B., "Assessing the Non-Random Sampling Effects of Subject Attrition in Longitudinal Research", *Journal of Management*, Vol. 22 No. 4, 1996, pp. 627 – 652.

逢迎行为的认知和对下属个人声誉的认知是否存在显著的平均差。T 检验的结果也表明这些变量并没有显著的平均差。总体而言，以上结果表明未回复问卷的领导是随机的。

（二）验证性因子分析

本章研究实施验证性因子分析（CFAs）来评估核心构念的效度。由于本章研究的样本容量相对较小，所以我们根据已有研究采取了如下的处理方法。[①] 首先，本章研究将超过 3 个题项的单维度构念（个人声誉、工作绩效和晋升潜力）进行题项合并。基于因子分析结果，我们将每个构念中具有最高和最低载荷的题项进行合并，其次是将载荷次高和次低的题项进行合并，直到所有的题项被纳入新因子为止。每个新因子的得分为所合并的 2 个题项的平均得分。例如，晋升潜力的原始量表有 4 个题项。为了将其精简为三个指标，本章研究将其中 2 个题项的得分进行平均以合并为一个新因子。这两个被结合的题项分别为"我相信这位下属具备晋升到一个更高层次职位的能力"（最高的因子载荷）和"如果我必须要选择一名继任我职位的人，那将是这位员工"（最低的因子载荷）。其次，针对每个具有 3 个题项的构念（下属自评逢迎行为和领导者评价逢迎行为），本章研究并没有对其题项进行精简，而是将所有的 3 个题项均作为指标。最后，针对四维度构念（下属的政治技能和领导者的政治技能），本章研究借鉴先前研究的经验[②]，通过创建 4 个指标来减少题项的数量，每个指标为相应维度的得分（相应维度所有题项的均值）。

更进一步地，本章研究通过将七因子模型与其他可供选择的模型进行对比，检验本章研究中的七个构念（下属自评逢迎行为、下属的政治技能、领导者的政治技能、领导者评价逢迎行为、个人声誉、工作绩效和晋升潜力）之间的区分效度。本章研究借助整个模型的 χ^2、CFI、TLI 和 RMSEA 来评估模型的拟合度。以往的研究表明，当 CFI 和 TLI 的值超过 0.95 以及 RMSEA 的值低于 0.06 时，说明模型能较好地与数据进

---

① Aryee S., Wyatt T. and Stone R., "Early Career Outcomes of Graduate Employees: the Effect of Mentoring and Ingratiation", *Journal of Management Studies*, Vol. 33 No. 1, 1996, pp. 95 – 118.

② Wu L. Z., Yim H. K., Kwan H. K. and Zhang X., "Coping with Workplace Ostracism: The Roles of Ingratiation and Political Skill in Employee Psychological Distress", *Journal of Management Studies*, Vol. 49 No. 1, 2012, pp. 178 – 199.

行拟合[①]。如表 23 – 1 所示，拟合指数表明本章研究假设的七因子模型与数据实现了很好的拟合（$\chi^2(209) = 282.65$，$p \leqslant 0.01$，CFI = 0.97，TLI = 0.97，RMSEA = 0.04），并且该拟合效果优于其他模型。因此，本章研究中七个构念的效度得到了数据支持。此外，如表 23 – 2 所示，所有核心构念的因子载荷均显著地大于 0.5，七个核心构念的组合信度也均大于 0.70。

表 23 – 1　　　对所研究变量的测量值进行验证性因子分析的结果

模型	χ^2	df	TLI	CFI	RMSEA
七因子模型	282.65	209	0.97	0.97	0.04
六因子模型 1：下属自评逢迎行为和领导者评价逢迎行为的结合	615.44	215	0.82	0.85	0.09
六因子模型 2：领导者评价逢迎行为和个人声誉的结合	586.61	215	0.84	0.86	0.09
六因子模型 3：个人声誉和工作绩效的结合	681.20	215	0.80	0.83	0.10
六因子模型 4：个人声誉和晋升潜力的结合	534.94	215	0.86	0.88	0.08
六因子模型 5：工作绩效和晋升潜力的结合	443.78	215	0.90	0.91	0.07

表 23 – 2　　七因子验证性因子分析模型的因子载荷、组合信度得分、
平均方差提取值

变量	因子载荷	组合信度	平均方差提取值（%）
下属自评逢迎行为	0.87 **	0.87	60.73
	0.81 **		
	0.83 **		
领导者评价逢迎行为	0.89 **	0.86	61.48
	0.79 **		
	0.78 **		

---

① Hu L. T. and Bentler P. M. , "Cutoff Criteria for Fit Indexes in Covariance Structure Analysis: Conventional Criteria Versus New Alternatives", *Structural Equation Modeling*, Vol. 6 No. 1, 1999, pp. 1 – 55.

续表

变量	因子载荷	组合信度	平均方差提取值（％）
下属的政治技能	0.62**	0.79	55.03
	0.67**		
	0.72**		
	0.77**		
领导者的政治技能	0.69**	0.81	55.61
	0.77**		
	0.71**		
	0.75**		
个人声誉	0.89**	0.91	80.30
	0.88**		
	0.87**		
工作绩效评估	0.81**	0.90	83.37
	0.88**		
	0.90**		
晋升潜力	0.78**	0.84	77.89
	0.83**		
	0.80**		

注：N = 228；** p≤0.01。

二、假设检验

（一）数据分析

假设 23 - 1 到假设 23 - 3 认为，下属的政治技能和领导者的政治技能既分别又共同地对下属自评逢迎行为和领导者评价逢迎行为这两者间的相关性发挥调节作用。为检验这三个假设，本章研究根据科恩等[①]提出的程序进行多元层级回归分析。在第一步，笔者加入控制变量，第二步加入自变量（下属自评逢迎行为），第三步加入调节变量（下属和领导者的政治技能），

---

① Cohen J. , *Applied Multiple Regression/Correlation Analysis for the Behavioral Sciences* , 3rd edition. , Mahwah , NJ： Lawrence Erlbaum Associates , 2003.

第四步加入三个二维交互项，第五步加入三维交互项，据此来预测领导者评价逢迎行为。同时，我们对交互项的变量进行中心化，以减少多重共线性。分析结果如表23 - 3所示。

表 23 - 3　　下属和领导者的政治技能对下属自评逢迎行为和领导者
评价逢迎行为这两者间相关性的调节作用

变量	领导者评价逢迎行为（T_1）				
	M_1	M_2	M_3	M_4	M_5
控制变量					
领导者年龄	- 0.01	- 0.00	0.00	- 0.00	0.02
领导者性别	0.15 *	0.14 *	0.12	0.12	0.13
领导者本企业工龄	- 0.02	- 0.01	- 0.00	- 0.02	- 0.03
下属年龄	- 0.11	- 0.12	- 0.10	- 0.10	- 0.10
下属性别	- 0.01	- 0.02	- 0.02	- 0.01	- 0.03
下属本企业工龄	0.08	0.08	0.07	0.13	0.14
与目前领导者的共事时间	- 0.04	- 0.05	- 0.07	- 0.11	- 0.11
自变量					
下属自评逢迎行为（T_1）		0.22 **	0.23 **	0.26 **	0.23 **
调节变量					
下属的政治技能（T_1）			- 0.08	- 0.04	- 0.07
领导者的政治技能（T_1）			0.09	0.08	0.03
二维交乘项					
下属自评逢迎行为 × SUBPS				- 0.23 **	- 0.19 **
下属自评逢迎行为 × SUPPS				0.21 **	0.20 **
SUBPS × SUPPS				0.03	0.01
三维交乘项					
下属自评逢迎行为 × SUBPS × SUPPS					0.17 *
R^2	0.04	0.09	0.10	0.17	0.19
ΔR^2	0.04	0.05	0.01	0.07	0.02
F	1.15	2.50 *	2.27 *	3.21 **	3.40 **
ΔF	1.15	11.52 **	1.34	5.82 **	5.09 *

注：N = 228；* $p \leqslant 0.05$，** $p \leqslant 0.01$；SUBPS = 下属的政治技能；SUPPS = 领导者的政治技能。

为检验假设 23 - 4，本章研究遵循巴伦和肯尼[①]的程序，进行了多元层级回归分析。笔者首先检验了领导者评价逢迎行为对下属个人声誉（因变量）的影响。其次，笔者检验领导者评价逢迎行为（自变量）对下属工作绩效和晋升潜力（因变量）的影响。最后，笔者将领导者评价逢迎行为（自变量）和个人声誉（中介变量）依次加入回归模型以检验中介作用。

尽管巴伦和肯尼[②]所提出的程序被广泛运用于中介效应的检验，但这些程序无法检验中介作用是否显著。因此，本章研究采用 Sobel 检验方法[③]和 bootstrapping 方法[④]来弥补巴伦和肯尼所提出程序的局限性。

（二）假设检验的结果

如表 23 - 3 所示，下属自评逢迎行为与领导者评价逢迎行为正相关（$\beta = 0.22$，$p \leqslant 0.01$，M_2）。此外，下属的政治技能和下属自评逢迎行为的交互效应与领导者评价逢迎行为负相关（$\beta = -0.23$，$p \leqslant 0.01$，M_4），领导者的政治技能和下属自评逢迎行为的交互效应与领导者评价逢迎行为正相关（$\beta = 0.21$，$p \leqslant 0.01$，M_4）。这些交互效应解释了领导者评价逢迎行为 7% 的差异（$\Delta R^2 = 0.02$，$\Delta F = 5.09$，$p \leqslant 0.05$）。

本章研究还以高于均值一个标准差和低于均值一个标准差为基准，绘制了调节效应交互图（下属的政治技能和领导者的政治技能）[⑤]。为更好地阐明这种交互效应，本章研究进行了简单的斜率分析。与政治技能并不高超的下属相比，政治技能高超的下属的自评逢迎行为和领导者评价逢迎行为间的相关性较弱。特别地，这一相关性在下属的政治技能拙劣的情况下呈显著的正向性（$r = 0.45$，$p \leqslant 0.01$），而在下属的政治技能高超的情况下并不显著（$r = -0.01$，n. s.）。这些结果为假设 23 - 1 提供了证据。

---

①② Baron R. M. and Kenny D. A. , "The Moderator-mediator Variable Distinction in Social Psychological Research: Conceptual, Strategic, and Statistical Considerations. ", *Journal of Personality and Social Psychology*, Vol. 51 No. 6, 1986, pp. 1173 - 1182.

③ Sobel M. , "Asymptotic Confidence Intervals for Indirect Effects in Strucutral Equation Models", *Sociological Methodology*, Vol. 13, 1982, pp. 290 - 312.

④ Edwards J. R. and Lambert L. S. , "Methods for Integrating Moderation and Mediation: A General Analytical Framework Using Moderated Path Analysis. ", *Psychological Methods*, Vol. 12 No. 1, 2007, pp. 1 - 22.

⑤ Cohen J. , *Applied Multiple Regression/Correlation Analysis for the Behavioral Sciences*, 3rd edition. , Mahwah, NJ: Lawrence Erlbaum Associates, 2003.

另外，与政治技能并不高超的领导者相比，下属自评逢迎行为和领导者评价逢迎行为的相关性对政治技能高超的领导者而言更强。特别地，这一关系在领导者政治技能高超的情况下呈显著的正向性（$r = 0.43$，$p \leqslant 0.01$），而在领导者政治技能拙劣的情况下并不显著（$r = 0.01$，n. s.）。这些结果为假设 23 - 2 提供了支持。

最后，关于下属自评逢迎行为、下属的政治技能和领导者的政治技能这三个变量的三维交互效应对领导者评价逢迎行为认知的影响。与本章研究的假设相同，领导者具备高超政治技能的情况下，下属自评逢迎行为和领导者评价逢迎行为正相关水平在下属政治技能拙劣时最高（$r = 0.49$，$p \leqslant 0.01$），在下属具备高超政治技能的情况下呈正相关（$r = 0.37$，$p \leqslant 0.01$）。在领导者政治技能拙劣的情况下，下属的政治技能将变得至关重要。在此情况下，当下属政治技能拙劣时，下属自评逢迎行为和领导者评价逢迎行为正相关（$r = 0.41$，$p \leqslant 0.01$）。当领导者具备高超政治技能时，下属自评逢迎行为和领导者评价逢迎行为负相关（$r = 0.39$，$p \leqslant 0.01$）。综上所述，以上分析结果为假设 23 - 3 提供了支持。

表 23 - 4 呈现了中介效应的测试结果。如表 23 - 4 所示，领导者评价逢迎行为与领导者对下属个人声誉的评定结果负相关（$\beta = -0.27$，$p \leqslant 0.01$，M_7）。此外，领导者评价逢迎行为与下属工作绩效（$\beta = -0.16$，$p \leqslant 0.05$，M_9）、晋升潜力均负相关（$\beta = -0.16$，$p \leqslant 0.05$，M_{12}）。然而，当下属个人声誉加入模型后，领导者评价逢迎行为对下属工作绩效和晋升潜力的影响消失，但个人声誉却与工作绩效（$\beta = 0.37$，$p \leqslant 0.01$，M_{10}）、晋升潜力均负相关（$\beta = 0.40$，$p \leqslant 0.01$，M_{13}）。因此，假设 23 - 4 得到了数据的支持。

表 23 - 4　领导者对下属个人声誉的评定在领导者对下属逢迎行为的认知和领导者对下属工作绩效、晋升潜力的评价之间的中介作用

变量	个人声誉（T_1）		工作绩效（T_2）			职位提升（T_2）		
	M_6	M_7	M_8	M_9	M_{10}	M_{11}	M_{12}	M_{13}
控制变量								
领导者年龄	-0.02	-0.01	-0.08	-0.07	-0.07	-0.22 **	-0.21 *	-0.21 *
领导者性别	-0.08	-0.05	0.02	0.04	0.05	-0.07	-0.06	-0.04
领导者本企业工龄	0.01	-0.01	0.12	0.11	0.12	0.27 **	0.26 **	0.26 **

续表

变量	个人声誉（T₁）		工作绩效（T₂）			职位提升（T₂）		
	M₆	M₇	M₈	M₉	M₁₀	M₁₁	M₁₂	M₁₃
下属年龄	0.25 **	0.22 **	−0.04	−0.05	−0.13	0.03	0.02	−0.07
下属性别	0.01	0.00	−0.03	−0.03	−0.03	0.06	0.06	0.06
下属本企业工龄	−0.10	−0.06	0.12	0.15	0.17	−0.15	−0.12	−0.10
与目前领导者的共事时间	0.07	0.04	0.13	0.11	0.10	0.12	0.10	0.09
领导—成员交换	0.20 **	0.15 *	0.23 **	0.20 **	0.14 *	0.20 **	0.17 *	0.11
下属自评逢迎行为（T₁）	0.05	0.11	0.10	0.14	0.09	0.01	0.05	0.00
下属的政治技能（T₁）	0.18 *	0.16 *	0.02	0.01	−0.06	0.09	0.08	0.01
领导者的政治技能（T₁）	0.02	0.03	0.01	0.02	0.00	−0.00	0.01	−0.01
下属自评逢迎行为×SUBPS	0.08	0.02	0.14 *	0.11	0.10	0.07	0.03	0.02
下属自评逢迎行为×SUPPS	0.06	0.12	−0.03	0.01	−0.04	0.09	0.12	0.08
SUBPS×SUPPS	−0.14	−0.14 *	−0.19 *	−0.20 **	−0.14 *	−0.19 *	−0.19 *	−0.13
下属自评逢迎行为 × SUBPS ×SUPPS	−0.08	−0.03	0.11	0.13	0.14 *	0.00	0.03	0.04
自变量								
领导者评价逢迎行为（T₁）		−0.27 **		−0.16 *	−0.06		−0.16 *	−0.06
中介变量								
个人声誉（T₁）					0.37 **			0.40 **
R²	0.19	0.25	0.18	0.20	0.30	0.13	0.15	0.27
ΔR²	0.19	0.06	0.18	0.02	0.10	0.13	0.02	0.12
F	3.19 **	4.19 **	3.04 **	3.25 **	5.30 **	2.14 **	2.38 **	4.58 **
ΔF	3.19 **	15.87 **	3.04 **	5.35 *	30.80 **	2.14 **	5.26 **	33.86 **

注：N = 228；* p ≤ 0.05，** p ≤ 0.01；SUBPS = 下属的政治技能；SUPPS = 领导者的政治技能。

此外，Sobel 检验的结果证实下属个人声誉在领导者评价逢迎行为和下属工作绩效（Z = −3.46，p≤0.01）、晋升潜力（Z = −3.38，p≤0.01）的关系中发挥着显著的中介作用。同时，bootstrapping 分析的结果表明，领导者评价逢迎行为通过个人声誉对工作绩效和晋升潜力产生间接影响。特别地，针对工作绩效，这一间接作用的 95% CI 为 ［−0.05，−0.13］，不包括0；针对晋升潜力，这一间接作用的 95% CI 为 ［−0.05，−0.12］，不包括0。因此，假设 23 −4 得到了更为深入的证实。

第四节　结论与讨论

如本章开头所述，尽管现存的研究已揭示实施者的属性决定社会影响作用的边界条件[①]，但仍存在重大缺陷。我们几乎不知道逢迎对象在社会影响中发挥什么作用，尽管平衡理论强调逢迎过程中逢迎对象作用的重要性。目前的研究尝试更深入这一研究领域，即通过平衡理论检验一个社会影响效力的权变过程模型，该项检验可以呈现出实施者（下属）和实施对象（领导者）的属性（政治技能）如何分别和共同地与一种社会影响行为（逢迎）进行交互以影响实施对象的认知力，这种认知力又相应地通过个人声誉影响实施者职业生涯的成功（工作绩效和职位晋升）。本章研究的结果表明，下属逢迎行为的有效性受下属和领导者的政治技能影响。然而，政治技能有助于下属迎合自己，这一结果表明下属只有在其试图逢迎的领导者政治技能并不十分高超的情况下才能掩饰其逢迎行为。其他情况下，逢迎行为可能被察觉，从而导致声誉受损、工作绩效更加平淡、职位晋升更加无望。

一、理论意义

在关注实施者和实施对象以及调节作用和中介作用的同时，本章研究的模型不仅解释了领导者识别的逢迎行为如何使实施者的工作绩效和晋升潜力被低估，还对下属的个人声誉、工作绩效和晋升潜力由于实施逢迎将

① Treadway D. C., Ferris G. R., Duke A. B., Adams G. L. and Thatcher J. B., "The Moderating Role of Subordinate Political Skill on Supervisors' Impressions of Subordinate Ingratiation and Ratings of Subordinate Interpersonal Facilitation.", *Journal of Applied Psychology*, Vol. 92 No. 3, 2007, pp. 848 −855.

遭受的最大损害进行了阐述。通过以上工作，本章研究不仅为"逢迎行为影响员工职业生涯的成功"[①] 这一论点提供了有力的证据，还增进了我们对这一关系如何产生以及下属和管理者通过什么方式为逢迎发挥作用创造边界条件的理解。

特雷德韦等[②]的研究聚焦于下属政治技能的调节作用和逢迎行为对于促进人际关系的影响，而本章研究则深入到探索领导者政治技能的调节作用和逢迎与职业生涯成功之间的中介机制。本章研究检验了平衡理论，从而解释出逢迎以何种方式及在何时间对员工工作绩效的影响最为消极。这项检验回应了特雷德韦等[③]的呼吁，即更深入地理解下属政治技能的调节作用。检验个人声誉在脱离规范的行为与工作绩效、职位晋升间的关系中发挥的中介作用，这项工作解决了津克等[④]提出的问题。

正如先前讨论的那样，解决检验领导者政治技能的调节作用这一诉求是重要的，因为现存的研究已发现，逢迎对职业生涯成功的影响喜忧参半。不考虑领导者政治技能的调节作用，就无法充分地检验平衡理论并有效地归纳出逢迎对下属的职业生涯有利或不利分别是在何时。通过理解这一交互的结果，我们能够对社会影响研究进行全新的洞察，即下属隐藏逢迎动机的能力和领导者察觉逢迎的能力是相对的。换言之，逢迎行为的有效性取决于领导者和下属的政治技能。实证研究着重实施者或实施对象政治技能的水平，这或许会提供误导性结论。例如，特雷德韦等[⑤]总结出："当员工报告自己正在实施更多的逢迎行为时，政治技能高超员工的领导者们却报告这些员工表现出更少的逢迎行为。"这一结论暗示具备高超政治技能的下属应当展现逢迎行为。本章研究的发现挑战了这一结论，因为该结论完全忽视了实施对象的属性。这一忽视是令人遗憾的，因为平衡理论建议实施者和实施对象都应受到重视。事实上，领导者的政治技能为下属政治技能的调节作用设置了一项边界条件。笔者根据本章研究中的三维交互效应发现，特雷德韦等[⑥]的结论只有在领导者具备低水平的政治技能时才成立。另外，这一结果在领导者政治技

---

① Judge T. A. and Bretz R. D. J. , "Political Influence Behavior and Career Success", *Journal of Management*, Vol. 20 No. 1, 1994, pp. 43 – 65.

②③⑤⑥ Treadway D. C. , Ferris G. R. , Duke A. B. , Adams G. L. and Thatcher J. B. , "The Moderating Role of Subordinate Political Skill on Supervisors' Impressions of Subordinate Ingratiation and Ratings of Subordinate Interpersonal Facilitation. ", *Journal of Applied Psychology*, Vol. 92 No. 3, 2007, pp. 848 – 855.

④ Zinko R. , Ferris G. , Blass F. and Laird M. , "Toward a Theory of Reputation in Organizations", *Research in Personnel and Human Resources Management*, Vol. 26, 2007, pp. 163 – 204.

能高超时将不同于特雷德韦等的结论——当下属报告自己正在实施更多的逢迎行为时，政治技能高超的领导者们也会报告这些下属表现出更多的逢迎行为。因此，下属在考虑运用逢迎行为时也应当注意他们领导者的政治技能。

有趣的是，本章研究的结果表明，政治技能对逢迎而言是一把"双刃剑"，而且对逢迎者和逢迎对象而言都是棘手的问题，因为政治技能的有效性取决于双方政治技能的水平。因此，通过阐明逢迎者和逢迎对象为了实现职业生涯目标或准确地评估逢迎行为是需要认识到双方的政治技能的，本章研究的发现为逢迎的有效性提供了进一步的边界条件。我们将更加深入地论证平衡理论的价值且并不局限于本章研究所调查的整合下属和领导者政治技能这一研究问题。大量的研究会受平衡理论和本章研究的理论模型启发，以致不同逢迎者（如下属、同事）和逢迎对象（如领导者、顾客）的政治技能可能影响逢迎行为的有效性或他们的社会影响策略。例如，一线员工需要通过他们的政治技能理解顾客的内心想法，从而确保他们能够在最适宜的时间以最佳的方式说服顾客。然而，具备高水平政治技能的顾客可能会意识到员工的目的，这将导致社会影响的效力十分有限。

本章研究的模型具有的一项优点是能够识别出一个将脱离规范的行为与工作绩效、职位晋升相连的中介项。尽管有研究已提供证据证实逢迎与职业生涯成功相关[①]，但员工职业生涯的成功如何及为何受他们实施逢迎行为的影响尚不清晰。津克等[②]呈现的模型声称脱离规范的行为、工作绩效和晋升潜力三者间或许是通过个人声誉相联系的。在该模型中，逢迎被定性为背离行为规范，个人声誉被证明是一个关键的涉他机制（一个中介项），逢迎行为识别通过这一机制对工作和职业生涯的成功施加影响，两项发现给予我们一个更好的理念理解被识别的逢迎行为是如何及为何不利于下属的，即被识别的逢迎行为破坏了下属在视逢迎为虚伪和自私的领导者心目中的个人声誉。受损的个人声誉不仅会弱化下属在工作中有所作为的积极性还会降低他们获得以留守组织换取职位晋升的机会。因此，本章研究将逢迎行为加入津克等[③]的模型中，即运用个人声誉解释这一脱离规范的行为如何及为何能影响职业生涯的成功。

　　① Aryee S., Wyatt T. and Stone R., "Early Career Outcomes of Graduate Employees: the Effect of Mentoring and Ingratiation", *Journal of Management Studies*, Vol. 33 No. 1, 1996, pp. 95–118.

　　②③ Zinko R., Ferris G., Blass F. and Laird M., "Toward a Theory of Reputation in Organizations", *Research in Personnel and Human Resources Management*, Vol. 26, 2007, pp. 163–204.

二、实践意义

这些结果对职业生涯自我管理和组织管理具有多重实践意义。尽管逢迎是一种对促进职业生涯成功有说服力的工具，但员工应当意识到政治技能是逢迎实施成功的一种决定性因素，而失败的逢迎则可能不利于员工职业生涯的成功。那些利用逢迎提升职业生涯业绩、获取社会流动性的人应当懂得，除非他们能够熟练运作，否则这种努力可能被察觉。如果无技巧地实施这种有影响力的行为，那么这一行为就可能被领导者识别，从而导致下属的个人声誉、工作绩效和晋升潜力受损。因此，实施逢迎行为的员工也应尝试实质性地通过训练和社会化开发他们的政治技能。

下属也应意识到，他们逢迎行为的有效性受自己和领导者政治技能的双重影响。只有当下属们具备高超的政治技能而领导者的政治技能相对拙劣时，下属才更可能掩饰其逢迎行为。政治技能拙劣的下属应当明智地选择不要实施逢迎，因为一旦实施可能会产生不利的结果。可取的社会影响策略或许应包括人格魅力和思想魅力。

领导者应当注意不要纵容员工借助逢迎而非实力实现职位晋升。因此，掌握察觉逢迎行为的充足政治技能对领导者而言是重要的。由于领导者负责绩效评估和职位晋升，所以领导者具备识别下属逢迎行为的足够能力和技巧是重要的。训练项目应设计为提升领导者的这些能力和技巧。主要的训练内容是社会环境下人们对自己处境的理解程度以及多种行为反馈的选择这两个问题的认知能力。① 发展的关系，如指导，可能也会帮助人们获得有关他们社会互动的反馈。

三、优势、局限和未来研究方向

本章研究方法优于逢迎和政治技能相关文献②中占据优势地位的横断面

---

① Gerald R. F., Darren C. T., Pamela L. P., Robyn L. B., Ceasar D. and Sean L., "Political Skill in Organizations", *Journal of Management*, Vol. 33 No. 3, 2007, pp. 290 – 320.

② Treadway D. C., Ferris G. R., Duke A. B., Adams G. L. and Thatcher J. B., "The Moderating Role of Subordinate Political Skill on Supervisors' Impressions of Subordinate Ingratiation and Ratings of Subordinate Interpersonal Facilitation", *Journal of Applied Psychology*, Vol. 92 No. 3, 2007, pp. 848 – 855.

研究设计方案，这是因为此方法减少了共同方法偏差的影响。使用来自中国的样本也有助于将西方的理论和发现推广到中国情境，同时也回应了逢迎和职业生涯成功研究缺乏非西方样本的呼声。

我们也必须认识到本章所做研究的多项局限。第一，本章仅提出并检验了一个关于影响过程的综合模型且忽略了中国特色的变量。研究表明，个人主义—集体主义二分法和权力距离可能影响社会影响模式和效果。研究发现，相较中国香港员工，美国员工报告其使用的逢迎行为更多。[①] 中国员工更少实施逢迎行为或许表明逢迎的策略呈现跨文化差异：在西方被识别为逢迎的行为在中国并不一定被视为逢迎。这一认知差异或许由一个事实导致，该事实表明集体主义者倾向于用含蓄的语言和直觉进行交流并以一种友好的方式和一次利益或善行的交换影响他人。[②] 因此，中国特色的沟通和人际交往风格可能间接地通过它们对逢迎基准的改变去影响逢迎行为的产生和识别。因此，未来的研究内容不仅要涵盖西方样本和中国样本对逢迎实施和识别的等价衡量，还需包括文化变量对逢迎过程的影响。

第二，值得注意的是，本章的某些测量数据（领导者评价逢迎行为、领导者的政治技能和下属的个人声誉）系同时同源获取。如此，就有一种对可能出现共同方法偏差的忧虑。本章研究运用了两项技术消除这一忧虑。在调查问卷的设计过程中，通过使用不同的说明并将这些变量置于问卷的不同部分以实现一种心理上的分离，本章研究还在中间夹杂了一些次要题项。这一做法应该能够最大限度地降低这些变量之间任意直接联系被调查对象识别的可能性。另外，利用 Harman 单因子检验法对结果进行统计检验，以确定共同方法偏差的潜在影响。通过因子旋转进行主要因子分析是为了确定一个单方法因子能否解释偏差的主要方面。特征值大于 1 的几个因子被报出，而且首重因子仅仅占到被解释的偏差整体的 19%。因此，共同方法偏差在本章并不是一个普遍的问题。不过，笔者鼓励未来的研究设计一个更加严密的方案并从不同来源、不同时间收集关键变量的数据以更加充分地排除共同方法偏差。

---

① Schermerhorn J. R. and Bond M. H. , "Upward and Downward Influence Tactics in Managerial Networks: A Comparative Study of Hong Kong Chinese and Americans", *Asia Pacific Journal of Management*, Vol. 8 No. 2, 1990, pp. 147 – 158.

② Yeh R. S. , "Downward Influence Styles in Cultural Diversity Settings", *International Journal of Human Resource Management*, Vol. 6 No. 3, 1995, pp. 626 – 641.

第二十四章　竞争还是合作？职场妒忌前因后果的调查研究

组织是员工争取稀缺资源、晋升机会和组织奖赏的场所。员工可能在他们得到同事们所没有的东西时发觉自己遭到同事们的妒忌。[①] 鉴于组织中同事妒忌现象的普遍性，大量的研究已关注这一主题。当前的研究主要关注心怀妒忌的员工[②][③]，大多忽视遭妒忌的对象。事实上，遭同事妒忌是痛苦的。遭妒忌的员工往往承受着沉重压力，因为他们必须处理妒忌者对其展现的敌意甚至是破坏性行为。

这一疏忽在酒店业背景下尤为令人遗憾的原因有两个。首先，酒店消费者服务是一个包括酒店员工间密集互动在内的整合性过程。大量的社会比较隐含在密集的交互行为之中，这可能会引发实质性的同事妒忌。[④] 其次，同事妒忌对受害的酒店一线员工尤为不利。为提供高质量的消费者服务，酒店一线员工通常要求精力充沛且热情饱满。但面对有压力的个人互动时（如遭同事妒忌），酒店一线员工可能感到控制自己的情绪并以一种积极的方式加以表达是困难的。[⑤] 这可能会降低他们的服务质量，最终有损酒店的组织绩效。[⑥] 考虑到遭同事妒忌的普遍性和不利影响，研究酒店业出现该现象的前因后果是重要的。开展相关研究不仅将有助于学者及从业者更

---

① Lee K., Duffy M. K., Scott K. L. and Schippers M. C., "The Experience of Being Envied at Work: How Being Envied Shapes Employee Feelings and Motivation", *Personnel Psychology*, Vol. 71 No. 2, 2018, pp. 181 – 200.

② Braun S., Aydin N., Frey D. and Peus C., "Leader Narcissism Predicts Malicious Envy and Supervisor-Targeted Counterproductive Work Behavior: Evidence from Field and Experimental Research", *Journal of Business Ethics*, Vol. 151 No. 3, 2018, pp. 725 – 741.

③ Ganegoda D. B. and Bordia P., "I Can be Happy for You, But not all the Time: A Contingency Model of Envy and Positive Empathy in the Workplace", *Journal of Applied Psychology*, Vol. 104 No. 6, 2019, pp. 776 – 795.

④⑤⑥ Kim S., O'Neill J. W. and Cho H., "When Does an Employee not Help Coworkers? The Effect of Leader-member Exchange on Employee Envy and Organizational Citizenship Behavior", *International Journal of Hospitality Management*, Vol. 29 No. 3, 2010, pp. 530 – 537.

好地理解员工妒忌产生的原因和该现象破坏遭妒忌群体服务产出的方式，因此，也会为减少同事妒忌的发生和不利影响提供实践方面重要而深刻的见解。

　　本章旨在提出和检验一个遭同事妒忌的综合模型，模型包括该现象的前因及其对遭妒忌的酒店一线员工组织公民行为的影响。关于前因，尽管先前的研究已揭示数个可能助长或抑制同事妒忌的因素，如受害者属性、绩效，工作特性和领导者—成员社会交换关系，但是这些研究大多忽视了受害者与同事目标互赖性的作用。正如合作与竞争理论所提出的那样，个人目标的构建方式通常决定他们的互动模式。① 因此，同事妒忌的程度可能取决于受害者追逐目标的进程是否促进了同事目标的实现。考虑到这一点，本章研究的首个目的是检验目标互赖性对遭同事妒忌经历的影响。就结果而言，现存的研究已发现，遭同事妒忌的经历是受害者工作态度和产出的一个重要预测因子，包括负面的情感或情绪、提高的工作投入度和平庸的工作绩效。令人惊讶的是，鲜有研究检验遭同事妒忌对受害者角色外行为的影响，如组织公民行为（OCB）。组织公民行为被定义为：一种任意的，并非直接或明确地为正式奖赏系统所认可的个人行为，而且这种行为的集合会促进组织的高效运作。② 酒店一线员工的组织公民行为对于酒店业是重要的，因为它们与服务效能、消费者满意度正相关。③ 相较角色内的服务行为，遭妒忌的酒店一线员工可能更倾向于通过抑制组织公民行为回应同事妒忌，这是因为组织公民行为超出了工作要求和惩罚系统的范围。所以，本章研究的第二个目的是探索同事妒忌对受害者组织公民行为的消极影响，这些受害者组织公民行为既面向受害者所在组织（OCBO）也面向特定个人（OCBI），如组织成员。

　　此外，为深入理解潜在于同事妒忌和受害者组织公民行为之间的传递机制，本章阐明了这一效应的产生过程。基于社会交换理论④，笔者提出，

---

①　Chen Y. F. and Tjosvold D. , "Shared Rewards and Goal Interdependence for Psychological Safety among Departments in China", *Asia Pacific Journal of Management*, Vol. 29 No. 2, 2012, pp. 433–452.

②　Organ D. W. , *Organizational Citizenship Behavior*: *The Good Soldier Syndrome*, Lexington, MA: Lexington Books, 1988.

③　Kim S. , O'Neill J. W. and Cho H. , "When Does an Employee not Help Coworkers? The Effect of Leader-member Exchange on Employee Envy and Organizational Citizenship Behavior", *International Journal of Hospitality Management*, Vol. 29 No. 3, 2010, pp. 530–537.

④　Blau P. M. , *Exchange and Power in Social Life*, New York, NY: Wiley, 1964.

同事间的社会交换在以上过程中发挥着一个高效导管的作用。社会交换理论表明，个人倾向于根据他人能否为自己提供有价值和公平的物品来决定与他人的社会交换行为。当他们从别人处得到利益时，他们往往觉得有义务"回报"。① 由于遭同事妒忌员工工作上的成功，他们面临着同事冷漠、不予支持甚至仇视的失衡处境。这种对遭妒忌的认知很可能破坏遭妒忌员工与其同事之间的社会交换关系。随着同事间社会交换行为的减少，遭妒忌的员工可能觉得自己并没有义务拓展角色实施面向其所在组织及特定个人的组织公民行为。因此，本章研究的第三个目的是探索同事间的社会交换在同事妒忌和受害者面向其所在组织及特定个人的组织公民行为之间发挥的中介作用。

笔者计划通过聚焦受害者基于他人认同的依存性自尊识别遭同事妒忌作用调整的边界条件，这种依存性自尊指的是自尊对他人认同的依赖程度。由社会交换理论可知，提供的资源或信息能够影响个人社会交换关系的程度主要取决于接受者对其重要性的评定。② 因此，笔者预测遭妒忌员工基于他人认同的依存性自尊将是一个重要的调节因子，它不仅能够增加遭同事妒忌对同事间社会交换的直接影响，也可以通过同事间的社会交换深化对受害者面向其所在组织及特定个人的组织公民行为的间接影响。具有基于他人认同的高度依存性自尊的员工倾向于寻求其同事的认同、欣赏和支持。③ 在此情况下，这些员工将更敏感且更容易受到同事妒忌，从而导致同事间的社会交换恶化，面向其所在组织及特定个人的组织公民行为也因此而处于低水平输出状态。

第一节　理论分析与研究假设

一、遭同事妒忌

"妒忌"一词表示个人对他人的好运或成就感到烦恼。遭同事妒忌是一

---

①② Cropanzano R. and Mitchell M. S., "Social Exchange Theory: An Interdisciplinary Review", *Journal of Management*, Vol. 31 No. 6, 2005, pp. 874–900.

③ Ye Y., Lyu Y. and He Y., "Servant Leadership and Proactive Customer Service Performance", *International Journal of Contemporary Hospitality Management*, Vol. 31 No. 3, 2019, pp. 1330–1347.

种成为不太成功同事妒忌对象的经历。这种经历是不当的向上社会比较产生的一个潜在后果。具体而言，员工常常与他们的同事相比较进行对自己社会地位、绩效和待遇的评估。当他们缺乏但渴望其他同事的卓越成就时，妒忌就会产生。

尽管遭妒忌员工已取得其同事渴望的成就，但遭同事妒忌会产生诸如压力、挫折、孤独和恐惧之类的负面效应。这一现象的产生存在三点原因。第一，因为自卑，妒忌者一般心存烦恼。遭妒忌群体可能将自己归为这种烦恼和不悦情绪的引发者，因此为自己在工作方面的成功而苦恼。第二，受"胜利者"掠走组织稀缺资源认知的驱使，妒忌者可能易于表现出对遭妒忌群体的冷漠与仇视。妒忌者将继而感到受挫和孤独，因为他们缺乏和谐的职场关系。第三，妒忌对象可能担心遭他人妒忌的潜在后果。感到社会地位低下的妒忌者很可能产生恶意，并可能指责、对抗甚至伤害妒忌对象，使妒忌对象处于恐惧状态之中。

二、遭同事妒忌的前因

由合作与竞争理论可知，目标互赖性是团队最重要的组成部分。该理论认为，目标的结构决定团队中的个体如何与他人互动。[①] 当团队中的个人处于承担不同工作职责并且利益追求多样化的状态时，他们对目标互赖性的认知通常有所差异。特别是有两种基本的目标互赖性类型在职场普遍存在：合作目标互赖性和竞争目标互赖性。

合作目标互赖性是指一个人与他人共享一个相互间非排他性的目标或一个互补的目标。换言之，即个人的目标与他人的目标正相关。在此情形下，一个人对其目标的追寻能够帮助他人实现目标。相反，当一个人与他人拥有一个排他性的目标或一个非互补性的目标时，竞争目标互赖性便会产生。也就是说，那个人的目标与其他人的目标负相关。在此情形下，一个人对其目标的追逐会被他人视为实现自己目标的一种威胁。因为团队中的个人共同承担着大量的交互性任务且频繁地彼此互动，所以他们往往同时拥有合作目标和竞争目标。

结合合作与竞争理论以及遭同事妒忌的特征，笔者认为，合作目标互

---

① Deutsch M., "A Theory of Cooperation and Competition", *Human Relations*, Vol. 2 No. 2, 1949, pp. 129 – 152.

赖性和竞争目标互赖性是遭同事妒忌的重要前因。当一名员工与同事共享合作目标时，他或她遭同事妒忌的可能性很低。拥有正相关目标的条件下，员工们倾向于发展一种双赢的关系，即一名员工的成功被认为也有利于同事的成功。在此情形下，员工常为了他们共同的利益而相互期待、鼓励和帮助合作目标的实现。① 所以，取得工作成功的员工应该收获同事的认可和感激而非妒忌。本章提出以下假设。

假设 24-1a：合作目标互赖性与同事妒忌负相关。

相反，竞争目标互赖性助长对立的人际互动。伴随竞争目标互赖性的是员工与同事目标不兼容、相矛盾。② 这类员工倾向于同他人建立一种非赢即输的关系，他们认为同事成就越高，自己目标实现的可能性必定越低。③ 在这种情况下，当见证同事工作的成功时，他们可能涌现出一系列消极想法和情绪，例如自卑、无助、挫折和仇视，这些均是妒忌的核心特征。因此，在存在竞争目标互赖性的情况下，成功的员工更可能遭到那些做出不当社会比较的同事妒忌。本章提出以下假设。

假设 24-1b：竞争目标互赖性与同事妒忌正相关。

三、遭同事妒忌的后果

(一) 遭同事妒忌和组织公民行为

组织公民行为可分为面向所在组织的组织公民行为和面向特定个人的组织公民行为。面向所在组织的组织公民行为表示使一个组织受益的行为，如以赞许的态度向外部公众介绍本组织并自愿承担额外责任。面向特定个人的组织公民行为表示使组织成员直接受益的行为，如帮助同事、与之和睦相处。面向所在组织的组织公民行为和面向特定个人的组织公民行为均有益于酒店组织，因为它们促进组织的运转并最终提升服务效能。④

---

①② Wong A., Tjosvold D. and Yu Z., "Organizational Partnerships in China: Self-interest, Goal Interdependence, and Opportunism.", *Journal of Applied Psychology*, Vol. 90 No. 4, 2005, pp. 782-791.

③ Chen Y. F. and Tjosvold D., "Cross-cultural Leadership: Goal Interdependence and Leader-member Relations in Foreign Ventures in China", *Journal of International Management*, Vol. 11 No. 3, 2005, pp. 417-439.

④ Kim S., O'Neill J. W. and Cho H., "When Does an Employee not Help Coworkers? The Effect of Leader-member Exchange on Employee Envy and Organizational Citizenship Behavior", *International Journal of Hospitality Management*, Vol. 29 No. 3, 2010, pp. 530-537.

本章研究预测遭妒忌员工会通过抑制面向所在组织和面向特定个人的组织公民行为回应同事的妒忌。关于面向特定个人的组织公民行为，正如以上所提及的那样，感知到自己被同事妒忌的受害者是痛苦的，因为妒忌对象可能感到受挫、恐惧或内疚且必须处理同事中妒忌者的苦恼。处于痛苦心境时，遭妒忌员工可能会以一种消极的方式看待事物，并认为投入额外的精力帮助同事或许毫无意义。此外，同事中认为"胜利者"掠走了他们所渴望事物的妒忌者往往冷漠，甚至敌视。这就导致同事间未来的互动产生严重问题。在此情况下，受害者可能将抑制面向个人的组织公民行为作为一个自我保护的有效策略以回应同事妒忌并避免进一步暴露在妒忌的同事面前。最后一点，遭同事妒忌可能使受害者诱发他们的成就和成功并不受工作组织乐见的认识。基于这一认识，受害者更不可能发自内心地感到与同事交织在一起，因此他们可能会拒绝实施出面向特定个人的组织公民行为。至于面向所在组织的组织公民行为，当员工对工作场所中重要的同事有负面情绪时，他们不太可能从整体上树立起对所在组织的正面取向。沿着这一思路推知，激起认为自己是同事妒忌受害者的员工为组织利益而付出额外努力的热情是难以实现的，从而导致面向组织的组织公民行为减少。基于以上分析，提出以下假设。

假设 24 - 2a：遭同事妒忌与面向所在组织的组织公民行为负相关。

假设 24 - 2b：遭同事妒忌与面向特定个人的组织公民行为负相关。

（二）同事间社会交换的中介作用

同事间的社会交换被定义为"向共同主管汇报的同事间的交换"，它是社会交换理论（SET）中的一个重要概念。这类社会交换关系是正式工作关系背景下的一条人际纽带。高层次的同事间社会交换关系以同事间的互敬、互信、互助和责任共担为特征。相反，低层次的同事间社会交换关系以同事间的猜忌、孤立、苦恼和较弱的责任感为特征。

作为人际关系的一个重要类型，同事间的社会交换须建立在一定的标准之上，即一方必须向另一方提供有价值的东西，并且双方均应认识到交换是公平的。① 双方越是认识到交换的价值，同事间社会交换关系的层次就

---

① Wayne S. J., Shore L. M. and Liden R. C., "Perceived Organizational Support and Leader-Member Exchange：A Social Exchange Perspective", *Academy of Management Journal*, Vol. 40 No. 1, 1997, pp. 82 - 111.

越高。① 根据社会交换理论和同事妒忌的特征，本章研究猜想遭同事妒忌会损害同事间的社会交换，有两点原因。第一，心怀妒忌的员工与妒忌对象进行的社会交换总体消极。因持胜利者夺取自己渴望事物的观点，妒忌者常常表现得不友好和不支持。他们甚至可能对妒忌对象怀有敌意和憎恶，并释放负面情绪。例如，他们可能实施反生产性的工作行为和社会阻抑。第二，先前的研究表明，妒忌者常常贬低和责备妒忌对象②，而且倾向于认为遭妒忌者的成就并非应得③。这就导致遭妒忌员工产生了一种不愉快的感受，因为他们相信自己并无过错，且不应该接受如此令人厌恶的社会交换。在此情形下，与心怀妒忌的同事建立高层次的同事间社会交换关系对遭妒忌的员工而言很难。本章提出以下假设。

假设24-3：遭同事妒忌与同事间的社会交换负相关。

社会交换关系被视为员工实施组织公民行为最重要的前因之一。④ 社会交换理论表明，多数交换方遵循交换的"对等规则"以维持一种均衡和公平的关系。当个人从高层次的社会关系中获益，他们通常感到有义务进行"回报"。在职场，这种回报多以组织公民行为的形式呈现。角色外行为被视作与抵制工作说明要求的角色内行为呈互惠关系的可能性更高。⑤

借鉴社会交换理论，笔者认为，与同事建立起高层次社会交换关系的员工将展现更多面向所在组织和特定个人的组织公民行为。就面向特定个人的组织公民行为而言，受互惠责任的推动，具有高水平同事间社会交换关系的员工无疑将体贴其同事并使之获益，如听取他们的问题、通过工作活动予以帮助以及传递信息，这些都代表着更高水平面向特定个人的组织公民行为。进一步来讲，与同事具有良好社会交换关系的员工同时往往会更多地实施面向所在组织的组织公民行为。由于同事间在工作场所互动最为频繁，因而员工可能认为自己与同事的关系是与组织整体关系的一种象

①③ Tai K., Narayanan J. and McAllister D. J., "Envy as Pain: Rethinking the Nature of Envy and Its Implications for Employees and Organizations", *Academy of Management Review*, Vol. 37 No. 1, 2012, pp. 107-129.

② Duffy M. K., Scott K. L., Tepper B. J., Shaw J. D. and Aquino K., "A Social Context Model of Envy and Social Undermining", *Academy of Management Journal*, Vol. 55 No. 3, 2012, pp. 643-666.

④ Cropanzano R. and Mitchell M. S., "Social Exchange Theory: An Interdisciplinary Review", *Journal of Management*, Vol. 31 No. 6, 2005, pp. 874-900.

⑤ Ma E. and Qu H., "Social Exchanges as Motivators of Hotel Employees' Organizational Citizenship Behavior: The Proposition and Application of a New Three-dimensional Framework", *International Journal of Hospitality Management*, Vol. 30 No. 3, 2011, pp. 680-688.

征。具体而言，当员工与同事建立良好的社会交换关系时，他们倾向于将其与组织间的社会交换定性为有益，继而也更乐于通过实施使组织直接获益的角色外行为予以回报。相反，当员工具有不济的同事间社会交换关系时，他们可能并不觉得有义务使同事和组织受益。显而易见，员工大体会通过克制面向特定个人和所在组织的组织公民行为而非角色内行为回应低水平的同事间社会交换，这是由于组织公民行为超出工作要求和惩罚系统的范围，因而停止组织公民行为的做法更为安全。

鉴于遭同事妒忌被认为会破坏同事间的社会交换，并且同事间的社会交换已显示出与受害者面向所在组织和特定个人的组织公民行为正相关，因此更深入地作出同事间的社会交换在遭同事妒忌和受害者面向所在组织及特定个人的组织公民行为之间充当一个重要中介变量的假设合乎逻辑。本章提出以下假设。

假设24-4a：同事间的社会交换在遭同事妒忌和面向所在组织的组织公民行为之间发挥中介作用。

假设24-4b：同事间的社会交换在遭同事妒忌和面向特定个人的组织公民行为之间发挥中介作用。

（三）　基于他人认同的依存性自尊的调节作用

为建立一项社会交换关系，双方应彼此提供有价值的事物。这种交换规则隐含的一种思想是，双方提供的具体资源或信息会导致对相关资源或信息估值不同的个体间的社会交换关系发生异化。一个人越重视相关资源或信息，他或她将更能同提供者建立高水平的社会交换关系。根据社会交换理论，本章研究通过检验遭妒忌员工基于他人认同的依存性自尊的调节作用揭示出同事妒忌的边界条件。

基于他人认同的依存性自尊被定义为个人将自尊与他人的认同和接受相联系的程度。它更多地涉及个人如何看待他人对自己的看法，而不是他人对自己的实际看法。具有基于他人认同的高度依存性自尊的员工会寻求重要人物的认同、欣赏和支持，如同事。相反，基于他人认同的依存性自尊弱的员工不太可能重视他人对自己的看法和他人对待自己的方式。

根据基于他人认同的依存性自尊的特征，本章研究预测遭同事妒忌对同事间的社会交换关系产生的消极影响将在妒忌对象具有基于他人认同的高度依存性自尊时更严重。正如之前讨论的那样，妒忌他人工作上成功的员工往往仇视妒忌对象，甚至会通过流言、诽谤和贬低加以伤害。这对寄托自尊于他人认同的受害者而言伤害尤为惨痛。一方面，具有基于他人认同的高度依存性自尊的员工往往更在意同事对自己的态度。因此，他们在遭到妒忌时更能感知敌意和愤恨。另一方面，他们遭遇的仇视、恶意和破坏与之迫切渴望的欣赏和支持并不兼容。的确，为赢得同事的认可，具有基于他人认同的高度依存性自尊的员工可能会付出大量努力以取得工作上的成功。在此情形下，受同事敌对性回应的影响，具有基于他人认同的高度依存性自尊的遭妒忌员工可能会产生更为强烈的失望感和不公感，从而形成较低层次的同事间社会交换关系。相反，具有基于他人认同的依存性自尊弱的受害者较少关心他人对自己的看法或者同事对待自己的方式。因此，受害者与同事的社会交换关系将更少受同事敌视态度或攻击的影响。本章提出以下假设。

假设24-5：基于他人认同的依存性自尊调节了遭同事妒忌和同事间的社会交换之间的关系，以致这一关系在遭妒忌员工具有基于他人认同的更高程度依存性自尊时更加紧密。

根据假设24-3和假设24-4，本章研究提出一个调节的中介模型，即基于他人认同的依存性自尊调节了同事间的社会交换在遭同事妒忌和组织公民行为（包括面向所在组织的组织公民行为和面向特定个人的组织公民行为）之间发挥的中介作用。其中，假设24-3描述了遭同事妒忌通过同事间的社会交换对遭妒忌员工面向所在组织和特定个人的组织公民行为施加的间接影响，假设24-4则描述了基于他人认同的依存性自尊的调节作用。

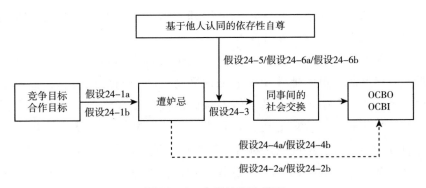

图 24-1　本章的理论模型

假设24-6a：基于他人认同的依存性自尊调节了遭同事妒忌通过同事间的社会交换对面向所在组织的组织公民行为产生的间接影响，导致这一间接影响在遭妒忌员工具有基于他人认同的高度依存性自尊时更为消极。

假设24-6b：基于他人认同的依存性自尊调节了遭同事妒忌通过同事间的社会交换对面向特定个人的组织公民行为产生的间接影响，导致这一间接影响在遭妒忌员工具有基于他人认同的高度依存性自尊时更为消极。

第二节　研究方法

一、参与者和程序

调查的参与者是来自中国浙江省的五家民营酒店的一线服务人员及其直接管理者。选取的酒店规模从94名员工到392名员工不等，平均约205名员工。这些酒店中，1家为三星级酒店，3家为四星级酒店，还有1家为五星级酒店。针对本章所做研究，进行了三次数据收集，每次间隔三个月。第一次数据收集（T_1），员工们报告了他们对竞争目标、合作目标、集体主义和人口统计学信息的认知。三个月后的第二次数据收集（T_2），员工们提供了他们对遭同事妒忌和基于他人认同的依存性自尊的认知。在第二次数据收集结束后三个月的第三次数据收集（T_3）中，员工们报告了他们认为的同事间的社会交换和管理者对受访员工面向所在组织和特定个人的组织公民行为的评价。

在人力资源经理的帮助下，本章研究从参与研究的酒店中共随机选取了392名一线服务人员和105名管理者。每位管理者对应2~5名下属。其后，他们帮助笔者告知参与者开展此项研究的目标，解释参与研究的自愿性，以及确保参与者得到匿名。作为完成每次调查的奖赏，所有参与者均得到约4美元酬劳。

第一次数据收集，共310名员工完成调查问卷（回收率79.08%）。第二次数据收集，共258名员工完成调查问卷（回收率82.3%）。第三次数据收集，共237名员工完成调查问卷（回收率91.86%）。此外，本章研究从90名管理者处收到232份完整的问卷（回收率89.92%）。最终样本含232组匹配的问卷（232名员工和90名管理者）。232名员工中，女性占55.17%，30岁及以下占59.48%，完成高中教育的占50.43%。他们在目前酒店的平均工龄为 3.17 年。90 名管理者中，女性占 62.22%，完成高中或高中以上教育的占 73.33%。另外，这些管理者的平均年龄为 34.83 岁（SD = 7.28）。

二、测量

（一）同事间目标互赖性

本章研究利用一份由阿尔珀（Alper）等学者[①]开发的 10 题项量表测量同事间目标互赖性。竞争目标及合作目标各通过 5 个题项进行测量。题项示例包括"团队成员之间存在一种输赢关系"（竞争目标）和"团队成员目标协调"（合作目标）。竞争目标和合作目标 Cronbach's α 分别为 0.86 和 0.91。

（二）遭同事妒忌

本章研究采用一份由韦基奥（Vecchio）[②] 开发的 3 题项量表测量遭同事妒忌。其中一个题项示例是"我的某些同事妒忌我的成就"。Cronbach's α 为 0.95。

（三）基于他人认同的依存性自尊

基于他人认同的依存性自尊通过克罗克（Crocker）等学者[③]开发的 5 题项量表进行测量。其中一个题项示例是"我不在意其他人对我的看法"（反向编码）。Cronbach's α 为 0.91。

（四）同事间的社会交换

同事间的社会交换用一份由谢罗尼（Sherony）和格林（Green）[④] 创建

① Alper S., Tjosvold D., Law K. S., "Interdependence and Controversy in Group Decision Making: Antecedents to Effective Self-Managing Teams", *Organizational Behavior and Human Decision Processes*, Vol. 74 No. 1, 1998, pp. 33 – 52.

② Vecchio R., "Explorations in Employee Envy: Feeling Envious and Feeling Envied", *Cognition and Emotion*, Vol. 19 No. 1, 2005, pp. 69 – 81.

③ Crocker J., Luhtanen R. K., Cooper M. L. and Bouvrette A., "Contingencies of Self-worth in College Students: Theory and Measurement", *Journal of Personality and Social Psychology*, Vol. 85 No. 5, 2003, pp. 894 – 908.

④ Sherony K. M., Green S. G., "Coworker Exchange: Relationships between Coworkers, Leader-member Exchange, and Work Attitudes.", *Journal of Applied Psychology*, Vol. 87 No. 3, 2002, pp. 542 – 548.

的 6 题项量表进行评估。其中一个题项示例是"我的同事们会运用他们的权力帮助我解决工作中的问题"。Cronbach's α 为 0.88。

（五）组织公民行为

组织公民行为由一份威廉斯和安迪生[1]等学者开发的 14 题项量表加以测量。每个概念通过 7 个题项评估。题项示例包括"该员工节约和保护组织财产"（面向所在组织的组织公民行为）和"该员工会帮助那些缺席的人"（面向特定个人的组织公民行为）。面向所在组织的组织公民行为和面向特定个人的组织公民行为 Cronbach's α 分别为 0.92 和 0.94。

（六）控制变量

本章研究控制了员工的人口统计学信息（性别、年龄、受教育程度和工龄）。为涵盖归因于酒店差异的方差，本章研究为五家酒店创建了五个虚拟变量，并将其中的四个变量纳入实证分析中。另外，由于员工集体主义可能对员工实施组织公民行为的倾向产生消极影响，因此本章研究对之进行了控制。本章研究利用多尔夫曼（Dorfman）和豪厄尔（Howell）[2] 的 6 题项量表测量员工集体主义。其中一个题项示例是"得到您工作团队成员的接纳很重要"。Cronbach's α 为 0.90。

第三节　结果与分析

一、测量构念效度

本章研究利用 AMOS 21.0 进行验证性因子分析以评估八个关键构念的区分效度和聚合效度。如表 24 - 1 所示，基准模型与数据拟合良好（χ^2 (874) = 1508.48，TLI = 0.91，CFI = 0.91，RMSEA = 0.06），这就支持了它

---

[1] Larry J. W. and Stella E. A. , "Job Satisfaction and Organizational Commitment as Predictors of Organizational Citizenship and In-Role Behaviors", *Journal of Management*, Vol. 17 No. 3, 1991, pp. 601 - 617.

[2] Dorfman P. W. and Howell J. P. , "Dimension of National Culture and Effective Leadership Patterns：Hofstede Revisited", *Advances in International Comparative Management*, 1988, pp. 127 - 150.

们的区分效度。进一步看，所有题项的因子载荷均显著高于 0.50。集体主
义、竞争目标、合作目标、遭同事妒忌、基于他人认同的依存性自尊、同
事间的社会交换、面向所在组织的组织公民行为和面向特定个人的组织公
民行为的平均方差提取值分别为 0.60、0.56、0.66、0.87、0.68、0.55、
0.64 和 0.70。因此，关键变量的聚合效度得到支持。

表 24 – 1 验证性因子分析的结果

模型	χ^2	df	TLI	CFI	RMSEA
基线模型（八因子模型）	1508.48	874	0.91	0.91	0.06
七因素模型 1：竞争目标和合作目标合为一个因子	1963.29	881	0.84	0.85	0.07
七因素模型 2：遭同事妒忌和同事间的社会交换合为一个因子	2190.38	881	0.81	0.82	0.08
七因素模型 3：遭同事妒忌和基于他人认同的依存性自尊合为一个因子	2248.12	881	0.80	0.81	0.08
七因素模型 4：OCBO 和 OCBI 合为一个因子	2231.39	881	0.80	0.81	0.08
七因素模型 5：集体主义和同事间的社会交换合为一个因子	2274.94	881	0.79	0.81	0.08
六因素模型 1：竞争目标、合作目标及遭同事妒忌合为一个因子	2661.49	887	0.74	0.76	0.09
六因素模型 2：同事间的社会交换、OCBO 和 OCBI 合为一个因子	2784.85	887	0.72	0.74	0.10
单因子模型：所有变量合为一个因子	6158.97	902	0.24	0.28	0.16

注：N = 232。

二、描述性统计和相关性

描述性统计和相关性如表 24 – 2 所示。遭同事妒忌与以下变量显著相
关，包括竞争目标（r = 0.24，p ≤ 0.01）、合作目标（r = – 0.22，p ≤
0.01）、同事间的社会交换（r = – 0.26，p ≤ 0.01）、面向所在组织的组织
公民行为（r = – 0.24，p ≤ 0.01）和面向特定个人的组织公民行为（r =
– 0.18，p ≤ 0.01）。同事间的社会交换正相关于面向所在组织的组织公民

行为（r = 0.31，p≤0.01）和面向特定个人的组织公民行为（r = 0.26，p≤0.01）。每个关键变量平均方差提取值的平方根高于其同其他变量的相关性。

表24 - 2　　　　　　　　　变量均值、标准差和相关性

变量	均值	标准差	1	2	3	4	5	6
1. 性别	1.55	0.50	1.00					
2. 年龄	31.05	11.93	0.02	1.00				
3. 教育程度	1.64	0.72	−0.04	−0.22**	1.00			
4. 工龄	3.17	3.91	0.00	0.51**	0.03	1.00		
5. 酒店1	0.39	0.49	0.03	−0.10	−0.15*	−0.31**	1.00	
6. 酒店2	0.12	0.32	−0.05	−0.04	0.18**	−0.12	−0.29**	1.00
7. 酒店3	0.24	0.43	0.04	0.03	0.13	0.42**	−0.45**	−0.20**
8. 酒店4	0.13	0.33	0.13*	0.35**	−0.17**	0.13*	−0.30**	−0.14*
9. 酒店5	0.13	0.33	−0.18**	−0.20**	0.06	−0.10	−0.30**	−0.14*
10. 集体主义	4.02	0.73	−0.01	0.22**	−0.03	0.16*	−0.18**	0.03
11. 竞争目标	2.93	0.88	−0.04	−0.15*	−0.01	−0.11	0.11	−0.06
12. 合作目标	3.91	0.77	0.04	0.04	0.02	0.08	−0.11	0.02
13. 遭同事妒忌	2.44	1.05	0.02	−0.06	−0.04	−0.02	0.03	−0.04
14. 基于他人认同的依存性自尊	2.53	0.92	−0.06	−0.21**	0.12	−0.11	0.00	0.05
15. 同事间的社会交换	3.64	0.69	−0.09	−0.02	0.08	0.05	0.07	0.04
16. OCBO	3.82	0.73	0.17**	0.12	0.07	0.18**	−0.13	−0.06
17. OCBI	3.99	0.77	0.06	0.07	0.11	−0.02	−0.10	

变量	7	8	9	10	11	12	13	14
7. 酒店3	1.00							
8. 酒店4	−0.21**	1.00						
9. 酒店5	−0.21**	−0.14*	1.00					
10. 集体主义	0.06	0.11	0.03	(0.78)				
11. 竞争目标	−0.10	−0.16	0.18**	−0.05	(0.75)			
12. 合作目标	0.19**	−0.02	−0.08	0.02	−0.26**	(0.82)		

续表

变量	7	8	9	10	11	12	13	14
13. 遭同事妒忌	0.00	0.00	– 0.01	– 0.12	0.24 **	– 0.22 **	(0.93)	
14. 基于他人认同的依存性自尊	– 0.02	0.02	– 0.04	– 0.19 **	0.01	– 0.17 **	0.10	(0.82)
15. 同事间的社会交换	0.08	– 0.11	– 0.13 *	0.11	– 0.14 *	0.31 **	– 0.26 **	– 0.11
16. OCBO	0.18 **	0.20 **	– 0.19 **	0.06	– 0.16 **	0.22 **	– 0.24 **	– 0.15 **
17. OCBI	0.14 *	0.10	– 0.15 *	– 0.02	– 0.14 *	0.27 **	– 0.18 **	– 0.04

变量	15	16	17
15. 同事间的社会交换	(0.74)		
16. OCBO	0.31 **	(0.80)	
17. OCBI	0.26 **	0.52 **	(0.83)

注：N = 232；* p≤0.05（双尾）；** p≤0.01（双尾）；对角线上括号内的值是每个关键变量平均方差提取值的平方根。

三、假设检验

为检验假设 24 – 1a 和假设 24 – 1b，本章研究借助 SPSS 19.0 进行了两步分层多元回归分析。如表 24 – 3 所示，竞争目标与遭同事妒忌正相关（β = 0.20，p≤0.01，M_2），且合作目标与遭同事妒忌负相关（β = – 0.18，p≤0.05，M_2）。因此，假设 24 – 1a 和假设 24 – 1b 得到证实。

表 24 – 3　　　　　　　　　　遭同事妒忌前因的回归分析

变量	遭同事妒忌	
	M_1	M_2
控制变量		
性别	0.02	0.02
年龄	– 0.06	– 0.04
教育程度	– 0.05	– 0.04

续表

变量	遭同事妒忌	
	M_1	M_2
工龄	0.03	0.02
酒店 1	0.01	0.04
酒店 2	−0.02	0.03
酒店 3	0.01	0.11
酒店 4	0.03	0.08
集体主义	−0.12	−0.12
自变量		
竞争目标		0.20 **
合作目标		−0.18 *
R^2	0.02	0.11

注：$N = 232$；* $p \leq 0.05$（双尾），** $p \leq 0.01$（双尾）。

为检验假设 24 - 2 至假设 24 - 5，本章研究在 SPSS 19.0 中利用混合效应模型消除管理者评价多名员工时引起的嵌套效应。表 24 - 4 中结果显示，遭同事妒忌对面向所在组织的组织公民行为（$\beta = -0.13$，$p \leq 0.01$，M_8）和面向特定个人的组织公民行为（$\beta = -0.12$，$p \leq 0.05$，M_{12}）施加了负面影响，从而假设 24 - 2a 和假设 24 - 2b 得到证实。假设 24 - 3 也得到证实，因为遭同事妒忌与同事间的社会交换负相关（$\beta = -0.14$，$p \leq 0.01$，M_2）。此外，同事间的社会交换与面向所在组织的组织公民行为（$\beta = 0.31$，$p \leq 0.01$，M_9）和面向特定个人的组织公民行为（$\beta = 0.26$，$p \leq 0.01$，M_{13}）均正相关。当笔者将同事间的社会交换加入模型 M_{10} 时，它对面向所在组织的组织公民行为产生了积极影响（$\beta = 0.28$，$p \leq 0.01$），并且遭同事妒忌对面向所在组织的组织公民行为产生的负面影响显著性弱化（$\beta = -0.09$，$p \leq 0.05$）。本章研究进一步通过执行麦金农（MacKinnon）等学者[1]设计的间接效果信赖区间的计算程序研究同事间社会交换的中介作用。结果表明，遭同事妒忌通过同事间的社会交换对面向所在组织的组织公民行为产生了显著的间接影响（estimate $= -0.07$，95% CI 为 [−0.112，−0.019]）。因此，假设 24 - 4a 得证。

---

[1] MacKinnon D. P., Fairchild A. J. and Fritz M. S., "Mediation Analysis.", *Annual Review of Psychology*, Vol. 58 No. 58, 2007, pp. 593 - 614.

表24-4

遭同事妒忌后果的混合效应模型

变量	同事间的社会交换				OCBO				OCBI			
	M_3	M_4	M_5	M_6	M_7	M_8	M_9	M_{10}	M_{11}	M_{12}	M_{13}	M_{14}
控制变量												
性别	-0.11	-00.12	-0.13	-0.12	0.20*	0.19	0.22*	0.21*	0.08	0.07	0.11	0.10
年龄	0.00	0.00	-0.01	0.00	0.00	0.00	0.00	0.00	0.00	0.00	0.00	0.00
教育程度	0.05	0.05	0.06	0.04	0.06	0.06	0.04	0.04	0.06	0.06	0.05	0.05
工龄	0.01	0.02	0.02	0.01	0.01	0.01	0.01	0.01	0.00	0.00	0.00	0.00
酒店1	0.38*	0.40*	0.41*	0.40*	0.19	0.20	0.08	0.10	0.26	0.27	0.17	0.18
酒店2	0.41	0.39	0.43	0.40	0.33	0.30	0.19	0.19	0.14	0.12	0.03	0.02
酒店3	0.33	0.35	0.36	0.31	0.49*	0.51	0.39	0.42	0.47*	0.48*	0.39	0.40
酒店4	0.11	0.13	0.17	0.16	0.68**	0.69	0.65**	0.66**	0.49	0.51*	0.47	0.48*
集体主义	0.10	0.08	0.06	0.07	0.03	0.01	0.00	-0.01	-0.02	-0.04	-0.04	-0.06
自变量												
遭同事妒忌		-0.14**	-0.13**	-0.13**		-0.13**		-0.09*		-0.12*		-0.09
中介变量												
同事间的社会交换							0.31**	0.28**			0.26**	0.23**
调节变量												

续表

变量	同事间的社会交换				OCBO				OCBI			
	M_3	M_4	M_5	M_6	M_7	M_8	M_9	M_{10}	M_{11}	M_{12}	M_{13}	M_{14}
基于他人认同的依存性自尊			-0.09	-0.08								
交互项												
遭同事妒忌 × 基于他人认同的依存性自尊				-0.15**								
-2 Log（似然函数值）	454.83	443.01	439.41	422.87	451.19	440.85	426.78	420.16	510.43	504.25	498.08	494.75
残差	0.34	0.33	0.32	0.29	0.28	0.28	0.26	0.26	0.42	0.42	0.41	0.41
Pseudo R²	0.10	0.08	0.09	0.09	0.19	0.16	0.16	0.15	0.14	0.12	0.12	0.11

注：$N = 232$；* $p \leqslant 0.05$（双尾）；** $p \leqslant 0.01$（双尾）。

当笔者将同事间的社会交换加入模型 M_{14} 时，同事间的社会交换对面向特定个人的组织公民行为产生了积极影响（β=0.23，p≤0.01），且遭同事妒忌对面向特定个人的组织公民行为的消极影响变得并不显著（β=-0.09，n. s.）。经过间接效果信赖区间的计算程序处理的结果表明，遭同事妒忌通过同事间的社会交换对面向特定个人的组织公民行为产生了显著的间接影响（estimate=-0.05，97.5% CI 为 [-0.098，-0.006]）。因此，假设 24-4b 得证。

为检验假设 24-5，本章研究利用遭同事妒忌和基于他人认同的依存性自尊的标准化值在两者间建立了交互关系。结果表明，这一交互关系对同事间的社会交换产生了消极影响（β=-0.15，p≤0.01，M_4）。另外，本章研究遵循艾肯和韦斯特设计的程序绘制了交互效应。如图 24-2 所示，当基于他人认同的依存性自尊对同事间社会交换产生的消极影响更严重（β=-0.31，p≤0.01）时，遭同事妒忌对同事间社会交换产生的消极影响随之变强。因此，假设 24-5 得证。

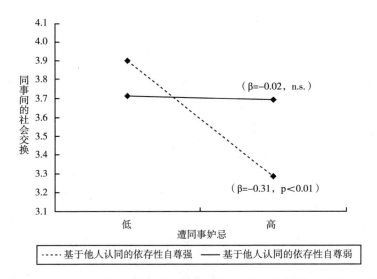

图 24-2　基于他人认同的依存性自尊在遭同事妒忌和同事间的社会交换
之间发挥的调节作用

为检验假设 24-6a 和假设 24-6b，本章研究遵循爱德华兹和兰伯特[①]

---

① Edwards J. R. and Lambert L. S., "Methods for Integrating Moderation and Mediation: A General Analytical Framework Using Moderated Path Analysis.", *Psychological Methods*, Vol. 12 No. 1, 2007, pp. 1-22.

设计的程序并进行了调和的中介路径分析。结果如表 24 - 5 所示。第一阶段，在员工具有更强基于他人认同的依存性自尊情况下，遭同事妒忌对同事间社会交换产生的消极影响更加严重（β = - 0.29，97.5% CI 为 ［ - 0.407，- 0.142］），并且差异显著（Δβ = - 0.27，97.5% CI 为 ［ - 0.411，- 0.078］）。此外，遭同事妒忌通过同事间的社会交换对面向所在组织的组织公民行为产生的间接影响相对于基于他人认同的依存性自尊较弱（β = - 0.01，97.5% CI 为 ［ - 0.036，0.027］）的情况下，会在基于他人认同的依存性自尊增强的情况下有所加深（β = - 0.08，97.5% CI 为 ［ - 0.160，- 0.025］）。另外，这种间接影响具有显著差异（Δβ = - 0.07，97.5% CI 为 ［ - 0.161，- 0.015］）。因而假设 24 - 6a 得证。最后，遭同事妒忌通过同事间的社会交换对面向特定个人的组织公民行为产生的间接影响相对于基于他人认同的依存性自尊较弱（β = - 0.01，97.5% CI 为 ［ - 0.038，0.017］）的情况下，会在基于他人认同的依存性自尊增强的情况下也有所加深（β = - 0.06，97.5% CI 为 ［ - 0.149，- 0.008］）。而且这种间接影响的差异性显著（Δβ = - 0.06，97.5% CI 为 ［ - 0.160，- 0.006］）。所以假设 24 - 6b 也得到证实。

表 24 - 5　　　　　　　　　　调节的中介分析结果

遭同事妒忌—同事间的社会交换—OCBO	系数	标准误差	97.5% CI	
			下限	上限
基于他人认同的依存性自尊强	- 0.29	0.07	- 0.407	- 0.142
基于他人认同的依存性自尊弱	- 0.02	0.06	- 0.123	0.093
第一阶段调节的差异	**- 0.27**	**0.09**	**- 0.411**	**- 0.078**
间接影响强	- 0.08	0.03	- 0.160	- 0.025
间接影响弱	- 0.01	0.02	- 0.036	0.027
间接影响的差异	**- 0.07**	**0.04**	**- 0.161**	**- 0.015**
总影响强	- 0.23	0.08	- 0.378	- 0.083
总影响弱	- 0.09	0.07	- 0.218	0.035
总影响的差异	- 0.14	0.10	- 0.334	0.044
遭同事妒忌—同事间的社会交换—OCBI	系数	标准误差	97.5% CI	
			下限	上限
基于他人认同的依存性自尊强	- 0.29	0.07	- 0.407	- 0.142
基于他人认同的依存性自尊弱	- 0.02	0.06	- 0.123	0.093
差异	**- 0.27**	**0.09**	**- 0.411**	**- 0.078**

续表

遭同事妒忌—同事间的社会交换—OCBI	系数	标准误差	97.5% CI	
			下限	上限
间接影响强	− 0.06	0.04	− 0.149	− 0.008
间接影响弱	− 0.01	0.01	− 0.038	0.017
间接影响的差异	**− 0.06**	**0.04**	**− 0.160**	**− 0.006**
总影响强	− 0.24	0.11	− 0.456	− 0.051
总影响弱	− 0.03	0.07	− 0.174	0.089
总影响的差异	− 0.20	0.12	− 0.459	0.042

注：N = 232；＊p < 0.05（双尾），＊＊p < 0.01（双尾）；通过1000次自举检验测试有条件的间接影响。

第四节 结论与讨论

本章关注职场妒忌的受害者并通过实证探寻酒店业情境下遭同事妒忌的前因后果。基于合作与竞争理论，本章研究发现合作目标互赖性与遭同事妒忌负相关，而竞争目标互赖性则与之正相关。通过视同事间的社会交换为中介变量、基于他人认同的依存性自尊为调节变量，本章研究也探寻了同事妒忌对受害者面向所在组织和特定个人的组织公民行为产生的影响。借鉴社会交换理论，本章研究归纳出遭同事妒忌通过破坏酒店一线员工与同事之间的社会交换关系抑制他们实施面向所在组织和特定个人的组织公民行为，而且基于他人认同的依存性自尊不仅加深了遭同事妒忌对同事间社会交换产生的直接影响，遭同事妒忌通过同事间的社会交换对受害者组织公民行为产生的间接影响也更加严重。

一、理论意义

首先，基于合作与竞争理论，本章研究从实证角度检验了一个将目标互赖性与同事、遭同事妒忌相联结的理论模型。本章研究的检验结果表明，与同事目标是竞争性互赖关系的员工更可能成为同事妒忌的对象。相反，与同事目标是合作性互赖关系的员工成为同事妒忌对象的可能性很低。这些发现通过将目标互赖性视为一个重要的预测因子实现对金（Kim）等学者[1]、金和格隆布（Glomb）等学者[2]以及韦基奥[3]研究的拓展，也为那些主张目标结构决定人际间互动方式的研究[4]提供深入支持。

其次，通过研究同事妒忌对遭妒忌的酒店一线员工面向所在组织和特定个人的组织公民行为产生的主要影响，本章研究增进了遭同事妒忌如何能够在酒店业情境下产生不利影响问题的理解。尽管同事妒忌问题的研究关注度不断提升，但先前的研究大多忽视了它对遭妒忌的酒店一线员工角色外行为的不利影响。相较于角色内行为，通过抑制角色外行为回应同事妒忌对受害者而言更为安全，因为这些行为超出工作要求和组织惩罚的范围。针对这一研究缺陷，本章研究发现受害者一种潜在的行为反应是减少组织公民行为（包括面向所在组织的组织公民行为和面向特定个人的组织公民行为）。这一发现不仅回应了深入研究同事妒忌受害者的呼吁，还首次为同事妒忌会对受害的酒店一线员工组织公民行为产生消极影响提供实证依据。

再次，本章研究通过遭同事妒忌与社会交换理论框架的相结合增加对妒忌的研究。本章所做有助于增进对潜在机制（同事间的社会交换）的理解，遭同事妒忌借此机制减少受害者的组织公民行为，这是一个尚未在文献中研究的过程。与社会交换理论一致，本章研究的结果论证了同事间的社会交换在遭同事妒忌和组织公民行为的联系中发挥的中介作用。具体而言，同事中妒忌者表现的恶意和仇视引发了受害者的失衡感和不适感，进而导致同事间的社会交换关系处于低层次。受害者对组织公民行为这种相互性义务的履行也相应遭到破坏。因此，本章的研究发现从社会交换角度解释了遭同事妒忌的经历如何影响受害者的组织公民行为。

最后，本章的一项深层贡献在于本章研究发现遭同事妒忌的影响过程中存在一个全新的调节变量。尽管先前的研究对遭同事妒忌后果的理解已取得进步，但很少将关注投向遭同事妒忌边界条件的探索。基于社会交换

① Kim S. , O'Neill J. W. and Cho H. , "When Does an Employee not Help Coworkers? The Effect of Leader-member Exchange on Employee Envy and Organizational Citizenship Behavior", *International Journal of Hospitality Management*, Vol. 29 No. 3, 2010, pp. 530 – 537.

② Kim E. and Glomb T. M. , "Victimization of High Performers: The Roles of Envy and Work Group Identification", *Journal of Applied Psychology*, Vol. 99 No. 4, 2014.

③ Vecchio R. , "Explorations in Employee Envy: Feeling Envious and Feeling Envied", *Cognition and Emotion*, Vol. 19 No. 1, 2005, pp. 69 – 81.

④ Chen Y. F. and Tjosvold D. , "Shared Rewards and Goal Interdependence for Psychological Safety among Departments in China", *Asia Pacific Journal of Management*, Vol. 29 No. 2, 2012, pp. 433 – 452.

理论的隐含法则，本章研究从实证角度证明受害者基于他人认同的依存性自尊会加剧遭同事妒忌的消极影响。当受害者将自尊紧紧地依附于他人的认同和接受时，他们对同事妒忌往往更加敏感，并在遭妒忌时体验到更高层次的不公平。这会导致同事间的社会交换深入恶化，组织公民行为因此也更为急剧地减少。这些研究结果有助于理解遭同事妒忌的影响在何种条件下产生的问题。

二、管理意义

本章研究发现显示，遭同事妒忌对酒店一线员工和酒店组织代价高昂，因为它破坏员工间的社会交换关系并最终有损受害者的组织公民行为，组织公民行为被证实对服务质量和顾客满意度很重要。因此酒店组织必须设法降低同事妒忌的发生和不利影响。根据本章研究的结果，至少有五项措施可供酒店组织选择。

第一，本章研究揭示了竞争目标互赖性助长同事妒忌的发生，而合作目标互赖性则发挥抑制作用。因此，酒店组织应当尝试改善一线服务员工的目标结构以增进合作、减少竞争。例如，酒店组织为重视团队协作可以重新设计一线服务员工的工作并向一线服务员工分配更多需要相互依托的任务。此外，共享奖赏已被证实可有效地增进职场合作、减少竞争①。酒店组织可以进行共享奖赏，包括在工作团队中实施利润共享和收益共享计划。

第二，工作环境已显示出其在影响员工互动模式方面的极端效用。酒店组织可营造一种支持性的工作氛围，彼此尊重和相互支持在此得到重视。这将有助于降低同事妒忌的发生概率。酒店组织也应正式将互相伤害定为一种组织政策所不容的行为。该措施能够减少那些过分的妒忌行为，例如，针对遭妒忌员工的流言蜚语、恶意诽谤和反生产行为。

第三，酒店组织可以对一线服务员工进行人际互动训练。这一训练计划能够有助于提升酒店一线员工的互动技能并引导他们在见证同事的绩效时举止更为得体。从受害者角度来看，这一训练计划能够帮助他们学会如何应对同事妒忌。酒店组织可教会员工在取得工作上的成功时变得更加谦逊，这将有利于减少同事妒忌。

---

① Chen Y. F. and Tjosvold D. , "Shared Rewards and Goal Interdependence for Psychological Safety among Departments in China", *Asia Pacific Journal of Management*, Vol. 29 No. 2, 2012, pp. 433 –452.

第四，本章研究发现表明，同事间的社会交换在同事妒忌和受害者组织公民行为的联系中发挥着重要的中介作用。因此，为降低同事妒忌的负面影响并促进酒店一线员工的组织公民行为，酒店组织应采取措施提升员工间的社会交换关系。有效措施可能包括营造一种积极的工作氛围以促进互信互助，对员工进行人际互动训练。此外，因为领导—成员社会交换关系已被证实有助于驱动同事间的社会交换关系，所以酒店鼓励领导者与酒店所有一线员工建立高层次的领导—成员社会交换关系是明智之举。在此情况下，领导者能够促进员工间建立良好的社会交换关系，组织公民行为的层次也会相应提高。

第五，鉴于同事妒忌对具有基于他人认同的高度依存性自尊的酒店一线员工伤害最严重，笔者鼓励组织在这些员工遭受同事妒忌时给予特别关注。一个有效的方法是向这些员工提供额外的忠告和支持以实现他们得到重要人物欣赏的强烈愿望。另外，管理者可以努力对他们的绩效作出积极反馈，并指示这些员工重新评估妒忌经历并更加关注遭妒忌的潜在积极方面。如此，具有基于他人认同的高度依存性自尊的遭妒忌员工便能从同事仇视的阴影中走出，从而降低同事妒忌的不利影响。

三、局限性和未来研究方向

第一，尽管本章研究利用一份多阶段、多来源的数据降低共同方法方差，但本章研究的结果可能仍然受到了共同方法偏差的影响。目标互赖性、遭同事妒忌、基于他人认同的依存性自尊和同事间社会交换的数据均由下属报告。考虑到这一点，本章研究进行了因子分析和构念效度检验以评估共同方法偏差。因子分析的结果表明，第一个因子仅能解释 22.30% 的方差。加之构念效度检验的结果（见表 24-1）显示本章研究建立的八个关键构念具有足够的区分效度。因此，本章所做研究共同方法偏差并不显著。

第二，本章的研究发现概括性可能有限，因为本章研究仅包含了一个中国样本。正如杨（Yang）[①] 所强调的那样，相较西方国家，中国人更强调集体主义及和谐的人际关系。在此情况下，员工可能对同事表现出较少的有害妒忌。同时，从受害者角度看，中国员工很可能最在意同事的评价，并在受妒

[①]　Yang K. S. , "Chinese Social Orientation: An Integrative Analysis", *Chinese Societies and Mental Health: The Chinese Experience*, 1995, pp. 19 – 39.

忌时感到更痛苦。因而遭同事妒忌的前因和危害在中国可能更严重。为进一步证实本章的研究发现，笔者鼓励未来的研究采用跨文化样本进行归纳。

第三，员工可能因多种缘由而遭同事妒忌。例如，韦基奥[①]发现，员工的马基雅维利主义和工作年限是同事妒忌的重要预测因子。金和格隆布[②]发现，受害者的高绩效与他们对遭同事妒忌的感受正相关。因此，本章所做研究的一项潜在约束条件是，我们不了解竞争目标和合作目标是否会在控制所有的预测因子后对同事妒忌施加同样的影响。未来的研究可以考虑这些变量以验证目标互赖性对同事妒忌产生的独特影响。

未来研究仍有潜力。首先，酒店业可能存在导致同事妒忌的其他前因。例如，未来的研究可以检验具有如自恋等特殊个性或特征的员工在取得工作上的成功后是否会更可能遭同事妒忌。未来的研究也可以关注团队一级的氛围或组织文化以发掘同事妒忌的预测因子。前因以外，研究者还可深入探寻同事妒忌形成过程的边界条件。这将帮助我们更好地理解同事妒忌的形成机制。

其次，本章研究归纳出遭同事妒忌打击了受害者实施面向所在组织和特定个人的组织公民行为的积极性。未来的研究可将后果研究延伸到员工行为的更多方面，如建言行为、创造性和离职倾向，以丰富本章的研究。考虑到工作团队对组织的重要性，未来的研究可以进一步关注团队一级的同事妒忌并研究它对团队产出的影响，如团队绩效和团队一级的组织公民行为。此类研究将有助于揭示同事妒忌的其他重要结果。

最后，有其他理论框架能被用于理解遭同事妒忌的影响过程。例如，未来的研究可以借鉴社会认同理论检验受害者对组织认同的中介作用。额外的中介变量也应被发掘以深入理解能够加剧或缓解同事妒忌消极影响的因素。具体而言，研究者可以关注受害者对人际虐待的敏感度。对人际虐待敏感度高的员工往往更容易受他人虐待[③]。这些员工可能更容易受到同事敌视的伤害，从而会以一种更加消极的方式作出回应。

---

① Vecchio R. , "Explorations in Employee Envy: Feeling Envious and Feeling Envied", *Cognition and Emotion*, Vol. 19 No. 1, 2005, pp. 69 – 81.

② Kim E. and Glomb T. M. , "Victimization of High Performers: The Roles of Envy and Work Group Identification", *Journal of Applied Psychology*, Vol. 99 No. 4, 2014.

③ Bunk J. A. and Magley V. J. , "Sensitivity to Interpersonal Treatment in the Workplace: Scale Development and Initial Validation", *Journal of Occupational and Organizational Psychology*, Vol. 84 No. 2, 2011, pp. 395 – 402.

第二十五章　客户授权行为与员工主动的客户服务绩效：社会交换视角

对一线酒店员工来说，授权至关重要（Cheng et al.，2021；Dong et al.，2015；Lin et al.，2020；Oksuz，2021）。由于一线酒店员工直接与客户互动（Lyu et al.，2016；Raub and Liao，2012），拥有现场决策和处理问题的自主权有助于一线酒店员工获得更高的客户满意度。除了主管的授权外，客户也是一个有影响力的授权来源，因为客户不是被动的服务接受者；他们通常在服务中拥有相当大的权力，例如决定如何提供服务（Bowen and Schneider，1988；Ma et al.，2013；Schneider et al.，2005；Sierra and Mc-Quitty，2005）。因此，客户是否授权员工相信他们有能力并有自主权来决定如何提供服务，可能是提高服务质量的重要激励因素。客户授权行为，定义为客户发起的激励员工对工作做出重要决策的行为（Dong et al.，2015），表现为对员工的能力表示信任、在决策时寻求员工建议，并让员工无须干预或质疑的情况下就能控制安排（Dong et al.，2015；Oksuz，2021）。

考虑到客户授权行为的重要性，学者们在这方面投入了越来越多的学术关注，并试图确定其对服务型员工成果的影响，例如员工创造力和服务绩效（Dong et al.，2015；Oksuz，2021）。然而，我们对酒店行业中客户授权行为的后果了解不足，学者们忽略了其他在酒店业中被标记为重要的潜在行为结果，包括主动服务行为。随着客户需求变得越来越不可预测和不断变化，员工主动发起服务行为的意愿是酒店组织成功的前提，并被认为能带来显著的效益（Lyu et al.，2016；Rank et al.，2007；Raub and Liao，2012；Wu et al.，2020）。此外，由于服务的独特性（Bowen and Schneider，1988），服务质量的控制变得非常困难。因此，主动客户服务绩效（PCSP）的启动，被定义为一种自我发起的、长期导向的、持续的服务行为，以一种自发动力和预期心态来满足客户（Rank et al.，2007），在酒店业被认为是重要的。因此，我们旨在探索客户授权行为的新结果，即酒店员工的PCSP。

为了理解客户授权行为对 PCSP 的影响机制，我们借鉴社会交换理论来研究客户与员工交换（CEX）的渠道作用（Li and Hsu，2016；Ma et al.，2022）。社会交换理论认为，交换关系是理解参与双方之间联系的最有趣和最有用的方法之一（Cropanzano and Mitchell，2005）。根据社会交换理论，利益的提供应该引起接受者对利益的回报义务（Gouldner，1960）。作为表达信任和支持的行为，客户授权行为是客户的有利诱因。有了这些行为，很可能会引发高质量的 CEX。增强后的 CEX 将进一步激励一线酒店员工走出正式工作定义的界限，参与 PCSP，以回报社会。

最后，我们试图探索 CEX 可能发挥更强作用的边界条件。社会交换理论进一步强调，个体对另一方的重视程度决定了他/她在交换关系中的回报方式（Cropanzano and Mitchell，2005；Wayne et al.，1997）。因此，我们关注员工的客户导向，即员工对满足客户需求、提高客户满意度和长期忠诚度的重视程度（Liao and Subramony，2008）；这是一种与待客语境相关的独特态度倾向。在社会交换中，个人态度很重要，因为交换是开放式的，它是否持续取决于个人对交换关系的重视程度（Cropanzano and Mitchell，2005）。高客户导向下，员工高度重视客户需求，并努力满足这些需求（Hu et al.，2020；Kim and Qu，2020；Kelley，1992；Zhu et al.，2017）。因此，当感知到高 CEX 时，高客户导向的员工更有可能做出回应，并更积极地表现出 PCSP。

我们的目标是通过以下方式为客户授权行为的文献带来新的见解。首先，我们通过考虑其对新的行为结果（即 PCSP）的影响来丰富客户授权行为的文献，PCSP 在酒店业中更具相关性并发挥重要作用（Lyu et al.，2016；Wu et al.，2020）。其次，有关 PCSP 前因的文献主要集中在领导、同事和工作特点（Lyu et al.，2016；Rank et al.，2007；Zhu et al.，2017），我们通过确认一个新的诱导因素，即客户与员工之间的交流，来推动酒店员工的主动性。再次，通过阐明 CEX 的作用，探讨了客户授权行为背后的机制，这是一个全新的视角，有助于揭示客户授权行为的隐含过程。因此，它回应了学者们的呼吁，即客户授权行为的其他机制值得研究（Dong et al.，2015）。最后，我们探讨了客户导向的边界条件，这为个人倾向在 CEX 和 PCSP 关系中的作用提供了见解。总之，我们的目的是探索客户授权行为是否会增强 CEX，以及当客户导向较高时，增强的 CEX 是否会进一步促进 PCSP。

第一节　文献回顾与研究假设

一、客户授权行为

在某种程度上，"客户为王"被视为酒店业的黄金法则，一线酒店员工会关注客户，可能会服从客户的要求，而不是前瞻性的思考和主动的行为。因此，为了促进员工的自发性，迫切需要客户授权行为（Dong et al.，2015；Oksuz，2021），这对于酒店组织来说至关重要（Lyu et al.，2016；Raub and Liao，2012；Wu et al.，2020）。根据授权领导文献的精髓，客户授权行为分为四个维度，即工作意义的描述、决策自主权的授权、信心的传递和约束的消除（Ahearne et al.，2005）。按照这一思路，客户可以通过强调员工工作的意义、将决策权下放给员工、表达对其专业知识的信心以及消除服务提供中的障碍来赋予员工权力（Dong et al.，2015；Oksuz，2021）。例如，顾客可以在点餐时，通过表达食物偏好和采纳员工的建议，或者对他们在酒店的住宿、庆祝会或会议的安排表示信任。通过这些实践，客户给予酒店员工自主权，并可能唤起他们为顾客服务的义务。

二、客户授权行为、CEX 和 PCSP

CEX 是指客户和员工之间的关系交换。关系交换的本质是承诺、长期导向和广泛沟通（Keith et al.，2004）。根据基恩等（Keith et al.，2004）的观点，CEX 包括三个方面，即团结、协调和信息交换。团结表明交换双方都强调交换关系的维持和延续（Keith et al.，2004；Li and Hsu，2016）。协调强调交换各方之间的信任和冲突解决（Keith et al.，2004；Li and Hsu，2016）。信息交换描述了交换双方之间的信息交换（Keith et al.，2004；Li and Hsu，2016）。因此，通过高质量的 CEX，客户和酒店员工经常共享广泛的信息，相互信任，并共同努力解决潜在的困难（Kim and Qu，2020；Li and Hsu，2016；Ma et al.，2022）。相比之下，低质量的 CEX 的特点是缺乏信任、可持续性差和缺乏沟通（Li and Hsu，2016；Ma and Qu，2011）。

理论上，客户授权行为有助于 CEX 有三个原因。首先，客户授权行为强调了酒店员工工作的重要性和意义（Dong et al.，2015；Oksuz，2021），这表明他们对员工的认可和好感。有了客户的肯定，一线酒店员工倾向于相信他们的努力是有意义的（Zhang and Bartol，2010）；他们应该致力于服务这些客户，并且更有可能培养与这些客户的高质量交流。因此，客户授权行为会在客户和员工之间产生一个良性循环，双方都强调交换的维护，从而形成一种可持续的交换。其次，客户还通过对酒店员工的专业知识表现出信心来授权（Dong et al.，2015；Oksuz，2021），这意味着客户对酒店员工的信任和期望。有了这样的信任，一线酒店员工可能会努力不辜负信任，从而为高质量的 CEX 做出贡献。最后，授权客户将服务交付的自主权委托给一线酒店员工，鼓励员工表达自己的想法，并倾向于采纳他们的建议（Dong et al.，2015；Oksuz，2021）。这些行为意味着授权客户信任一线酒店员工，并愿意为他们提供资源和支持（Biemann et al.，2015）。这将在客户和员工之间形成紧密而良性的交流关系。

假设 25-1：客户授权行为与 CEX 呈正相关。

CEX 水平的提高有利于员工 PCSP 的发展。PCSP 的性质具有自发性、长期性和持久性（Rank et al.，2007）。员工自发地表现 PCSP，而不是被迫表现（Lyu et al.，2016；Rank et al.，2007）。以长期为导向，一线酒店员工展望未来，提前思考以满足客户需求（Rank et al.，2007；Wu et al.，2020）。凭借坚持不懈的精神，一线酒店员工始终将客户需求作为优先事项（Rank et al.，2007；Ye et al.，2019）。

第一，根据社会交换理论，当个体在高质量的交换关系中获得利益时，往往会感到有义务回报（Blau，1964）。通过与客户进行密切和长期的交流，一线酒店员工可能会将这些客户视为支持性的（Ma and Qu，2011；Ma et al，2022），要求他们通过提供优秀的服务来满足甚至超出客户的期望。第二，CEX 的特点是相互信任和承诺（Kim and Qu，2020；Ma et al.，2022）。当客户与员工建立了良好和值得信赖的关系时，一线酒店员工往往会主动为良好的交流付出额外的努力（Ma and Qu，2011；Ma et al.，2022）。第三，通过广泛的信息交流，一线酒店员工掌握了更多关于客户需求的信息，并在为客户服务时有更准确的预期（Li and Hsu，2016）。在一定程度上，PCSP 是一种持续预测客户需求和要求的自主行为（Rank et al.，2007；Wu et al.，2020），这需要深入了解客户，我们认为一线酒店员工在与客户的高质量交流中更专注，并将实施更高水平的 PCSP。

然而，开发低质量 CEX 的员工可能没有义务回报，因为他们感觉到较少的信任和支持（Keith et al.，2004；Li and Hsu，2016），因此可能会在为更好地服务客户而进行的前瞻性思考上投入较少的精力。因此，CEX 水平较低的员工将不愿意表现 PCSP。

假设 25-2：CEX 与员工 PCSP 呈正相关。

我们关于 CEX 在客户授权行为与 PCSP 之间的中介作用的论点基于社会交换理论。该理论认为，提供利益应引起接受者的回报义务（Gouldner，1960）。李和许（Li and Hsu，2016）认为，CEX 涉及互惠规范。有了高质量的 CEX，客户和员工彼此受益，并有义务以善行回报对方（Kim and Qu，2020；Ma et al.，2022）。这些论点表明，CEX 在客户授权行为与 PCSP 之间的关系中起着中介作用。

客户授权行为意味着客户信任、支持并对一线酒店员工有信心，因此愿意将决策权授予他们（Dong et al.，2015；Oksuz，2021）。因此，一线酒店员工认为他们受到高度重视和信任，并获得了广泛的信息。由于受到客户的尊重和关心，酒店员工很可能与客户进行高质量的交流（Kim and Qu，2020；Ma and Qu，2011）。良好的 CEX 的存在进一步提高了 PCSP，因为一线酒店员工倾向于通过为客户的利益付出额外的努力来回报良好的交流（Kim and Qu，2020；Li and Hsu，2016）。先前的研究证实了"回馈"规范，表明拥有高质量 CEX 的员工更有可能表现出有利于客户的角色外工作行为（Kim and Qu，2020；Ma and Qu，2011；Ma et al.，2022）。因此，我们预测 CEX 是将客户授权行为的影响传递给员工 PCSP 的重要渠道。

假设 25-3：CEX 在顾客授权行为与员工 PCSP 的正向关系中起中介作用。

三、客户导向的调节作用

社会交换理论进一步强调了决定个人在交换关系中如何回报的态度倾向（Cropanzano and Mitchell，2005）。根据社会交换理论，个体对另一方的重视程度对维持社会交换关系至关重要（Wayne et al.，1997）。个体越看重交换方，就越有可能通过在交换关系中付出努力来回报（Ma et al.，2022）。改变交换质量的态度倾向可能是客户导向。具有较高客户导向的人倾向于强烈强调客户需求，对客户承诺，并满足客户期望（Ye et al.，2019；Zhu et al.，2017）。相比之下，这些倾向较低的人不太可能将客户需求视为他们的关注点，也可能不考虑客户期望以提高服务质量（Grizzle et al.，2009）。有人认为客户导向包括两个重要组成部分，即需求维度和享受维度（Brown et al.，2002）。需求维度表示员工重视客户需求，并努力满足他们的需求。享受维度意味着员工在满足客户方面是天生享受和自发的。

基于客户导向的这些特征，我们认为当一线酒店员工高度以客户为导向时，CEX 对 PCSP 的积极影响更强。凭借高质量的 CEX，一线酒店员工倾向于将客户视为有益和可持续的合作伙伴（Chathoth et al.，2013；Kim and Qu，2020），并努力发起善行以回报客户并维护交换关系（Blau，1964；Ma et al.，2022）。以客户为导向的员工非常重视客户需求（Liao and Subramony，2008；Ye et al.，2019），他们会觉得更有义务回报客户（Babakus et al.，2017；Yue et al.，2017），当他们拥有高质量的 CEX 时，他们更专注于旨在提高客户体验的主动行为。此外，客户导向强调客户服务的内在享受（Brown et al.，2002）。员工拥有高度的内在享受和为客户服务的意愿，他们更有可能以自发的服务行为来回报 CEX。然而，那些不太以客户为导向的人可能不会高度优先考虑客户需求，也不太倾向于长期内在地致力于服务客户（Liao and Subramony，2008；Peccei and Rosenthal，2000）。因此，发达的 CEX 对这些员工发起 PCSP 的刺激较小。实证研究表明，客户导向可以作为加强服务环境中积极结果的边界条件（Babakus et al.，2017；Yue et al.，2017）。

假设 25 - 4：员工客户导向调节了 CEX 对员工 PCSP 的影响，员工客户导向越高，正向效应越强。

如前所述，我们提出了一个框架，在该框架内，CEX 的中介作用和客户导向的调节作用被整合到一个组合的调节—中介模型中。本章认为，CEX 将客户授权行为的正向效应传递给 PCSP，而客户导向调节了 CEX 对 PCSP 的正向效应。基于客户授权行为与 CEX 正相关的概念，并且当客户定向较高时，CEX 与 PCSP 正相关，我们进一步提出，当客户导向较高时，客户授权行为通过 CEX 对 PCSP 的间接影响应该更强。

假设 25 - 5：员工客户导向调节了客户授权行为对员工 PCSP 的间接影响，员工客户导向越高，间接关系越强。

概念模型如图 25 - 1 所示。

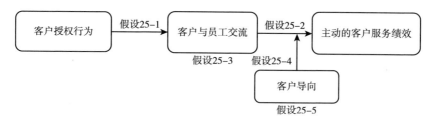

图 25 - 1　本章研究的概念模型

第二节　研究设计

一、研究样本与数据收集

本章的数据来自对中国六家私营酒店的调查。酒店的人力资源部帮助我们邀请与会者。具体来说，人力资源经理为我们提供了一线酒店员工及其直属主管的名单。一线酒店员工都来自与酒店客户界面上的客户进行面对面互动的部门。从提供的名单中，我们随机选择了 600 名一线酒店员工和200 名主管。所有参与者和问卷都事先编码，以匹配员工和主管的回答。为确保保密，我们给每位参与者分配了一份问卷和一个信封。在完成问卷调查后，参与者被要求将他们的答卷密封在信封里，然后直接将密封的信封退还给现场的研究人员。

为了减轻对常见方法偏差的担忧（Podsakoff et al.，2003），我们设计了一项滞后调查，在三个不同的时间间隔两个月进行。在第 1 期，一线酒店员工报告了他们的人口统计信息（性别、年龄、教育程度和直属主管的工作年限）以及他们对客户授权行为的看法。在第 2 期，一线酒店员工报告了他们对 CEX 的认知和客户导向。在第 3 期，直属主管对员工的 PCSP 进行了评级。

在第 1 期，收到了 562 份完整的问卷（回复率为 72.89%）。在第 2 期，收到了 435 份可用问卷（回复率为 77.40%）。在第 3 期，我们从主管那里收到了 379 份完整的问卷（回复率为 87.13%）。因此，最终样本包括 379对主管和下属的组合。在最后的样本中，每个主管平均与 2.92 名员工匹配。为了检验非应答偏差，使用 t 检验统计数据来检验两阶段应答之间关于人口统计的差异。结果没有发现两组之间有任何显著差异。因此，非应答偏差不影响本章研究的结果。

员工平均年龄为 31.27 岁（SD = 11.01），女性占 50.66%，其直属主管的平均工作年限为 2.61 年（SD = 3.21）；此外，64.64% 的员工拥有高中或以下学历。主管中女性占 56.15%，平均年龄为 37.48 岁（SD = 7.31）；此外，58.46% 的主管具有高中及以下学历。

二、变量测量

（一）客户授权行为

董等（Dong et al.，2015）的 8 项量表用于衡量客户授权行为。这些项目分为四个维度。一个例子是"我的客户帮助我认识到我的工作对他/她的重要性"。受访者用 5 分制报告了他们对每个项目的同意程度，范围从 1（强烈不同意）到 5（强烈同意）。验证性因子分析表明，二阶因子与数据拟合良好，$\chi^2(16) = 19.92$，TLI = 0.99，CFI = 0.99，以及 RMSEA = 0.03。该构念的 Cronbach'α 为 0.90，四个维度的 α 分别为 0.86、0.85、0.79 和 0.82。

（二）CEX

我们使用李和许（Li and Hsu，2016）创建的 12 个项目对 CEX 进行了 5 分制评估。其中 2 个项目的措辞是消极的，所以我们对这个项目的得分进行了反向编码。所有项目分为三个分量表。一个例子是"客户和我认为继续我们的关系很重要"，二阶因子模型拟合良好（$\chi^2(51) = 200.60$，TLI = 0.92，CFI = 0.94，RMSEA = 0.09）。整体构念的 Cronbach'α 为 0.89，三个维度的 α 是 0.88、0.84 和 0.82。

（三）客户导向

员工客户导向使用萨斯坎德等（Susskind et al.，2003）在 5 分制量表上开发的 5 个项目进行测量。一个例子是"我相信为客户提供及时、高效的服务是我工作的主要职责"。它的 Cronbach'α 为 0.85。

（四）　PCSP

员工 PCSP 采用劳布和廖（Raub and Liao，2012）修改的 7 个 5 分制项目进行评估。一个例子是"我的员工主动与客户进行检查，以验证是否满足或超过了客户的期望"。Cronbach'α 为 0.88。

（五）　控制变量

在这项研究中，员工人口统计数据，包括性别、年龄、教育程度和直属主管的工作年限，被编码为控制变量。我们控制了这些变量来排除它们对结果的潜在影响，因为已经表明它们与服务结果显著相关（Zhu et al.，2017，Ye et al.，2019）。此外，我们通过为选定的酒店创建 6 个虚拟变量，并在检验假设时包括其中 5 个，来控制酒店差异。另外，我们使用的所有量表都是英文版。为了将测量结果翻译成中文，我们采用了布里斯林（Brislin，1980）的反向翻译程序。

第三节　研究结果

一、构建效度、描述性统计和相关性

我们使用 AMOS 17.0 进行验证性因素分析，以评估关键构念的判别和收敛效度，遵循先前研究中广泛采用的程序（Aryee et al.，2007）。表 25 – 1 结果表明，四因素模型拟合良好（χ^2（451）= 915.81，TLI = 0.92，CFI = 0.93，RMSEA = 0.05），支持其判别效度。此外，上述四个构念的平均方差提取（AVE）值分别为 0.71、0.59、0.54 和 0.52，超过了 0.50 的最低标准。因此，四个关键构念的收敛效度得到了支持。此外，上述四种构念的复合效度分别为 0.95、0.94、0.85 和 0.88，为收敛效度提供了额外的支持。此外，每个构念的平均值的平方根超过了它和其他构念的相关性，证明了判别效度。

表 25 – 1 　　　　　　　　　　　　本章研究中使用的所有题项

变量		项目	因子载荷
客户授权行为	提高工作意义	我的客户帮助我理解我的工作对他/她的意义	0.89
		我的客户帮助我认识到我的工作对他/她的重要性	0.84
	促进决策参与	我的客户与我一起决定他/她需要的服务	0.83
		我的客户向我咨询有关他/她所需服务的决定	0.90
	表达对高绩效的信心	我的客户相信我能处理艰巨的任务	0.77
		我的客户对我的高水平表现表示有信心	0.84
	提供自主性	我的客户允许我按自己的方式提供服务	0.81
		我的客户允许我做出重要决定以满足他/她的需求	0.86
CEX	团结一致	客户和我致力于保持良好的关系	0.79
		客户和我认为继续我们的关系很重要	0.88
		客户和我都认为维护我们的关系很重要	0.85
	和谐融洽	客户和我通常能够解决分歧，令双方都满意	0.75
		客户和我通过中立的第三方来解决我们之间的纠纷	0.48
		我和客户都非常认真地维护合作关系	0.82
		客户和我之间高度的相互信任使我们能够解决我们的分歧，使双方都满意	0.83
		双方都努力真诚地解决我们之间产生的任何分歧	0.77
	信息交换	客户和我相互告知可能影响对方的事件或变化	0.55
		在我与客户的关系中，信息的交换频繁而非正式	0.78
		在我与客户的关系中，任何可能帮助另一方的信息都会被提供	0.83
		客户提供给我的信息往往是不充分的	0.78
客户导向		在工作中，客户对我来说是最重要的	0.62
		最好确保我们的客户得到最好的服务	0.78
		如果可能，我会满足客户的所有要求	0.68
		作为一名负责提供服务的员工，客户对我来说非常重要	0.76
		我相信为客户提供及时、高效的服务是我工作的主要职责	0.82

续表

变量	项目	因子载荷
PCSP	我的员工主动与客户分享信息，以满足他们的财务需求	0.69
	我的员工预测客户可能会遇到的问题或需求，并积极地制订解决方案	0.57
	我的员工用自己的判断和对风险的理解来决定何时破例或临时解决方案	0.70
	我的员工通过与客户互动来承担责任，并确保顺利过渡到其他服务代表	0.78
	我的员工积极与其他服务代表建立伙伴关系，以更好地为客户服务	0.78
	我的员工主动向其他服务领域传达客户需求，并合作实施解决方案	0.76
	我的员工主动与客户进行检查，以验证是否满足或超过了客户的期望	0.75

注：N = 379。

表 25 - 2 中的结果表明，客户授权行为与 CEX($r = 0.34$，$p < 0.01$) 和员工 PCSP($r = 0.19$，$p < 0.01$) 呈正相关。此外，CEX 与员工 PCSP 呈正相关（$r = 0.19$，0.24，$p < 0.01$），为我们的假设提供了初步支持。

表 25 - 2　　　　　　　　验证性因素分析

模型	χ^2	df	TLI	CFI	RMSEA
四个因素（基线模型）	915.81	451	0.92	0.93	0.05
三个因素（合并客户授权行为和 CEX）	1195.21	454	0.88	0.89	0.07
三个因素（合并 CEX 和员工客户导向）	1208.75	454	0.87	0.88	0.07
三个因素（合并 CEX 和员工 PCSP）	1283.42	454	0.86	0.87	0.07
三个因素（合并员工客户导向和员工 PCSP）	1672.06	454	0.80	0.81	0.08

模型	χ^2	df	TLI	CFI	RMSEA
两个因素（合并客户授权行为、CEX 和员工 PCSP）	1898.72	456	0.76	0.78	0.09
一个因素（所有项目合并为一个因素）	2509.04	457	0.66	0.69	0.11

注：N = 379。CFI = 比较拟合指数，TLI = Tucker-Lewis 指数，RMSEA = 近似均方根误差。

二、假设检验

由于每个主管都对几名员工的 PCSP 进行了评级，我们控制了嵌套效应，并使用 Mplus 7.0 检验了所有假设（Muthén and Muthéen，2012）。表 25 – 3 中的结果表明，当控制员工人口统计和酒店差异时，客户授权行为对 CEX 有正向影响（β = 0.25，p < 0.01，模型 2），为假设 25 – 1 提供了支持。此外，CEX 显著预测了员工 PCSP（β = 0.16，p < 0.01，模型 5），支持假设 25 – 2。

表 25 – 3　　　　　　　　均值、标准差、相关性和信度

变量	均值	SD	1	2	3	4	5	6
1. 员工性别	1.49	0.50						
2. 员工年龄	31.27	11.01	− 0.01					
3. 员工教育	1.46	0.68	− 0.05	− 0.14 **				
4. 员工任职期间	2.61	3.21	0.01	0.38 **	0.12 *			
5. 酒店 1	—	0.37	− 0.02	− 0.07	0.07	− 0.13 *		
6. 酒店 2	—	0.42	− 0.01	0.06	0.01	− 0.20 **	− 0.24 **	
7. 酒店 3	—	0.33	0.04	0.00	0.19 **	0.40 **	− 0.17 **	− 0.21 **
8. 酒店 4	—	0.25	0.10	0.26 **	− 0.04	0.20 **	− 0.12 *	− 0.14 **
9. 酒店 5	—	0.25	− 0.11 **	− 0.14 **	0.21 **	− 0.01	− 0.12 *	− 0.14 **
10. 酒店 6	—	0.48	− 0.06	− 0.06	− 0.28 **	− 0.10 *	− 0.33 **	− 0.40 **
11. 客户授权行为	3.66	0.68	0.09	0.09	0.10	0.15 **	0.09	0.01
12. CEX	3.69	0.58	0.09	0.09	0.14 **	0.09	0.05	0.01
13. 客户导向	4.03	0.61	0.16 **	0.16 **	0.05	0.10	− 0.04	0.01
14. PCSP	3.67	0.61	0.06	0.06	0.13 *	0.20 **	− 0.01	0.08

续表

变量	7	8	9	10	11	12	13	14
7. 酒店 3								
8. 酒店 4	−0.10*							
9. 酒店 5	−0.10*	−0.07						
10. 酒店 6	−0.28**	0.20**	−0.20**					
11. 客户授权行为	0.16**	0.04	0.05	−0.16**				
12. CEX	0.11*	−0.01	0.14**	−0.19**	0.34**			
13. 客户导向	0.18**	0.15**	0.03	−0.20**	0.43**	0.32**		
14. PCSP	0.14**	0.29**	0.01	−0.32**	0.19**	0.19**	0.24**	

注：N = 379。性别编码为"1"代表女性，"2"代表男性；学历为"1"表示高中及以下学历，"2"表示大专学历，"3"表示本科学历，"4"表示研究生及以上学历。

$*p < 0.05$，$**p < 0.01$（双尾）。客户授权行为、CEX、客户导向和 PCSP 的 AVE 值分别为 0.84、0.77、0.74 和 0.72。

假设 25 − 3 预测了 CEX 在客户授权行为与员工 PCSP 之间的中介作用。支持假设 25 − 3，我们的结果显示，当进入 CEX 时，CEX 与员工 PCSP 之间存在显著的正相关关系（$\beta = 0.13$，$p < 0.01$，模型 6），而客户授权行为对 PCSP 的影响变得不那么显著（$\beta = 0.09$，$p < 0.05$，模型 6）。此外，我们计算了客户授权行为通过 CEX 对员工 PCSP 间接效应的置信区间。结果表明，这种间接效应是显著且积极的（估计值 = 0.03，95% CI = [0.006，0.048]，模型 5）。因此，假设 25 − 3 得到了支持。

为了检验假设 25 − 4，我们使用 CEX 和客户导向之间的标准化价值创建了它们之间的交互作用（Aiken and West，1991）。表 25 − 3 的路径分析结果表明，CEX 和客户导向之间的相互作用与员工 PCSP 呈正相关（$\beta = 0.06$，$p < 0.05$，模型 8），为假设 25 − 4 提供了支持。为了更好地理解这种调节效应，我们按照艾肯和韦斯特（Aiken and West，1991）开发的程序绘制了它。图 25 − 2 显示，CEX 对高客户导向员工 PCSP 的正向影响显著（$\beta = 0.17$，$p < 0.01$），而对低客户导向员工的正向影响不显著（$\beta = 0.05$，n. s.）。因此，假设 25 − 4 得到了进一步的支持。

假设 25 − 5 预测了一个有调节的中介模型。为了检验假设 25 − 5，我们在员工客户导向的一个标准差高和一个标准差低的情况下，评估了 CEX 的条件中介效应。结果如表 25 − 4 所示。当员工客户导向较高时（估计值 = 0.07，95% CI = [0.023，0.118]）而不是较低（估计值 = 0.06，95% CI =

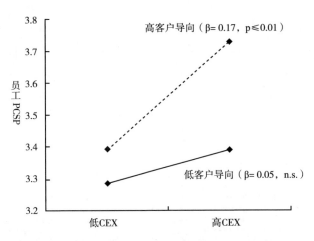

图 25 - 2　CEX 与员工客户导向在员工 PCSP 上的交互

[0.019，0.098]）时，CEX 的中介效应显著。总体而言，差异是显著的（估计值 = 0.01，95% CI = [0.001，0.023]）。因此，假设 25 - 5 得到了充分的支持。

表 25 - 4　　　　　　　　　　　　　估算模型的路径分析结果

变量	CEX		PCSP					
	M1	M2	M3	M4	M5	M6	M7	M8
控制变量								
员工性别	0.05	0.04	-0.01	-0.01	-0.01	-0.01	-0.03	-0.01
员工年龄	0.01 *	0.01	0.00	-0.01	-0.01	-0.01	-0.01 *	-0.01
员工教育	0.07	0.06	0.04	0.03	0.03	0.03	0.03	0.04
员工任职期间	0.00	0.00	0.03 **	0.03 *	0.03 **	0.03 *	0.03 **	0.03 **
酒店 1	0.20 *	0.13	0.25 *	0.21 *	0.22 *	0.20 *	0.20 *	0.22 *
酒店 2	0.13	0.12	0.37 **	0.37 **	0.35 **	0.35 **	0.34 **	0.33 **
酒店 3	0.27	0.18 *	0.37 **	0.33 **	0.33 **	0.30 **	0.27 *	0.27 *
酒店 4	0.02 **	-0.01	0.88 **	0.87 **	0.88 **	0.87 **	0.83 **	0.81
酒店 5	0.45 **	0.37 **	0.22 *	0.19	0.15	0.14	0.12	0.15
独立变量								
客户授权行为		0.25 **		0.12 **		0.09 *	0.05	0.06

续表

变量	CEX		PCSP					
	M1	M2	M3	M4	M5	M6	M7	M8
中介变量								
CEX					0.16 **	0.13 **	0.11 *	0.11 *
调节变量								
客户导向							0.11 *	0.11 *
交互作用								
CEX × 客户导向								0.06 *

注：N = 379。估计值是未标准化的回归系数。* p < 0.05，** p < 0.01（双尾）。

第四节　结论与讨论

使用时滞设计，我们为客户授权行为的社会交换视角提供了实证支持。我们概述了客户授权行为促进员工 PCSP 的基本过程，以及增强该过程的边界条件。特别是，我们发现 CEX 是连接客户授权行为与一线酒店员工 PCSP 的核心组件。此外，作为一种重要的态度倾向，员工的客户导向会加剧 CEX 对 PCSP 的直接影响，并通过 CEX 加剧客户授权行为对 PCS 的间接影响。

一、理论意义

我们从三个方面扩展了相关文献。首先，我们超越以往的研究，关注客户授权行为的新的行为结果，即客户授权行为，也就是 PCSP。关于客户授权行为对员工创造力影响的初步研究令人兴奋和鼓舞人心（Dong et al.，2015），但后续研究很少。我们通过包括主动和自主的客户服务行为来推进文献，这扩大了由客户授权行为产生的个人服务结果的范围。这一扩展意义重大，因为 PCSP 是满足客户不可预测和不断变化需求的关键，并在很大程度上反映了酒店行业的客户满意度（Lyu et al.，2016；Raub and Liao，2012）。此外，我们通过在文献中引入组织外部的一个重要的利益相关者群体——客户，扩展了 PCSP 的前因。通过这样做，一个至关重要但在很大程度上被忽视的 PCSP 影响因素被正确地考虑，并有助于完成 PCSP 的框架。

其次，我们通过调查 CEX 作为中介，进一步了解了客户授权行为和 PCSP 的背后机制。因此，我们的研究通过将一个新的视角——社会交换理论，引入客户授权行为研究中。与社会交换理论一致，我们的研究结果表明，CEX 是连接客户授权行为与一线酒店员工的 PCSP 的中心组件。通过这样做，我们完善了客户授权行为的理论框架，并拓宽了对客户授权行为如何对酒店员工产生影响的理解。这一增加具有重要意义，因为它解决了客户授权行为及其结果之间潜在的进一步渠道值得注意和研究的问题（Dong et al.，2015）。

最后，我们对文献进行了实质性的补充，即客户导向是调整 CEX 效果的边界条件。迄今为止，很少有学者探讨过 CEX 的边界条件（Li and Hsu，2016；Ma and Qu，2011），这在理解客户和员工之间的交流是如何维持方面留下了很大空白。这一研究空白限制了我们对客户和员工之间积极交流带来有益结果的条件的理解。我们的研究通过识别客户导向的调节作用来填补这一空白，并有助于确认客户导向在 CEX 和 PCSP 之间的加剧作用。因此，我们在寻找 CEX 影响的重要边界条件方面向前迈出了一步。我们的研究结果还扩展了社会交换理论，为以下论点提供了额外的证据：个人对另一方的重视程度对于维持社会交换关系至关重要（Wayne et al.，1997）。

二、管理启示

考虑到客户授权行为所带来的有利结果，我们建议酒店组织利用其外部利益相关者，即客户，来诱导愉快的服务体验。本章研究结果表明，通过客户授权，服务交付过程将得到加强，因此我们建议组织应采取措施，鼓励客户将其决策权委托给一线酒店员工。为了鼓励客户赋权，酒店组织应该建立客户对一线酒店员工及其提供的服务的信心（Dong et al.，2015）。例如，酒店组织可以通过酒店的社交媒体向客户分享成功的商业故事，或者邀请客户参与开发新产品和服务的过程。酒店经理还应提供大量培训项目和实践机会，以提高员工的专业知识和专业技能。另外，向客户宣传授权给服务供应商将提升他们的服务体验也是至关重要的。通过向客户灌输一线酒店员工会为这种授权做出回报的理念，客户将更倾向于表示信任，并咨询员工的建议，以期待积极的服务体验。此外，管理者应该鼓励一线酒店员工告知客户服务流程和可能的结果（Keith et al.，2004），这可以减轻客户的担忧，增加他们的信任。随着信任的增加，客户更有可能委托给他们的服务供应商。

CEX 也有利于展示积极的服务行为，我们鼓励酒店经理在客户和员工之间建立健康和良好的交流关系。组织不仅要重视"内部人员"，更要重视"外部人员"与"内部人员"之间的交流。例如，酒店经理可以通过让双方都参与破冰游戏，培养客户和员工之间相互理解和信任的积极氛围（Li and Hsu，2016）。酒店经理还应通过提供相关培训，提高一线酒店员工的人际交往能力，以促进与客户的积极互动和密切联系。恰当而亲切的沟通肯定会促成高质量的客户与员工关系。客户评论的渠道应该是开放的，在这种情况下，与客户的频繁互动和跟进他们的反馈对于促进积极的 CEX 非常重要（Keith et al.，2004；Kim and Qu，2020）。酒店组织还应该认识到客户在激励员工积极主动行为方面的战略重要性。服务友好型客户更有可能与他们的服务供应商建立密切联系，从而更有可能获得更好的服务。

此外，本章研究结果表明，CEX 对以客户为导向的员工更有影响力，以客户为导向的员工表现得更主动。因此，它告诉酒店经理要考虑员工的倾向，并招聘那些具有高客户导向的员工。鉴于先前的研究已经证明了领导者的客户导向对员工的客户导向的预测作用（Liao and Subramony，2008），酒店应该选择以客户为导向的经理，并告知他们培养员工客户导向的重要性。这种涓滴效应很可能有助于建立员工的客户导向意识。酒店还应该制订培训计划，培训经理和员工以客户为导向。通过这样做，经理和员工可以敏锐地了解如何以客户为导向。另一种措施是营造以客户为中心的氛围，在酒店中建立客户导向重要性的认知，并将客户导向的文化注入每个员工（Liao and Chuang，2007；Schneider et al.，1998）。

三、局限和未来展望

首先，尽管我们在不同时间收集了员工和主管的数据，但我们的结果仍然容易受到常见方法偏差的影响，因为 CEX 和客户导向的数据是同时从相同的受访者处获得的。考虑到这一点，我们进行了因素分析和结构效度检验，以证明本章研究不太可能存在常见的方法偏差。未来的研究可以采用其他实验设计来避免这种偏差。此外，在每一次数据收集过程中，都有一定比例的参与者退出。因此，最终的样本不符合随机原则。然而，MANOVA 的分析结果表明，中途放弃的人与全部完成三次数据收集的人没有系统性差异。因此，我们可以确保样本的随机性。

其次，我们忽略了其他形式的客户行为，包括客户支持等积极行为与客户不礼貌和性骚扰等消极行为。鉴于一线酒店员工可能同时面临多种形式的客户行为，考虑其他常见的客户行为形式以确认客户授权行为的显著效果是至关重要的。此外，我们建议未来的研究重点放在有助于消除客户授权行为的积极影响的其他调节因素上，这可能为丰富和完善客户授权行为的文献提供其他角度。

再次，客户授权行为的决定因素在酒店环境中仍然是一个悬而未决的问题，因为我们不知道是什么激励客户授权。因此，我们鼓励未来的研究来探索这个有趣的问题。客户的授权决策也可能取决于酒店组织的口碑和客户对一线酒店员工能力的判断。这些因素也是未来研究的潜在研究方向。

最后，我们在中国进行了这项研究，在中国，人们受到儒家思想的影响，非常重视人际关系（Yang，1993）。因此，与其他文化背景的员工相比，中国的一线酒店员工在获得客户授权的情况下可能会更受鼓舞，并表现出更高水平的 CEX。此外，本章研究的样本来源于民营酒店，虽然这样的样本选择有利于内部效度，但在一定程度上削弱了本章研究的普遍性。因此，我们鼓励未来的研究考虑其他文化背景和其他所有权类型的酒店，以确认我们研究的普遍性。

参 考 文 献

[1] 安智宇、程金林:《人力资源管理对企业绩效影响的实证研究——组织学习视角的分析》,载《管理工程学报》2009 年第 3 期。

[2] 蔡俊亚、党兴华:《商业模式创新对财务绩效的影响研究:基于新兴技术企业的实证》,载《运筹与管理》2015 年第 2 期。

[3] 蔡莉等:《创业生态系统研究回顾与展望》,载《吉林大学社会科学学报》2016 年第 1 期。

[4] 陈爱辉、陈耀斌:《SNS 用户活跃行为研究:集成承诺、社会支持、沉没成本和社会影响理论的观点》,载《南开管理评论》2014 年第 3 期。

[5] 陈春花、廖建文:《打造数字战略的认知框架》,载《销售与管理》2018 年第 10 期。

[6] 陈恩才:《转型经济国家中小企业发展的外部环境分析》,载《外国经济与管理》2003 年第 10 期。

[7] 陈锋正:《地方本科院校办学特色的制度化困境——基于多重制度逻辑的分析框架》,载《高教探索》2017 年第 1 期。

[8] 陈钢华:《多重制度逻辑视角下的旅游度假区开发模式变迁——以三亚市海棠湾、亚龙湾为例》,中山大学博士学位论文,2012 年。

[9] 陈国权:《学习型组织的学习能力系统、学习导向人力资源管理系统及其相互关系研究——自然科学基金项目(70272007)回顾和总结》,载《管理学报》2007 年第 6 期。

[10] 陈剑等:《从赋能到使能——数字化环境下的企业运营管理》,载《管理世界》2020 年第 2 期。

[11] 陈菊红、张睿君、张雅琪:《服务化战略对企业绩效的影响——基于商业模式创新的中介作用》,载《科研管理》2020 年第 4 期。

[12] 陈敏、李瑾:《30 年来中国工程教育模式改革背景研究——基于多重制度逻辑的分析》,载《高等工程教育研究》2012 年第 6 期。

[13] 陈志军等：《企业动态能力的形成机制与影响研究——基于环境动态性的调节作用》，载《软科学》2015 年第 5 期。

[14] 程聪等：《理性还是情感：动态竞争中企业"攻击—回应"竞争行为的身份域效应——基于 AMC 模型的视角》，载《管理世界》2015 年第 8 期。

[15] 程聪、贾良定：《我国企业跨国并购驱动机制研究——基于清晰集的定性比较分析》，载《南开管理评论》2016 年第 6 期。

[16] 程聪、谢洪明：《市场导向与组织绩效：一项元分析的检验》，载《南开管理评论》2013 年第 6 期。

[17] 池仁勇：《美日创业环境比较研究》，载《外国经济与管理》2002 年第 9 期。

[18] 池仁勇、许必芳：《中小企业政策演变特征与前沿研究》，载《外国经济与管理》2006 年第 11 期。

[19] 迟考勋、邵月婷：《商业模式创新、资源整合与新创企业绩效》，载《外国经济与管理》2020 年第 3 期。

[20] 丁栋虹、曹乐乐：《创业导向与企业绩效：战略柔性的中介作用》，载《中国科技论坛》2019 年第 9 期。

[21] 杜运周、尤树洋：《制度逻辑与制度多元性研究前沿探析与未来研究展望》，载《外国经济与管理》2013 年第 12 期。

[22] 段伟文：《人工智能时代的价值审度与伦理调适》，载《中国人民大学学报》2017 年第 6 期。

[23] 方世建、孙薇：《制度创业：经典模型回顾、理论综合与研究展望》，载《外国经济与管理》2012 年第 8 期。

[24] 缑倩雯、蔡宁：《制度复杂性与企业环境战略选择：基于制度逻辑视角的解读》，载《经济社会体制比较》2015 年第 1 期。

[25] 郭海、韩佳平：《数字化情境下开放式创新对新创企业成长的影响：商业模式创新的中介作用》，载《管理评论》2019 年第 6 期。

[26] 郭海、李垣、廖貅武等：《企业家导向、战略柔性与自主创新关系研究》，载《科学学与科学技术管理》2007 年第 1 期。

[27] 郭海、沈睿：《如何将创业机会转化为企业绩效——商业模式创新的中介作用及市场环境的调节作用》，载《经济理论与经济管理》2014 年第 3 期。

［28］郝金磊、尹萌：《分享经济：赋能、价值共创与商业模式创新——基于猪八戒网的案例研究》，载《商业研究》2018 年第 5 期。

［29］何会涛、彭纪生：《人力资源管理实践对创新绩效的作用机理研究——基于知识管理和组织学习视角的整合框架》，载《外国经济与管理》2008 年第 8 期。

［30］胡鞍钢等：《人口老龄化、人口增长与经济增长——来自中国省际面板数据的实证证据》，载《人口研究》2012 年第 3 期。

［31］胡岗岚等：《电子商务生态系统及其演化路径》，载《经济管理》2009 年第 6 期。

［32］黄浩、荆林波：《共享经济的结构、模式与产业影响——基于扎根理论的多案例分析》，载《管理案例研究与评论》2019 年第 12 期。

［33］简兆权等：《基于知识管理的新产品开发影响因素实证研究》，载《科研管理》2010 年第 6 期。

［34］简兆权等：《价值共创研究的演进与展望——从"顾客体验"到"服务生态系统"视角》，载《外国经济与管理》2016 年第 9 期。

［35］简兆权等：《战略导向、动态能力与技术创新：环境不确定性的调节作用》，载《研究与发展管理》2015 年第 2 期。

［36］江积海、蔡春花：《开放型商业模式 NICE 属性与价值创造关系的实证研究》，载《中国管理科学》2016 年第 5 期。

［37］姜付秀等：《管理者背景特征与企业过度投资行为》，载《管理世界》2009 年第 1 期。

［38］蒋建武等：《战略人力资源管理对组织创新的作用机理研究》，载《管理学报》2010 年第 12 期。

［39］［美］雷·库兹韦尔：《奇点临近》，李庆诚等译，机械工业出版社 2011 年版。

［40］李宝庆、张善超、樊亚峤：《多重制度逻辑下高中学业水平考试改革的风险及其规避》，载《教育发展研究》2016 年第 6 期。

［41］李兵等：《城市规模、人口结构与不可贸易品多样性——基于"大众点评网"的大数据分析》，载《经济研究》2019 年第 1 期。

［42］李东红等：《多重制度逻辑下企业社会责任对海外运营的支撑效应——以聚龙公司在印尼的实践为例》，载《国际经济合作》2016 年第 12 期。

［43］李宏贵、蒋艳芬：《多重制度逻辑的微观实践研究》，载《财贸研究》2017 年第 2 期。

［44］李宏贵、谢蕊：《多重制度逻辑下企业技术创新的合法性机制》，载《科技管理研究》2017 年第 3 期。

［45］李宏贵、谢蕊、陈忠卫：《多重制度逻辑下企业创新合法化战略行为——基于阿里巴巴案例分析》，载《经济与管理研究》2017 年第 7 期。

［46］李鸿磊：《商业模式创新、二元创新导向与企业绩效影响》，载《现代经济探讨》2019 年第 12 期。

［47］李伦：《"楚门效应"：数据巨机器的"意识形态"——数据主义与基于权利的数据伦理》，载《探索与争鸣》2018 年第 5 期。

［48］李善民、刘永新：《并购整合对并购公司绩效的影响——基于中国液化气行业的研究》，载《南开管理评论》2010 年第 4 期。

［49］李晓燕、毛基业：《动态能力构建——基于离岸软件外包供应商的多案例研究》，载《管理科学学报》2010 年第 11 期。

［50］李雪灵等：《制度创业文献回顾与展望：基于"六何"分析框架》，载《外国经济与管理》2015 年第 4 期。

［51］李雪灵、姚一玮、王利军：《新企业创业导向与创新绩效关系研究：积极型市场导向的中介作用》，载《中国工业经济》2010 年第 6 期。

［52］李元旭、刘飙：《制度距离与我国企业跨国并购交易成败研究》，载《财经问题研究》2016 年第 3 期。

［53］梁琦等：《户籍改革、劳动力流动与城市层级体系优化》，载《中国社会科学》2013 年第 12 期。

［54］梁倩：《林克松与朱德全，多重制度逻辑下的课业负担问题治理》，载《教育发展研究》2013 年第 6 期。

［55］刘洪伟、冯淳：《基于知识基础观的技术并购模式与创新绩效关系实证研究》，载《科技进步与对策》2015 年第 16 期。

［56］刘家树等：《创新链集成的科技成果转化模式探析》，载《科学管理研究》2012 年第 5 期。

［57］刘娟：《跨国企业制度学习研究述评与展望》，载《外国经济与管理》2015 年第 2 期。

［58］刘军、谭德庆等：《竞争环境下的产品定位——价格决策、渠道结构及福利研究》，载《运筹与管理》2017 年第 26 期。

[59] 刘名旭、向显湖：《不确定环境下的财务柔性理论及其本质》，载《改革与战略》2014年第30期。

[60] 刘凝霜：《政治关系、非正式制度与民营企业发展路径——基于研究脉络与理论逻辑的双视角考察》，载《经济学动态》2016年第10期。

[61] 刘善仕等：《人力资源管理系统，创新能力与组织绩效关系——以高新技术企业为例》，载《科学学研究》2007年第4期。

[62] 刘伟、赵路：《对人工智能若干伦理问题的思考》，载《科学与社会》2018年第1期。

[63] 刘洋等：《数字创新管理：理论框架与未来研究》，载《管理世界》2020年第7期。

[64] 刘志阳等：《数字社会创业：理论框架与研究展望》，载《外国经济与管理》2020年第4期。

[65] 刘志迎等：《Yin、Eisenhardt和Pan的案例研究方法比较研究——基于方法论视角》，载《管理案例研究与评论》2018年第1期。

[66] 刘志迎等：《互联网企业商业模式循环迭代创新的演化机制——基于单案例的探索性研究》，载《管理案例研究与评论》2019年第4期。

[67] 路紫等：《中国现实地理空间与虚拟网络空间的比较》，载《地理科学》2008年第5期。

[68] 吕力：《归纳逻辑在管理案例研究中的应用：以AMJ年度最佳论文为例》，载《南开管理评论》2014年第1期。

[69] 罗瑾琏：《企业绩效的人力资源整合》，同济大学出版社2000年版。

[70] 罗珉、李亮宇：《互联网时代的商业模式创新：价值创造视角》，载《中国工业经济》2015年第1期。

[71] 罗琦等：《融资约束抑或过度投资——中国上市企业投资—现金流敏感度的经验证据》，载《中国工业经济》2007年第9期。

[72] 罗兴武、项国鹏、宁鹏等：《商业模式创新如何影响新创企业绩效？——合法性及政策导向的作用》，载《科学学研究》2017年第7期。

[73] 马宁、官建成：《影响我国工业企业技术创新绩效的关键因素》，载《科学学与科学技术管理》2000年第3期。

[74] 毛丹：《多重制度逻辑冲突下的教育政策制定过程研究——以美国伊利诺伊州高等教育绩效拨款政策制定过程为例》，载《教育发展研究》

2017 年第 7 期。

［75］毛益民：《制度逻辑冲突：场域约束与管理实践》，载《广东社会科学》2014 年第 6 期。

［76］毛湛文：《定性比较分析（QCA）与新闻传播学研究》，载《国际新闻界》2016 年第 4 期。

［77］孟晓斌等：《企业动态能力理论模型研究综述》，载《外国经济与管理》2007 年第 10 期。

［78］莫景祺：《多重制度逻辑下制度移植的互动机制研究——国际学校认证制度向中国移植过程的分析》，北京大学，2011 年。

［79］庞长伟等：《整合能力与企业绩效：商业模式创新的中介作用》，载《管理科学》2015 年第 5 期。

［80］庞长伟、李垣、段光：《整合能力与企业绩效：商业模式创新的中介作用》，载《管理科学》2015 年第 5 期。

［81］裴云龙、江旭、刘衡：《战略柔性、原始性创新与企业竞争力——组织合法性的调节作用》，载《科学学研究》2013 年第 3 期。

［82］彭娟：《基于构型理论的人力资源系统与组织绩效的关系研究》，华南理工大学博士学位论文，2013 年。

［83］彭说龙等：《环境变动、组织学习与组织绩效的关系研究》，载《科学学与科学技术管理》2005 年第 11 期。

［84］彭小辉、史清华：《农业政策变化的发生机理：基于多重制度逻辑视角——以农村税费改革为例》，载《中国软科学》2016 年第 6 期。

［85］齐海丽：《公共服务购买场域的制度逻辑冲突与应对策略》，载《学习与实践》2017 年第 1 期。

［86］邱伟年等：《社会资本与企业绩效：探索式与利用式学习的中介作用》，载《经济管理》2011 年第 1 期。

［87］Raymond V. W. 等：《组织间和组织内知识转移：对其前因后果的元分析及评估》，载《管理世界》2012 年第 4 期。

［88］Sergio F.，Victor D. N.：《人工智能伦理与法律风险的探析》，载《科技与法律》1980 年第 1 期。

［89］邵传林：《制度环境、财政补贴与企业创新绩效——基于中国工业企业微观数据的实证研究》，载《软科学》2015 年第 9 期。

［90］宋典等：《战略人力资源管理、创新氛围与员工创新行为的跨层

次研究》，载《科学学与科学技术管理》2011 年第 1 期。

[91] 宋华：《于尢尢与冯云霞，制度创业：制度压力和组织合法性间的桥梁——对特变的案例研究》，载《管理案例研究与评论》2013 年第 3 期。

[92] 苏晓华、王科：《转型经济中新兴组织场域的制度创业研究——以中国 VC/PE 行业为例》，载《中国工业经济》2013 年第 5 期。

[93] 孙新波等：《数据赋能研究现状及未来展望》，载《研究与发展管理》2020 年第 2 期。

[94] 谭海波等：《技术管理能力、注意力分配与地方政府网站建设——一项基于 TOE 框架的组态分析》，载《管理世界》2019 年第 9 期。

[95] 汤天波、吴晓隽：《共享经济："互联网＋"下的颠覆性经济模式》，载《科学发展》2015 年第 12 期。

[96] 唐靖等：《不同创业环境下的机会认知和创业决策研究》，载《科学学研究》2007 年第 2 期。

[97] 陶颜、周丹、魏江：《服务模块化、战略柔性与创新绩效——基于金融企业的实证研究》，载《科学学研究》2016 年第 34 期。

[98] 田志龙等：《分散的能动性与集体性制度创业》，载《科学学研究》2015 年第 6 期。

[99] 田志龙等：《企业市场行为、非市场行为与竞争互动——基于中国家电行业的案例研究》，载《管理世界》2007 年第 8 期。

[100] 屠建飞、冯志敏：《基于创新链的模具产业集群技术创新平台》，载《中国软科学》2009 年第 5 期。

[101] 汪玮、周育海：《多重逻辑下的制度变迁：一个案例的探析》，载《浙江社会科学》2013 年第 9 期。

[102] 王菁等：《政府补贴体现了"竞争中立"吗——基于模糊集的定性比较分析》，载《当代经济科学》2016 年第 2 期。

[103] 王路昊：《区域创新中府际合作的多重逻辑——基于成都经济区八市的话语分析》，载《上海交通大学学报（哲学社会科学版）》2016 年第 4 期。

[104] 王诗宗等：《中国社会组织多重特征的机制性分析（英文）》，载《Social Sciences in China》2016 年第 4 期。

[105] 王诗宗：《宋程成与许鹿，中国社会组织多重特征的机制性分析》，载《中国社会科学》2014 年第 12 期。

[106] 王铁男、陈涛、贾榕霞：《组织学习、战略柔性对企业绩效影响的实证研究》，载《管理科学学报》2010 年第 7 期。

[107] 王文华、江昕意：《环境不确定性下财务柔性的内涵界定与测度》，载《财会月刊》2020 年第 11 期。

[108] 王翔、李东、后士香：《商业模式结构耦合对企业绩效的影响的实证研究》，载《科研管理》2015 年第 7 期。

[109] 王砚羽等：《商业模式采纳与融合："人工智能＋"赋能下的零售企业多案例研究》，载《管理评论》2019 年第 7 期。

[110] 王颖、李树苗：《以资源为基础的观点在战略人力资源管理领域的应用》，载《南开管理评论》2002 年第 3 期。

[111] 吴先明、苏志文：《将跨国并购作为技术追赶的杠杆：动态能力视角》，载《管理世界》2014 年第 4 期。

[112] 吴先明：《我国企业跨国并购中的逆向知识转移》，载《经济管理》2013 年第 1 期。

[113] 吴先明：《我国企业知识寻求型海外并购与创新绩效》，载《管理工程学报》2016 年第 3 期。

[114] 吴晓波：《腾讯传（1998～2016）》，载《中国战略新兴产业》2017 年第 2 期。

[115] 吴晓波、吴东：《论创新链的系统演化及其政策含义》，载《自然辩证法研究》2008 年第 12 期。

[116] 吴晓波、赵子溢：《商业模式创新的前因问题：研究综述与展望》，载《外国经济与管理》2017 年第 1 期。

[117] 武文珍、陈启杰：《价值共创理论形成路径探析与未来研究展望》，载《外国经济与管理》2012 年第 6 期。

[118] 向静林：《市场治理的制度逻辑——基于风险转化的理论视角》，载《社会学评论》2017 年第 3 期。

[119] 项国鹏：《迟考勋与葛文霞，国外制度创业理论研究现状及未来展望——基于 SSC（I1988—2010）的文献计量分析》，载《科学学与科学技术管理》2012 年第 4 期。

[120] 项国鹏：《迟考勋与王璐，转型经济中民营企业制度创业技能对合法性获取的作用机制——春秋航空、宝鸡专汽及台州银行的案例研究》，载《科学学与科学技术管理》2011 年第 5 期。

［121］项国鹏：《胡玉和与迟考勋，国外制度创业研究前沿探析与未来展望》，载《外国经济与管理》2011 年第 5 期。

［122］萧文龙：《统计分析入门与应用——SPSS 中文版 + SmartPLS 3（PLS_SEM）》，碁峰资讯股份有限公司，2018 年。

［123］肖坚石：《制度创业中的竞争与集体行动研究——以余额宝创新为例》，载《商业经济研究》2015 年第 10 期。

［124］谢洪明：《陈盈与程聪，网络强度和企业管理创新：社会资本的影响》，载《科研管理》2012 年第 9 期。

［125］谢洪明等：《跨国并购的效应：研究述评及展望》，载《外国经济与管理》2016 年第 8 期。

［126］谢洪明等：《市场导向与组织绩效的关系：组织学习与创新的影响——珠三角地区企业的实证研究》，载《管理世界》2006 年第 2 期。

［127］谢洪明等：《学习、知识整合与创新的关系研究》，载《南开管理评论》2007 年第 2 期。

［128］谢康等：《组织变革中的战略风险控制——基于企业互联网转型的多案例研究》，载《管理世界》2016 年第 2 期。

［129］谢卫红等：《高管支持、大数据能力与商业模式创新》，载《研究与发展管理》2018 年第 4 期。

［130］解学梅、王宏伟：《开放式创新生态系统价值共创模式与机制研究》，载《科学学研究》2020 年第 5 期。

［131］许晖等：《基于组织免疫视角的科技型中小企业风险应对机理研究》，载《管理世界》2011 年第 2 期。

［132］许强、应翔君：《核心企业主导下传统产业集群和高技术产业集群协同创新网络比较——基于多案例研究》，载《软科学》2012 年第 6 期。

［133］阎大颖：《制度距离、国际经验与中国企业海外并购的成败问题研究》，载《南开经济研究》2011 年第 5 期。

［134］阎婧、刘志迎、郑晓峰：《环境动态性调节作用下的变革型领导、商业模式创新与企业绩效》，载《管理学报》2016 年第 8 期。

［135］杨华军、胡奕明：《制度环境与自由现金流的过度投资》，载《管理世界》2007 年第 9 期。

［136］杨建锋等：《组织学习对组织绩效的影响机制研究》，载《科学学与科学技术管理》2010 年第 7 期。

［137］杨书燕：《吴小节与汪秀琼，制度逻辑研究的文献计量分析》，载《管理评论》2017 年第 3 期。

［138］杨学成、涂科：《出行共享中的用户价值共创机理——基于优步的案例研究》，载《管理世界》2017 年第 8 期。

［139］杨铒与陈婷婷：《多重制度逻辑下的社区精神康复机构研究——兼论本土精神卫生公共性建设的可能路径》，载《社会科学战线》2017 年第 3 期。

［140］杨振、张小雷、李建刚、雷军、段祖亮：《中国地级单元城镇化与经济发展关系的时空格局——基于 2000 年和 2010 年人口普查数据的探析》，载《地理研究》2020 年第 39 期。

［141］杨智、邓炼金、方二：《市场导向、战略柔性与企业绩效：环境不确定性的调节效应》，载《中国软科学》2010 年第 9 期。

［142］殷存毅：《台资企业协会与两岸关系——基于集体行动逻辑和制度约束的分析》，载《台湾研究》2007 年第 2 期。

［143］尹珏林、任兵：《组织场域的衰落、重现与制度创业：基于中国直销行业的案例研究》，载《管理世界》2009 年第 1 期。

［144］于雪、王前：《"机器伦理"思想的价值与局限性》，载《伦理学研究》2016 年第 4 期。

［145］余传鹏等：《专业化知识搜寻、管理创新与企业绩效：认知评价的调节作用》，载《管理世界》2020 年第 1 期。

［146］余航等：《共享经济：理论建构与研究进展》，载《南开管理评论》2018 年第 6 期。

［147］余江、靳景、温雅婷：《转型背景下公共服务创新中的数字技术及其创新治理：理论追溯与趋势研判》，载《科学学与科学技术管理》2021 年第 2 期。

［148］余菁、王涛：《繁复现实下的简约制度：一个新分析框架》，载《经济管理》2015 年第 12 期。

［149］袁庆宏、王利敏、丁刚：《个体的网络位置对其制度创业的影响研究》，载《管理学报》2013 年第 11 期。

［150］张斌：《多重制度逻辑下的校企合作治理问题研究》，载《教育发展研究》2014 年第 19 期。

［151］张驰等：《定性比较分析法在管理学构型研究中的应用：述评与

展望》，载《外国经济与管理》2017 年第 4 期。

［152］张纯、吕伟：《信息披露、信息中介与企业过度投资》，载《会计研究》2009 年第 1 期。

［153］张功富、宋献中：《我国上市公司投资：过度还是不足？——基于沪深工业类上市公司非效率投资的实证度量》，载《会计研究》2009 年第 5 期。

［154］张丽玮等：《科技型中小企业在技术创新中的作用和对策研究》，载《科技管理研究》2008 年第 11 期。

［155］张铭、胡祖光：《组织分析中的制度创业研究述评》，载《外国经济与管理》2010 年第 2 期。

［156］张骁、胡丽娜：《创业导向对企业绩效影响关系的边界条件研究——基于元分析技术的探索》，载《管理世界》2013 年第 6 期。

［157］张玉宏等：《大数据算法的歧视本质》，载《自然辩证法研究》2017 年第 5 期。

［158］张玉明、段升森：《中小企业成长能力评价体系研究》，载《科研管理》2012 年第 7 期。

［159］张峥、聂思：《中国制造业上市公司并购创新绩效研究》，载《科研管理》2016 年第 4 期。

［160］郑雅琴等：《灵活性人力资源管理系统与心理契约满足——员工个体学习目标导向和适应性的调节作用》，载《经济管理》2014 年第 1 期。

［161］郑莹、陈传明、张庆垒：《企业政策敏感性研究——制度逻辑和企业所有权的作用》，载《经济管理》2015 年第 9 期。

［162］钟耕深、崔祯珍：《商业生态系统理论及其发展方向》，载《东岳论丛》2009 年第 6 期。

［163］周伟贤：《投资过度还是投资不足——基于 A 股上市公司的经验证据》，载《中国工业经济》2010 年第 9 期。

［164］周雪光、艾云：《多重逻辑下的制度变迁：一个分析框架》，载《中国社会科学》2010 年第 4 期。

［165］周雪光：《组织社会学十讲》，社会科学文献出版社 2003 年版。

［166］朱宝宪、王怡凯：《1998 年中国上市公司并购实践的效应分析》，载《经济研究》2002 年第 11 期。

［167］朱良杰、何佳讯、黄海洋：《互联网平台形成的演化机制——基

于韩都衣舍的案例研究》，载《管理案例研究与评论》2018 年第 11 期。

　　［168］朱勤等：《平台赋能、价值共创与企业绩效的关系研究》，载《科学学研究》2019 年第 11 期。

　　［169］朱秀梅等：《数字创业生态系统动态演进机理——基于杭州云栖小镇的案例研究》，载《管理学报》2020 年第 4 期。

　　［170］朱治理等：《海外并购、文化距离与技术创新》，载《当代经济科学》2016 年第 2 期。

　　［171］祝志明等：《动态能力理论：源起、评述与研究展望》，载《科学学与科学技术管理》2008 年第 9 期。

　　［172］ Abraham K. S. , "The Digital Entrepreneurial Ecosystem—A Critique and Reconfiguration", *Small Business Economics*, Vol. 53 No. 3, 2019.

　　［173］ Abrahão, R. S. , Moriguchi, S. N. and Andrade, D. F. , "Intention of Adoption of Mobile Payment: An Analysis in the Light of the Unified Theory of Acceptance and Use of Technology（UTAUT）", *Rai Revista De Administração e Inovação*, Vol. 13 No. 3, 2016, pp. 221 – 230.

　　［174］ Acar O. A. and Puntoni S. , "Customer Empowerment in the Digital Age", *Journal of Advertising Research*, Vol. 56 No. 1, 2016, pp. 4 – 8.

　　［175］ Aguinis H. and Glavas A. , "What We Know and Don't Know About Corporate Social Responsibility A Review and Research Agenda", *Journal of Management*, Vol. 38 No. 4, 2012, pp. 932 – 968.

　　［176］ Ahearne, M. , Mathieu, J. , & Rapp, A. , "To Empower or Not to Empower Your Sales Force? An Empirical Examination of the Influence of Leadership Empowerment Behavior on Customer Satisfaction and Performance", *Journal of Applied Psychology*, Vol. 90 No. 5, 2005, pp. 945 – 955.

　　［177］ Ahn, T. , Ryu, S. and Han, I. , "The Impact of Web Quality and Playfulness on User Acceptance of Online Retailing", *Information & Management*, Vol. 44 No. 3, 2007, pp. 263 – 275.

　　［178］ Aiken, L. S. , & West, S. G. *Multiple Regression: Testing and Interpreting Interactions*. Newbury Park, CA: Sage, 1991.

　　［179］ Alhajjaj, H. and Ahmad, A. , "Drivers of the Consumers Adoption of Fintech Services", *Interdisciplinary Journal of Information, Knowledge, and Management*, Vol. 17, 2022, pp. 259 – 285.

[180] Almandoz, J., "Arriving at the Starting Line: The Impact of Community and Financial Logics on New Banking Ventures", *Academy of Management Journal*, Vol. 55 No. 6, 2012, pp. 1381 – 1406.

[181] Almandoz, J., "Founding Teams as Carriers of Competing Logics: When Institutional Forces Predict Banks' Risk Exposure", *Administrative Science Quarterly*, Vol. 59 No. 3, 2014, pp. 442 – 473.

[182] Alper S., Tjosvold D., Law K. S., "Interdependence and Controversy in Group Decision Making: Antecedents to Effective Self-Managing Teams", *Organizational Behavior and Human Decision Processes*, Vol. 74 No. 1, 1998, pp. 33 – 52.

[183] Alvarez S A, Busenitz L W, "The Entrepreneurship of Resource-based Theory", *Journal of Management*, Vol. 27 No. 6, 2001, pp. 755 – 775.

[184] Alzou S., Alshibly H. and Altah A. M., "Artificial Intelligence in Law Enforcement, A Review", *International Journal of Advanced Information Technology*, Vol. 4 No. 4, 2014, pp. 1 – 9.

[185] Amis, J., T., "Slack and C. R. Hinings, The Pace, Sequence, and Linearity of Radical Change", *Academy of Management Journal*, Vol. 47 No. 1, 2004, pp. 15 – 39.

[186] Amit R, Zott C., "Value Creation in E-Business", *Strategic Management Journal*, Vol. 22 No. 6 – 7, 2001, pp. 493 – 520.

[187] Ampofo A., Mujtaba B., Cavico F. and Tindall L., "The Relationship between Organizational Ethical Culture and the Ethical Behavior of Employees: A Study of Accounting and Finance Professionals in the Insurance Industry of United States", *Journal of Business and Economics Research*, Vol. 2 No. 9, 2011.

[188] Anderson M., Anderson S. L. and Armen C., *Towards Machine Ethics*, Palo Alto, CA: AAAI Press, 2004.

[189] Anderson S. L. and Anderson M., "Machine Ethics: Creating an Ethical Intelligent Agent", *AI Magazine: Artificial Intelligence*, Vol. 28 No. 4, 2007, pp. 15 – 25.

[190] Andrew D., Ajai S. G. and Shige M., "The Timing of International Expansion: Information, Rivalry and Imitation Among Japanese Firms, 1980 – 2002", *Journal of Management Studies*, Vol. 45 No. 1, 2008, pp. 169 – 195.

［191］Anil K. G. and Vijay G. , "Knowledge Flows and the Structure of Control within Multinational Corporations", *Academy of Management Review*, Vol. 16 No. 16, 1991, pp. 768 - 792.

［192］Anil M. and Kevin D. , "Effect of Quality of Institutions on Outward Foreign Direct Investment", *Journal of International Trade and Economic Development*, Vol. 16 No. 2, 2007, pp. 231 - 244.

［193］Anna P. , Thomas K. and Steve S. , "An Exploratory Study of Information Systems in Support of Employee Empowerment", *Journal of Information Technology*, Vol. 15 No. 3, 2000.

［194］Apak, S. , Atay, E. , "Global Competitiveness in the Eu Through Green Innovation Technologies and Knowledge Production", *Procedia. Soc. Behav. Sci*, 2015, pp. 181, 207 - 217.

［195］Armstrong, J. S. and Overton, T. S. , "Estimating Nonresponse bias in Mail Surveys", *Journal of Marketing Research*, Vol. 14 No. 3, 1977, pp. 396 - 402.

［196］Arrfelt M. , Robert M. W. and Hult T. M. G. , "Looking Backward Instead of Forward: Aspiration-Driven Influences on the Efficiency of the Capital Allocation Process", *Academy of Management Journal*, Vol. 56 No. 4, 2013, pp. 1081 - 1103.

［197］Aryee, S. , Chen, Z. X. , Sun, L. , & Debrah, Y. A. , "Antecedents and Outcomes of Abusive Supervision: Test of A Trickle-Down Model", *Journal of Applied Psychology*, Vol. 92 No. 1, 2007, pp. 191 - 201.

［198］Aryee S. , Wyatt T. and Stone R. , "Early Career Outcomes of Graduate Employees: The Effect of Mentoring and Ingratiation", *Journal of Management Studies*, Vol. 33 No. 1, 1996, pp. 95 - 118.

［199］Ashforth, B. E. , Mael, F. , "Social Identity Theory and the Organization", *Academy of Management Review*, Vol. 14 No. 1, 1989, pp. 20 - 39.

［200］Audia, P. G. , J. H. , "Freeman and P. D. Reynolds, Organizational Foundings in Community Context: Instruments Manufacturers and Their Interrelationship with Other Organizations", *Administrative Science Quarterly*, Vol. 51 No. 3, 2006, pp. 381 - 419.

［201］Autio E, Nambisan S, Thomas L D W, et al. , "Digital Affordances, Spatial Affordances, and the Genesis of Entrepreneurial Ecosystems", *Strategic Entrepreneurship Journal*, Vol. 12 No. 1, 2018.

[202] Awa, H. O. , Ojiabo, O. U. and Emecheta, B. C. , "Integrating Tam, Tpb and Toe Frameworks and Expanding Their Characteristic Constructs for E-commerce Adoption by Smes", *Journal of Science & Technology Policy Management*, Vol. 6 No. 1, 2015, pp. 76 – 94.

[203] Axel M. and Adrian D. , "Crisp-Set Qualitative Comparative Analysis csQCA, Contradictions and Consistency Benchmarks for Model Specification", *Methodological Innovations*, Vol. 6 No. 2, 2011, pp. 97 – 142.

[204] Babakus, E. , Yavas, U. , Karatepe, O. M. , "Work Engagement and Turnover Intentions: Correlates and Customer Orientation as a Moderator", *International Journal of Contemporary Hospitality Management*, Vol. 29 No. 6, 2017, pp. 1580 – 1598.

[205] Bagozzi, R. P. and Yi, Y. , "On the Evaluation of Structural Equation Models", *Journal of the Academy of Marketing Science*, Vol. 16 No. 1, 1988, pp. 74 – 94.

[206] Baker, J. , "The Technology-Organization-Environment Framework", Dwivedi, Y. , Wade, M. and Schneberger, S. (Ed. S), *Information Systems Theory*, Springer, New York, Ny, 2012, pp. 231 – 245.

[207] Bala, V. , Goyal, S. "The Birth of A New Market", *Capital Markets Magazine*, Vol. 104 No. 423, 1994, pp. 282 – 290.

[208] Bamford C E, Dean T J. and McDougall P P. , "An Examination of the Impact of Initial Founding Conditions and Decisions upon the Performance of New Bank Start-ups", *Journal of Business Venturing*, Vol. 15 No. 3, 2000.

[209] Bandura A. , *Social Learning Theory*, Englewood Cliffs, NJ: Prentice-Hall, 1977.

[210] Bansal, P. , Roth, K. , "Why Companies Go Green: A Model of Ecological Responsiveness", *Academy of Management Journal*, Vol. 43 No. 4, 2000, pp. 717 – 736.

[211] Baron R. M. and Kenny D. A. , "The Moderator-mediator Variable Distinction in Social Psychological Research: Conceptual, Strategic, and Statistical Considerations", *Journal of Personality and Social Psychology*, Vol. 51 No. 6,

1986，pp. 1173 - 1182.

［212］Baron R M，Kenny D A.，"The Moderator-Mediator Variable Distinction in Social Psychological Research：Conceptual，Strategic，and Statistical Considerations"，*Journal of Personality and Social Psychology*，Vol. 51 No. 6，1986，pp. 1173 - 1182.

［213］Bartik T.，*Jobs for the Poor：Can Labor Demand Policies Help*，New York：Russell Sage Foundation，2001.

［214］Bashir M，Verma R.，"Internal Factors & Consequences of Business Model Innovation"，*Management Decision*，Vol. 57 No. 1，2019，pp. 262 - 290.

［215］Battilana J.，Bernard L. and Eva B.，"How Actors Change Institutions：Towards a Theory of Institutional Entrepreneurship"，*Academy of Management Annals*，Vol. 3，2009，pp. 65 - 107.

［216］Battilana，J.，"Agency and Institutions：The Enabling Role of Individuals' Social Position"，*Organization*，Vol. 13 No. 5，2006，pp. 653 - 676.

［217］Battilana，J. and S. Dorado，"Building Sustainable Hybrid Organizations：The Case of Commercial Microfinance Organizations"，*Academy of Management Journal*，Vol. 53 No. 6，2010，pp. 1419 - 1440.

［218］Battilana，J.，B. Leca and E. Boxenbaum，"How Actors Change Institutions：Towards A Theory of Institutional Entrepreneurship"，*Academy of Management Annals*，Vol. 3，2009，pp. 65 - 107.

［219］Baum，J. A.，S. X. Li and J. M. Usher，"Making the Next Move：How Experiential and Vicarious Learning Shape the Locations of Chains' Acquisitions"，*Administrative Science Quarterly*，Vol. 45 No. 4，2000，pp. 766 - 801.

［220］Beehr，T. A.，"Perceived Situational Moderators of the Relationship between Subjective Role Ambiguity and Role Strain"，*Journal of Applied Psychology*，Vol. 61 No. 1，1976，pp. 35 - 40.

［221］Bell R. G.，Filatotchev I. and Aguilera R. V.，"Corporate Governance and Investors' Perceptions of Foreign IPO Value：An Institutional Perspective"，*Academy of Management Journal*，Vol. 57 No. 1，2013，pp. 301 - 320.

［222］Bender，W. C.，"Consumer Purchase-costs-do Retailers Recognize Them?"，*Journal of Retailing*，Vol. 11 No. 1，1964，pp. 1 - 8.

[223] Benet-Martinez, V., Leu, J., Lee, F., Morris, M. W., "Negotiating Biculturalism: Cultural Frame Switching in Biculturals with Oppositional Versus Compatible Cultural Identities", *Journal of Cross-Cultural Psychology*, Vol. 33 No. 5, 2002, pp. 492 – 516.

[224] Benner, M. J. and R. Ranganathan, "Divergent Reactions to Convergent Strategies: Investor Beliefs and Analyst Reactions During Technological Change", *Organization Science*, Vol. 24 No. 2, 2013, pp. 378 – 394.

[225] Berchicci, L., "Toward an Open R&D System: Internal R&D Investment, External Knowledge Acquisition and Innovative Performance", *Research Policy*, Vol. 42 No. 1, 2013, pp. 117 – 127.

[226] Berman, E. P., "Before the Professional Project: Success and Failure at Creating an Organizational Representative for English Doctors", *Theory and Society*, Vol. 35 No. 2, 2006, pp. 157 – 191.

[227] Berry, L. L., Seiders, K. and Grewal, D., "Understanding Service Convenience", *Journal of Marketing*, Vol. 66 No. 3, 2002, pp. 1 – 17.

[228] Berson Y. and Dvir O. T., "CEO Values, Organizational Culture and Firm Outcomes", *Journal of Organizational Behavior*, Vol. 29 No. 5, 2010, pp. 615 – 633.

[229] Bertram F. M., "Integrating Robot Ethics and Machine Morality: The Study and Design of Moral Competence in Robots", *Ethics and Information Technology*, Vol. 18 No. 4, 2016.

[230] Besharov, M. L. and W. K. Smith, "Multiple Institutional Logics in Organizations: Explaining Their Varied Nature and Implications", *Academy of Management Review*, Vol. 39 No. 3, 2014, pp. 364 – 381.

[231] Bettencourt, L. A., and Brown, S. W., "Contact Employees: Relationships among Workplace Fairness, Job Satisfaction and Prosocial Service Behaviors", *Journal of Retailing*, Vol. 73 No. 1, 1997, pp. 39 – 61.

[232] Bharadwaj A, El Sawy O A, Pavlou P A, et al., "Digital Business Strategy: Toward a Next Generation of Insights", *Mis Quarterly*, Vol. 37 No. 2, 2013, pp. 471 – 482.

[233] Bhat S. A. and Darzi M. A., "Customer Relationship Management: An Approach to Competitive Advantage in the Banking Sector by Exploring the Me-

diational Role of Loyalty", *International Journal of Bank Marketing*, Vol. 34 No. 3, 2016, pp. 388 – 410.

[234] Bhattacherjee, A., "An Empirical Analysis of the Antecedents of Electronic Commerce Service Continuance", *Decision Support Systems*, Vol. 32 No. 2, 2001A, pp. 201 – 214.

[235] Bhattacherjee, A., "Understanding Information Systems Continuance: An Expectation-Confirmation Model", *MIS Quarterly*, Vol. 25 No. 3, 2001B, pp. 351 – 370.

[236] Bhaumik S. K., Driffield N. and Zhou Y., "Country Specific Advantage, Firm Specific Advantage and Multinationality-Sources of Competitive Advantage in Emerging Markets: Evidence from the Electronics Industry in China", *International Business Review*, Vol. 25 No. 1, 2015, pp. 165 – 176.

[237] Bidwell, M., Briscoe, F., Fernandez-Mateo, I., and Sterling, A., "The Employment Relationship and Inequality: How and Why Changes in Employment Practices Are Reshaping Rewards in Organizations", *Academy of Management Annals*, Vol. 7 No. 1, 2013, pp. 61 – 121.

[238] Biemann, T., Kearney, E., & Marggraf, K., "Empowering Leadership and Managers' Career Perceptions: Examining Effects at Both the Individual and the Team Level", *The Leadership Quarterly*, Vol. 26 No. 5, 2015, pp. 775 – 789.

[239] Binder, A., "For Love and Money: Organizations' Creative Responses to Multiple Environmental Logics", *Theory and Society*, Vol. 36 No. 6, 2007, pp. 547 – 571.

[240] Björkman I. and Vaara E., "Impact of Cultural Differences and Capability Transfer in Cross-border Acquisitions: The Mediating Roles of Capability Complementarity, Absorptive Capacity, and Social Integration", *Journal of International Business Studies*, Vol. 38 No. 4, 2007, pp. 658 – 672.

[241] Blau P. M., *Exchange and Power in Social Life*, New York, NY: Wiley, 1964.

[242] Blickle G., Schneider Paula B., Liu Y. and Ferris Gerald R., "A Predictive Investigation of Reputation as Mediator of the Political-Skill/Career-Success Relationship", *Journal of Applied Social Psychology*, Vol. 41, 2011,

pp. 3026 – 3048.

［243］Bloom, N. , Van, R. J. , "Patents, Real Options and Firm Performance", *Economic Journal*, Vol. 112 No. 478, 2002, pp. 97 – 116.

［244］Botsman R. , *What's Mine Is Yours: The Rise of Collaborative Consumption*, New York: Harper Business, 2011.

［245］Bowen, D. , & Schneider, B. , "Services Marketing and Management: Implications for Organizational Behavior. in Staw, B. M. and Cummings, L. L. (Ed.)", *Research in Organizational Behaviour*, Greenwich, *CT*: JAI Press, 1988, pp. 43 – 80.

［246］Bowen, F. , A. Newenham-Kahindi and I. Herremans, "When Suits Meet Roots: The Antecedents and Consequences of Community Engagement Strategy", *Journal of Business Ethics*, Vol. 95 No. 2, 2010, pp. 297 – 318.

［247］Boxenbaum, E. , "Lost in Translation—The Making of Danish Diversity Management", *American Behavioral Scientist*, Vol. 49 No. 7, 2006, pp. 939 – 948.

［248］Bradley M. , Desai A. and Kim E. H. , "Synergistic Gains from Corporate Acquisitions and Their Division between the Stockholders of Target and Acquiring Firms", *Journal of Financial Economics*, Vol. 21 No. 1, 1988, pp. 3 – 40.

［249］Braun S. , Aydin N. , Frey D. and Peus C. , "Leader Narcissism Predicts Malicious Envy and Supervisor-Targeted Counterproductive Work Behavior: Evidence from Field and Experimental Research", *Journal of Business Ethics*, Vol. 151 No. 3, 2018, pp. 725 – 741.

［250］Brichni M. , Dupuy-Chessa S. , Gzara L. , Mandran N. and Jeannet C. , "A Continuous Evaluation System for Business Intelligence Systems", *Expert Systems With Applications*, Vol. 76, 2017, pp. 97 – 112.

［251］Brint, S. and J. Karabel, "Institutional Origins and Transformations: The Case of American Community Colleges", *The New Institutionalism in Organizational Analysis*, Vol. 337, 1991, p. 360.

［252］Brislin, R. W. , "Cross-Cultural Research Methods. In Environment and Culture", Springer, Boston, MA, 1980.

［253］Brislin R. W. , "Expanding the Role of the Interpreter to Include Multiple Facets of Intercultural Communication", *International Journal of Intercul-*

tural Relations, Vol. 4 No. 2, 1980, pp. 137 – 148.

[254] Brislin R. W. , "Translation and Content Analysis of Oral and Written Material, in: Triandis H. C. and Berry J. W. eds. , Handbook of Cross-cultural Psychology", *Handbook of Cross-cultural Psychology*, Vol. 2, 1980, pp. 349 – 444.

[255] Brown M. E. , Trevino L. K. and Harrison D. A. , "Ethical Leadership: A Social Learning Theory Perspective for Construct Development", *Organizational Behavior and Human Decision Processes*, Vol. 97 No. 2, 2005, pp. 117 – 134.

[256] Brown, T. J. , Mowen, J. C. , Donavan, D. T. , & Licata, J. W. , "The Customer Orientation of Service Workers: Personality Trait Effects on Self-and Supervisor Performance Ratings", *Journal of Marketing Research*, Vol. 39 No. 1, 2002, pp. 110 – 119.

[257] Bruce K. , Harbir S. , "The Effect of National Culture on the Choice of Entry Mode", *Journal of International Business Studies*, Vol. 19 No. 3, 1988, pp. 411 – 432.

[258] Bruno C. , Massimo G. C. , Paola G. and Reinhilde V. , "The Impact of M&A on the R&D Process", *Research Policy*, Vol. 34 No. 2, 2005, pp. 195 – 220.

[259] Bruton, G. D. , D. Ahlstrom and H. L. Li, "Institutional Theory and Entrepreneurship: Where Are We Now and Where Do We Need to Move in the Future?", *Entrepreneurship Theory and Practice*, Vol. 34 No. 3, 2010, pp. 421 – 440.

[260] Bruton, G. D. , D. Ahlstrom and T. Puky, "Institutional Differences and the Development of Entrepreneurial Ventures: A Comparison of the Venture Capital Industries in Latin America and Asia", *Journal of International Business Studies*, Vol. 40 No. 5, 2009, pp. 762 – 778.

[261] Bruton, G. D. , V. H. Fried and S. Manigart, "Institutional Influences on the Worldwide Expansion of Venture Capital", *Entrepreneurship Theory and Practice*, Vol. 29 No. 6, 2005, pp. 737 – 760.

[262] Bunk J. A. and Magley V. J. , "Sensitivity to Interpersonal Treatment in the Workplace: Scale Development and Initial Validation", *Journal of Occupa-*

tional and Organizational Psychology, Vol. 84 No. 2, 2011, pp. 395 – 402.

[263] Burton, M. D. and C. M. Beckman, "Leaving A Legacy: Position Imprints and Successor Turnover in Young Firms", *American Sociological Review*, Vol. 72 No. 2, 2007, pp. 239 – 266.

[264] Campbell J. T., Sirmon D. G. and Schijven M., "Fuzzy Logic and the Market: A Configurational Approach to Investor Perceptions of Acquisition Announcements", *Academy of Management Journal*, Vol. 59 No. 1, 2016, pp. 163 – 187.

[265] Canales, R., From Ideals to Institutions: Institutional Entrepreneurship in Mexican Small Business Finance. Available at SSRN 1763385, 2011.

[266] Caner, T., Tyler, B. B., "The Effects of Knowledge Depth and Scope on the Relationship Between R&D Alliances and New Product Development", *Journal of Product Innovation Management*, Vol. 32 No. 5, 2015, pp. 808 – 824.

[267] Cascio, W. F., and Montealegre, R., "How Technology is Changing Work and Organizations", *Annual Review of Organizational Psychology and Organizational Behavior*, Vol. 3 No. 1, 2016, pp. 349 – 375.

[268] Casile, M. and A. Davis-Blake, "When Accreditation Standards Change: Factors Affecting Differential Responsiveness of Public and Private Organizations", *Academy of Management Journal*, Vol. 45 No. 1, 2002, pp. 180 – 195.

[269] Catherine A. M., "Capital Investment as Investing in Organizational Capabilities: An Empirically Grounded Process Model", *Academy of Management Journal*, Vol. 44 No. 3, 2001, pp. 513 – 531.

[270] Cecily C., "Elucidating the Bonds of Workplace Humor: A Relational Process Model", *Human Relations*, Vol. 61 No. 8, 2008, pp. 1087 – 1115.

[271] Cennamo, C. and Santalo, J., "Platform Competition: Strategic Trade-offs in Platform Markets", *Strategic Management Journal*, Vol. 34 No. 11, 2013, pp. 1331 – 1350.

[272] Chan C. M., Makino S. and Isobe T., "Interdependent Behavior in Foreign Direct Investment: The Multi-Level Effects of PriorEntry and Prior Exit on Foreign Market Entry", Journal of International Business Studies, Vol. 37 No. 5,

2006, pp. 642 – 665.

[273] Chang, C., Chen, Y., "Green Organizational Identity and Green Innovation", *Management Decision*, Vol. 51 No. 5, 2013, pp. 1056 – 1070.

[274] Chang S., Gong Y., Sean A. W. and Jia L., "Flexibility-Oriented HRM Systems, Absorptive Capacity, and Market Responsiveness and Firm Innovativeness", *Journal of Management*, Vol. 39 No. 7, 2013, pp. 1924 – 1951.

[275] Chang S. J. and Rosenzweig P. M., "Industry and Regional Patterns in Sequential Foreign Market Entry", *Journal of Management Studies*, Vol. 35 No. 6, 1998, pp. 797 – 821.

[276] Charles A. O. R. and Michael L. T., "Ambidexterity as a Dynamic Capability: Resolving the Innovator's Dilemma", *Research in Organizational Behavior*, Vol. 28, 2008.

[277] Chathoth, P., Altinay, L., Harrington, R. J., Okumus, F., & Chan, E. S., "Coproduction Versus Co-creation: A Process Based Continuum in the Hotel Service Context", *International Journal of Hospitality Management*, Vol. 32 No. 1, 2013, pp. 11 – 20.

[278] Chen, C. – C., and Chen, M. – H., "Well-Being and Career Change Intention: COVID – 19's Impact on Unemployed and Furloughed Hospitality Workers", *International Journal of Contemporary Hospitality Management*, Vol. 33 No. 8, 2021, pp. 2500 – 2520.

[279] Cheng M., "Sharing Economy: A Review and Agenda for Future Research", International Journal of Hospitality Management, Vol. 57, 2016, pp. 60 – 70.

[280] Cheng, Y. and Jiang, H., "How Do AI-driven Chatbots Impact User Experience? Examining Gratifications, Perceived Privacy Risk, Satisfaction, Loyalty, and Continued Use", *Journal of Broadcasting & Electronic Media*, Vol. 64 No. 4, 2020, pp. 592 – 614.

[281] Cheng, Y., Wei, W., Zhong, Y., & Zhang, L., "The Empowering Role of Hospitable Telemedicine Experience in Reducing Isolation and Anxiety: Evidence from the Covid – 19 Pandemic", *International Journal of Contemporary Hospitality Management*, Vol. 33 No. 3, 2021, pp. 851 – 872.

[282] Chen H. and Ayoun B., "Is Negative Workplace Humor Really all

That 'negative'? Workplace Humor and Hospitality Employees' Job Embeddedness", *International Journal of Hospitality Management*, Vol. 79, 2019, pp. 41 – 49.

[283] Chen H., Chiang R. H. L. and Storey V. C., "Business Intelligence and Analytics: From Big Data to Big Impact", *MIS quarterly*, Vol. 36 No. 4, 2012, pp. 1165 – 1188.

[284] Chen, H., Yao, Y., Zhou, H., "How Does Knowledge Coupling Affect Exploratory and Exploitative Innovation? the Chained Mediation Role of Organisational Memory and Knowledge Creation", *Technology Analysis & Strategic Management*, Vol. 33 No. 6, 2021, pp. 713 – 727.

[285] Chen, M. J. and D. Miller, "Reconceptualizing Competitive Dynamics: A Multidimensional Framework", *Strategic Management Journal*, 2014.

[286] Chen M., Lyu Y., Li Y., et al., "The Impact of High-Commitment HR Practices on Hotel Employees Proactive Customer Service Performance", *Cornell Hospitality Quarterly*, 2017, pp. 94 – 107.

[287] Chen W., "Determinants of Firms' Backward-and Forward-Looking R&D Search Behavior", *Organization Science*, Vol. 19 No. 4, 2008, pp. 609 – 622.

[288] Chen W. R. and Miller K. D., "Situational and Institutional Determinants of Firms' R&D Search Intensity", *Strategic Management Journal*, Vol. 28 No. 4, 2007, pp. 369 – 381.

[289] Chen, Y., Cheng, H., "Public Family Businesses and Corporate Social Responsibility Assurance: The Role of Mimetic Pressures", *Journal of Accounting and Public Policy*, Vol. 39, 2020. https://doi.org/10.1016/j.jaccpubpol. 106734.

[290] Chen Y. F. and Tjosvold D., "Cross-cultural Leadership: Goal Interdependence and Leader-member Relations in Foreign Ventures in China", *Journal of International Management*, Vol. 11 No. 3, 2005, pp. 417 – 439.

[291] Chen Y. F. and Tjosvold D., "Shared Rewards and Goal Interdependence for Psychological Safety among Departments in China", *Asia Pacific Journal of Management*, Vol. 29 No. 2, 2012, pp. 433 – 452.

[292] Chen, Y. S., "Green Organizational Identity: Sources and Conse-

quence", *Management Decision*, Vol. 49 No. 3, 2011, pp. 384 – 404.

[293] Chen Y, Wang Y, Nevo S, et al, "Improving Strategic Flexibility with Information Technologies: Insights for Firm Performance in an Emerging Economy", *Journal of Information Technology*, Vol. 32 No. 1, 2015, pp. 10 – 25.

[294] Chen Y. , Yi W. , Saggi N. , Jose B. and Gang K. , "IT Capabilities and Product Innovation Performance: The Roles of Corporate Entrepreneurship and Competitive Intensity", *Information & Management*, Vol. 52 No. 6, 2015, pp. 643 – 657.

[295] Chiang, T. J. , Chen, X. P. , Liu, H. , Akutsu, S. , and Wang, Z. , "We Have Emotions But Can't Show Them! Authoritarian Leadership, Emotion Suppression Climate, and Team Performance", *Human Relations*, Vol. 3 No. 1, 2020, pp. 1 – 30.

[296] Chia, R. , "Strategy-As-Practice: Reflections on the Research Agenda", *European Management Review*, Vol. 1 No. 1, 2004, pp. 29 – 34.

[297] Child, J. , Y. Lu and T. Tsai, "Institutional Entrepreneurship in Building an Environmental Protection System for the People's Republic of China", *Organization Studies*, Vol. 28 No. 7, 2007, pp. 1013 – 1034.

[298] Chin, E. , Felt, A. P. , Sekar, V. and Wagner, D. , "Measuring User Confidence in Smartphone Security and Privacy", *Proceedings of the Eighth Symposium on Usable Privacy and Security*, Washington, D. C. , 11 – 13 July, Association for Computing Machinery, New York, Ny, United States, 2012, pp. 1 – 16.

[299] Chin, T. , Meng, J. , Wang, S. , Shi, Y. , Zhang, J. , "Cross-Cultural Metacognition as A Prior for Humanitarian Knowledge: When Cultures Collide in Global Health Emergencies", *Journal of Knowledge Management*, Vol. 26 No. 1, 2022, pp. 88 – 101.

[300] Chin, W. W. , Marcolin, B. L. and Newsted, P. R. , "A Partial Least Squares Latent Variable Modeling Approach for Measuring Interaction Effects: Results from A Monte Carlo Simulation Study and an Electronic-mail Emotion/adoption Study", *Information Systems Research*, Vol. 14 No. 2, 2003, pp. 189 – 217.

[301] Chi, S. C. S. , and Liang, S. G. , "When Do Subordinates' Emo-

tion-regulation Strategies Matter? Abusive Supervision, Subordinates' Emotional Exhaustion, and Work Withdrawal", *The Leadership Quarterly*, Vol. 24 No. 1, 2013, pp. 125 – 137.

[302] Chopdar, P. K. , Korfiatis, N. , Sivakumar, V. J. , and Lytras, M. D. , "Mobile Shopping Apps Adoption and Perceived Risks: A Cross-Country Perspective Utilizing the Unified Theory of Acceptance and Use of Technology", *Computers in Human Behavior*, Vol. 86, 2018, pp. 109 – 128.

[303] Christensen, S. , P. Karnøe and J. S. Pedersen, "Action in Institutions", *American Behavioral Scientist*, Vol. 40 No. 4, 1997, pp. 389 – 538.

[304] Christopher M. , Mary A. G. and Gerald F. D. , "Community Isomorphism and Corporate Social Action", *Academy of Management Review*, Vol. 32 No. 3, 2007, pp. 925 – 945.

[305] Chuang L. A. , "A Multilevel Investigation of Factors Influencing Employee Service Performance and Customer Outcomes", *Academy of Management Journal*, Vol. 47 No. 1, 2004, pp. 41 – 58.

[306] Chuang L. M. , "An Empirical Study of the Construction of Measuring Model for Organizational Innovation in Taiwanese High-Tech Enterprises", *Journal of American Academy of Business*, Vol. 6 No. 1, 2005, pp. 299 – 304.

[307] Cialdini R. B. , *Influence: Science and Practice*, New York: Harper Collins, 1984.

[308] Claes F. and David F. L. , "Evaluating Structural Equation Models with Unobservable Variables and Measurement Error", *Journal of Marketing Research*, Vol. 18 No. 1, 1981, pp. 39 – 50.

[309] Clarkson M. E. , "A Stakeholder Famework for Analyzing and Evaluating Corporate Social Performance", *Academy of Management Review*, Vol. 20, 1995, pp. 92 – 117.

[310] Claussen J. , Essling C. and Peukert C. , "Demand Variation, Strategic Flexibility and Market Entry: Evidence from the U. S. Airline Industry", *Social Science Electronic Publishing*, Vol. 39 No. 11, 2018, pp. 2877 – 2898.

[311] Clauss T. , "Measuring Business Model Innovation: Conceptualization, Scale Development, and Proof of Performance", *R&D Management*, 2017.

［312］Clauss T. , "Measuring Business Model Innovation: Conceptualization, Scale Development, and Proof of Performance", *R & D Management*, Vol. 47 No. 3SI, 2017, pp. 385 – 403.

［313］Cliff, J. E. , P. D. Jennings and R. Greenwood, "New to the Game and Questioning the Rules: The Experiences and Beliefs of Founders Who Start Imitative Versus Innovative Firms", *Journal of Business Venturing*, Vol. 21 No. 5, 2006, pp. 633 – 663.

［314］Cohen J. , *Applied Multiple Regression/Correlation Analysis for the Behavioral Sciences*, 3rd edition. , Mahwah, NJ: Lawrence Erlbaum Associates, 2003.

［315］Cohen, J. B. and Golden, E. , "Informational Social Influence and Product Evaluation", *Journal of Applied Psychology*, Vol. 56 No. 1, 1972, pp. 54 – 59.

［316］Cohen W. M. and Levinthal D. A. , "Absorptive Capacity: A New Perspective on Learning and Innovation", *Administrative Science Quarterly*, Vol. 35 No. 1, 1990, pp. 128 – 152.

［317］Comino, S. , Graziano, C. , "How Many Patents Does it Take to Signal Innovation Quality?" *International Journal of Industrial Organization*, Vol. 43, 2015, pp. 66 – 79.

［318］Constance E. H. and Margaret A. P. , "The Dynamic Resource-Based View: Capability Lifecycles", *Strategic Management Journal*, Vol. 24 No. 10, 2003.

［319］Cook T. D. and Campbell D. T. , *Quasi Experimentation: Design and Analytical Issues for Field Settings*, Chicago, IL: Rand McNally, 1979.

［320］Cooper C. D. , Kong D. T. and Crossley C. D. , "Leader Humor as an Interpersonal Resource: Integrating Three Theoretical Perspectives", *Academy of Management Journal*, Vol. 61 No. 2, 2018, pp. 769 – 796.

［321］Cordano, M. , "Pollution Reduction Preferences of U, S. Environmental Managers: Applying Ajzen's Theory of Planned Behavior", *Academy of Management Journal*, Vol. 43 No. 4, 2000, pp. 627 – 641.

［322］Covin J G, Miles M P, "Corporate Entrepreneurship and the Pursuit of Competitive Advantage", *Entrepreneurship Theory and Practice*, Vol. 23 No. 3,

1999, pp. 47 – 63.

［323］ Creed, W. E. D. , M. A. Scully and J. R. Austin, "Clothes Make the Person? The Tailoring of Legitimating Accounts and the Social Construction of Identity", *Organization Science*, Vol. 13 No. 5, 2002, pp. 475 – 496.

［324］ Crilly D. , Zollo M. and Hansen M. T. , "Faking It or Muddling Through? Understanding Decoupling in Response to Stakeholder Pressures", *Academy of Management Journal*, Vol. 55 No. 6, 2012, pp. 1429 – 1448.

［325］ Crocker J. and Wolfe C. T. , "Contingencies of Self-worth. ", *Psychological Review*, Vol. 108 No. 3, 2001, pp. 593 – 623.

［326］ Crocker J. , Luhtanen R. K. , Cooper M. L. and Bouvrette A. , "Contingencies of Self-worth in College Students: Theory and Measurement", *Journal of Personality and Social Psychology*, Vol. 85 No. 5, 2003, pp. 894 – 908.

［327］ Cropanzano R. and Mitchell M. S. , "Social Exchange Theory: An Interdisciplinary Review", *Journal of Management*, Vol. 31 No. 6, 2005, pp. 874 – 900.

［328］ Crossland C. and Hambrick D. C. , "Differences in Managerial Discretion across Countries: How Nation-Level Institutions Affect the Degree to Which CEOs Matter", *Strategic Management Journal*, Vol. 32 No. 8, 2011, pp. 797 – 819.

［329］ Cucculelli M, Bettinelli C. , "Business Models, Intangibles and Firm Performance: Evidence on Corporate Entrepreneurship from Italian Manufacturing SMEs", *Small Business Economics*, Vol. 45 No. 2, 2015, pp. 1 – 22.

［330］ Cyert R. M. and March J. G. , "A Behavioral Theory of the Firm", *Journal of Marketing Research*, Vol. 1 No. 1, 1963.

［331］ Dacin, M. T. , C. Oliver and J. P. Roy, "The Legitimacy of Strategic Alliances: An Institutional Perspective", *Strategic Management Journal*, Vol. 28 No. 2, 2007, pp. 169 – 187.

［332］ Dacin, M. T. , Goodstein, J. , Scott, W. R. , "Institutional Theory and Institutional Change: Introduction to the Special Research Forum", *Academy of Management Journal*, Vol. 45 No. 1, 2002, pp. 43 – 56.

［333］ Dacin, M. T. , J. Goodstein and W. R. Scott, "Institutional Theory and Institutional Change: Introduction to the Special Research Forum", *Academy of Management Journal*, Vol. 45 No. 1, 2002, pp. 45 – 56.

[334] Dacin, M. T., P. A. Dacin and P. Tracey, "Social Entrepreneurship: A Critique and Future Directions", *Organization Science*, Vol. 22 No. 5, 2011, pp. 1203 – 1213.

[335] Dacin, P. A., M. T. Dacin and M. Matear, "Social Entrepreneurship: Why We Don't Need A New Theory and How We Move Forward from Here", *The Academy of Management Perspectives*, Vol. 24 No. 3, 2010, pp. 37 – 57.

[336] Dai, J., Cantor, D. E., Montabon, F. L., "How Environmental Management Competitive Pressure Affects A Focal Firm's Environmental Innovation Activities: A Green Supply Chain Perspective", *Journal of Business Logistics*, Vol. 36 No. 3, 2015, pp. 242 – 259.

[337] Dange, L., Rosa, M., "Green Product Innovation: Where We Are and Where We Are Going", *Business Strategy and Environment*, Vol. 25 No. 8, 2016, pp. 560 – 576.

[338] Das, S., Roberts, M. J., Tybout, J. R. "Market Entry Costs, Producer Heterogeneity, and Export Dynamics", *Econometrica*, Vol. 75 No. 3, 2007, pp. 837 – 873.

[339] Datta D. K. and Puia G., "Cross-Border Acquisitions: An Examination of the Influence of Relatedness and Cultural Fit on Shareholder Value Creation in US Acquiring Firms", *Management International Review*, No. 4, 1995, pp. 337 – 359.

[340] D'Aunno, T., M. Succi and J. A. Alexander, "The Role of Institutional and Market Forces in Divergent Organizational Change", *Administrative Science Quarterly*, Vol. 45 No. 4, 2000, pp. 679 – 703.

[341] D'Aunno, T., R. I. Sutton and R. H. Price, "Isomorphism and External Support in Conflicting Institutional Environments: A Study of Drug Abuse Treatment Units", *Academy of Management Journal*, Vol. 34 No. 3, 1991, pp. 636 – 661.

[342] Davenport T. H. and Kudyba S., "Designing and Developing Analytics-Based Data Products", *MIT Sloan Management Review*, Vol. 58 No. 1, 2016,

pp. 83 – 89.

[343] Davenport T. H. , Barth P. and Bean R. , "How 'Big Data' Is Different", *MIT Sloan Management Review*, Vol. 54 No. 1, 2012, pp. 43 – 46.

[344] David J. T. , "Explicating Dynamic Capabilities: The Nature and Microfoundations of Sustainable Enterprise Performance", *Strategic Management Journal*, Vol. 28 No. 13, 2007, pp. 1319 – 1350.

[345] David J. T. , Gary P. and Amy S. , "Dynamic Capabilities and Strategic Management", *Strategic Management Journal*, Vol. 18 No. 7, 1997.

[346] Davis, G. F. and C. Marquis, "Prospects for Organization Theory in the Early Twenty-First Century: Institutional Fields and Mechanisms", *Organization Science*, Vol. 16 No. 4, 2005, pp. 332 – 343.

[347] Davis, G. F. , et al. , "Introduction: Social Movements in Organizations and Markets", *Administrative Science Quarterly*, Vol. 53 No. 3, 2008, pp. 389 – 394.

[348] Deci E. L. and Ryan R. M. , "Self-Determination Theory: A Macro-theory of Human Motivation, Development, and Health", *Canadian Psychology*, Vol. 49 No. 3, 2008, pp. 182 – 185.

[349] Deci E. L. and Ryan R. M. , "Self-Determination Theory: An Organismic Dialectical Perspective", *Handbook of Self-Determination Research*, 2002, pp. 3 – 33.

[350] Deci E. L. and Ryan R. M. , "The 'What' and 'Why' of Goal Pursuits: Human Needs and the Self-Determination of Behavior", *Psychological Inquiry*, Vol. 11 No. 4, 2000, pp. 227 – 268.

[351] Dedahanov, A. T. , Miao, S. , and Semyonov, A. A. (in press), "When Does Abusive Supervision Mitigate Work Effort? Moderating Roles of Cognitive Reappraisal and Rumination", *Leadership & Organization Development Journal*.

[352] De Holan, P. M. and N. Phillips, "Managing in Transition-A Case Study of Institutional Management and Organizational Change", *Journal of Management Inquiry*, Vol. 11 No. 1, 2002, pp. 68 – 83.

[353] Dejean, F. , J. P. Gond and B. Leca, "Measuring the Unmeasured: An Institutional Entrepreneur Strategy in an Emerging Industry", *Human Relations*, Vol. 57 No. 6, 2004, pp. 741 – 764.

［354］Delbridge R. and Edwards T. , "Challenging Conventions: Roles and Processes during Non-isomorphic Institutional Change", *Human Relations*, Vol. 61 No. 3, 2008, pp. 299 – 325.

［355］Delbridge, R. and T. Edwards, "Reflections on Developments in Institutional Theory: Toward A Relational Approach", *Scandinavian Journal of Management*, Vol. 23 No. 2, 2007, pp. 191 – 205.

［356］Delery J. E. and Doty D. H. , "Modes of Theorizing in Strategic Human Resource Management: Tests of Universalistic, Contingency, and Configurational Performance Predictions", *Academy of Management Journal*, Vol. 39 No. 4, 1996, pp. 802 – 835.

［357］Delhom, I. , Gutierrez, M. , Mayordomo, T. , and Melendez, J. C. , "Does Emotional Intelligence Predict Depressed Mood? A Structural Equation Model with Elderly People", *Journal of Happiness Studies*, Vol. 19 No. 7, 2018, pp. 1 – 14.

［358］Delmestri, G. , "Streams of Inconsistent Institutional Influences: Middle Managers as Carriers of Multiple Identities", *Human Relations*, Vol. 59 No. 11, 2006, pp. 1515 – 1541.

［359］De Luna, I. R. , Liébana-Cabanillas, F. , Sánchez-Fernández, J. and Muñoz-Leiva, F. , "Mobile Payment Is Not All the Same: The Adoption of Mobile Payment Systems Depending on the Technology Applied", *Technological Forecasting and Social Change*, Vol. 146, 2019, pp. 931 – 944.

［360］Deng P. , "What Determines Performance of Cross-border M&As by Chinese Companies? An Absorptive Capacity Perspective", *Thunderbird International Business Review*, Vol. 52 No. 6, 2010, pp. 509 – 524.

［361］DePaulo B. M. , Stone J. I. , Lassiter G. D. , "Telling Ingratiating Lies: Effects of Target Sex and Target Attractiveness on Verbal and Nonverbal Deceptive Success. ", *Journal of Personality and Social Psychology*, Vol. 48 No. 5, 1985, pp. 1191 – 1203.

［362］Deutsch M. , "A Theory of Cooperation and Competition", *Human Relations*, Vol. 2 No. 2, 1949, pp. 129 – 152.

［363］Diakopoulos N. , "Algorithmic Accountability", *Digital Journalism*, Vol. 3 No. 3, 2015, pp. 398 – 415.

[364] Diefendorff, J. M. , Gabriel, A. S. , Nolan, M. T. , and Yang, J. , "Emotion Regulation in the Context of Customer Mistreatment and Felt Affect: An Event-based Profile Approach", *Journal of Applied Psychology*, Vol. 104 No. 7, 2019, pp. 965 – 983.

[365] Dimaggio, P. and W. W. Powell, "The Iron Cage Revisited: Collective Rationality and Institutional Isomorphism in Organizational Fields", *American Sociological Review*, Vol. 48 No. 2, 1983, pp. 147 – 160.

[366] Dimaggio, P. J. , "Interest and Agency in Institutional Theory", *Institutional Patterns and Organizations: Culture and Environment*, Vol. 1, 1988, pp. 3 – 22.

[367] Dimaggio, P. J. , Powell, W. W. , "The Iron Cage Revisited: Institutional Isomorphism and Collective Rationality in Organizational Fields", *Advances Strategic Management*, Vol. 48 No. 2, 2000, pp. 147 – 160.

[368] Dixit. , Avinash. "Entry and Exit Decisions Under Uncertainty", *Journal of Political Economy*, Vol. 97 No. 3, 1989, pp. 620 – 638.

[369] Dobbin, F. and T. J. Dowd, "How Policy Shapes Competition: Early Railroad Foundings in Massachusetts", *Administrative Science Quarterly*, 1997, pp. 501 – 529.

[370] Donavan, D. T. , Brown, T. J. , & Mowen, J. C. , "Internal Benefits of Service-worker Customer Orientation: Job Satisfaction, Commitment, and Organizational Citizenship Behaviors", *Journal of Marketing*, Vol. 68 No. 1, 2004, pp. 128 – 146.

[371] Dong, Y. , Liao, H. , Chuang, A. , Zhou, J. , & Campbell, E. M. , "Fostering Employee Service Creativity: Joint Effects of Customer Empowering Behaviors and Supervisory Empowering Leadership", *Journal of Applied Psychology*, 2015, 100 (5), 1364 – 1380.

[372] Dorado, S. , "Institutional Entrepreneurship, Partaking, and Convening", *Organization Studies*, Vol. 26 No. 3, 2005, pp. 385 – 414.

[373] Dorfman P. W. and Howell J. P. , "Dimension of National Culture and Effective Leadership Patterns: Hofstede Revisited", *Advances in International Comparative Management*, 1988, pp. 127 – 150.

[374] Douglas J. S. and Richard G. S. , "Earnings Surprises, Growth Ex-

pectations, and Stock Returns or Don't Let an Earnings Torpedo Sink Your Portfolio", *Review of Accounting Studies*, Vol. 7 No. 2 – 3, 2002, pp. 289 – 312.

[375] Dowell, G., Killaly, B. "Effect of Resource Variation and Firm Experience on Market Entry Decisions: Evidence from U. S. Telecommunication Firms' International Expansion Decisions", *Organization Science*, Vol. 20 No. 1, 2009, pp. 69 – 84.

[376] Dreyfus H. J., "Complexities of the Mind at Work. Book Reviews: What Computers Can't Do. A Critique of Artificial Reason", *Science*, Vol. 176 No. 1, 1972, pp. 630 – 631.

[377] Driessen, P. H., Hillebrand, B., Kok, R. A. W., "Green New Product Development: The Pivotal Role of Product Greenness", *Ieee Transactions on Engineering Management*, Vol. 60 No. 2, 2013, pp. 315 – 326.

[378] Drnevich P L, Croson D C., "Information Technology and Business-Level Strategy: Toward an Integrated Theoretical Perspective", *Society for Information Management and the Management Information Systems Research Center*, 2013.

[379] Duan, Y., Huang, L., Luo, X., Cheng, T. C. E., Liu, H., "The Moderating Effect of Absorptive Capacity on the Technology Search and Innovation Quality Relationship in High-Tech Manufacturing Firms", *Journal of Engineering and Technology Management*, Vol. 62, 2021. https://doi.org/10.1016/j.jengtecman.101656.

[380] Dubey, R., Gunasekaranb, A., Ali, S. S., "Exploring the Relationship Between Leadership, Operational Practices, Institutional Pressures and Environmental Performance: A Framework for Green Supply Chain", *International Journal of Production Econmics*, 2015, pp. 160, 120 – 132.

[381] Duffy M. K., Scott K. L., Tepper B. J., Shaw J. D. and Aquino K., "A Social Context Model of Envy and Social Undermining", *Academy of Management Journal*, Vol. 55 No. 3, 2012, pp. 643 – 666.

[382] Dunn, M. B. and C. Jones, "Institutional Logics and Institutional Pluralism: The Contestation of Care and Science Logics in Medical Education, 1967 – 2005", *Administrative Science Quarterly*, Vol. 55 No. 1, 2010, pp. 114 – 149.

[383] Durand, R. and J. Mcguire, "Legitimating Agencies in the Face of Selection: The Case of Aacsb", *Organization Studies*, Vol. 26 No. 2, 2005, pp. 165 – 196.

[384] Durand, R. and J. P. Vergne, "Asset Divestment as A Response to Media Attacks in Stigmatized Industries", *Strategic Management Journal*, Vol. 36 No. 8, 2015, pp. 1205 – 1223.

[385] Du W. D., Shan L. P., Ning Z. and Taohua O., "From a Marketplace of Electronics to a Digital Entrepreneurial Ecosystem (DEE): The Emergence of a Meta-organization in Zhongguancun, China", *Information Systems Journal*, Vol. 28 No. 6, 2018.

[386] Du, Y., "Institutional Pluralism and New Venture Growth in China: A Three Way Interaction. In Academy of Management Proceedings", *Academy of Management*, 2013.

[387] Edelman B. G. and Luca M., "Digital Discrimination: The Case of Airbnb. com", *Harvard Business School Working Papers*, 2014.

[388] Edelman, L. B., C. Uggen and H. S. Erlanger, "The Endogeneity of Legal Regulation: Grievance Procedures as Rational Myth 1", *American Journal of Sociology*, Vol. 105 No. 2, 1999, pp. 406 – 54.

[389] Edelman, L. B., "Legal Ambiguity and Symbolic Structures: Organizational Mediation of Civil Rights Law", *American Journal of Sociology*, Vol. 97 No. 6, 1992, pp. 1531 – 1576.

[390] Edelman, L. B., S. R. Fuller and I. Mara-Drita, "Diversity Rhetoric and the Managerialization of Law 1", *American Journal of Sociology*, Vol. 106 No. 6, 2001, pp. 1589 – 1641.

[391] Edwards J. R. and Lambert L. S., "Methods for Integrating Moderation and Mediation: A General Analytical Framework Using Moderated Path Analysis.", *Psychological Methods*, Vol. 12 No. 1, 2007, pp. 1 – 22.

[392] Eeckhout J., "Gibrat's Law for All Cities", *American Economic Review*, Vol. 94 No. 5, 2009, pp. 1429 – 1451.

[393] Eisenhardt, K. M., "Agency-and Institutional-Theory Explanations: The Case of Retail Sales Compensation", *Academy of Management Journal*, Vol. 31 No. 3, 1988, pp. 488 – 511.

[394] Eisenhardt, K. M., "Building Theories from Case Study Research", *Academy of Management Review*, Vol. 14 No. 4, 1989, pp. 532 – 550.

[395] Eli B., Dan G. and Carla H., "The Rewards to Meeting or Beating Earnings Expectations", *Journal of Accounting and Economics*, Vol. 33 No. 2, 2002, pp. 173 – 204.

[396] Emirbayer, M. and A. Mische, "What is Agency? 1", *American Journal of Sociology*, Vol. 103 No. 4, 1998, pp. 962 – 1023.

[397] Erkko A., Satish N., Llewellyn D. W. T. and Mike W., "Digital Affordances, Spatial Affordances, and the Genesis of Entrepreneurial Ecosystems", *Strategic Entrepreneurship Journal*, Vol. 12 No. 1, 2018, pp. 72 – 95.

[398] Eshleman A., "Moral Responsibility", *Stanford Encyclopedia of Philosophy*, 2001.

[399] Estrin S., Baghdasaryan D., Meyer K. E., "The Impact of Institutional and Human Resource Distance on International Entry Strategies", Journal of Management Studies, 2009, 46 (7): 1171 – 1196.

[400] Etzion H. and Kuruzovich J., "Online Auctions and Multichannel Retailing", *Management Science*, Vol. 64 No. 6, 2018, pp. 2734 – 2753.

[401] Farani A. Y., Motaghed M. and Karimi S., "The Role of Entrepreneurial Knowledge and Skills in Developing Digital Entrepreneurial Intentions in Public Universities in Hamedan Province", *Iranian Journal of Information Processing Management*, Vol. 31 No. 3, 2016, pp. 785 – 802.

[402] Federico Adrodegari, Pashou T, Saccani N., "Business Model Innovation: Process and Tools for Service Transformation of Industrial Firms", *Procedia CIRP*, 2017.

[403] Ferris G. R., Blass F. R., Douglas C., Kolodinsky R. W. and Treadway D. C., "Personal Reputation in Organizations", in Greenberg J. ed., *Organizational Behavior: The State of Science*, Mahwah, NJ: Lawrence Erlbaum, 2003, pp. 211 – 246.

[404] Fisher, G., S. Kotha and A. Lahiri, "Changing with the Times: An Integrated View of Identity, Legitimacy, and New Venture Life Cycles", *Academy of Management Review*, Vol. 41 No. 3, 2016, pp. 383 – 409.

[405] Fiss, P. C. and E. J. Zajac, "The Diffusion of Ideas Over Contested

Terrain: The (Non) Adoption of A Shareholder Value Orientation Among German Firms", *Administrative Science Quarterly*, Vol. 49 No. 4, 2004, pp. 501 – 534.

[406] Fiss, P. C., "A Set-Theoretic Approach to Organizational Configurations", *Academy of Management Review*, Vol. 32 No. 4, 2007, pp. 1180 – 1198.

[407] Fiss P. C., "Building Better Causal Theories: A Fuzzy Set Approach to Typologies in Organization Research", *Academy of Management Journal*, Vol. 54 No. 2, 2011, pp. 393 – 420.

[408] Flammer, C., 2021. Corporate Green Bonds. Journal of Finance Econmics. https://doi.org/10.1016/j.jfineco.2021.01.010.

[409] Fleming, L., Sorenson, O., "Science as A Map in Technological Search", *Strategic Management Journal*, Vol. 25 No. 89, 2004, pp. 909 – 928.

[410] Fligstein, N. and P. Brantley, "Bank Control, Owner Control, or Organizational Dynamics: Who Controls the Large Modern Corporation?", *American Journal of Sociology*, Vol. 98 No. 2, 1992, pp. 280 – 307.

[411] Fligstein, N., "Social Skill and the Theory of Fields", *Sociological Theory*, Vol. 19 No. 2, 2001, pp. 105 – 125.

[412] Fligstein, N., "The Intraorganizational Power Struggle: Rise of Finance Personnel to Top Leadership in Large Corporations, 1919 – 1979", *American Sociological Review*, 1987, pp. 44 – 58.

[413] Fligstein, N., "The Structural Transformation of American Industry: An Institutional Account of the Causes of Diversification in the Largest Firms, 1919 – 1979", *The New Institutionalism in Organizational Analysis*, Vol. 311, 1991, p. 336.

[414] Fligstein, N., *The Transformation of Corporate Control*, Harvard University Press, 1993.

[415] Fores, B., Camison, C., "Does Incremental and Radical Innovation Performance Depend on Different Types of Knowledge Accumulation Capabilities and Organizational Size?" *Journal Business Research*, Vol. 69 No. 2, 2016, pp. 831 – 848.

[416] Fornell, C. and Larcker, D. F., "Evaluating Structural Equation

Models with Unobservable Variables and Measurement Error", *Journal of Marketing Research*, Vol. 18 No. 1, 1981, pp. 39 – 50.

[417] Fornell C, Larcker D F, "Evaluating Structural Equation Models with Unobservable Variables and Measurement Error", *Journal of Marketing Research*, Vol. 18 No. 1, 1981, pp. 39 – 50.

[418] Frese, M., Fay, D., Hilburger, T., Leng, K., and Tag, A., "The Concept of Personal Initiative: Operationalization, Reliability and Validity in Two German Samples", *Journal of Occupational and Organizational Psychology*, Vol. 70 No. 2, 1997, pp. 139 – 161.

[419] Fried D. and Givoly D., "Financial Analysts' Forecasts of Earnings: A Better Surrogate for Market Expectations", *Journal of Accounting and Economics*, Vol. 4 No. 2, 1982, pp. 85 – 107.

[420] Friedland, R. and R. R. Alford, "Bringing Society Back In: Symbols, Practices and Institutional Contradictions", Chicago University, 1991.

[421] Friedland, R., "The Institutional Logics Perspective: A New Approach to Culture, Structure, and Process", M@n@gement, Vol. 15 No. 5, 2012, pp. 583 – 595.

[422] Friedman B. and Kahn P. H., "Human Agency and Responsible Computing: Implications for Computer System Design", *Journal of Systems and Software*, Vol. 17 No. 1, 1992, pp. 7 – 14.

[423] Frondel, M., Horbach, J., Rennings, K., "End-of-Pipe or Cleaner Production? An Empirical Comparison of Environmental Innovation Decisions Across OECD Countries", *Business Strategic Environment*, Vol. 16 No. 8, 2017, pp. 571 – 584.

[424] Frone, D. F., Frone, S., "Eco-Innovation Parks for A Green Development in Small and Medium Sized Enterprises", *Scientific Papers Series Management, Economic Engineering in Agriculture Rural Development*, Vol. 18 No. 2, 2018, pp. 187 – 194.

[425] Gallagher, V. C., "Managing Resources and Need for Cognition: Impact on Depressed Mood at Work", *Personality and Individual Differences*, Vol. 53 No. 4, 2012, pp. 534 – 537.

[426] Ganegoda D. B. and Bordia P., "I Can be Happy for You, But not

all the Time: A Contingency Model of Envy and Positive Empathy in the Workplace. ", *Journal of Applied Psychology*, Vol. 104 No. 6, 2019, pp. 776 – 795.

［427］Gang X. , "Legal Shareholder Protection and Corporate R&D Investment", *Journal of Corporate Finance*, Vol. 23, 2013, pp. 240 – 266.

［428］Gao, J. , Rong, Y. , Tian, X. and Yao, O. (2020), "Save Time or Save Face? the Stage Fright Effect in the Adoption of Facial Recognition Payment Technology in Retail", Social Science Research Network, Doi: 10. 2139/Ssrn. 3668036.

［429］Garud, R. , C. , "Hardy and S. Maguire, Institutional Entrepreneurship as Embedded Agency: An Introduction to the Special Issue", *Organization Studies*, Vol. 28 No. 7, 2007, pp. 957 – 969.

［430］Garud R. , Hardy C. and Maguire S. , "Institutional Entrepreneurship as Embedded Agency: An Introduction to the Special Issue", *Organization Studies*, Vol. 28 No. 7, 2016, pp. 957 – 969.

［431］Garud, R. , S. , "Jain and A. Kumaraswamy, Institutional Entrepreneurship in the Sponsorship of Common Technological Standards: The Case of Sun Microsystems and Java", *Academy of Management Journal*, Vol. 45 No. 1, 2002, pp. 196 – 214.

［432］Gautam A. and Riitta K. , "Technological Acquisitions and the Innovation Performance of Acquiring Firms: A Longitudinal Study", *Strategic Management Journal*, Vol. 22 No. 3, 2001, pp. 197 – 220.

［433］Gauthier, C. , Genet, C. , "Nanotechnologies and Green Knowledge Creation: Paradox Or Enhancer of Sustainable Solutions?" *Journal Business Ethicsissn*, Vol. 124 No. 4, 2014, pp. 571 – 583.

［434］Geng, D. , Lai, K. H. , Zhu, Q. , "Eco-Innovation and Its Role for Performance Improvement Among Chinese Small and Medium-Sized Manufacturing Enterprises", *International Journal of Production Economics*, 2021, https: //doi. org/10. 1016/j. ijpe. 2020. 107869.

［435］Gentry R. J. and Shen W. , "The Impacts of Performance Relative to Analyst Forecasts and Analyst Coverage on Firm R&D Intensity", *Strategic Management Journal*, Vol. 34 No. 1, 2013, pp. 121 – 130.

［436］George G. , Haas M. R. and Pentland A. , "From the Editors Big

Data and Management", *Academy of Management Journal*, Vol. 57 No. 2, 2014, pp. 321 – 326.

［437］Gerald R. F., Darren C. T., Pamela L. P., Robyn L. B., Ceasar D. and Sean L., "Political Skill in Organizations", *Journal of Management*, Vol. 33 No. 3, 2007, pp. 290 – 320.

［438］Gerald R. F., Darren C. T., Robert W. K., Wayne A. H., Charles J. K., Ceasar D. and Dwight D. F., "Development and Validation of the Political Skill Inventory", *Journal of Management*, Vol. 31 No. 1, 2005, pp. 126 – 152.

［439］Ge, Z. H., Hu, Q. Y., Xia, Y. S., "Firms' R&D Cooperation Behavior in A Supply Chain", *Production and Operations Management*, Vol. 23 No. 4, 2014, pp. 599 – 600.

［440］Ghisetti, C., Mancinelli, S., Mazzanti, M., Zoli, M., "Financial Barriers and Environmental Innovations: Evidence from Eu Manufacturing Firms", *Climate Policy*, Vol. 17 No. (Suppl. 1), 2017, pp. S131 – S147.

［441］Gianluca E., Alessandro M. and Giuseppina P., "Digital Entrepreneurship Ecosystem: How Digital Technologies and Collective Intelligence Are Reshaping the Entrepreneurial Process", *Technological Forecasting and Social Change*, Vol. 150, 2020.

［442］Giesen, E, Berman S. J, Bell R, et al., "Three Ways to Successfully Innovate Your Business Model", *Strategy & Leadership*, Vol. 35 No. 6, 2007, pp. 27 – 33.

［443］Gifford, B., A., "Kestler and S. Anand, Building Local Legitimacy Into Corporate Social Responsibility: Gold Mining Firms in Developing Nations", *Journal of World Business*, Vol. 45 No. 3, 2010, pp. 304 – 311.

［444］Gimeno J., Robert E. H., Brent D. B. and William P. W., "Explaining the Clustering of International Expansion Moves: A Critical Test in the U. S. Telecommunications Industry", *The Academy of Management Journal*, Vol. 48 No. 2, 2005, pp. 297 – 319.

［445］Giotopoulos I, Kontolaimou A, Korra E. et al., "What Drives ICT Adoption by SMEs? Evidence from a Large-Scale Survey in Greece", *Journal of Business Research*, Vol. 81 (dec), 2017, pp. 60 – 69.

［446］Glaeser E. L. , Jed K. and Albert S. , "Consumer City", *Harvard Institute of Economic Research Working Papers*, No. 1, 2001, pp. 27 - 50.

［447］Glynn, M. A. and M. Lounsbury, "From the Critics' Corner: Logic Blending, Discursive Change and Authenticity in A Cultural Production System", *Journal of Management Studies*, Vol. 42 No. 5, 2005, pp. 1031 - 1055.

［448］Glynn, M. A. and R. Abzug, "Institutionalizing Identity: Symbolic Isomorphism and Organizational Names", *Academy of Management Journal*, Vol. 45 No. 1, 2002, pp. 267 - 280.

［449］Glynn, M. A. , "When Cymbals Become Symbols: Conflict Over Organizational Identity Within A Symphony Orchestra", *Organization Science*, Vol. 11 No. 3, 2000, pp. 285 - 298.

［450］Golecha, R. , Gan, J. "Effects of Corn Stover Year-to-year Supply Variability and Market Structure on Biomass Utilization and Cost", *Renewable and Sustainable Energy Reviews*, Vol. 57 No. 5, 2016, pp. 34 - 44.

［451］Gonzalez-Morenoa, A. A. , Triguerob, F. , Saez-Martínez, J. , "Many or Trusted Partners for Eco-Innovation? The Influence of Breadth and Depth of Firms' Knowledge Network in the Food Sector", *Technological Forecasting and Social Change*, Vol. 147, 2019, pp. 51 - 62.

［452］Gottlieb Benjamin H. and Bergen Anne E. , "Social Support Concepts and Measures. ", *Journal of Psychosomatic Research*, Vol. 69 No. 5, 2010.

［453］Govindan, K. , Kilic, M. , Uyar, A. , Karaman, A. S. , "Drivers and Value-Relevance of Csr Performance in the Logistics Sector: A Cross-Country Firm-Level Investigation", *International Journal of Production Economics*, Vol. 231, 2021. https://doi.org/10.1016/j.ijpe.2020.107835.

［454］Graen G. B. and Uhlbien M. , "Relationship-Based Approach to Leadership: Development of Leadermember Exchange LMX Theory of Leadership over 25 Years: Applying a Multi-level Multi-domain Perspective", *Leadership Quarterly*, Vol. 6, 1995, pp. 219 - 247.

［455］Grandey, A. A. , and Sin, D. , "The Customer is Not Always Right: Customer Aggression and Emotion Regulation of Service Employees", *Journal of Organizational Behavior*, Vol. 25 No. 3, 2004, pp. 397 - 418.

［456］Grandey, A. A. , Cordeiro, B. L. and Crouter, A. C. , "A Longitudinal and Multi-source Test of the Work-Family Conflict and Job Satisfaction Relationship", *Journal of Occupational and Organizational Psychology*, Vol. 78 No. 1, 2005, pp. 305 – 323.

[457] Greenberg J., "Looking Fair Versus Being Fair: Managing Impressions of Organizational Justice", *Research in Organizational Behavior*, Vol. 12, 1990, pp. 111 – 157.

[458] Green, S. E., Y. Li and N. Nohria, "Suspended in Self-Spun Webs of Significance: A Rhetorical Model of Institutionalization and Institutionally Embedded Agency", *Academy of Management Journal*, Vol. 52 No. 1, 2009, pp. 11 – 36.

[459] Greenwood, R. and C. R. Hinings, "Understanding Radical Organizational Change: Bringing Together the Old and the New Institutionalism", *Academy of Management Review*, Vol. 21 No. 4, 1996, pp. 1022 – 1054.

[460] Greenwood, R. and R. Suddaby, "Institutional Entrepreneurship in Mature Fields: The Big Five Accounting Firms", *Academy of Management Journal*, Vol. 49 No. 1, 2006, pp. 27 – 48.

[461] Greenwood, R. and R. Suddaby, "Institutional Entrepreneurship in Mature Fields: The Big Five Accounting Firms", *Academy of Management Journal*, Vol. 49 No. 1, 2006, pp. 27 – 48.

[462] Greenwood, R., et al., "Institutional Complexity and Organizational Responses", *Academy of Management Annals*, Vol. 5 No. 1, 2011, pp. 317 – 371.

[463] Greenwood, R., et al., "The Multiplicity of Institutional Logics and the Heterogeneity of Organizational Responses", *Organization Science*, Vol. 21 No. 2, 2010, pp. 521 – 539.

[464] Greenwood, R., et al., *The Sage Handbook of Organizational Institutionalism*, Sage, 2008.

[465] Greenwood, R., R. Suddaby and C. R. Hinings, "Theorizing Change: The Role of Professional Associations in the Transformation of Institutionalized Fields", *Academy of Management Journal*, Vol. 45 No. 1, 2002, pp. 58 – 80.

[466] Greve A. H. R., "Less Likely to Fail: Low Performance, Firm Size, and Factory Expansion in the Shipbuilding Industry", *Management Science*, Vol. 52 No. 1, 2006, pp. 83 – 94.

［467］ Greve H. R. , "A Behavioral Theory of R&D Expenditures and Inno-vations: Evidence From Shipbuilding", *Academy of Management Journal*, Vol. 46 No. 6, 2003, pp. 685 – 702.

［468］ Grewal R, Tansuhaj P. , "Building Organizational Capabilities for Managing Economic Crisis: The Role of Market Orientation and Strategic Flexibil-ity", *Journal of Marketing*, Vol. 65 No. 2, 2001, pp. 67 – 80.

［469］ Grizzle, J. W. , Zablah, A. R. , Brown, T. J. , Mowen, J. C. , & Lee, J. M. , "Employee Customer Orientation in Context: How the Environ-ment Moderates the Influence of Customer Orientation on Performance Outcomes", *Journal of Applied Psychology*, Vol. 94 No. 5, 2009, pp. 1227 – 1242.

［470］ Grojean M. W. , Resick C. J. , Dickson M. W. and Smith D. B. , "Leaders, Values, and Organizational Climate: Examining Leadership Strategies for Establishing an Organizational Climate Regarding Ethics", *Journal of Business Ethics*, Vol. 55 No. 3, 2004, pp. 223 – 241.

［471］ Gross, J. J. , and John, O. P. , "Individual Differences in Two Emotion Regulation Processes: Implications for Affect, Relationships, and Well-being", *Journal of Personality and Social Psychology*, Vol. 85 No. 2, 2003, pp. 348 – 362.

［472］ Gui, L. , Tang, C. S. , Yin, S. "Improving Microretailer and Consumer Welfare in Developing Economies: Replenishment Strategies and Mar-ket Entries", *Manufacturing & Service Operations Management*, Vol. 21 No. 1, 2018, pp. 231 – 250.

［473］ Guler, I. , "Throwing Good Money After Bad? Political and Institu-tional Influences on Sequential Decision Making in the Venture Capital Industry", *Administrative Science Quarterly*, Vol. 52 No. 2, 2007, pp. 248 – 285.

［474］ Gupta S. , Qian X. , Bhushan B. and Luo Z. , "Role of Cloud ERP and Big Data on Firm Performance: A Dynamic Capability View Theory Perspec-tive", *Management Decision*, Vol. 57 No. 8, 2019, pp. 1857 – 1882.

［475］ Haans, R. F. , Pieters, C. , He, Z. L. , "Thinking About U: Theorizing and Testing U-and Inverted U-Shaped Relationships in Strategy Re-search", *Strategic Management Journal*, Vol. 37 No. 7, 2016, pp. 1177 – 1195.

［476］ Hair, J. F. , Hult, G. T. M. , Ringle, C. M. and Sarstedt, M. , *A*

Primer on Partial Least Squares Structural Equation Modeling, Sage Publications, Inc. , Thousand Oaks, California, 2014.

［477］ Hair, J. F. , Risher, J. J. , Sarstedt, M. and Ringle, C. M. , "When to Use and How to Report the Results of PLS-SEM", *European Business Review*, Vol. 31 No. 1, 2019, pp. 2 – 24.

［478］ Hair J. F. , Tatham R. L. , Anderson R. E. and Black W. , "Multivariate Data Analysis", *Technometrics*, Vol. 30 No. 1, 1998, pp. 130 – 131.

［479］ Hajli N, Sims J. , "Social Commerce: The Transfer of Power from Sellers to Buyers", *Technological Forecasting and Social Change*, Vol. 94, 2015, pp. 350 – 358.

［480］ Halbesleben, J. R. B. , Neveu, J. – P. , Paustian-Underdahl, S. C. , and Westman, M. , "Getting to the 'Cor': Understanding the Role of Resources in Conservation of Resources Theory", *Journal of Management*, Vol. 40 No. 5, 2014, pp. 1334 – 1364.

［481］ Haleblian J. J. , McNamara G. , Kolev K. and Dykes B. J. , "Exploring Firm Characteristics that Differentiate Leaders from Followers in Industry Merger Waves: A Competitive Dynamics Perspective", *Strategic Management Journal*, Vol. 33 No. 9, 2012, pp. 1037 – 1052.

［482］ Hambrick D. C. and Finkelstein S. , "Managerial Discretion: A Bridge between Polar Views of Organizational Outcomes", *Research in Organizational Behavior*, Vol. 9 No. 4, 1987, pp. 369 – 406.

［483］ Hambrick D. C. and Mason P. A. , "Upper Echelons: The Organization as a Reflection of Its Top Managers", *Academy of Management Review*, Vol. 9 No. 2, 1984, pp. 193 – 206.

［484］ Hampshire (2021), "Facial Recognition for Payments Authentication to Be Used by Over 1. 4 billion People Globally by 2025", available at: https: //www. juniperresearch. com/press/facial-recognition-payments-authentication-users? ch = facial-recognition%20 payment （accessed 12 April 2021）.

［485］ Handarkho, Y. D. , and Harjoseputro, Y. , "Intention to Adopt Mobile Payment in Physical Stores: Individual Switching Behavior Perspective Based on Push-Pull-Mooring （PPM） Theory", *Journal of Enterprise Information Management*, Vol. 33 No. 2, 2019, pp. 285 – 308.

［486］ Handarkho, Y. D. , "Understanding Mobile Payment Continuance Usage in Physical Store Through Social Impact Theory and Trust Transfer", *Asia Pacific Journal of Marketing and Logistics*, Vol. 33 No. 4, 2020, pp. 1071 – 1087.

［487］ Hannan M. and Freeman J. , "The Population Ecology of Organizations", *American Journal of Sociology*, Vol. 82 No. 5, 1977, pp. 929 – 964.

［488］ Hargadon, A. B. and Y. Douglas, "When Innovations Meet Institutions: Edison and the Design of the Electric Light", *Administrative Science Quarterly*, Vol. 46 No. 3, 2001, pp. 476 – 501.

［489］ Hargrave, T. J. and A. H. Van De Ven, "A Collective Action Model of Institutional Innovation", *Academy of Management Review*, Vol. 31 No. 4, 2006, pp. 864 – 888.

［490］ Harris K. J. , Kacmar K. M. , Zivnuska S. and Shaw J. D. , "The Impact of Political Skill on Impression Management Effectiveness", *Journal of Applied Psychology*, Vol. 92 No. 1, 2007, pp. 278 – 285.

［491］ Haveman, H. A. and H. Rao, "Structuring a Theory of Moral Sentiments: Institutional and Organizational Coevolution in the Early Thrift Industry", *American Journal of Sociology*, Vol. 102 No. 6, 1997, pp. 1606 – 1651.

［492］ Heersmink J. , "Ghost in the Machine: A Philosophical Analysis of the Relationship between Brain-computer Interface Applications and Their Users", *Neuroethics*, Vol. 10 No. 246, 2009, pp. 487 – 499.

［493］ Heider F. , *The Psychology of Interpersonal Relations*, New York, NY: Wiley, 1958.

［494］ Heimer, C. A. , "Competing Institutions: Law, Medicine, and Family in Neonatal Intensive Care", *Law and Society Review*, 1999, pp. 17 – 66.

［495］ Heinisch, D. A. , and Jex, S. M. , "Negative Affectivity and Gender as Moderators of the Relationship Between Work-related Stressors and Depressed Mood at Work", *Work and Stress*, Vol. 11 No. 1, 1997, pp. 46 – 57.

［496］ Hempel, P. S. and M. G. Martinsons, "Developing International Organizational Change Theory Using Cases from China", *Human Relations*, Vol. 62 No. 4, 2009, pp. 459 – 499.

［497］ Henfridsson O, Nandhakumar J, Scarbrough H, et al. , "Recombination in the Open-End-ed Value Landscape of Digital Innovation", *Information and Organization*, Vol. 28 No. 2, 2018, pp. 89 – 100.

[498] Henisz, W. J., Delios, A., "Uncertainty, Imitation and Plant Location: Japanese Multinational Corporations, 1990 – 1996", *Administrative Science Quarte*, Vol. 46 No. 3, 2001, pp. 443 – 475.

[499] Henseler, J., Ringle, C. M. and Sarstedt, M., "A New Criterion for Assessing Discriminant Validity in Variance-Based Structural Equation Modeling", *Journal of the Academy of Marketing Science*, Vol. 43 No. 1, 2015, pp. 115 – 135.

[500] Herremans, I. M., M. S. Herschovis and S. Bertels, "Leaders and Laggards: The Influence of Competing Logics on Corporate Environmental Action", *Journal of Business Ethics*, Vol. 89 No. 3, 2009, pp. 449 – 472.

[501] Heugens, P. P. and M. W. Lander, "Structure! Agency! (and Other Quarrels): A Meta-Analysis of Institutional Theories of Organization", *Academy of Management Journal*, Vol. 52 No. 1, 2009, pp. 61 – 85.

[502] Heugens, P. P. M. A. and M. W. Lander, "Structure! Agency! (and Other Quarrels): A Meta-Analysis of Institutional Theories of Organization", *Academy of Management Journal*, Vol. 52 No. 1, 2009, pp. 61 – 85.

[503] Hildrun K., "Coauthorship Networks of Invisible Colleges and Institutionalized Communities", *Scientometrics*, Vol. 30 No. 1, 1994.

[504] Hinings, C. R. and R. Greenwood, "Disconnects and Consequences in Organization Theory?", *Administrative Science Quarterly*, Vol. 47 No. 3, 2002, pp. 411 – 421.

[505] Hirsch, P. M. and M. Lounsbury, "Putting the Organization Back Into Organization Theory Action, Change, and The 'New' Institutionalism", *Journal of Management Inquiry*, Vol. 6 No. 1, 1997, pp. 79 – 88.

[506] H., M. J., "The Nature, Importance, and Difficulty of Machine Ethics", *IEEE Intelligent Systems*, Vol. 21 No. 4, 2006, pp. 18 – 21.

[507] Hobfoll E. S., "Conservation of Resources. A New Attempt at Conceptualizing Stress.", *American Psychologist*, Vol. 44 No. 3, 1989, pp. 513 – 524.

[508] Hobfoll, S. E., "Conservation of Resource Caravans and Engaged Settings", *Journal of Occupational and Organizational Psychology*, Vol. 84

No. 1, 2011, pp. 116 – 122.

［509］ Hobfoll, S. E., "Social and Psychological Resources and Adaptation", *Review of General Psychology*, Vol. 6 No. 1, 2002, pp. 307 – 324.

［510］ Hochwarter W. A., Ferris G. R., Zinko R., Arnell B. and James M., "Reputation as a Moderator of Political Behavior-work Outcomes Relationships: A Two-study Investigation with Convergent Results. ", *Journal of Applied Psychology*, Vol. 92 No. 2, 2007, pp. 567 – 576.

［511］ Hoffman, A. J. and M. J. Ventresca, *Organizations, Policy and the Natural Environment: Institutional and Strategic Perspectives*, Stanford University Press, 2002.

［512］ Hoffman, A. J., "Institutional Evolution and Change: Environmentalism and the Us Chemical Industry", *Academy of Management Journal*, Vol. 42 No. 4, 1999, pp. 351 – 371.

［513］ Holm, P., "The Dynamics of Institutionalization: Transformation Processes in Norwegian Fisheries", *Administrative Science Quarterly*, 1995, pp. 398 – 422.

［514］ Hong, H., Cao, M. and Wang, G. A., "The Effects of Network Externalities and Herding on User Satisfaction with Mobile Social Apps", *Journal of Electronic Commerce Research*, Vol. 18 No. 1, 2017, pp. 18 – 31.

［515］ Ho V. T., Wong S. S. and Lee C. H., "A Tale of Passion: Linking Job Passion and Cognitive Engagement to Employee Work Performance", *Journal of Management Studies*, Vol. 48 No. 1, 2011, pp. 26 – 47.

［516］ Ho Y. and Tsai T., "The Impact of Dynamic Capabilties with Market Orientation and Resource-Based Approaches on NPD Project Performance. ", *The Journal of American Academy of Business*, Vol. 8 No. 1, 2006, pp. 215 – 229.

［517］ Hsieh T., "Delivering Happiness: A Path to Profits, Passion, and Purpose", *Business Plus Hachette Book Group*, Vol. 56 No. 6, 2011, pp. 16.

［518］ Hsu, C. L., "Market Ventures, Moral Logics, and Ambiguity: Crafting A New Organizational Form in Post-Socialist China", *Sociological Quarterly*, Vol. 47 No. 1, 2006, pp. 69 – 92.

［519］ Huang J. and Chen C., "Strategic Human Resource Practices and Innovation Performance—The Mediating Role Of Knowledge Management Capacity", *Journal of Business Research*, Vol. 62 No. 1, 2009, pp. 104 – 114.

[520] Huang, J. W., Li, Y. H., "Green Innovation and Performance: The View of Organizational Capability and Social Reciprocity", *Journal of Business Ethicsissn*, Vol. 145 No. 2, 2017, pp. 309 – 324.

[521] Huang, Y. C., Chen, C. T., "Exploring Institutional Pressures, Firm Green Slack, Green Product Innovation and Green New Product Success: Evidence from Taiwan's Hightech Industries", *Technological Forecasting and Social Change*, Vol. 174, 2022. https://doi. org/10. 1016/j. techfore. 2021. 121196.

[522] Hu, B., Liu, J., & Zhang, X., "The Impact of Employees' Perceived CSR on Customer Orientation: An Integrated Perspective of Generalized Exchange and Social Identity Theory", *International Journal of Contemporary Hospitality Management*, Vol. 32 No. 7, 2020, pp. 2345 – 2364

[523] Hui C., Law K. S. and Chen Z. X., "A Structural Equation Model of the Effects of Negative Affectivity, Leader-Member Exchange, and Perceived Job Mobility on In-role and Extra-role Performance: A Chinese Case", *Organizational Behavior and Human Decision Processes*, Vol. 77 No. 1, 1999, pp. 3 – 21.

[524] Hu L. T. and Bentler P. M., "Cutoff Criteria for Fit Indexes in Covariance Structure Analysis: Conventional Criteria Versus New Alternatives", *Structural Equation Modeling*, Vol. 6 No. 1, 1999, pp. 1 – 55.

[525] Hult G. T. M., Robert F. H. and Gary A. K., "Innovativeness: Its Antecedents and Impact on Business Performance", *Industrial Marketing Management*, Vol. 33 No. 5, 2004, pp. 429 – 438.

[526] Hunafa, K., Hidayanto, A. N. and Sandhyaduhita, P., "Investigating Mobile Payment Acceptance Using Technological-Personal-Environmental (TPE) Framework: A Case of Indonesia", *2017 International Conference on Advanced Computer Science and Information Systems*, Bali, Indonesia, 28 – 29 October, 2017, pp. 159 – 165.

[527] Hung, R. Y. Y., Lien, B. Y. H., Yang, B., Wu, C. M., Kuo, Y. M., "Impact of Tqm and Organizational Learning on Innovation Performance in the High-Tech Industry", *International Business Review*, Vol. 20 No. 2, 2011, pp. 213 – 225.

[528] Hung, W. and Chuang, K., "The Continuous Use Intentions and

Antecedents of Novice Players in the Social Network Online Games", *Proceedings of the* 20*th International Conference on Electronic Business*, Hong Kong Sar, China, 5 – 8 December, 2020, pp. 501 – 505.

［529］Hwang, H. and W. W. Powell, "Institutions and Entrepreneurship, In Handbook of Entrepreneurship Research", *Springer*, 2005, pp. 201 – 232.

［530］Iansiti M. and Levien R., Iansiti M. and Levien R., "The Keystone Advantage: What the New Dynamics of Business Ecosystems Mean for Strategy, Innovation, and Sustainability", *Future Survey*, Vol. 20 No. 2, 2004, pp. 88 – 90.

［531］iiMedia Research, "Research Report of Social Value of China 2019 Facial Recognition Payment Technology Application", available at: https://www.iimedia.cn/C400/66866.html (accessed 21 November 2019).

［532］Ingram P. and Joel A. C. B., "Opportunity and Constrain: Organizations' Learning from the Operating and Competitive Experience of Industries", *Strategic Management Journal*, Vol. 18 No. S1, 1997, pp. 75 – 98.

［533］Ireland, R. D., C. R. Reutzel and J. W. Webb, "Entrepreneurship Research in Amj: What Has Been Published, and What Might the Future Hold?", *Academy of Management Journal*, Vol. 48 No. 4, 2005, pp. 556 – 564.

［534］Jain, S. and G. George, "Technology Transfer Offices as Institutional Entrepreneurs: The Case of Wisconsin Alumni Research Foundation and Human Embryonic Stem Cells", *Industrial and Corporate Change*, Vol. 16 No. 4, 2007, pp. 535 – 567.

［535］James F. M., "The Rise of A New Corporate Form", *The Washington Quarterly*, Vol. 21 No. 1, 1998.

［536］Jarzabkowski, P., "Strategy as Practice: Recursiveness, Adaptation, and Practices-In-Use", *Organization Studies*, Vol. 25 No. 4, 2004, pp. 529 – 560.

［537］Jayaram, J., Pathak, S., "A Holistic View of Knowledge Integration in Collaborative Supply Chains", *International Journal of Production Research*, Vol. 51 No. 7, 2013, pp. 1958 – 1972.

［538］Jay, J., "Navigating Paradox as A Mechanism of Change and Innovation in Hybrid Organizations", *Academy of Management Journal*, Vol. 56 No. 1, 2013, pp. 137 – 159.

［539］Jensen M. C. and Meckling W. H. , "Theory of the Firm: Managerial Behavior, Agency Costs and Ownership Structure", *Journal of Financial Economics*, Vol. 3 No. 4, 1976, pp. 305 – 360.

［540］Jeong I. and Shin S. J. , "High-Performance Work Practices and Organizational Creativity During Organizational Change: A Collective Learning Perspective", *Journal of Management*, Vol. 45 No. 3, 2019, pp. 909 – 925.

［541］Jerayr H. and Sydney F. , "The Influence of Organizational Acquisition Experience on Acquisition Performance: A Behavioral Learning Perspective", *Administrative Science Quarterly*, Vol. 44 No. 1, 1999, pp. 29 – 56.

［542］Jerayr J. H. , Ji-Yub J. K. and Nandini R. , "The Influence of Acquisition Experience and Performance on Acquisition Behavior: Evidence from the U. S. Commercial Banking Industry", *Academy of Management Journal*, Vol. 49 No. 2, 2006, pp. 357 – 370.

［543］Jian C. G. , Chiu K. M. , Richard C. M. Y. , K. , S. C. and Kit F. P. , "Technology Transfer and Innovation Performance: Evidence from Chinese Firms", *Technological Forecasting and Social Change*, Vol. 73 No. 6, 2005, pp. 666 – 678.

［544］Jiang, H. and J. P. , "Murmann, Regional Institutions, Ownership Transformation, and Migration of Industrial Leadership in China: The Case of the Chinese Synthetic Dye Industry, 1978 – 2008", *Industrial and Corporate Change*, 2011, pp. dtr070.

［545］Jiang K. , Lepak D. P. , Hu J. and Baer J. C. , "How Does Human Resource Management Influence Organizational Outcomes? A Meta-Analytic Investigation of Mediating Mechanisms", Academy of Management Journal, Vol. 55 No. 6, 2012, pp. 1264 – 1294.

［546］Jiang, Y. , Chen, D. and Lai, F. , "Technological-Personal-Environmental (TPE) Framework: A Conceptual Model for Technology Acceptance at the Individual Level", *Journal of International Technology and Information Management*, Vol. 19 No. 3, 2010, pp. 89 – 98.

［547］Jill M. P. and Barbara G. , "Conflicting Logics, Mechanisms of Diffusion, and Multilevel Dynamics in Emerging Institutional Fields", *Academy of Management Journal*, Vol. 52 No. 2, 2009, pp. 355 – 380.

[548] Jodi S. G. and Terry C. B., "Assessing the Non-Random Sampling Effects of Subject Attrition in Longitudinal Research", *Journal of Management*, Vol. 22 No. 4, 1996, pp. 627 – 652.

[549] Joel, E. and Daniel, L., "Examining the Influence of Control and Convenience in a self-Service Setting", *Journal of the Academy of Marketing Science*, Vol. 38 No. 4, 2010, pp. 490 – 509.

[550] Johnson, V. L., Kiser, A., Washington, R. and Torres, R., "Limitations to the Rapid Adoption of M-payment Services: Understanding the Impact of Privacy Risk on M-payment Services", *Computers in Human Behavior*, Vol. 79, 2018, pp. 111 – 122.

[551] John V. and Erica S., "Crisis Strategic Planning for SMEs: Finding the Silver Lining", *International Journal of Production Research*, Vol. 49 No. 18, 2011, pp. 5619 – 5635.

[552] Jones, C., et al., "Rebels with A Cause: Formation, Contestation, and Expansion of the De Novo Category 'Modern Architecture', 1870 – 1975", *Organization Science*, Vol. 23 No. 6, 2012, pp. 1523 – 1545.

[553] Jones E. E., *Interpersonal Perception*, New York: Freeman, 1991.

[554] Judge T. A. and Bretz R. D. J., "Political Influence Behavior and Career Success", *Journal of Management*, Vol. 20 No. 1, 1994, pp. 43 – 65.

[555] Juliane B., Maryam F. and Laura V., "Big Data in Finance and the Growth of Large Firms", *Journal of Monetary Economics*, No. 97, 2018, pp. 71 – 87.

[556] Julie B., Bernard L. and Eva B., "How Actors Change Institutions: Towards a Theory of Institutional Entrepreneurship", *Academy of Management Annals*, Vol. 3, 2009, pp. 65 – 107.

[557] Karatepe, O. M., "High-Performance Work Practices, Perceived Organizational Support, and Their Effects on Job Outcomes: Test of A Mediational Model", *International Journal of Hospitality and Tourism Administration*, Vol. 16 No. 3, 2015, pp. 203 – 223.

[558] Kathleen M E. and Claudia B S., "Resource-based View of Strategic Alliance Formation: Strategic and Social Effects in Entrepreneurial Firms", *Organization Science*, Vol. 7 No. 2, 1996.

［559］ Katila, R., Ahuja, G., "Something Old, Something New: A Longitudinal Study of Search Behavior and New Product Introduction", *Academy of Management Journal*, Vol. 45 No. 6, 2002, pp. 1183 – 1194.

［560］ Katila, R. and E. L. Chen, "Effects of Search Timing on Innovation: The Value of Not Being in Sync with Rivals", *Administrative Science Quarterly*, Vol. 53 No. 4, 2008, pp. 593 – 625.

［561］ Katila, R. and P. Y. Mang, "Interorganizational Development Activities: The Likelihood and Timing of Contracts", *Academy of Management Proceedings*, 1999.

［562］ Katila, R., J. D. Rosenberger and K. M. Eisenhardt, "Swimming with Sharks: Technology Ventures, Defense Mechanisms and Corporate Relationships", *Administrative Science Quarterly*, Vol. 53 No. 2, 2008, pp. 295 – 332.

［563］ Keith, J. E., Lee, D. J., & Leem, R. G., "The Effect of Relational Exchange between the Service Provider and the Customer on the Customer's Perception of Value", *Journal of Relational Marketing*, Vol. 3 No. 1, 2004, pp. 3 – 33.

［564］ Keld L. and Nicolai J. F., "New Human Resource Management Practices, Complementarities and the Impact on Innovation Performance", *Cambridge Journal of Economics*, Vol. 27 No. 2, 2003.

［565］ Kelley, S. W., "Developing Customer Orientation Among Service Employees", *Journal of the Academy of Marketing Science*, Vol. 20 No. 1, 1992, pp. 27 – 36.

［566］ Kenney, M. and Zysman, J., "Unicorns, Cheshire Cats, and the New Dilemmas of Entrepreneurial Finance", *Venture Capital*, Vol. 21 No. 1SI, 2019, pp. 35 – 50.

［567］ Kerr S., Jermier J. M., "Substitutes for Leadership: Their Meaning and Measurement", *Organizational Behavior and Human Performance*, Vol. 22 No. 3, 1978, pp. 375 – 403.

［568］ Key S., "Organizational Ethical Culture: Real or Imagined?", *Journal of Business Ethics*, Vol. 20, 1999, pp. 217 – 225.

［569］ Kiefer, T., "Feeling Bad: Antecedents and Consequences of Negative Emotions in Ongoing Change", *Journal of Organizational Behavior: The In-*

ternational *Journal of Industrial*, *Occupational and Organizational Psychology and Behavior*, Vol. 26 No. 8, 2005, pp. 875 – 897.

[570] Kim, C. , Mirusmonov, M. and Lee, I. , "An Empirical Examination of Factors Influencing the Intention to Use Mobile Payment", *Computers in Human Behavior*, Vol. 26 No. 3, 2010, pp. 310 – 322.

[571] Kim, D. J. , Ferrin, D. L. and Rao, H. R. , "A Trust-based Consumer Decision-making Model in Electronic Commerce: The Role of Trust, Perceived Risk, and Their Antecedents", *Decision Support Systems*, Vol. 44 No. 2, 2008, pp. 544 – 564.

[572] Kim E. and Glomb T. M. , "Victimization of High Performers: The Roles of Envy and Work Group Identification", *Journal of Applied Psychology*, Vol. 99 No. 4, 2014.

[573] Kim, H. , and Qu, H. , "The Mediating Roles of Gratitude and Obligation to Link Employees' Social Exchange Relationships and Prosocial Behavior", *International Journal of Contemporary Hospitality Management*, Vol. 32 No. 2, 2020, pp. 644 – 664.

[574] Kim, H. , H. Kim and R. E. Hoskisson, "Does Market-Oriented Institutional Change in an Emerging Economy Make Business-Group-Affiliated Multinationals Perform Better?", *An Institution-Based View. Journal of International Business Studies*, Vol. 41 No. 7, 2010, pp. 1141 – 1160.

[575] Kim, H. , & Qu, H. , "The Mediating Roles of Gratitude and Obligation to Link Employees' Social Exchange Relationships and Prosocial Behavior", *International Journal of Contemporary Hospitality Management*, Vol. 32 No. 2, 2020, pp. 644 – 664.

[576] Kim S. , O'Neill J. W. and Cho H. , "When Does an Employee not Help Coworkers? The Effect of Leader-member Exchange on Employee Envy and Organizational Citizenship Behavior", *International Journal of Hospitality Management*, Vol. 29 No. 3, 2010, pp. 530 – 537.

[577] Kim, T. , et al. , "Inside the Iron Cage: Organizational Political Dynamics and Institutional Changes in Presidential Selection Systems in Korean Universities, 1985 – 2002", *Administrative Science Quarterly*, Vol. 52 No. 2, 2007, pp. 286 – 323.

［578］Kiron D. and Shockley R. , "Creating Business Value with Analytics", *Mit Sloan Management Review*, Vol. 53 No. 1, 2015, pp. 28 –31.

［579］Kock, C. J. , Santalo, J. , Diestre, L. , "Corporate Governance and the Environment: What Type of Governance Creates Greener Companies?", *Journal Management Studies*, Vol. 49, 2012, pp. 492 –514.

［580］Koene, B. A. S. , "Situated Human Agency, Institutional Entrepreneurship and Institutional Change", *Journal of Organizational Change Management*, Vol. 19 No. 3, 2006, pp. 365 –382.

［581］KohtamäKi M, Henneberg S C, Martinez V, et al. , "A Configurational Approach to Servitization: Review and Research Directions", *Service Ence*, 2019.

［582］Kohtamäki M. , Parida V. , Patel P. C. and Gebauer H. , "The Relationship between Digitalization and Servitization: The Role of Servitization in Capturing the Financial Potential of Digitalization", *Technological Forecasting and Social Change*, Vol. 151, 2020.

［583］KohtamäKi M, Parida V, Patel P C, et al. , "The Relationship Between Digitalization and Servitization: The Role of Servitization in Capturing the Financial Potential of Digitalization", *Technological Forecasting and Social Change*, Vol. 151, 2020, pp. 119804.

［584］Koopman, J. , Lin, S. , Lennard, A. C. , Matta, F. K. , and Johnson, R. E. , "My Coworkers Are Treated More Fairly Than Me! A Self-regulatory Perspective on Justice Social Comparisons", *The Academy of Management Journal*, Vol. 63 No. 3, 2019, pp. 857 –880.

［585］Koopmann, J. , Johnson, R. E. , Wang, M. , Lanaj, K. , Wang, G. , and Shi, J. , "A Self-regulation Perspective on How and When Regulatory Focus Differentially Relates to Citizenship Behaviors", *Journal of Applied Psychology*, Vol. 104 No. 5, 2019, pp. 629 –641.

［586］Kostova, T. and K. Roth, "Adoption of an Organizational Practice by Subsidiaries of Multinational Corporations: Institutional and Relational Effects", *Academy of Management Journal*, Vol. 45 No. 1, 2002, pp. 215 –233.

［587］Kraatz, M. S. and J. H. Moore, "Executive Migration and Institutional Change", *Academy of Management Journal*, Vol. 45 No. 1, 2002, pp. 120 –143.

［588］Krakover, S. , "Partitioning Seasonal Employment in the Hospitality Industry", *Tourism Management*, Vol. 21 No. 5, 2000, pp. 461 – 471.

［589］Kumar, M. , Rodrigues, V. S. , "Synergetic Effect of Lean and Green on Innovation: A Resource-Based Perspective", *International Journal of Production Econmics*, Vol. 219, 2020, pp. 469 – 479.

［590］Labrecque L. I. , Jonas V. D. E. , Mathwick C. , Thomas P. N. and Charles F. H. , "Consumer Power: Evolution in the Digital Age", *Journal of Interactive Marketing*, Vol. 27 No. 4, 2013, pp. 257 – 269.

［591］Lahiri, N. , "Geographic Distribution of R&D Activity: How Does it Affect Innovation Quality?", *Academy of Management Journal*, Vol. 53 No. 5, 2010, pp. 1194 – 1209.

［592］Lanaj K. , Johnson R. E. and Lee S. M. , "Benefits of Transformational Behaviors for Leaders: A Daily Investigation of Leader Behavior and Need Fulfillment", *Journal of Applied Psychology*, Vol. 101 No. 2, 2016, pp. 237 – 251.

［593］Lang J R. and Lockhart D E. , "Increased Environmental Uncertainty and Changes in Board Linkage Patterns", *Academy of Management Journal*, Vol. 33 No. 1, 1990.

［594］Larry J. W. and Stella E. A. , "Job Satisfaction and Organizational Commitment as Predictors of Organizational Citizenship and In-Role Behaviors", *Journal of Management*, Vol. 17 No. 3, 1991, pp. 601 – 617.

［595］Laursen, K. , Salter, A. J. , "The Paradox of Openness: Appropriability, External Search and Collaboration", *Research Policy*, Vol. 43 No. 5, 2014, pp. 867 – 878.

［596］LaValle S. , Lesser E. , Shockley R. , Hopkins M. S. and Kruschwitz N. , "Big Data, Analytics and the Path From Insights to Value", *MIT Sloan Management Review*, Vol. 52 No. 2, 2011, pp. 21 – 22.

［597］Lawrence, T. B. and N. Phillips, "From Moby Dick to Free Willy: Macro-Cultural Discourse and Institutional Entrepreneurship in Emerging Institutional Fields", *Organization*, Vol. 11 No. 5, 2004, pp. 689 – 711.

［598］Lawrence T. B. and Phillips H, N. , "Institutional Effects of Interorganizational Collaboration: The Emergence of Proto-Institutions", *Academy of Management Journal*, Vol. 45 No. 1, 2002, pp. 281 – 290.

［599］Lawrence, T. B., C., "Hardy and N. Phillips, Institutional Effects of Interorganizational Collaboration: The Emergence of Proto-Institutions", *Academy of Management Journal*, Vol. 45 No. 1, 2002, pp. 281 - 290.

［600］Lawrence, T. B., et al., "The Politics of Organizational Learning: Integrating Power Into the 4I Framework", *Academy of Management Review*, Vol. 30 No. 1, 2005, pp. 180 - 191.

［601］Lawrence, T. B., "Institutional Strategy", *Journal of Management*, Vol. 25 No. 2, 1999, pp. 161 - 187.

［602］Leblebici, H., et al., "Institutional Change and the Transformation of Interorganizational Fields: An Organizational History of the Us Radio Broadcasting Industry", *Administrative Science Quarterly*, 1991, pp. 333 - 363.

［603］Leca, B. and P. Naccache, "A Critical Realist Approach to Institutional Entrepreneurship", *Organization*, Vol. 13 No. 5, 2006, pp. 627 - 651.

［604］Lee, A. S. and R. L. Baskerville, "Generalizing Generalizability in Information Systems Research", *Information Systems Research*, Vol. 14 No. 3, 2003, pp. 221 - 243.

［605］Lee, E. S., Park, T. Y., Koo, B., "Identifying Organizational Identification as A Basis for Attitudes and Behaviors: A Meta-Analytic Review", *Psychological Bulletin*, Vol. 141 No. 5, 2015, pp. 1049 - 1080.

［606］Lee, J., Ryu, M. H. and Lee, D., "A Study on the Reciprocal Relationship Between User Perception and Retailer Perception on Platform-based Mobile Payment Service", *Journal of Retailing and Consumer Services*, Vol. 48 No. 9, 2019, pp. 7 - 15.

［607］Lee, K. and J. M. Pennings, "Mimicry and the Market: Adoption of A New Organizational Form", *Academy of Management Journal*, Vol. 45 No. 1, 2002, pp. 144 - 162.

［608］Lee K., Duffy M. K., Scott K. L. and Schippers M. C., "The Experience of Being Envied at Work: How Being Envied Shapes Employee Feelings and Motivation", *Personnel Psychology*, Vol. 71 No. 2, 2018, pp. 181 - 200.

［609］Lee, M., Kim, M. and Peng, W., "Consumer Reviews: Reviewer Avatar Facial Expression and Review Valence", *Internet Research*, Vol. 23 No. 2, 2013, pp. 116 - 132.

［610］Lee O. D. , Sambamurthy V. , Lim K. H. and Wei K. K. , "How Does IT Ambidexterity Impact Organizational Agility?", *Information Systems Research*, Vol. 26 No. 2, 2015, pp. 398 – 417.

［611］Lee, Y. , Nam, J. , Park, D. , and Lee, K. A. , "What Factors Influence Customer-Oriented Prosocial Behavior of Customer-Contact Employees?", *Journal of Services Marketing*, Vol. 20 No. 4, 2006, pp. 251 – 264.

［612］Lenka S. , Parida V. and Wincent J. , "Digitalization Capabilities as Enablers of Value Co-Creation in Servitizing Firms", *Psychology and Marketing*, Vol. 34 No. 1, 2017, pp. 92 – 100.

［613］Leonard L. B. , Ruth N. B. , Cheryl H. B. , Jeffrey M. and Kathleen S. , "Opportunities for Innovation in the Delivery of Interactive Retail Services", *Journal of Interactive Marketing*, Vol. 24 No. 2, 2010.

［614］Leong C. M. L. , Pan S. L. , Ractham P. and Kaewkitipong L. , "ICT-Enabled Community Empowerment in Crisis Response: Social Media in Thailand Flooding 2011", *Journal of the Association for Information Systems*, Vol. 16 No. 3, 2015.

［615］Leong C. , Newell S. , Pan S. L. and Cui L. , "The Emergence of Self-organizing E-commerce Ecosystems in Remote Villages of China: A Tale of Digital Empowerment for Rural Development", *MIS Quarterly*, Vol. 40 No. 2, 2016, pp. 475 – 484.

［616］Lepoutre, J. M. and M. Valente, "Fools Breaking Out: The Role of Symbolic and Material Immunity in Explaining Institutional Nonconformity", *Academy of Management Journal*, Vol. 55 No. 2, 2012, pp. 285 – 313.

［617］Levin J. , "Functionalism", In E. N. Zalta Ed. , *The Stanford Encyclopedia of Philosophy*, 2013.

［618］Levitt B. and March J. G. , "Organizational Learning", *Annual Review of Sociology*, 1988, pp. 319 – 340.

［619］Levy, D. and M. Scully, "The Institutional Entrepreneur as Modern Prince: The Strategic Face of Power in Contested Fields", *Organization Studies*, Vol. 28 No. 7, 2007, pp. 971 – 991.

［620］Lewin, A. Andvolberda, H. W. , "Prolegomena on Coevolution: A Framework for Research on Strategy and New Organizational Forms", *Organiza-*

tion Science, Vol. 10 No. 5, 1999, pp. 519 – 534.

[621] Lewin R., "Complexity: Life at the Edge of Chaos", *American Journal of Physics*, Vol. 61 No. 8, 1993, pp. 627 – 633.

[622] Liang C C, Shiau W L, "Moderating Effect of Privacy Concerns and Subjective Norms between Satisfaction and Repurchase of Airline E-ticket through Airline-ticket Vendors", *Asia Pacific Journal of Tourism Research*, Vol. 23 No. 12, 2018, pp. 1142 – 1159.

[623] Lian H., Ferris D. L. and Brown D. J., "Does Power Distance Exacerbate or Mitigate the Effects of Abusive Supervision? It Depends on the Outcome", *Journal of Applied Psychology*, Vol. 97 No. 1, 2012, pp. 107 – 123.

[624] Liao, H. and Chuang, A., "Transforming Service Employees and Climate: A Multilevel, Multisource Examination of Transformational Leadership in Building Longterm Service Relationships", *Journal of Applied Psychology*, Vol. 92 No. 4, 2007, pp. 1006 – 1019.

[625] Liao, H., & Subramony, M., "Employee Customer Orientation in Manufacturing Organizations: Joint Influences of Customer Proximity and the Senior Leadership Team", *Journal of Applied Psychology*, Vol. 93 No. 2, 2008, pp. 317 – 328.

[626] Liébana-Cabanillas, F., Japutra, A., Molinillo, S., Singh, N. and Sinha, N., "Assessment of Mobile Technology Use in the Emerging Market: Analyzing Intention to Use M-payment Services in India", *Telecommunications Policy*, Vol. 44 No. 9, 2020, Doi: 10. 1016/J. Telpol. 2020. 102009.

[627] Liébana-Cabanillas, F., Marinkovicb, V., De Luna, I. R. and Kalinic, Z., "Predicting the Determinants of Mobile Payment Acceptance: A Hybrid SEM-Neural Network Approach", *Technological Forecasting and Social Change*, Vol. 129, 2018, pp. 117 – 130.

[628] Liébana-Cabanillas, F., Sánchez-Fernández, J. and Muñoz-Leiva, F., "Role of Gender on Acceptance of Mobile Payment", *Industrial Management & Data Systems*, Vol. 114 No. 2, 2014, pp. 220 – 240.

[629] Li, F., Ding, D., "The Effect of Institutional Isomorphic Pressure on the Internationalization of Firms in an Emerging Economy: Evidence from China", *Asia Pacific Business Review*, Vol. 19 No. 4, 2013, pp. 506 – 525.

［630］Li, G. , Zhang, X. and Chiu, S. M. . Online Market Entry and Channel Sharing Strategy with Direct Selling Diseconomies in the Sharing Economy Era. *International Journal of Production Economics*, Vol. 218 No. 12, 2019, pp. 135 – 147.

［631］Li J. and Tang R. , "CEO Hubris and Firm Risk Taking in China: The Moderating Role of Managerial Discretion", *Academy of Management Journal*, Vol. 53 No. 1, 2010, pp. 45 – 68.

［632］Li, J. , J. Y. Yang and D. R. Yue, "Identity, Community, and Audience: How Wholly Owned Foreign Subsidiaries Gain Legitimacy in China", *Academy of Management Journal*, Vol. 50 No. 1, 2007, pp. 175 – 190.

［633］Li L. , Su F. , Zhang W. and Mao J. Y. , "Digital Transformation by SME Entrepreneurs: A Capability Perspective", *Information Systems Journal*, Vol. 28 No. 6, 2018, pp. 1129 – 1157.

［634］Li, M. , & Hsu, C. H. C. , "Linking Customer-Employee Exchange and Employee Innovative Behavior", *International Journal of Hospitality Management*, 2016, 56, pp. 87 – 97.

［635］Lin, H. , Fan, W. and Chau, P. Y. K. , "Determinants of Users' Continuance of Social Networking Sites: A Self-regulation Perspective", *Information & Management*, Vol. 51 No. 5, 2014, pp. 595 – 603.

［636］Lin, M. , Zhang, X. , Ng, B. , & Zhong, L. , "To Empower or Not to Empower? Multilevel Effects of Empowering Leadership on Knowledge Hiding", *International Journal of Hospitality Management*, 2020.

［637］Liu, D. and Tu, W. , "Factors Influencing Consumers' Adoptions of Biometric Recognition Payment Devices: Combination of Initial Trust and UTAUT Model", *International Journal of Mobile Communications*, Vol. 19 No. 3, 2021, pp. 345 – 363.

［638］Liu D. , Chen X. P. , Yao X. , "From Autonomy to Creativity: A Multilevel Investigation of the Mediating Role of Harmonious Passion", *Journal of Applied Psychology*, Vol. 96 No. 2, 2011, pp. 294 – 309.

［639］Liu F. , Chow I. H. , Gong Y. and Huang M. , "Affiliative and Aggressive Humor in Leadership and Their Effects on Employee Voice: A Serial Mediation Model", *Review of Managerial Science*, 2019, pp. 1 – 19.

［640］Liu, F. （2020）, "Making Cutting-edge Technology Approachable: A Case Study of Facial-recognition Payment in China", available at: https: // www. nngroup. com/articles/face-recognition-pay/ （accessed 10 May 2020）.

［641］Liu Y. , Ferris G. R. , Zinko R. , Perrewe P. L. , Weitz B. and Xu J. , "Dispositional Antecedents and Outcomes of Political Skill in Organizations: A Four-study Investigation with Convergence", *Journal of Vocational Behavior*, Vol. 71 No. 1, 2007, pp. 146 – 165.

［642］Liu Y. , Liu J. and Wu L. , "Are You Willing and Able? Roles of Motivation, Power, and Politics in Career Growth", *Journal of Management*, Vol. 36 No. 6, 2010, pp. 1432 – 1460.

［643］Livne-Ofer, E. , Coyle-Shapiro, J. A. , and Pearce, J. L. , "Eyes Wide Open: Perceived Exploitation and Its Consequences", *Academy of Management Journal*, Vol. 62 No. 6, 2019, pp. 1989 – 2018.

［644］Li W. , Du W. and Yin J. , "Digital Entrepreneurship Ecosystem as a New Form of Organizing: The Case of Zhongguancun", 《中国工商管理研究前沿（英文版）》, Vol. 11 No. 1, 2017, pp. 69 – 100.

［645］Li, Y. , Wang, H. , Zeng, X. , Yang, S. and Wei, J. , "Effects of Interactivity on Continuance Intention of Government Microblogging Services: An Implication on Mobile Social Media", *International Journal of Mobile Communications*, Vol. 18 No. 4, 2020, pp. 420 – 442.

［646］Li, Y. , Zhao, Tan, Y. J. , & Liu, Y. , "Moderating Effects of Entrepreneurial Orientation on Market Orientation-Performance Linkage: Evidence from Chinese Small Firms", *Journal of Small Business Management*, Vol. 46 No. 1, 2008, pp. 113 – 133.

［647］Li, Z. , Liao, G. , Wang, Z. , Huang, Z. , "Green Loan and Subsidy for Promoting Clean Production Innovation", *Journal of Cleaner Production*, Vol. 187, 2018, pp. 421 – 431.

［648］Logue, D. M. , S. , "Clegg and J. Gray, Social Organization, Classificatory Analogies and Institutional Logics: Institutional Theory Revisits Mary Douglas", *Human Relations*, Vol. 69 No. 7, 2016, pp. 1587 – 1609.

［649］Lok J. , "Institutional Logics as Identity Projects", *Academy of Management Journal*, Vol. 53 No. 6, 2010, pp. 1305 – 1335.

[650] Lounsbury, M. and E. T. Crumley, "New Practice Creation: An Institutional Perspective on Innovation", *Organization Studies*, Vol. 28 No. 7, 2007, pp. 993 – 1012.

[651] Lounsbury, M. and M. A., "Glynn, Cultural Entrepreneurship: Stories, Legitimacy, and the Acquisition of Resources", *Strategic Management Journal*, Vol. 22 No. 6 – 7, 2001, pp. 545 – 564.

[652] Lounsbury, M. and S. Pollack, "Institutionalizing Civic Engagement: Shifting Logics and the Cultural Repackaging of Service-Learning in Us Higher Education", *Organization*, Vol. 8 No. 2, 2001, pp. 319 – 339.

[653] Lounsbury, M., "A Tale of Two Cities: Competing Logics and Practice Variation in the Professionalizing of Mutual Funds", *Academy of Management Journal*, Vol. 50 No. 2, 2007, pp. 289 – 307.

[654] Lounsbury, M., "Institutional Transformation and Status Mobility: The Professionalization of the Field of Finance", *Academy of Management Journal*, Vol. 45 No. 1, 2002, pp. 255 – 266.

[655] Lounsbury, M., "Institutional Transformation and Status Mobility: The Professionalization of the Field of Finance", *Academy of Management Journal*, Vol. 45 No. 1, 2002, pp. 255 – 266.

[656] Lui, A. K., Lo, C. K., Ngai, E. W., Yeung, A. C., "Forced to Be Green? the Performance Impact of Energy-Efficient Systems Under Institutional Pressures", *International Journal of Production Econmics*, Vol. 239, 2021. https://doi. org/10. 1016/j. ijpe. 2021. 108213.

[657] Lu J. W., "Intra-and Inter-organizational Imitative Behavior: Institutional Influences on Japanese Firms' Entry Mode Choice", *Journal of International Business Studies*, Vol. 33 No. 1, 2002, pp. 19 – 36.

[658] Lumpkin G. T & Dess G. G., "Clarifying the Entrepreneurial Orientation Construct and Linking It To Performance" *Academy of Management Review*, Vol. 21 No. 1, 1996, pp. 135 – 172.

[659] Luo Y. and Rosalie L. T., "International Expansion of Emerging Market Enterprises: A Springboard Perspective", *Journal of International Business Studies*, Vol. 38 No. 4, 2007, pp. 481 – 498.

[660] Lu, Y., Yang, S., Chau, P. Y. K. and Cao, Y., "Dynamics

Between the Trust Transfer Process and Intention to Use Mobile Payment Services:
A Cross-Environment Perspective", *Information & Management*, Vol. 48 No. 8,
2011, pp. 393 – 403.

[661] Lyu, Y., Zhou, X., Li, W., Wan, J., Zhang, J., & Qiu,
C., "The Impact of Abusive Supervision on Service Employees' Proactive Customer Service Performance in the Hotel Industry", *International Journal of Contemporary Hospitality Management*, Vol. 28 No. 9, 2016, pp. 1992 – 2012.

[662] Lyu, Y., Zhu, H., Zhong, H-J., and Hu, L., "Abusive Supervision and Customer-Oriented Organizational Citizenship Behavior: The Roles of Hostile Attribution Bias and Work Engagement", *International Journal of Hospitality Management*, Vol. 53 No. 1, 2016, pp. 69 – 80.

[663] MacEachren A. M., Gahegan M., Pike W., Brewer I., Cai G.,
Lengerich E. and Hardisty F., "Geovisualization for Knowledge Construction and Decision Support", *IEEE Computer Graphics and Applications*, Vol. 24 No. 1,
2004, pp. 13 – 17.

[664] Macher, J. T., Boerner, C., "Technological Development at the Boundaries of the Firm: A Knowledge-Based Examination in Drug Development",
Strat. Manag. J, Vol. 33 No. 9, 2012, pp. 1016 – 1036.

[665] MacKinnon D. P., Fairchild A. J. and Fritz M. S., "Mediation Analysis.", *Annual Review of Psychology*, Vol. 58 No. 58, 2007, pp. 593 – 614.

[666] Mackinnon, D. P., Lockwood, C. M., and Williams, J., "Confidence Limits for the Indirect Effect: Distribution of the Product and Resampling Methods", *Multivariate Behavioral Research*, Vol. 39 No. 1, 2004, pp. 99 – 128.

[667] Maclean, T. L. and M. Behnam, "The Dangers of Decoupling: The Relationship Between Compliance Programs, Legitimacy Perceptions, and Institutionalized Misconduct", *Academy of Management Journal*, Vol. 53 No. 6, 2010,
pp. 1499 – 1520.

[668] Macpherson A, Holt R., "Knowledge, Learning and Small Firm Growth: A Systematic Review of the Evidence", *Research Policy*, Vol. 36 No. 2,
2006.

[669] Ma E. and Qu H., "Social Exchanges as Motivators of Hotel Employees' Organizational Citizenship Behavior: The Proposition and Application

of a New Three-dimensional Framework", *International Journal of Hospitality Management*, Vol. 30 No. 3, 2011, pp. 680 – 688.

[670] Ma, E., Qu, H., Wilson, M., & Eastman, K., "Modeling OCB for Hotels: Don't Forget the Customers", *Cornell Hospitality Quarterly*, Vol. 54 No. 3, 2013, pp. 308 – 317.

[671] Ma, E., Wang, Y. C., & Qu, H., "Reenergizing through Angel Customers: Crosscultural Validation of Customer-Driven Employee Citizenship Behavior", *Cornell Hospitality Quarterly*, Vol. 63 No. 3, 2022, pp. 334 – 349.

[672] Maggio, P. J., Powell, W. W., "The Iron Cage Revisited: Institutional Isomorphism and Collective Rationality in Organizational Fields", *Advances Strategic Management*, Vol. 48 No. 2, 1983, pp. 147 – 160.

[673] Maguire, S. and C. Hardy, "The Emergence of New Global Institutions: A Discursive Perspective", *Organization Studies*, Vol. 27 No. 1, 2006, pp. 7 – 29.

[674] Maguire, S., C. Hardy and T. B. Lawrence, "Institutional Entrepreneurship in Emerging Fields: Hiv/Aida Treatment Advocacy in Canada", *Academy of Management Journal*, Vol. 47 No. 5, 2004, pp. 657 – 679.

[675] Maguire, S., C. Hardy and T. B. Lawrence, "Institutional Entrepreneurship in Emerging Fields: Hiv/Aids Treatment Advocacy in Canada", *Academy of Management Journal*, Vol. 47 No. 5, 2004, pp. 657 – 679.

[676] Mair, J. and I. Marti, "Social Entrepreneurship Research: A Source of Explanation, Prediction, and Delight", *Journal of World Business*, Vol. 41 No. 1, 2006, pp. 36 – 44.

[677] Mara F., John J. M. and David S., "Returns to Acquirers of Listed and Unlisted Targets", *Journal of Financial and Quantitative Analysis*, Vol. 41 No. 1, 2006, pp. 197 – 220.

[678] Marchi, V. D., "Environmental Innovation and R&D Cooperation: Empirical Evidence from Spanish Manufacturing Firms", *Research Policy*, Vol. 41 No. 3, 2012, pp. 613 – 623.

[679] March J. G., "Exploration and Exploitation in Organizational Learning", *Organization Science*, Vol. 2 No. 1, 1991, pp. 71 – 87.

[680] Mari H., "Email Marketing in the Era of the Empowered Consumer",

Journal of Research in Interactive Marketing, Vol. 10 No. 3, 2016, pp. 212 – 230.

[681] Markman, G. D., Gianiodis, P. and Payne G T., "The Who, Where, What, How and When of Market Entry", *Journal of Management Studies*, Vol. 56 No. 7SI, 2019, pp. 1241 – 1259.

[682] Markowitz, L., "Structural Innovators and Core-Framing Tasks: How Socially Responsible Mutual Fund Companies Build Identity Among Investors", *Sociological Perspectives*, Vol. 50 No. 1, 2007, pp. 131 – 153.

[683] Marquis, C. and A. Tilcsik, "Imprinting: Toward A Multilevel Theory", *Academy of Management Annals*, Vol. 7 No. 1, 2013, pp. 195 – 245.

[684] Marquis, C. and M. Lounsbury, "Vive La Résistance: Competing Logics and the Consolidation of Us Community Banking", *Academy of Management Journal*, Vol. 50 No. 4, 2007, pp. 799 – 820.

[685] Marquis, C., M. A. Glynn and G. F. Davis, "Community Isomorphism and Corporate Social Action", *Academy of Management Review*, Vol. 32 No. 3, 2007, pp. 925 – 945.

[686] Marquis, C., "The Pressure of the Past: Network Imprinting in Intercorporate Communities", *Administrative Science Quarterly*, Vol. 48 No. 4, 2003, pp. 655 – 689.

[687] Martin-Pena M., Sanchez-Lopez J. and Diaz-Garrido E., "Servitization and Digitalization in Manufacturing: The Influence on Firm Performance", *Journal of Business & Industrial Marketing*, Vol. 35 No. 3SI, 2019, pp. 564 – 574.

[688] Marvin B. L. and Shigeru A., "Why Do Firms Imitate Each Other?", *Academy of Management Review*, Vol. 31 No. 2, 2006, pp. 366 – 385.

[689] Marx, A. and Dusa, A., "Crisp-set Qualitative Comparative Analysis (csQCA), Contradictions and Consistency Benchmarks for Model Specification", *Methodological Innovations Online*, Vol. 6 No. 2, 2011, pp. 103 – 148.

[690] Mary B. D. and Candace J., "Institutional Logics and Institutional Pluralism: The Contestation of Care and Science Logics in Medical Education, 1967 – 2005", *Administrative Science Quarterly*, Vol. 55 No. 1, 2010, pp. 114 – 149.

[691] Mathieu J. E. and Farr J. L. , "Further Evidence for the Discriminant Validity of Measures of Organizational Commitment, Job Involvement, and Job Satisfaction. ", *Journal of Applied Psychology*, Vol. 76 No. 1, 1991, pp. 127 – 133.

[692] Mattila, A. S. Andenz, C. A. , "The Role of Emotions in Service Encounters", *Journal of Service Research*, Vol. 4 No. 4, 2002, pp. 268 – 277.

[693] Mauerhoefer T. , Strese S. and Brettel M. , "The Impact of Information Technology on New Product Development Performance", *Journal of Product Innovation Management*, Vol. 34 No. 6, 2017, pp. 719 – 738.

[694] Maurizio Z. and Sidney G. W. , "Deliberate Learning and the Evolution of Dynamic Capabilities", *Organization Science*, Vol. 13 No. 3, 2002.

[695] Mayer D. M. , Kuenzi M. , Greenbaum R. , Bardes M. and Salvador R. , "How Low Does Ethical Leadership Flow? Test of a Trickle-down Model", *Organizational Behavior and Human Decision Processes*, Vol. 108 No. 1, 2009, pp. 1 – 13.

[696] McGrath R. G. and Nerkar A. , "Real Options Reasoning and a New Look at the R&D Investment Strategies of Pharmaceutical Firms", *Strategic Management Journal*, Vol. 25 No. 1, 2004, pp. 1 – 21.

[697] Mcpherson, C. M. and M. Sauder, "Logics in Action: Managing Institutional Complexity in A Drug Court", *Administrative Science Quarterly*, Vol. 58 No. 2, 2013, pp. 165 – 196.

[698] Meng, B. and Choi, K. , "Employees' Sabotage Formation in Upscale Hotels Based on Conservation of Resources Theory (COR): Antecedents and Strategies of Attachment Intervention", *International Journal of Contemporary Hospitality Management*, Vol. 33 No. 3, 2021, pp. 790 – 807.

[699] Menon K. R. I. and Wuest. , "Industrial Internet Platform Provider and End-user Perceptions of Platform Openness Impacts", *Industry and Innovation*, Vol. 27 No. 4, 2020.

[700] Mesmer-Magnus J. , Glew D. J. and Viswesvaran C. , "A Meta-analysis of Positive Humor in the Workplace", *Journal of Managerial Psychology*, Vol. 27 No. 2, 2012, pp. 155 – 190.

[701] Mesmer-Magnus, J. R. , Asencio, R. , Seely, P. W. , Dechurch,

L. A. , "How Organizational Identity Affects Team Functioning: The Identity Instrumentality Hypothesis", *Journal of Management*, Vol. 44 No. 4, 2015, pp. 1530 – 1550.

［702］Meyer, C. Andschwager, A. , "Understanding Customer Experience", *Harvard Business Review*, Vol. 85 No. 2, 2007, pp. 117 – 126.

［703］Meyer J. W. and Rowan B. , "Institutionalized Organizations: Formal Structure as Myth and Ceremony", *American Journal of Sociology*, Vol. 83 No. 2 1977, pp. 340 – 363.

［704］Meyer, K. E. , Estrin, S. , Bhaumik S K. "Institutions, Resources, and Entry Strategies in Emerging Economies", *Strategic Management Journal*, Vol. 30 No. 1, 2009, pp. 61 – 80.

［705］Meyer, R. E. and G. Hammerschmid, "Changing Institutional Logics and Executive Identities: A Managerial Challenge to Public Administration in Austria", *American Behavioral Scientist*, Vol. 49 No. 7, 2006, pp. 1000 – 1014.

［706］Meyer, R. E. , "Visiting Relatives: Current Developments in the New Sociology of Knowledge", *Organization*, Vol. 13 No. 5, 2006, pp. 725 – 738.

［707］Michael G. J. , Carmelo C. and Annabelle G. , "Towards a Theory of Ecosystems", *Strategic Management Journal*, Vol. 39 No. 8, 2018.

［708］Michael L. , "Mergers and the Performance of the Acquiring Firm", *Academy of Management Review*, Vol. 8 No. 2, 1983, pp. 218 – 225.

［709］Michael L. , "New Practice Creation: An Institutional Perspective on Innovation", *Organization Studies*, Vol. 28 No. 7, 2007, pp. 993 – 1012.

［710］Miles, R. H. and K. S. Cameron, "*Coffin Nails and Corporate Strategies*", Prentice Hall, 1982.

［711］Miller D, "Correlates of Entrepreneurship in Three Types of Firms", *Management Science*, Vol. 29 No. 7, 1983, pp. 770 – 791.

［712］Misangyi V. F. , Weaver G. R and Elms H. , "Ending Corruption: The Interplay among Institutional Logics, Resources, and Institutional Entrepreneurs", *Academy of Management Review*, Vol. 33 No. 3, 2008, pp. 750 – 770.

［713］Mishina Y. , Dykes B. J. , Block E. S. and Pollock T. G. , "Why 'Good' Firms Do Bad Things: The Effects of High Aspirations, High Expectations and Prominence on the Incidence of Corporate Illegality", *Academy of Man-*

agement Journal, Vol. 53 No. 4, 2010, pp. 701 – 722.

［714］Mitchell W. , Shaver J. M. and Yeung B. , "Foreign Entrant Survival and Foreign Market Share: Canadian Companies' Experience in United States Medical Sector Markets", *Strategic Management Journal*, Vol. 15 No. 7, 1994, pp. 555 – 567.

［715］Moeen and Mahka, "Entry into Nascent Industries: Disentangling a Firm's Capability Portfolio at the Time of Investment Versus Market Entry", *Strategic Management Journal*, Vol. 38 No. 10, 2017, pp. 1986 – 2004.

［716］Moore J. F. , "Predators and Prey: A New Ecology of Competition. ", *Harvard Business Review*, Vol. 71 No. 3, 1993, pp. 75 – 83.

［717］Morrill, C. and J. , "Owen-Smith, The Emergence of Environmental Conflict Resolution: Subversive Stories and the Construction of Collective Action Frames and Organizational fields", *Organizations, Policy and the Natural Environment: Institutional and Strategic Perspectives*, 2002, pp. 90.

［718］Morris M, Schindehutte M, Allen J. , "The Entrepreneur's Business Model: Toward A Unified Perspective", *Journal of Business Research*, Vol. 58 No. 6, 2005, pp. 726 – 735.

［719］Mueller D. C. and Yun S. L. , "Managerial Discretion and Managerial Compensation", *International Journal of Industrial Organization*, Vol. 15, 1997.

［720］MujdeY. , Milne G. R. and Miller E. G. , "Social Media as Complementary Consumption: The Relationship between Consumer Empowerment and Social Interactions in Experiential and Informative Contexts", *Journal of Consumer Marketing*, Vol. 33 No. 2, 2016, pp. 111 – 123.

［721］Munir, K. A. and N. Phillips, "The Birth of the 'Kodak Moment': Institutional Entrepreneurship and the Adoption of New Technologies", *Organization Studies*, Vol. 26 No. 11, 2005, pp. 1665 – 1687.

［722］Murillo-Luna, J, L. , Garces-Ayerbe, C. , Rivera-Torres, P. , "Why Do Patterns of Environmental Response Differ? A Stakeholders' Pressure Approach", *Strategic Management Journal*, Vol. 29 No. 11, 2008, pp. 1225 – 1240.

［723］Murray, F. , "The Oncomouse That Roared: Hybrid Exchange Strategies as A Source of Distinction at the Boundary of Overlapping Institutions

1", *American Journal of Sociology*, Vol. 116 No. 2, 2010, pp. 341 – 388.

［724］Muscio, A., Nardone, G., Stasi, A., "How Does the Search for Knowledge Drive Firms' Eco-Innovation? Evidence from the Wine Industry", *Industry Innovation*, Vol. 24 No. 3, 2017, pp. 298 – 320.

［725］Mutch, A., R. Delbridge and M. Ventresca, "Situating Organizational Action: The Relational Sociology of Organizations", *Organization*, Vol. 13 No. 5, 2006, pp. 607 – 625.

［726］Mutch, A., "Reflexivity and the Institutional Entrepreneur: A Historical Exploration", *Organization Studies*, Vol. 28 No. 7, 2007, pp. 1123 – 1140.

［727］Muthén L. K. and Muthén B. O., *Mplus-Statistical Analysis with Latent Variables*: *User's Guide*, Los Angeles, CA, Muthén and Muthén, 2012.

［728］Muthén, L. K., & Muthén, B. O. Mplus-statistical Analysis with Latent Variables: User's Guide (7th ed.), Los Angeles, CA: Muthén & Muthén, 2012.

［729］Nadkarni S, Narayanan V K, "Strategic Schemas, Strategic Flexibility, and Firm Performance: The Moderating Role of Industry Clockspeed", *Strategic Management Journal*, Vol. 28 No. 3, 2007, pp. 243 – 270.

［730］Nakano M., Akikawa T. and Shimazu M., "Process Integration Mechanisms in Internal Supply Chains: Case Studies from a Dynamic Resource-based View", *International Journal of Logistics Research and Applications*, Vol. 16 No. 4, 2013.

［731］Nambisan, Satish., "Digital Entrepreneurship: Toward A Digital Technology Perspective of Entrepreneurship", *Entrepreneurship Theory & Practice*, 2016.

［732］Negahban, A., Smith, J. S. "The Effect of Supply and Demand Uncertainties on the Optimal Production and Sales Plans for New Products", *International Journal of Production Research*, Vol. 54 No. 13, 2016, pp. 3852 – 3869.

［733］Nerkar, A., "Old is Gold? the Value of Temporal Exploration in the Creation of New Knowledge", *Management Science*, Vol. 49 No. 2, 2003, pp. 211 – 229.

［734］Neter, J., Wasserman, W. and Kutner, M. H. (1990), *Applied*

Linear Statistical Models (3rd Ed.), Irwin, Boston, MA.

[735] Ng T. W. H. , Eby L. T. , Sorensen K. L. and Feldman D. C. , "Predictors of Objective and Subjective Career Success: A Meta-analysis", *Personnel Psychology*, Vol. 58 No. 2, 2005, pp. 367 – 408.

[736] Ng, T. W. H. , "The Incremental Validity of Organizational Commitment Organizational Trust, and Organizational Identification", *Journal of Vocational Behavior*, Vol. 88, 2015, pp. 154 – 163.

[737] Nicholson R. R. and Salaber J. , "The Motives and Performance of Cross-border Acquirers from Emerging Economies: Comparison between Chinese and Indian Firms", *International Business Review*, Vol. 22 No. 6, 2013, pp. 963 – 980.

[738] Nick B. , *Super Intelligence*, New York: Oxford University Press, 2014.

[739] Niemand T, Rigtering J, Kallmuenzer A, et al, "Digitalization in the Financial Industry: A Contingency Approach of Entrepreneurial Orientation and Strategic Vision on Digitalization", *European Management Journal*, Vol. 39 No. 3, 2021, pp. 317 – 326.

[740] Nigam, A. and W. Ocasio, "Event Attention, Environmental Sensemaking, and Change in Institutional Logics: An Inductive Analysis of the Effects of Public Attention to Clinton's Health Care Reform Initiative", *Organization Science*, Vol. 21 No. 4, 2010, pp. 823 – 841.

[741] Nilsson E. and Ballantyne D. , "Reexamining the Place of Servicescape in Marketing: A Service-dominant Logic Perspective", *Journal of Services Marketing*, Vol. 28 No. 5, 2014, pp. 374 – 379.

[742] Niven, K. , Sprigg, C. A. , and Armitage, C. , "Does Emotion Regulation Protect Employees from the Negative Effects of Workplace Aggression?", *European Journal of Work and Organizational Psychology*, Vol. 22 No. 1, 2013, pp. 88 – 106.

[743] North D. C. , *Institutions, Institutional Change and Economic Performance*, New York: Cambridge University Press, 1990.

[744] Oakes, L. S. , B. Townley and D. J. Cooper, "Business Planning as Pedagogy: Language and Control in A Changing Institutional Field", *Administra-*

tive Science Quarterly, 1998, pp. 257 – 292.

［745］O'Brien P. C. , "Analysts' Forecasts as Earnings Expectations", *Journal of Accounting and Economics*, Vol. 10 No. 1, 1988, pp. 53 – 83.

［746］Ocasio, W. and J. , Joseph, "Cultural Adaptation and Institutional Change: The Evolution of Vocabularies of Corporate Governance, 1972 – 2003", *Poetics*, Vol. 33 No. 3 – 4, 2005, pp. 163 – 178.

［747］Ocasio, W. and P. H. Thornton, "Institutional Logics and the Historical Contingency of Power in Organizations: Executive Succession in the Higher Education Publishing Industry, 1958 – 1990", *American Journal of Sociology*, Vol. 105 No. 3, 1999, pp. 801 – 843.

［748］Ogbanufe, O. and Kim, D. J. , "Comparing Fingerprint-based Biometrics Authentication Versus Traditional Authentication Methods for E-payment", *Decision Support Systems*, Vol. 106, 2017, pp. 1 – 14.

［749］Oksuz, M. , "The Effect of Customer Empowering Behaviours on Service Performance in the Hospitality Industry", *International Journal of Disciplines in Economics and Administrative Sciences Studies*, Vol. 6 No. 1, 2021, pp. 193 – 215.

［750］Oliver, A. L. and K. Montgomery, "Using Field-Configuring Events for Sense-Making: A Cognitive Network Approach", *Journal of Management Studies*, Vol. 45 No. 6, 2008, pp. 1147 – 1167.

［751］Oliver, C. , "Strategic Responses to Institutional Processes", *Academy of Management Review*, Vol. 16 No. 1, 1991, pp. 145 – 179.

［752］Oliver, C. , "Sustainable Competitive Advantage: Combining Institutional and Resource-Based Views", *Strategic Management Journal*, Vol. 18 No. 9, 1997, pp. 697 – 713.

［753］Oliver, R. L. (1997), *Satisfaction: A Behavioral Perspective on the Consumer*, McGRAW-Hill, New York, NY.

［754］Organ D. W. , *Organizational Citizenship Behavior. The Good Soldier Syndrome*, Lexington, MA: Lexington Books, 1988.

［755］Orlowski, M. , Bufquin, D. , and Nalley, M. E. , "The Influence of Social Perceptions on Restaurant Employee Work Engagement and Extra-role Customer Service Behavior: A Moderated Mediation Model", *Cornell Hospitality*

Quarterly, Vol. 62 No. 2, 2020, pp. 1 – 15.

[756] Owen-Smith, J. and W. W. Powell, "Knowledge Networks as Channels and Conduits: The Effects of Spillovers in the Boston Biotechnology Community", *Organization Science*, Vol. 15 No. 1, 2004, pp. 5 – 21.

[757] Pache, A. and F. Santos, "Inside the Hybrid Organization: Selective Coupling as A Response to Competing Institutional Logics", *Academy of Management Journal*, Vol. 56 No. 4, 2013, pp. 972 – 1001.

[758] Pache, A. and F. Santos, "When Worlds Collide: The Internal Dynamics of Organizational Responses to Conflicting Institutional Demands", *Academy of Management Review*, Vol. 35 No. 3, 2010, pp. 455 – 476.

[759] Pacheco-De-Almeida, G., Henderson, J. E., Cool, K. O. "Resolving the Commitment Versus Flexibility Trade-off: The Role of Resource Accumulation Lags", *Academy of Management Journal*, Vol. 51 No. 3, 2008, pp. 517 – 536.

[760] Paik. Y., Kang S. and Seamans R., "Entrepreneurship, Innovation, and Political Competition: How the Public Sector Helps the Sharing Economy Create Value", *Strategic Management Journal*, Vol. 40 No. 4, 2019, pp. 503 – 532.

[761] Pal, A., Herath, T., De', R. and Rao, H. R., "Is the Convenience Worth the Risk? An Investigation of Mobile Payment Usage", *Information Systems Frontiers*, Vol. 23 No. 5, 2020, pp. 941 – 961.

[762] Pankaj C. P., Maria J. O. G. and John A. P., "The Role of Service Operations Management in New Retail Venture Survival", *Journal of Retailing*, 2017.

[763] Paolella, L. and R. Durand, "Category Spanning, Evaluation, and Performance: Revised Theory and Test on the Corporate Law Market", *Academy of Management Journal*, Vol. 59 No. 1, 2016, pp. 330 – 351.

[764] Papadopoulos T., Mishra D., Gunasekaran A. and Childe S. J., "Big Data and Supply Chain Management: A Review and Bibliometric Analysis", *Annals of Operations Research*, Vol. 270 No. 1/2, 2016, pp. 313 – 336.

[765] Park, C. W. and Lessig, V. P., "Students and Housewives: Differences in Susceptibility to Reference Group Influence", *Journal of Consumer Re-*

search, Vol. 4, 1977, pp. 102 – 110.

[766] Parker S. K., Bindl U. K. and Strauss K., "Making Things Happen: A Model of Proactive Motivation", *Journal of Management*, Vol. 36 No. 4, 2010, pp. 827 – 856.

[767] Patil, P., Tamilmani, K., Rana, N. P., and Raghavan, V., "Understanding Consumer Adoption of Mobile Payment in India: Extending Meta-UTAUT Model with Personal Innovativeness, Anxiety, Trust, and Grievance Redressal", *International Journal of Information Management*, Vol. 54 No. 2, 2020, https: //doi. org/10. 1016/j. ijinfomgt. 2020. 102144.

[768] Patricia H. T., "The Rise of the Corporation in a Craft Industry: Conflict and Conformity in Institutional Logics", *Academy of Management Journal*, Vol. 45 No. 1, 2002, pp. 81 – 101.

[769] Paul J. D. and Powell W. W., "The Iron Cage Revisited: Institutional Isomorphism and Collective Rationality in Organizational Fields", *American Sociological Review*, Vol. 48 No. 2, 1983, pp. 147 – 160.

[770] Pavlou, P. A., "Consumer Acceptance of Electronic Commerce: Integrating Trust and Risk with the Technology Acceptance Model", *International Journal of Electronic Commerce*, Vol. 7 No. 3, 2003, pp. 101 – 134.

[771] Peccei, R., &Rosenthal, P., "Front-Line Responses to Customer Orientation Programmes: A Theoretical and Empirical Analysis", *International Journal of Human Resource Management*, Vol. 11 No. 3, 2000, pp. 562 – 590.

[772] Pee, L. G. (2011), "Attenuating Perceived Privacy Risk of Location-based Mobile Services", *Proceedings of the 19th European Conference on Information System*, Helsinki, 9 – 11 June, Paper 238.

[773] Peng, M. W., "Institutional Transitions and Strategic Choices", *Academy of Management Review*, Vol. 28 No. 2, 2003, pp. 275 – 296.

[774] Peng, M. W., S. Lee and D. Y. Wang, "What Determines the Scope of the Firm Over Time? A Focus on Institutional Relatedness", *Academy of Management Review*, Vol. 30 No. 3, 2005, pp. 622 – 633.

[775] Peng M. W., "The Global Strategy of Emerging Multinationals from China", *Global Strategy Journal*, Vol. 2 No. 2, 2012, pp. 97 – 107.

[776] Penrose E. T., *The Theory of the Growth of the Firm*, New York:

Oxford University Press, 1995.

［777］Peter J. L. and Michael L. , "Relative Absorptive Capacity and Inter-organizational Learning", *Strategic Management Journal*, Vol. 19 No. 5, 1998, pp. 461 – 477.

［778］Peter J. L. , Jane E. S. and Marjorie A. L. , "Absorptive Capacity, Learning, and Performance in International Joint Ventures", *Strategic Management Journal*, Vol. 22 No. 12, 2001, pp. 1139 – 1161.

［779］Peterson S. J. , Walumbwa F. O. , Byron K. and Myrowitz J. , "CEO Positive Psychological Traits, Transformational Leadership, and Firm Performance in High-Technology Start-up and Established Firms", *Journal of Management*, Vol. 35 No. 2, 2015, pp. 348 – 368.

［780］Pfeffer J. and Salancik G R. , *The External Control of Organizations: A Resource Dependence Perspective*, New York: Harper and Row Press, 1978.

［781］Phillips, N. and P. Tracey, "Opportunity Recognition, Entrepreneurial Capabilities and Bricolage: Connecting Institutional Theory and Entrepreneurship in Strategic Organization", *Strategic Organization*, Vol. 5 No. 3, 2007, pp. 313 – 320.

［782］Phillips, N. , T. B. Lawrence and C. Hardy, "Discourse and Institutions", *Academy of Management Review*, Vol. 29 No. 4, 2004, pp. 635 – 652.

［783］Phillips, N. , T. B. Lawrence and C. Hardy, "Inter-Organizational Collaboration and the Dynamics of Institutional Fields", *Journal of Management Studies*, Vol. 37 No. 1, 2000, pp. 23 – 43.

［784］Phonthanukitithaworn, C. , Sellitto, C. and Fong, M. , "User Intentions to Adopt Mobile Payment Services: A Study of Early Adopters in Thailand", *Journal of Internet Banking & Commerce*, Vol. 20 No. 1, 2015, pp. 1 – 29.

［785］Pienaar J. and Willemse S. A. , "Burnout, Engagement, Coping and General Health of Service Employees in the Hospitality Industry", *Tourism Management*, Vol. 29 No. 6, 2008, pp. 1053 – 1063.

［786］Pituch, K. A. , Whittaker, T. A. , and Stapleton, L. M. , "A Comparison of Methods to Test for Mediation in Multisite Experiments", *Multivariate Behavioral Research*, Vol. 40 No. 1, 2005, pp. 1 – 23.

［787］Plowman, D. A. , et al. , "Radical Change Accidentally: The

Emergence and Amplification of Small Change", *Academy of Management Journal*, Vol. 50 No. 3, 2007, pp. 515 – 543.

[788] Podsakoff, P. M. and Organ, D. W., "Self-Reports in Organizational Research: Problems and Prospects", *Journal of Management*, Vol. 12 No. 4, 1986, pp. 531 – 544.

[789] Podsakoff, P. M., Mackenzie, S. B., Lee, J. Y. and Podsakoff, N. P., "Common Method Biases in Behavioral Research: A Critical Review of the Literature and Recommended Remedies", *Journal of Applied Psychology*, Vol. 88 No. 5, 2003, pp. 879 – 903.

[790] Podsakoff, P. M., Mackenzie, S. B., Lee, J. Y., & Podsakoff, N. P., "Common Method Biases in Behavioral Research: A Critical Review of the Literature and Recommended Remedies", *Journal of Applied Psychology*, Vol. 88 No. 5, 2003, pp. 879 – 903.

[791] Pohle G, Chapman M., "Ibm's Global CEO Report 2006: Business Model Innovation Matters", *Strategy & Leadership*, Vol. 34 No. 5, 2006, pp. 34 – 40.

[792] Powell, W. W. and P. J. Dimaggio, "*The New Institutionalism in Organizational Analysis*", University of Chicago Press, 2012.

[793] Powell, W., W. The New Institutionalism. The International Encyclopedia of Organization Studies, Thousand Oaks, California: Sage, 2007.

[794] Prahalad C. K. and Ramaswamy V., "Co-creation Experiences: The Next Practice in Value Creation", *Journal of Interactive Marketing*, Vol. 18 No. 3, 2004, pp. 5 – 14.

[795] Price., 1986, *Little Science*, *Big Science*, Manhattan, New York, NY: Columbia University Press.

[796] Purdy, J. M. and B. Gray, "Conflicting Logics, Mechanisms of Diffusion, and Multilevel Dynamics in Emerging Institutional Fields", *Academy of Management Journal*, Vol. 52 No. 2, 2009, pp. 355 – 380.

[797] Qi, G. Y., Zeng, S. X., Li, X. D., "Role of Internalization Process in Defining the Relationship Between Iso14001 Certification and Corporate Environmental Performance", *Corporate Social Responsibility and Environmental Management*, Vol. 19 No. 3, 2011, pp. 129 – 140.

［798］Quinn, R. P., and Shepard, L. J. (1974), "The 1972 – 73 Quality of Employment Survey: Descriptive Statistics, with Comparison Data from the 1969 – 70 Survey Working Conditions", Survey Research Center, Institute for Social Research, University of Michigan, Ann Arbor, MI.

［799］Raddats C., Kowalkowski C., Benedettini O., et al. "Servitization: A Contemporary Thematic Review of Four Major Research Streams", *Industrial Marketing Management*, Vol. 83 No. 3, 2019, pp. 207 – 223.

［800］Ragin C. C., *Redesigning Social Inquiry: Fuzzy Sets and Beyond*, Hoboken, New Jersey: Wiley Online Library, 2008.

［801］Rank J., Carsten J. M., Unger J. M. and Spector P. E., "Proactive Customer Service Performance: Relationships With Individual, Task, and Leadership Variables", *Human Performance*, Vol. 20 No. 4, 2007.

［802］Rank, J., Carsten, J. M., Unger, J. M., & Spector, P. E., "Proactive Customer Service Performance: Relationships with Individual, Task, and Leadership Variables", *Human Performance*, Vol. 20 No. 4, 2007, pp. 363 – 390.

［803］Rao, H., C. Morrill and M. N. Zald, "Power Plays: How Social Movements and Collective Action Create New Organizational Forms", *Research in Organizational Behavior*, Vol. 22, 2000, pp. 237 – 281.

［804］Rao, H., P. Monin and R. Durand, "Institutional Change in Toque Ville: Nouvelle Cuisine as an Identity Movement in French Gastronomy 1", *American Journal of Sociology*, Vol. 108 No. 4, 2003, pp. 795 – 843.

［805］Raub S. and Liao H., "Doing the Right Thing Without Being Told: Joint Effects of Initiative Climate and General Self-Efficacy on Employee Proactive Customer Service Performance", *Journal of Applied Psychology*, Vol. 97 No. 3, 2012, pp. 651 – 667.

［806］Ravindranath M., Balaji R. K. and John E. P., "Networks in Transition: How Industry Events Reshape Interfirm Relationships", *Strategic Management Journal*, Vol. 19 No. 5, 1998.

［807］Reay, T. and C. B. Hinings, "The Recomposition of an Organizational Field: Health Care in Alberta", *Organization Studies*, Vol. 26 No. 3, 2005, pp. 351 – 384.

[808] Reay, T. and C. R. Hinings, "Managing the Rivalry of Competing Institutional Logics", *Organization Studies*, Vol. 30 No. 6, 2009, pp. 629 – 652.

[809] Reay, T. and C. R. Hinings, "The Recomposition of an Organizational Field: Health Care in Alberta", *Organization Studies*, Vol. 26 No. 3, 2005, pp. 351 – 384.

[810] Reay T. and Hinings C. R., "Managing the Rivalry of Competing Institutional Logics", *Organization Studies*, Vol. 30 No. 6, 2009, pp. 629 – 652.

[811] Reay, T., K. Golden-Biddle and K. Germann, "Legitimizing A New Role: Small Wins and Microprocesses of Change", *Academy of Management Journal*, Vol. 49 No. 5, 2006, pp. 977 – 998.

[812] René, M. S., "The Limits of Financial Globalization", *Journal of Finance*, Vol. 60 No. 4, 2005, pp. 1595 – 1638.

[813] Rennings, K., Rammer, C., "The Impact of Regulation-Driven Environmental Innovation on Innovation Success and Firm Performance", *Industry Innovation*, Vol. 18 No. 3, 2011, pp. 255 – 283.

[814] Resick C., Martin G., Keating M., Dickson M., Kwan H. and Peng C., "What Ethical Leadership Means to Me: Asian, American, and European Perspectives", *Journal of Business Ethics*, Vol. 101 No. 3, 2011, pp. 435 – 457.

[815] Reuber A. R. and Fischer E. A., "International Entrepreneurship in Internet-enabled Markets", *Journal of Business Venturing*, Vol. 26 No. 6, 2011, pp. 660 – 679.

[816] Rialti R, "Big Data Analytics Capabilities and Performance: Evidence from a Moderate Multi-mediation Model", *Technological Forecasting and Social Change*, Vol. 149 No. 12, 2019, pp. 1 – 10.

[817] Riana, D., Astuti, R. D., Maryani, I. and Hidayanto, A. N., "Examining the Relationship of Technology, Personal and Environment Factors on the User Adoption of Online Laboratory in the Field of Health", *The 6th International Conference on Cyber and it Service Management*, Parapat, Indonesia, 7 – 9 August, 2018, pp. 1 – 6.

[818] Richards, J. M., and Gross, J. J., "Emotion Regulation and

Memory: The Cognitive Costs of Keeping One's Cool", *Journal of Personality and Social Psychology*, Vol. 79 No. 3, 2000, pp. 410 – 424.

[819] Ringle, C. M., Wende, S. and Becker, J. M., "Smartpls 3", Available At: http://www. Smartpls. Com (Accessed 20 June 2021).

[820] Ritter M., Schanz H., "The Sharing Economy: A Comprehensive Business Model Framework", *Journal of Cleaner Production*, Vol. 213 No. Mar. 10, 2019, pp. 320 – 331.

[821] Ritter T, Pedersen C L., "Digitization Capability and the Digitalization of Business Models in Business-to-Business Firms: Past, Present, and Future", *Industrial Marketing Management*, Vol. 86, 2020, pp. 180 – 190.

[822] Rothenberg, S., "Environmental Managers as Institutional Entrepreneurs: The Influence of Institutional and Technical Pressures on Waste Management", *Journal of Business Research*, Vol. 60 No. 7, 2007, pp. 749 – 757.

[823] Roy, W. G., "*Socializing Capital: The Rise of the Large Industrial Corporation in America*", Princeton University Press, 1999.

[824] Sabherwal R, Chan Y E., "Alignment Between Business and is Strategies: A Study of Prospectors, Analyzers, and Defenders", *Information Systems Research*, Vol. 12 No. 1, 2001, pp. 11 – 33.

[825] Sabiote, E. F. and Román, S., "The Influence of Social Regard on the Customer-service Firm Relationship: The Moderating Role of Length of Relationship", *Journal of Business & Psychology*, Vol. 24 No. 4, 2009, pp. 441 – 453.

[826] Sakamoto, A., and Kim, C., "Is Rising Earnings Inequality Associated with Increased Exploitation? Evidence for U. S. Manufacturing Industries, 1971 – 1996", *Sociological Perspectives*, Vol. 53, 2010, pp. 19 – 43.

[827] Sanchez, R. "Preparing for an Uncertain Future: Managing Organizations for Strategic Flexibility", *International Studies of Management & Organization*, Vol. 27 No. 2, 1997, pp. 71 – 94.

[828] Sanchez, R., "Strategic Flexibility in Product Competition", *Strategic Management Journal*, Vol. 16 No. S1, 1995, pp. 135 – 159.

[829] Sanghamitra D., Mark J. R. and James R. T., "Market Entry Costs, Producer Heterogeneity, and Export Dynamics", *Econometrica*, Vol. 75 No. 3,

2007, pp. 837 – 873.

[830] Santoro, G., Bresciani, S., Papa, A., "Collaborative Modes with Cultural and Creative Industries and Innovation Performance: The Moderating Role of Heterogeneous Sources of Knowledge and Absorptive Capacity. Technovation", 2018. https://doi.org/10.1016/j.technovation.2018.06.003.

[831] Satalkina L. and Steiner G., "Digital Entrepreneurship and Its Role in Innovation Systems: A Systematic Literature Review as a Basis for Future Research Avenues for Sustainable Transitions", *Sustainability*, Vol. 12 No. 7, 2020.

[832] Satish N., "Digital Entrepreneurship: Toward a Digital Technology Perspective of Entrepreneurship", *Entrepreneurship Theory and Practice*, Vol. 41 No. 6, 2017.

[833] Satish N., Mike W. and Maryann F., "The Digital Transformation of Innovation and Entrepreneurship: Progress, Challenges and Key Themes", *Research Policy*, Vol. 48 No. 8, 2019.

[834] Saz-Carranza, A. and F. Longo, "Managing Competing Institutional Logics in Public-Private Joint Ventures", *Public Management Review*, Vol. 14 No. 3, 2012, pp. 331 – 357.

[835] Schaefer, A., "Contrasting Institutional and Performance Accounts of Environmental Management Systems", *Journal of Management Studies*, Vol. 44 No. 4, 2007, pp. 506 – 535.

[836] Schaltegger, S., LüDeke-Freund, F., Hansen, E. G. "Business Models for Sustainability: A Co-evolutionary Analysis of Sustainable Entrepreneurship, Innovation, and Transformation", *Organization & Environment*, Vol. 29 No. 3, 2016, pp. 264 – 289.

[837] Schaubroeck J. M., Hannah S. T., Avolio B. J., Kozlowski S. W., Lord R. G., Trevino L. K., Dimotakis N. and Peng A. C., "Embedding Ethical Leadership within and across Organization Levels", *Academy of Management Journal*, 2012.

[838] Schermerhorn J. R. and Bond M. H., "Upward and Downward Influence Tactics in Managerial Networks: A Comparative Study of Hong Kong Chinese and Americans", *Asia Pacific Journal of Management*, Vol. 8 No. 2, 1990, pp. 147 – 158.

［839］Schiederig, T. , Tietze, F. , Herstatt, C. , "Green Innovation in Technology and Innovation Management-An Exploratory Literature Review", *R&D Management*, Vol. 42 No. 2, 2012, pp. 180 – 192.

［840］Schmidt E. and Rosenberg J. *Google*: *How Google Works*, Grand Central, New York, NY: Hachette Audio, 2014.

［841］Schneiberg, M. and E. S. Clemens, "The Typical Tools for the Job: Research Strategies in Institutional Analysis", *Sociological Theory*, Vol. 24 No. 3, 2006, pp. 195 – 227.

［842］Schneider, B. , Ehrhart, M. G. , Mayer, D. M. , Saltz, J. L. , & Niles-Jolly, K. , "Understanding Organization-Customer Links in Service Settings", *Academy of Management Journal*, Vol. 48, 2005, pp. 1017 – 1032.

［843］Schneider, B. , White, S. S. , & Paul, M. C. , "Linking Service Climate and Customer Perception of Service Quality: Test of A Causal Model", *Journal of Applied Psychology*, Vol. 83 No. 2, 1998, pp. 150 – 163.

［844］Schneider S, Spieth P. , "Business Model Innovation and Strategic Flexibility: Insights from an Experimental Research Design", *International Journal of Innovation Management*, Vol. 18 No. 6, 2014, pp. 74 – 157.

［845］Schriesheim C. A. and Hinkin T. R. , "Influence Tactics Used by Subordinates: A Theoretical and Empirical Analysis and Refinement of the Kipnis, Schmidt, and Wilkinson Subscales", *Journal of Applied Psychology*, Vol. 75 No. 3, 1990, pp. 246 – 257.

［846］Schuler R. S. and Jackson S. E. , "A Quarter-Century Review of Human Resource Management in the U. S. : The Growth in Importance of the International Perspective", *Management Revue*, Vol. 16 No. 1, 2005, pp. 11 – 35.

［847］Schwenk C. R. , "Cognitive Simplification Processes in Strategic Decision-making", *Strategic Management Journal*, Vol. 5 No. 2, 1984, pp. 111 – 128.

［848］Scott, W. R. , "*Institutional Change and Healthcare Organizations*: *From Professional Dominance to Managed Care*", University of Chicago Press, 2000.

［849］Scot, W. R. , "*Institutions and Organizations*: *Ideas and Interests*", London: Sage, 2008.

［850］Searle John. R. , "Minds, Brains, and Programs", *Behavioral and Brain Sciences*, Vol. 3 No. 03, pp. 417.

［851］Seo, M. and W. D. Creed, "Institutional Contradictions, Praxis, and Institutional Change: A Dialectical Perspective", *Academy of Management Review*, Vol. 27 No. 2, 2002, pp. 222 – 247.

［852］Sherer, P. D. and K. Lee, "Institutional Change in Large Law Firms: A Resource Dependency and Institutional Perspective", *Academy of Management Journal*, Vol. 45 No. 1, 2002, pp. 102 – 119.

［853］Sherony K. M. , Green S. G. , "Coworker Exchange: Relationships between Coworkers, Leader-member Exchange, and Work Attitudes. ", *Journal of Applied Psychology*, Vol. 87 No. 3, 2002, pp. 542 – 548.

［854］Shiau, W. L. , Sarstedt, M. and Hair, J. F. , "Internet Research Using Partial Least Squares Structural Equation Modeling (PLS-SEM)", *Internet Research*, Vol. 29 No. 3, 2019, pp. 398 – 406.

［855］Shiau, W. L. , Yuan, Y. , Pu, X. , Ray, S. and Chen, C. C. , "Understanding Fintech Continuance: Perspectives from Self-efficacy and ECT-IS Theories", *Industrial Management & Data Systems*, Vol. 120 No. 9, 2020, pp. 1659 – 1689.

［856］Shiffrin R. M. and Boerner K. , "Mapping Knowledge Domains", *Proceedings of the National Academy of Sciences of the United States of America.*, Vol. 101 No. Suppl. 1, 2004, pp. 5183 – 5185.

［857］Shimizu K. , Hitt M. A. , Vaidyanath D. and Pisano V. , "Theoretical Foundations of Cross-border Mergers and Acquisitions: A Review of Current Research and Recommendations for the Future", *Journal of International Management*, Vol. 10 No. 3, 2004, pp. 307 – 353.

［858］Shipilov, A. V. , H. R. Greve and T. J. Rowley, "When Do Interlocks Matter? Institutional Logics and the Diffusion of Multiple Corporate Governance Practices", *Academy of Management Journal*, Vol. 53 No. 4, 2010, pp. 846 – 864.

［859］Shollo A. and Galliers R. D. , "Towards an Understanding of the Role of Business Intelligence Systems in Organisational Knowing", *Information Systems Journal*, Vol. 26 No. 4, 2016, pp. 339 – 367.

［860］Sierra, F. F., & Mcquitty, S., "Service Providers and Customers: Social Exchange Theory and Service Loyalty", *Journal of Services Marketing*, Vol. 19 No. 6, 2005, pp. 392 – 400.

［861］Sikchi S. and Ali M. S., "Artificial Intelligence in Medical Diagnosis", *International Journal of Applied Engineering Research*, Vol. 7 No. 11, 2012, pp. 1539 – 1543.

［862］Silvia D., "Institutional Entrepreneurship, Partaking, and Convening", *Organization Studies*, Vol. 26 No. 3, 2005, pp. 385 – 414.

［863］Simona G., Francesca B., Eleonora B. and Pietro P., "Using Social Media to Identify Tourism Attractiveness in Six Italian Cities", *Tourism Management*, Vol. 72 No. 2, 2019, pp. 306 – 312.

［864］Simsek Z., Heavey C., Veiga J. F. and Souder D., "A Typology for Aligning Organizational Ambidexterity's Conceptualizations, Antecedents, and Outcomes", *Journal of Management Studies*, Vol. 46 No. 5, 2009, pp. 864 – 894.

［865］Sine, W. D. and R. J. David, "Environmental Jolts, Institutional Change, and the Creation of Entrepreneurial Opportunity in the Us Electric Power Industry", *Research Policy*, Vol. 32 No. 2, 2003, pp. 185 – 207.

［866］Sirén C, Hakala H, Wincent J, et al, "Breaking the Routines: Entrepreneurial Orientation, Strategic Learning, Firm Size, and Age", Long Range Planning, Vol. 50 No. 2, 2017, pp. 145 – 167.

［867］Sklyar A, Kowalkowski C, Tronvoll, Bård, et al., "Organizing for Digital Servitization: A Service Ecosystem Perspective", *Journal of Business Research*, 2019.

［868］Smets, M., T. Morris and R. Greenwood, "From Practice to Field: A Multilevel Model of Practice-Driven Institutional Change", *Academy of Management Journal*, Vol. 55 No. 4, 2012, pp. 877 – 904.

［869］Snihur Y., Thomas L. D., Burgelman R. A., et al. "An Ecosystem-Level Process Model of Business Model Disruption: The Disruptor's Gambit", *Journal of Management Studies*, Vol. 55 No. 7, 2018, pp. 1278 – 1316.

［870］Sobel M., "Asymptotic Confidence Intervals for Indirect Effects in Structural Equation Models", *Sociological Methodology*, Vol. 13, 1982,

pp. 290 – 312.

[871] Soewarno, N., Tjahjadi, B., Fithrianti, F., "Green Innovation Strategy and Green Innovation: The Roles of Green Organizational Identity and Environmental Organizational Legitimacy", *Management Decision*, Vol. 57 No. 11, 2019, pp. 3061 – 3078.

[872] Song L. J., Tsui A. S. and Law K. S., "Unpacking Employee Responses to Organizational Exchange Mechanisms: The Role of Social and Economic Exchange Perceptions", *Journal of Management*, Vol. 35 No. 1, 2009, pp. 56 – 93.

[873] Song, W., Ren, S., Yu, J., "Bridging the Gap Between Corporate Social Responsibility and New Green Product Success: The Role of Green Organizational Identity", *Business Strategy and Environment*, Vol. 28 No. 1, 2018, pp. 88 – 97.

[874] Song, W., Yu, H., "Green Innovation Strategy and Green Innovation: The Roles of Green Creativity and Green Organizational Identity", *Corporate Social Responsibility and Environmental Management*, Vol. 25 No. 2, 2018, pp. 135 – 150.

[875] Sonnentag, S., "Recovery, Work Engagement, and Proactive Behavior: A New Look at the Interface between Nonwork and Work", *Journal of Applied Psychology*, Vol. 88 No. 3, 2003, pp. 518 – 528.

[876] Soomro, D. Y., "Understanding the Adoption of Sadad E-payments: UTAUT Combined with Religiosity as Moderator", *International Journal of E-Business Research*, Vol. 15 No. 1, 2019, pp. 55 – 74.

[877] Souitaris, V., S. Zerbinati and G. Liu, "Which Iron Cage? Endo- and Exoisomorphism in Corporate Venture Capital Programs", *Academy of Management Journal*, Vol. 55 No. 2, 2012, pp. 477 – 505.

[878] Steensma, H. K., et al., "The Evolving Value of Foreign Partnerships in Transitioning Economies", *Academy of Management Journal*, Vol. 48 No. 2, 2005, pp. 213 – 235.

[879] Stephen L. V. and Lusch R. F., "Service-dominant Logic: Continuing the Evolution", *Journal of the Academy of Marketing Science*, Vol. 36 No. 1, 2008, pp. 1 – 10.

［880］Steve M. , Cynthia H. and Thomas B. L. , "Institutional Entrepreneurship in Emerging Fields: HIV/AIDS Treatment Advocacy in Canada", *Academy of Management Journal*, Vol. 47 No. 5, 2004, pp. 657 – 679.

［881］Stinchcombe, A. L. and J. G. March, "Social Structure and Organizations", *Handbook of Organizations*, 1965, pp. 142 – 193.

［882］Stoner, J. , and Perrewé, P. L. , "*Consequences of Depressed Mood at Work: The Importance of Supportive Superiors, In: A. M. Rossi, P. L. Perrewé, and S. L. Sauter（Eds. ）, Stress and Quality of Working Life: Current Perspectives in Occupational Health Greenwich*", CT: Information Age Publishing, Inc, 2006, pp. 87 – 99.

［883］Stovel, K. and M. Savage, "Mergers and Mobility: Organizational Growth and the Origins of Career Migration at Lloyds Bank 1", *American Journal of Sociology*, Vol. 111 No. 4, 2006, pp. 1080 – 1121.

［884］Stoyan T. , Giacomo L. and Andrius K. , "A Business Intelligence Approach Using Web Search Tools and Online Data Reduction Techniques to Examine the Value of Product-enabled Services", *Expert Systems With Applications*, Vol. 42 No. 21, 2015, pp. 7582 – 7600.

［885］Strambach, S. , "Combining Knowledge Bases in Transnational Sustainability Innovation: Micro Dynamics and Institutional Change", *Economic Geography*, Vol. 93 No. 5, 2017, pp. 500 – 526.

［886］Stuart, T. E. and O. Sorenson, "Liquidity Events and the Geographic Distribution of Entrepreneurial Activity", *Administrative Science Quarterly*, Vol. 48 No. 2, 2003, pp. 175 – 201.

［887］Stuart, T. E. , H. Hoang and R. C. Hybels, "Interorganizational Endorsements and the Performance of Entrepreneurial Ventures", *Administrative Science Quarterly*, Vol. 44 No. 2, 1999, pp. 315 – 349.

［888］Suchman, M. C. , "Managing Legitimacy: Strategic and Institutional Approaches", *Academy of Management Review*, Vol. 20 No. 3, 1995, pp. 571 – 610.

［889］Suddaby, R. and R. Greenwood, "Rhetorical Strategies of Legitimacy", *Administrative Science Quarterly*, Vol. 50 No. 1, 2005, pp. 35 – 67.

［890］Sun, H. , "Understanding Herd Behavior in Technology Adoption and Continued Use: A Longitudinal Perspective", *DIGIT* 2009 *Proceedings*, 2009.

[891] Sun, P. , K. Mellahi and M. Wright, "The Contingent Value of Corporate Political Ties", *The Academy of Management Perspectives*, Vol. 26 No. 3, 2012, pp. 68 – 82.

[892] Sun, Z. , Wu, L. – Z. , Ye, Y. , and Kwan, H. K. (in press), "The Impact of Exploitative Leadership on Hospitality Employees' Proactive Customer Service Performance: A Self-Determination Perspective", *International Journal of Contemporary Hospitality Management*.

[893] Susanto, A. , Chang, Y. and Ha, Y. , "Determinants of Continuance Intention to Use the Smartphone Banking Services: An Extension to the Expectation-Confirmation Model", *Industrial Management & Data Systems*, Vol. 116 No. 3, 2015, pp. 508 – 525.

[894] Sussan F. and Acs Z. J. , "The Digital Entrepreneurial Ecosystem", *Small Business Economics*, Vol. 49 No. 1, 2017, pp. 55 – 73.

[895] Susskind, A. M. , Kacmar, K. M. , & Borchgrevink, C. P. , "Customer Service Providers' Attitudes Relating to Customer Service and Customer Satisfaction in the Customer-Server Exchange", *Journal of Applied Psychology*, Vol. 88 No. 1, 2003, pp. 179 – 187.

[896] Swaminathan, D. A. , Cosmetic. "Speculative, and Adaptive Organizational Change in the Wine Industry: A Longitudinal Study", *Administrative Science Quarterly*, Vol. 36 No. 4, 1991, pp. 631 – 661.

[897] Swift, T. , "The Perilous Leap Between Exploration and Exploitation", *Strategic Management Journal*, Vol. 37 No. 8, 2016, pp. 1688 – 1698.

[898] Tai K. , Narayanan J. and McAllister D. J. , "Envy as Pain: Rethinking the Nature of Envy and Its Implications for Employees and Organizations", *Academy of Management Review*, Vol. 37 No. 1, 2012, pp. 107 – 129.

[899] Tan, Y. "Dynamic Entry with Demand and Supply Side Spillovers", *Contemporary Economic Policy*, Vol. 37 No. 1, 2019, pp. 86 – 101.

[900] Taylor, S. E. , "Asymmetrical Effects of Positive and Negative: The Mobilization Minimization Hypothesis", *Psychological Bulletin*, Vol. 110, 1991, pp. 67 – 85.

[901] Teece, D. J., Pisano, G., & Shuen, A, "Dynamic Capabilities and Strategic Management", *Strategic Management Journal*, Vol. 18 No. 7, 1997, pp. 509 – 533.

[902] Tenhiala A. and Laamanen T., "Right on the Money? The Contingent Effects of Strategic Orientation and Pay System Design on Firm Performance", *Strategic Management Journal*, Vol. 39 No. 13, 2018, pp. 3408 – 3433.

[903] Tenhiala A. and Laamanen T., "Right on the Money? The Contingent Effects of Strategic Orientation and Pay System Design on Firm Performance", *Strategic Management Journal*, Vol. 39 No. 13, 2018, pp. 3408 – 3433.

[904] Terlaak, A., "Order Without Law? the Role of Certified Management Standards in Shaping Socially Desired Firm Behaviors", *Academy of Management Review*, Vol. 32 No. 3, 2007, pp. 968 – 985.

[905] Thornton, P. H. and W. Ocasio, "Institutional Logics and the Historical Contingency of Power in Organizations: Executive Succession in the Higher Education Publishing Industry, 1958 – 1990", *American Journal of Sociology*, Vol. 105 No. 3, 1999, pp. 801 – 843.

[906] Thornton, P. H. and W. Ocasio, "Institutional Logics", *The Sage Handbook of Organizational Institutionalism*, Vol. 840, 2008, pp. 99 – 128.

[907] Thornton, P. H., C. Jones and K. Kury, "Institutional Logics and Institutional Change in Organizations: Transformation in Accounting, Architecture, and Publishing, In Transformation in Cultural Industries", Emerald Group Publishing Limited, 2005, pp. 125 – 170.

[908] Thornton P. H., *Markets from Culture: Institutional Logics and Organizational Decisions in Higher Education Publishing*, Palo Alto: Stanford University Press, 2004.

[909] Thornton, P. H., *Markets from Culture: Institutional Logics and Organizational Decisions in Higher Education Publishing*, Stanford University Press, 2004.

[910] Thornton, P. H., "Personal Versus Market Logics of Control: A Historically Contingent Theory of the Risk of Acquisition", *Organization Science*, Vol. 12 No. 3, 2001, pp. 294 – 311.

[911] Thornton, P. H., "The Rise of the Corporation in A Craft Industry:

Conflict and Conformity in Institutional Logics", *Academy of Management Journal*, Vol. 45 No. 1, 2002, pp. 81 – 101.

[912] Thornton, P. H., W. Ocasio and M. Lounsbury, "The Institutional Logics Perspective: A New Approach to Culture, Structure, and Process", Oxford University Press on Demand, 2012.

[913] Thorson J. A. and Powell F. C., "Development and Validation ofa Multidimensional Sense of Humor Scale", *Journal of Clinical Psychology*, Vol. 49 No. 1, 1993, pp. 13 – 23.

[914] Tilcsik, A., "From Ritual to Reality: Demography, Ideology, and Decoupling in A Post-Communist Government Agency", *Academy of Management Journal*, Vol. 53 No. 6, 2010, pp. 1474 – 1498.

[915] Tofighi, D., and Mackinnon, D. P., "Rmediation: An R Package for Mediation Analysis Confidence Intervals", *Behavior Research Methods*, Vol. 43 No. 3, 2011, pp. 692 – 700.

[916] Tolbert, P. S. and L. G. Zucker, "Institutional Sources of Change in the Formal Structure of Organizations: The Diffusion of Civil Service Reform, 1880 – 1935", *Administrative Science Quarterly*, 1983, pp. 22 – 39.

[917] Tolbert, P. S., R. J. David and W. D. Sine, "Studying Choice and Change: The Intersection of Institutional Theory and Entrepreneurship Research", *Organization Science*, Vol. 22 No. 5, 2011, pp. 1332 – 1344.

[918] Tomaka, J., Blascovich, J., Kibler, J., and Ernst, J. M., "Cognitive and Physiological Antecedents of Threat and Challenge Appraisal", *Journal of Personality and Social Psychology*, Vol. 73 No. 1, 1997, pp. 63 – 72.

[919] Tomlinson, E. C., and Mryer, R. C., "The Role of Causal Attribution Dimensions in Trust Repair", *Academy of Management Review*, Vol. 34 No. 1, 2009, pp. 85 – 104.

[920] Tornatzky, L. and Fleischer, M., *The Process of Technology Innovation*, Lexington Books, Lexington, Ma, 1990.

[921] Tornikoski, E. T. and S. L. Newbert, "Exploring the Determinants of Organizational Emergence: A Legitimacy Perspective", *Journal of Business Venturing*, Vol. 22 No. 2, 2007, pp. 311 – 335.

[922] Townley, B., "The Role of Competing Rationalities in Institutional

Change", *Academy of Management Journal*, Vol. 45 No. 1, 2002, pp. 163 – 179.

[923] Tracey, P., N. Phillips and O. Jarvis, "Bridging Institutional Entrepreneurship and the Creation of New Organizational Forms: A Multilevel Model", *Organization Science*, Vol. 22 No. 1, 2011, pp. 60 – 80.

[924] Tran, V. D., "The Relationship among Product Risk, Perceived Satisfaction and Purchase Intentions for Online Shopping", *Journal of Asian Finance*, *Economics and Business*, Vol. 7 No. 6, 2020, pp. 221 – 231.

[925] Treadway D. C., Adams G. L., Ranft A. L. and Ferris G. R., "A Meso-level Conceptualization of CEO Celebrity Effectiveness", *Leadership Quarterly*, Vol. 20 No. 4, 2009, pp. 554 – 570.

[926] Treadway D. C., Ferris G. R., Duke A. B., Adams G. L. and Thatcher J. B., "The Moderating Role of Subordinate Political Skill on Supervisors' Impressions of Subordinate Ingratiation and Ratings of Subordinate Interpersonal Facilitation.", *Journal of Applied Psychology*, Vol. 92 No. 3, 2007, pp. 848 – 855.

[927] Trevino L. K., Brown M. and Hartman L. P., "A Qualitative Investigation of Perceived Executive Ethical Leadership: Perceptions from Inside and Outside the Executive Suite", *Human Relations*, Vol. 56 No. 1, 2003, pp. 5 – 37.

[928] Trish R. and Bob H. C. R., "The Recomposition of an Organizational Field: Health Care in Alberta", *Organization Studies*, Vol. 26 No. 3, 2005, pp. 351 – 384.

[929] Trépanier S. G., Fernet C., Austin S., et al., "Linking Job Demands and Resources to Burnout and Work Engagement: Does Passion Underlie These Differential Relationships?", *Motivation and Emotion*, Vol. 38 No. 3, 2014, pp. 353 – 366.

[930] Tuppura, A., Saarenketo, S., Puumalainen, K. "Linking Knowledge, Entry Timing and Internationalization Strategy", *International Business Review*, Vol. 17 No. 4, 2008, pp. 473 – 487.

[931] Turker D., "Measuring Corporate Social Responsibility: A Scale Development Study", *Journal of Business Ethics*, Vol. 85 No. 4, 2009, pp. 411 – 427.

［932］Vallerand R. J. , Salvy S. E. , Mageau G. A. , et al. , "Les Passions De L'ame: On Obsessive and Harmonious Passion", *Journal of Personality and Social Psychology*, Vol. 85 No. 4, 2003, p. 756.

［933］Vallerand R. J. , Salvy S. E. , Mageau G. A. , et al. , "On the Role of Passion in Performance", *Journal of Personality*, Vol. 75, 2010.

［934］Vanacker, T. , Collewaert, V. , Zahra, S A. "Slack Resources, Firm Performance, and the Institutional Context: Evidence from Privately Held European Firms", *Strategic Management Journal*, Vol. 38 No. 6, 2017, pp. 1305 – 1326.

［935］Van Dick, R. , Grojean, M. W. , Christ, O. , Wieseke, J. , "Identity and the Extra Mile: Relationships Between Organizational Identification and Organizational Citizenship Behavior", *British Journal Management*, Vol. 17 No. 4, 2006, pp. 283 – 301.

［936］Vasudeva, G. , A. Zaheer and E. Hernandez, "The Embeddedness of Networks: Institutions, Structural Holes, and Innovativeness in the Fuel Cell Industry", *Organization Science*, Vol. 24 No. 3, 2013, pp. 645 – 663.

［937］Vecchio R. , "Explorations in Employee Envy: Feeling Envious and Feeling Envied", *Cognition and Emotion*, Vol. 19 No. 1, 2005, pp. 69 – 81.

［938］Verhoef P C, Broekhuizen T, Bart Y, et al, "Digital Transformation: A Multidisciplinary Reflection and Research Agenda", *Journal of Business Research*, Vol. 122, 2021, pp. 889 – 901.

［939］Verhoef P C, Broekhuizen T, Bart Y, et al. , "Digital Transformation: A Multidisciplinary Reflection and Research Agenda", *Journal of Business Research*, 2019.

［940］Wade-Benzoni, K. A. , et al. , "Barriers to Resolution in Ideologically Based Negotiations: The Role of Values and Institutions", *Academy of Management Review*, Vol. 27 No. 1, 2002, pp. 41 – 57.

［941］Walden, E. A. and Browne, G. J. , "Sequential Adoption Theory: A Theory for Understanding Herding Behavior in Early Adoption of Novel Technologies", *Journal of the Association for Information Systems*, Vol. 10 No. 1, 2009, pp. 31 – 62.

［942］Waldman D. A. , Ramirez G. G. and House R. J. , "Does Leadership

Matter? CEO Leadership Attributes and Profitability Under Conditions of Perceived Environmental Uncertainty", *Academy of Management Journal*, Vol. 44 No. 1, 2001, pp. 134 – 143.

[943] Waldman D., Siegel D. S. and Javidan M., "Components of CEO Transformational Leadership and Corporate Social Responsibility", *Journal of Management Studies*, Vol. 43 No. 8, 2010, pp. 1703 – 1725.

[944] Wang K., Xia W. and Zhang A., "Should China Further Expand Its High-speed Rail Network? Consider the Low-cost Carrier Factor", *Transportation Research Part A Policy and Practice*, Vol. 100 No. Jun., 2017, pp. 105 – 120.

[945] Wang, K., Xia, W., Zhang, A. "Should China Further Expand Its High-speed Rail Network? Consider the Low-cost Carrier Factor", *Transportation Research Part A: Policy and Practice*, Vol. 100 No. 100, 2017, pp. 105 – 120.

[946] Wang, M. C. H., "Determinants and Consequences of Consumer Satisfaction with Self-service Technology in a Retail Setting", *Managing Service Quality*, Vol. 22 No. 2, 2012, pp. 128 – 144.

[947] Wang, Z., Guan, Z. G., Hou, F., Li, B. and Zhou, W., "What Determines Customers' Continuance Intention of Fintech? Evidence from Yuebao", *Industrial Management & Data Systems*, Vol. 119 No. 8, 2019, pp. 1625 – 1637.

[948] Washington, M. and M. J. Ventresca, "How Organizations Change: The Role of Institutional Support Mechanisms in the Incorporation of Higher Education Visibility Strategies, 1874 – 1995", *Organization Science*, Vol. 15 No. 1, 2004, pp. 82 – 97.

[949] Washington, M., "Field Approaches to Institutional Change: The Evolution of the National Collegiate Athletic Association 1906 – 1995", *Organization Studies*, Vol. 25 No. 3, 2004, pp. 393 – 414.

[950] Wayne S. J., Liden R. C., Graf I. K. and Ferris G. R., "The Role of Upward Influence Tactics in Human Resource Decisions", *Personnel Psychology*, Vol. 50 No. 4, 2010, pp. 979 – 1006.

[951] Wayne S. J., Shore L. M. and Liden R. C., "Perceived Organiza-

tional Support and Leader-Member Exchange: A Social Exchange Perspective", *Academy of Management Journal*, Vol. 40 No. 1, 1997, pp. 82 – 111.

[952] Weill, Peter, Woerner, S L. , "Thriving in an Increasingly Digital Ecosystem", *Mit Sloan Management Review*, 2015.

[953] Wei, M. F. , Luh, Y. H. , Huang, Y. H. and Chang, Y. C. , "Young Generation's Mobile Payment Adoption Behavior: Analysis Based on an Extended Utaut Model", *Journal of Theoretical and Applied Electronic Commerce Research*, Vol. 16 No. 4, 2021, pp. 1 – 20.

[954] Weiss, H. M. , and Cropanzano, R. , "Affective Events Theory: A Theoretical Discussion of the Structure, Causes and Consequence of Affective Experiences at Work, In: Staw, B. M. , Cummings, L. L. (Eds.)", *Research in Organizational Behavior. JAI Press INC.* , 1996, pp. 1 – 74

[955] Wendell W. and Colin A. , *Moral Machines*, New York: Oxford University Press, 2009.

[956] Werner S. , "Recent Developments in International Management Research: A Review of 20 Top Management Journals", *Journal of Management*, Vol. 28 No. 3, 2002, pp. 277 – 305.

[957] Westphal, J. D. and E. J. Zajac, "Substance and Symbolism in Ceos'Long-Term Incentive Plans", *Academy of Management Proceedings*, 1993.

[958] Wiersema M. F. and Zhang Y. , "CEO Dismissa: The Role of Investment Analysts", *Strategic Management Journal*, Vol. 32 No. 11, 2011, pp. 1161 – 1182.

[959] Wijen, F. and S. Ansari, "Overcoming Inaction Through Collective Institutional Entrepreneurship: Insights from Regime Theory", *Organization Studies*, Vol. 28 No. 7, 2007, pp. 1079 – 1100.

[960] Wilden R. , Gudergan S. P. , Nielsen B. B. , et al. , "Dynamic Capabilities and Performance: Strategy, Structure and Environment", *Long Range Planning*, Vol. 16 No. 1 – 2, 2013, pp. 72 – 96.

[961] Wilkie D. C. H. , Johnson L. W. and White L. , "Overcoming Late Entry: The Importance of Entry Position, Inferences and Market Leadership", *Journal of Marketing Management*, Vol. 31 No. 3 – 4, 2015, pp. 409 – 429.

[962] Wixom, B. H. and Watson, H. J. , "An Empirical Investigation of

the Factors Affecting Data Warehousing Success", *MIS Quarterly*, Vol. 25 No. 1, 2001, pp. 17 – 41.

[963] Wolf, J., "The Relationship Between Sustainable Supply Chain Management, Stakeholder Pressure and Corporate Sustainability Performance", *Journal of Business Ethicsinss*, Vol. 119 No. 3, 2014, pp. 317 – 328.

[964] Wong A., Tjosvold D. and Yu Z., "Organizational Partnerships in China: Self-interest, Goal Interdependence, and Opportunism", *Journal of Applied Psychology*, Vol. 90 No. 4, 2005, pp. 782 – 791.

[965] Wong C. S., Mao Y., Peng K. Z., et al., "Differences between Odd Number and Even Number Response Formats: Evidence from Mainland Chinese Respondents", *Asia Pacific Journal of Management*, Vol. 28 No. 2, 2011, pp. 379 – 399.

[966] Worren N, Moore K, Cardona P., "Modularity, Strategic Flexibility, and Firm Performance: A Study of the Home Appliance Industry", *Strategic Management Journal*, Vol. 23 No. 12, 2002, pp. 1123 – 1140.

[967] Wright P. M. and Scott A. S., "Toward a Unifying Framework for Exploring Fit and Flexibility in Strategic Human Resource Management", *Academy of Management Review*, Vol. 23 No. 4, 1998, pp. 756 – 772.

[968] Wu C. M. and Chen T. J., "Psychological Contract Fulfillment in the Hotel Workplace: Empowering Leadership, Knowledge Exchange, and Service Performance", *International Journal of Hospitality Management*, Vol. 48, 2015 pp. 27 – 38.

[969] Wu, L-Z., Ye, Y., Cheng, X., Kwan, H. K., & Lyu, Y., "Fuel the Service Fire: The Effect of Leader Humor on Frontline Hospitality Employees' Service Performance and Proactive Customer Service Performance", *International Journal of Contemporary Hospitality Management*, Vol. 32 No. 5, 2020, pp. 1755 – 1773.

[970] Wu L. Z., Yim H. K., Kwan H. K. and Zhang X., "Coping with Workplace Ostracism: The Roles of Ingratiation and Political Skill in Employee Psychological Distress", *Journal of Management Studies*, Vol. 49 No. 1, 2012, pp. 178 – 199.

[971] Wu X., Liu X. and Huang Q., "Impact of the Institutional Environ-

ment on the Choice of Entry Mode: Evidence from Chinese Enterprises", *China: An International Journal*, Vol. 10 No. 1, 2012, pp. 28 – 50.

[972] Wu X., Lupton N. C. and Du Y., "Innovation Outcomes of Knowledge-seeking Chinese Foreign Direct Investment", *Chinese Management Studies*, Vol. 9 No. 1, 2015, pp. 73 – 96.

[973] Xing, X., Wang, J., Tou, L., "The Relationship Between Green Organization Identity and Corporate Environmental Performance: The Mediating Role of Sustainability Exploration and Exploitation Innovation", *International Journal of Environmental Research and Public Health*, Vol. 16 No. 6, 2019, https://doi.org/10.3390/ijerph16060921.

[974] Xu, C., Ryan, S., Prybutok, V. and Wen, C., "It is Not for Fun: An Examination of Social Network Site Usage", *Information & Management*, Vol. 49 No. 5, 2012, pp. 210 – 217.

[975] Xu, D., J. W. Lu and Q. Gu, "Organizational Forms and Multi-Population Dynamics Economic Transition in China", *Administrative Science Quarterly*, 2014.

[976] Xu, H., Teo, H. H., Tan, B. C. Y. and Agarwal, R., "The Role of Push-Pull Technology in Privacy Calculus: The Case of Location-based Services", *Journal of Management Information Systems*, Vol. 26 No. 3, 2009, pp. 135 – 174.

[977] Yang, J., Zhang, F., Jiang, X., "Strategic Flexibility, Green Management, and Firm Competitiveness in an Emerging Economy", *Academy Management Annual Meet Procedia*, Vol. 101 No. 1, 2015, pp. 347 – 356.

[978] Yang K. S., "Chinese Social Orientation: An Integrative Analysis", *Chinese Societies and Mental Health: The Chinese Experience*, 1995, pp. 19 – 39.

[979] Yang, K. S, "Chinese Social Orientation: An Integrative Analysis", In: Cheng, L. Y., Cheung, F. M. C., Chen, C. N. (Eds.), *Psychotherapy for the Chinese: Selected Papers from the First International Conference*. Chinese University of Hong Kong, Hong Kong, 1993.

[980] Yang, K. S., Yu, A. B., and Yeh, M. H., "*Chinese Individual Modernity and Traditionality: Construct Definition and Measurement (In Chinese)*. In: K. S. Yang, and K. K. Hwang (Eds.)", The Mind and Behavior of the Chi-

nese: Selected Paper of the 1989 Taipei Conference, Laureate, 1991, pp. 241 – 306.

[981] Yang, M. and M. Hyland, "Who Do Firms Imitate? A Multilevel Approach to Examining Sources of Imitation in the Choice of Mergers and Acquisitions", *Journal of Management*, Vol. 32 No. 3, 2006, pp. 381 – 399.

[982] Yayavaram, S., Ahuja, G., "Decomposability in Knowledge Structures and Its Impact on the Usefulness of Inventions and Knowledge-Base Malleability", *Administrative Science Quarterly*, Vol. 53 No. 2, 2008, pp. 333 – 362.

[983] Yayavaram, S., Chen, W., "Changes in Firm Knowledge Couplings and Firm Innovation Performance: The Moderating Role of Technological Complexity", *Strategic Management Journal*, Vol. 36 No. 3, 2015, pp. 377 – 396.

[984] Yeh R. S., "Downward Influence Styles in Cultural Diversity Settings", *International Journal of Human Resource Management*, Vol. 6 No. 3, 1995, pp. 626 – 641.

[985] Yeung, H. W., "Transnationalizing Entrepreneurship: A Critical Agenda for Economic Geography", *Progress in Human Geography*, Vol. 33 No. 2, 2009, pp. 210 – 235.

[986] Ye Y., Lyu Y. and He Y., "Servant Leadership and Proactive Customer Service Performance", *International Journal of Contemporary Hospitality Management*, Vol. 31 No. 3, 2019, pp. 1330 – 1347.

[987] Ye, Y., Lyu, Y., & He, Y., "Servant Leadership and Proactive Customer Service Performance", *International Journal of Contemporary Hospitality Management*, Vol. 31 No. 3, 2019, pp. 1330 – 1347.

[988] Ye, Y., Lyu, Y., Kwan, H. K., Chen, X., and Cheng, X. M., "The Antecedents and Consequences of Being Envied by Coworkers: An Investigation from the Victim Perspective", *International Journal of Hospitality Management*, Vol. 94, 2021, pp. 102751.

[989] Ye, Y., Lyu, Y., Wu, L-Z., & Kwan, H. K. (In Press), "Exploitative Leadership and Service Sabotage", *Annals of Tourism Research*.

[990] Yin J. and Zhang Y., "Institutional Dynamics and Corporate Social Responsibility CSR in an Emerging Country Context: Evidence from China",

Journal of Business Ethics, Vol. 111 No. 2, 2012, pp. 301 – 316.

[991] Yin R. K., *Case Study Research: Design and Methods*, London: Sage Publications, 2009.

[992] Yin, R. K., "Case Study Research: Design and Methods. Thousands Oaks", *International Educational and Professional Publisher*, 1994.

[993] Yoo Y., Richard J. B., Kalle L. and Ann M., "Call for Papers— Special Issue: Organizing for Innovation in the Digitized World Deadline: June 1, 2009", *Organization Science*, Vol. 20 No. 1, 2009.

[994] Yu C. J. and Ito K., "Oligopolistic Reaction and Foreign Direct Investment: The Case of the U. S. Tire and Textiles Industries", *Journal of International Business Studies*, Vol. 19 No. 3, 1988, pp. 449 – 460.

[995] Yue, Y., Wang, K. L., & Groth, M., "Feeling Bad and Doing Good: The Effect of Customer Mistreatment on Service Employee's Daily Display of Helping Behaviors", *Personnel Psychology*, Vol. 70 No. 4, 2017, pp. 769 – 808.

[996] Yu, L., Cao, X., Liu, Z., Gong, M. and Adeel, L., "Understanding Mobile Payment Users' Continuance Intention: A Trust Transfer Perspective", *Internet Research*, Vol. 28 No. 2, 2018, pp. 456 – 476.

[997] Yunis M, Tarhini A, Kassar A, "The Role of ICT and Innovation in Enhancing Organizational Performance: The Catalysing Effect of Corporate Entrepreneurship", *Journal of Business Research*, Vol. 88, 2018, pp. 344 – 356.

[998] Yu, W., Ramanathan, R., Nath, P., "Environmental Pressures and Performance: An Analysis of the Roles of Environmental Innovation Strategy and Marketing Capability", *Technological Forecasting and Social Change*, Vol. 117, 2017, pp. 160 – 169.

[999] Zahra S. A. and George G., "Absorptive Capacity: A Review, Reconceptualization, and Extension", *Academy of Management Review*, Vol. 27 No. 2, 2002, pp. 185 – 203.

[1000] Zahra S A, Covin J G, "Contextual Influences on the Corporate Entrepreneurship-Performance Relationship: A Longitudinal Analysis", *Entrepreneurship Research Journal*, Vol. 10 No. 1, 2015, pp. 43 – 58.

[1001] Zahra S. A., Sapienza H. J. and Davidsson P., "Entrepreneurship and Dynamic Capabilities: A Review, Model and Research Agenda", *Journal of Management Studies*, Vol. 43 No. 4, 2006, pp. 917 – 955.

[1002] Zajac, E. J. and J. D. Westphal, "The Social Construction of Market Value: Institutionalization and Learning Perspectives on Stock Market Reactions", *American Sociological Review*, Vol. 69 No. 3, 2004, pp. 433 – 457.

[1003] Zhang, J. and X. R. Luo, "Dared to Care: Organizational Vulnerability, Institutional Logics, and MNCS' Social Responsiveness in Emerging Markets", *Organization Science*, Vol. 24 No. 6, 2013, pp. 1742 – 1764.

[1004] Zhang, W. K. and Kang, M. J., "Factors Affecting the Use of Facial-recognition Payment: An Example of Chinese Consumers", *Ieee Access*, Vol. 7, 2019, pp. 154360 – 154374.

[1005] Zhang, X., & Bartol, K. M., "Linking Empowering Leadership and Employee Creativity: The Influence of Psychological Empowerment, Intrinsic Motivation, and Creative Process Engagement", *Academy of Management Journal*, Vol. 53 No. 1, 2010, pp. 107 – 128.

[1006] Zhang Y. and Gimeno J., "Earnings Pressure and Competitive Behavior: Evidence from the U. S. Electricity Industry", *Academy of Management Journal*, Vol. 53 No. 4, 2010, pp. 743 – 768.

[1007] Zhao F, Collier A., "Digital Entrepreneurship: Research and Practice", 9th Annual Conference of the Euromed Academy of Business, 2016.

[1008] Zhong, Y., Oh, S. and Moon, H. C. (2021), "Service Transformation Underindustry 4. 0: Investigating Acceptance of Facial Recognition Payment Through an Extended Technology Acceptance Model", *Technology in Society*, Vol. 64, Doi: 10. 1016/J. Techsoc. 2020. 101515.

[1009] Zhou K. Z. and Wu F., "Technological Capability, Strategic Flexibility, and Product Innovation", *Strategic Management Journal*, Vol. 31 No. 5, 2010, pp. 547 – 561.

[1010] Zhou K Z, Fang W U., "Technological Capability, Strategic Flexibility, and Product Innovation", *Strategic Management Journal*, Vol. 31 No. 5, 2010, pp. 547 – 561.

[1011] Zhou, T., "An Empirical Examination of Continuance Intention of Mobile Payment Service", *Decision Support Systems*, Vol. 54 No. 2, 2013, pp.

1085 – 1091.

[1012] Zhou, T., "An Empirical Examination of Users' Switch from On-line Payment to Mobile Payment", *International Journal of Technology & Human Interaction*, Vol. 11 No. 1, 2015, pp. 55 – 66.

[1013] Zhu D. H. and Chen G., "CEO Narcissism and the Impact of Prior Board Experience on Corporate Strategy", *Administrative Science Quarterly*, Vol. 60 No. 1, 2015, pp. 31 – 65.

[1014] Zhu, H., Lyu, Y., and Ye, Y., "Workplace Sexual Harass-ment, Workplace Deviance, and Family Undermining", *International Journal of Contemporary Hospitality Management*, Vol. 31 No. 2, 2019b, pp. 594 – 614.

[1015] Zhu, H., Lyu, Y., Deng, X., & Ye, Y., "Workplace Os-tracism and Proactive Customer Service Performance: A Conservation of Resources Perspective", *International Journal of Hospitality Management*, Vol. 64, 2017, pp. 62 – 72.

[1016] Zhu, J., Lam, L. W., and Lai, J., "Returning Good for Evil: A Study of Customer Incivility and Extra-Role Customer Service", *International Journal of Hospitality Management*, Vol. 82 No. 1, 2019a, pp. 65 – 72.

[1017] Zhu, Q., Geng, Y., "Drivers and Barriers of Extended Supply Chain Practices for Energy Saving and Emission Reduction Among Chinese Manu-facturers", *Journal of Cleaner Production*, Vol. 40 No. 2, 2013, pp. 8 – 12.

[1018] Zilber, T. B., "Institutionalization as an Interplay Between Ac-tions, Meanings, and Actors: The Case of A Rape Crisis Center in Israel", *Academy of Management Journal*, Vol. 45 No. 1, 2002, pp. 234 – 254.

[1019] Zilber, T. B., "Stories and the Discursive Dynamics of Institution-al Entrepreneurship: The Case of Israeli High-Tech After the Bubble", *Organiza-tion Studies*, Vol. 28 No. 7, 2007, pp. 1035 – 1054.

[1020] Zimmerman, M. A. and G. J. Zeitz, "Beyond Survival: Achieving New Venture Growth by Building Legitimacy", *Academy of Management Review*, Vol. 27 No. 3, 2002, pp. 414 – 431.

[1021] Zinko R., Ferris G., Blass F. and Laird M., "Toward a Theory of Reputation in Organizations", *Research in Personnel and Human Resources Management*, Vol. 26, 2007, pp. 163 – 204.

[1022] Zinko R. , Ferris G. R. , Humphrey S. E. , Meyer C. J. and Aime F. , "Personal Reputation in Organizations: Two-study Constructive Replication and Extension of Antecedents and Consequences", *Journal of Occupational and Organizational Psychology*, Vol. 85 No. 1, 2012, pp. 156 – 180.

[1023] Zott C, Amit R. , "Business Model Design and the Performance of Entrepreneurial Firms", *Organization Science*, Vol. 18 No. 2, 2007, pp. 181 – 199.

[1024] Zott C, Amit R, Massa L. , "The Business Model: Recent Developments and Future Research", *Journal of Management*, Vol. 37 No. 4, 2011, pp. 1019 – 1042.

[1025] Zott C. and Amit R. , "Business Model Design: An Activity System Perspective", *Long Range Planning*, Vol. 43 No. 43, 2010, pp. 216 – 226.

[1026] Zott C. and Amit R. , "Business Model Innovation: Creating Value in Times of Change", *Universia Business Review*, Vol. 23, 2009, pp. 108 – 121.

[1027] Zuckerman, E. W. , "Focusing the Corporate Product: Securities Analysts and De-Diversification", *Administrative Science Quarterly*, Vol. 45 No. 3, 2000, pp. 591 – 619.

[1028] Zuckerman, E. W. , "The Categorical Imperative: Securities Analysts and the Illegitimacy Discount", *American Journal of Sociology*, Vol. 104 No. 5, 1999, pp. 1398 – 1438.

[1029] Zukin S. and Dimaggio P. , *Structures of Capital: The Social Organization of the Economy*, New York: Cambridge University Press, 1990.